"国家重点档案保护与开发"项目

呼和浩特市档案馆藏

民国时期教育档案汇编

初等教育卷

主编 朱璧 李蓉

②

广西师范大学出版社
·桂林·

"国家重点档案保护与开发"项目

《呼和浩特市档案馆藏民国时期教育档案汇编》编辑委员会

主　　编　朱　璧　李　蓉
执行主编（按姓氏音序排列）
　　　　　白利格　程利芳　韩　飞　刘沙仁娜　王雪娟
　　　　　武建国
编　　委（按姓氏音序排列）
　　　　　班　昕　曹春林　陈　斌　丁红波　高　婷
　　　　　郝　莉　侯文博　黄丽文　李　静　李丽娜
　　　　　刘　宏　刘建军　刘文娟　刘亚君　刘延萍
　　　　　路晨虹　马云霞　娜丽莎　那日莎　石海龙
　　　　　孙丽敏　孙跃翔　王海荣　王耀瑛　武建强
　　　　　闫　庆　云爱霞　云　峰　云新宇　张志勇
　　　　　周丽英
特邀专家　曹惠民　周　娟　李　栋　成欣欣　阿木古楞
特邀评审（按姓氏音序排列）
　　　　　牛敬忠　全　荣　于　永

序 言

　　民国时期的教育是中国教育近代化的一个重要阶段，在中国近现代教育史上起着承前启后的作用。对于民国时期呼和浩特地区教育状况，学界以往研究成果较少。由于地方教育文献史料未能系统整理，造成国民政府边疆教育和日本帝国主义殖民教育在呼和浩特地区具体实施情况的研究缺乏相应的史料支撑。基于这样的状况，呼和浩特市档案馆对馆藏民国时期教育档案进行了系统整理，采用原件影印的方式公开出版《呼和浩特市档案馆藏民国时期教育档案汇编》（以下简称"《汇编》"），"让历史说话，用史实发言"，用翔实的档案资料系统地反映民国时期呼和浩特地区教育发展情况。《汇编》所遴选的档案珍品近两千页，均为首次刊印，史料翔实，内容丰富，是研究地方教育史、学校沿革史等方面的重要史料，是研究国民政府教育制度极为珍贵的文献汇集，是揭露内蒙古中西部沦陷时期日本帝国主义实行奴化教育的有力证据，不仅有利于民国时期呼和浩特地区教育史研究，也能助推边疆少数民族教育状况的深入研究，具有较高的学术价值和应用价值。

　　相较于国内其他地区的教育而言，民国时期呼和浩特地区的教育无论从时间上还是规模上都有较大差距，但也初具本地特色。1931年3月，国民政府教育部实施蒙藏地区教育计划，蒙藏各地限期成立教育行政委员会，对倡办或捐资兴办蒙藏教育的私人和团体均给予特别奖励，明确规定了小学、中学、职业学校、师范学校在成立时间、设置地点、招生区域、经费预算、教材使用等方面的规章制度，边疆教育得到了发展。而呼和浩特地区也借助区位优势，积极开设小学、中学、职业、师范等各级各类学校，学生数量日趋增多，教育质量显著提升。内蒙古中西部沦陷时期，日本侵略者通过其扶植成立的伪蒙疆政权，在当时的内蒙古地区建立了一整套殖民化教育体系。从教育主管部门到教育团体、学校种类、学校学制、教师聘任、课程设置、教材编纂等方面，制定了一整套政策措施，实行奴化、分化教育。而这一时期的呼和浩特地区教育，成为日本在沦陷区内实行殖民教育体系的一个组成部分。抗战胜利后，国民政府实施教育复员计划，研究制定了各项方针政策、措施办法。1945年，教育部公布《边疆初等教育设施办法令》《边疆教育督导员办法令》《收复区各县市国民学校教员登记甄审训练办法》。1946年，又公布《国立各级边疆学校教员服务奖励办法令》。呼和浩特地区陆续恢复了抗战前各级学校和社教机关，接收和整顿日伪教育机关，甄审和培训教师、学生，中小学教育、师范教育、职业教育、社会教育在恢复的基础上均略有发展。但由于社会动荡、经费不足等条件限制，这一时期的教育发展受到了严重影响。

呼和浩特市档案馆藏中华人民共和国成立前档案共19个全宗，13549卷件，为国家重点档案。这批档案于1987年4月由市公安局和市法院接收，大部分保存完整，经重新整理，全文扫描，已编制了机读目录，建立了档案数据库。其中，涉及教育方面的档案分散在各个全宗中，计12000余件，多为汉文档案，偶有日文或英文档案。形式有训令、指令、布告、呈文、批文、报告、函、通知、代电、通告等，内容包括政策法规、教育制度、组织机构、教育活动、调查统计等。具体涉及两个时期的档案：

一是国民政府时期档案。时间为1934年至1937年和1945年至1949年。这些档案内容丰富、资料翔实，涉及地方政府颁布的有关教育的政策、法规、训令、制度，涉初等教育、中学教育、师范教育、学前教育、职业教育、社会教育等方面内容，对教育领域的行政工作（法规政策、制度、调查统计）、经费管理、总务工作（设施设备、衣食住行）、教务工作（课程、教材、招生）、教师管理（任免、履历）、学生管理（奖惩、花名册）、教育活动以及抗战胜利后教育复员、战时教育文化事业损失的调查统计等进行了详细记录，是系统研究民国教育的原始资料。

二是内蒙古中西部沦陷时期档案。时间为1937年至1945年。包括政策制度、学校行政、学制、教材等内容，涉及学校教育、社会教育和日本语教育等方方面面，对日本侵略者奴化教育活动的政策方针、目的手段、机构设置、表现形式等进行了详细记载，尤其对内蒙古中西部沦陷时期各级各类教育遭受严重破坏，校舍遭到日军占领，教学设备被损坏，学校被迫停止教学、迁移等情况进行了真实记录。此外，档案对日本侵略者的宣传、宣抚活动和学术掩盖下的侵略活动也做了详尽记载：一方面，日本侵略者查禁抗日书刊，建立文化侵略机构，利用报纸、杂志、书籍等出版物和广播电台、电影等媒体进行宣传，并通过举行集会、宣传周、展览会、宣抚班，张贴标语和散发传单等形式，开展宣传、宣抚活动，进行所谓的"日蒙亲善、民族协和、反共反苏"的奴化教育，积极煽动民族分裂；另一方面，日本侵略者以学术研究为名进行了大量调查活动，并且在学术研究的掩盖下进行思想侵略和奴化教育。这些档案都是日本帝国主义侵华罪行的真实记录。

近年来，通过深挖馆藏历史档案资料、出版档案专题汇编，呼和浩特市档案馆加大了档案信息开发利用力度，并收到了良好的社会效益。此部《汇编》是呼和浩特市档案馆承担"国家重点档案保护与开发"项目的成果，是档案工作服务文化建设的一项重要举措。让档案走出库房，让档案激活历史，让历史昭示未来。希望通过本书的编纂出版，能充分发挥馆藏档案的独特优势，展示呼和浩特的历史、人文底蕴，彰显档案工作的社会价值，发挥档案在"存史、资政、育人"方面的独特功能。

呼和浩特市档案馆概述

一、机构沿革

呼和浩特市档案馆（以下简称"档案馆"）成立于1959年4月29日，与呼和浩特市档案管理处为"一套机构，两个牌子"，人员编制5人。20世纪60—70年代，呼和浩特市档案馆同档案管理处一起，经历了几次撤并和恢复。1985年，档案管理处升格为政府直属准局级机关，由市委办公室领导改归市政府领导，档案局、档案馆合署办公。1992年，档案局升格为正局级行政管理机关。档案馆与档案局分设，隶属于市档案局领导，为准局级事业单位，定编18人，内设办公室、保管利用科、技术科、编研科。1995年，档案馆重新与档案局合并，改为事业单位，挂档案局牌子，由市委办公厅管理。1996年机构改革时，档案馆再次与档案局分设。档案馆被定为副处级单位，编制23人，使用事业编制，内设保管利用科、收集整理科、技术科、编研科4个科室。2008年6月，档案馆同市档案局一并列入《中华人民共和国公务员法》管理范围，档案局（馆）为市直属相当正处级事业单位，内设11个科室：办公室、宣传教育科、档案馆室业务监督指导科、经济档案业务监督指导科、法规科、保管利用科、收集整理科、老干部科、技术科、编研科、现行文件中心。经费实行全额拨款，核定事业编制50名。2018年行政单位机构改革，根据呼和浩特市机构编制委员会办公室《关于呼和浩特市档案局（馆）行政职能认定的函》（呼机编办函字〔2018〕60号），呼和浩特市档案局（馆）承担的11项行政职能回归市委办公厅，实行局、馆分设。市委办公厅加挂呼和浩特市档案局牌子，行使档案行政管理职能。市档案馆仍保留为市委直属的正处级公益一类事业单位。2019年3月，按照《呼和浩特市机构改革职责和人员转隶工作实施方案》（呼党办发电〔2019〕6号）要求，原市档案局（馆）人员编制保留在市档案馆。2021年2月，按照事业单位机构改革要求，根据《中共呼和浩特市委办公室关于印发〈呼和浩特市档案馆职能配置、内设机构和人员编制规定〉的通知》（呼党办通〔2021〕10号），呼和浩特市档案馆内设7个机构：办公室、法治宣教科、档案业务指导科、收集整理科、档案信息技术科、保管利用科、资源开发科；并设党支部和离退休人员工作科，事业编制41名。下设两个相当于正科级专业分馆：呼和浩特市城建档案馆由市住房和城乡建设局划入，核定事业编制32名；呼和浩特市艺术档案馆由市文化旅游广电局划入，核定事业编制7名。

二、馆藏档案概述

（一）馆藏档案来源、途径

呼和浩特市档案馆馆藏档案来源、途径主要有以下几个方面：

一是按规定定期接收现行机关的档案，包括市委、市人大、市政府、市政协机关和市总工会、团市委、市妇联等群众团体及各部委办局、直属临时单位移交的档案，这是馆藏的主要来源；二是接收撤并转机构的档案，即中华人民共和国成立以后，因各种原因，如机构改革中撤销、合并、转制的机关、团体、企业、事业单位形成的档案；三是收集历史档案，包括革命历史档案和旧政权档案；四是征集散失在社会组织和个人手中有保存价值的档案；五是档案馆之间互相交换的档案，就是馆与馆之间因行政区划的变动和档案馆结构的变化等，对档案馆馆藏和接收范围进行调整，相互移交档案。

（二）馆藏档案简介

截至2020年底，呼和浩特市档案馆馆藏档案87.6万卷（册），包括文书档案、科技档案、会计档案、专门档案、声像档案、实物档案等，起止年代为1486年至2019年。其中，形成于中华人民共和国成立前的档案计19个全宗，13549卷件。

明清档案汇集于一个全宗，计 17 件。其中明宪宗于成化二十二年（1486 年）册封锁南奔为通慧禅师的敕命，有珍贵的历史和文物价值，是全区综合档案馆现存形成时间最早的档案，为卷轴式缣帛载体。其余 16 件清代档案，为清道光至光绪年间（1821—1908 年）四朝皇帝封授官员及其亲属的诰命、敕命、功牌。

地契档案全宗内有清朝契约 139 件、民国契约 71 件。这些契约种类有官契和民契，内容涉及土地房产租赁契、典当契、买卖契，形式包括"买契""契尾""契式""执照""验契收证""契纸"，有的契约上贴有印花税票，还有少量的清朝和民国连体地契。

民国档案于 1987 年 4 月由市公安局和市法院陆续接收，已经重新整理，共 9978 卷，形成时间为 1912 年至 1949 年，包括归绥市政府、归绥县政府、归绥市警察局、归绥地方法院、归绥市商业联合会、归绥市各区公所全宗汇集，归绥市师范学校及女子师范学校全宗汇集，归绥中学恒清中学恒昌店小学全宗汇集，绥远毛织厂归绥被服厂全宗汇集，绥远省救济院、绥远省电灯面粉股份有限公司、归绥市县联合银行等 12 个全宗，主要反映国民政府时期呼和浩特地区政治、经济、民政、司法、文化教育、社会团体等方面的历史情况。

内蒙古中西部沦陷时期的档案有伪厚和市公署、伪厚和市警察局、伪厚和市屠宰场、伪巴彦县公署等 4 个全宗，共 3297 卷。档案形成于 1937 年至 1945 年，文字有汉文、蒙古文、日文、英文等，包括军事占领、殖民统治、文化侵略、奴化教育等各方面，是研究日军侵占呼和浩特地区历史的重要史料。

革命历史档案是 1985 年从内蒙古自治区档案馆复制并汇集成的一个全宗，共 47 卷，形成时间为 1948 年至 1949 年，内容包括"厚和事件"经过、归绥市军事委员会组织规章、布告，接管归绥市计划及进入归绥城物资草案、工作方案、任务与政策，绥蒙区党委对进入归绥市工作计划、方案的意见及接管归绥市、包头市的决定，绥蒙区党委关于进入归绥后工作情况以及统计调查表等。这批档案数量虽然不多，但是反映了 1949 年归绥市接管工作的具体情况。

中华人民共和国成立后档案包括市级党政机关、人民团体、企事业单位、撤并转机关和临时机构、破产企业所形成的档案。这些档案基本上反映了呼和浩特市政治、经济、文化、科学、教育、体育、卫生、艺术等方面的发展变化情况。从形成时间上，大致可划分为以下几个阶段的档案：

第一，1949 年至 1966 年的档案。主要内容有 1950 年土地改革档案，1951 年至 1954 年形成的归绥市抗美援朝工作档案，1952 年形成的中共呼和浩特市委有关"三反"和"五反"的档案、贯彻党的民族宗教政策档案，1958年"大跃进"档案、人民公社化运动档案、知识青年"上山下乡"运动档案等。其中，人民公社化运动档案数量比较多，主要有呼和浩特市人民公社化运动发展情况、东风区（今新城区）人民公社工作情况、公社生产事业组织建设情况和公社集体福利事业组织情况统计表等；知识青年"上山下乡"运动档案有市委关于呼和浩特市知识青年"上山下乡"工作办公室机构设置的批复、召开动员大会简报、市属各中学知识青年"上山下乡"统计表、宣传提纲等。

第二，1966年至1976年的档案。主要内容有市革委会常委会、市革委会全委（扩大）会、市革委会主任办公会、市委常委会、市委全委（扩大）会议的记录、纪要、议定事项、录音等，市革委会关于各级机构（包括临时机构）成立、撤销、合并、更改名称、启用公章等的决定、通知、请示、报告、批复等，内蒙古自治区、呼和浩特市关于干部调动及干部任免的报告、批复、通知等，关于下达国民经济计划、搞好增产节支和严格审查财政工作、加强财政管理的报告、批复、通知等，关于战备、征兵、民兵工作的命令、意见、报告、通知等，关于贯彻落实全国"工业学大庆、农业学大寨"会议精神和工作安排等。还有2003年从个人手中征集到的1966年至1976年的日记、票证、邮票、书信、明信片、毛泽东主席像章、袖标、唱片、年画、样板戏海报、剪纸、大字报、传单等。

第三，中国共产党十一届三中全会后档案。这个阶段的馆藏以文书档案为主。随着档案事业的发展，科技档案、会计档案、诉讼档案、婚姻档案、声像档案、著名人物和名人字画档案门类更加全面、内容日益增多。文书档案内容主要有市党代会、人代会、政协会议等各种大型会议的文件，市委常委会议、市政府常务会议、办公会议等的记录、纪要、指示及录音磁带等，有关组织、宣传、人事、纪检、监察、政法、统战、民族、宗教、民政工作、机构编制和行政区划方面的规定、指示、报告、批复等，党群、工交、财贸、文教、卫生、农牧林水部门的请示、报告、计划、统计报表及组织发展和人员变动情况，破产企业档案，国有企业退休人员人事档案，呼和浩特市人力资源和社会保障局社保档案等。此外，重大活动档案包括昭君文化节、中国民族商品交易会、中国金鸡百花电影节、"两个文明"现场会、呼和浩特市抗击非典型性肺炎活动、"三讲"教育活动、保持共产党员先进性教育活动、贯彻落实科学发展观、"三严三实"教育实践活动以及呼和浩特市庆祝内蒙古自治区成立六十周年、七十周年活动等档案。此外，名人档案、名胜档案、名产档案、家谱、剪纸、字画等各种门类和载体的档案被征集进馆，极大地丰富了馆藏档案。

（三）馆藏资料简况

呼和浩特市档案馆馆藏资料包括公共图书、报纸杂志、特种载体资料三类，共39000余册。

公共图书19322册，含清朝乾隆以来编修刊刻的《二十四史》《古丰识略》《蒙古游牧记》《绥远旗志》《归绥县志》《公主府志》等史志类文献，还有内蒙古中西部沦陷时期翻译、编印的《绥乘》（日文）、《"厚和特别市"概况》（日文）、《"蒙疆"天主教大观》（日文）等。另有文件汇编1986册，包括各时期政策汇编，组织、宣传、统战等基本情况统计资料。报纸杂志16946份，包括中华人民共和国成立前老一辈革命家创刊的杂志合订本《新青年》《工人之路》《湘报》《向导》等，《人民日报》《解放军报》《中国农民报》《光明日报》《经济日报》《工人日报》等报纸合订本4568本，还有《红旗》《求是》《实践》《新华月报》《新华文摘》《历史知识》《民国档案》《世界博览》等杂志。特种载体资料89件，主要有归绥市国民党部长名戳和蓝底白字徽章、绥远省人民政府工作人员徽章、归绥市人民政府各单位工作人员徽章、归绥市各界代表会纪念章及部分音像资料等。

（四）利用情况概述

呼和浩特市档案馆设有专门的开放档案查阅室和政府政务信息公开公共查阅室，为利用者提供了极大的便利。

多年来，呼和浩特市档案馆通过提供档案原件、档案复制件和档案汇编材料等形式为读者提供服务，采取接待查阅、函电代查等方式，先后为编史修志、学术研究、落实政策、总结经验、工资调级、评定职称、确定工龄、解决各类纠纷以及领导决策提供参考依据。为更有效地开发档案信息资源，更好地满足读者需求，呼和浩特市档案馆编制了一系列检索工具，包括指南、目录、索引等。指南有《档案馆指南》和《全宗指南》；目录有书本式、卡片式和机读目录三种；索引有卡片式、簿册式人名索引，包括人事档案人名索引、评残档案人名索引、历史档案人名索引、诉讼档案人名索引（多按姓氏笔画或汉语拼音音序排列）。呼和浩特市档案馆通过档案专题汇编的形式挖掘馆藏、开发档案价值，为利用者提供了解相关档案的工具书，主要有《1945—1949年归绥市工商业同业公会档案简况》、日伪统治归绥地区史料专题汇编之《伪蒙疆政权时期的"巴彦塔拉盟"——

呼和浩特市档案局（馆）专题档案概况》《日伪统治时期的归绥——呼和浩特市档案局（馆）专题档案概况》等。近年来，馆内还编制机读目录，建立了档案数据库，录入案卷级、文件级目录 60 余万条供检索，拓宽了档案利用途径，为利用者查全、查准提供了技术保障。

编辑说明

本书采用分类遴选档案并影印的方式，对呼和浩特市档案馆藏民国时期教育档案资料进行专题介绍。编辑过程中，为能全面、准确地反映馆藏档案情况，最大限度地为使用者提供便利，编者进行了相关整理，现说明如下：

一、本书收录的档案图版全部来自呼和浩特市档案馆馆藏，均为首次出版，时间起自1934年，止于1949年9月30日。

二、本书依据呼和浩特市档案馆藏民国时期教育档案集中反映的内容，按专题分编为教育总览卷、初等教育卷、中学教育卷、师范教育卷、学前教育卷、职业教育卷、社会教育卷七卷。每一卷均包含本卷档案概述文字资料和相应的档案图版。

三、本书各卷依据档案图版内容分类编排，各类内部以时间为序。因各卷图版所涉内容不同，故分设的类别也有所不同。各类内部又根据内容及内在逻辑，尽可能分成更小的类别，小类别不在目录及标题部分专门标注，每个小类内部均尽可能按照时间顺序排列。

四、档案图版的选择原则为内容适合篇章主题，以清晰且有代表性为主。具体选择时，参照以下原则：

（一）注重内容及事件的连贯性。如报请类呈文，尽量与上级机关的批示同时选用。针对学校教育的相关特点、具体事件，依照发展过程，逐一选择，予以收录。

（二）为保证内容完整，大部分档案尽可能选用全部页面。篇幅较大者，页面择优选用。部分花名册、统计表等以能充分展现原档案内容为主，对原件图片进行节选。

（三）个别档案中涉及部分学校迁往他地并在他地形成的档案资料，也按呼和浩特地区档案进行选择。

五、各图版序号在全书中具有唯一性，主要由三部分构成：卷名、类名、在本类中的位置。现以"图1-1-1"为例，将图序结构说明如下：

第一个"1"指卷名。如第二条所述，全书共包括七卷，编号依次为1至7。其中，教育总览卷编号为"1"。

第二个"1"指类名。教育总览卷分设"一 政策法规""二 教育制度""三 组织机构""四 教育现状""五 教育动态""六 教育活动""七 调查统计"等七类，另有"附录 内蒙古中西部沦陷时期教育总览档案"，编号依次对应1至7及"附录"。其中，"一 政策法规"类编号为"1"。不同卷次类号分别从1起排。

第三个"1"指出现在"一 政策法规"类中的第一张图。此后序号依次递增，直至本类结束。不同类别内部图序分别从1起排。

六、为方便读者查阅，档案名称以呼和浩特市档案馆拟定档案标题为主，对其中存在的缺字现象，采用编者注的方式进行补充，补字部分用六角括号"〔〕"。关于档案形成时间，无法准确判断年份的，以"□年"表示；根据同类档案推测出来的时间加"〔 〕"以示区别。

总目录

第一册

教育总览卷 …………………………………… 001

第二册

初等教育卷 …………………………………… 001

第三册

中学教育卷 …………………………………… 001

第四册

师范教育卷 …………………………………… 001

第五册

学前教育卷 …………………………………… 001
职业教育卷 …………………………………… 083
社会教育卷 …………………………………… 145

分卷目录

初等教育卷

呼和浩特市档案馆藏民国时期初等教育档案概述 …………………………… 003
一 行政工作 …………………………………………………………………… 009
  图 2-1-1 绥远省政府为转发边疆初等教育设施办法给归绥市政务委员会代电（1945年11月9日） ………………………………………………… 010
  图 2-1-2 绥远省政府为规定归绥县、市分治后教育设施办法给归绥市政府代电（1946年3月21日） …………………………………………… 016
  图 2-1-3 绥远省收复区各县市整理初等教育应行注意事项 ………… 019
  图 2-1-4 归绥市政府为制发公私立各小学校宣传日办法给公私立各小学代电（1946年4月10日） ……………………………………………… 022
  图 2-1-5 绥远省政府为废止现职军官佐属在抗战期间无力求学子女救济办法给归绥市政府代电（1946年5月11日） ……………………… 027
  图 2-1-6 绥远省政府为优待抗战阵亡将士子女就学免费给归绥市政府代电（1946年8月1日） …………………………………………………… 029
  图 2-1-7 归绥市政府为优待抗战阵亡将士子女就学免费给公私立各小学代电（1946年8月24日） ……………………………………………… 031
  图 2-1-8 归绥市政府为转优待直接参与作战官兵子弟免费就学案给第四区立国民

图 2-1-9	归绥市政府为转发各小学应行注意改进事项给公私立各小学校代电（1946年6月1日） ········ 033

学校代电（1947年8月6日）·············· 032

图 2-1-9　归绥市政府为转发各小学应行注意改进事项给公私立各小学校代电（1946年6月1日）·············· 033

图 2-1-10　绥远省政府为教育改进意见经核尚属可行给归绥市政府代电（1946年8月5日）·············· 038

图 2-1-11　绥远省政府为视察员王觉民呈送视察该市市立通顺街小学改进意见经核尚属可行给归绥市政府代电（1946年8月15日）·············· 043

图 2-1-12　归绥市政府为转省府视察员改进意见给私立崇德小学代电（1946年8月21日）·············· 044

图 2-1-13　绥远省政府为据督学宋志刚报告该校应予改进事项给省立归绥市第六中心国民学校代电（1947年4月26日）·············· 045

图 2-1-14　绥远省政府为各县市指定中心国民学校或国民学校五至十所为示范学校给归绥市政府代电（1946年6月25日）·············· 046

图 2-1-15　归绥市政府关于转发各校行文应先呈主管机关核转的代电（1947年4月23日）·············· 049

图 2-1-16　归绥市立关帝庙街小学实况及应改进事项（1946年7月5日）······ 050

图 2-1-17　归绥市政府关于该校近况暨改进事项的指示给庆凯小学代电（附庆凯小学呈文）（1946年9月20日）·············· 052

图 2-1-18　绥远省立归绥师范附属小学日志（节选）（1946年8月）·········· 060

图 2-1-19　私立崇德小学为报送三十五年度第二学期现职人员简历册、任免报告和详历、自传、保证书等致归绥市政府呈（1947年3月10日）··· 063

图 2-1-20　归绥市政府为呈报私立崇德小学教职人员简历等致绥远省政府代电（1947年6月20日）·············· 064

图 2-1-21　归绥市政府为教职人员简历册等奉省核示准予备查给私立崇德小学代电（1947年7月10日）·············· 065

图 2-1-22　归绥市初等学校学童教员数调查表和入学及失学儿童比较表（1947年7月）·············· 066

图 2-1-23　归绥市小学教育概况调查表和初等学校学级调查表（1947年7月）··· 067

图 2-1-24　归绥市政府关于区立国民学校备案应将教职员简历表暨学校概况表报府核转给第二区公所代电（附教职员简历表式和学校概况表式）（1947年7月26日）·············· 068

图 2-1-25　归绥市第二区公所为呈区立国民学校教职员简历表暨学校概况表致归绥市政府代电（附教职员简历表和学校概况表）（1947年9月5日）··· 070

图 2-1-26　归绥市第二区第十六保立国民学校教职员简历表和学校概况表（1947 年 8 月 1 日） ………… 073

图 2-1-27　绥远省归绥市第四区第十一保国民学校义务教员张俊杰自传（1947 年 12 月 10 日） ………… 074

图 2-1-28　私立冀成小学概况［1947 年］ ………… 076

图 2-1-29　归绥市政府为呈报小学概况表致绥远省政府代电（1948 年 3 月 27 日） ………… 089

图 2-1-30　归绥市临时政务委员会关于从速筹备开设中心小学及遴选教育人材的训令（1945 年 10 月 22 日） ………… 092

图 2-1-31　归绥市第四区公所为报送私塾改为保国民小学校调查表致归绥市政府代电（1946 年 4 月 9 日） ………… 094

图 2-1-32　归绥市政府为颁发各区设立区立小学计划大纲给第四区公所代电（1946 年 4 月 9 日） ………… 096

图 2-1-33　绥远省纯一救济院附设平民义务小学校简章（1946 年 4 月 27 日） ……… 099

图 2-1-34　中国回教协会绥远省分会为回教小学更换校名致绥远省政府代电（1947 年 3 月 31 日） ………… 103

图 2-1-35　归绥市第二区公所为区立国民学校成立日期备案致归绥市政府代电（1947 年 7 月 17 日） ………… 105

图 2-1-36　归绥市政府为呈报第二区立国民学校成立情形致绥远省政府代电（1947 年 11 月 27 日） ………… 107

图 2-1-37　私立冀成、忠恕等小学校为私立小学联谊会成立致归绥市政府呈（附简章及职员简历表）（1949 年 4 月 14 日） ………… 108

图 2-1-38　归绥市第四区公所为呈送中心国民学校证章式样致归绥市政府代电（1947 年 5 月 6 日） ………… 113

图 2-1-39　归绥市政府为国民学校佩用证章冠以中心字样于法不合给第四区公所代电（1947 年 6 月 8 日） ………… 115

图 2-1-40　归绥市第二区立国民学校为呈钤记启用日期及钤模致归绥市政府代电（1947 年 10 月 13 日） ………… 116

图 2-1-41　归绥市政府为该区十六保国民学校佩用证章姑予备查给第二区公所代电（1947 年 11 月 24 日） ………… 117

图 2-1-42　归绥市第二区公所为该校佩用证章经呈奉市府姑予备查给第十六保国民学校代电（1947 年 11 月 26 日） ………… 118

图 2-1-43　归绥市政府为将私造钤记送府销毁给私立圣家女子小学校董事会代电

　　　　　　（1947年6月12日）………………………………………………………………… 119

图2-1-44　绥远省保安司令部为归绥市第三小学更换证章致归绥市警察局代电（附证章式样）（1948年5月25日）………………………………………… 120

图2-1-45　绥远省教育厅为颁发绥远省省会教育人员座谈会简则给归绥市政府代电（1946年6月）…………………………………………………………… 123

图2-1-46　归绥市立庆凯桥中心国民学校提案 ………………………………………… 125

图2-1-47　私立崇德小学教育提纲 ……………………………………………………… 129

图2-1-48　阜兴营小学教育提纲 ………………………………………………………… 130

图2-1-49　绥远省立第四小学提案五则 ………………………………………………… 131

二　经费管理 ……………………………………………………………………………… 133

图2-2-1　归绥市政府为转发修正绥远省捐资兴学暨奖金褒奖办法给各公私立小学、各区公所代电（附办法）（1946年5月20日）……………………… 134

图2-2-2　绥远省政府为增加各小学办公费等情合电遵照给归绥市政府代电（1946年8月1日）………………………………………………………… 137

图2-2-3　归绥市政府为规定西龙王庙村小学教员待遇暨公杂费数目给第四区公所代电（1947年1月30日）…………………………………………… 139

图2-2-4　归绥市第四区公所为规定西龙王庙村小学教育待遇及公杂费数目给第十一保代电（1947年1月31日）…………………………………………… 140

图2-2-5　归绥市第二区公所第十六保办公处为呈报保立国民学校筹办经费业已按户筹办致归绥市政府代电（1947年7月17日）………………………… 141

图2-2-6　归绥市第二区公所为转所属第十六保立国民学校三、四、五月份预算等情致归绥市政府代电（附预算表）（1947年7月26日）………………… 142

图2-2-7　归绥市第二区第十六保立国民学校为呈教职员三、四、五月份经费如数收支完竣致归绥市第二区公所代电（1947年7月31日）………………… 144

图2-2-8　归绥市政府为不得收取学杂费如有特殊情形需事先呈准方可收取费用给第四区公所代电（1947年8月7日）……………………………………… 145

图2-2-9　归绥市第二区公所为呈三十六年度地方教育经费查报表致归绥市政府代电（1948年5月19日）…………………………………………………… 146

图2-2-10　归绥市第二区公所第十六保立国民学校三十六年度地方教育经费查报表 ………………………………………………………………………… 148

图2-2-11　归绥市第二区公所十六保国民学校动产调查表（1948年6月5日）… 149

图2-2-12　绥远省政府为抄发保国民学校及乡镇中心国民学校基金筹集办法给归绥市

图 2-2-13　归绥市第二区公所为区立国民学校教育经费在基金未筹妥以前可否向保内摊派致归绥市政府代电（1947年9月7日）……152

图 2-2-14　归绥市政府为学校经费编制表准予备查及准予基金未筹妥前由各保摊派致第二区公所代电（1947年9月23日）……154

图 2-2-15　归绥市第二区公所为区立国民学校开办费暨基金等拟向富户劝募致归绥市政府代电（1947年9月8日）……155

图 2-2-16　归绥市第六区第九保国民学校为补助费现已支配完竣致归绥市政府代电（1947年10月15日）……160

图 2-2-17　归绥市政府为转市参议会请愿案关于请求补助区立国民学校经费处理情形给第二区公所代电（1947年10月25日）……162

图 2-2-18　归绥市第五区第十保国民学校为呈报补助费开支情形致归绥市政府代电（附单据）（节选）（1947年10月25日）……163

图 2-2-19　归绥市政府为第十保国民学校补助费开支情形应予备查给第五区公所代电（1947年11月30日）……167

三　教务工作……168

图 2-3-1　绥远省政府为抄发实施二部制办法及巡回施教办法给归绥市政府代电（1946年6月3日）……169

图 2-3-2　归绥市政府为转发实施二部制办法给公私立小学代电（1946年6月13日）……178

图 2-3-3　归绥市政府为一年级学生数目众多应采用二部制以利教学给庆凯、通顺、小召、关帝、忠恕、慈惠等小学校代电（1947年4月10日）……179

图 2-3-4　归绥市立小召街中心国民学校为呈报一年级学生采取二部制之半日制实施教学致归绥市政府代电（1947年4月15日）……180

图 2-3-5　私立慈惠小学为一年级学生人数众多采用二部制之半日制以利教学致归绥市政府呈（1947年4月17日）……181

图 2-3-6　归绥市政府为一年级学生采取半日二部制应改为全日间时二部制给小召街中心国民学校代电（1947年4月21日）……182

图 2-3-7　归绥市政府为一年级实施二部半日制教学准予备查给慈惠小学代电（1947年4月23日）……183

图 2-3-8　绥远省政府为抄发实施二部制应注意事项给归绥市政府代电（1947年5月23日）……184

图 2-3-9 归绥市第二区第十六保立国民学校为决定实施半日二部制致归绥市政府代电（1947年6月12日）……188

图 2-3-10 归绥市政府为转发采用小学训育标准挂图并向新亚书店洽购给第四区立国民学校代电（1947年5月27日）……189

图 2-3-11 归绥市第一区公所呈请发给小学教科书及归绥市政府核办发的批示（1946年4月27日）……190

图 2-3-12 绥远省政府为领用民众课本及小学课程标准给省立回教小学代电（1946年11月5日）……192

图 2-3-13 归绥市政府关于将所有音乐教材于五日内抄报的代电（1947年8月16日）……193

图 2-3-14 归绥市政府关于音乐教材呈报办法的代电（1947年9月7日）……194

图 2-3-15 私立冀成小学校为呈报音乐教材致归绥市政府代电（附音乐教材）（1947年9月13日）……195

图 2-3-16 归绥市政府为转国定本各科课本勘误补遗（三）给第四区立国民学校代电（附勘误补遗）（1947年11月6日）……204

图 2-3-17 归绥市政府为转介绍商务印书馆北平分馆新编《新小学文库》给第四区立国民学校代电（1947年11月9日）……211

图 2-3-18 归绥市政府关于颁发教育文库阅读办法的代电（附办法）（1948年9月3日）……212

图 2-3-19 归绥市政府通知举行小学四年级奖学金考试并召集校长开会讨论进行事宜的代电（1946年3月9日）……214

图 2-3-20 归绥市政府关于开会当众转发学生奖金的代电（1946年12月18日）…215

图 2-3-21 归绥市政府为呈送市属公私立小学四年级学生奖学金考试录取学生一览表暨单位成绩比较一览表致绥远省政府代电（附表）（1946年12月19日）……216

图 2-3-22 归绥市第四区立中心小学校第一年级第一学期总分数簿（节选）（1948年12月23日）……219

图 2-3-23 归绥市第二区公所通知区立国民学校开学日期的代电（1947年9月10日）……222

图 2-3-24 归绥市第二区公所为呈报第十六保国民学校由十月一日起暂行停课及归绥市政府准予备查的代电（1948年11月22日）……223

图 2-3-25 土默特小学训导课办事细则……225

四 总务工作……231
 图 2-4-1 绥远省喇嘛印务处为请令知小召街市立小学校免擅毁宗教建筑及缴纳房租致归绥市政府公函（1947 年 2 月 27 日）……232
 图 2-4-2 崇福寺（小召）为请拨发市立小召街小学房租致归绥市政府呈（1947 年 3 月 6 日）……234
 图 2-4-3 绥远省政府关于注意校舍倾圮坍塌以免发生危害的代电（1947 年 7 月 9 日）……235
 图 2-4-4 归绥市第二区第十六保办公处为保立国民学校建筑教室开工备案致归绥市第二区公所代电（1947 年 7 月 23 日）……236
 图 2-4-5 归绥市政府关于转发全省各小学学生夏季制服图样的代电（附绥远省政府代电）（1946 年 4 月 22 日）……237
 图 2-4-6 绥远省政府关于各级学校学生穿着军服者即予纠正的代电（1946 年 7 月 26 日）……240
 图 2-4-7 归绥市政府关于小学学生身着军服者即予纠正的代电［1946 年 8 月 1 日］……241
 图 2-4-8 归绥市第二区第十六保国民学校为呈报学生徽章式样及佩用日期致第二区公所代电（附徽章图样和领取名次表）（1947 年 10 月 28 日）……242
 图 2-4-9 归绥市第二区公所为转呈本区第十六保国民学校校徽模样及佩用日期致归绥市政府代电（1947 年 11 月 15 日）……245

五 教师管理……246
 图 2-5-1 归绥市临时政委会委任史执信、李丛林、闫秉贞分别为市立第一、第二、女子小学校长以及派员整理图书馆和民众教育馆的新闻稿……247
 图 2-5-2 归绥市第五区第十一保（桥靠村）为聘岳如巘任保小学教师致归绥市政府呈（1947 年 2 月 22 日）……248
 图 2-5-3 归绥市政府为五区十一保成立国民学校并聘岳如巘任校长兼教员致绥远省政府代电（附人员任免报告表）（1947 年 5 月 9 日）……249
 图 2-5-4 绥远省政府为核示该市第五区十保及十一保国民学校教员任用给归绥市政府代电（附人员任免报告表）（1947 年 6 月 7 日）……251
 图 2-5-5 归绥市第二区公所为呈区立学校校长暨教员等到职日期致归绥市政府代电（1947 年 9 月 6 日）……254
 图 2-5-6 归绥市政府为报第二区立国民学校校长王从礼等四员历传等件请核示致绥远省政府代电（1947 年 10 月 13 日）……255

图 2-5-7　绥远省政府为所请核任该市第二区立国民学校职教员一节在该校未请准设立前暂不批示给归绥市政府代电（1947年10月31日） ……… 256

图 2-5-8　绥远省政府为核示该市第二区区立国民学校教员任用给归绥市政府代电（附人员任免报告表）（1947年12月15日） …………………… 257

图 2-5-9　归绥市政府为转现任小学教师在战乱"剿匪"期间暂准放宽缓召尺度给第二区公所代电（附国防部教育部呈）（1947年12月1日） 259

图 2-5-10　归绥市政府为转降低兵役法所定小学教师缓召标准之统一规定致第二区公所代电（1947年12月25日） ……………………………… 260

图 2-5-11　归绥市政府为区立国民学校王丛礼等四员核准任用给第二区公所代电（1947年12月29日） ……………………………………… 261

图 2-5-12　归绥市政府为奉省核示该校教员王世礼准予三月一日补实给庆凯桥中心国民学校代电（1948年4月6日） ……………………… 262

图 2-5-13　私立冀成小学为拟任教员致归绥市政府代电（1949年5月12日） … 263

图 2-5-14　归绥市政府关于转发自三十八学年度起各小学任用教职员应依照规定办理的代电（1949年7月14日） ………………………………… 264

图 2-5-15　绥远省归绥市政府工作人员任免报告表（各学校民教部教员）（1947年） …………………………………………………………… 266

图 2-5-16　归绥市立关帝庙街中心国民学校人员任免表（1949年） ………… 267

图 2-5-17　归绥市立关帝庙街中心国民学校为呈送民教部教员赵星安详历自传保证书等件致归绥市政府代电（附任免表）（1947年9月20日） …………………………………………………………… 268

图 2-5-18　归绥市立关帝庙街中心国民学校为呈报民教部教员赵星安试用期满拟补任实职致归绥市政府代电（附考核表和请委姓名表）（1948年1月26日） ………………………………………………… 270

图 2-5-19　归绥市政府为呈报关帝庙街中心国民学校民教部教员赵星安服务期满请补任实职致绥远省政府代电（1948年2月23日） 273

图 2-5-20　归绥市政府为呈报私立慈惠小学校长及教职员历传致绥远省政府代电（1947年5月15日） ……………………………………………… 274

图 2-5-21　刑事警察队调查巧尔齐召北方中山学校校长杨在田和教员范建忠等略历与活动情况报告（附杨在田报告）（1947年6月24日） ………… 275

图 2-5-22　归绥市第二区公所为呈本区区立国民学校现职人员自传详历保证书暨简历册箕斗册致归绥市政府代电（1947年9月30日） …… 281

图 2-5-23　归绥市第二区公所为呈各校教职员生调查表致归绥市政府代电（1948年

　　　　　　5月10日）………………………………………………………………… 282
　　图 2-5-24　私立冀成小学教员王美侠个人简历自传保证书等（1948年）……… 285
　　图 2-5-25　归绥市三十七年度小学教员平时工作成绩考核表（节选）………… 290
　　图 2-5-26　归绥市三十七年度小学教员甄训暂行办法 …………………………… 293

六　学生管理……………………………………………………………………………… 294
　　图 2-6-1　归绥市立恒昌店巷女子小学概况调查表（节选）（1946年10月19日）
　　　　　　………………………………………………………………………………… 295
　　图 2-6-2　归绥市私立成德小学为报蒙籍学生及新生一览表致归绥市政府呈（节选）
　　　　　　（1946年12月5日）…………………………………………………………… 296
　　图 2-6-3　私立圣家女子小学为呈报各级学生一览表致归绥市政府代电（节选）（1946年
　　　　　　12月5日）………………………………………………………………………… 298
　　图 2-6-4　归绥市立恒昌店巷女子小学为报各年级学生姓名册致归绥市政府呈（节选）
　　　　　　（1946年12月6日）…………………………………………………………… 303
　　图 2-6-5　归绥市政府为呈送庆凯等十小学编级生降级生退学生一览表致绥远省政府
　　　　　　代电（1947年1月17日）…………………………………………………… 308
　　图 2-6-6　绥远省政府为庆凯等十小学编级生等表准予备查给归绥市政府代电（1947年
　　　　　　2月1日）………………………………………………………………………… 310
　　图 2-6-7　归绥市政府为印发蒙籍学生调查表给第四区立国民学校代电（1947年11月
　　　　　　9日）……………………………………………………………………………… 311
　　图 2-6-8　归绥市政府为印发蒙旗学生调查表给关帝庙小学代电（1948年8月31日）
　　　　　　………………………………………………………………………………… 312
　　图 2-6-9　归绥市庆凯桥中心国民学校三十七年度学生花名清册（节选）…… 313

七　教育活动……………………………………………………………………………… 320
　　图 2-7-1　绥远省儿童节纪念大会筹备会为本年儿童节讲演竞赛会注意事项给归绥市
　　　　　　立关帝庙街学校函（附《绥远省三十五年度儿童节儿童活动指导大纲》）
　　　　　　（1946年5月7日）……………………………………………………………… 321
　　图 2-7-2　归绥市第二区区立第一小学为举行开学典礼请派员指导致归绥市政府教育科
　　　　　　签呈（1947年3月16日）……………………………………………………… 325
　　图 2-7-3　归绥市政府为召开儿童节游艺会议给庆凯、通顺、小召等学校函（附各校
　　　　　　游艺项目表单）（节选）（1947年5月4日）……………………………… 326
　　图 2-7-4　归绥市第二区区立国民学校为举行校庆纪念日运动会游艺会请届时参加

莅临指导致刘建明、李定中公函（1949年9月11日）……………… 334

附录　内蒙古中西部沦陷时期初等教育档案……………………………… 335

　　图 2-附录 -1　"察镇乡立小学"呈报教员岳浦到差日期暨将公物点交清楚等情
　　　　　　　　及"厚和市公署"姑准备查的指令（1938年11月4日）…… 336
　　图 2-附录 -2　"厚和市纯一善社附设小学校"简章 …………………………… 340
　　图 2-附录 -3　"厚和市纯一善社附设贫民小学校"校董名单 ………………… 343
　　图 2-附录 -4　"三合村天主堂私立崇仁初级小学校"为请准予立案致"厚和市公署"呈
　　　　　　　　（附课程表学生数目表教职员履历表）（1939年10月2日）…… 345
　　图 2-附录 -5　"厚和市"初等教育调查表 ……………………………………… 350
　　图 2-附录 -6　"厚和市立各小学校"概况一览表（1941年4月）……………… 351
　　图 2-附录 -7　"厚和市立苏府街启智小学校"为呈送增班开办费支付决算书
　　　　　　　　致"厚和特别市公署"呈（附决算书）（1938年5月27日）
　　　　　　　　………………………………………………………………… 352
　　图 2-附录 -8　"厚和特别市公署"为增班开办费支出决算书准予备案致"厚和市立
　　　　　　　　苏府街启智小学校"令（1938年6月8日）…………………… 356
　　图 2-附录 -9　"厚和市公署"为该校开办费剩余之款已照数兑收给"市立乐群小学校"
　　　　　　　　的指令（1938年6月16日）………………………………… 358
　　图 2-附录 -10　"厚和市立牛桥街崇信小学"为呈送整修房顶临时费决算书暨粘据簿
　　　　　　　　致"厚和市公署"呈（附决算书）（1938年7月1日）………… 360
　　图 2-附录 -11　"厚和市公署总务科教育股"为送市立各小学财产调查表致"厚和市
　　　　　　　　公署财务科"函（1938年3月25日）………………………… 363
　　图 2-附录 -12　"厚和特别市公署"为请拨发小学教科书致"蒙古联盟自治政府政务院"
　　　　　　　　呈文（1938年4月26日）…………………………………… 378
　　图 2-附录 -13　"巴彦塔拉盟公署"关于速呈小学教科书需要数目的训令（附部数表）
　　　　　　　　（1940年3月11日）………………………………………… 380
　　图 2-附录 -14　"厚和市公署"关于施行语学检定试验各项规程的训令（附"巴彦
　　　　　　　　塔拉盟""政务院"训令及规程）（1940年6月24日）……… 382
　　图 2-附录 -15　"厚和市立第六小学校"为报初等学校教科目资料致"厚和市公署"
　　　　　　　　呈（附资料表）（1940年12月9日）………………………… 389
　　图 2-附录 -16　"厚和市立苏府街启智小学"为日本体育专家到校指导日本新体操
　　　　　　　　情况致"厚和市公署行政科"函（1938年9月8日）………… 392
　　图 2-附录 -17　"厚和市公署"为到差暨开学日期和学生册准予备查给乡立朱尔沟、

	西乌素图等 8 所小学指令（附朱尔沟乡立小学校呈文）（节选）（1938 年 9 月 11 日） …… 393
图 2-附录-18	"厚和市立苏府街启智小学"为报日语教员张庆善到校授课日期致"厚和市公署"呈（1938 年 4 月 4 日） …… 398
图 2-附录-19	"厚和特别市公署"为日语教员唐成良任职日期准予备查给"牛桥街崇信小学"的指令（1938 年 4 月 14 日） …… 400
图 2-附录-20	"厚和市公署"委任邹明云为"市立第二、四、五、十二小学"日语教员的训令（附委任状）（1938 年 12 月 1 日） …… 401
图 2-附录-21	"厚和特别市立第四小学校"为报日语教员邹明云到差日期致"厚和特别市公署"呈（节选）（1938 年 12 月 6 日） …… 404
图 2-附录-22	"厚和特别市立第二小学校"为报日语教员邹明云到差日期致"厚和特别市公署"呈（1938 年 12 月 9 日） …… 406
图 2-附录-23	"刘家营乡立小学校"呈报学校近况及"厚和市公署"设法促令学生到校的指令（1938 年 10 月 7 日） …… 408
图 2-附录-24	"厚和特别市公署"关于举行"第一届市立小学联合运动大会"的函（1938 年 6 月 21 日） …… 412
图 2-附录-25	"厚和市警备司令部"因"剿匪"无队可派警卫运动大会致"厚和特别市公署"的公函（1938 年 7 月 3 日） …… 416
图 2-附录-26	"厚和市第一届市立小学联合运动大会"宣言（1938 年 7 月 4 日） …… 417
图 2-附录-27	"厚和特别市公署"为举行"厚和特别市秋季大运动会"请届时莅临训示致"蒙古联盟自治政府政务院"呈（1938 年 9 月 8 日） … 418
图 2-附录-28	"厚和特别市公署"关于举行"厚和特别市秋季大运动会"的函（节选）（1938 年 9 月 8 日） …… 420

后　记 …… 423

初等教育卷

呼和浩特市档案馆藏
民国时期初等教育档案概述

  初等教育是学校教育制度中的重要一环，是基础教育的有机组成部分。根据"壬戌学制"，民国时期的初等教育修业年限为6年，并分为两级，初级小学4年，高级小学2年，其中初级小学可以单设。呼和浩特市档案馆关于民国时期的初等教育档案馆藏较为丰富，本卷整理出来的档案有行政工作类49件、经费管理类19件、教务工作类25件、总务工作类9件、教师管理类26件、学生管理类9件、教育活动类4件，另附有内蒙古中西部沦陷时期档案28件。这些珍贵的历史档案为后人勾勒了1935年至1949年这一特殊历史时期呼和浩特地区初等教育发展的原始样态，值得更多教育学界及社会学界研究者关注。

  这一时期的国家及地方教育行政部门十分重视教育立法工作，相继出台了许多初等教育政策法规，从制度上保障了初等教育的良性发展。其中，有3件档案尤为重要，堪称这一时期呼和浩特地区初等教育发展的纲领性文件。一是教育部1945年11月颁发的《边疆初等教育设施办法》。该文件对边疆地区初等教育的办学提出了一系列规范和要求，包括办学性质、服务对象、课程、教材、经费等，不仅体现了国家对边疆教育的高度重视，还为发展缓慢滞后的边疆教育指明了努力方向。其中关于教材有这样的表述："各科教材内容须力谋切合边地情形，并依据中华民族为一整个国族之理论，激发爱国精神，泯除地域观念与狭义的宗族观念所生之隔阂。"它同时提倡在边远游牧地区或人烟稀少地区设立流动性学校或学级，并对其有着相关设备配置要求，这种因地制宜的办学形式对后期在内蒙古地区出现的"马背学校""草原流动幼儿园"等产生了深远影响。二是教育部颁布的《国民学校法》（1945年9月）及其配套文件《国民学校及中心国民学校规则》（1947年3月）。文件中对国民教育的宗旨及内涵做了明确规定，指出国民教育包括6—12岁学龄儿童应受之基本教育，以及已逾学龄未受基本教育之失学民众应受之补习教育。此外，还从课程、教材、训育、设备、成绩考查、入学及毕业、休假、经费等方面做了详细说明。三是1946年颁布的《各小学应行注意改进事项》。该文件从行政组织、教学、训导三个方面对全省的初等教育发展做了总体部署。其中，"每周应开教学研究会""校长对教员之教学应常加辅导，并鼓励各同人互相观摩教学，每人每周至少须观摩其他同人教学一次""训育方法应多用积极的鼓励，绝对废止体罚苛罚""定期举行家庭调查访问，多与家长联络，并举办家庭教育班"等举措，不仅有利于教师的专业发展及儿童的学习成长，还非常符合现代教育理念。

在行政工作方面，各级教育行政部门事无巨细，严格规范管理。例如，私立圣家女子小学未经立案而私造钤记，被查处后责令立即销毁；关于学校命名，原回教小学历史悠久，且是当地回族群众入学求教的一个中心，校董会呈请将现校名中的"第六"字样恢复原貌，从而更加符合民情；《绥远省三十五年度儿童节儿童活动指导大纲》附有各个学校的游艺项目表单。为了掌握各个县市的教育状况，并对其施以切实辅导，上级主管教育部门会不定期委派督学对各小学进行督导检查，并及时纠误，从而引领初等教育的有序、规范、健康发展。档案中就有省级视察员在对市立通顺街小学视察之后，提出了"捐资兴学""各校互相观摩、互励互助"等建设性的整改意见；在对私立崇德小学视察之后，严正指出其师资、教材、活动等方面的错误，起到了很好的教育监督作用。抗战期间，各地小学遭到了极大破坏，抗战胜利后地方事业百废待兴，教育经费又捉襟见肘，而国民学校质和量的发展又必须兼顾，为此，从1946年开始，教育主管部门要求一方面尽量增设学校，使办学规模达到每个乡镇有一所中心国民学校、每保有一所国民学校，确保学龄儿童都能有机会接受义务教育；另一方面需要每个县市遴选出5—10所中心国民学校或国民学校，成为当地的示范学校，对其在办公经费上给予优先倾斜，使它们校舍完善、设备充实、师资健全，并在当地学校中充分发挥辐射作用，带动区域教育的发展。这一举措为当时呼和浩特地区初等教育的发展提供了重要契机。

在教学组织形式方面，比较具有时代特色的是"二部制"。关于此主题的档案数量较多，便于我们对它有更深层次的了解。内蒙古地域辽阔，百姓居住分散，为使各地的小学发挥最高效能，即使在教师和教室相对紧缺的情况下，小学也是尽力做到"应收尽收"，最大限度地让学龄儿童受到正规初等教育。"二部制"在当时被认为是"既便于教学又可救济一部分失学儿童"的较好的教学形式，它以两个教室相连或者一个教室做"日字形"或"曲尺形"从中间隔开，同时容纳两个班级同程度或异程度的儿童，然后由一个教员往复施教。当时的"二部制"，主要是在每班人数超过 80 名学生的小学一年级（或扩展到低年级）中实施，其组织形式变化多样，还可根据各校的实际情况细分为全日二教室二部制、全日一教室二部制、半日二部制、全日半日混合二部制、间日二部制等。历史上的"二部制"在学校软、硬件设施设备都极为紧张的条件下发挥过重要作用，现今在我国一些边远农村地区，仍然继续发挥着余热。

在课程与教材建设方面，这一时期初级小学（1—4 年级）的课程主要包括团体训练、音乐、体育、国语、算术、常识、国画、劳作等 8 门，高级小学（5—6 年级）的课程除以上 8 门，另设有社会（公民、历史、地理）和自然。可以看出，这一时期的初等教育课程设置注重儿童国民道德素质培养及其身心健康发展训练，并且授以基本知识技能及生活常识，能较好地促进儿童的全面发展。这一时期的教材用书，以国定本教科书或教育部审定的课本为主，同时也提倡各地编写地方性教材及补充读物。在档案中，不仅可以看到对国定本各科课本的勘误补遗，还有小学训育标准挂图，以及《土默特小学训导课办事细则》等。值得注意的是，当时各小学所用的教材，大部分都是经教育部审定合格的，但因为当时交通不便、运输不畅，加之时有战乱的缘故，开学时正规教材并不能完全按时发放到学生手中，有许多课程只能用手抄本教材或临时用其他教材来代替。教材是教学质量生成的基本要素，它的缺失势必会在一定程度上阻碍初等教育向更高水平发展。

在教师管理方面，学校每年会有 1/5 的教师公费进修名额，以此帮助教师不断提升自身素养和教学水平。绥远省每月举办一次省会教育人员座谈会，邀请教育学者、名人、专家做专题演讲，并要求归绥地区的公私立学校教师全员参加。在 1948 年出台的《归绥市三十七年度小学教员甄训暂行办法》中，就专门涉及教师的职后培训问题。教师一般会在寒暑假接受培训，培训科目包括国文、算术、常识、训话，最终的培训评价由三部分成绩构成，其中平时积分占 20%，学识测验占60%，讲习会成绩占20%。《私立冀成小学教员王美侠个人简历自传保证书等》（1948年）等系列档案，也是比较珍贵的原始资料。其要求自传必写的12项要点中，"对古人及时人最钦佩的是谁，最厌恶的是谁""对国家现况之观感"等是比较有意义的话题，能从侧面折射该教师的精神境界及道德水准。一位教师的原始档案中就表示"办教育是超人一等，为最神圣的工作"，他最钦佩的是古人岳飞精忠报国，显示了其深沉的爱国情怀。在《归绥市三十七年度小学教员平时工作成绩考核表》中，可以看到分操行、意识、教学能力、工作成绩四大方面对教师进行考核。从表中所列小学教师的职前教育情况来看，一般是由巴盟师范、绥远省立女子师范、大同师范、行唐简易师范学校、绥远中学等学校毕业。此时的教师入职门槛还比较低，一些中学毕业学生也得以加入小学教师队伍。但到了1949年7月，对小学教师入职资格就有了明确规定，要求必须满足以下条件之一者方可任用：①师范学校毕业者；②旧制师范学校本科或高级中学师范科或特别师范科毕业者；③高等师范学校或专科师范学校毕业者；④师范学院或大学教育学院教育科系毕业者；⑤经检定合格者；⑥简易师范学校及简易师范科毕业，曾任教员两年以上或曾参加假期训练三次成绩合格者。教师队伍建设是推动教育改革与发展的根本力量，以上对于教师入职资格的严苛规定，保证了小学教师队伍的整体素质和水平，也是中华人民共和国成立后呼和浩特地区初等教育得以进入正规发展的重要保证。当时的小学教师俸给按4个等级来划分，从初级科任教师到高级科任教师，每月薪给80—90元。结合当时的社会发展水平来看，教师待遇偏低，很多教师甚至都不能维持正常的生活开销，稍有能力者大都另图他就，导致教师队伍并不太稳定，师资水平普遍不高。

在学生管理方面，各级教育行政部门也从多方面做了明确要求。例如，由省教育厅规定小学生制服图样和徽章式样，各小学依照缝制；小学学生身着军服者要立即纠正。对学生的评价以考试成绩为主，除平时考查，还会分别举行临时考试、学期考试、毕业考试来确定儿童的学业成绩。在一份教育提纲中，明确列出了对于偷盗、不合群、好哭、体罚、逃学等五类学生该如何施教的问题大纲，可见此时的教育已开始关注学生的个体差异及个性发展，对学生当中的特殊人群给予重点关注，并尝试探索正确的教育方式。另外，还有提倡女子入学的专门档案，意在向社会、学校及家庭普及"男女平等"的现代理念。

值得注意的是，彼时的初等教育，不仅肩负着小学教育的基本职责，还在内涵上从两端都做了延伸，大大拓展了其服务面和社会功能。一方面，它向下延伸至学前教育,国民学校及中心国民学校普遍附设有幼稚园;另一方面,它向上拓展,同时还兼有社会教育的历史使命。鉴于当时国民素质普遍低下的实情,正好利用小学现有的校舍和师资,对广大民众实施补偿性的社会教育。在小学进行的社会教育招生对象为已逾学龄至45岁的公民,教育内容分为两部分,即民众补习教育和抗敌宣传。补习教育分初级和高级两个阶段,初级班学习时间为4至6个月,高级班学习时间为6个月至1年,各级还分为成人班和妇女班。教学内容一开始按公民训练、国语、习字、音乐、算术和体育等6项进行,到1942年保留了前四项而删减了后两项。它选择在儿童班上课时间以外进行,利用民众的闲暇时间(主要是晨间或晚间),每天学习两小时,教材为部编民众学校课本乙种两册。抗敌教育各小学一般每周举行一次,大都以报告时事、讲述古今民族英雄故事或通俗讲演等形式进行。此外,对民众的社会教育也侧重巡回施教的方法,深入边地居民聚居地开展宣传劝学活动。

当然,这段特殊历史时期的初等教育政策及其实践也不乏人文色彩,散发着爱国情怀、道德关怀和"以人为本"的思想。例如,教育主管部门发文令各公私立小学优待抗战阵亡将士子女以及直接参与作战官兵子弟,自1946年起各学校在招收新生和插班生时,以上两类儿童将予以优先考收并免费就学。另有关于小学教师在战乱期间暂准放宽缓招尺度的规定。战后文化复兴工作十分艰巨,初等教育师资尤为缺乏,当局能从社会及教育发展的实际出发,优先满足教学需求,足见对教育工作的重视。还有救济院附设平民义务小学简章,充分考虑到特殊儿童群体的实际情况和教育需求,特设立小学帮助他们更好地学习和发展。

综上所述,本书所陈民国时期呼和浩特地区的初等教育档案,时间跨度并不算长,但由于此阶段复杂的社会历史背景,使之成为新旧教育体制更迭交替的重要历史阶段,在教育史上发挥着承前启后的重要作用,还有待更为深入的研究。

一 行政工作

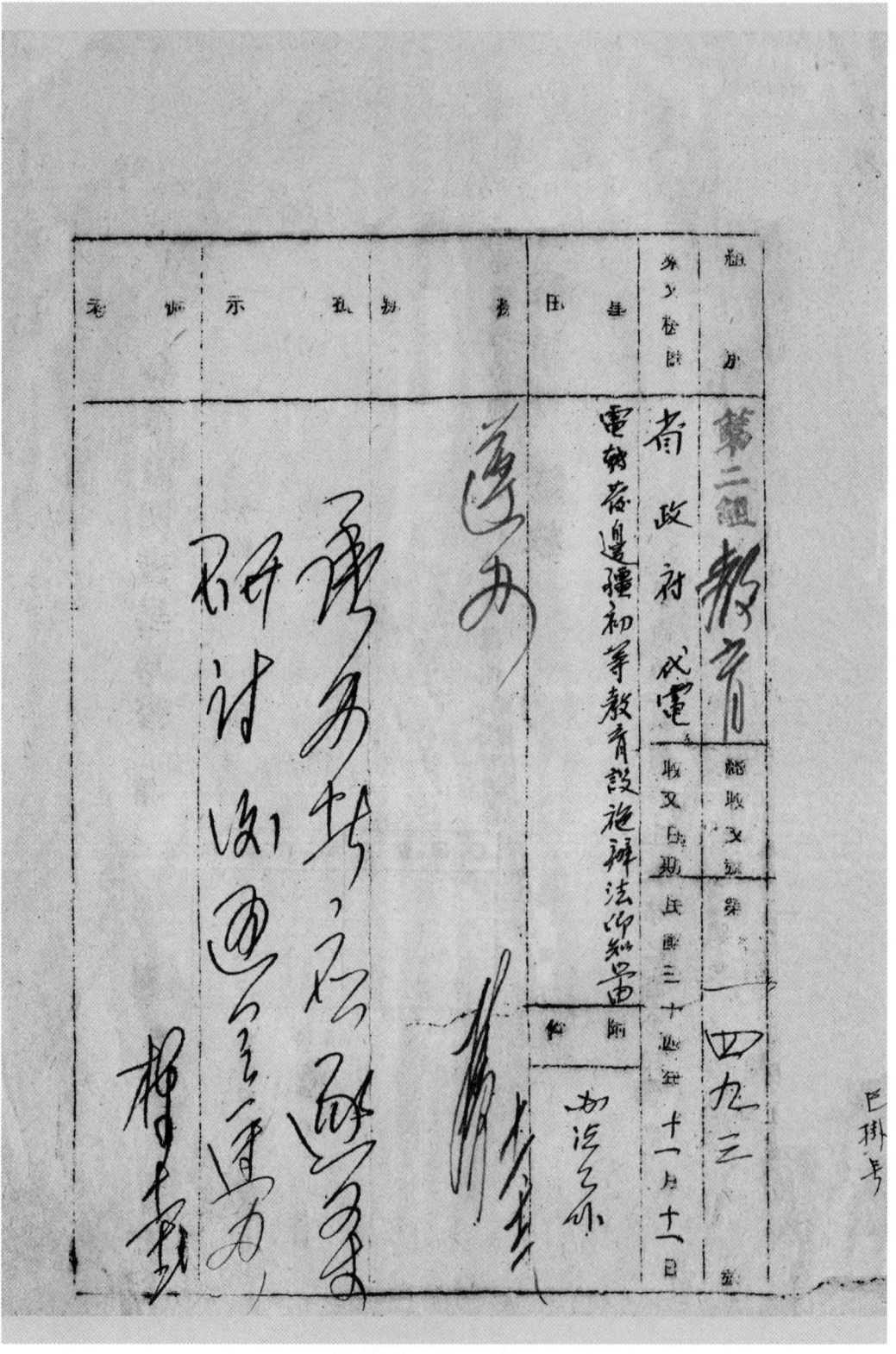

图 2-1-1 绥远省政府为转发边疆初等教育设施办法给归绥市政务委员会代电（1945年11月9日）（一）

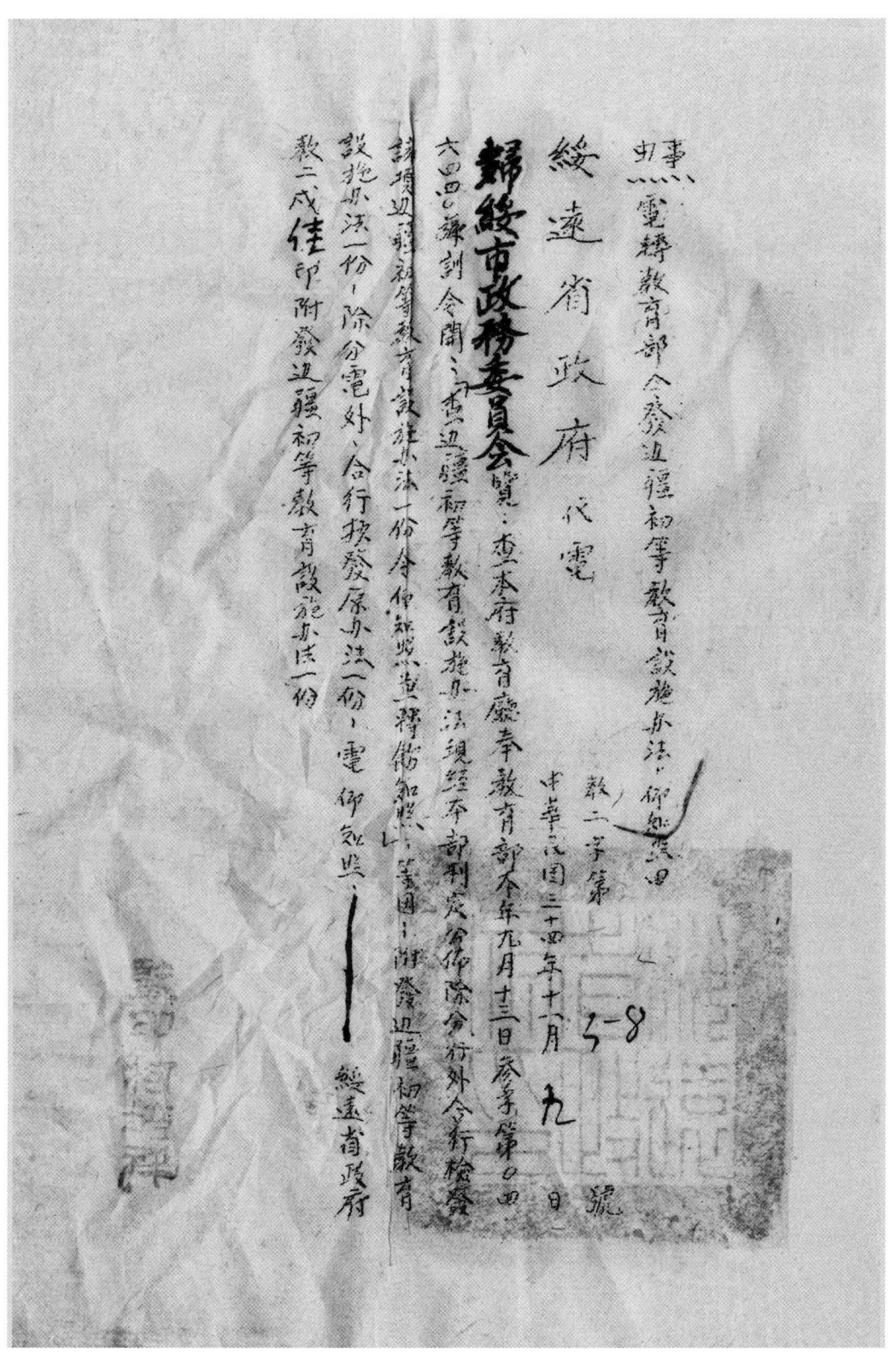

图 2-1-1　绥远省政府为转发边疆初等教育设施办法给归绥市政务委员会代电（1945年11月9日）（二）

第一條 邊疆初等教育設施辦法
第二條 邊疆小學之設施除法令另有規定外依本辦法辦理
第三條 邊疆小學以地方設立為原則私人團體亦得設立邊疆小學以所在地地名為校名不得冠以宗族或宗教名詞
第四條 私立邊疆小學應採用專有名稱
第五條 邊疆小學得招收當地各族學生混合編入各班級教學
第六條 邊疆小學之民眾失學民眾補習教育在必要時得酌給津貼或兼施失學民眾補習教育
第七條 邊疆小學似兼辦社會教育側重於興施教方法深入邊民集居
第八條 邊疆童軍童子軍
第九條 邊疆小學課程暫以國民學校法規之規定但國語科與語文應依據當地情形並依據中華民族宗族觀念所生之理論編教材內容須努力謀形成國族之理論愛國精神洗除地域觀念與狹義民族觀念
第十條 邊疆小學訓育綱要及其他有關小學訓育法令之規定均應依照一律教育部頒訂
令之規定實施邊疆小學寒暑假及例假每學期得視實際情形斟酌變更惟每學年應授課日數不得少於二百九十五天
第十一條 邊疆小學之設備除依照國民學校法規之規定外斟酌地方情形辦理外應有左列各項之設備

第十二條 （二）内地文物挂图
（三）党国旗及国父遗像国民政府主席肖像
边远游牧地方或人烟稀少区域得酌减或减少学校或学级其设备如下
（一）账幕及骆马或草架等（二）折合写字架生毡或替桌
（三）图书仪器标本之装架机八其形式得一经适当之堆叠即成
陈列架不必时常拆卸等
（四）预备充分之药品
（五）乐器及小型幻灯收音机等
（六）第十一条（二）（三）合项设备
（七）其他必要之教学用具简单生产工具用具旅行用具学校应备之簿籍图表民众读物及其他生活用具之设备等

第十三條 边疆小学教职员应为毕业時間最少入小時教員任課每週至少一零八令分鐘如兼校外事務應先徵得校長同意者校方不得予以解聘

第十四條 边疆小学校设校长一人综理全校校务其下设教导主任一人兼任教务训育辅导等事項並分配教職員擔任研究实验及社教等工作其编制六班教上者並得酌設教導推廣主任一人及事務員一人或二人

第十五條 边疆小学设教員医护士一人必要時得增添人員擴充為率校長主持教務訓育辅导等事項并分配教職員担任研究实验及社教等工作

第十六條 部聘边疆小学设校医或護士一人心要時得增添人員擴充為率
聘诊疗所兼办民众巡迴醫藥宜
部聘邊疆小學教職員除校医或護士外均邊疆師範學校（科）畢業或普通師範學校（科）畢業或有志邊教者為合格在職不合

第十七條 格之教職員得分別於所在區域邊疆師範學校調訓之

图 2-1-1 绥远省政府为转发边疆初等教育设施办法给归绥市政务委员会代电（1945年11月9日）（四）

第十八條 部聘邊疆小學教職員待遇分左列各級

月薪額 等級	
一	280
二	260
三	240
四	220
五	200
六	180
七	160
八	140
九	130
十	120
十一	110
十二	100
十三	90
十四	80
十五	70

第十九條 邊疆小學每學級設級任教員一人並得酌聘專科教員但至多每兩學級之教員人數以三人為限

第二十條 部聘邊疆小學教職員之起薪額以命令另訂之

第二十一條 部聘邊疆小學教職員實行年功加俸制凡在一級繼續服務滿二年教學著有成績者得於第二年而為第二級繼續服務滿四年教學著有成績者得於第四年而為第二級繼續服務滿四年教學著有成績經轉報部者得呈由服務學校轉報本部准予公費進修半年或一年

第二十二條 部聘邊疆小學教職員在進修期間不得兼其他職務但仍支原薪額其公費額最多以各該校學校有員額數五分之一為限

第二十三條 部聘邊疆小學教員於進修期間仍領原薪額代課教員之

图 2-1-1 绥远省政府为转发边疆初等教育设施办法给归绥市政务委员会代电（1945年11月9日）（五）

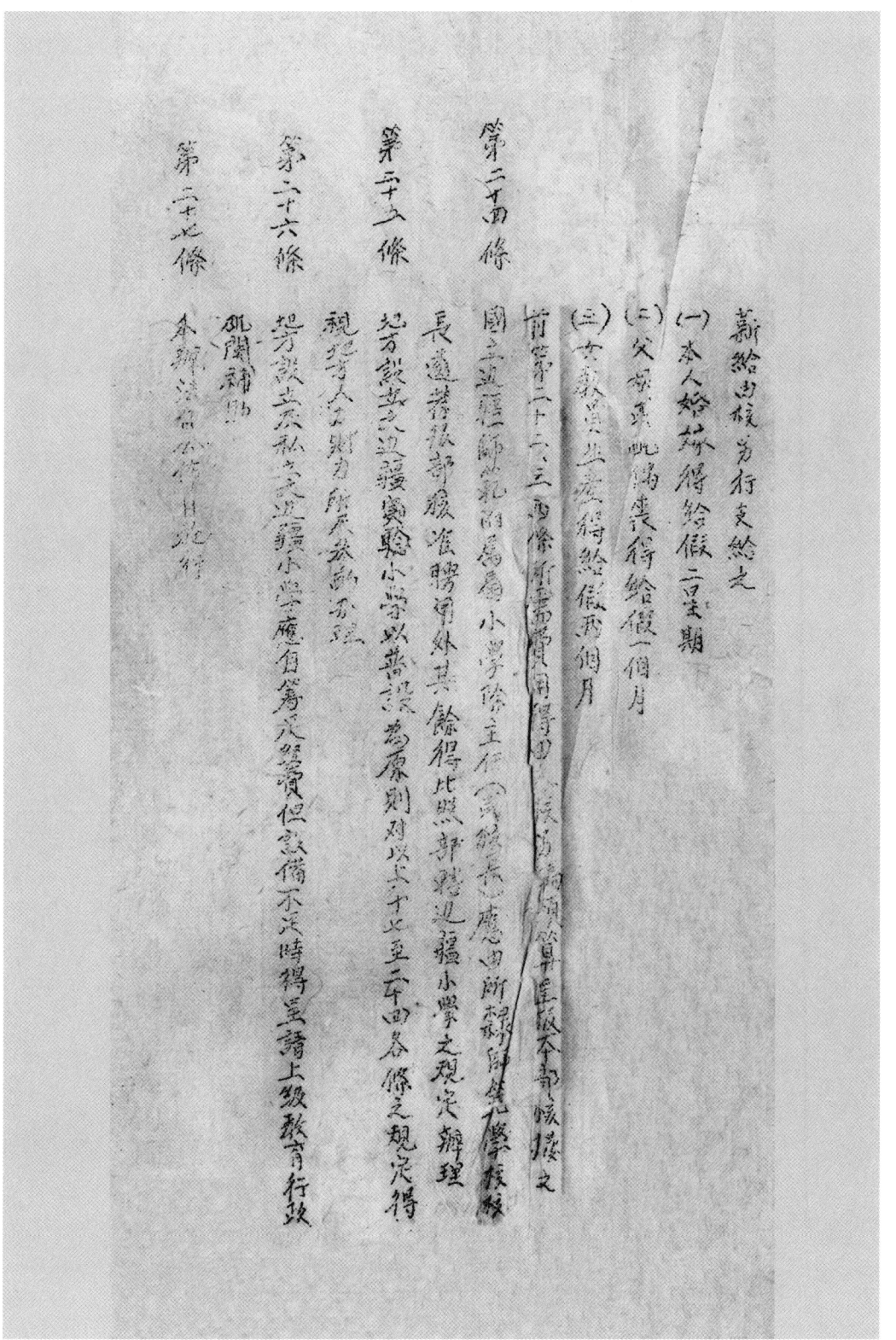

图 2-1-1 绥远省政府为转发边疆初等教育设施办法给归绥市政务委员会代电（1945年11月9日）（六）

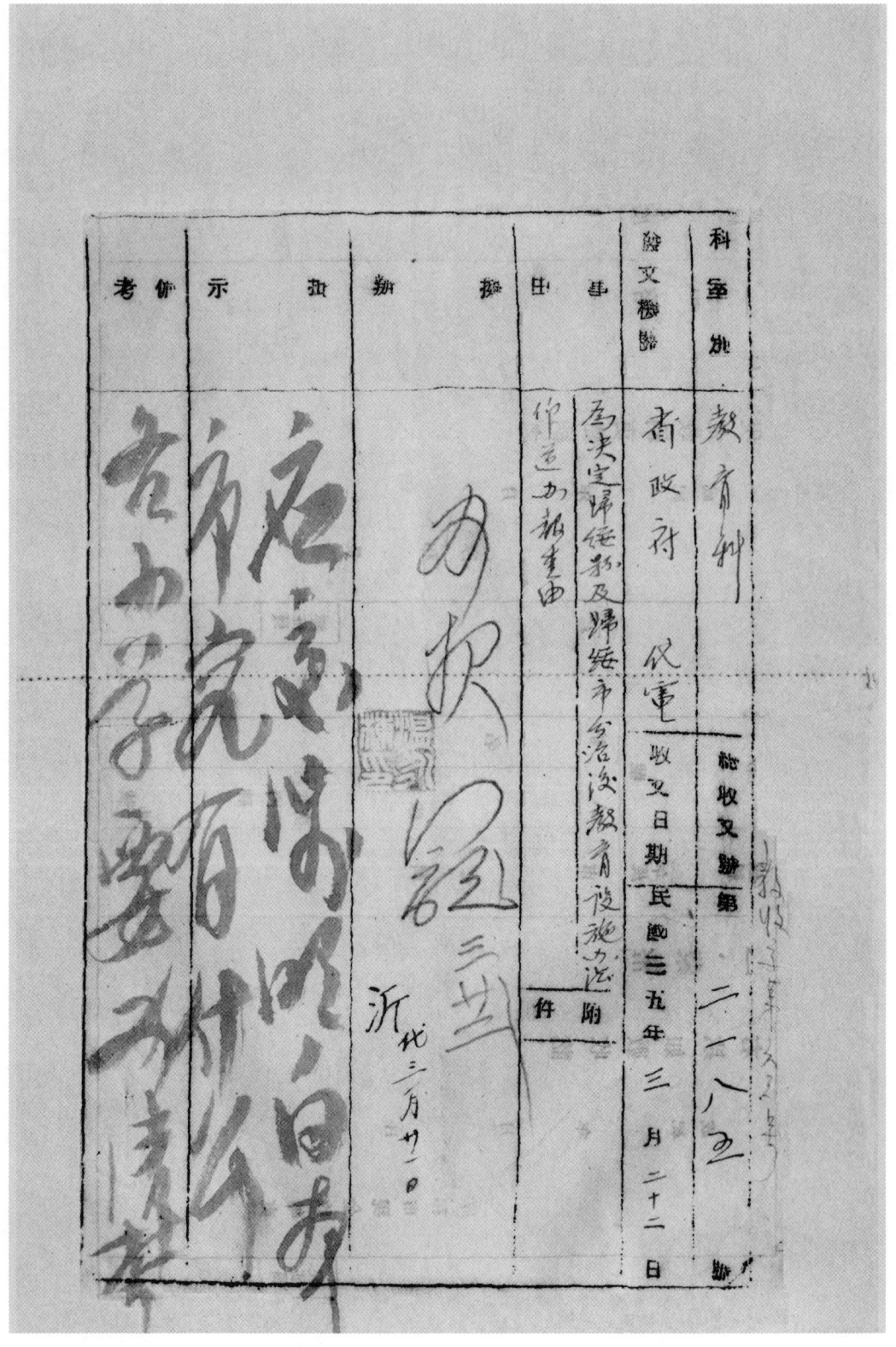

图 2-1-2　绥远省政府为规定归绥县、市分治后教育设施办法给归绥市政府代电（1946 年 3 月 21 日）（一）

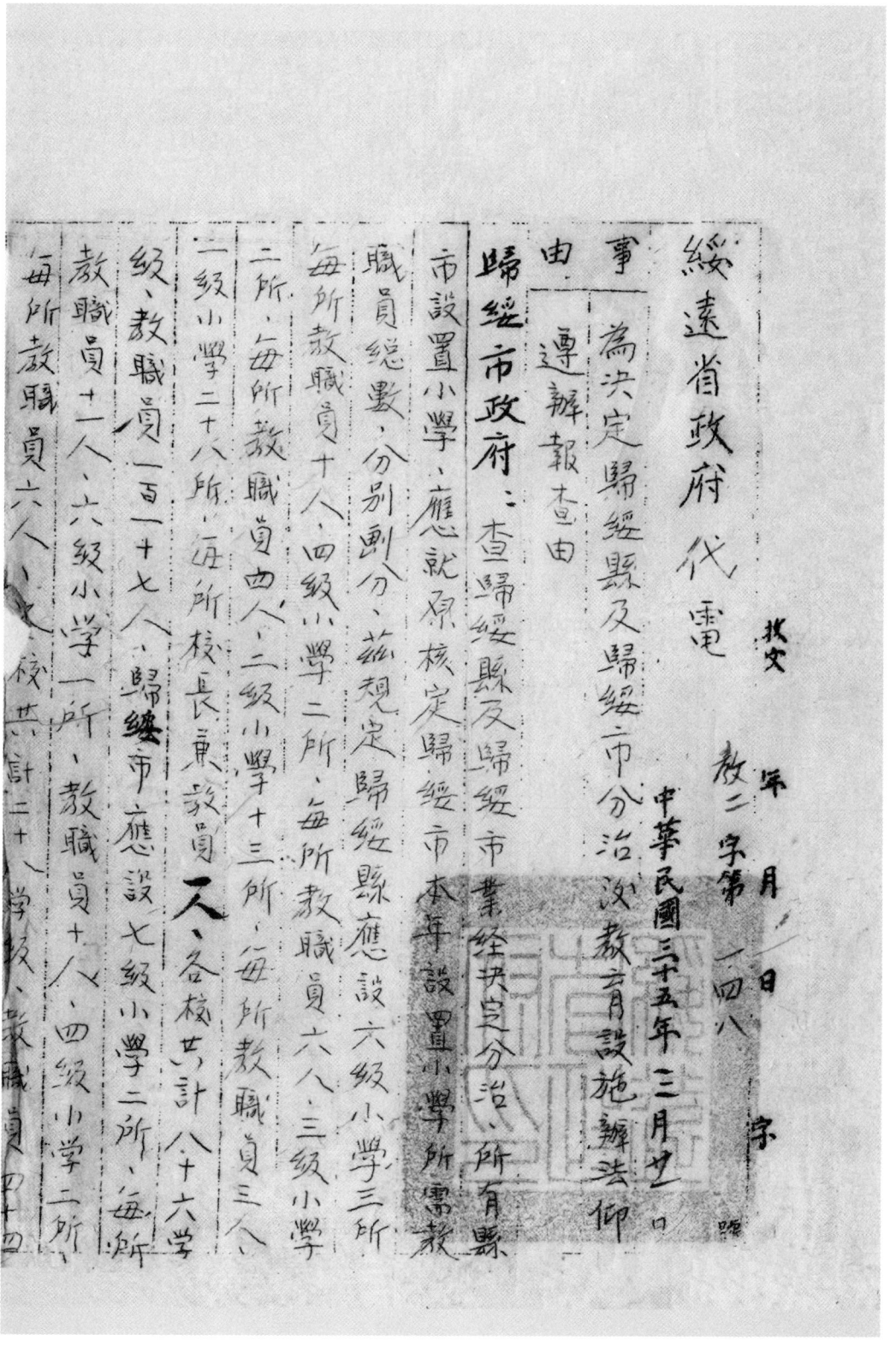

图 2-1-2 绥远省政府为规定归绥县、市分治后教育设施办法给归绥市政府代电（1946年3月21日）（二）

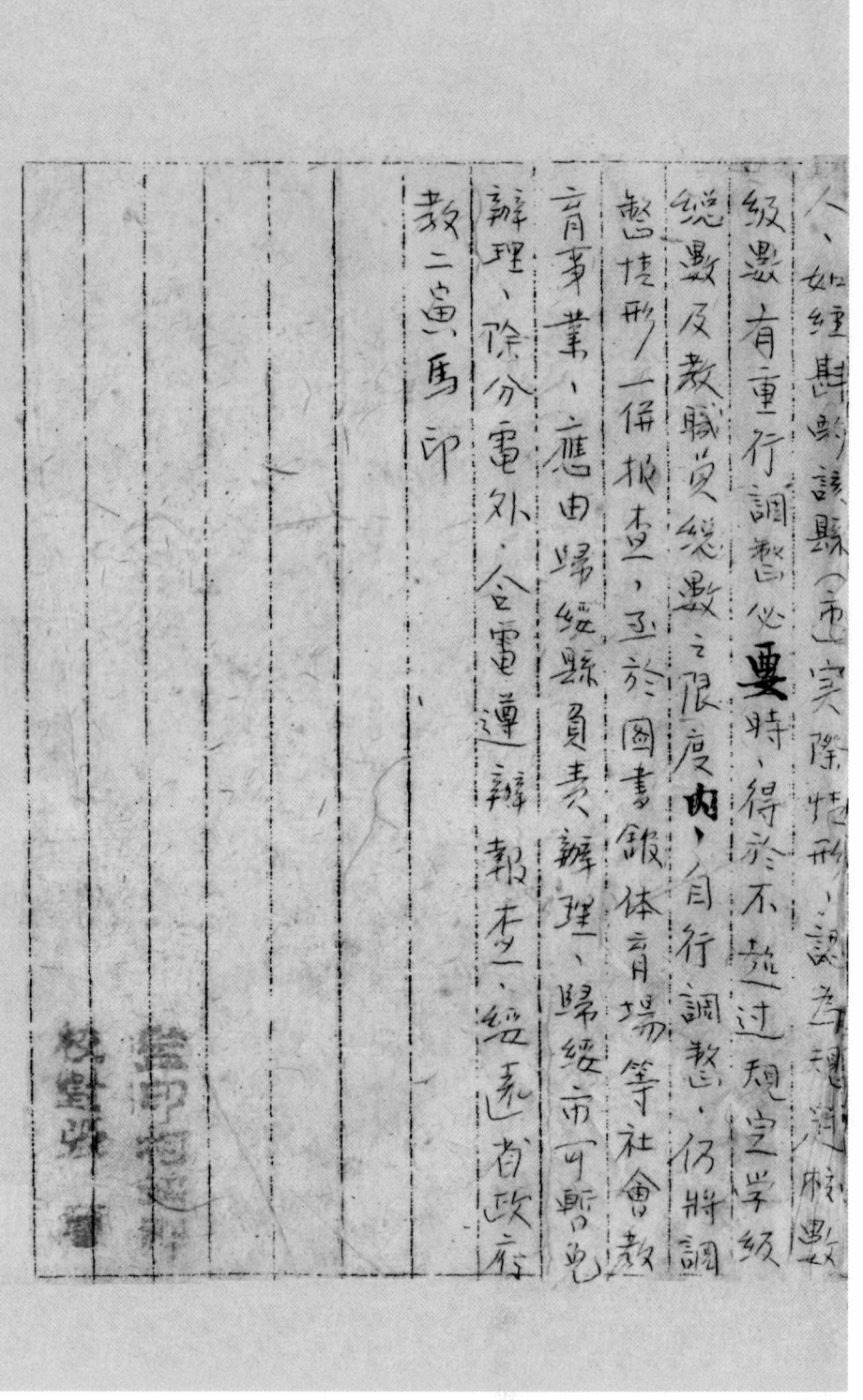

图 2-1-2　绥远省政府为规定归绥县、市分治后教育设施办法给归绥市政府代电（1946年3月21日）（三）

绥远省收复区各县市整理初等教育应行注意事项

一、本省收复区各县市初等教育，应一律按照义务教育法令规定暂行办理。

二、初高级合设之学校应称小学，仅设初级之学校应称初级小学，并一律以所在地地名为校名，如设于托克托县静浪乡之小学，应称为托克托县○立静浪乡小学，倘一乡内设有一所以上之小学，则应分别另以较小地名名之，但私立小学，应另定专名，不得以地名为校名。

三、各小学每一学级（即每班在一个教室内上课者）至少必须招收学生三十五人。

四、各小学教员（校长在内）以每学级设置一个半人为原则，其六个学级以上之小学，并另设事务员一人，校长以半个教员计算，则应另加教员半个，合十二个学级以上之小学，应在教员数额之外另设校长，至于每一小学之教员总数（校长在内）如遇有半个人之情形，应暂将此半个人缓设，各小学工役，以每设二个学级僱用一人为准，但仅设一个学级之小学，仍同僱用一人。

图 2-1-3　绥远省收复区各县市整理初等教育应行注意事项（一）

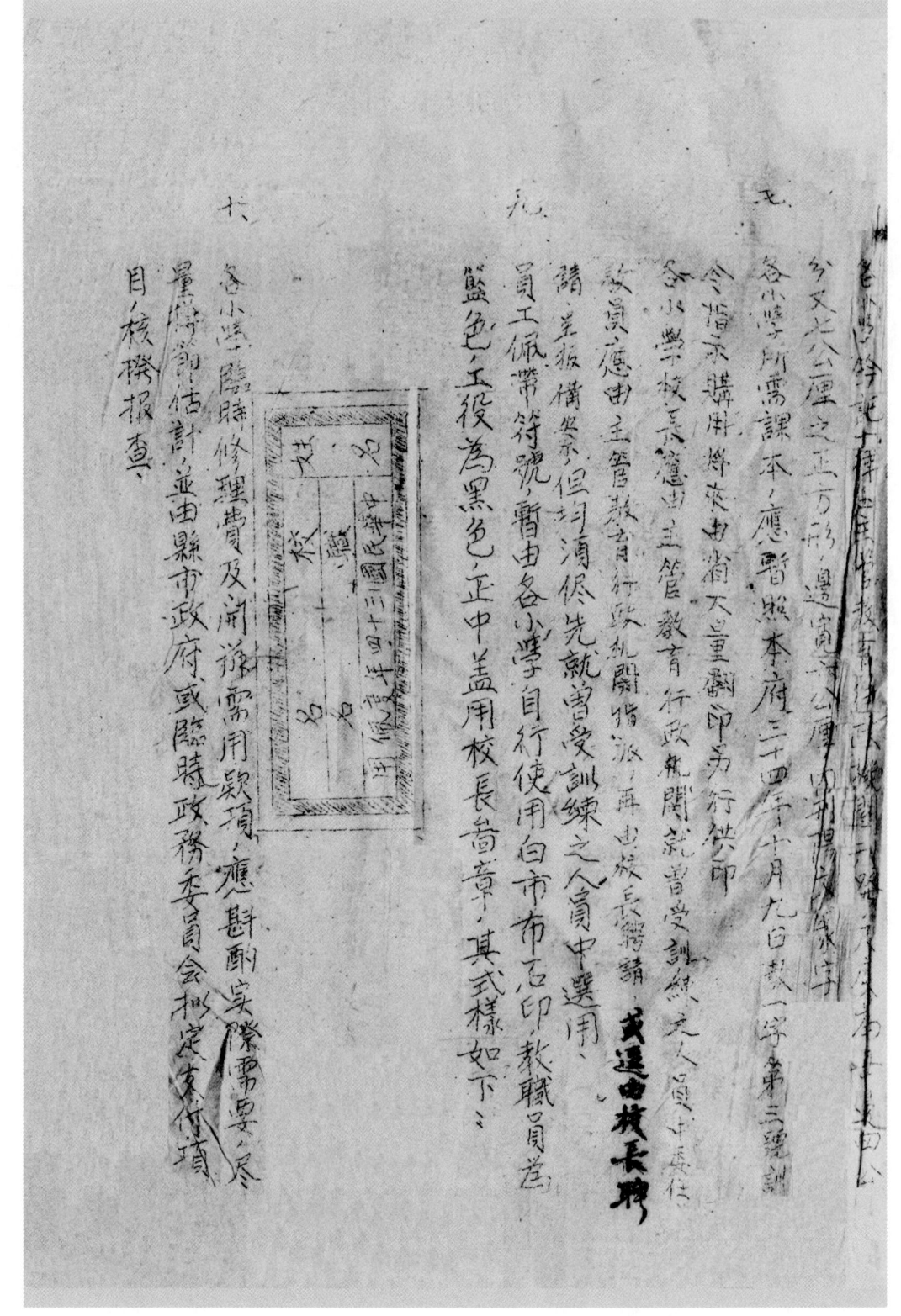

图 2-1-3 绥远省收复区各县市整理初等教育应行注意事项（二）

十一、各小学经费，其校长薪给，设有一个学级之小学为月支一百二十元，每增设一个学级增加月薪十元，教员薪给，高级级任月支九十元，高级科任月支八十五元，初级级任月支八十五元，初级科任月支八十元，事务员月支七十元，所有补助费加给及食粮均按规定发给，办公费以所设学级为标准，起码设置一学级者，月支六十元，每增设一学级增支四十元，工役每人每月支工资三十五元，所有补助费及食粮，均按规定发给，但新服务人员在试用期间之待遇，另有规定，不受本项规定之限制。

十二、各县市设置小学数目，一律以恢复二十六年七七事变前原状为原则，如事实上确有困难，亦须尽量恢复事变前原有各重要小学

图 2-1-3　绥远省收复区各县市整理初等教育应行注意事项（三）

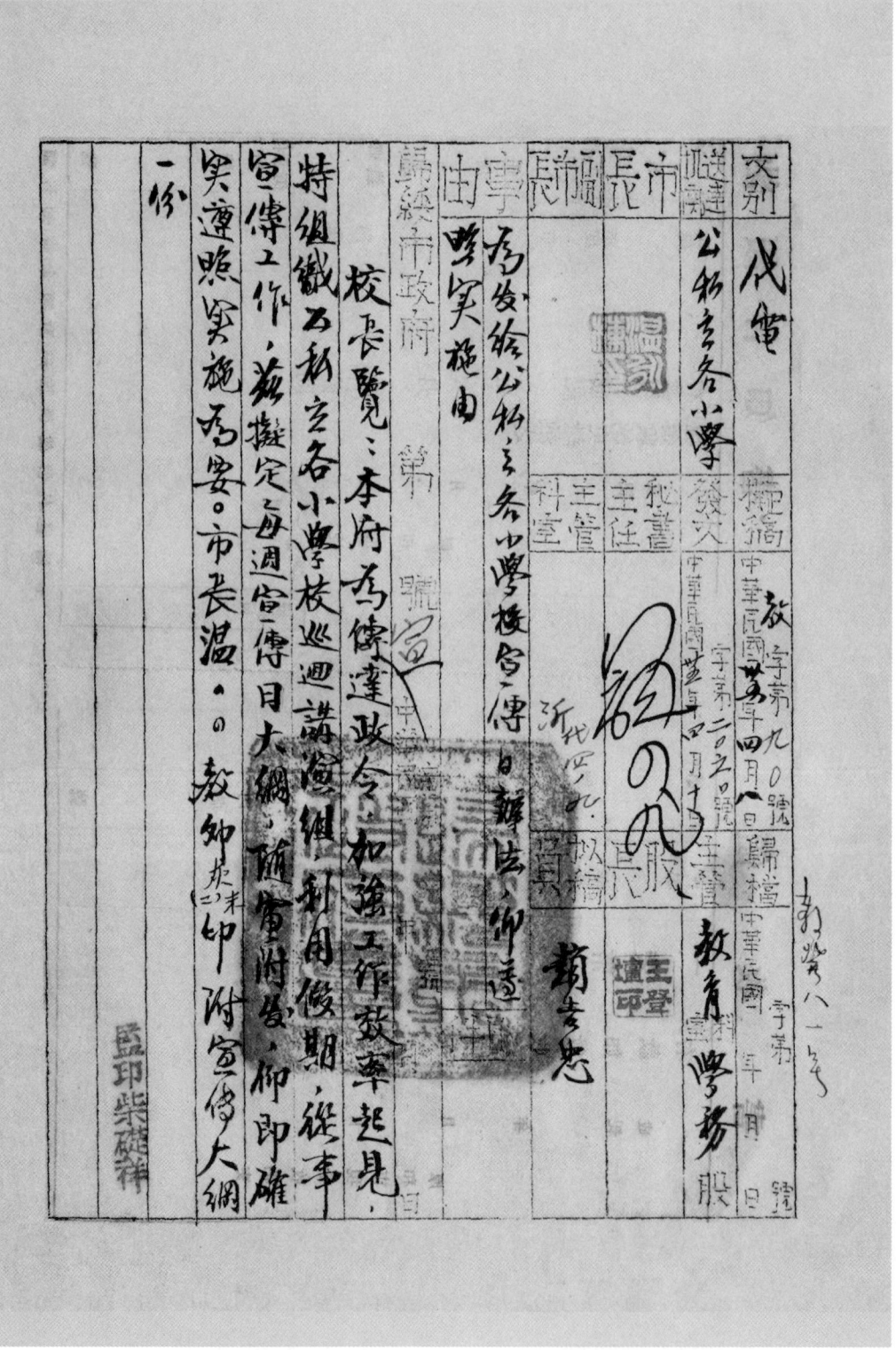

图 2-1-4　归绥市政府为制发公私立各小学校宣传日办法给公私立各小学校代电（1946年4月10日）（一）

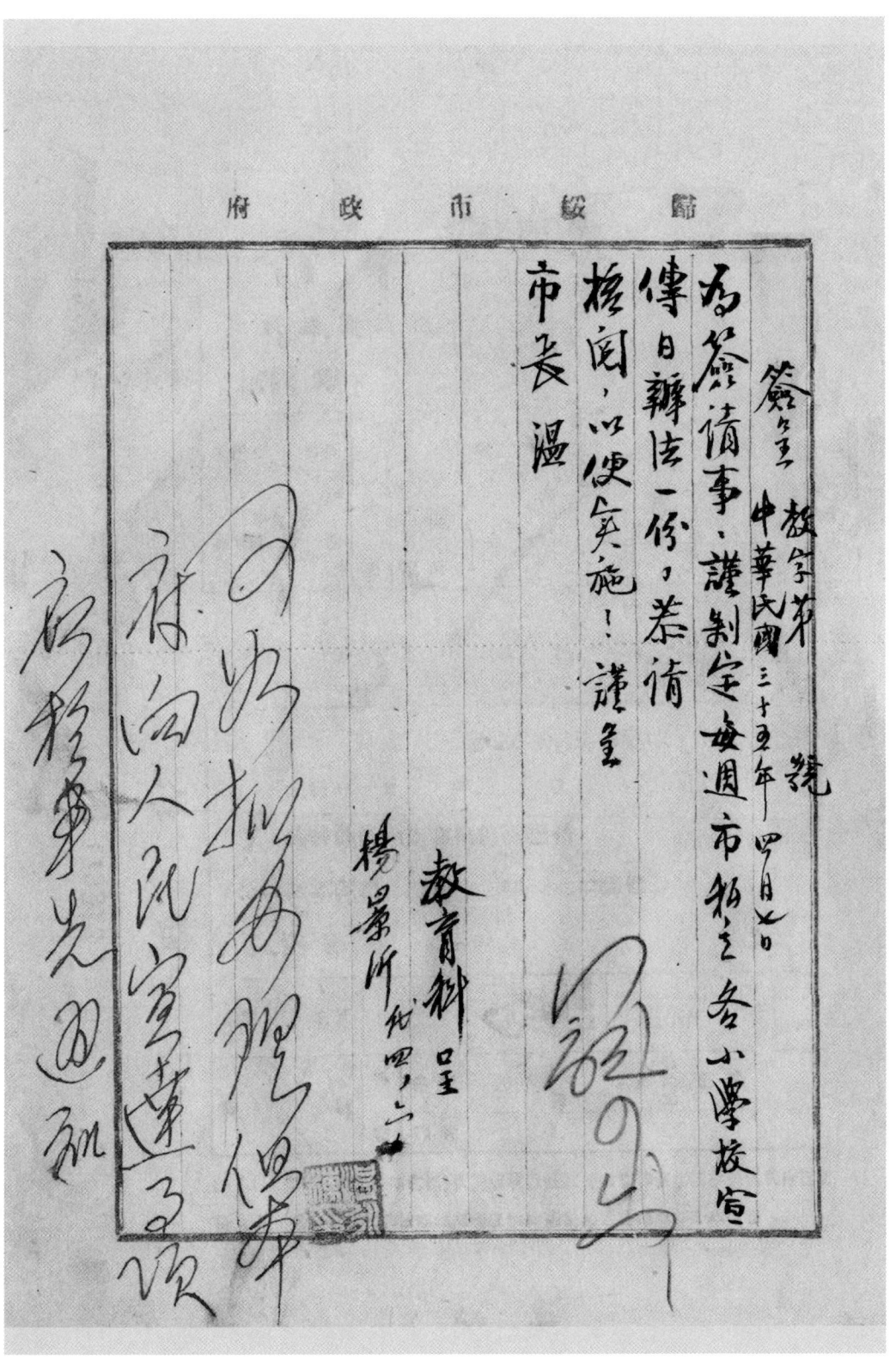

图 2-1-4 归绥市政府为制发公私立各小学校宣传日办法给公私立各小学校代电（1946年4月10日）（二）

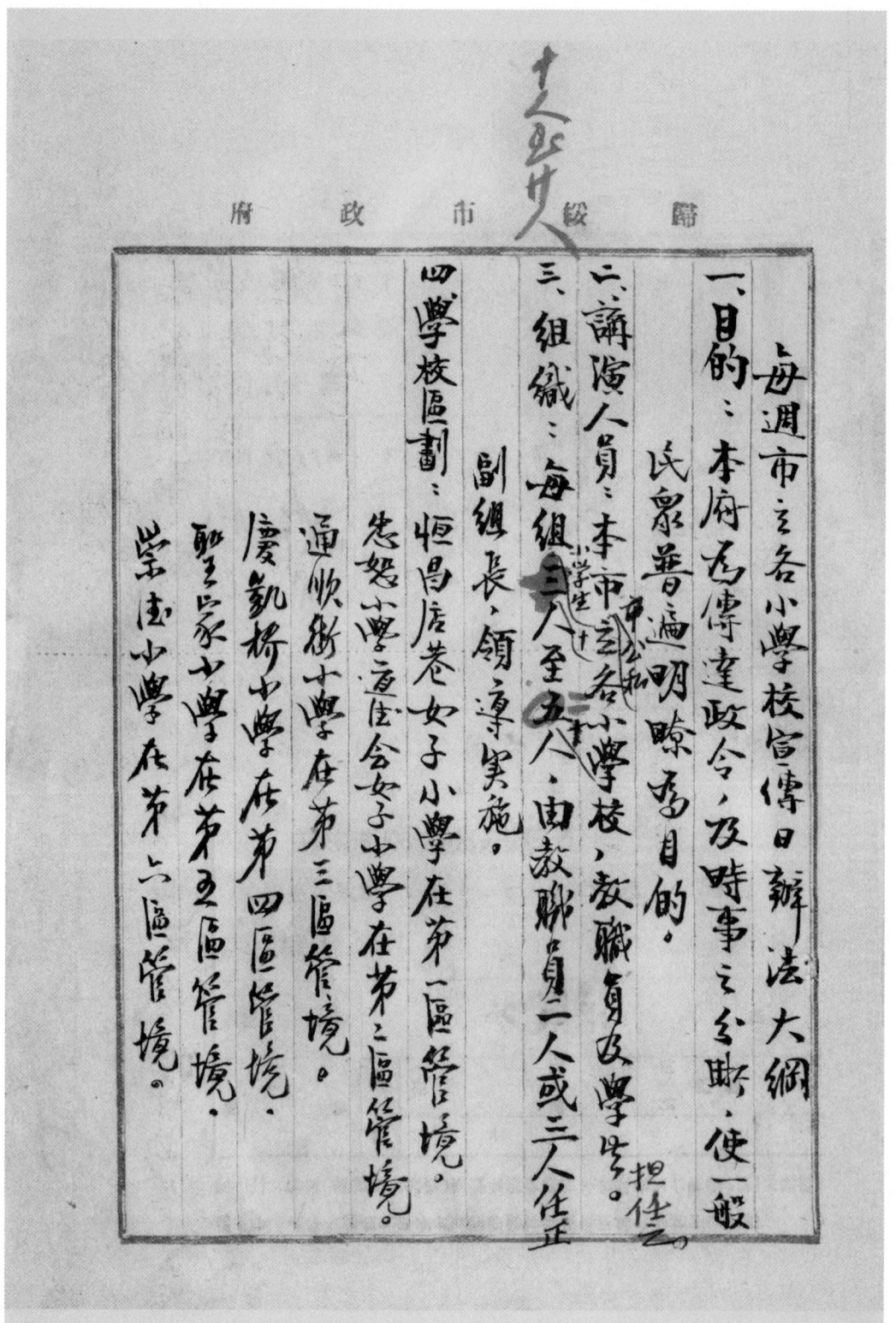

图 2-1-4 归绥市政府为制发公私立各小学校宣传日办法给公私立各小学校代电（1946年4月10日）（三）

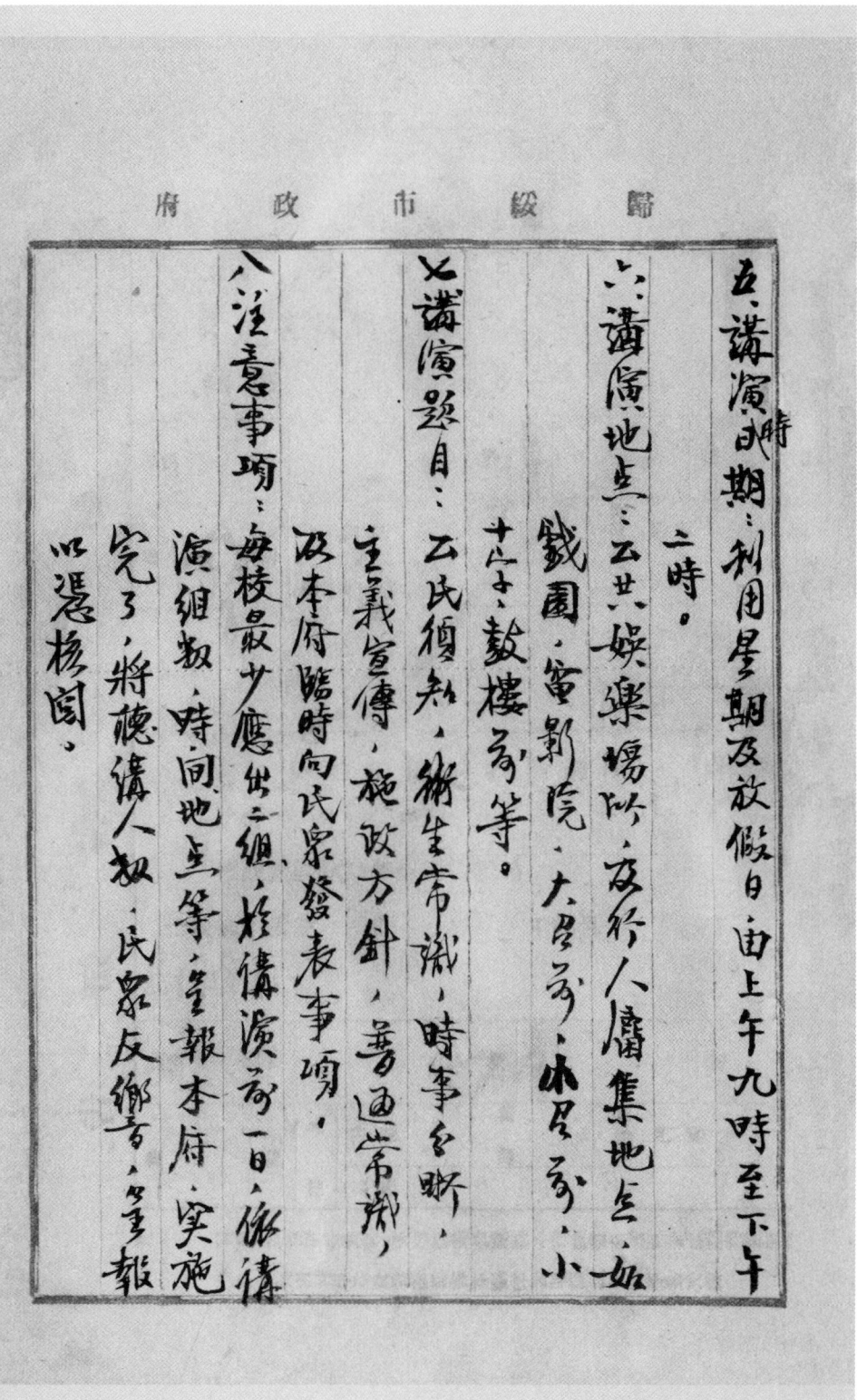

图 2-1-4　归绥市政府为制发公私立各小学校宣传日办法给公私立各小学校代电（1946年4月10日）（四）

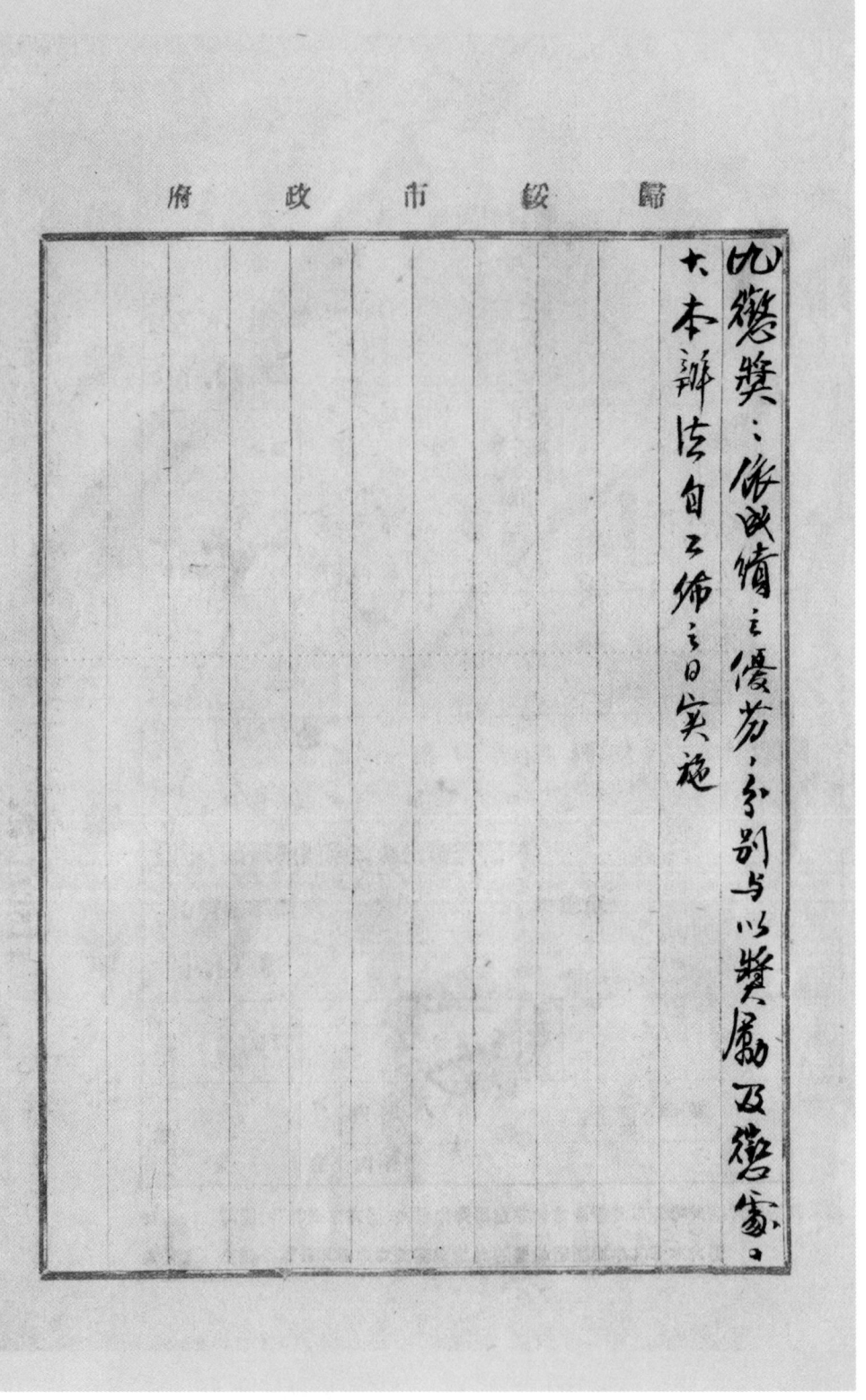

图 2-1-4 归绥市政府为制发公私立各小学校宣传日办法给公私立各小学校代电（1946年4月10日）（五）

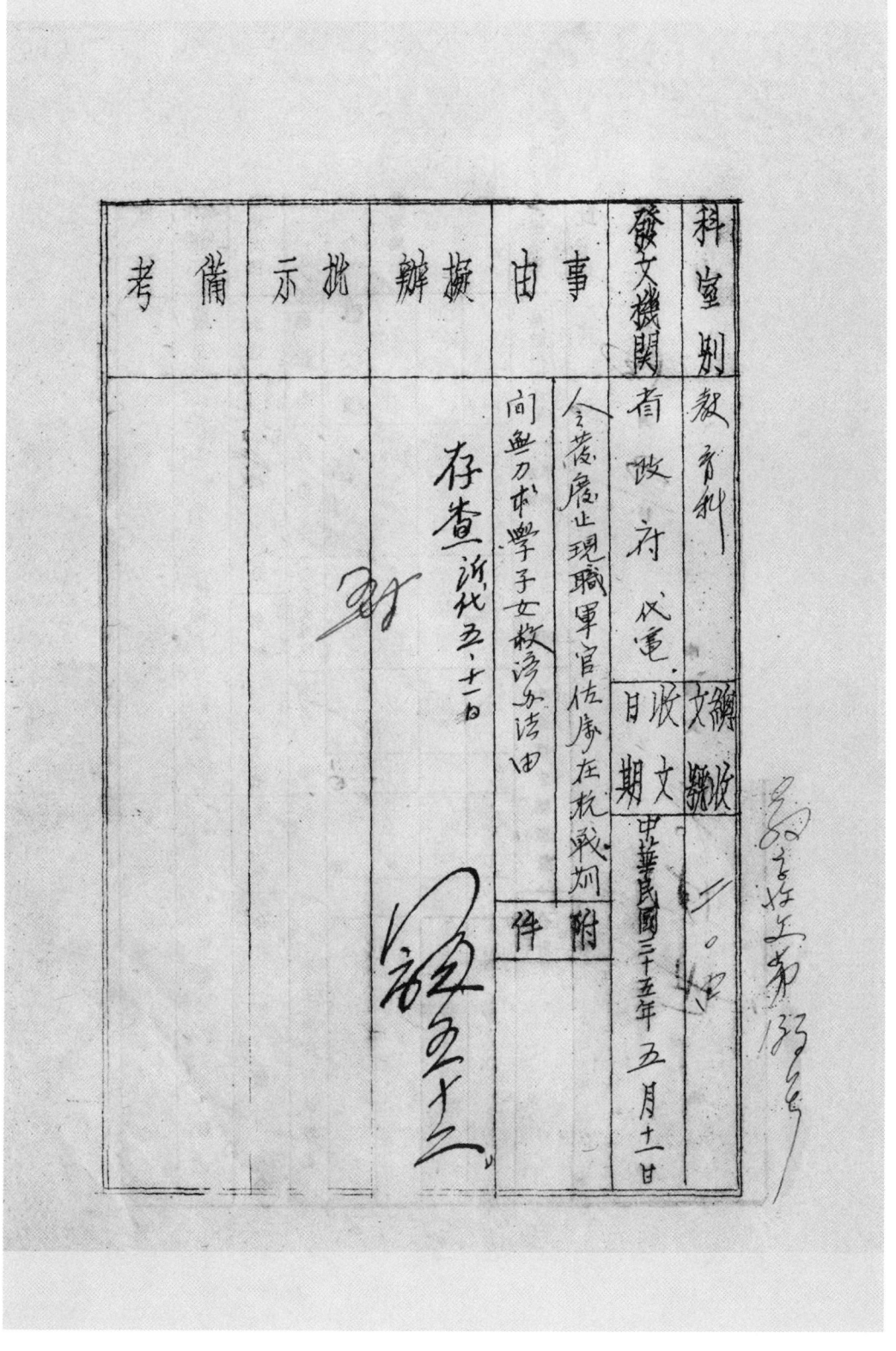

图2-1-5 绥远省政府为废止现职军官佐属在抗战期间无力求学子女救济办法给归绥市政府代电（1946年5月11日）（一）

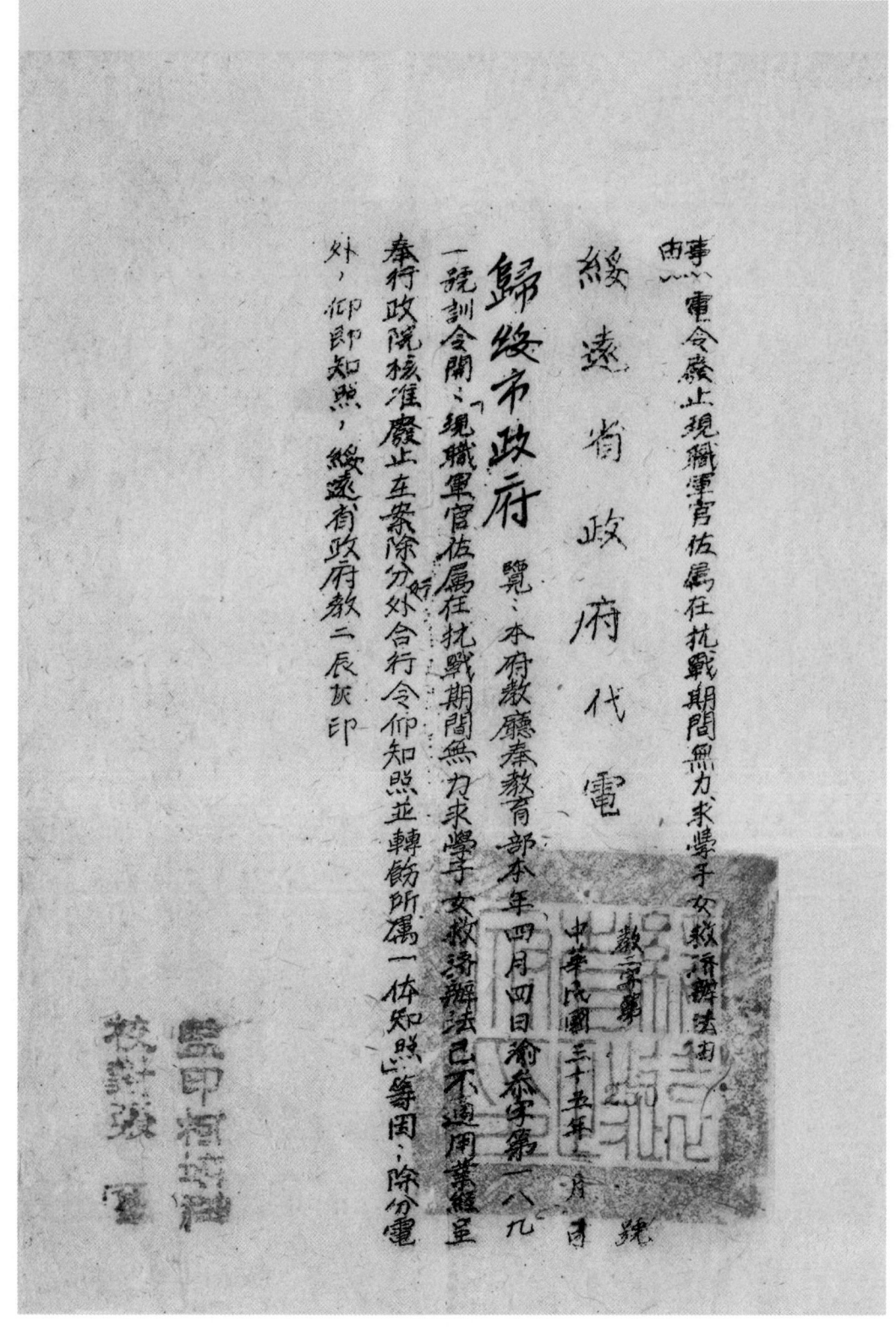

图 2-1-5　绥远省政府为废止现职军官佐属在抗战期间无力求学子女救济办法给归绥市政府代电（1946年5月11日）（二）

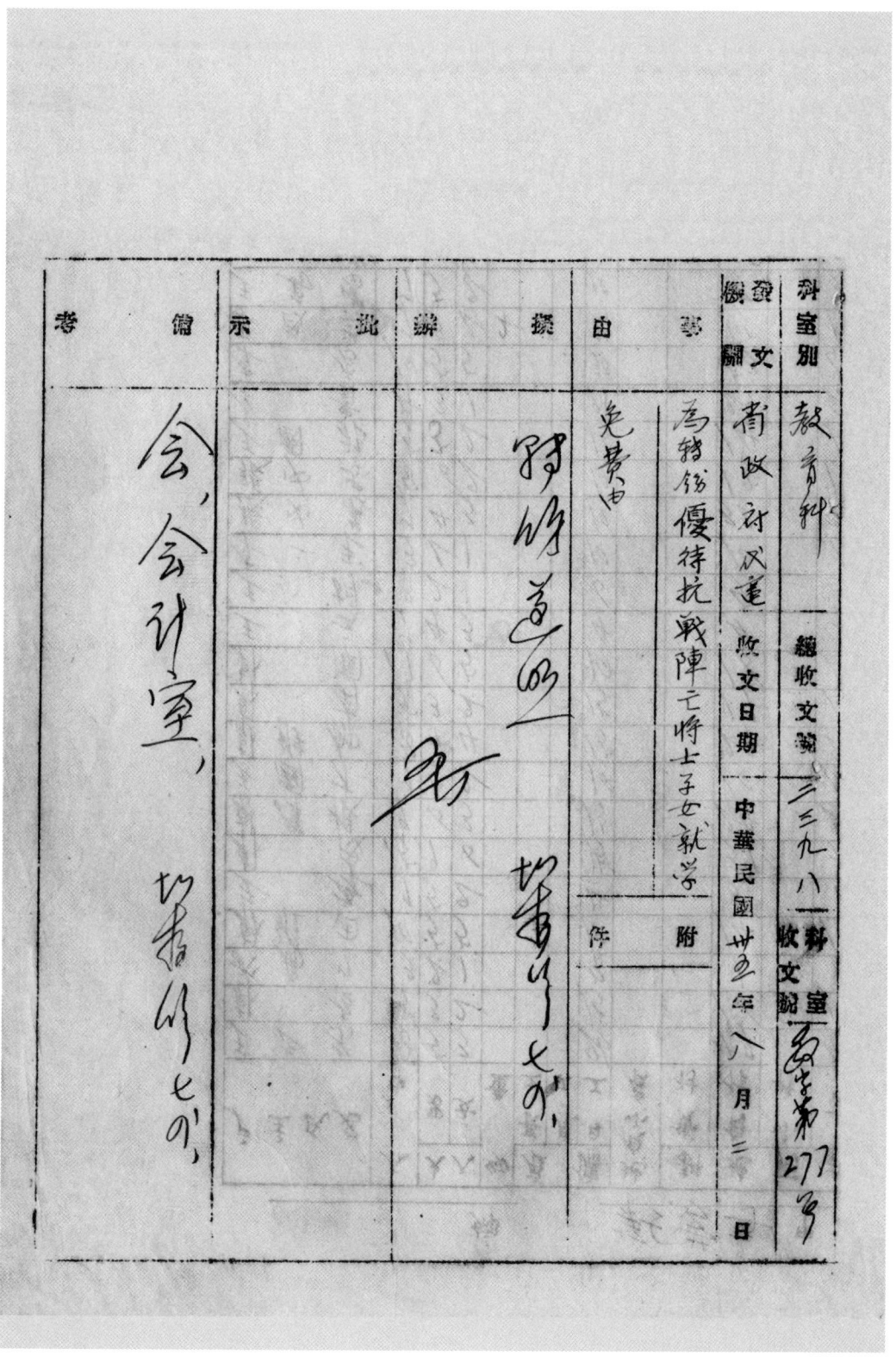

图 2-1-6　绥远省政府为优待抗战阵亡将士子女就学免费给归绥市政府代电（1946年8月1日）（一）

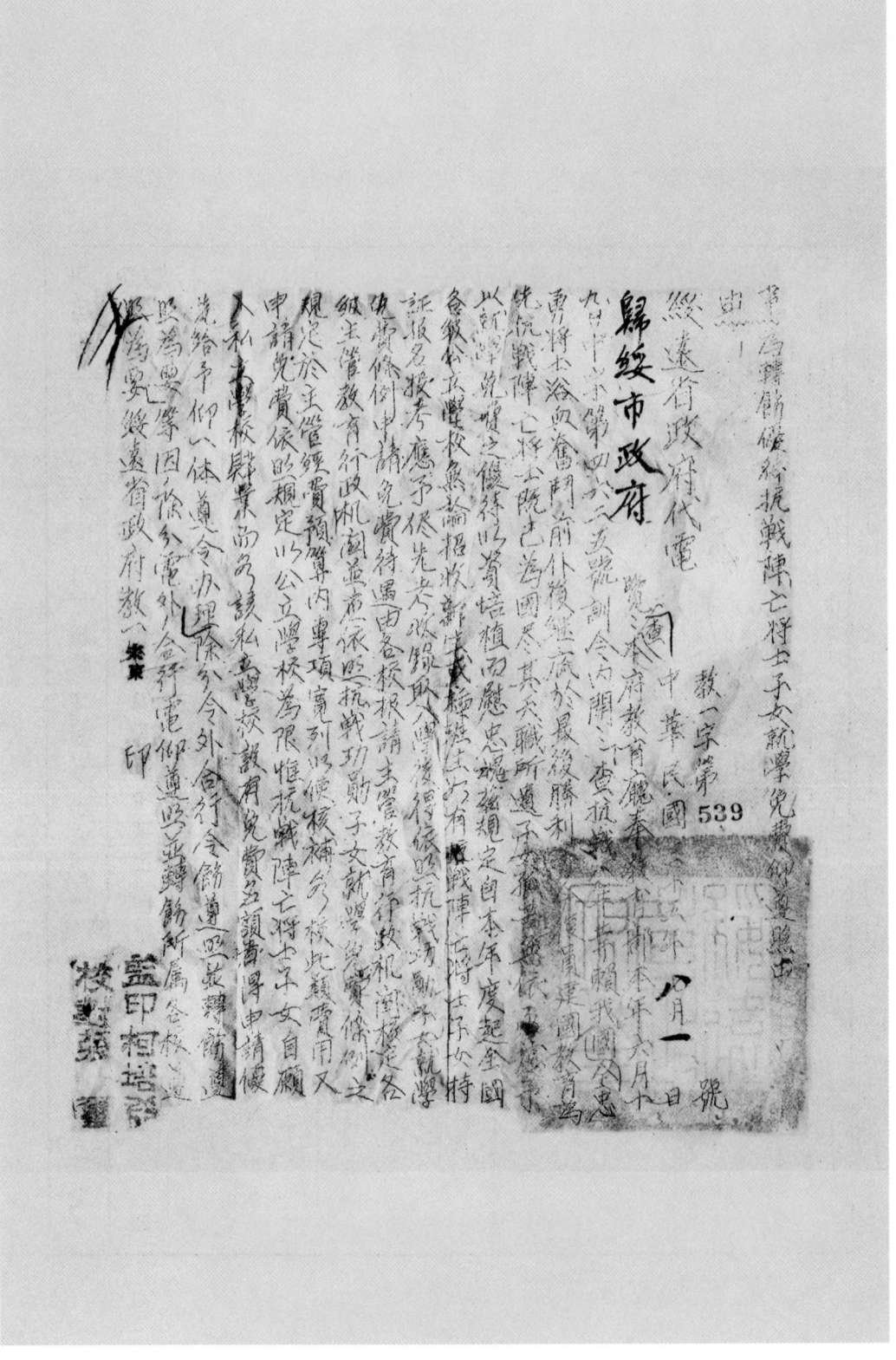

图 2-1-6 绥远省政府为优待抗战阵亡将士子女就学免费给归绥市政府代电（1946年8月1日）（二）

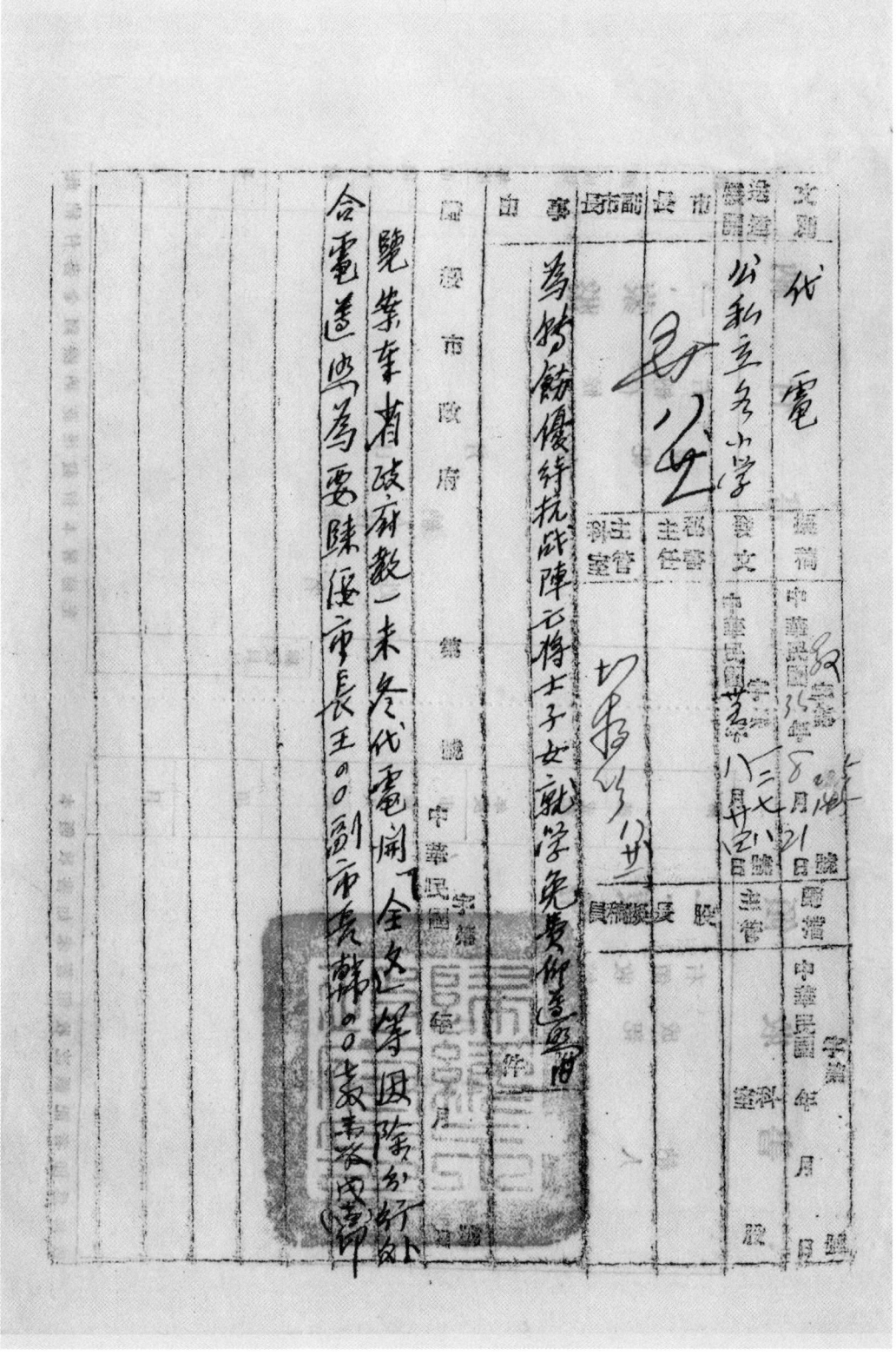

图 2-1-7 归绥市政府为优待抗战阵亡将士子女就学免费给公私立各小学代电（1946年8月24日）

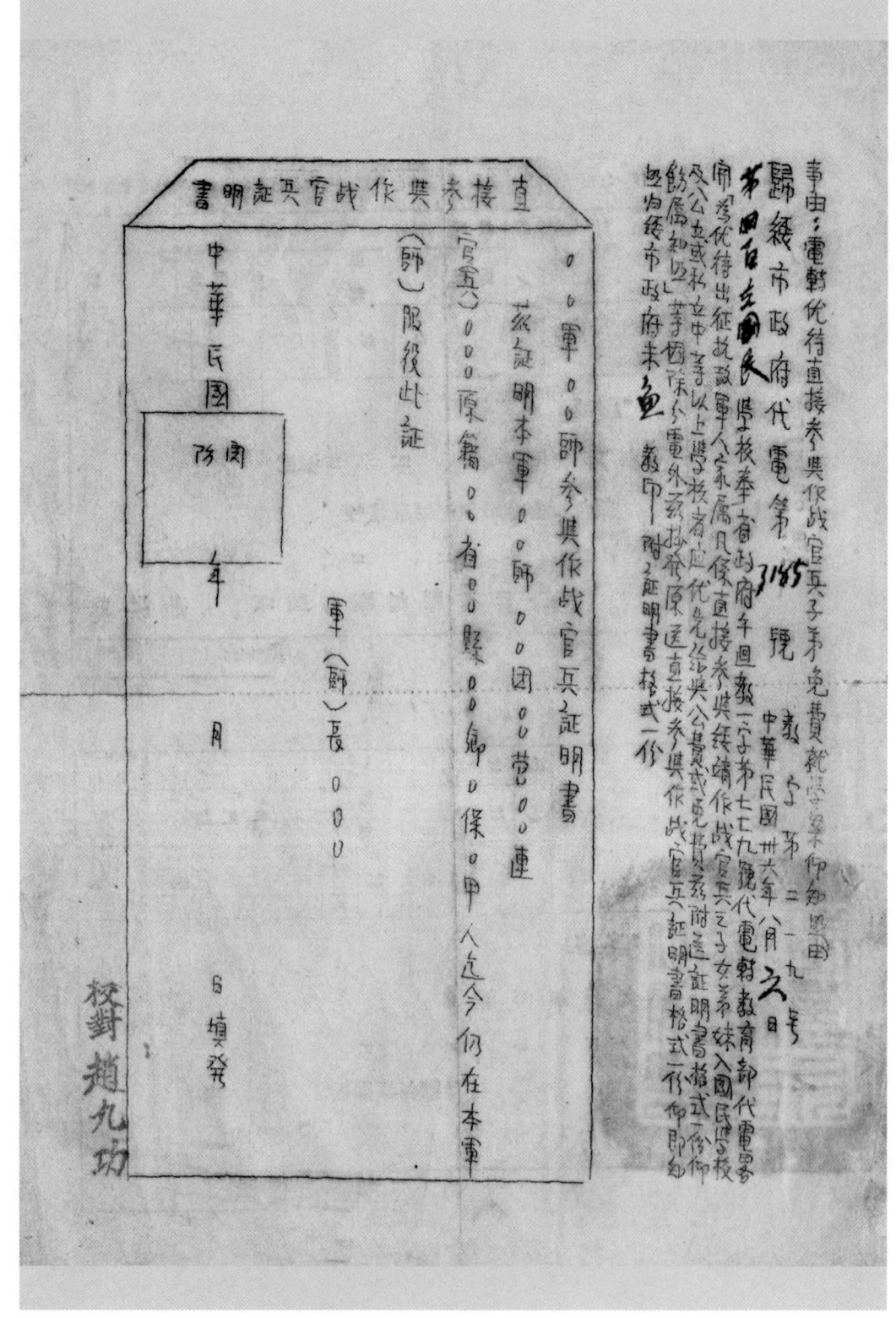

图 2-1-8　归绥市政府为转优待直接参与作战官兵子弟免费就学案给第四区立国民学校代电（1947 年 8 月 6 日）

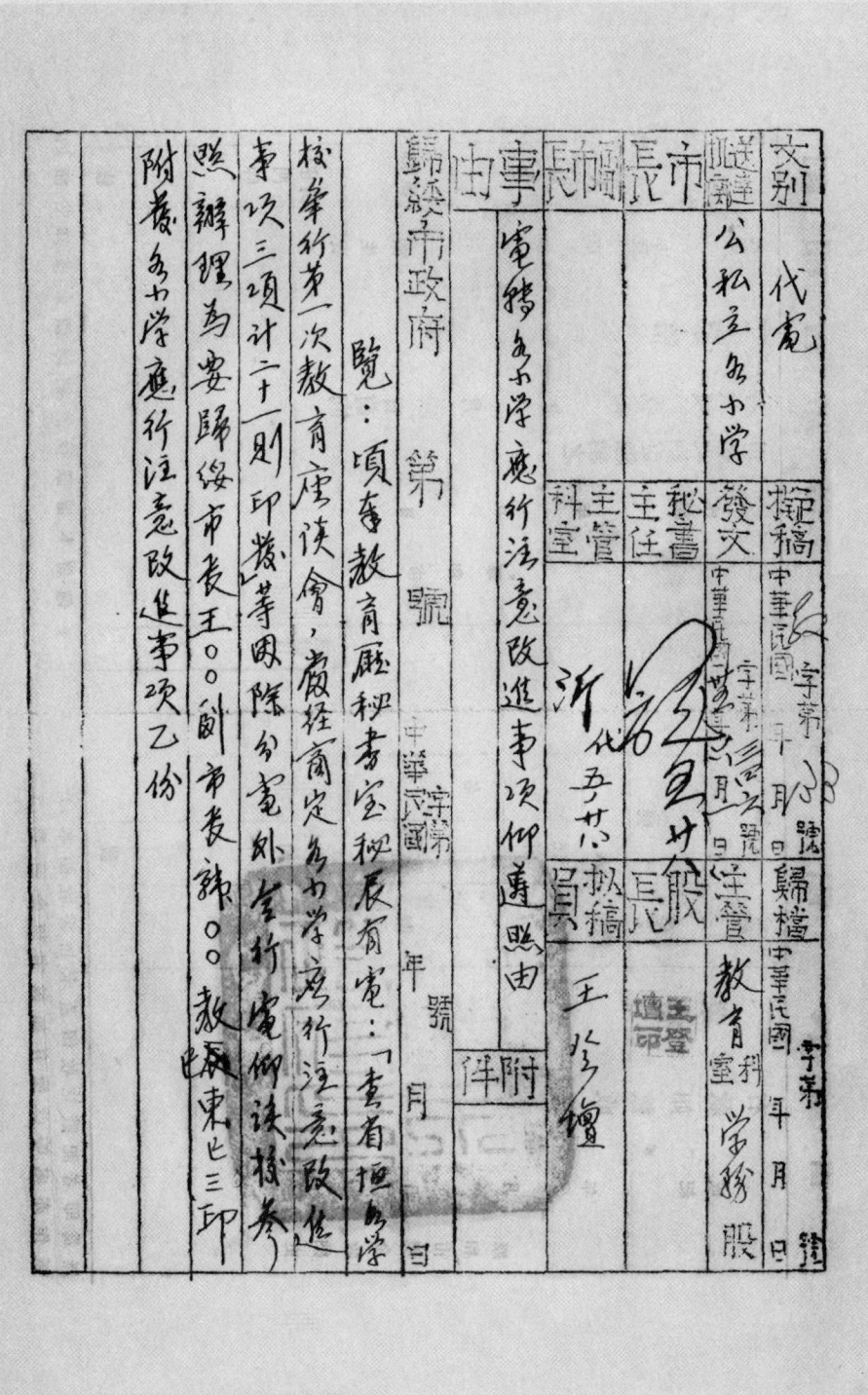

图 2-1-9 归绥市政府为转发各小学应行注意改进事项给公私立各小学校代电（1946年6月1日）（一）

一、各小学应行注意改进事项

关于行政组织方面：

（一）学校行政组织至少应分教导总务二部份教员除担任课务外并须分掌学校行政工作，无学级应有指定任导师一员

（二）每月至少举行校务会议教导会议各一次每周应开教导研究会一次均须有记录以备考查

（三）学期开始应订定学校行事历将（学期中各周应办之重要工作分期订定施行

（四）学校经费应绝对公开并应组织经费稽核委员会校经费之责（员工各有载职应收入公费项下由校支用）

（五）校具教具书籍仪器图表体育卫生用具等设备应财力物力之所能达到部颁中心学校初步设备标准之规定

（六）学校之佈置应力求充实最低限度应有党国旗 国父遗像遗嘱

图 2-1-9 归绥市政府为转发各小学应行注意改进事项给公私立各小学校代电（1946年6月1日）（二）

锻炼像开同抗战等级编入谁 海清年待训其他适合各年级学生理解实践之标语字画教员预备室寝应张贴尊师重道良师兴国等发扬专业精神之标语

(七) 各小学高级每班须招足四十名初级每班须招足五十名附设民众学校每校至少须办成人班或妇女班一班须招足学生四十名

(八) 学生学籍簿学校概况表学生各种统计图表校具登记册县籍簿签均应备

(九) 学校动态工作状况应逐日由当值监护人员详为填记交由校长核阅备视导人员查核

二、关于教学方面

(一) 日课表应遵照部颁课程标准教学课目及每周教学时间编配其对动时间亦应依照规定列入日课表

(二) 各科每周教学科目分教学进度评记教学周录表其教学方法应依照课程标准教学通则及各科教学要点实施

图 2-1-9 归绥市政府为转发各小学应行注意改进事项给公私立各小学校代电（1946 年 6 月 1 日）（三）

（三）教员在教学前应有充分的准备须遵照（教学通则第十四项之规定编定教照本学期内应编有简要的教案或教学备忘录各週末交由校长阅并备查或视导人员之考查、

（四）学生平时各科张业成绩簿册应按时批荀字迹宜工整语句宣简明每月举行月考一次记入积分册学期考试成绩身体状况出席情形均应通知学生家长

（五）校长对教员之教学应常加辅导并策励各同人互相观摩教学每人每週至少须观摩学其他同人教学一次须详记观摩教学评点表交由校长提出教学研究会商讨

二、关于训导方面

（一）训育之实施应依照部颁小学训育标准及卫生训练标准并根据学生之实际需要订定每週训练中心

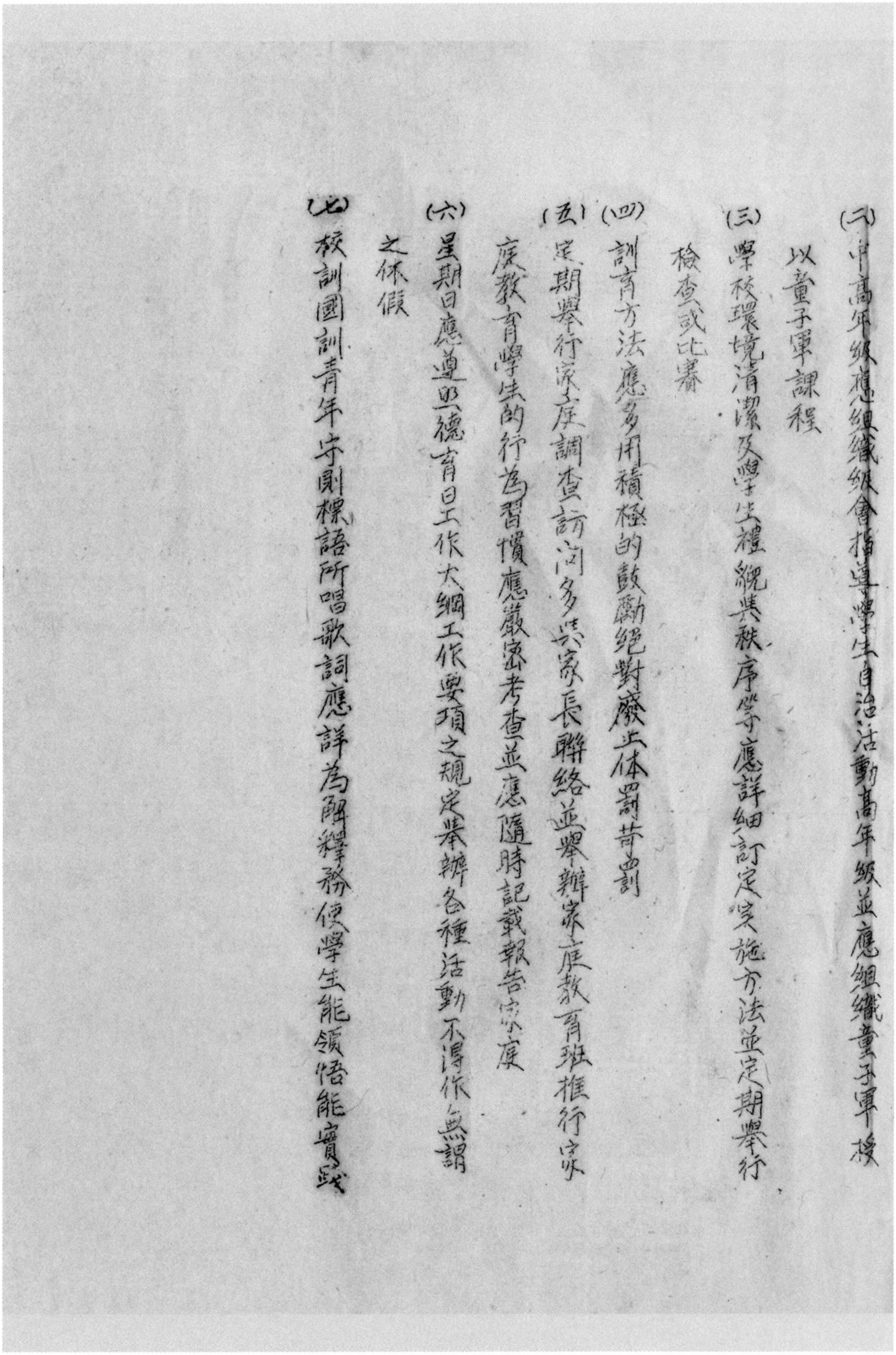

（二）中高年級應組織級會指導學生自治活動高年級並應組織童子軍後以童子軍課程

（三）學校環境清潔及學生禮貌秩序應詳細訂定實施方法並定期舉行檢查或比賽

（四）訓育方法應多用積極的鼓勵絕對嚴止體罰苛責

（五）定期舉行家庭調查訪問多與家長聯絡並舉辦家庭教育班推行家庭教育學生的行為習慣應嚴密考查並應隨時記載報告家庭

（六）星期日應遵照德育日工作大綱工作要項之規定舉辦各種活動不得作無謂之休假

（七）校訓國訓青年守則標語所唱歌詞應詳為解釋務便學生能領悟能實踐

图 2-1-9 归绥市政府为转发各小学应行注意改进事项给公私立各小学校代电（1946年6月1日）（五）

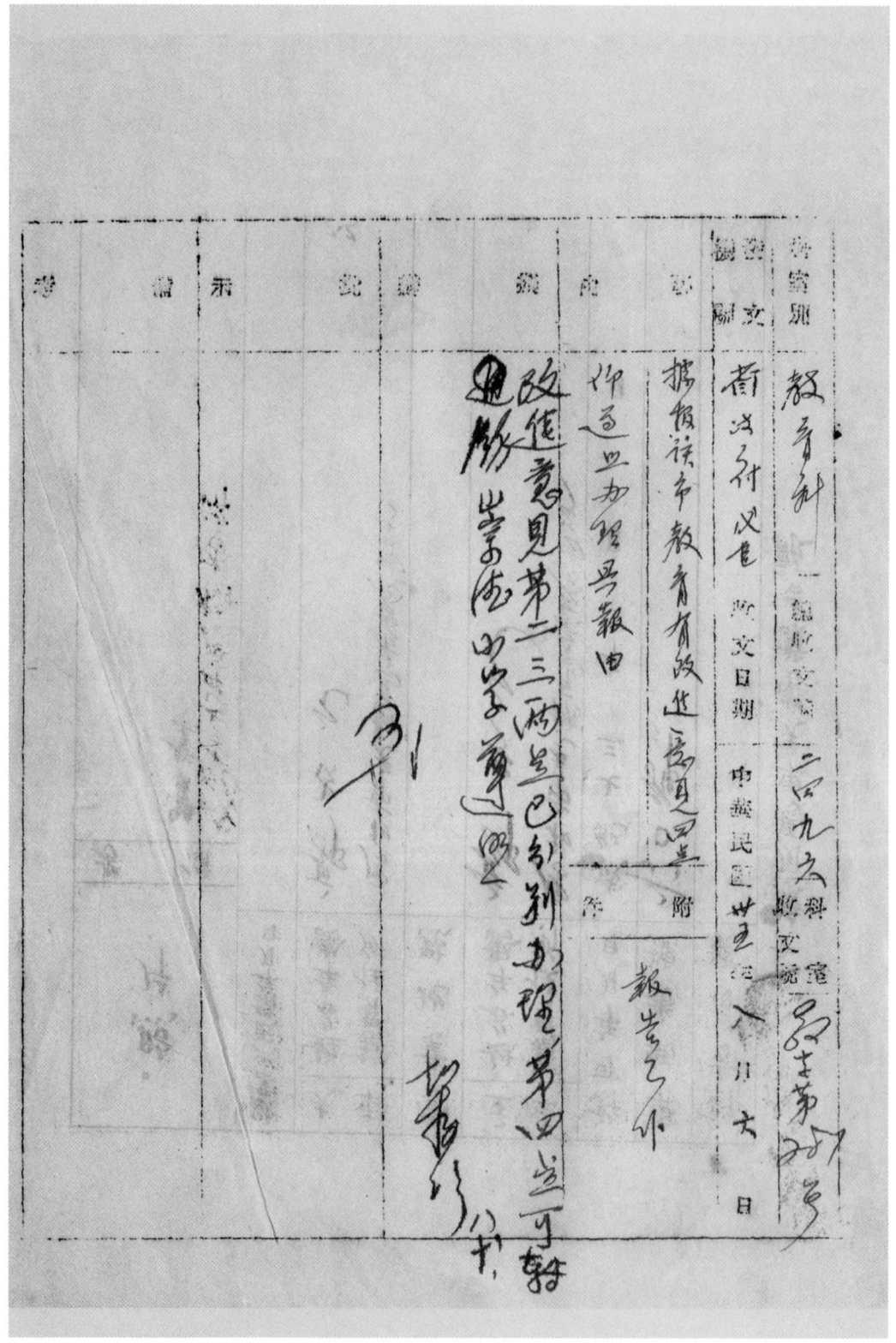

图 2-1-10 绥远省政府为教育改进意见经核尚属可行给归绥市政府代电（1946年8月5日）（一）

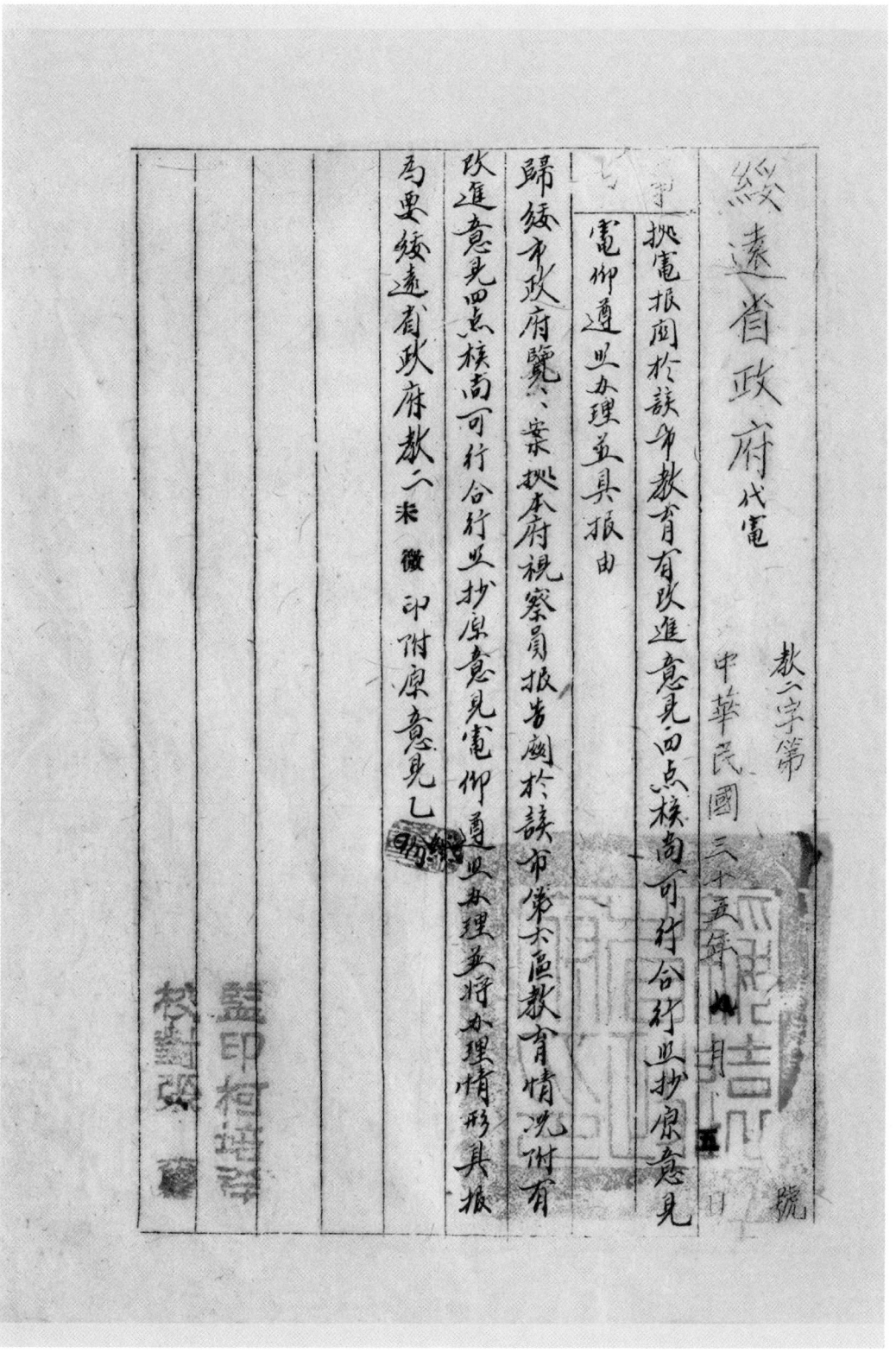

图 2-1-10　绥远省政府为教育改进意见经核尚属可行给归绥市政府代电（1946年8月5日）（二）

报告

敬禀者查绥市八区辖境内兒童教育之情況分述如左、

(一)成德小学是前(貫道之流)筹集基金二百万元于本年五月间成立现有一二三四年级之男女学生共计一百九十名教员五人分为上下半班上课所用课本多係抄冩其教員之資格多係前敵偽之巴盟師範畢業

(二)崇德小学是天主教之設立現民一二三年級之男女學生共计六十五名教員三人分為三班上課所用課本多係抄冩其教員之資格均係天主堂之真女各教室黑板上面之墙壁均懸正聊縣之傑尼坻一像学生每日於課前須誦祷者咏後一次但对于未入教之亲生听其自願弗語

(三)扶輪小學是專為铁路人員之子女而設立對于其它之小学

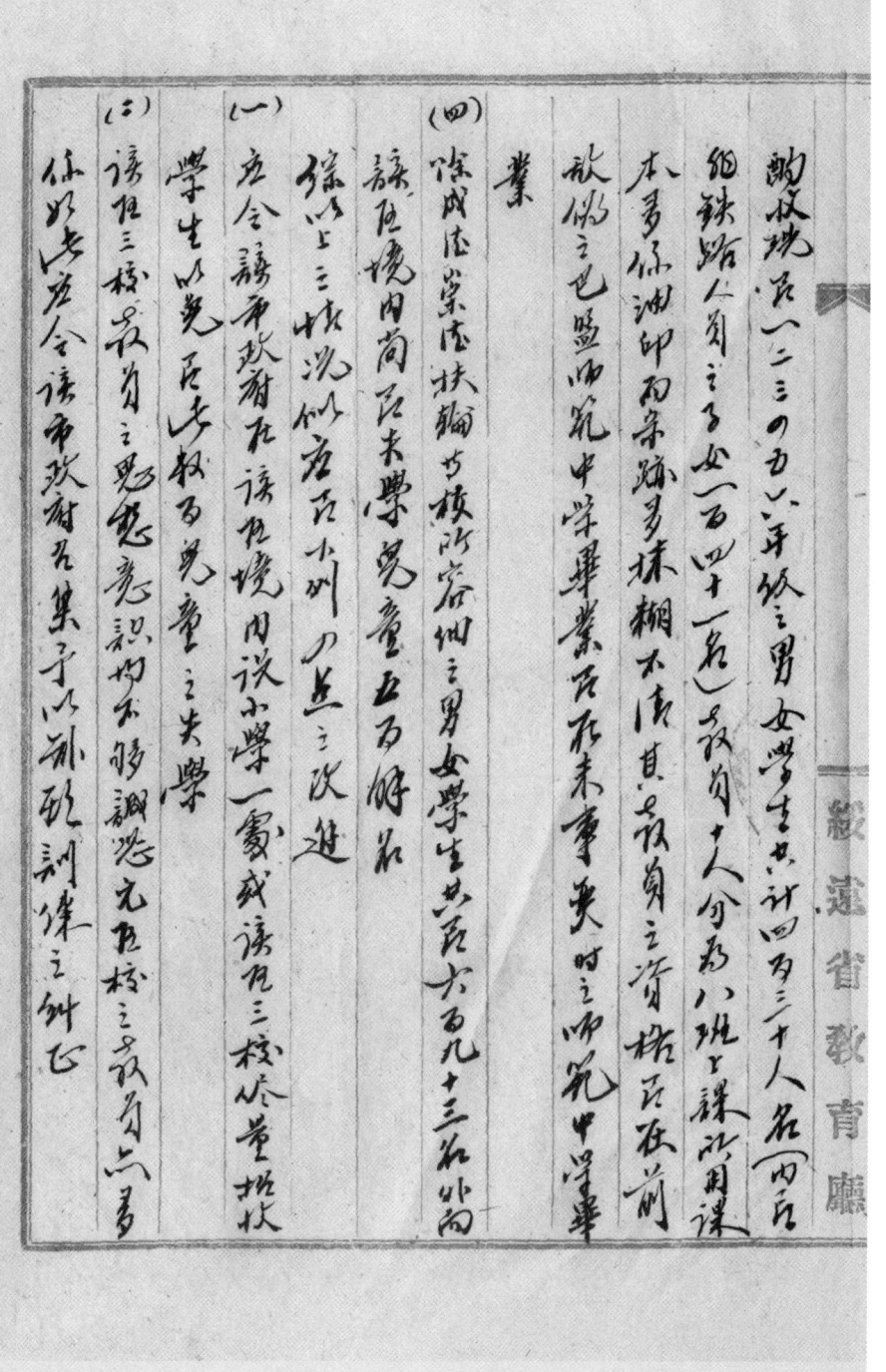

图 2-1-10　绥远省政府为教育改进意见经核尚属可行给归绥市政府代电（1946 年 8 月 5 日）（四）

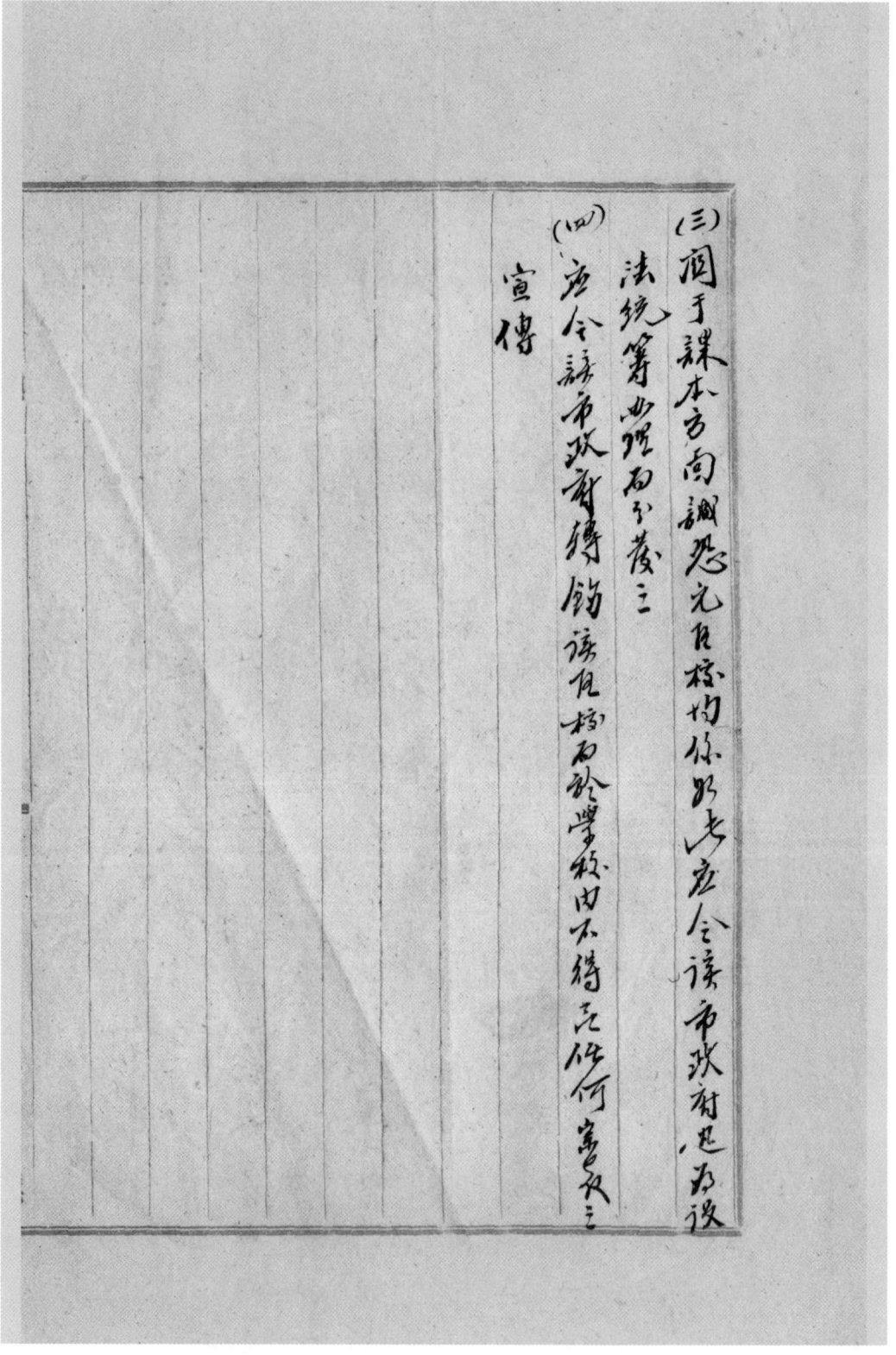

图 2-1-10 绥远省政府为教育改进意见经核尚属可行给归绥市政府代电（1946年8月5日）（五）

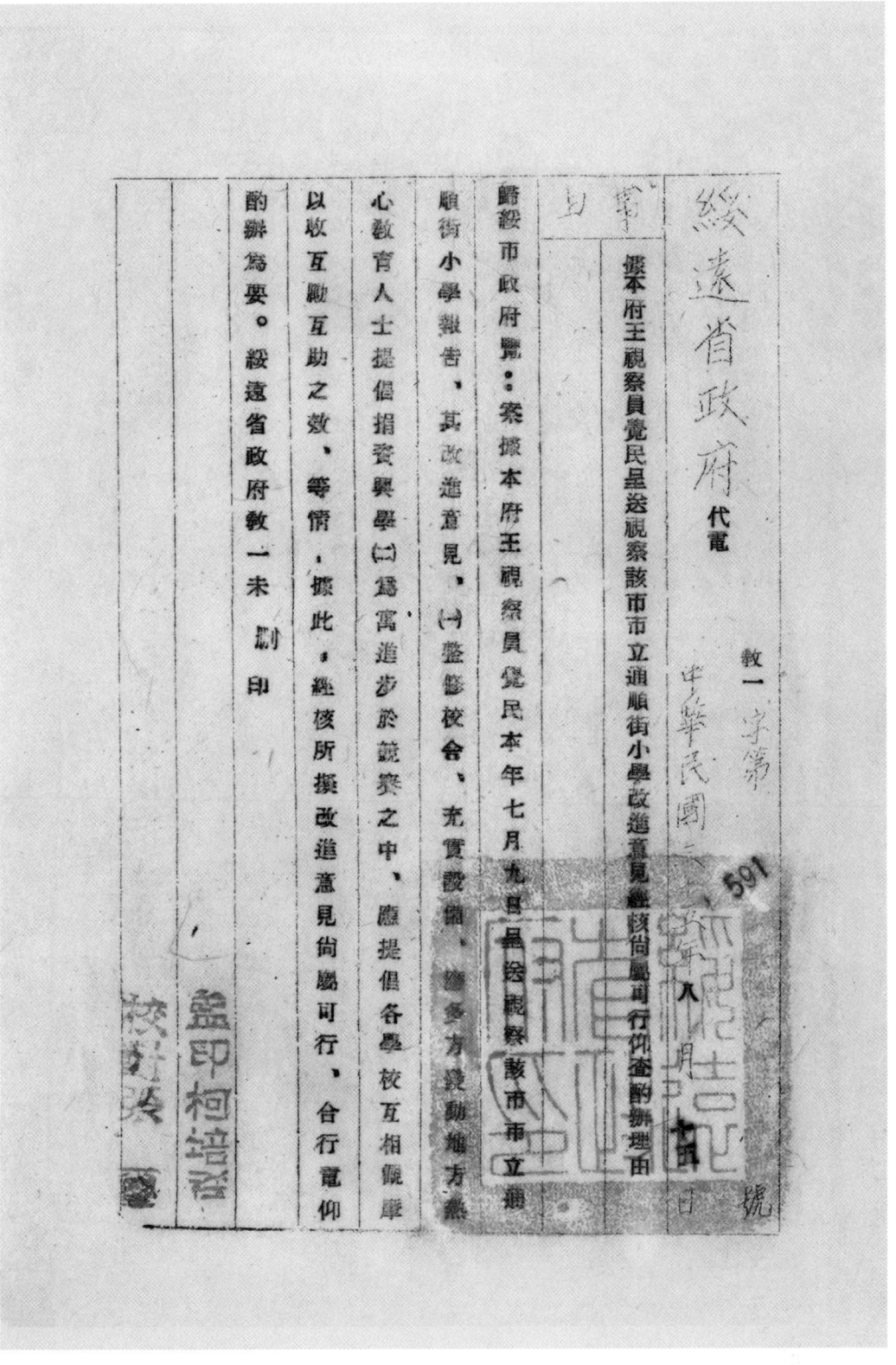

图 2-1-11　绥远省政府为视察员王觉民呈送视察该市市立通顺街小学改进意见经核尚属可行给归绥市政府代电（1946年8月15日）

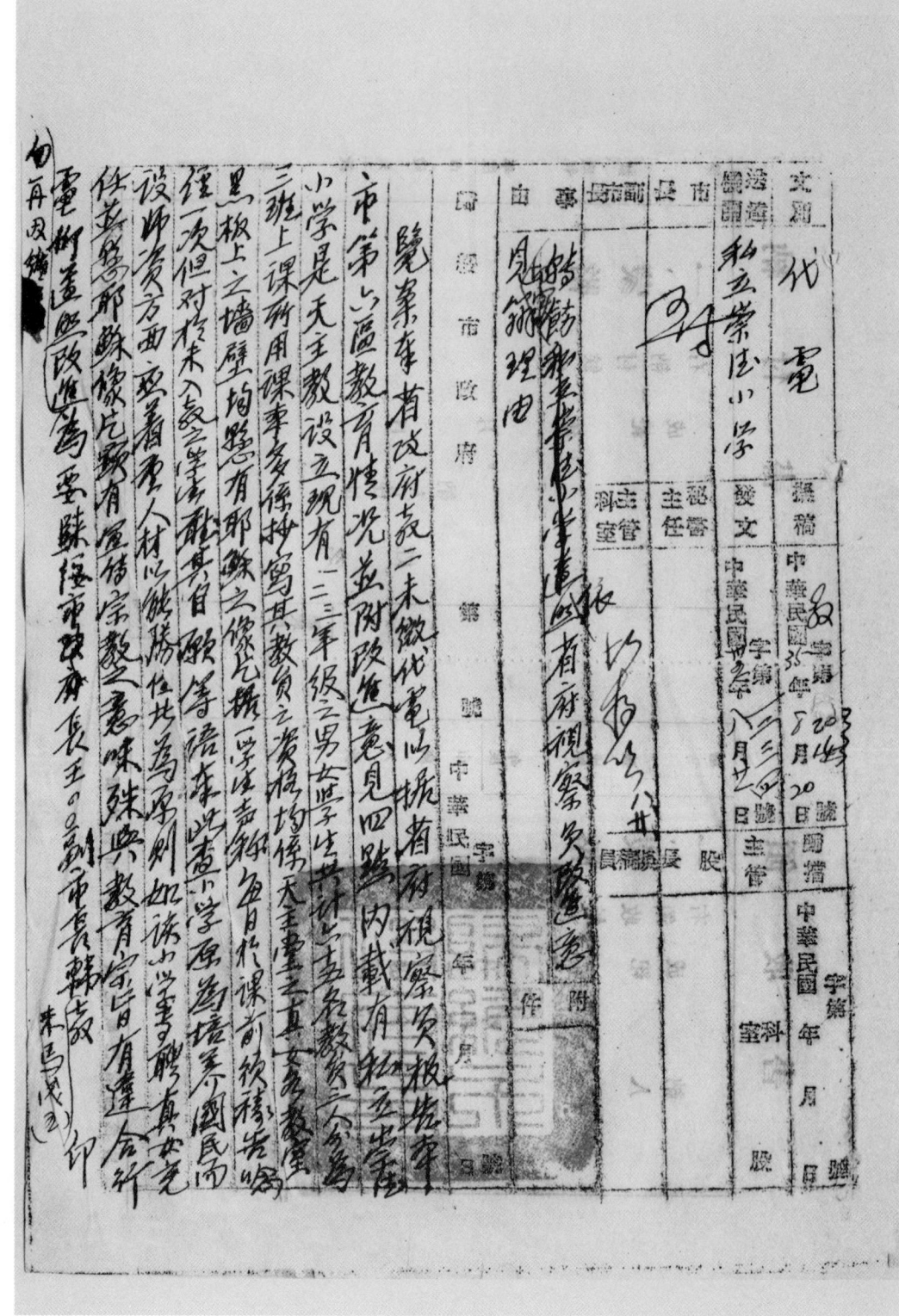

图 2-1-12　归绥市政府为转省府视察员改进意见给私立崇德小学代电（1946 年 8 月 21 日）

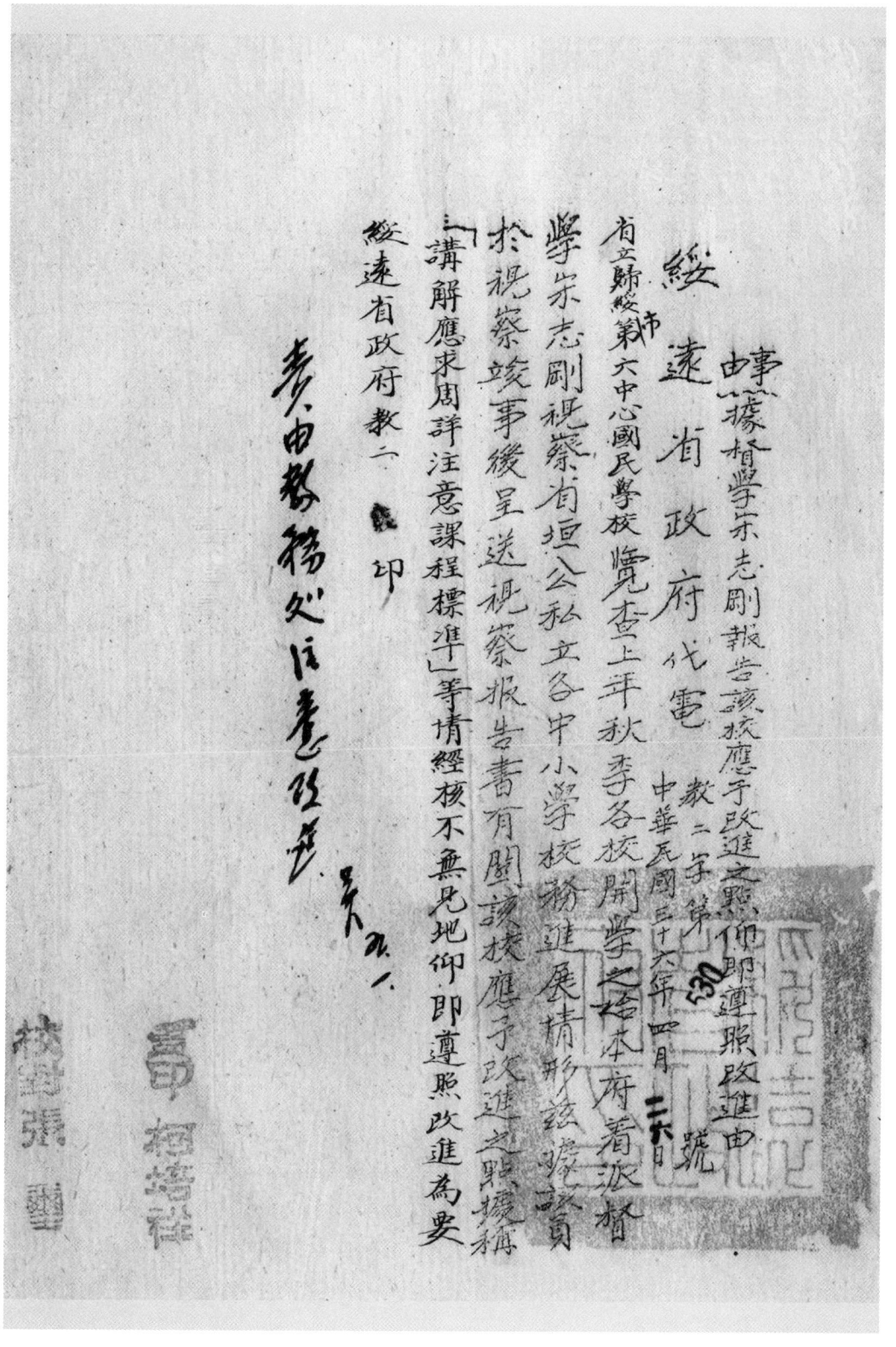

图 2-1-13 绥远省政府为据督学宋志刚报告该校应予改进事项给省立归绥市第六中心国民学校代电（1947年4月26日）

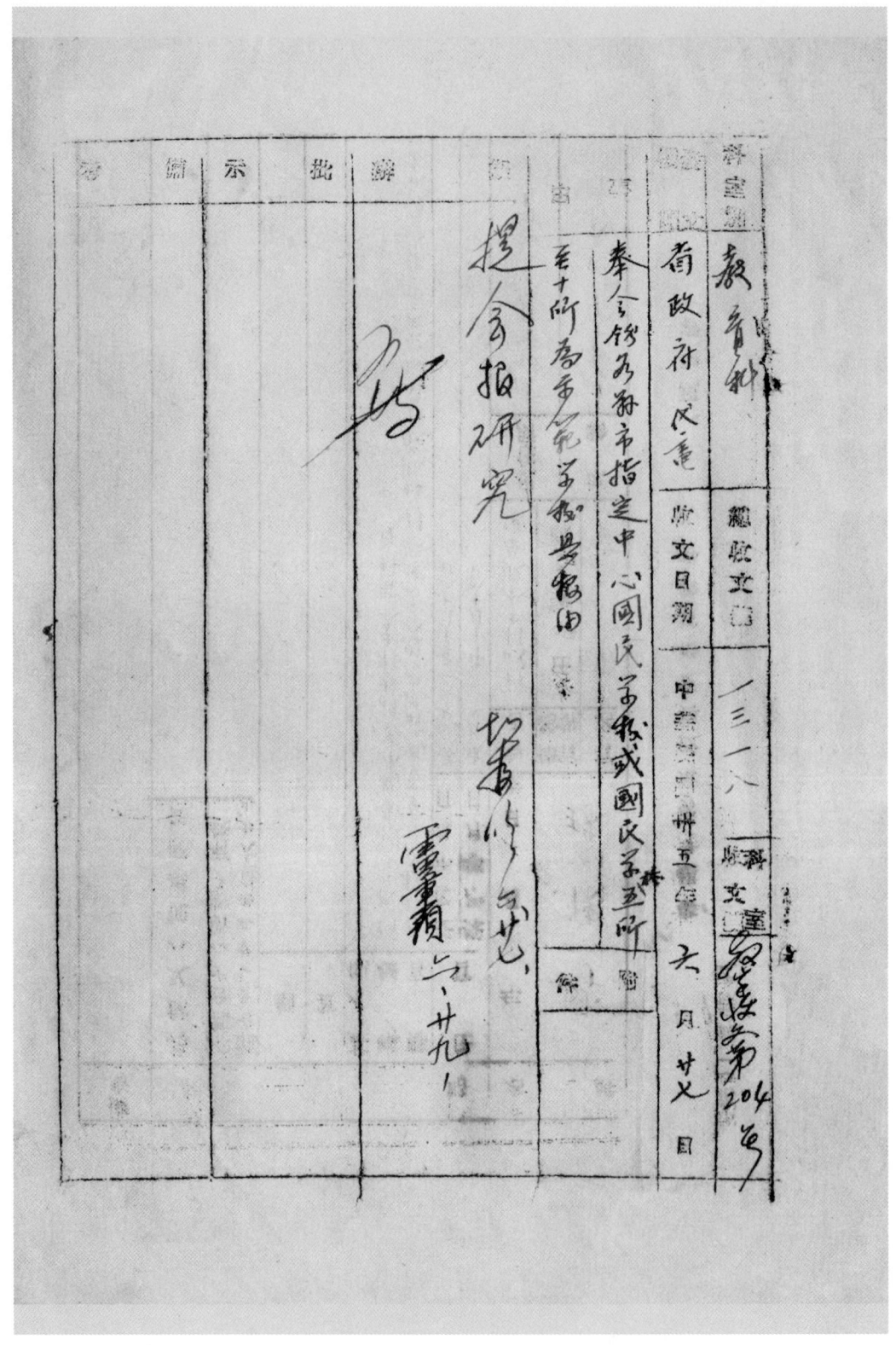

图 2-1-14　绥远省政府为各县市指定中心国民学校或国民学校五至十所为示范学校给归绥市政府代电（1946 年 6 月 25 日）（一）

兹奉令饬令各县市指定中心国民学校或国民学校五所至十所为示范学校兹具报由

绥远省政府代电

归绥市政府

览：本府教育厅奉教育部三十五年六月二十五日

中华民国三十五年六月二十五日

月二十四日国字零二六三一号训令内开：查国民教育月第二次五年计划业经呈奉本部所订全国实施国民教育第二次五年计划並参照各该省市实际情形分别拟定实施计划尽量增设学校以期达到一乡镇有一中心国民学校一保有一国民学校使全省市学龄儿童与失学民众均能受到相当之义务教育与识字教育以素质言各地方所设之国民学校应照部颁充实中心国民学校要项及国民学校兴中心国民学校应设之设备健全之师资稳定之经费使学校内容一切设施均能逐到充实之程度我国抗战八年后

图2-1-14 绥远省政府为各县市指定中心国民学校或国民学校五至十所为示范学校给归绥市政府代电（1946年6月25日）（二）

方各省市国民学校,数量虽年陆续增加而内容设施率多因陋就简,至战区内之小学大半为敌人破坏,校舍毁损校具散失,欲求一设备完善内容充实之小学,几如凤毛麟角,不可复得。复员以后地方事业百端待举,而地方教育经费入不敷出,国民学校之质量同时兼顾,殆为不可能之事。惟无论人力财力如何困难,在本年度内每一县市至少应指定五所至十所以上之中心国民学校或国民学校作为示范性质之国民学校,其校舍设备、师资待遇、经费、学校行政等应作先议法等以充实,务期达到国民学校内容设施之标准,以供全县市国民学校之观摩,除分令外合行令仰该局遵照,迅即转饬所属各县市切实办理,并将遵办情形具报此令,等因奉此,查本省业经实施国民教育之各县市均应遵照此项指定办法推行义务教育之各县市亦应此项指定小学若干所,并设法照此项指定示范学校之办公费应酌予增加,预算为减低示范学校项目报核此项指定示范学校之办公费应自行酌酌所有学校情形及自治经费状况酌至大以原办公费之一倍为限,除多电外合行电仰为要。绥远省政府教二已
遵照办理并具报
印

图 2-1-14 绥远省政府为各县市指定中心国民学校或国民学校五至十所为示范学校给归绥市政府代电(1946 年 6 月 25 日)(三)

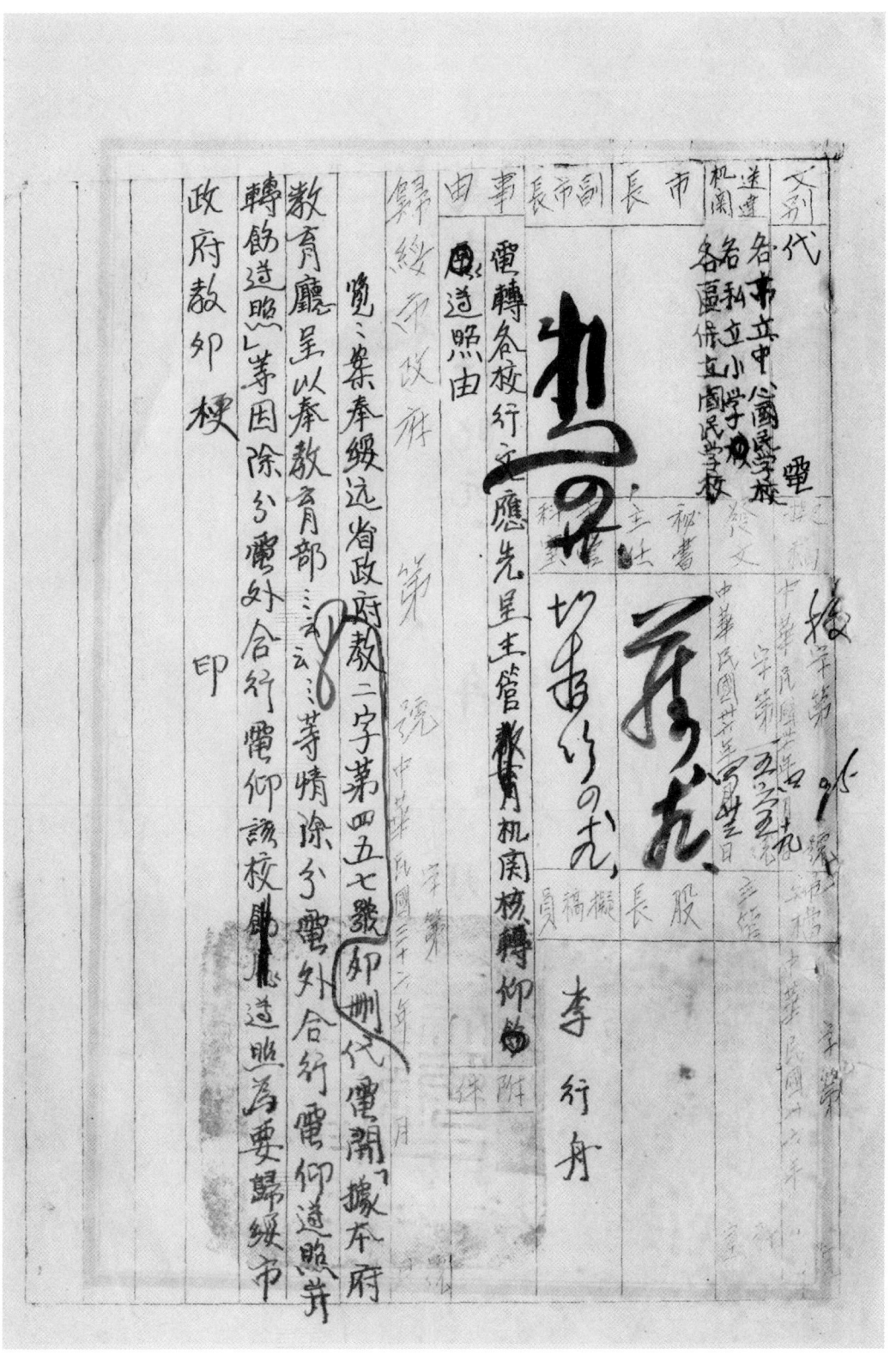

图 2-1-15 归绥市政府关于转发各校行文应先呈主管机关核转的代电（1947 年 4 月 23 日）

归绥市立关帝庙街小学实况及应改进之点

(一)沿革

本校於本年四月十六日開學，校址在新城關帝廟街——即前縣立第三小學舊址——雖地點偏僻，而校舍寬敞，比較整齊，尚敷應用。

(二)班級及教職員學生數

現有四班，一至五年級，惟二三年級係複式教學，教職員六名，學生一百五十二名，工友二名。

(三)經費

遵照四月份教職員工友俸給為四十八萬元，辦公費每月壹千八百元。

(四)請求改進之點

本校除校舍較為完整外，其他一切設備毫無，即教職員辦公桌椅及學生桌凳亦無，只由縣氏教館臨時借到學生桌凳十套，由市署撥

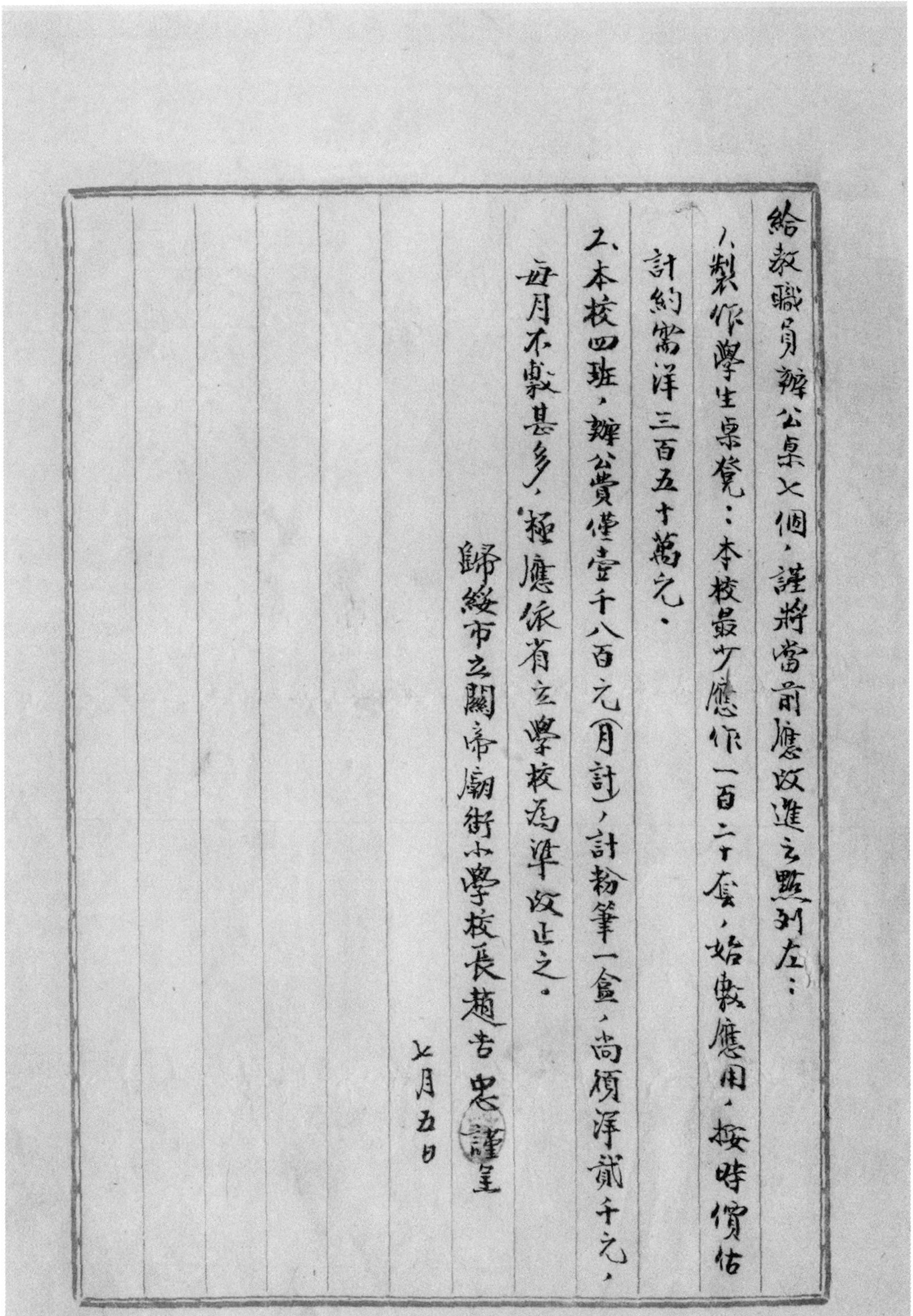

给教职员办公桌七个，谨将当前应改进之点列左：

一、製作学生桌凳：本校最少应作一百二十套，始敷应用，按时价估计约需洋三百五十万元。

二、本校四班，办公费仅壹千八百元（月计，计粉笔一盒，尚须洋贰千元，每月不敷甚多，极应依省立学校为准改正之。

归绥市立关帝庙街小学校长 赵吉忠 谨呈

七月五日

图 2-1-16　归绥市立关帝庙街小学实况及应改进事项（1946年7月5日）（二）

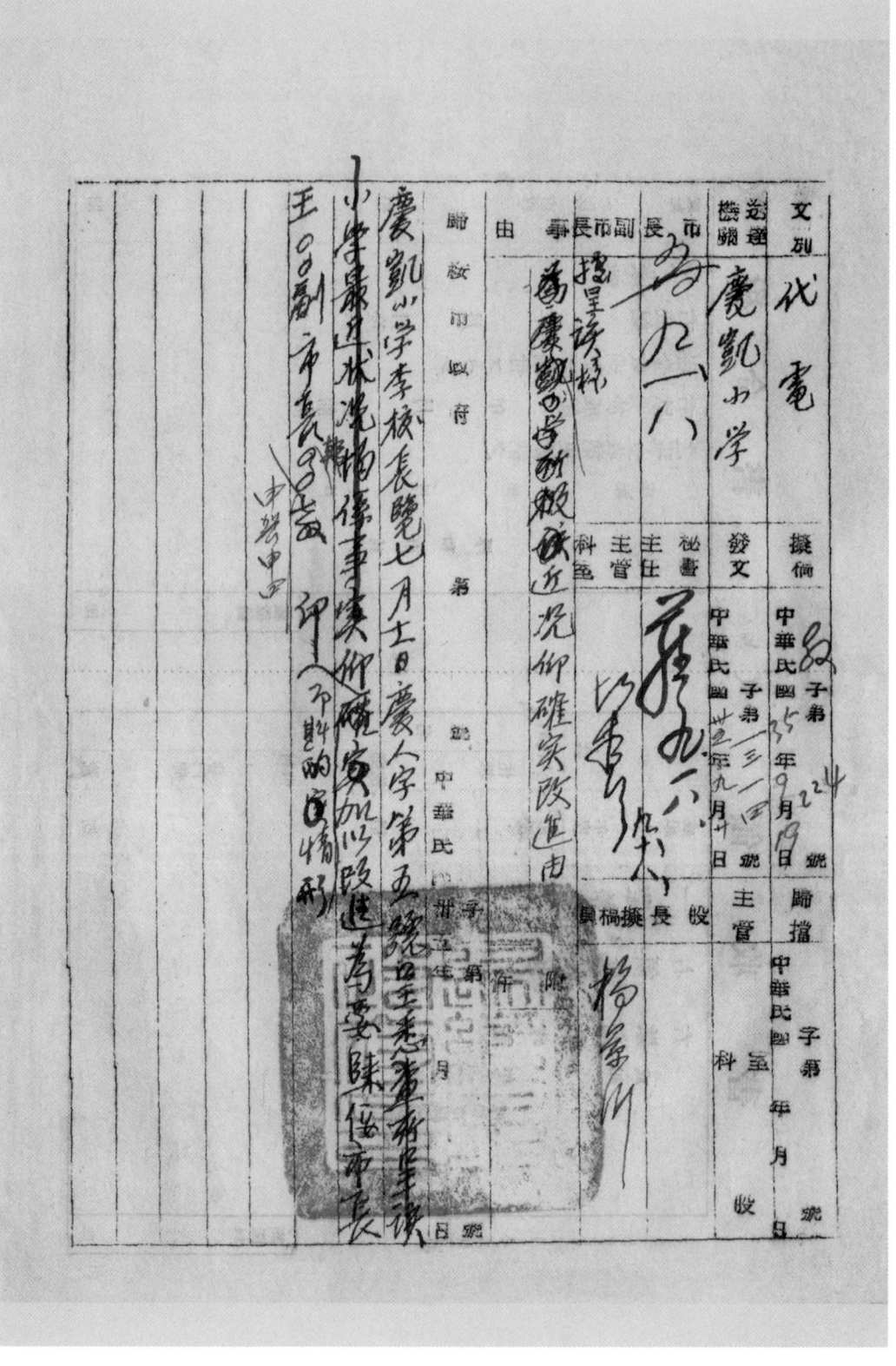

图 2-1-17 归绥市政府关于该校近况暨改进事项的指示给庆凯小学代电（附庆凯小学呈文）（1946 年 9 月 20 日）（一）

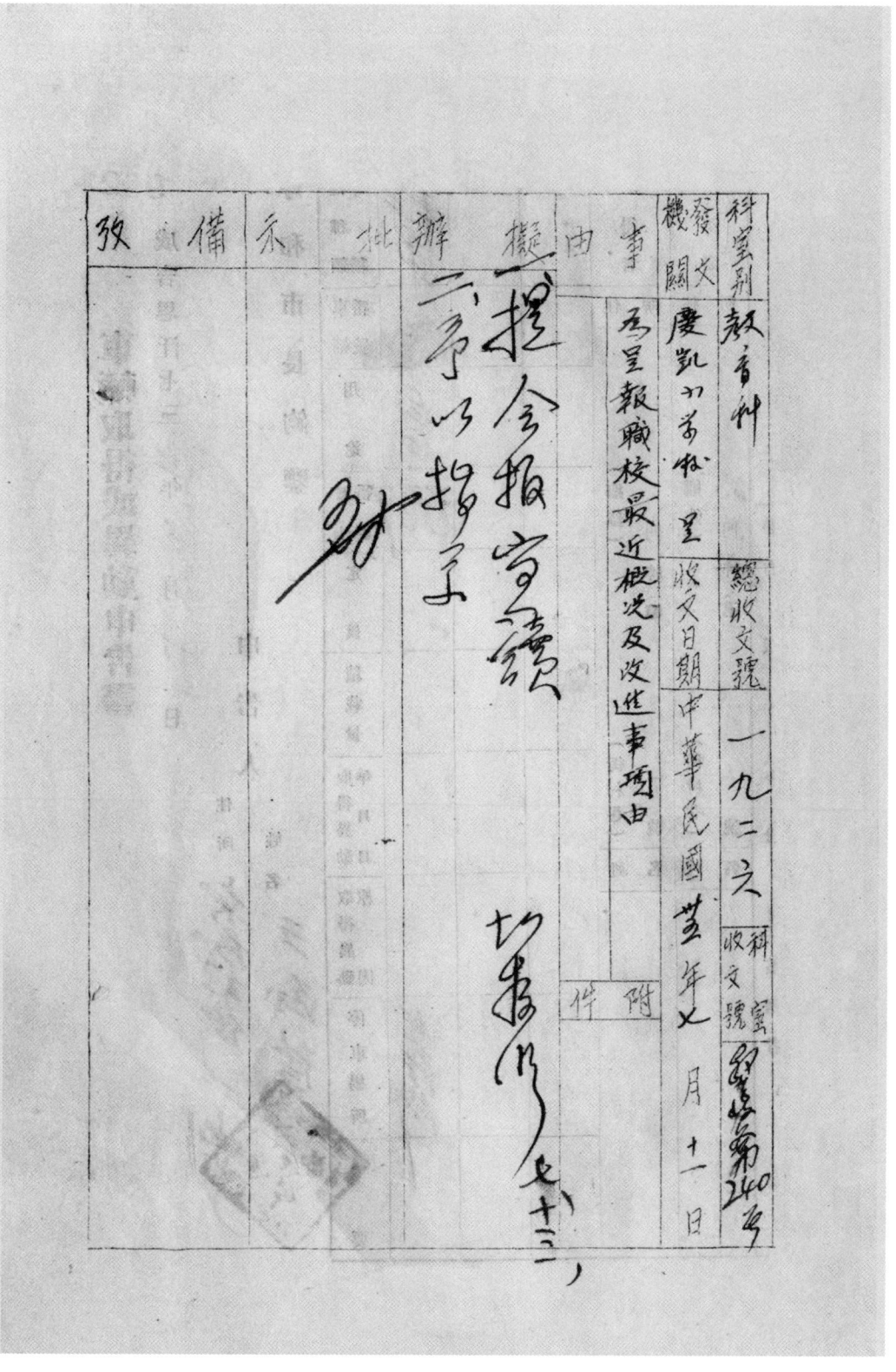

图 2-1-17 归绥市政府关于该校近况暨改进事项的指示给庆凯小学代电（附庆凯小学呈文）（1946年9月20日）（二）

归绥市立庆凯桥小学校呈文怀华民国三十五年七月十一日

为呈报职校最近概况暨应行改进事项请鉴核示遵由

窃职奉命於本月一日到差除到差日期暨接交情形业经报在案外理合将学校概况暨应予进行事项备文胪陈如左恭请

鉴核示遵谨呈

市长王

副市长聂

归绥市立庆凯桥小学校长李峻峰 谨呈

庆凯桥小学最近概况暨应行改进事项：

一、沿革：该校创始於清光绪三十三年至今有四十年之历史事变前历经绥地名人赵国鼎耿正范田华等相继担

图 2-1-17 归绥市政府关于该校近况暨改进事项的指示给庆凯小学代电（附庆凯小学呈文）（1946年9月20日）（三）

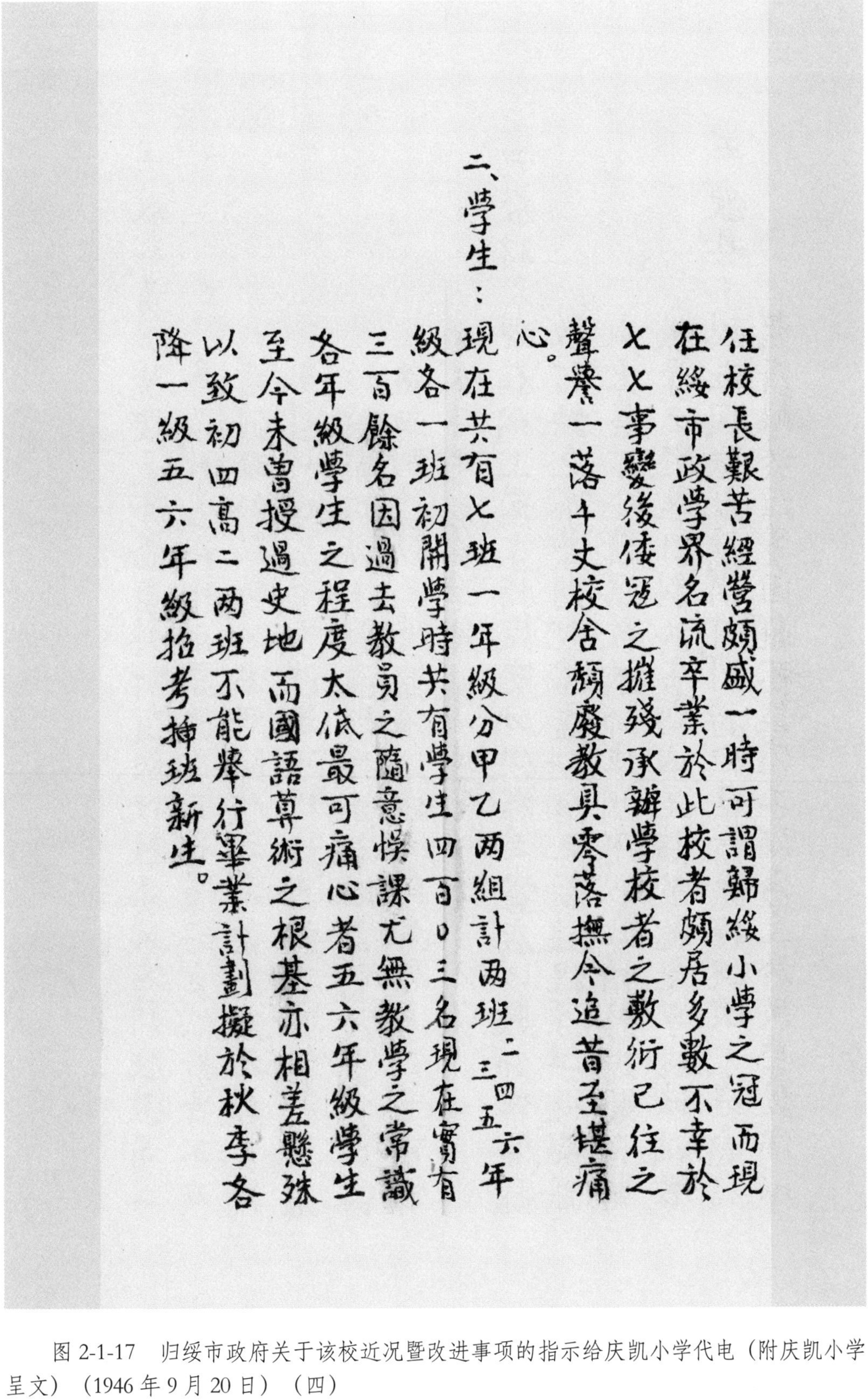

任校长艰苦经营颇盛一时可谓归绥小学之冠而现在绥市政学界名流卒业于此校者颇居多数不幸于××事变后倭寇之摧残承办学校者之数衍已往之声誉一落千丈校舍颇废教具零落抚今追昔至堪痛心。

二、学生：

现在共有七班一年级分甲乙两组计两班二三四五六年级各一班初开学时共有学生四百〇三名现在实有三百余名因过去教员之随意候课尤无教学之常识各年级学生之程度太抵最可痛心者五六年级学生至今未曾授过史地而国语算术之根基亦相差悬殊以致初四高二两班不能举行毕业计划拟于秋季各降一级五六年级招考插班新生。

图 2-1-17 归绥市政府关于该校近况暨改进事项的指示给庆凯小学代电（附庆凯小学呈文）（1946年9月20日）（四）

三、教职员：除校长事务员外计有级任教员之名科任教员二名除教育科指示原教员三名嗜好多端教学不力者停职外所余之名经临时之考查本人之品学材能暨教学训育方法是否得法未敢确实评判但最近皆能按时上课遵照指示办理计划于暑期内详确甄别务以品学兼优堪以为师者确实负责不惮人子弟者为准则

四、教材：现在因上峯未指定充分供给之书店以致师生皆感教材缺乏本学期就书店所有之新课程标准复兴课本零售不全择购数本师生调用似此情形殊难预期教学之进展计划于暑期内呈请教厅早设法补救。

五、教具：现在因陋就简尚可维持但旧有桌凳破坏不堪急待整修限于经费困难不能雇工补修至于教学设备以

六、校舍：

及飲食用具，更無從措施。

正房計有十四間分作教室四個教員預備室閱報室各一間東房五間分作教室一個傳達室儲存室各一間西房八間分作教室二個教員預備室兩間校長室一間共計堪以應用房舍廿七間多年失修內外急待整理院中教室三間成績室宿舍各兩間以及校門多年未修行將倒塌預防危害現在未敢佔用廁所東西院牆早經坍倒院中形成通衢大道廁所露天成為往來行人之便塲計劃將院中將倒整修東西院牆重建校門廁所材料足用工費無着計劃於暑期內設法請求辦理

图 2-1-17 归绥市政府关于该校近况暨改进事项的指示给庆凯小学代电（附庆凯小学呈文）（1946 年 9 月 20 日）（六）

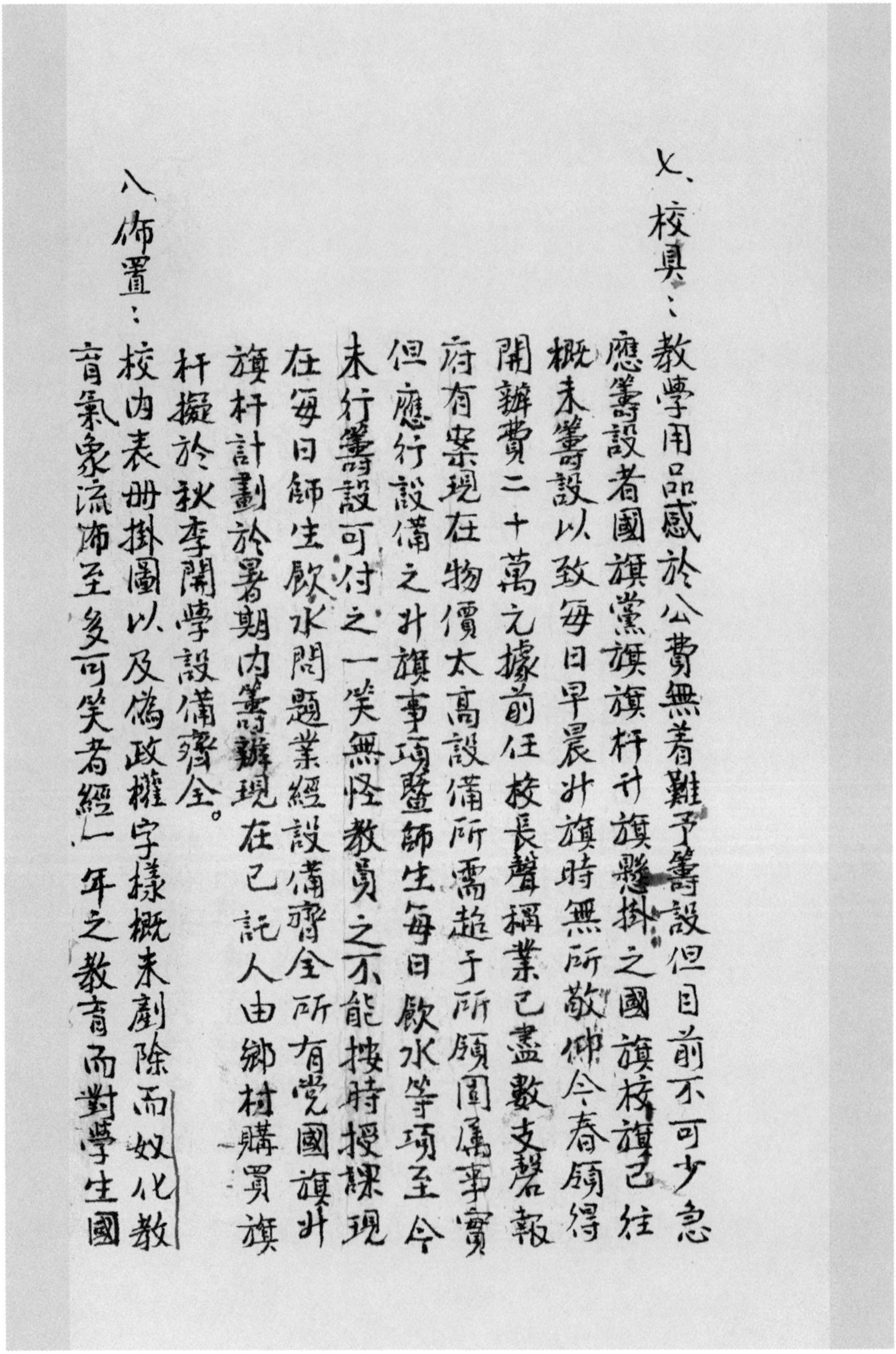

七、校具：教學用品感於公費無着難予籌設但目前不可少急應籌設者國旗黨旗旗杆升旗懸掛之國旗校旗已往概未籌設以致每日早晨升旗時無所敬佛令春頗得開辦費二十萬元據前任校長聲稱業已盡數支罄報府有案現在物價太高設備所需趨于所頗聞屬事實但應行設備之升旗事項暨師生每日飲水等項至今未行籌設可付之一笑無怪教員之不能按時授課現在每日師生飲水問題業經設備齊全所有黨國旗升旗杆計劃於署期內籌辦現在已託人由鄉村購買旗杆擬於秋季開學設備齊全。

八、佈置：校內表冊掛圖以及偽政權字樣概未剷除而奴化教育氣象流佈至多可笑者經一年之教育而對學生

图 2-1-17 归绥市政府关于该校近况暨改进事项的指示给庆凯小学代电（附庆凯小学呈文）（1946年9月20日）（七）

语课程尚稽汉文最近已将应行削除者尽行改革所有每日训话重于意识之改正及灌输国家观念之正确认识。

图 2-1-17 归绥市政府关于该校近况暨改进事项的指示给庆凯小学代电（附庆凯小学呈文）（1946年9月20日）（八）

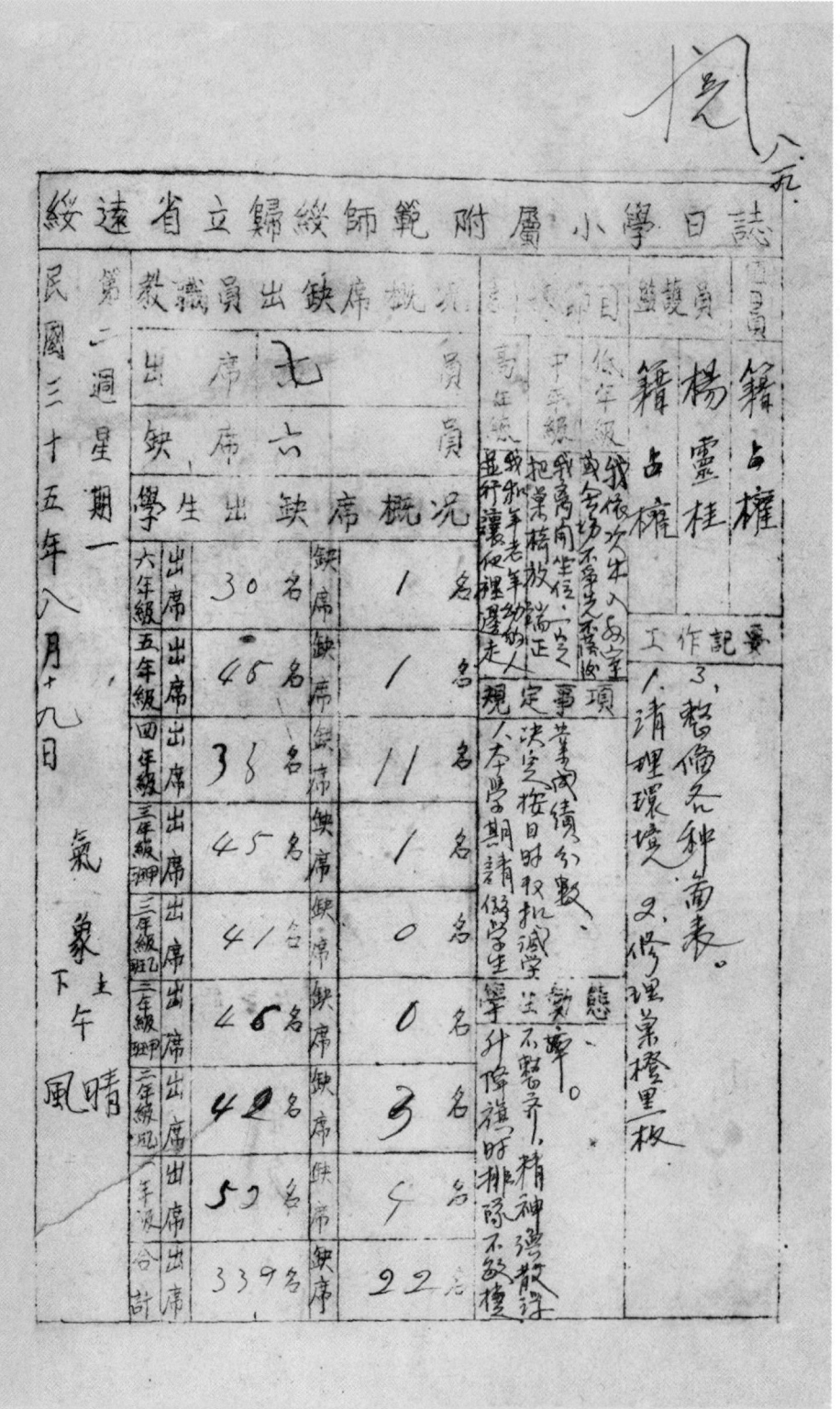

图 2-1-18　绥远省立归绥师范附属小学日志（节选）（1946 年 8 月）（一）

綏遠省立歸綏師範附屬小學日誌			
第二週星期四 民國三十五年八月二十二日 氣象 上午晴 下午晴	教職員出缺席概況 出席 七員 缺席 六員 學生出缺席概況 六年級出席 30名 缺席 2名 五年級出席 39名 缺席 4名 四年級出席 50名 缺席 1名 三年級甲出席 44名 缺席 2名 三年級乙出席 44名 缺席 0名 三年級乙出席 47名 缺席 1名 二年級甲出席 44名 缺席 1名 一年級出席 52名 缺席 5名 合計出席 350名 缺席 16名	訓練節目 高年級 中年級 低年級 或走或死公共的地方 別人的錢跟他拿回家他 規定事項 學生動態 提且甚喧雜。下學時排隊仍不齊	值員 楊蘭桂 監護員 王耀媛 王壽續 工作記要 一、訂製新科筆記簿、 二、劉登校內窪坑、 二、繼續整理學籍

图 2-1-18 绥远省立归绥师范附属小学日志（节选）（1946年8月）（二）

绥远省立归绥师范附属小学日志

值日员	王寿绪
医护员	籍玉权
训育员	杨灵梯

训练纲要作记

低年级：自己的事自己做
中年级：我应方做的中我努力做,校种事项
高年级：我做事情都很规定

教职员出缺席概况
| 出席 | 7员 |
| 缺席 | 6员 |

学生出缺席概况
年级	出席	缺席
六年级	31名	1名
五年级	40名	0名
四年级	59名	0名
三年级甲	44名	2名
三年级乙	41名	4名
三年级丙	52名	0名
二年级	47名	4名
一年级	56名	1名
合计	370名	12名

第三周 星期一
民国三十五年八月二十六日
气象 上午 下午 晴

惩：礼貌不周
奖：继续布置教室

图 2-1-18 绥远省立归绥师范附属小学日志（节选）（1946年8月）（三）

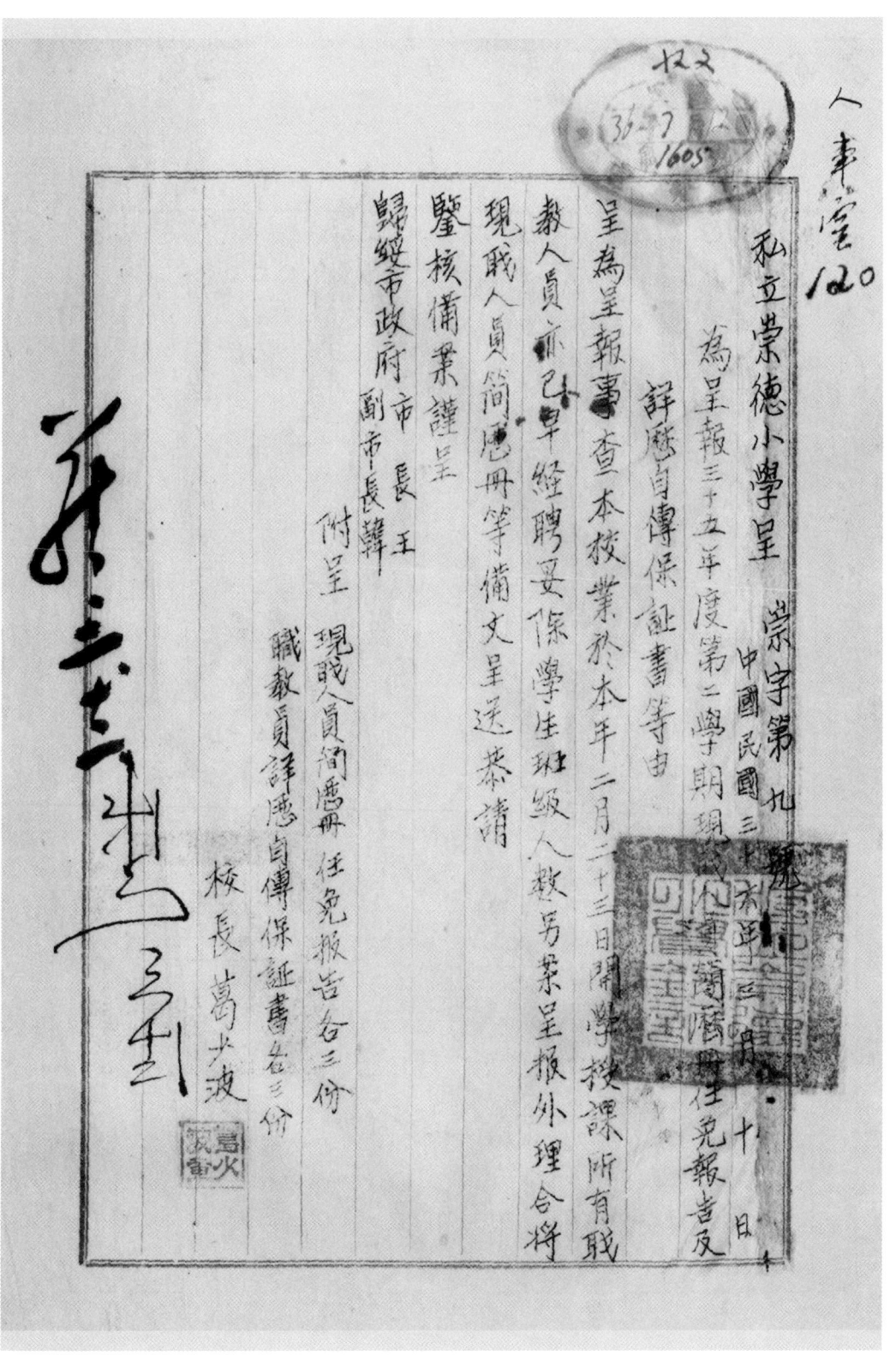

图 2-1-19 私立崇德小学为报送三十五年度第二学期现职人员简历册、任免报告和详历、自传、保证书等致归绥市政府呈（1947年3月10日）

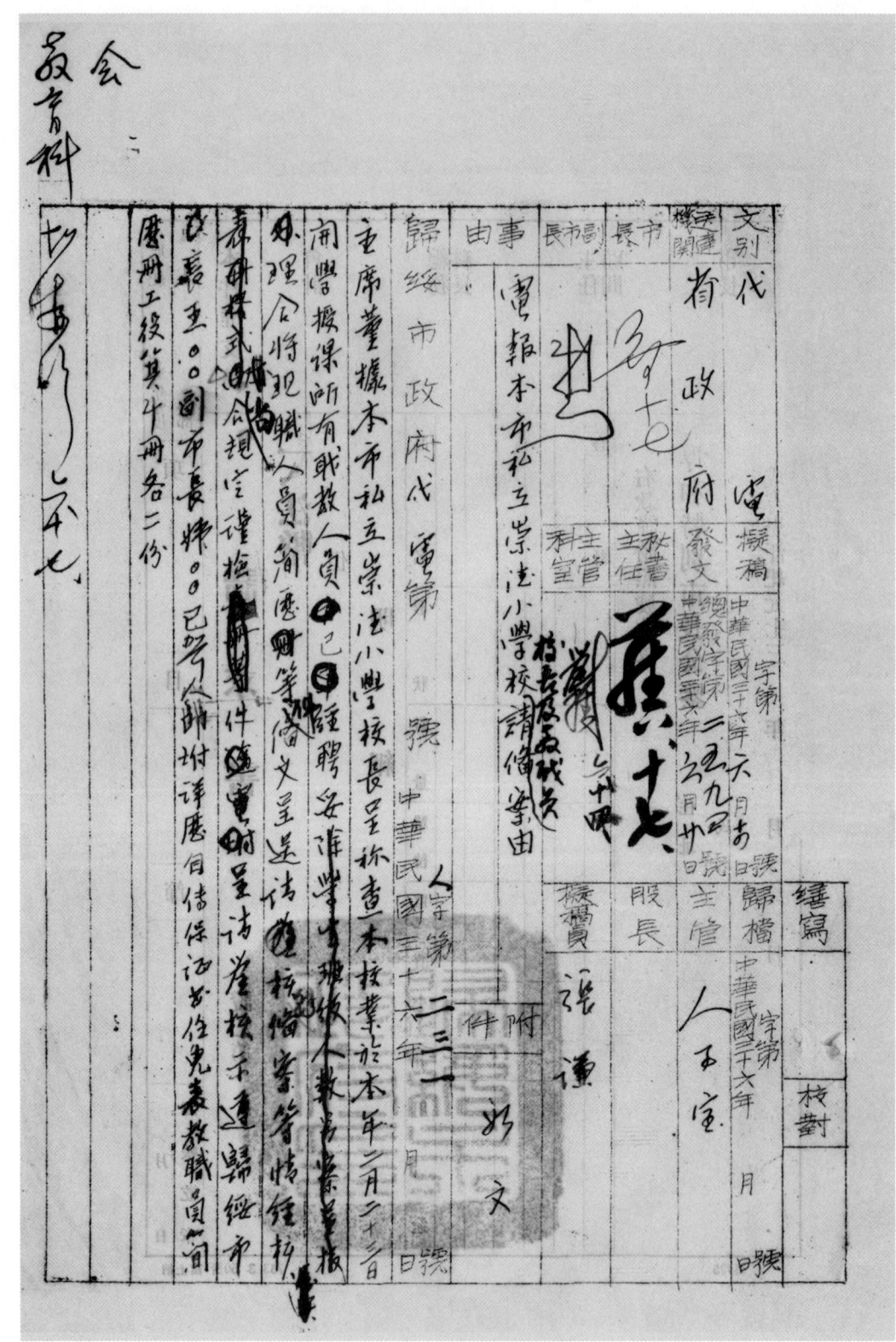

图 2-1-20　归绥市政府为呈报私立崇德小学教职人员简历等致绥远省政府代电（1947年6月20日）

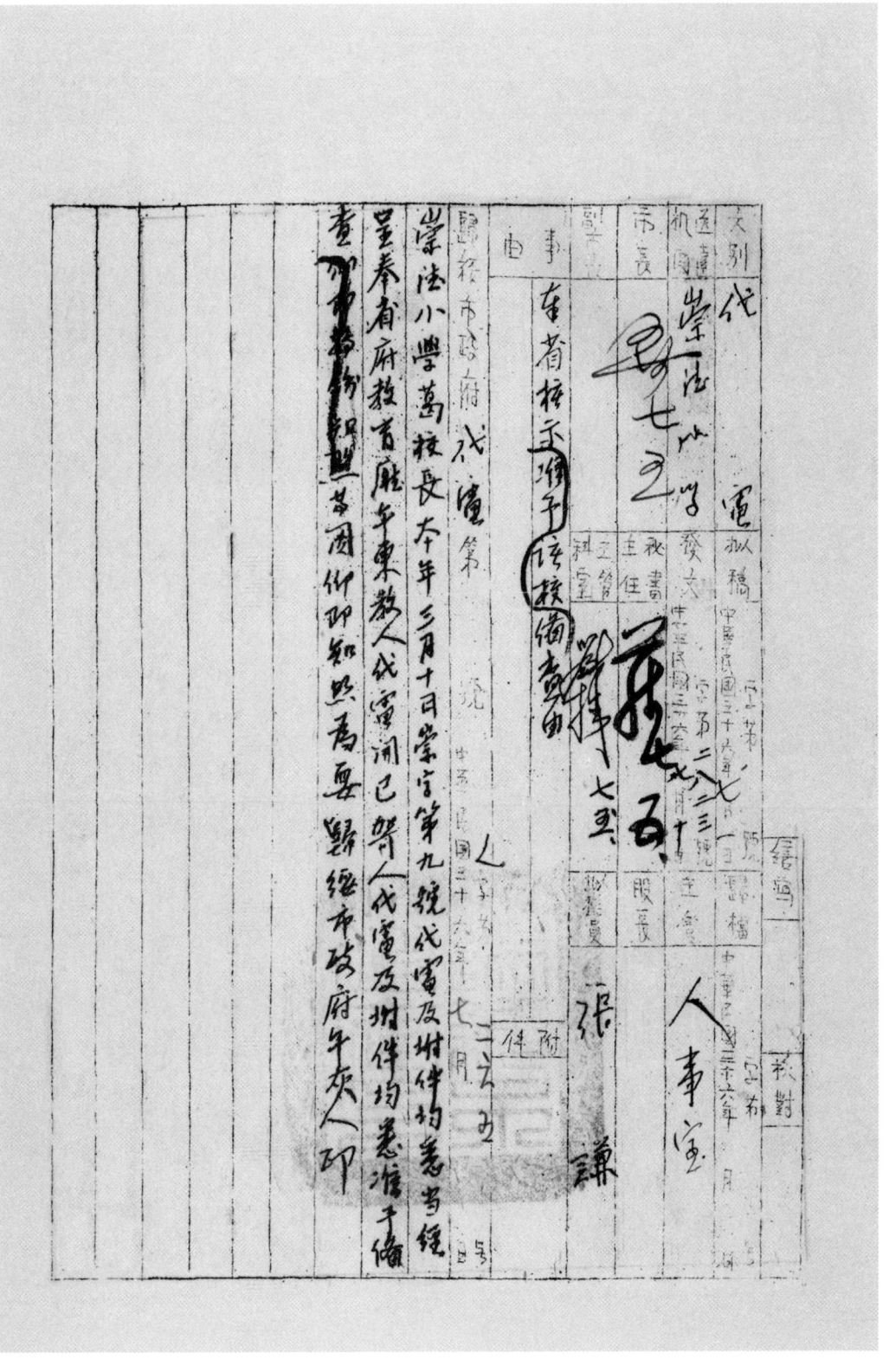

图 2-1-21　归绥市政府为教职人员简历册等奉省核示准予备查给私立崇德小学代电（1947 年 7 月 10 日）

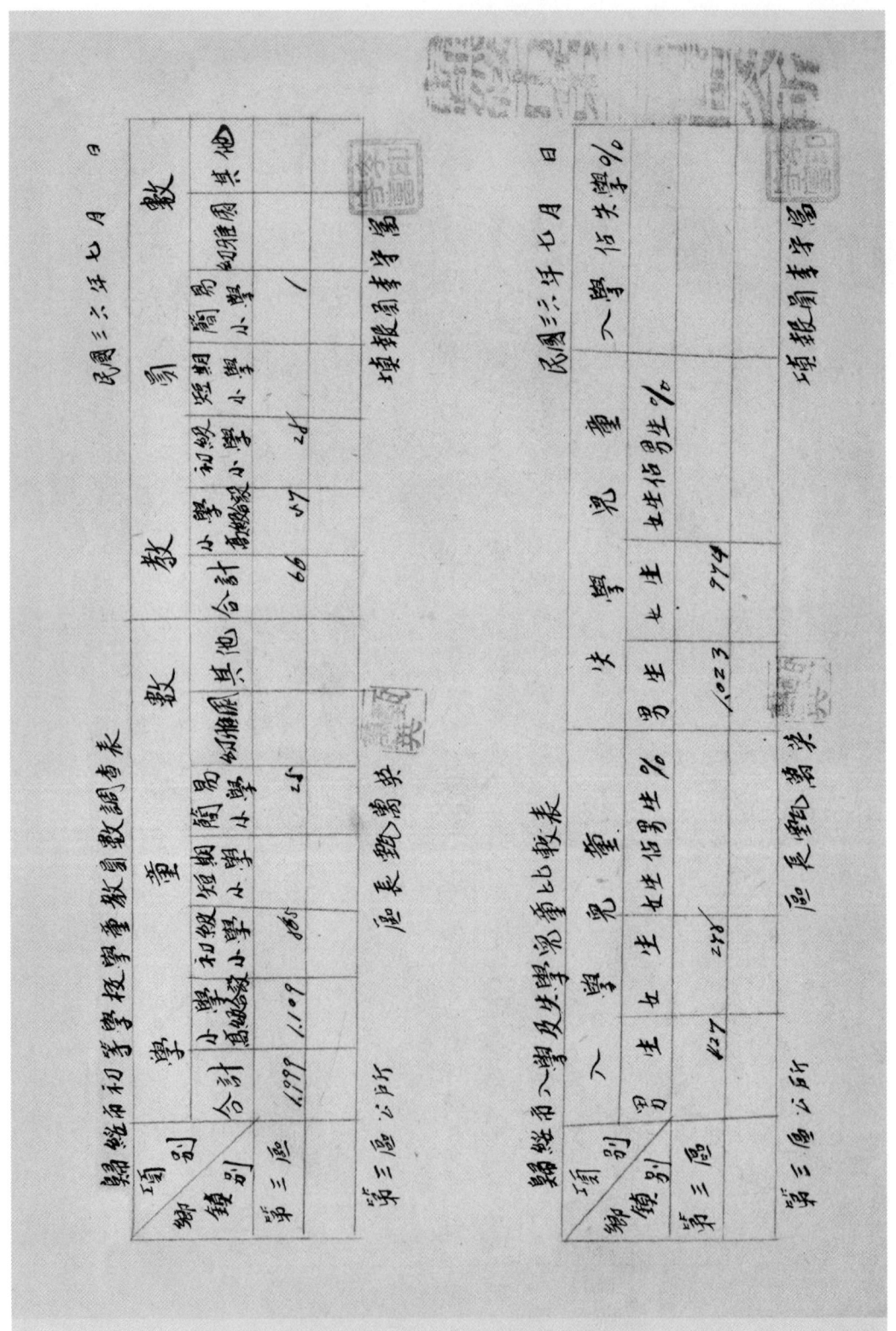

图 2-1-22 归绥市初等学校学童教员数调查表和入学及失学儿童比较表（1947年7月）

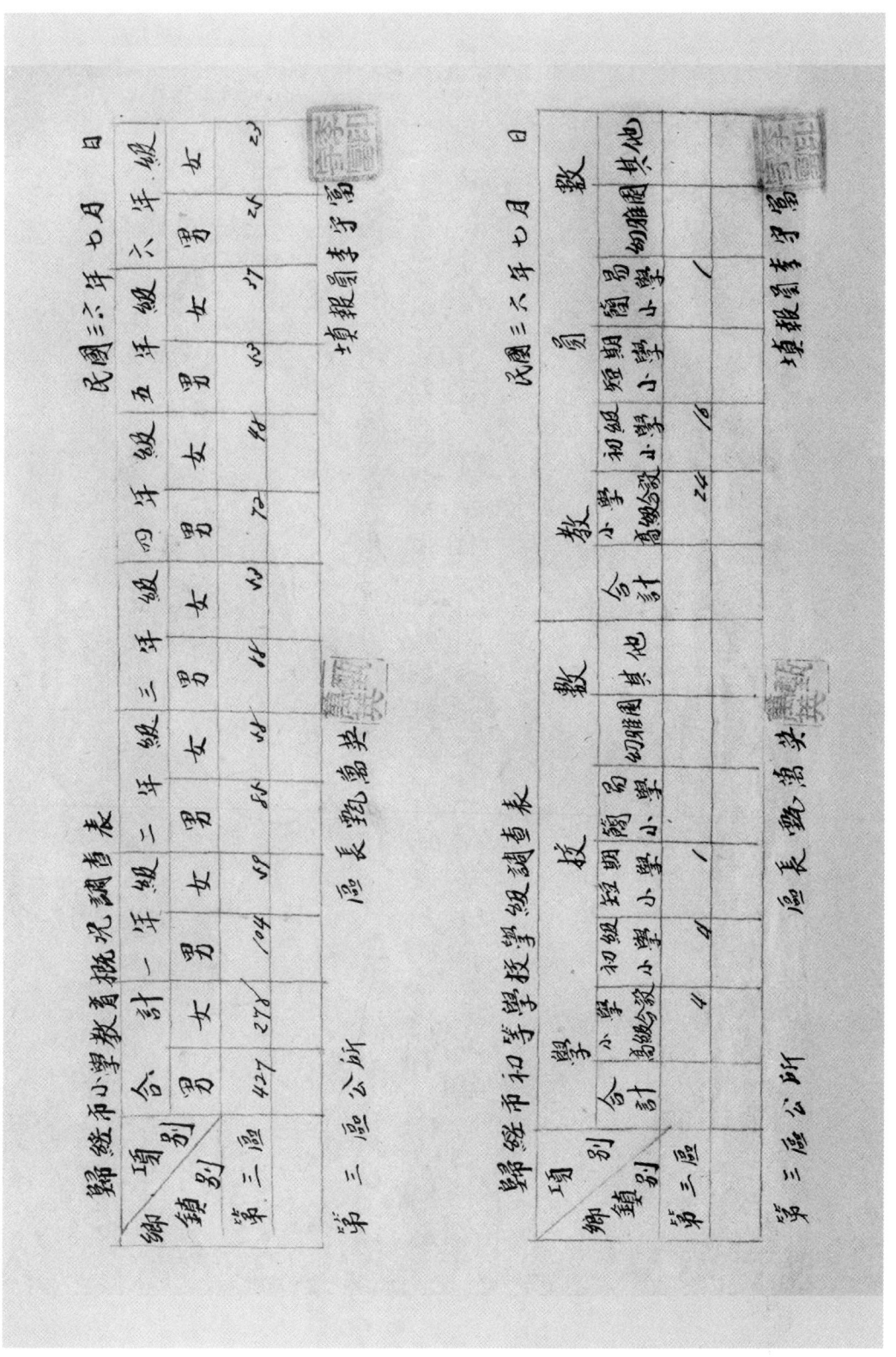

图 2-1-23　归绥市小学教育概况调查表和初等学校学级调查表（1947 年 7 月）

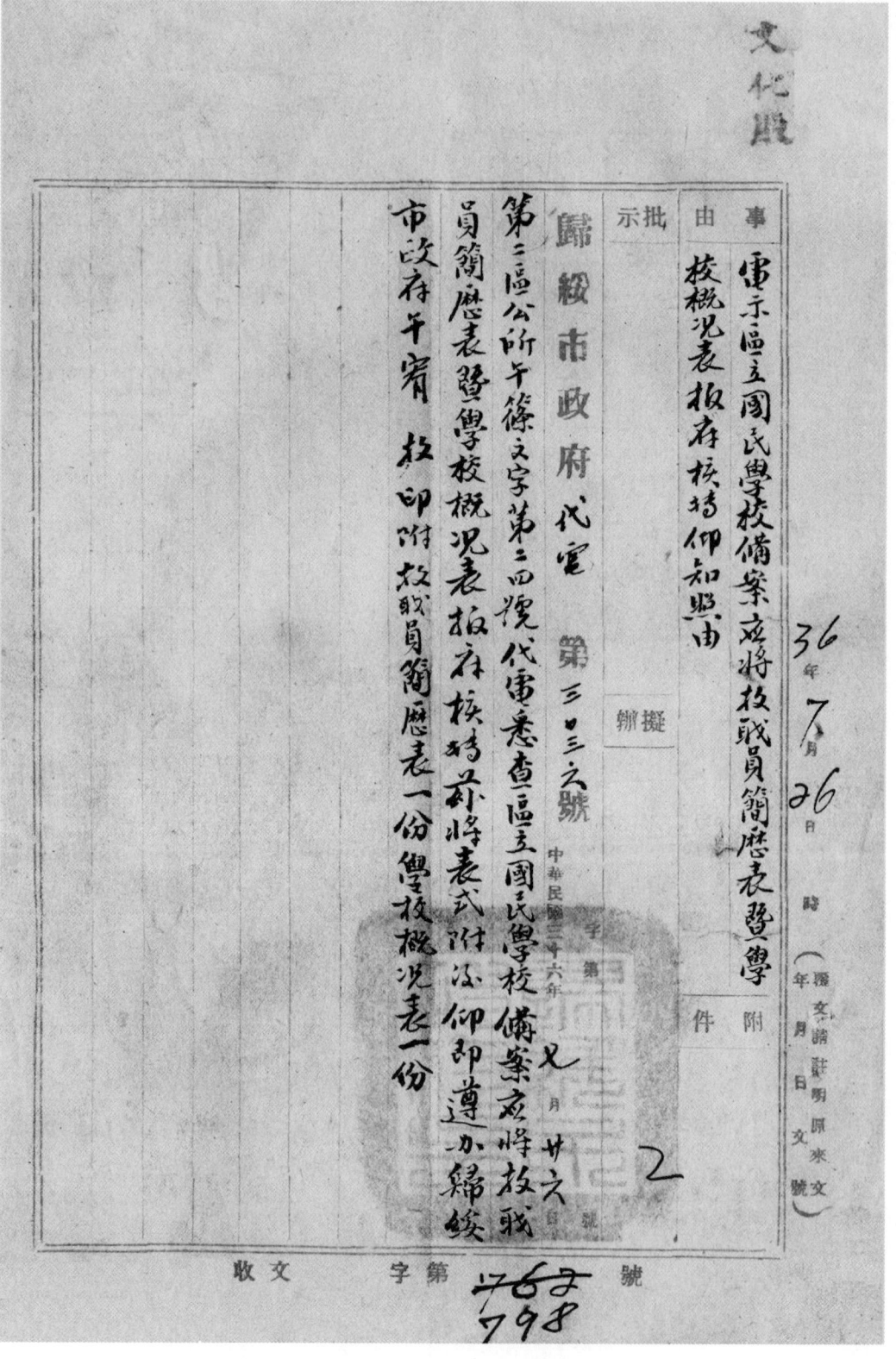

图 2-1-24 归绥市政府关于区立国民学校备案应将教职员简历表暨学校概况表报府核转给第二区公所代电（附教职员简历表式和学校概况表式）（1947年7月26日）（一）

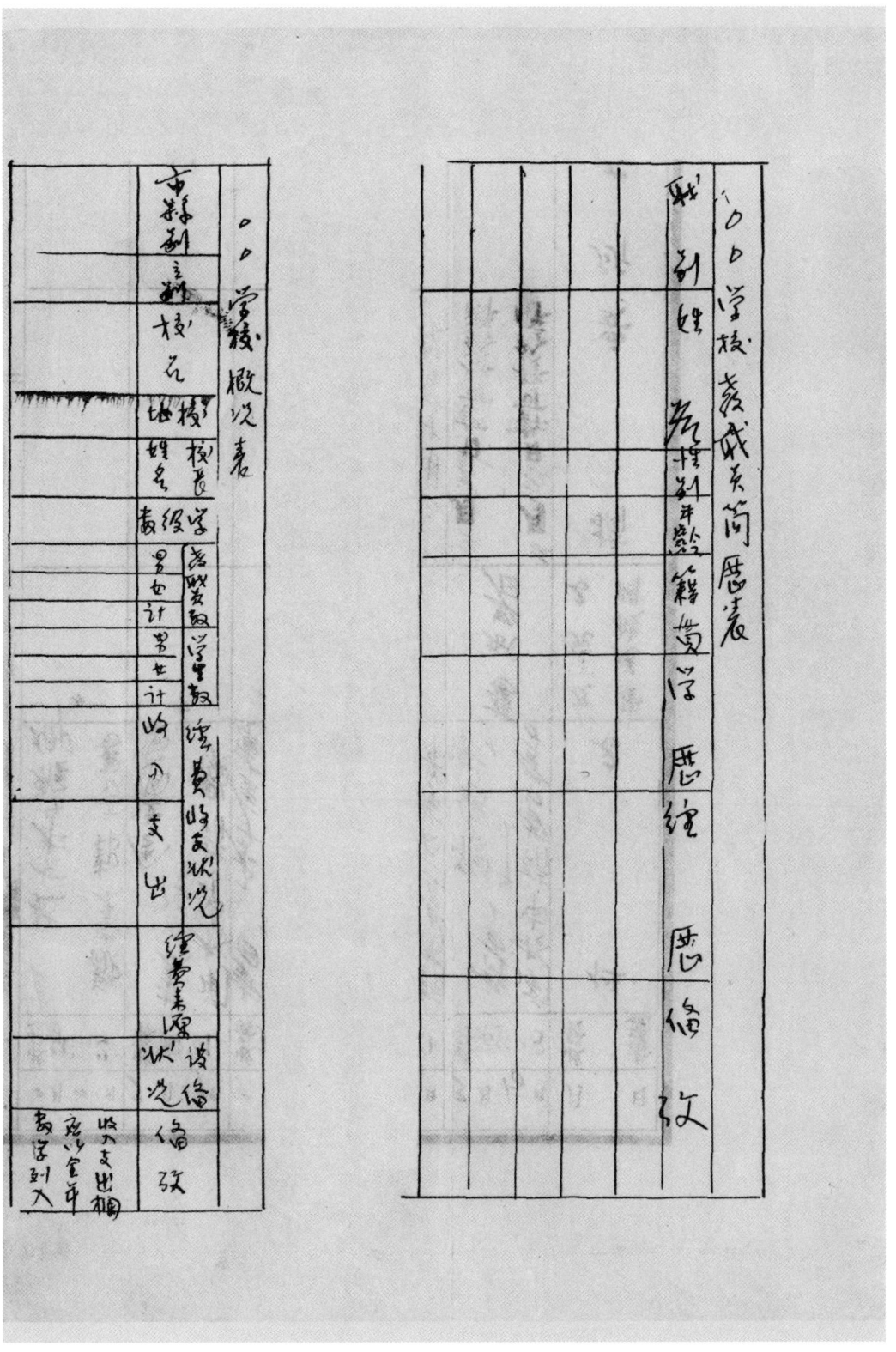

图 2-1-24 归绥市政府关于区立国民学校备案应将教职员简历表暨学校概况表报府核转给第二区公所代电（附教职员简历表式和学校概况表式）（1947 年 7 月 26 日）（二）

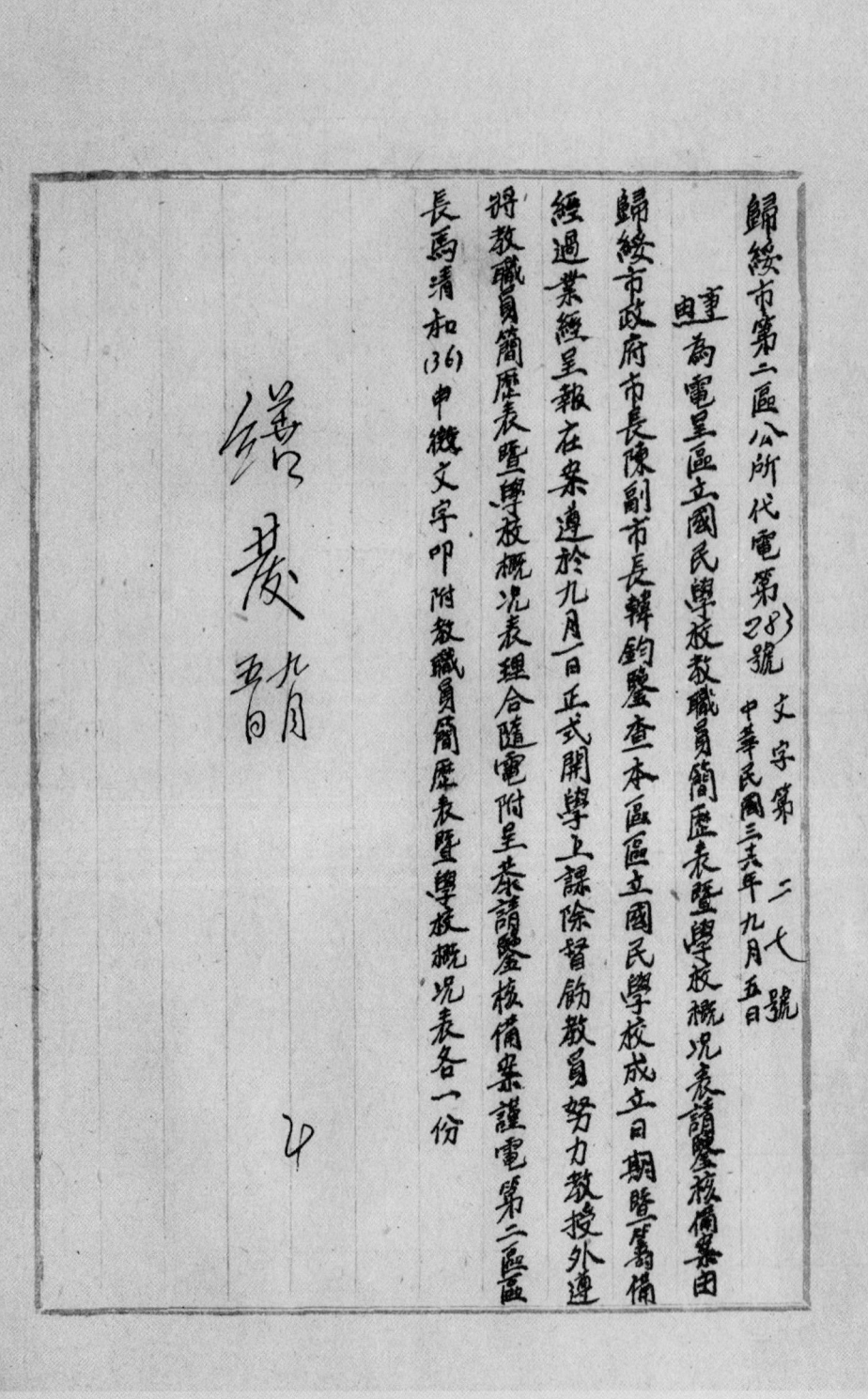

图 2-1-25　归绥市第二区公所为呈区立国民学校教职员简历表暨学校概况表致归绥市政府代电（附教职员简历表和学校概况表）（1947年9月5日）（一）

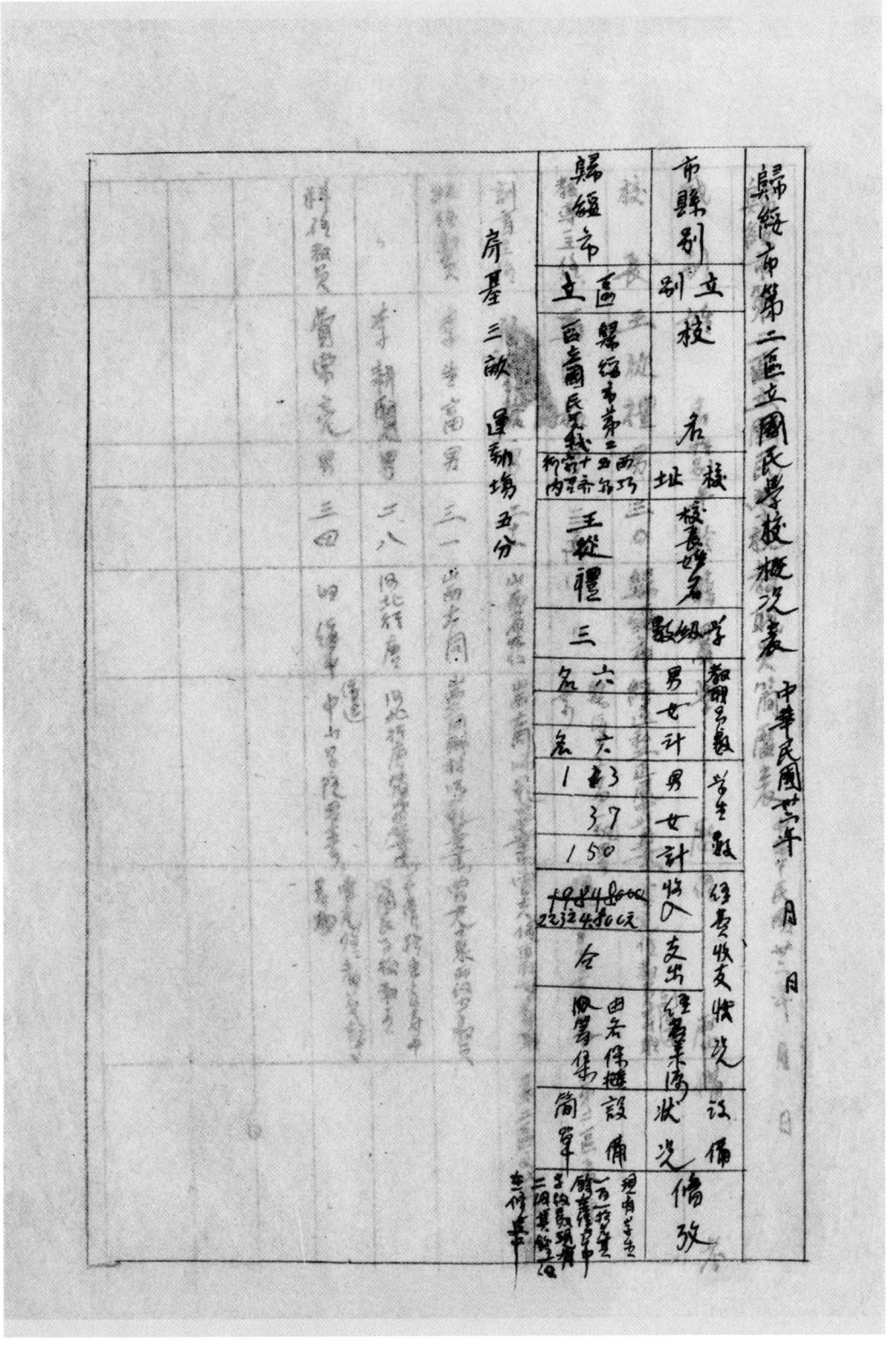

图 2-1-25　归绥市第二区公所为呈区立国民学校教职员简历表暨学校概况表致归绥市政府代电（附教职员简历表和学校概况表）（1947年9月5日）（二）

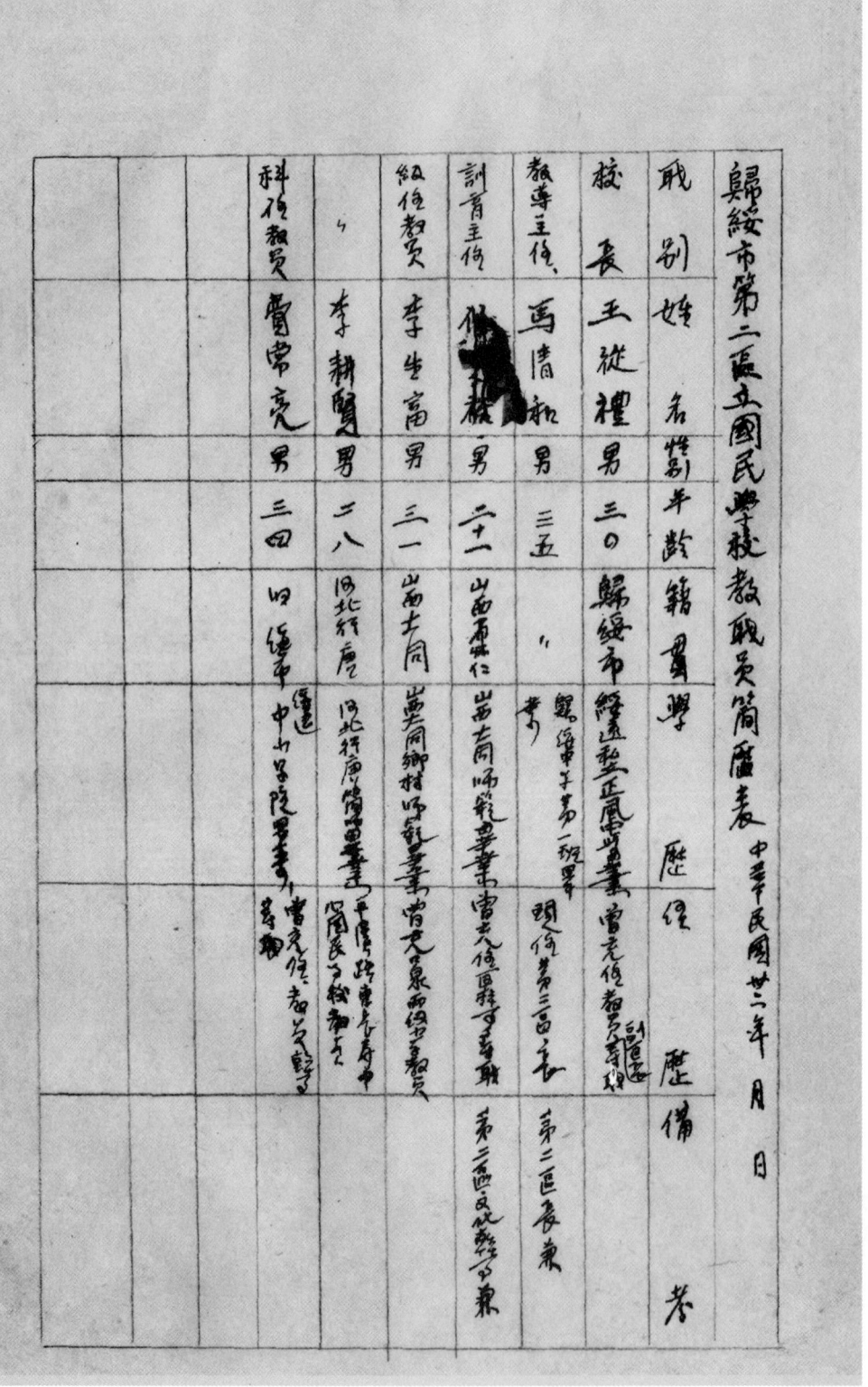

图 2-1-25　归绥市第二区公所为呈区立国民学校教职员简历表暨学校概况表致归绥市政府代电（附教职员简历表和学校概况表）（1947年9月5日）（三）

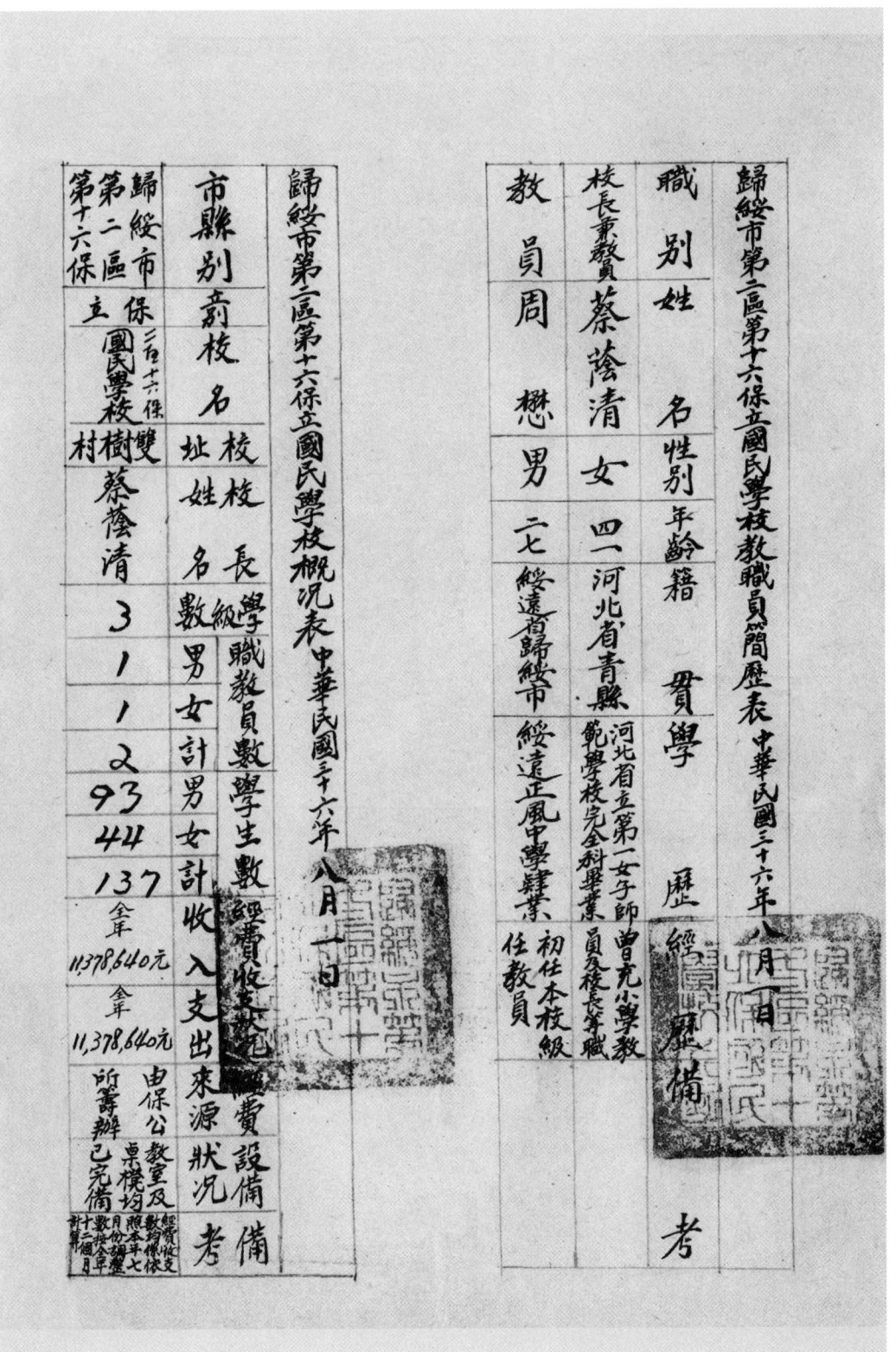

图 2-1-26　归绥市第二区第十六保立国民学校教职员简历表和学校概况表（1947 年 8 月 1 日）

綏遠省歸綏市第四區第十一保國民學校自傳

在八年水深火熱中的同胞們屢受日寇全身捆綁身體不得自由生活異常艱苦輾眠星鄉快要醒來向著光明大路上努力邁進未建設我們中華民國和平統一的新中國增進民族的福利吾姓張名俊傑字子惠生于民國九年八月十日七歲入私塾教學方法充法重背誦這種教育絕不適合兒童身心之發展遂轉歸綏縣立第一小學校教學嚴厲故學識太為難進高小畢業後又佳第一中學校因七事變不能繼續求學半途而廢因喪父家緣不睦兄弟分居各謀計生事業上無依下無告非獨自孤身不遂所謀閑守家園務農為生敷衍過活對於前途之思識非努力整若不能成就尤其著到社會上不平事太多非劇徐這此黑暗社會不能進步遂立志要除暴安危傾弱濟但欲達此目的必須要有健強的身體豐富的學識才能擔當社會職務在八年中敵寇重厭迫生命朝不保夕慘行屠殺我智識同胞恨心慘目之悲劇不斷地關懷著祖國脫離了黑暗得見了青天白日的領域內而自相攜離的祖國懷著黑暗轉禍為福的途徑山河光復全民走着自由的大道享受民主潮流捨農就高飄遊數載人思不忘的故鄉何日歸期這種安重民族國家危急存亡的關頭達成了轉福在黑暗中的同胞站在光明的路上族鼓著滿身勇氣唱著勝利凱歌踏上光復路；打擊民窮財盡農村幾臨破產凱旋祖國歸來近年末遭受日寇禍全國民族向著自力更生之途萬進在實行的步驟於第一先要把生活非常痛苦全國民族一心風雨同舟沸騰徹底破壞中國統一的共匪禍患予以根絕精誠團結萬眾一心默察國內情勢曠視世界潮流奸匪絕對失敗國宗前途大放光明滅共

图 2-1-27　绥远省归绥市第四区第十一保国民学校义务教员张俊杰自传（1947年12月10日）（一）

和平统一的三民主义的新中国的完成时间上虽有迟早而建国必底成功是千真万确毫无疑义此宪法将要实行之时准备诸头万绪均待完成这几年中刬生了许多文盲而扫除文盲普及国民教育尤其急务盖国民愚鲁智识毫无虽普通文尚不能瞭解何能谈到选举忽能谈到民主遂献身於本保国民学校担任一二年级义务教员拯救无量数学童我敬佩的古时岳飞尽忠报国万古流芳及现时蒋主席中正他能够不屈不挠地领导整个民族向着光明大道上走去他所指挥的这种坚强毅力抗战建国是中华民族最大伟人同时是全世界的伟人我所厌恶的古时秦桧及现时汪精卫之流投降敌冦为万世之罪人回忆盡忠报国万言流芳及现时蒋主席中正他能够不屈不挠地领导整个民族向着光明今年执战揆末五强之一的地位又引起循环不息之内乱共匪之滋扰民族蒙其殃害水深火热农民离村田野荒芜除刬夺烧杀之外几无工作可言要想国家统一和平必先除共及其他一切反动势力之计划尤其现代的国民要提倡新生活就是一般起头努力改进自己的完全生活增进自己德性和智能不仅具备与现代国民知道这种道理依据礼义廉耻为最高准则从自己日常生活衣食住行几項平等人格而且要发扬我们中华民族固有美德和高尚的文化更能驾现代各国国民西上之如此才不愧为中华民国的国民才不愧为父母之肖子才亦愧为三民主义的信徒

中华民国三十六年十二月十日 张俊杰

前言：

胜利后，国土光复，建国大业亟须完成，适逢教育为建国之先声，本校位居归绥政府善后救育之号召，校际失学儿童之至需，而谋之。以藉机扩大募集乡贤对当地人民之供献，故本昌眼章，集群力而筹办之。由筹备缮过开学迄今，诸贤达竭尽万分热忱，然对本校理想之发展，仅进万里长途之一跬，至望同心者不弃前功，再深加爱护与扶植。原以筹备向诸贤募捐，开学校事务繁迫，致未能提前分别报告，谨将筹备经过、办学概况、集选筹册，奉上，用诸君，以代负责者面陈，是豁呕据参书之目的。以为序。

图 2-1-28 私立冀成小学概况［1947年］（一）

校址：

本校地址旧西城三官庙街乙號，係清末时三帝都社（冀籍同鄉的团体组织）运㕘议员建房舍，民世三年改稱謂三河北会館）音倍商田先生々至胜利後（三五年）經起河北省復員协進会给这合会，冀小㕘主办，将全院借用為校址口經一度修整，以正房三间作礼堂，两间作办公室，東西配房共十二间，偏作的座斋室，内房八间，半作侍达，儲藏室，半作教师宿舍。内前有空墙计二百方丈，用作運动墙，後隙有空墙，用作低年级趙藝墙（見按置）

設備：

(八)运动场设备:由余市警察局长赴优参先生假兑童运动场名义,设有滑梯、竿均梯、双杠等运动器俱。军棋包等设备有篮、足球、乒乓球等。除店用桌橙外,暂置风琴而架。其余有店用挂畱及小垫寿襆等。

会议:

(一)每週有例会一次,藉以研讨校務及籀務等事宜。

(二)除例会外,遇有特殊事情召集临时会议,遇有重要事故,则召请董事会议。

图 2-1-28 私立冀成小学概况〔1947 年〕(三)

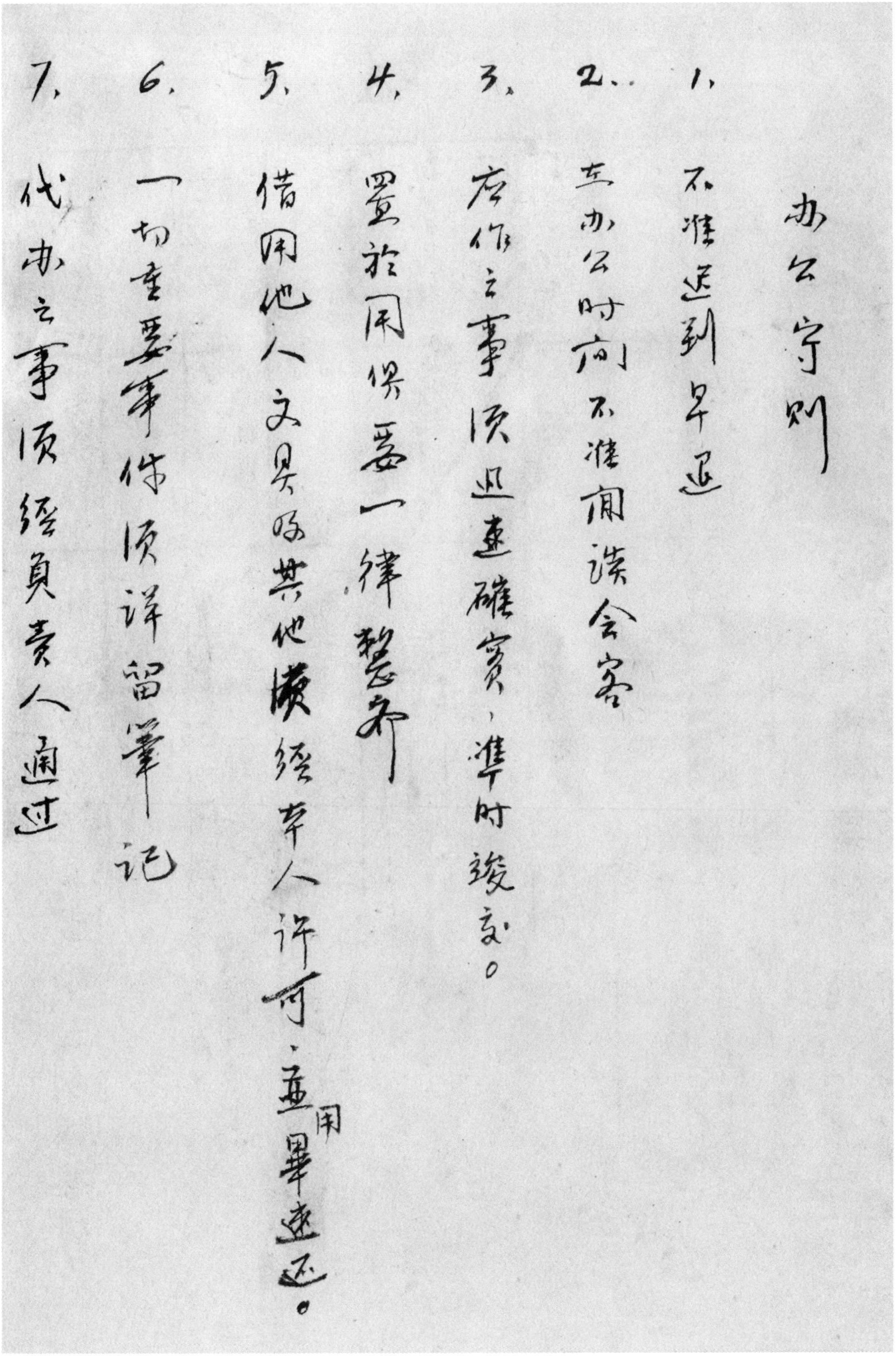

办公守则

1. 不准迟到早退
2. 在办公时间不准闲谈会客
3. 应作之事项迅速确实,准时竣事。
4. 置於用俱甚一律整齐
5. 借用他人文具及其他须经草人许可,用畢速还。
6. 一切重要事件须详留笔记
7. 代办之事项经负责人通过

图 2-1-28 私立冀成小学概况［1947 年］（四）

8. 如因要事请假或外出，须向值日者报，峙（？）告候再任（？）。

9. 庶作之事如因年人请假，须替请代替。

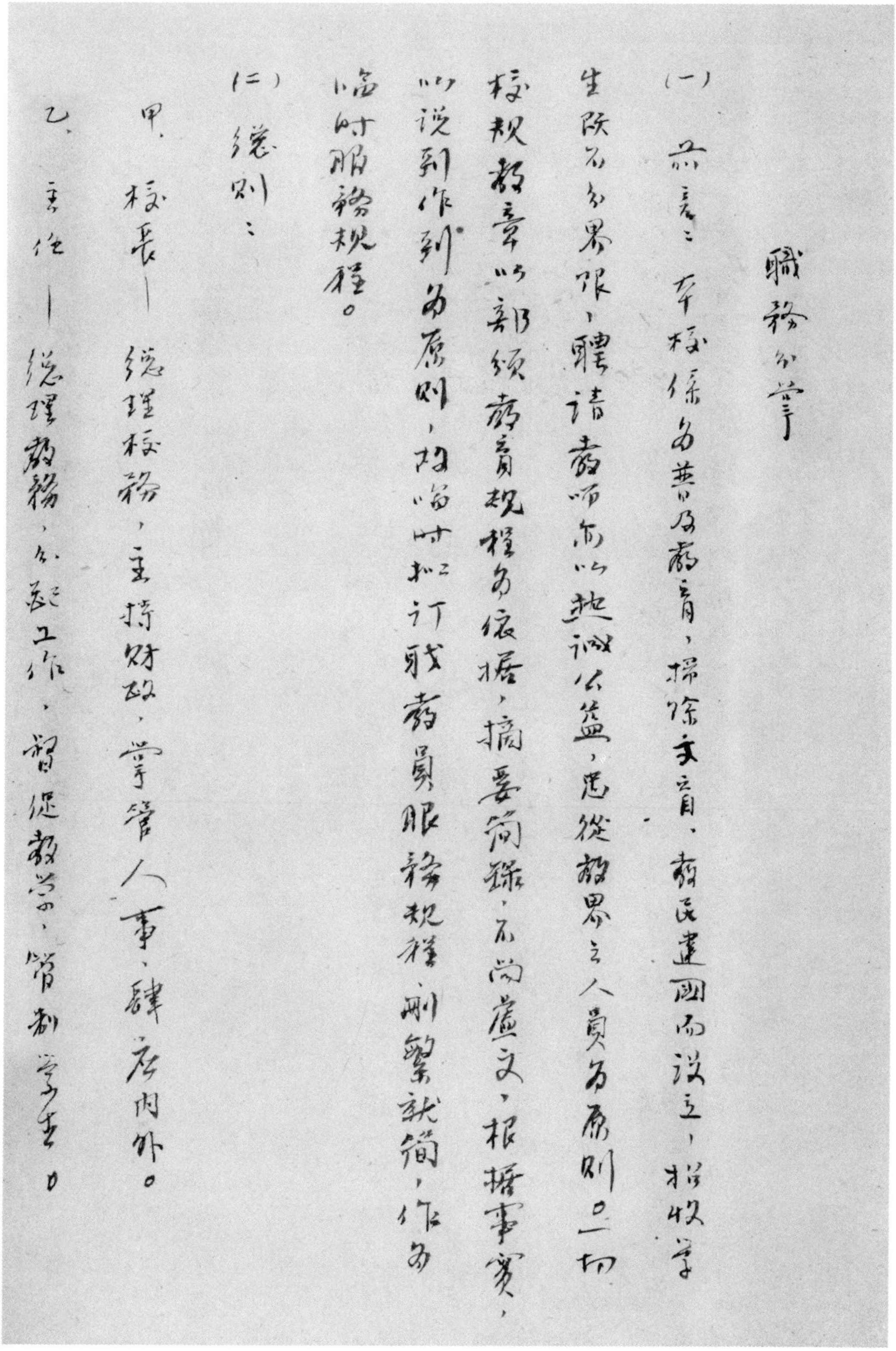

職務分掌

(一) 宗旨：本校係為普及教育，掃除文盲，為民建國而設立，招收學生限於界限，聘請教師而以地域公益，悉從寬界之人員為原則。其辦校規教章以部頒教育規程為依據，摘要簡錄，不尚虛文，根據事實，以說明作列為原則，均臨時拟訂我教育服務規程，剛繁就簡，作為臨時服務規程。

(二) 織別：

甲、校長——總理校務，主持財政，掌管人事，肆應內外。

乙、主任——總理教務，分配工作，督促教學，管訓學生。

图 2-1-28 私立冀成小学概况［1947 年］（六）

丙、事务——综管庶务，会计簿书，训练校工，保管校具。

丁、级任教师——管教管养，襄理级务。

戊、科任教师——各科教学，襄理教务。

(三) 细目：

1. 校长：一切校务须遵照教育法规，主持办理。重要问题（学校之扩充、校地之修建、开办经过巨之购置 须经 校董常会议决始可实施。必要时以校董会名义公布）除关于预算额以外，及处理不清等事，普通人不得直接干预。除半年我须由校董会选任荣誉外，一切教员及校工，在不逾法令内，有自主任用或减聘权。一切对外事宜，有决办权。似有时由同仁代表，必须将经情形报告校长再行决定。校内行政，有违法自决权，校董会不得直干预。

2. 主任——协助校长推行校务，但必须按照校长之命令而推行，不得己见自主。各种教学以不逾法规者，有自行推动权，遇有特殊情形，须先向校长请示后，再引推动。各教师之教学与训管学生，主任有直接督促与指导、改正权。全体学生之自治训练，教务及日常生活之管理，有导主任之权。但一经分层负责教职员担正与督导责任。若推动工作不顺利时，得向校长教，以负指正与督导责任。若推动工作不顺利时，得向校长说，以设法调整之。

3. 事务——一切事务之办理、购置置买卖，须遵照之委托、财产公用、须经批底校，方能办理。惟校工之管从指导训练，有自主权。与议置，经校长令饬，方能推办（因行每不得直接有意外要求）。

4、级任教师—编排之量理，有合法负引量理权。各科教加研讨，並定足準备。国语、算班之学生意见，有代表向学校建议校。每日开（降）旗时，负责督管本班学生排序。学生之自习时间，负责指导，俟学生散後，方可自修休息。学生请假过三日以上者，须经教导主任准可後，方可准假。如擅除名或退学时，须签请校长批准後，方可案引。

注意事项：

(1) 每晨升旗前到校。(2) 批改作业要不积迟时。(3) 注意觉童心变态，俟党之体格健康。(4) 负责考察觉童三日常生活及情况。(5) 训管及教学须不逾教育法规与标準。

9. 科任教师——各科教学须遵照部颁法规及课程标准，每学期教务会研究。除平日授课时间外，兼负训导学生之责任，经理有关学生奖惩情事，得向高等主任级任教师治商，会同处理之。

训导设施纲要：

(一) 目的：使党童养成测验群之心性，使党童养成以党师重道之意识。

(二) 方针：根小学课标准，根据团需要，发探求国固有道徳及民族精神，制定训导标本，以养成健良好之公民为原则。

(三) 训练事项：依照小学课程标准（前考等字第十二条）按单级需

——训练纲目

要点摘条文，逐週训练，以先明瞭而後修到，再引遞换训练余文。俾注意倍受养成习惯的力「观念」每训练受兒童整體生活之方針。以为建立修己善群爱羣爱国之基础。

（四）衛生、禮節、紀律等訓練，係依照小學課程標準教定訓練綱目外，再加以日常生活需要善實際情形訓練之。

（五）訓育辦法：（1）組織訓導委員會，由校長主任各主任委員。（2）學生自治會，每班自組織，設正副會長各一人，以下據自治辦法分設職員，由教師一人做指導顧問。（3）級會：由級任教師指導后另設級員曲齐师一人。除週會、記念週（於五月中旬奉令取消）各早晚会（升降旗）而外，每晨課前由級任教师负責公訓二十分鐘。

(六)個別訓練：學生有偏差事件，由訓導主任或級任教師作個別談話或訓話及獎勵等工作。

本學期經過：

(一)遵照部規定於二月十四日開學，廿日開課。

(二)教學：(1)宗旨：以中華民國之教育宗旨為主要依規。(2)方法：盡量採用師範教學法，教師要作到「身教」「智教」的任務。(3)獎懲：遇有優秀學生、品學兼優之學童，分言獎、物獎、譽獎等到情獎勵之。遇有頑劣生，分言戒、記過、除名等分輕重懲處。似絕對避免體罰、責摩等事。

(4)教師對各科教學，以教完為完，不惜時日為原則，（成績三：三角等級根據之國語一科，均能逐課默寫。二年級算學至五月終將第四冊演完，續由主課教師（同潤）補充課算題至期終。(5)表現藉党童郭会请恳会时，有文艺、美、劳等展览。同时有团体运动会。尤以团体操进引唱歌佐伴胜。

学生自治会：

1. 组织：按自治豆立组织，设正副保长各一人，以下按班级人数多少设甲长若干人。（设文、教、卫等四股，各有主任干事各一人，以）分级设正副保长各一人，以下按班级人数多少设甲长若干。

2. 自治成绩：(一)全期共出壁报四次。(二)每周（星期六）举引清洁大检查一次。(三)外上课时响即由警卫分设穴岗。(四)组织各种宣传队。(四)画科壁周学禁正劳苦引。

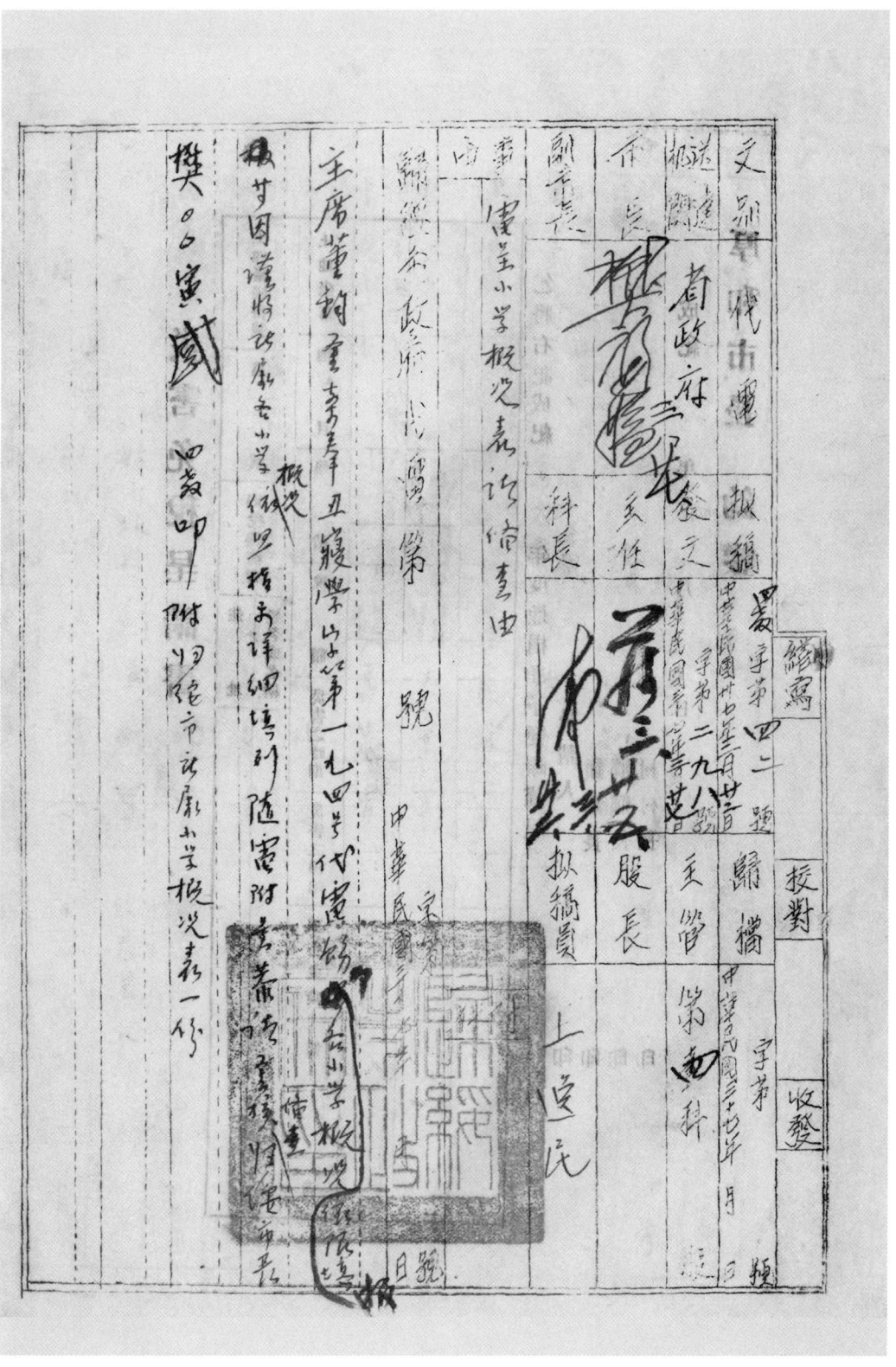

图 2-1-29 归绥市政府为呈报小学概况表致绥远省政府代电（1948年3月27日）（一）

归绥市所属小学概况表

校名	校址	校长姓名	性别	备考
归绥市立庆凯桥街中心国民学校	归绥市旧城庆凯桥街	简崇荣	男	
归绥市立恒昌店巷中心国民学校	归绥市旧城恒昌店巷	王德政	男	
归绥市立通顺街中心国民学校	归绥市旧城通顺街	李叢林	男	
归绥市立小召街中心国民学校	归绥市旧城小召街	刘丕业	男	
归绥市立宽壹庙街中心国民学校	归绥市新城宽壹庙街	赵吉忠	男	第二区副区长兼任
归绥市第二区西国民学校	归绥市旧城兴隆巷西浩街水磨村	王从礼	男	第三区区长兼任
归绥市第四区国民学校	归绥市旧城西浩街	甄萬英	男	第四区区长兼任
归绥市第一区第十一保国民学校	姑子板村	陈其邳	男	
归绥市第三区第十六保国民学校	双树村	刘击城	男	校长兼教员
归绥市第四区第廿一保国民学校	西就玉庙村	蔡荫清	女	
		史继善	男	

图 2-1-29　归绥市政府为呈报小学概况表致绥远省政府代电（1948年3月27日）（二）

归绥市第五区第十保	麻花板村	李青山	男	校长董敦道
国民学校				
归绥市第六区第九保	府新营村	吴本瑞	男	〃
国民学校				
归绥市第五区第十一保	桥靠村	李鹤举	男	〃
国民学校				
私立冀成小学	归绥市旧城三	种深之	男	
	官佰行			
私立崇德小学	归绥市旧城北门	万少波	男	
私立忠恕小学	归绥市塞北关	乌锡寿	男	
	街三胜横巷			
私立咸德小学	归绥市旧城	曹汉文	男	
	石头巷			
私立道德小学	归绥市旧城北	刘永照	男	
	小东街			
私立慈惠小学	归绥市旧城	兰周瑞	男	
	新廿王庙巷			
私立培真小学	归绥新城	郭子昭	男	
归绥市参议会附设	归绥市北门大街	郝大中	男	副议长董任
小学				

图 2-1-29 归绥市政府为呈报小学概况表致绥远省政府代电（1948年3月27日）（三）

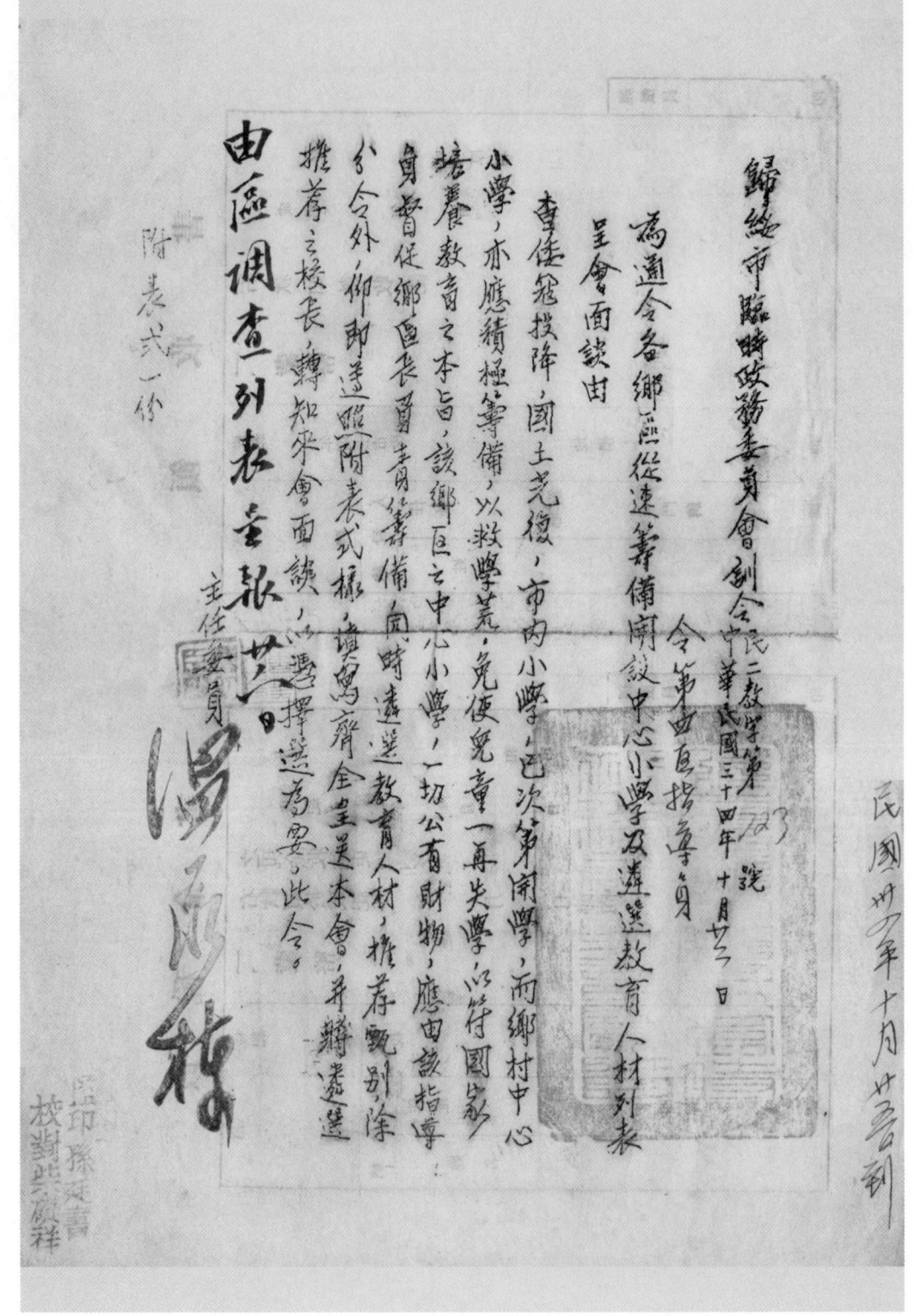

图 2-1-30　归绥市临时政务委员会关于从速筹备开设中心小学及遴选教育人材的训令（1945年10月22日）（一）

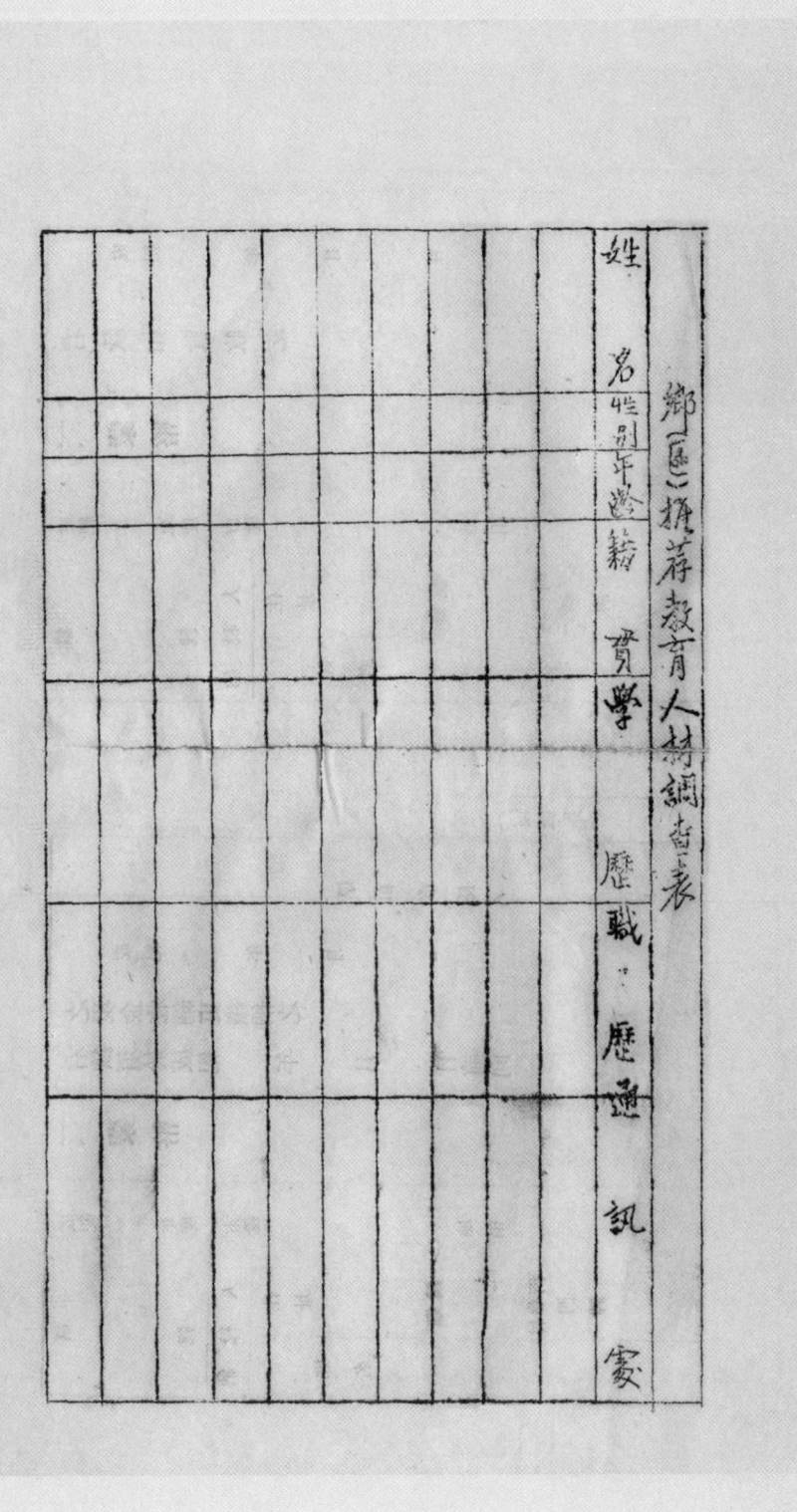

图 2-1-30　归绥市临时政务委员会关于从速筹备开设中心小学及遴选教育人材的训令（1945年10月22日）（二）

图 2-1-31 归绥市第四区公所为报送私塾改为保国民小学校调查表致归绥市政府代电（1946年4月9日）（一）

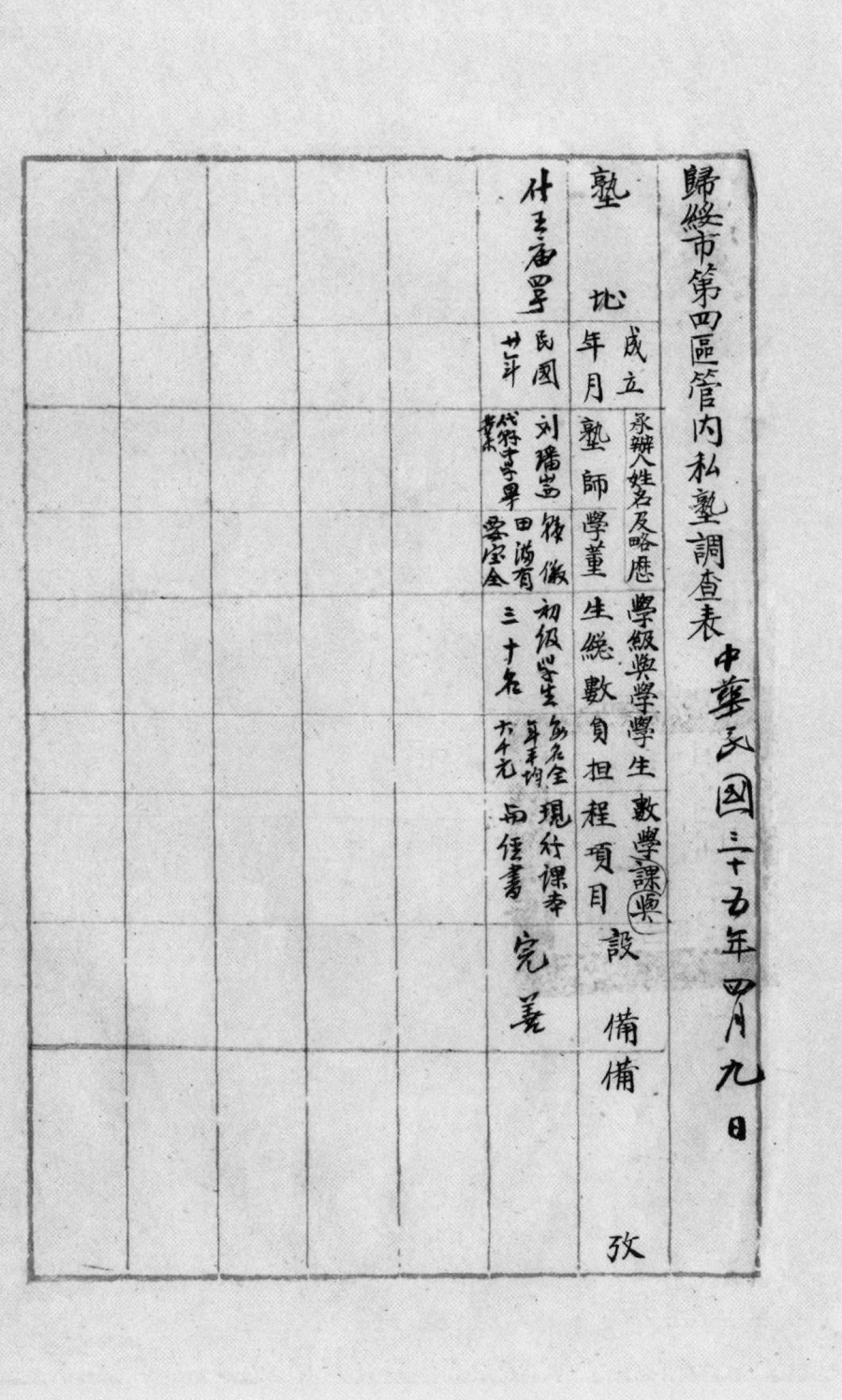

图 2-1-31 归绥市第四区公所为报送私塾改为保国民小学校调查表致归绥市政府代电（1946年4月9日）（二）

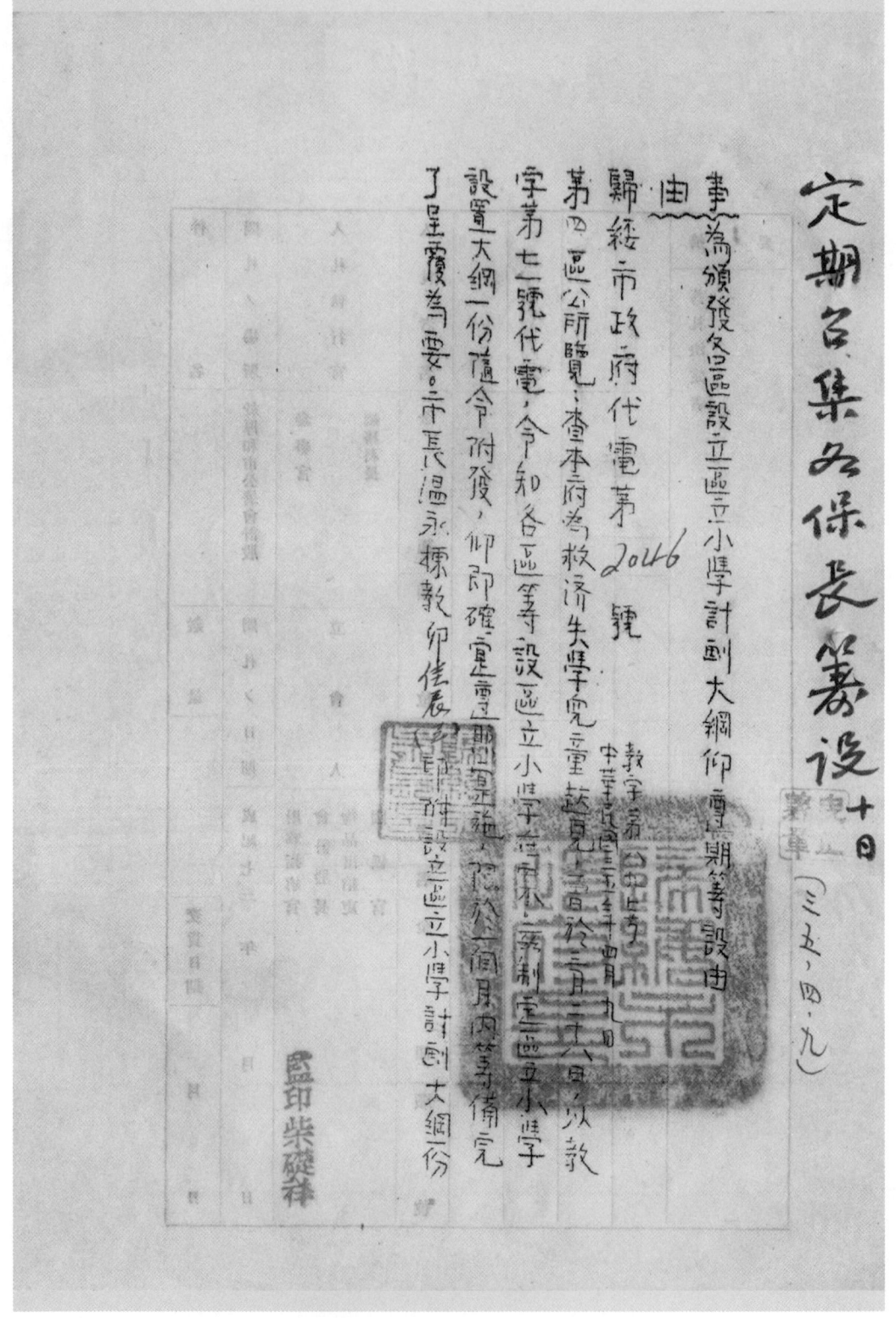

图 2-1-32 归绥市政府为颁发各区设立区立小学计划大纲给第四区公所代电（1946年4月9日）（一）

归绥市设立区立小学计划大纲

一、宗旨——救济失学儿童，普及国民教育，扫除文盲为目的。

二、学董之组织——由各该区长，选择境内热心教育，及素有名望者六人至八人，共同组织之。

三、学董之职权——
（一）自行筹措经费。
（二）校舍及设备之筹办。
（三）保荐校长。
（四）选聘教员。
（五）其他有关学校之事宜。
（六）其他政府有关学校事项之兴办。

（四）学级之编制——依所在地之情况，最少应在三学级以上。

（五）课程——与公立小学同，但因宗教关系，如回教、阿文，耶稣、天主之特种教育，准列入补充课程中。（特种教育系指利用其地址人事，改设区立小学者而言）

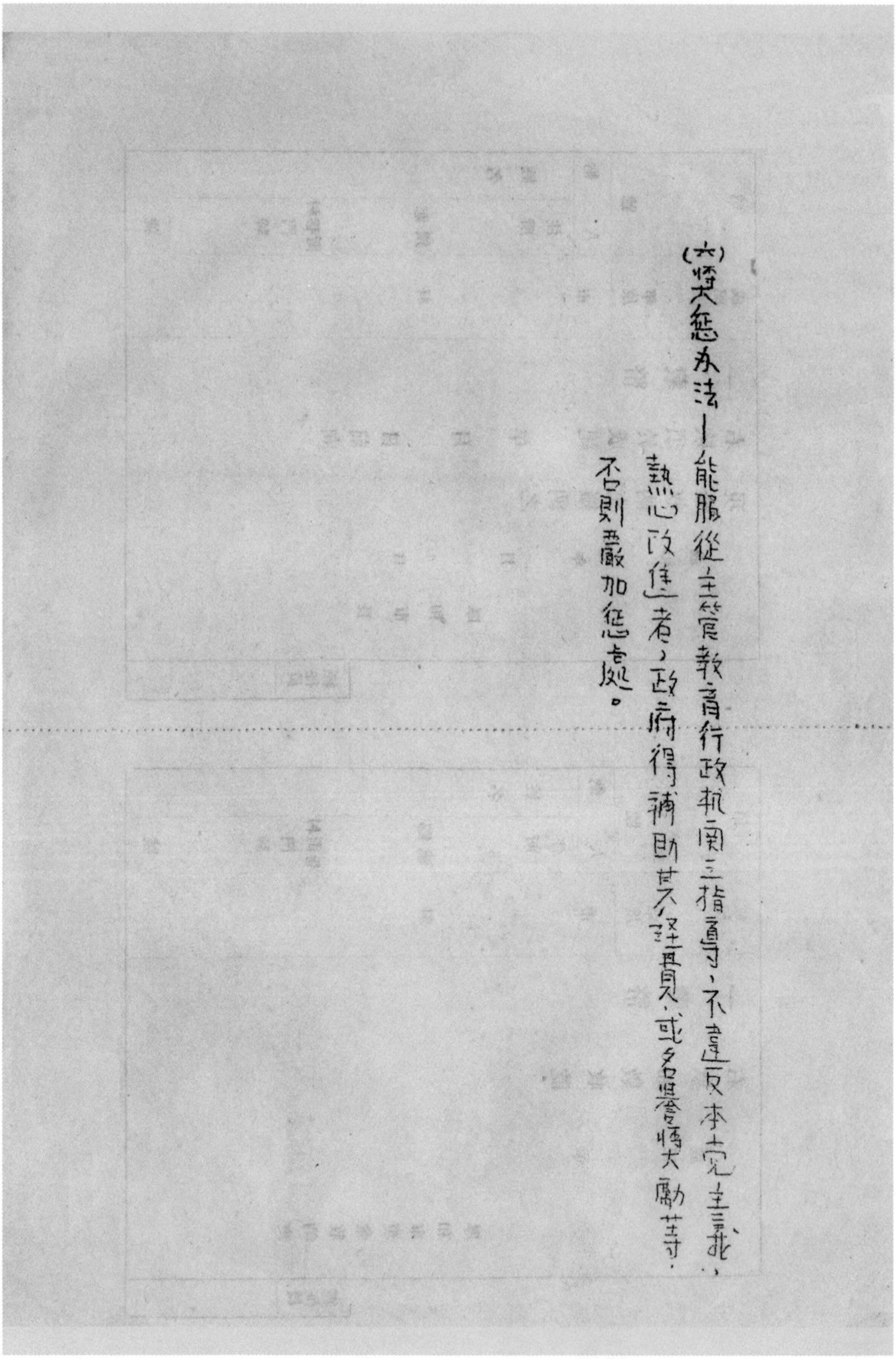

（六）奖惩办法——能服从主管教育行政机关之指导，不违反本市完全主义，热忱改进者，政府得补助其不足费用，或名誉奖惩褒奖等，否则严加惩处。

图 2-1-32　归绥市政府为颁发各区设立区立小学计划大纲给第四区公所代电（1946年4月9日）（三）

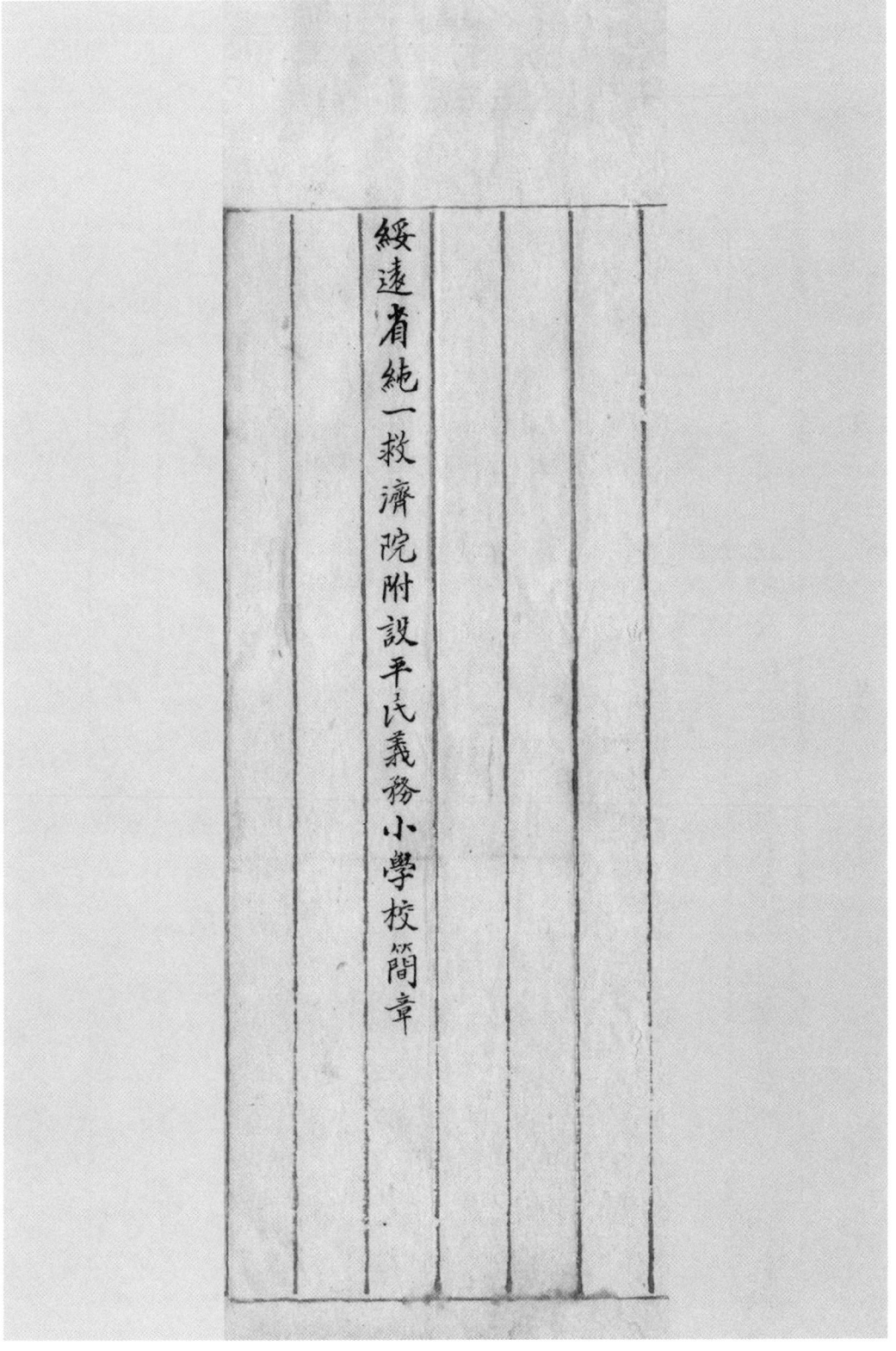

图 2-1-33　绥远省纯一救济院附设平民义务小学校简章（1946 年 4 月 27 日）（一）

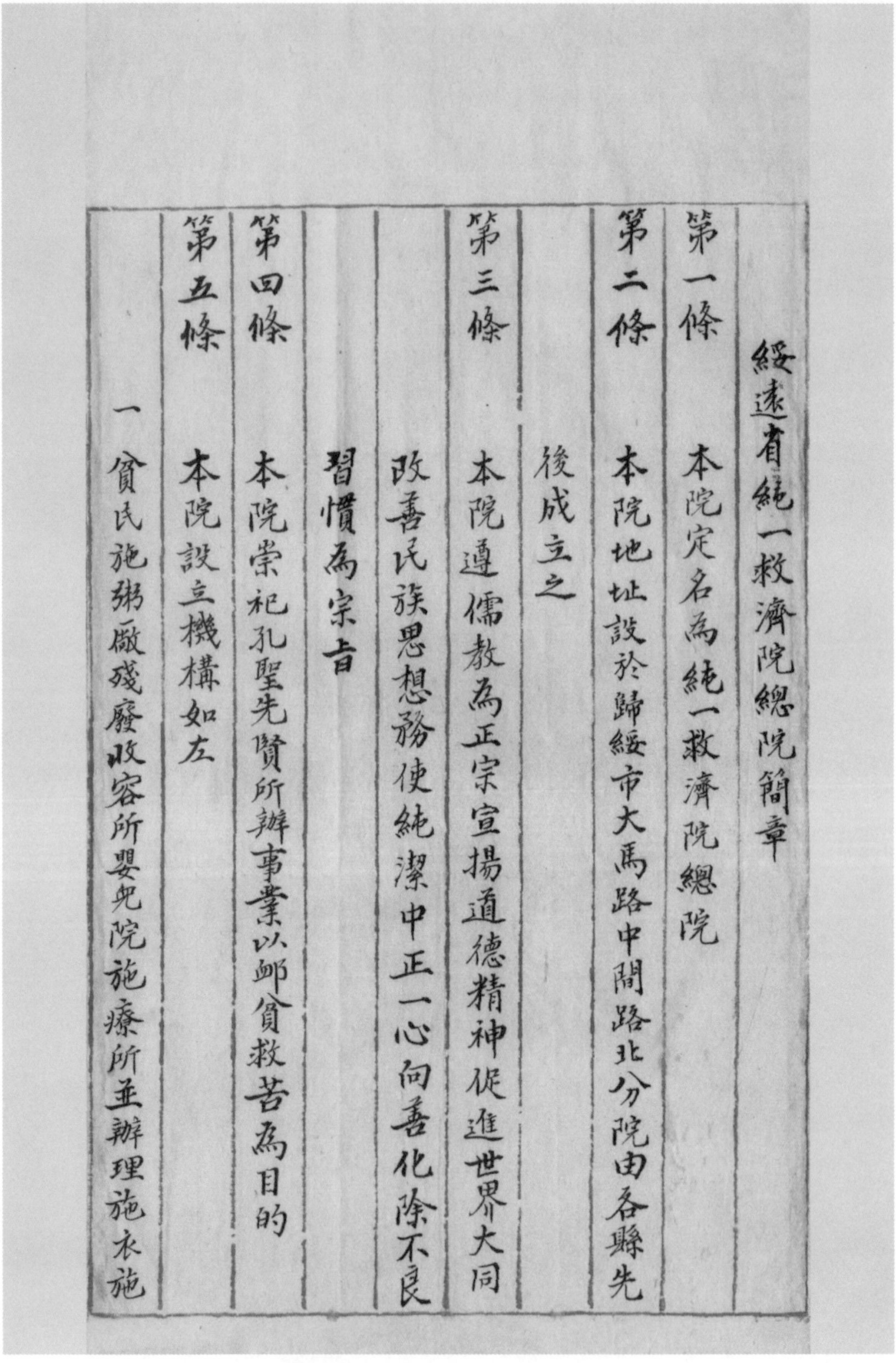

綏遠省純一救濟院總院簡章

第一條 本院定名為純一救濟院總院

第二條 本院地址設於歸綏市大馬路中間路北分院由各縣先
後成立之

第三條 本院遵儒教為正宗宣揚道德精神促進世界大同
改善民族思想務使純潔中正一心向善化除不良
習慣為宗旨

第四條 本院崇祀孔聖先賢所辦事業以卹貧救苦為目的

第五條 本院設立機構如左

一 貧民施粥廠殘廢收容所嬰兒院施療所並辦理施衣施

图 2-1-33 绥远省纯一救济院附设平民义务小学校简章（1946 年 4 月 27 日）（二）

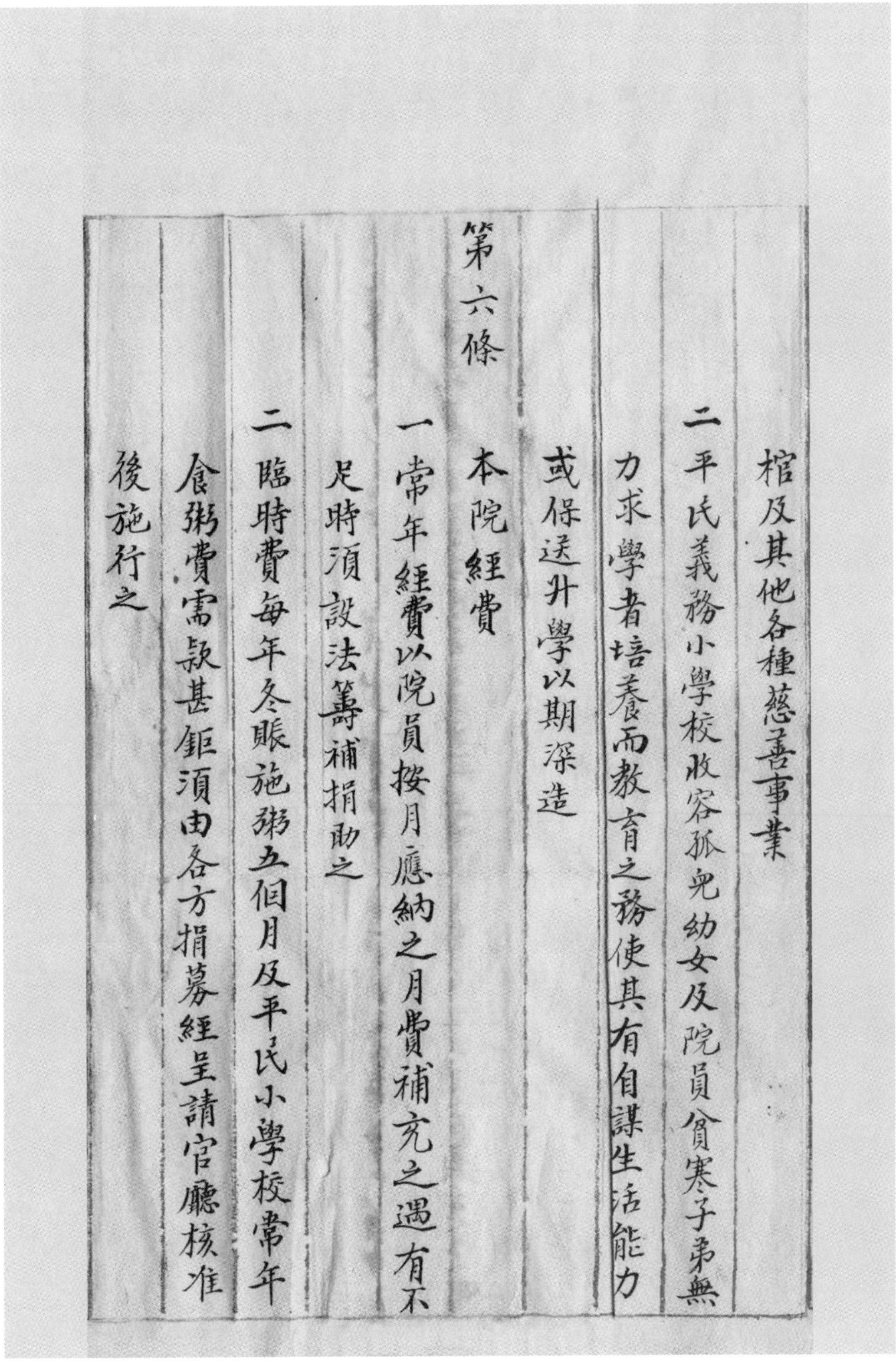

棺及其他各種慈善事業

二平民義務小學校收容孤兒幼女及院員貧寒子弟無力求學者培養而教育之務使其有自謀生活能力或保送升學以期深造

第六條 本院經費

一常年經費以院員按月應納之月費補充之遇有不足時須設法籌補捐助之

二臨時費每年冬賑施粥五個月及平民小學校常年食粥費需款甚鉅須由各方捐募經呈請官廳核准後施行之

图 2-1-33　绥远省纯一救济院附设平民义务小学校简章（1946 年 4 月 27 日）（三）

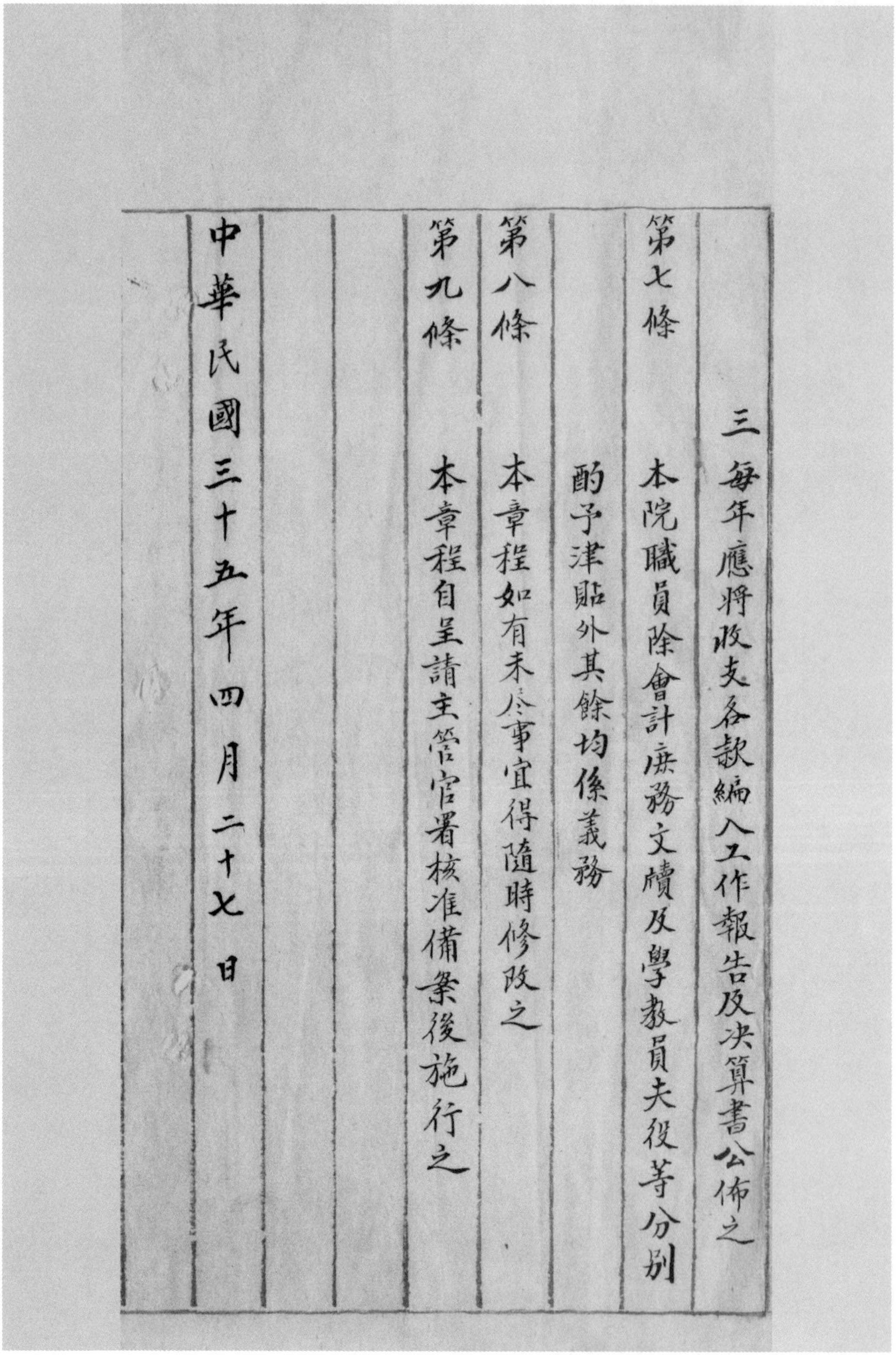

第七條　本院職員除會計庶務文牘及學教員夫役等分別酌予津貼外其餘均係義務

三　每年應將收支各款編入工作報告及決算書公佈之

第八條　本章程如有未盡事宜得隨時修改之

第九條　本章程自呈請主管官署核准備案後施行之

中華民國三十五年四月二十七日

图 2-1-33　绥远省纯一救济院附设平民义务小学校简章（1946年4月27日）（四）

中國回教協會綏遠省分會代電　中華民國三十六年三月三十一日

　　　　　　　　　　　　　　　　　　　　　　稿三字第三六九號

事由　為回教小學歷史悠久乃回民求學之中心學府呈請將更換校名之「第六」易以回教字樣以符
　　　民情而維教育由

綏遠省政府主席董釣鑒頃聞鈞府以二月十二日教二字第一三四號代電飭令有立回教小學為寶
施國民教育按照規定將該校校名改稱為省立歸綏第六中心國民學校一案查回教小學創始
於遜清宣統元年迄已三十餘年之歷史其校址為教胞賈女楊寡婦私人所捐贈產權歸清
真大寺所有其內部一切校具教具為累年由回教士紳及眷皮駱三行回民集捐所設置自成立以
來亦分回漢一律兼收以示融洽故歷年我漢氏子弟由該校畢業者為數頗多追至祖國勝利收
歸有管後該校所有一切動產並未絲毫移置校外清真大寺更未向教廳請領應得之補金以
此即可證明回教人士贊同政府倡導回民教育之熱忱惟以我綏有教育本屬落後而回民文盲居
百分之百其校名所以冠以回教字樣者用以號召提倡矯正其錯誤之心理使之漸次導入向學之
正常狀態亦可繼續其悠久歷史之存在今如一旦更換校名一般回民其心理上難免有所揣測

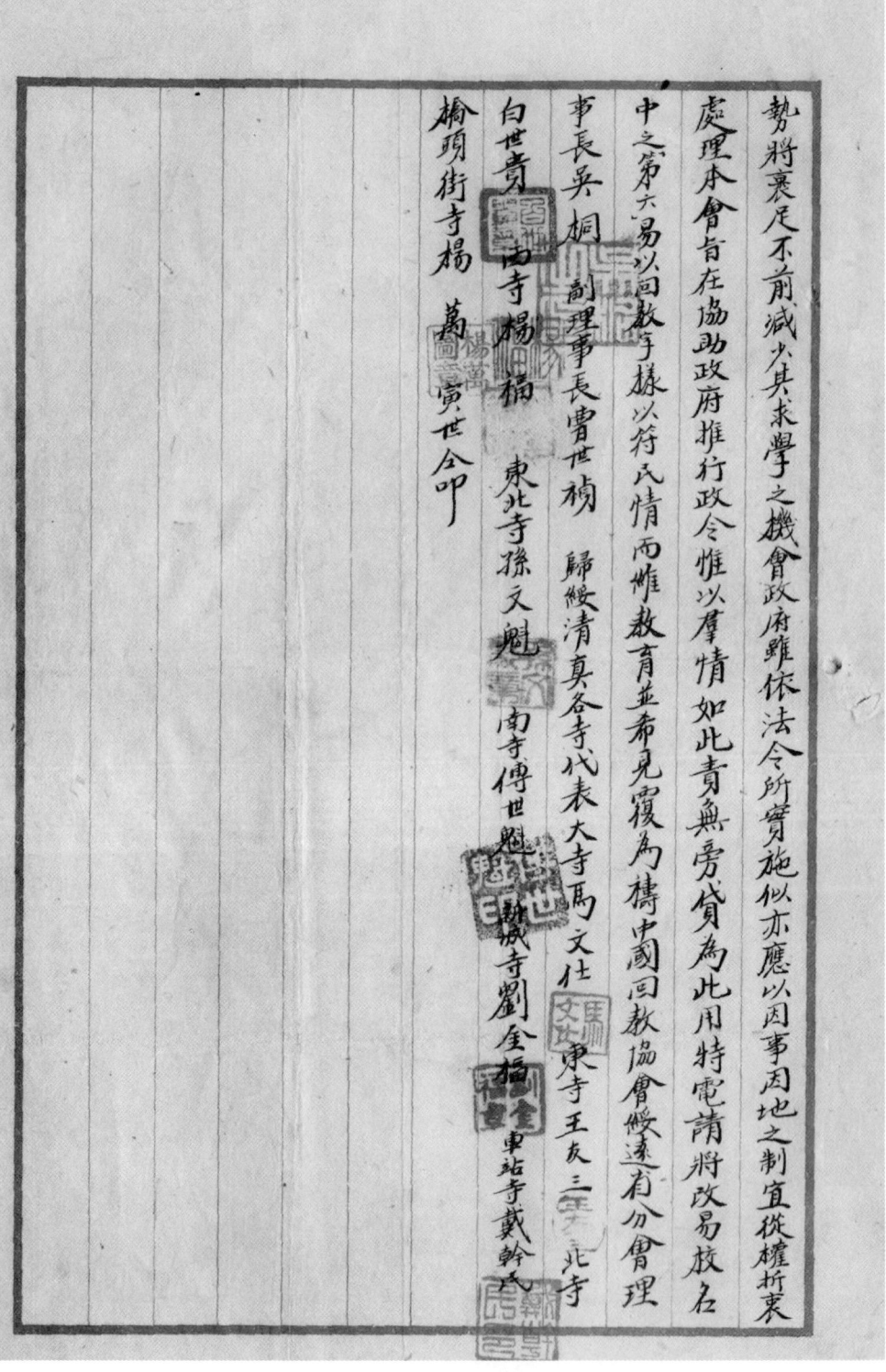

图 2-1-34　中国回教协会绥远省分会为回教小学更换校名致绥远省政府代电（1947年3月31日）（二）

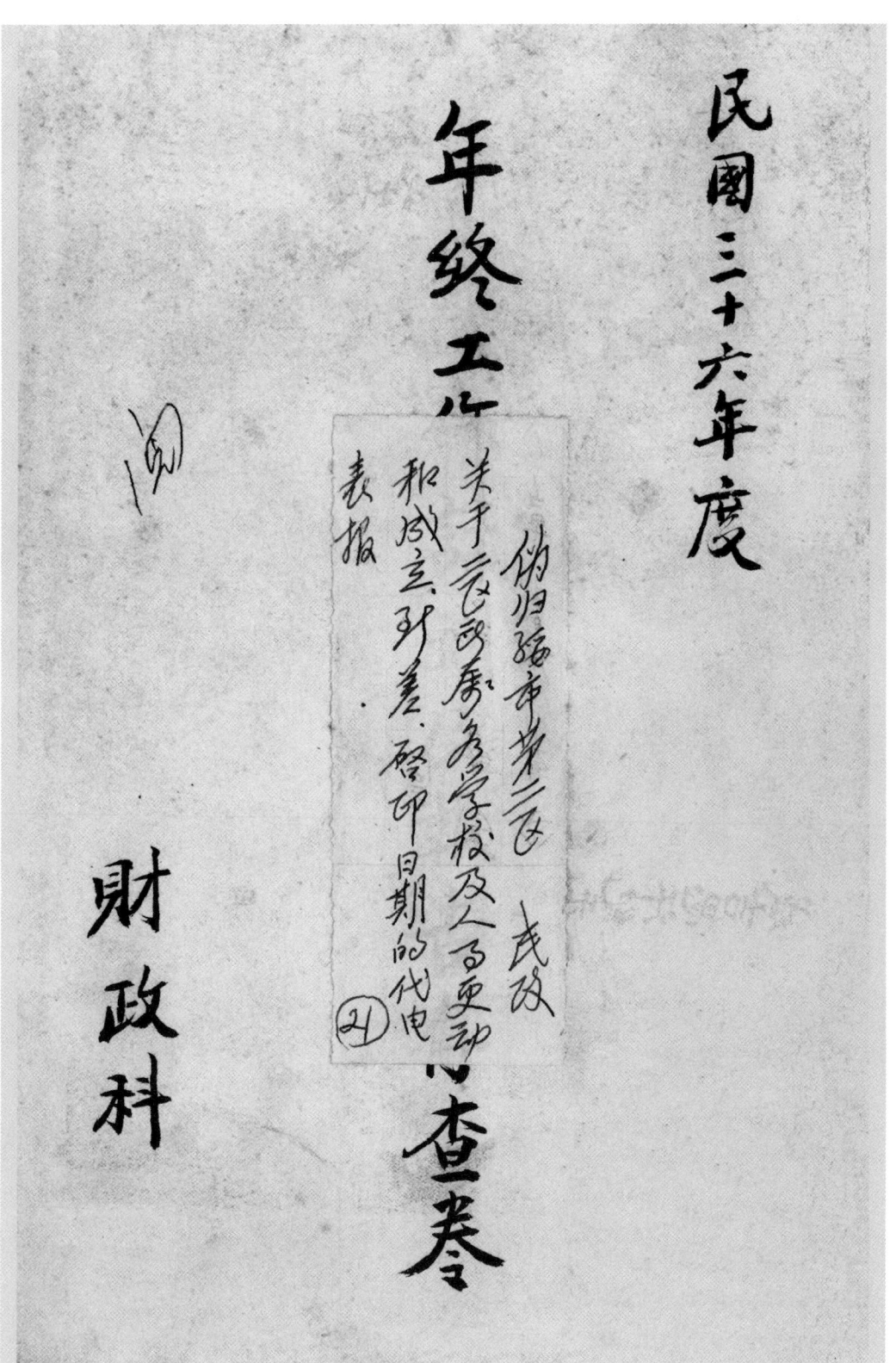

图 2-1-35 归绥市第二区公所为区立国民学校成立日期备案致归绥市政府代电（1947 年 7 月 17 日）（一）

归绥市第二区公所 代电 296 文字第二四号

中华民国卅六年七月十七日

事由 为电报区立国民学校成立日期请鉴核备案由

归绥市政府市长王副市长韩钧鉴查值此建国时期教育为当前之急务而尤以推行国民教育为首要奉颁国民学校规则设立区立国民学校一所业于三十六年正式成立兹定于八月十五日开学上课除广告招生依期入学外理合电报鉴请鉴核备案

第二区区长马清和副区长王继礼 36年七月 日

图 2-1-35 归绥市第二区公所为区立国民学校成立日期备案致归绥市政府代电（1947年7月17日）（二）

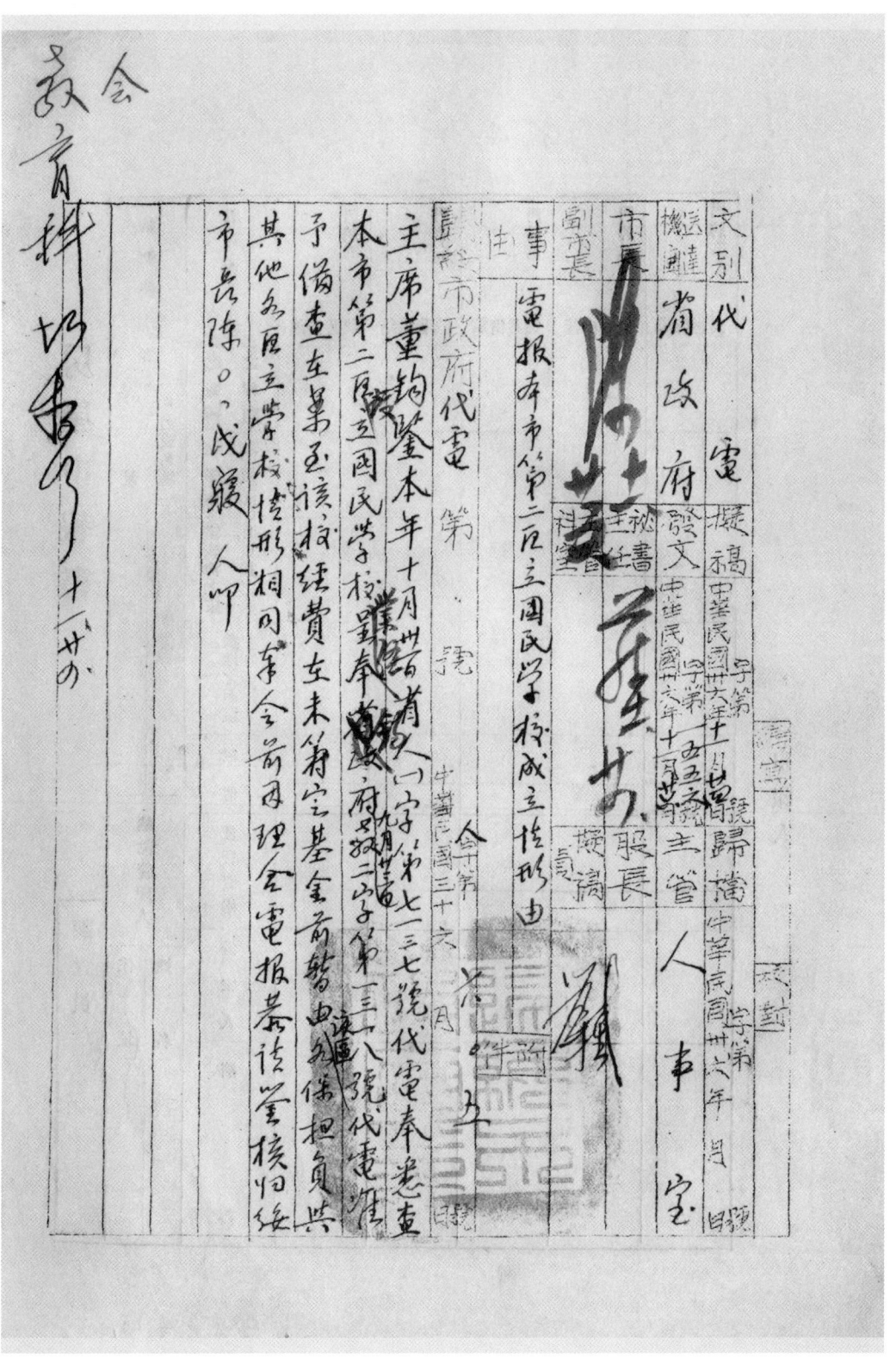

图 2-1-36　归绥市政府为呈报第二区立国民学校成立情形致绥远省政府代电（1947年11月27日）

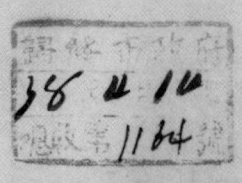

事由：为呈报私立小学联谊会组织成立附送简章暨职员暑历表请鉴核由

为呈报事查本市各私立小学向无共同联合机构遇事疏时集合公私咸有未便兹蒙

钧谕"着速依团体制组织联合机构以利改进"等因遵于三月八日下午二时假忠恕小学召集

已经核准立案之忠恕冀成崇德培真真光道德会慈惠咸德等八校开会商讨并蒙派

督学杨景沂督导进行结果通过简章职员深之当选为常务理事 锡寿 亮 当选为理事

永兴当选为监事遵为核补理事国瑞为候补监事即于四月一日正式办公理合缮具简

章一份连同当选职员暑历表备文呈报敬请

鉴核备案并赐发图记以资信守为祷谨呈

归绥市政府 市长樊 副市长薛

附呈简章一份 表一纸

私立冀成小学校长和深之
私立忠恕小学校长乌锡寿

图 2-1-37　私立冀成、忠恕等小学校为私立小学联谊会成立致归绥市政府呈（附简章及职员简历表）（1949年4月14日）（一）

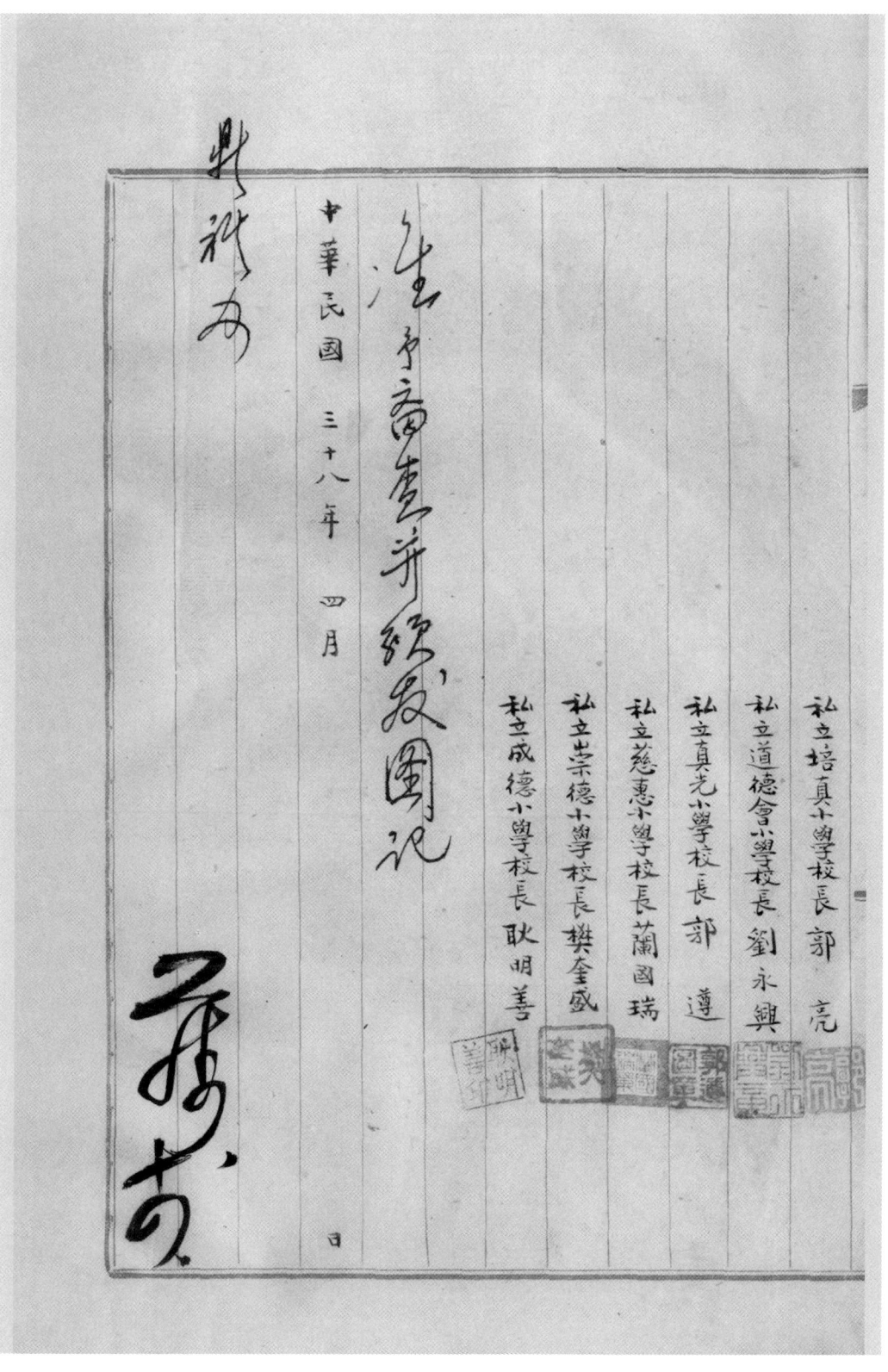

图 2-1-37　私立冀成、忠恕等小学校为私立小学联谊会成立致归绥市政府呈（附简章及职员简历表）（1949 年 4 月 14 日）（二）

归绥市私立小学联谊会组织简章

一、本会以联络本市各私立小学服从政府法令共谋一般业务之发展完成普及教育之目的为宗旨

二、本会定名为「归绥市私立小学联谊会」

三、本会设于本市石头巷六十七号（即忠恕小学）

四、本会之任务如左

1. 会员之登记与检查报告事项
2. 会员共同福利之分配事项
3. 会员共同义务之分担事项
4. 会员共同事件之请求或处理事项
5. 一般教育之研究与建议事项
6. 处理政府委办或谘询事项

图 2-1-37 私立冀成、忠恕等小学校为私立小学联谊会成立致归绥市政府呈（附简章及职员简历表）（1949年4月14日）（三）

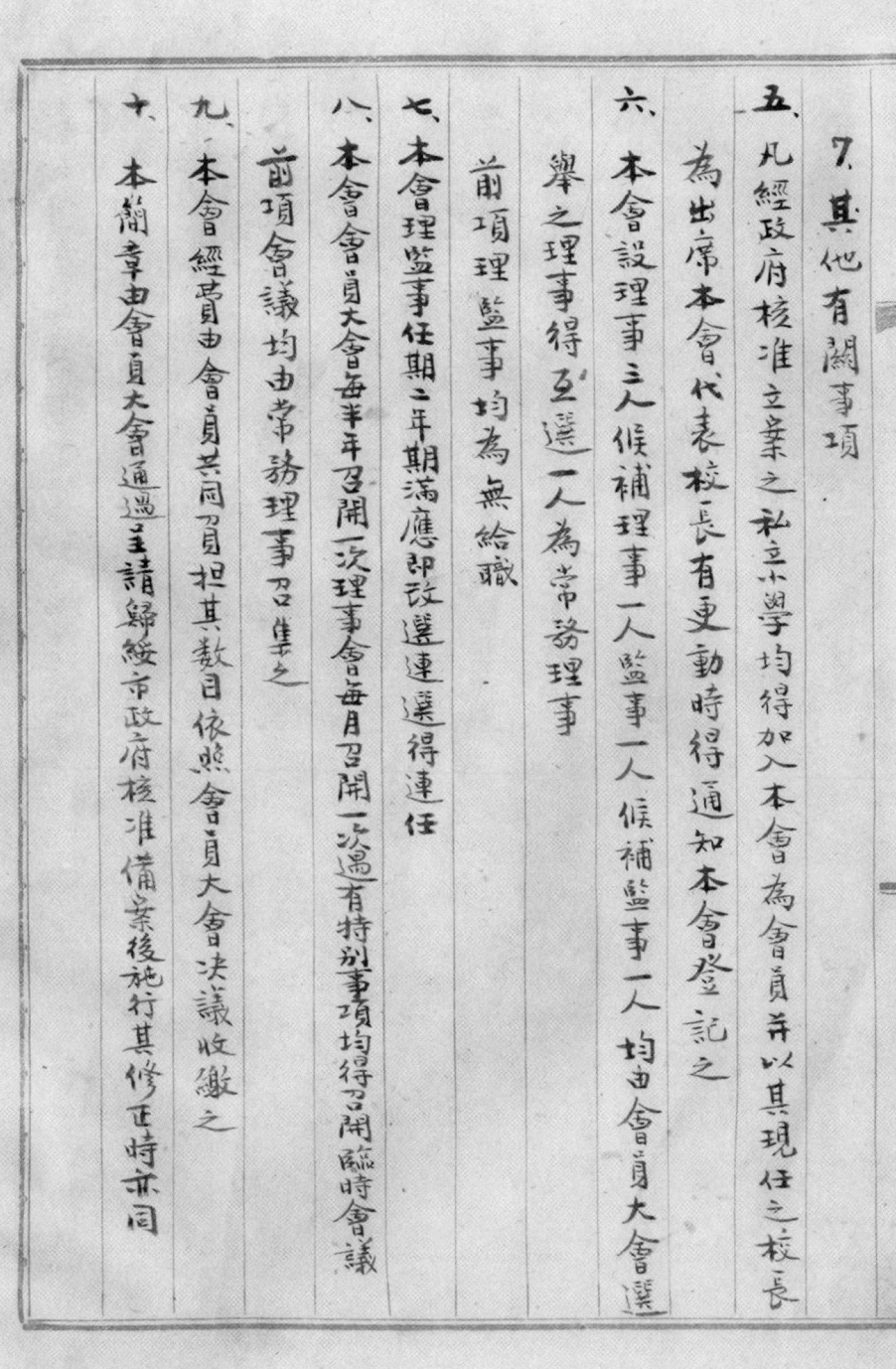

七、其他有關事項.

五、凡經政府核准立案之私立小學均得加入本會為會員并以其現任之校長為出席本會代表校長有更動時得通知本會登記之

六、本會設理事三人候補理事一人監事一人候補監事一人均由會員大會選舉之理事得互選一人為常務理事

七、本會理監事任期二年期滿應即改選連選得連任

前項理監事均為無給職

八、本會會員大會每半年召開一次理事會每月召開一遍有特別事項均得召開臨時會議

前項會議均由常務理事召集之

九、本會經費由會員共同担其數目依照會員大會決議收繳之

十、本簡章由會員大會通過呈請歸綏市政府核准備案後施行其修正時亦同

图 2-1-37 私立冀成、忠恕等小学校为私立小学联谊会成立致归绥市政府呈（附简章及职员简历表）（1949年4月14日）（四）

归绥市私立小学联谊会职员署历表

职别	姓名	性别	年龄	籍贯	署历	备考
常务理事	和深之	男	五一	河北威县	县立师范毕业曾任秘书科长现任私立冀成小学校长	
理事	乌锡寿	男	五六	绥远归绥	绥远中学毕业曾任初等小学校长讶范任私立忠恕小学教员曾任慎丰捐专员现任忠恕小学事务主任教育厅	
理事	郭亮	男	四四	绥远归绥	归绥中学毕业曾任民众教育馆长助理等事务员现任笃真小学校长等职	
候补理事	郭遵	男	四四	绥远和林	曾任小学校长等职	
监事	刘永兴	男	四八	河北滦县	冀省立六三师范毕业曾任科员秘书私立道德女校长等职	
候补监事	蓝国瑞	男	五〇	山西崞县	曾任教员校长卍字会监事等职	
附记						

图 2-1-37　私立冀成、忠恕等小学校为私立小学联谊会成立致归绥市政府呈（附简章及职员简历表）（1949年4月14日）（五）

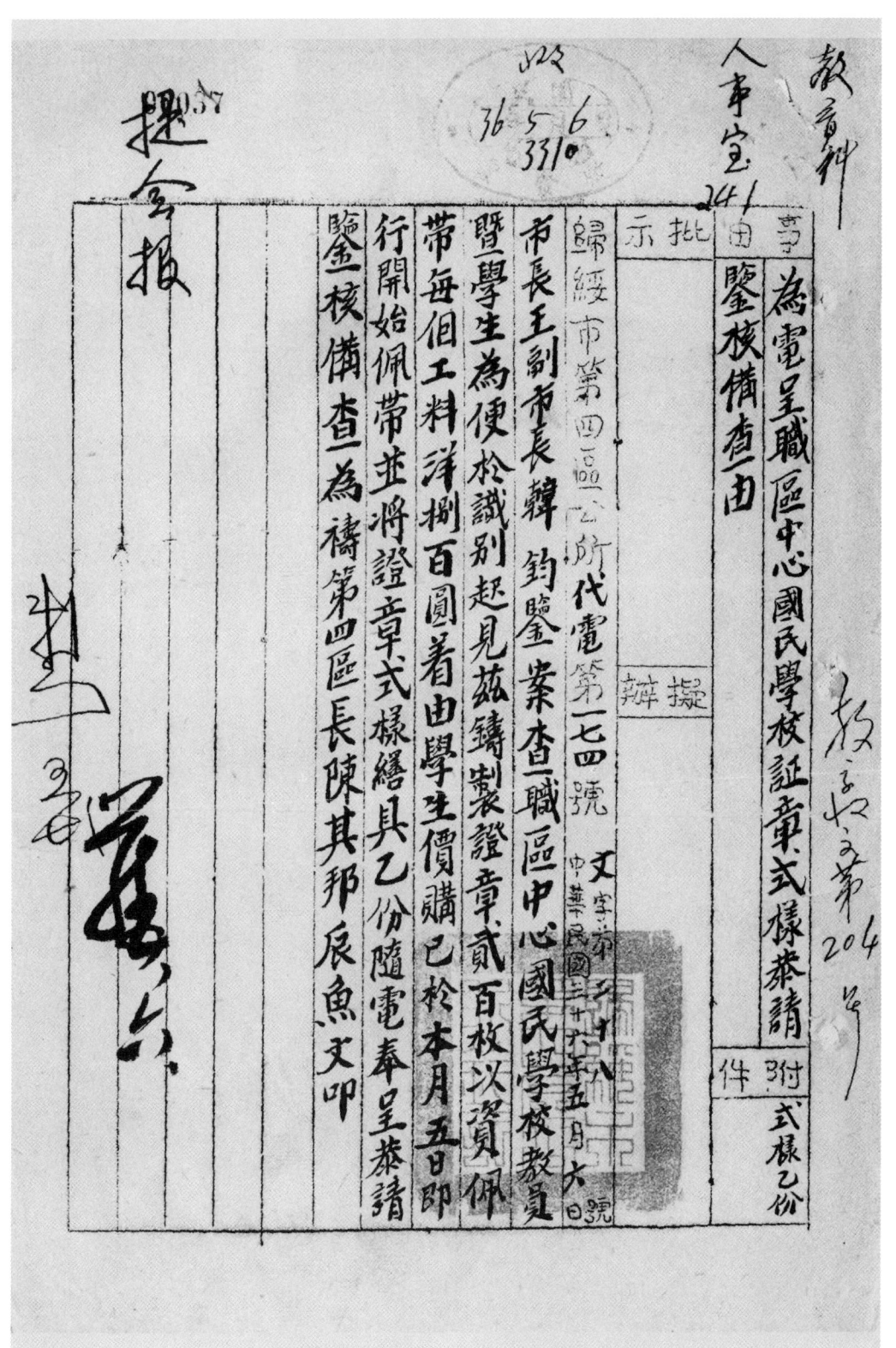

图 2-1-38　归绥市第四区公所为呈送中心国民学校证章式样致归绥市政府代电（1947年5月6日）（一）

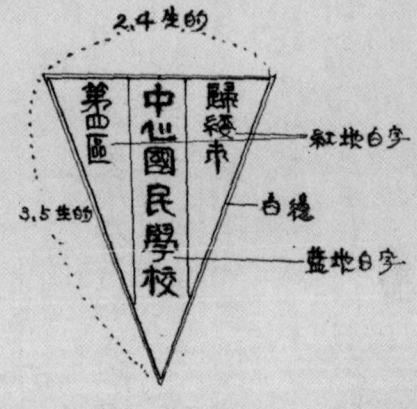

图 2-1-38 归绥市第四区公所为呈送中心国民学校证章式样致归绥市政府代电（1947年5月6日）（二）

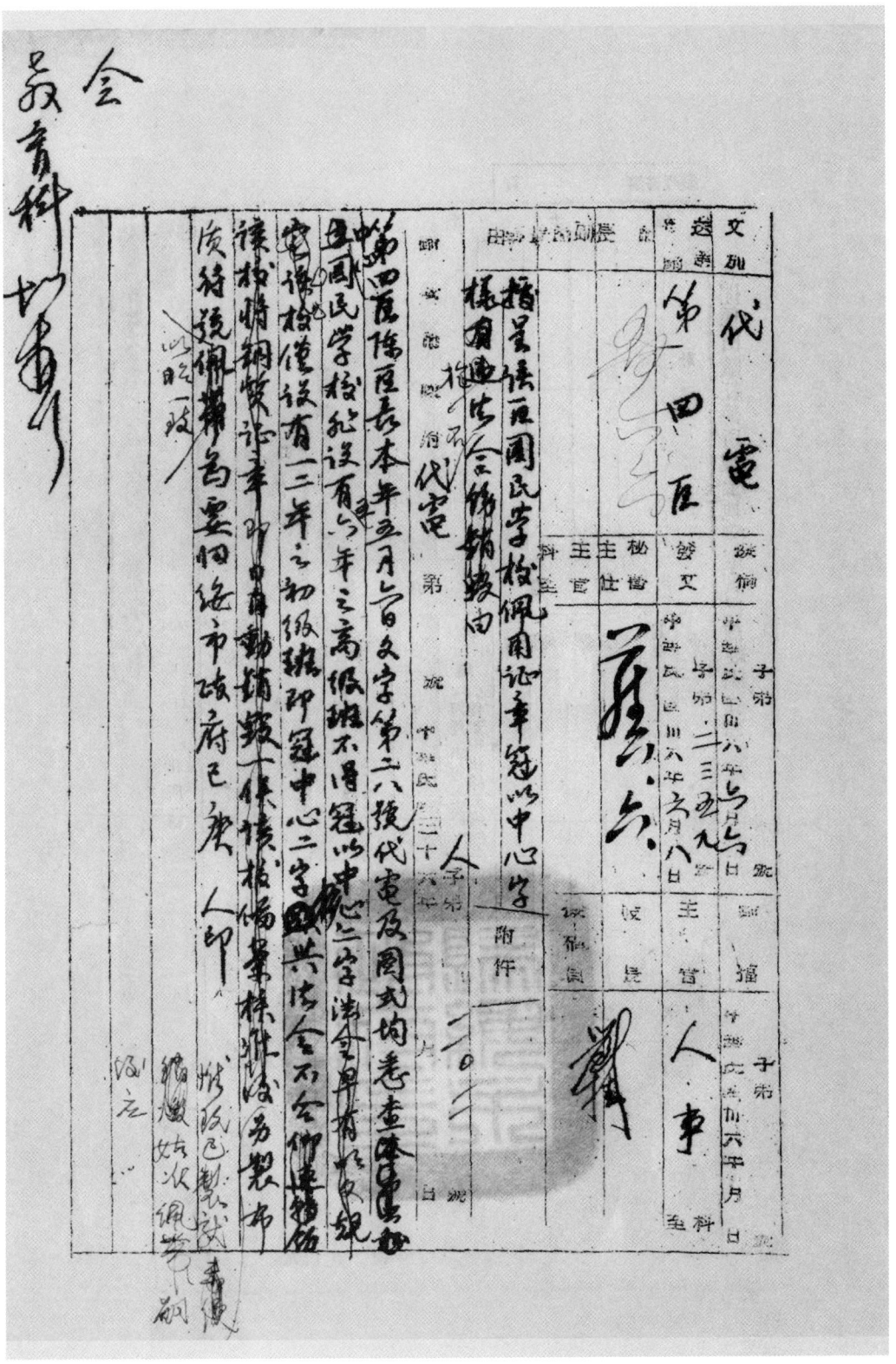

图 2-1-39 归绥市政府为国民学校佩用证章冠以中心字样于法不合给第四区公所代电（1947年6月8日）

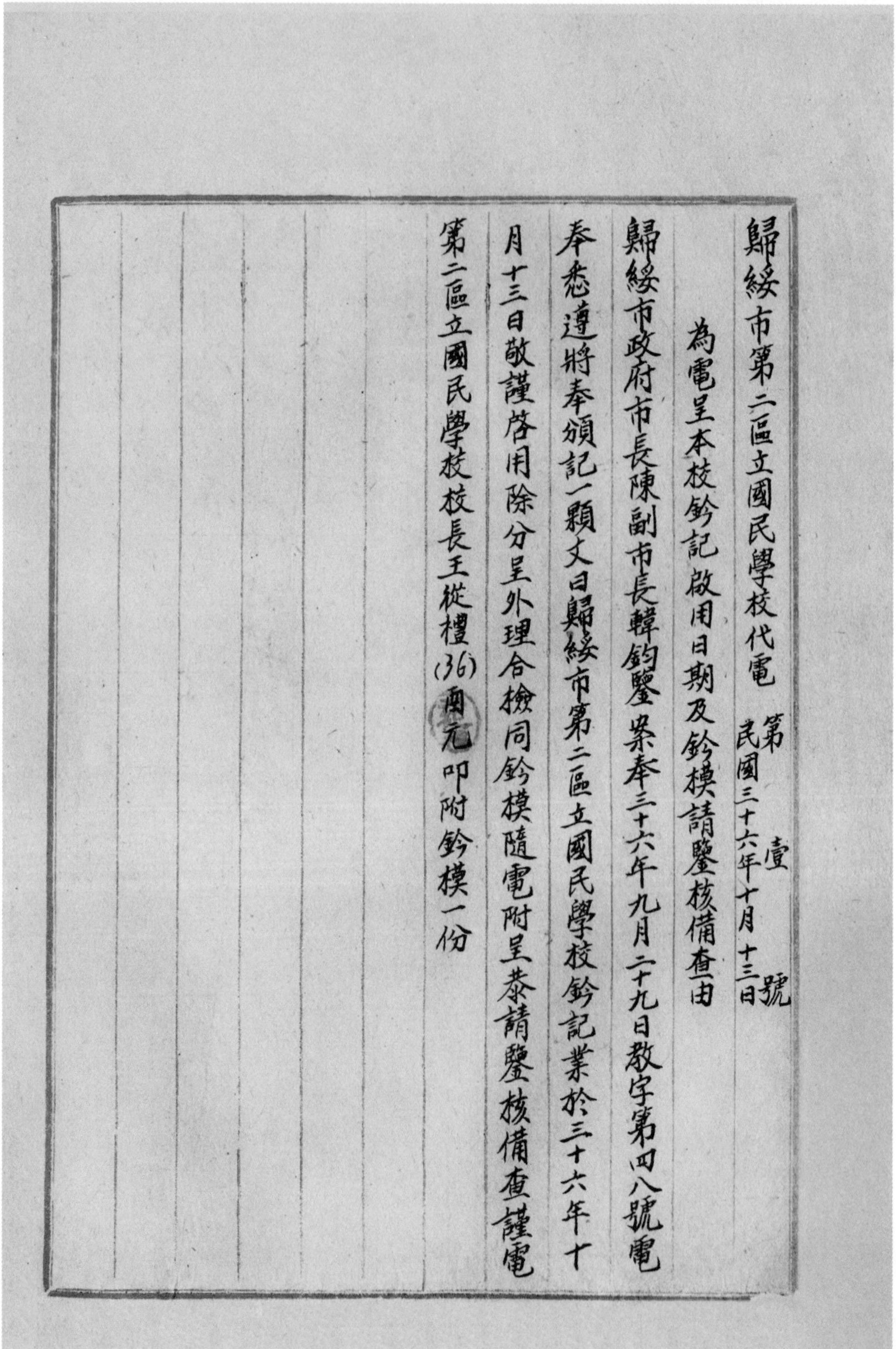

归绥市第二区立国民学校代电 第壹号 民国三十六年十月十三日

为电呈本校钤记启用日期及钤模请鉴核备查由

归绥市政府市长陈副市长韩钧鉴窃奉三十六年九月二十九日教字第四八号电奉悉遵将奉颁记一颗文曰归绥市第二区立国民学校钤记业于三十六年十月十三日敬谨启用除分呈外理合检同钤模随电附呈恭请鉴核备查谨电

第二区立国民学校校长王从礼（36）囹元叩附钤模一份

图 2-1-40 归绥市第二区立国民学校为呈钤记启用日期及钤模致归绥市政府代电（1947年10月13日）

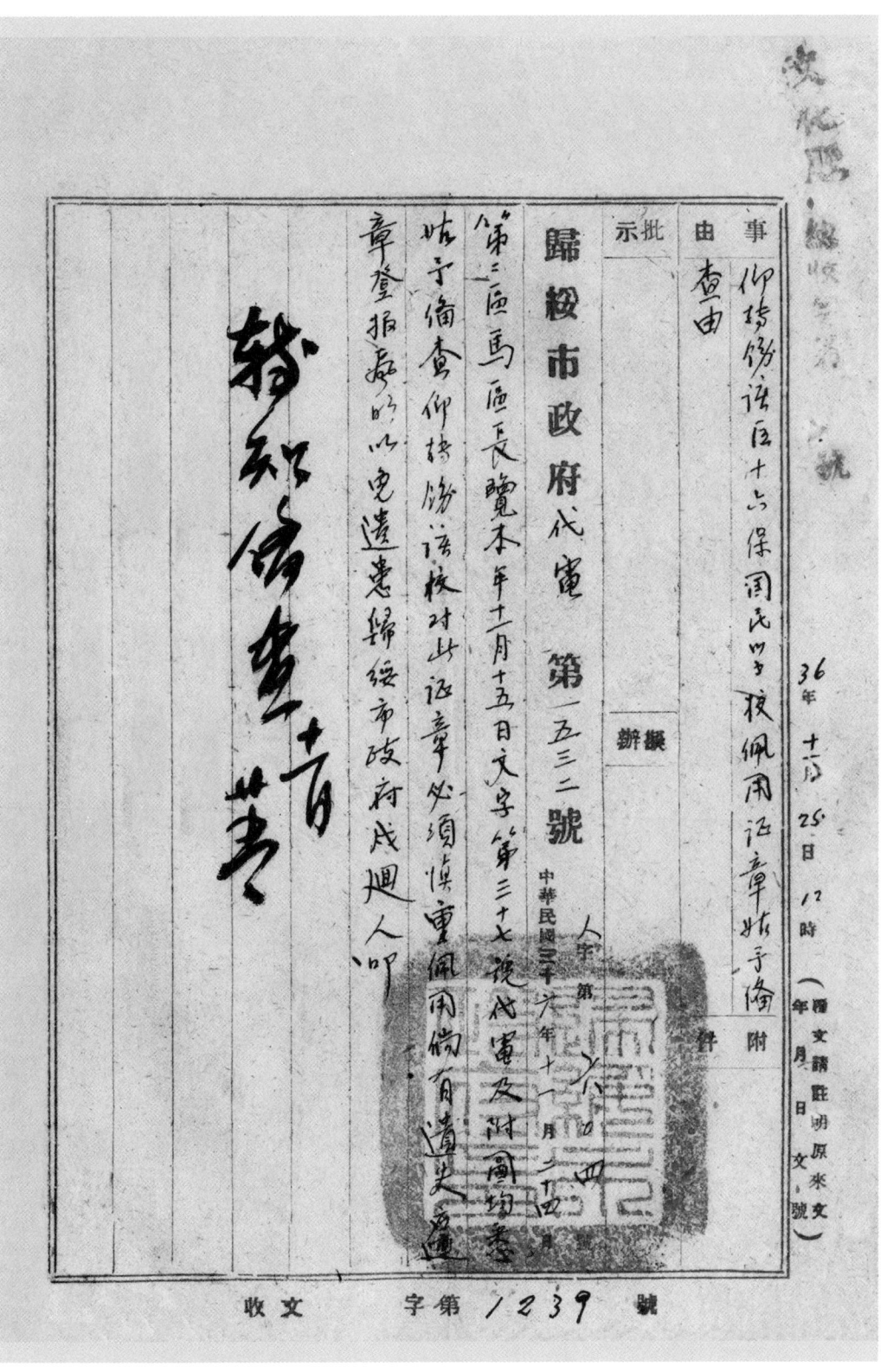

图 2-1-41　归绥市政府为该区十六保国民学校佩用证章姑予备查给第二区公所代电（1947 年 11 月 24 日）

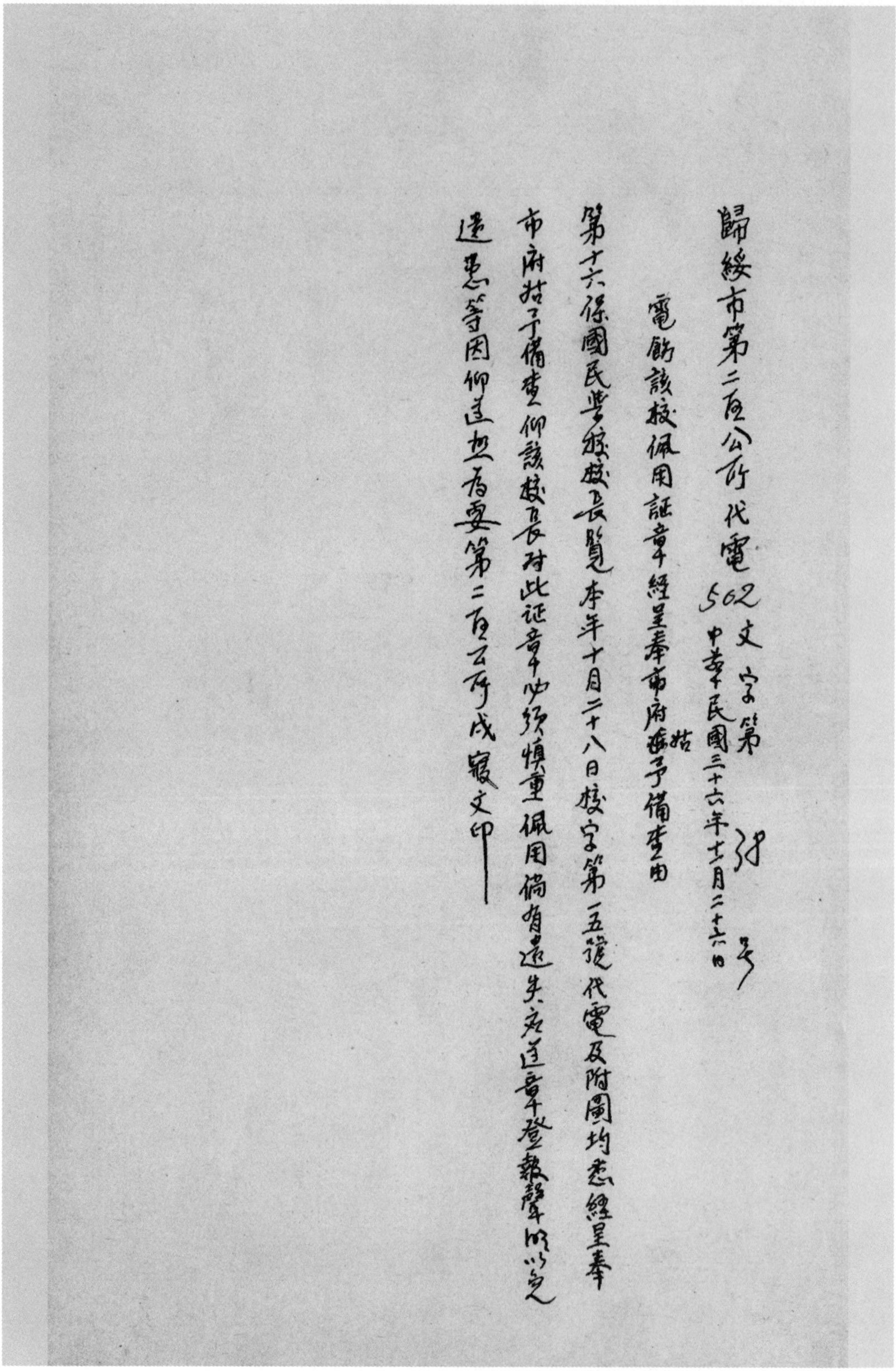

歸綏市第二區公所代電 562 文字第 號
中華民國三十六年十一月二十六日
電飭該校佩用証章經呈奉市府姑予備查由
第十六保國民學校校長覽 本年十月二十八日校字第一五號代電及附圖均悉經呈奉
市府姑予備查仰該校長對此証章必須慎重佩用倘有遺失應速登報聲明以免
遺患等因仰遵照為要 第二區公所戍寢文印

图 2-1-42　归绥市第二区公所为该校佩用证章经呈奉市府姑予备查给第十六保国民学校代电（1947 年 11 月 26 日）

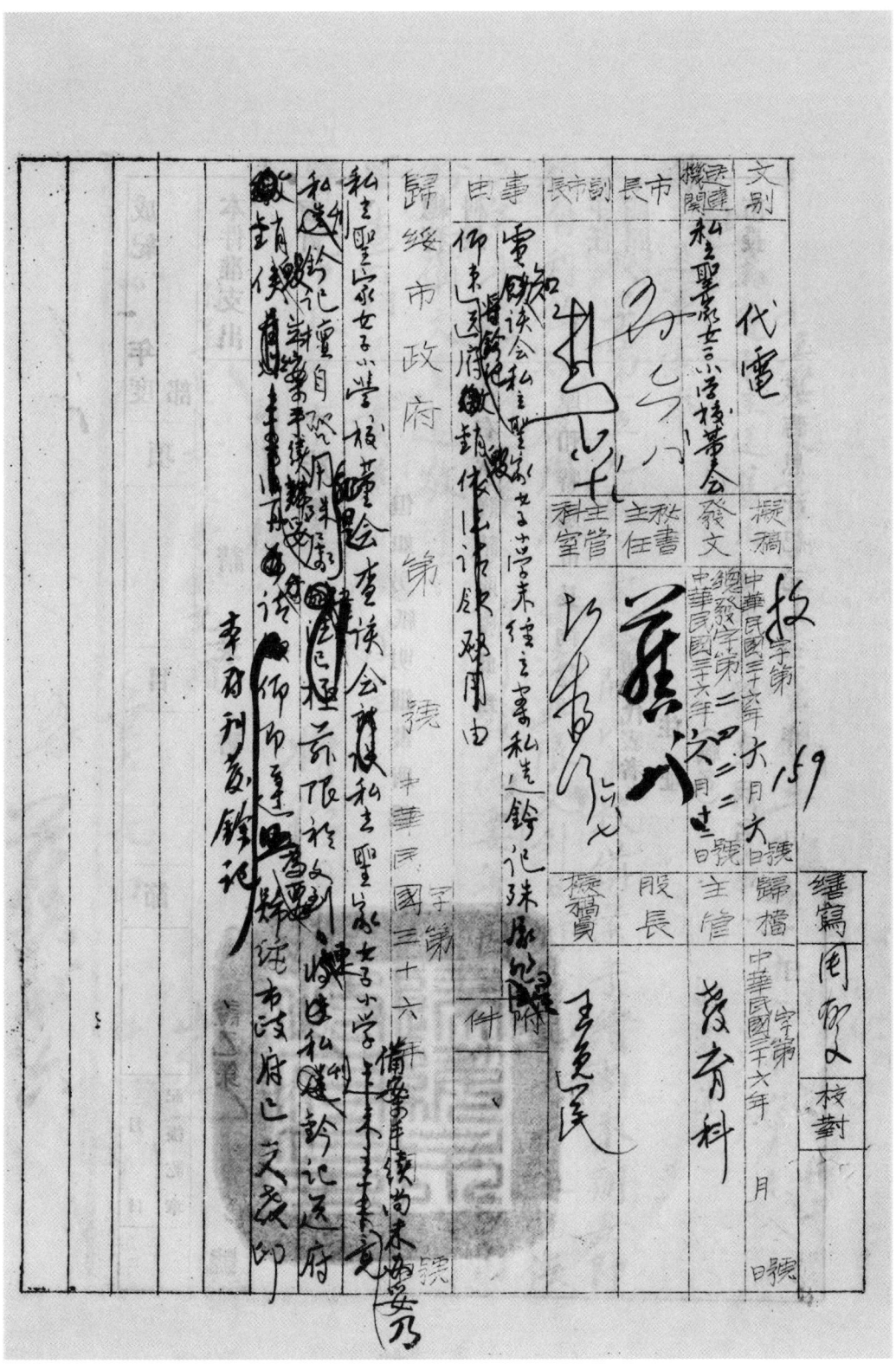

图 2-1-43　归绥市政府为将私造钤记送府销毁给私立圣家女子小学校董事会代电（1947年6月12日）

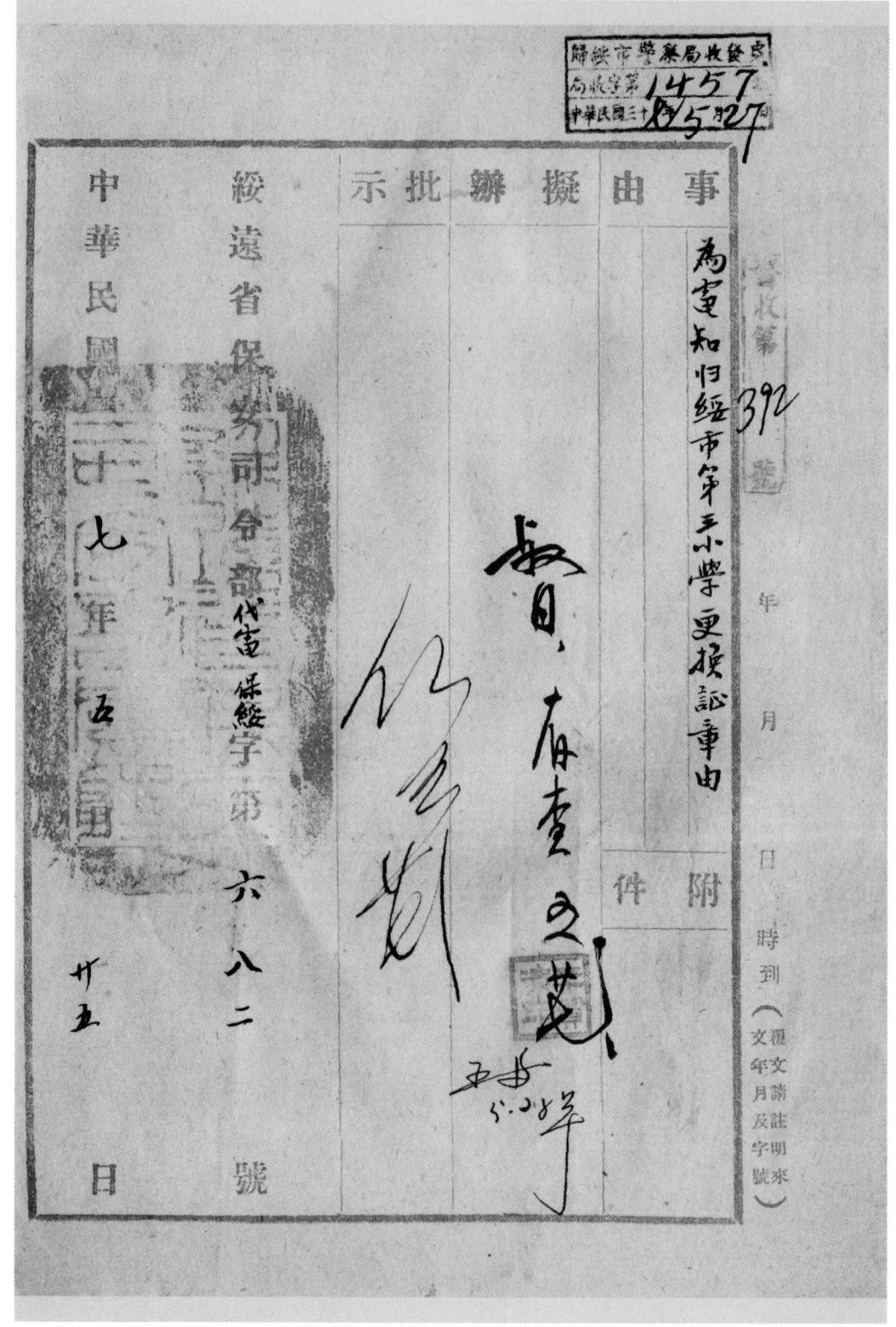

图 2-1-44　绥远省保安司令部为归绥市第三小学更换证章致归绥市警察局代电（附证章式样）（1948 年 5 月 25 日）（一）

归绥市警察局王局长崇仁鉴:据归绥市第三中心国民学校报称:(一)本校新製証章一種,係圆稜三角形,盖底白边,白字上腹(二)绥远省三)四字,所有以前教职员佩带之尖稜三角形証章盖兴生佩带之布質符號一律作廢,由本月二十日起将新製証章發给全體教职員暨学生佩带以資識别,相应检同式様一份電话轉飭知照等情,除分電外,希飭属知照,并令董其武,辰,有電。

保绥㭁印 附式様乙份

图 2-1-44　绥远省保安司令部为归绥市第三小学更换证章致归绥市警察局代电（附证章式样）（1948年5月25日）（二）

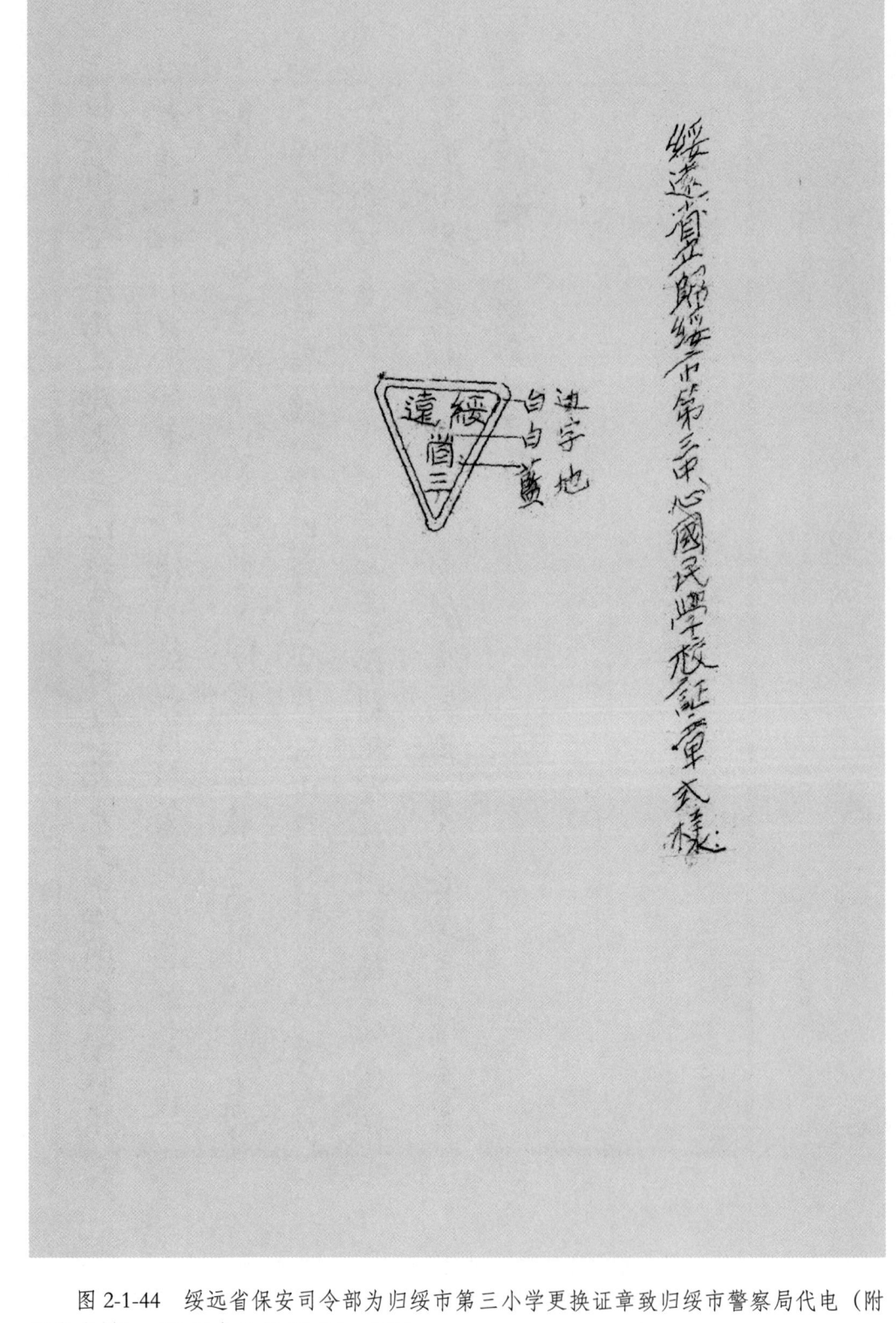

图 2-1-44 绥远省保安司令部为归绥市第三小学更换证章致归绥市警察局代电（附证章式样）（1948 年 5 月 25 日）（三）

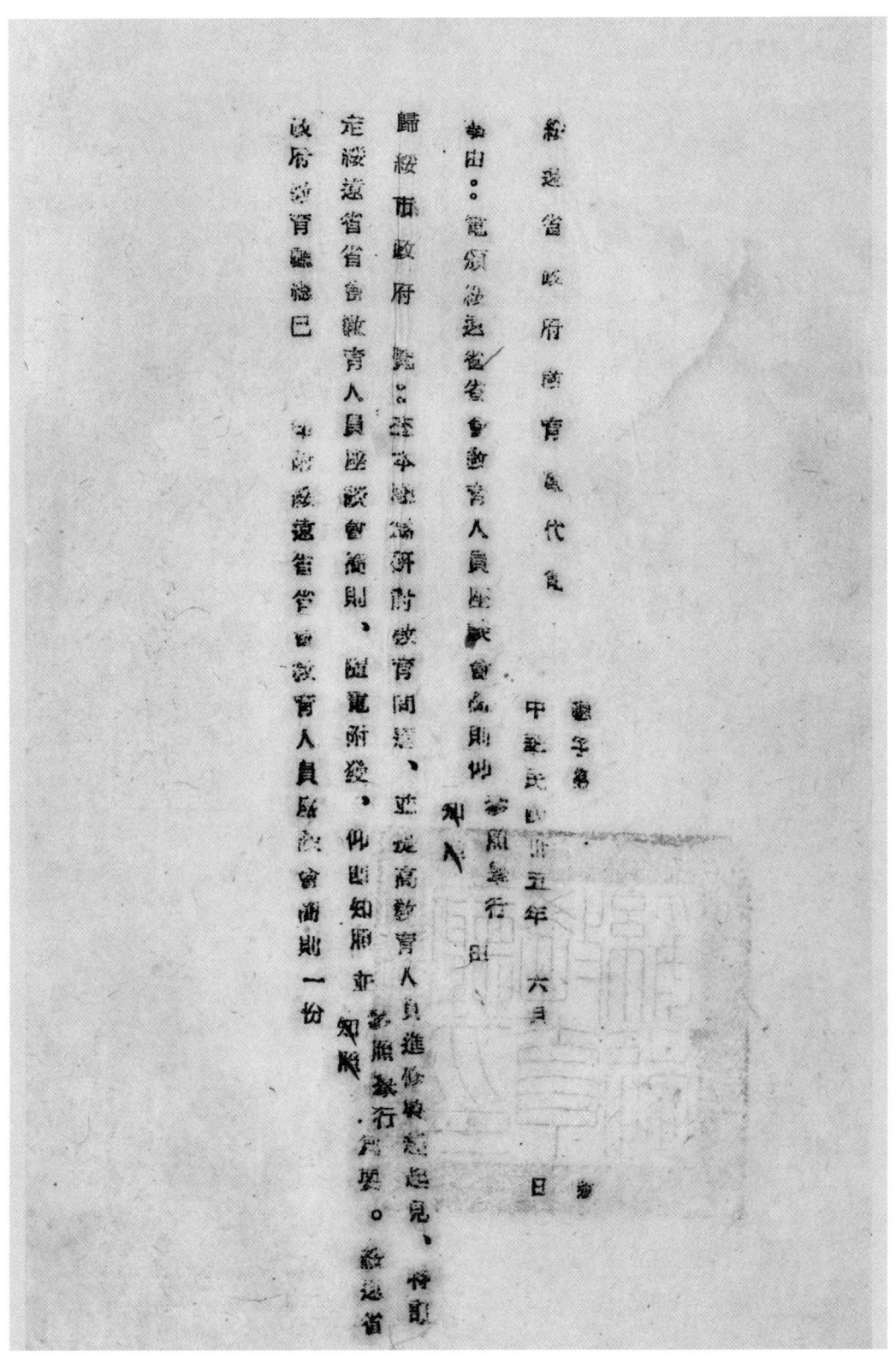

图 2-1-45 绥远省教育厅为颁发绥远省省会教育人员座谈会简则给归绥市政府代电（1946年6月）（一）

绥远省省会教育人员座谈会简则

一、绥远省教育厅为研讨省教育问题，并增高教育人员进修兴趣起见，特举办省会教育人员座谈会（以下简称本会）。

二、凡省会公私立中小学教职员，党政人员及教育行政人员，均须参加本会。

三、本会会员每次开会须亲自出席，如必要时另行约雇主談人。

四、本会每次开会主講人及记录由教育厅临时指定之，并預先通知参加人員有所準備。

五、座談題目由主講人商定，並預先通知多加人員有所準備。

六、本會每次延聘，特邀教育廳指定有關單位貢獻入，報告工作情形及心得，時間至多以二十分鐘為度。

七、本會得聘請參考人名八，簽註作書建議話。

八、本簡則自公佈之日施行。

图 2-1-45 绥远省教育厅为颁发绥远省省会教育人员座谈会简则给归绥市政府代电（1946年6月）（二）

归绥市立庆凯桥中心国民学校 提案

一、（案由）市教育经费应按照一般政费适当之百分比切实支配划分独立于行政之外不受任何牵制或紊乱之积弊计并组织教育经费管理委员会监督处理以冀教育前途之发展可否之处请 公决案

（理由）查本市教育之现况溯自七七事变抗战军兴迄胜利光复以来迭不如民国念六年前之发展其各级学校之成绩亦逊于往昔学校设备之简陋师资之低下不问可知此种病源何尝不受制于教费之不能独立经营以致一切教育行政上辄展设计常因经费拮据亦或因此项目几等于无之势殊属遗憾复查现下市教育经费除预定教职员之薪金而外其他如公费几不足兹现有开办费之建筑费设备费以及经常费之图书仪器运动器械设置修缮赏勤水电消耗等费并临时费之特别费预备费等费用撼未正式划分列入当年预算之内如是一遇偶发事件始则无此款目开支继则筹措匪易终则置于停顿状态似此情形教育前途遑论发展今欲打破斯种艰困针对当前之病源非将教育行政之省市长学校之校长费切实划分独立不为功并要由地方贤达司教育行政之首长学校之校长以及热心教育之士绅若干人为当然之委员组织教育经费管理委员会

因於征收保管發放等事務自可嚴密組織管理得法庶不致再受牽制挪用紊亂等積弊而教費得有固定之保障則一切計劃自可依期實現前途之發展則指日可待矣。

二、(案由) 在原班增人原則下仍不得超過定額至多四十五名以保持質量並重免除教學訓導之諸多困難以及學生之程度降低而防止牽就之弊不如原校增班較為妥善可否之處請 公決案

(理由) 查本市省市公私立學校為數不過二十餘處按照全市學齡兒童統計能夠為學校容納者僅佔三分之二尚有三分之一感於失學勢必投親託友多方設法冀其兒童入學而學校方面同時又感於情面觀念及兒童勢必入之苦衷更不得不牽就收容應付環境如是一班學額僅遍五六十人以上此情形在教學上形成低效率在兒童作業上亦妨礙問題若不急謀救濟辦法將來教育之前途為害不知伊於胡底依現實如一班已流為若吾此種現象已成為嚴重環境需求論結在原班增人之下不如原校增班較為妥善收效亦宏對於學訓導各方面諸多便利。

三、案由）懇祈收回校產以利教育而重公產由

查職校內裡拖西原有校產上南歷年以來均以傳達室或廚房之用敵偽時期曾經李萬富（該房現在佔用者）賄通市公署商係人捏造契約私相授賣並易名為南向南門築埠使獎校方阻隔私瞞官廳違法侵佔以造成茲除呈報市府勘查傳訊請求追回原產有案外合再據情申述提請鈞會予以合法處理務使於短期內產歸校方以利教育而產為禱

四、案由）懇祈按月提前發薪揩加救公費以安生計而利教學由

迎來物價孔漲朝夕數變其值兼因通貨膨脹一般從業人員咸遭經濟打擊而吾輩從事教育工作者蒙受威脅更烈詮前者蓋教育為神聖工作終身事業凡從事於斯業者莫不願以畢生寄託之所在然每月辛勤所獲高不足以飽四口之家更限以市價貴稅收滯緩之欠餉事月高努力商發甚至并月而薪是以生活向顯影響辨伙殊碍教學兩而公費一項每月雖定為六元之譜然以物價比此必僅敷筆一項尚不足止以開銷其他文具更難設

想兹为安定学生计俾便专心教学起见拟于按月提前发花槟加给贵额数如何之处提请公决

五、（案由）对于品行不端向学心感之学生怎处理方法由

对此等学生应当收容纳入学后教师对校学上要多加注意特别诲促其改过自新彭一办法使其改悔时可否予以休学之处？提请公决

六、（案由）儿童每周事理乃好必要有为补救失当遗憾绕身者实家学校教育对于儿童四维之欠缺注意虔经失当所致生否应每日课除增加儿童生活检讨会予以儿童品维上加以特训练话公决案

（理由）人云智慧才能虽然佳美若缺优良的品性便同进行人生事业是不会成功的故学校教育在使年幼的儿童品行适当的指导有效的措置始可早日奠定儿童处应有专事培养儿童品性的故施（生活检讨会）故以该每日下午学科完了後增加儿童生活检讨会使儿童将其一日的学业和言行个人加以反省自警互警儿童完的教师更予以深切的指通如是则可发生同学间一再作一批评教师更予以深切的指通如是则做教师者绝不可让儿童之过失因事势致美的品性就不难发得其做教师者使儿童常感忠之失效反而对其过失不易改善难期致美。

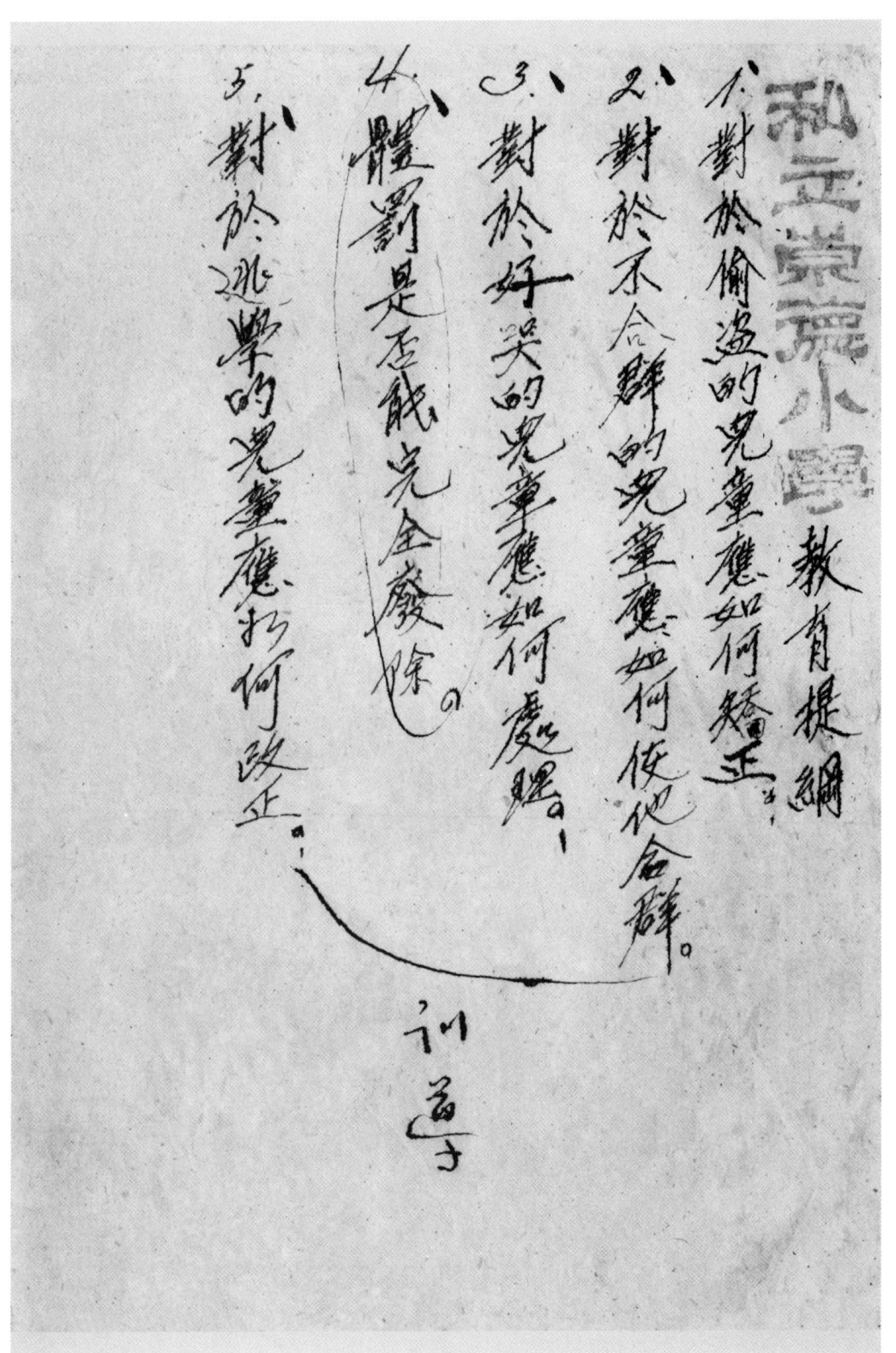

图 2-1-47 私立崇德小学教育提纲

阜寧營

教育提綱

一、本校校具非常缺乏應如何添置之。
乙、對於頑反兒童可否加以嚴格管理之。
丙、本校兒童多係農家應如何業令隨便退學之。

行政提綱

一、對於職教員欠薪數應如何催發之。
乙、對於本公債應如何等措之。

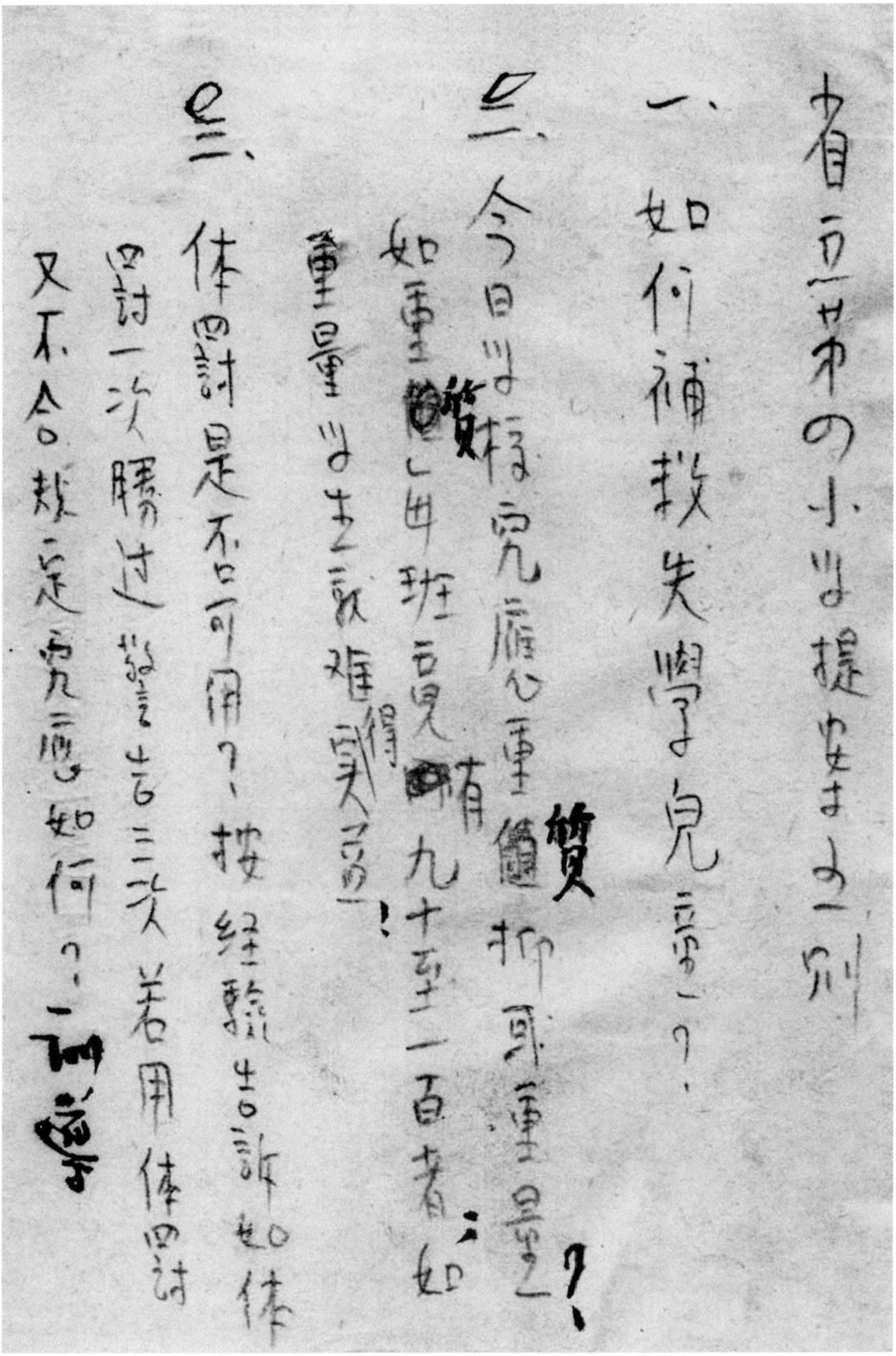

省立第四小学提案五则

一、如何補救失學兒童？

二、今日当校兒擔心重値柳可重量？如重量当再班五員有九十至一百者，重量当主最难僅制？

三、体四討是不可用？按經驗告訴如体四討一次勝过（警告三次若用体四討又不合。究竟應如何？）

图 2-1-49　绥远省立第四小学提案五则（一）

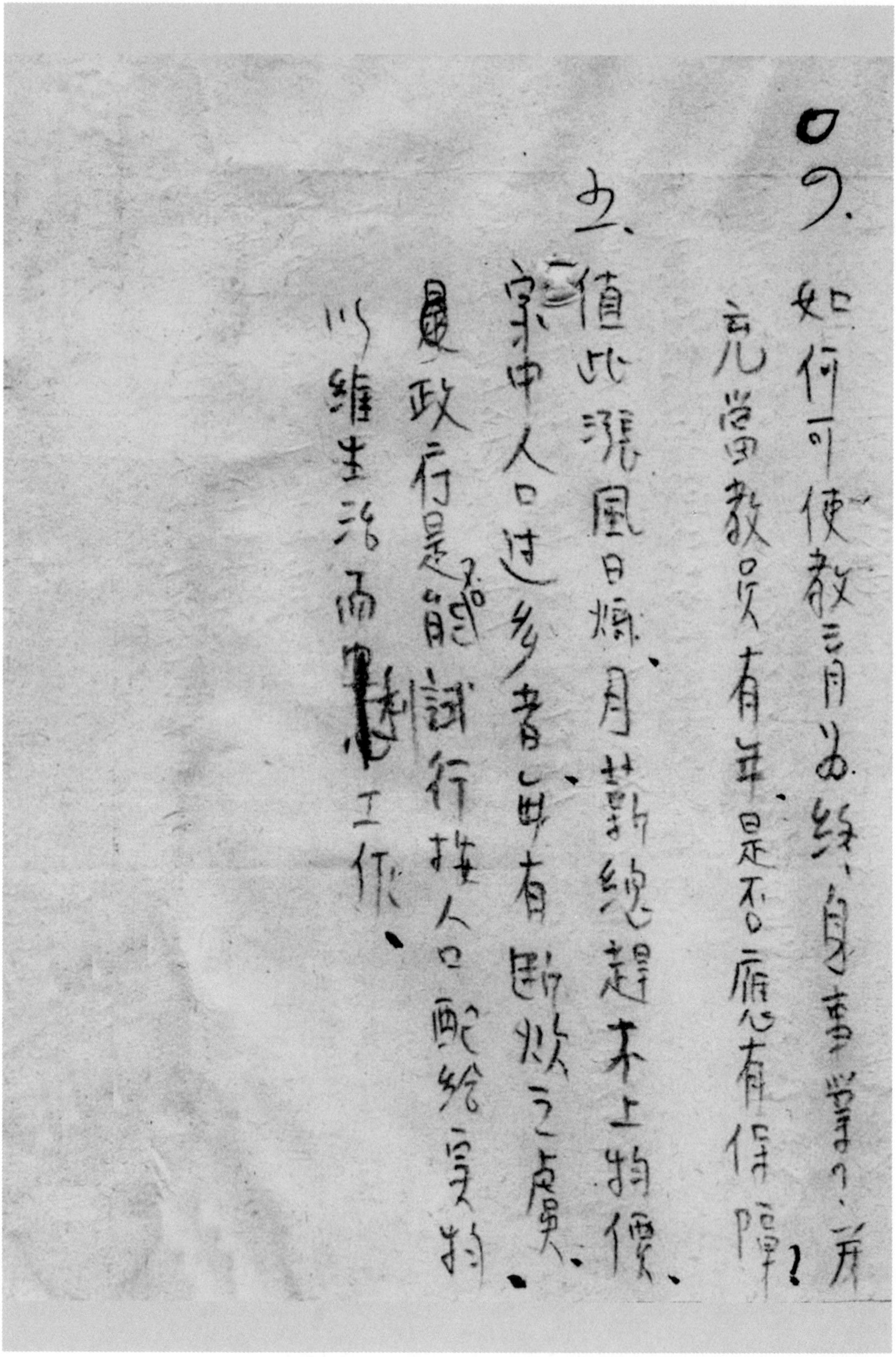

四、如何可使教員安然、自動學習、並充當教員有年是否應有保障？

五、值此漲風日熾、月薪總趕不上物價、家中人口過多者、每有斷炊之虞、最政府是否能試行按人口配給實物以維生活而安心工作、

图 2-1-49　绥远省立第四小学提案五则（二）

二 经费管理

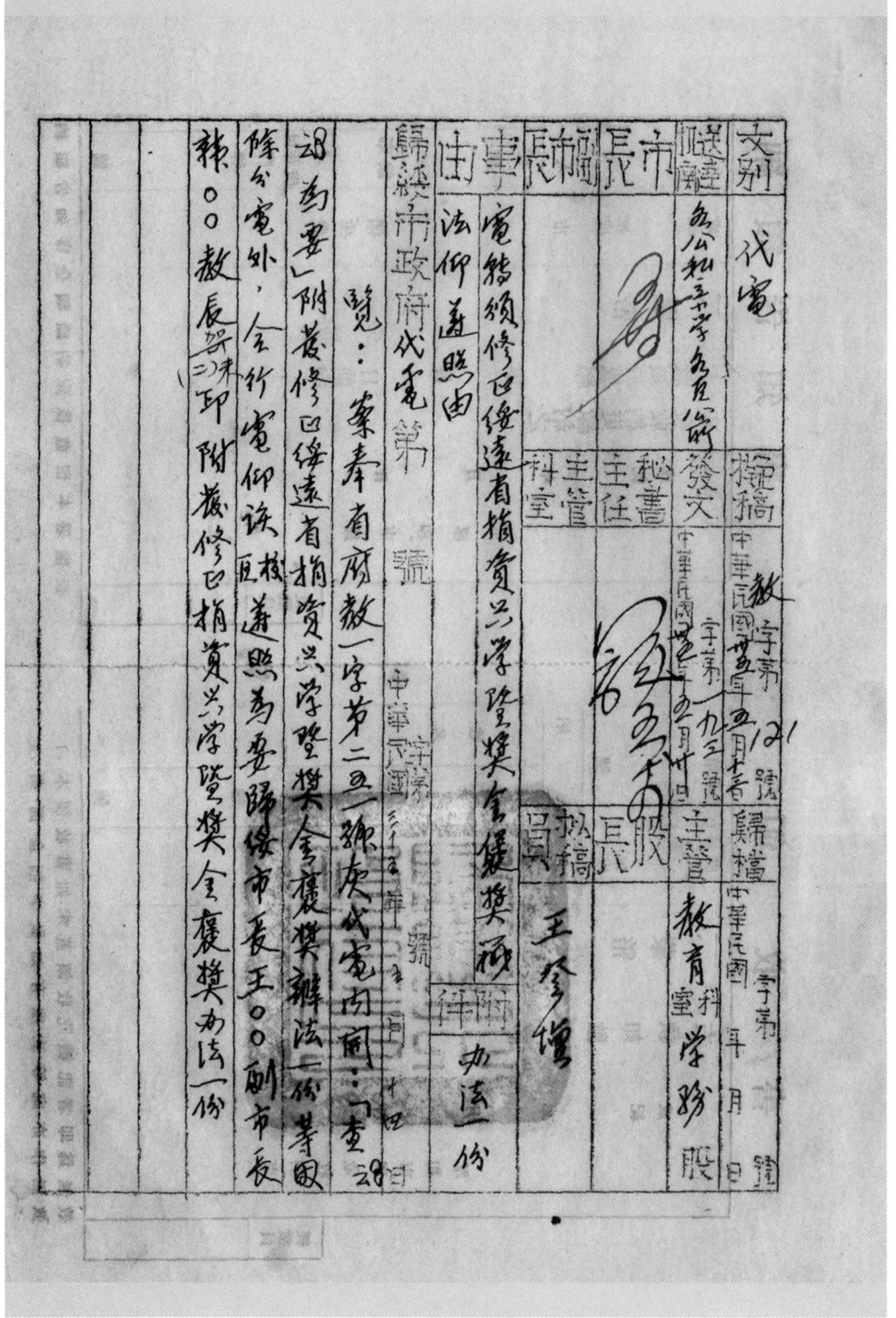

图 2-2-1 归绥市政府为转发修正绥远省捐资兴学暨奖金褒奖办法给各公私立小学、各区公所代电（附办法）（1946年5月20日）（一）

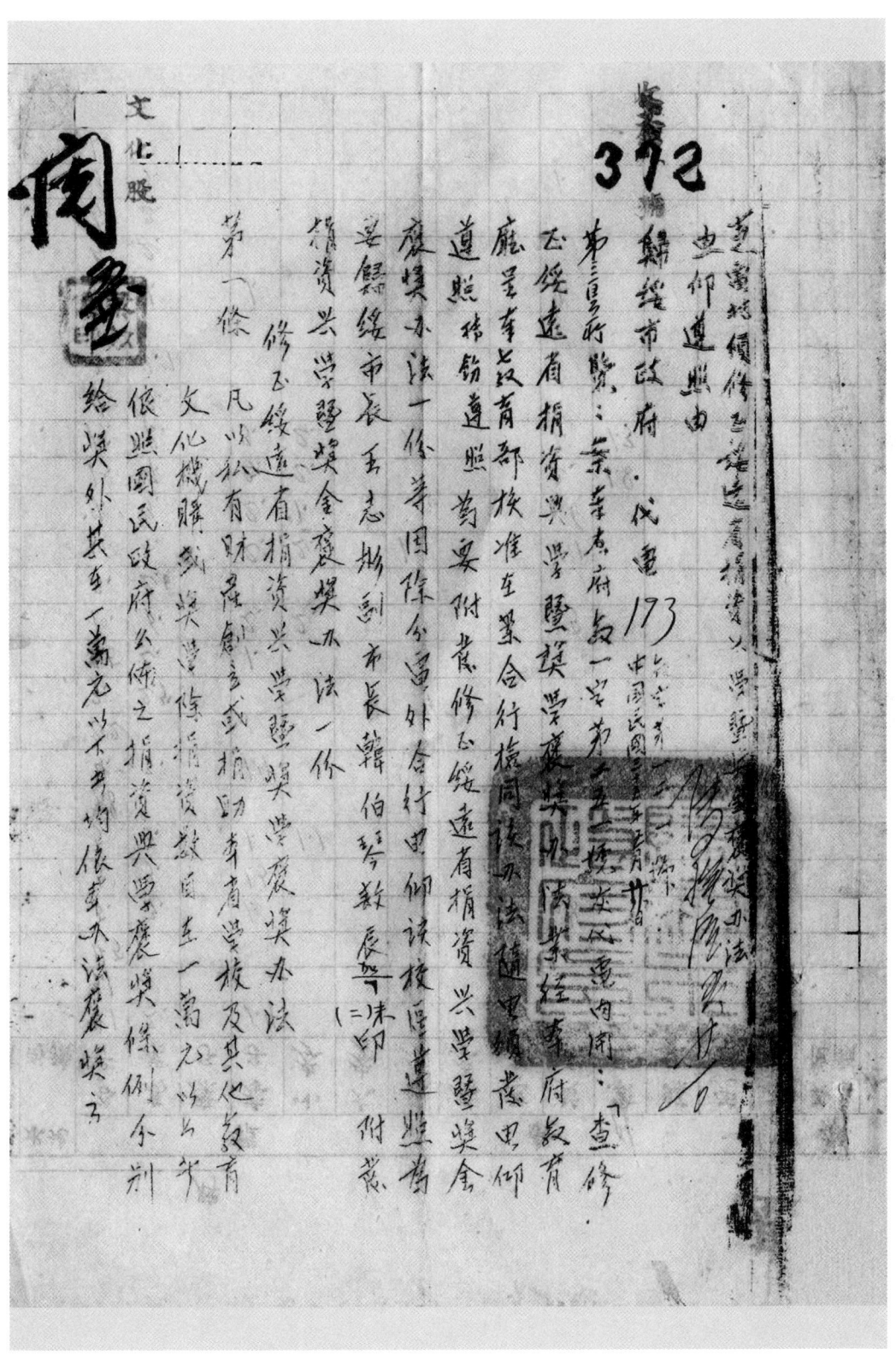

图 2-2-1 归绥市政府为转发修正绥远省捐资兴学暨奖金褒奖办法给各公私立小学、各区公所代电（附办法）（1946 年 5 月 20 日）（二）

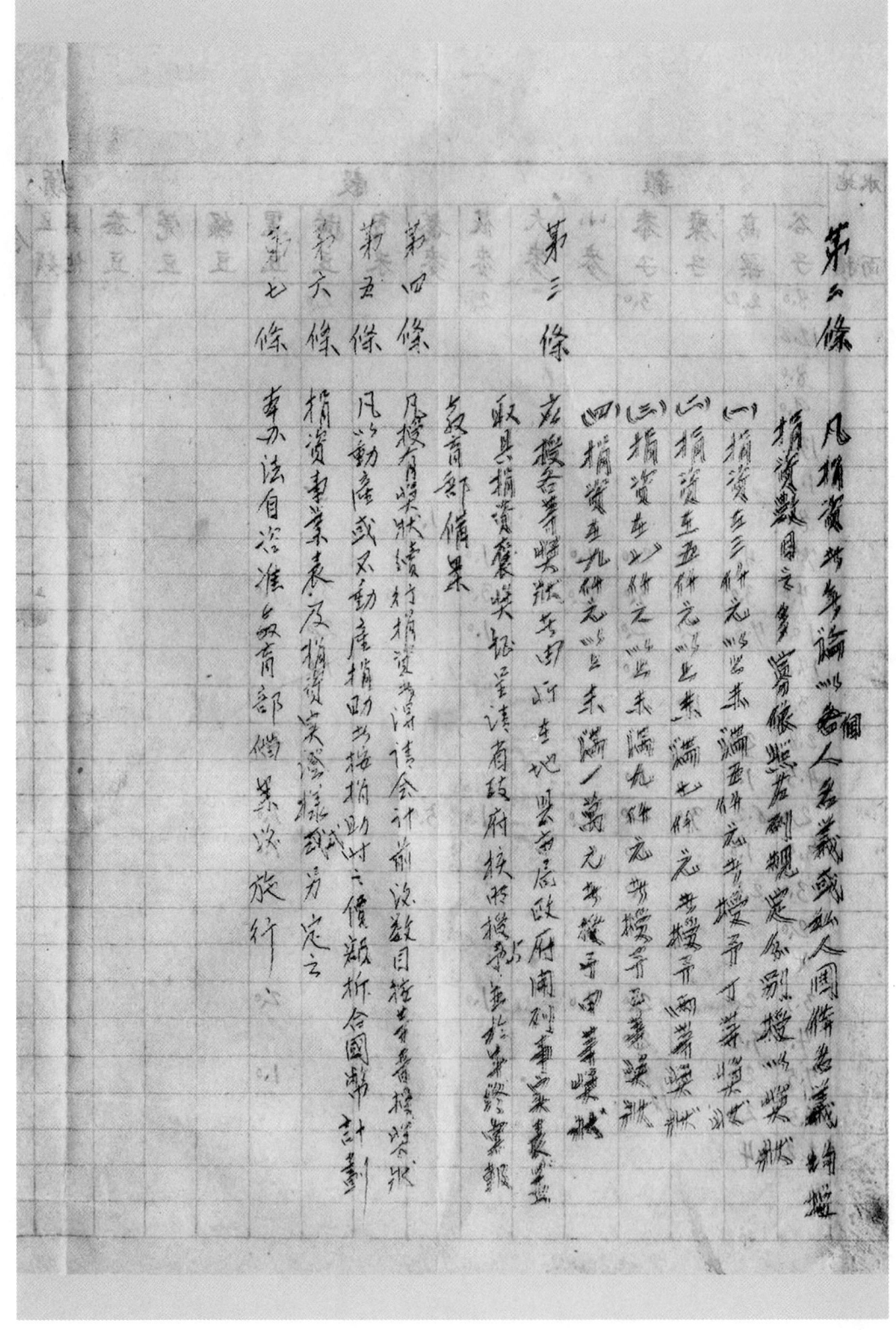

图 2-2-1 归绥市政府为转发修正绥远省捐资兴学暨奖金褒奖办法给各公私立小学、各区公所代电（附办法）（1946 年 5 月 20 日）（三）

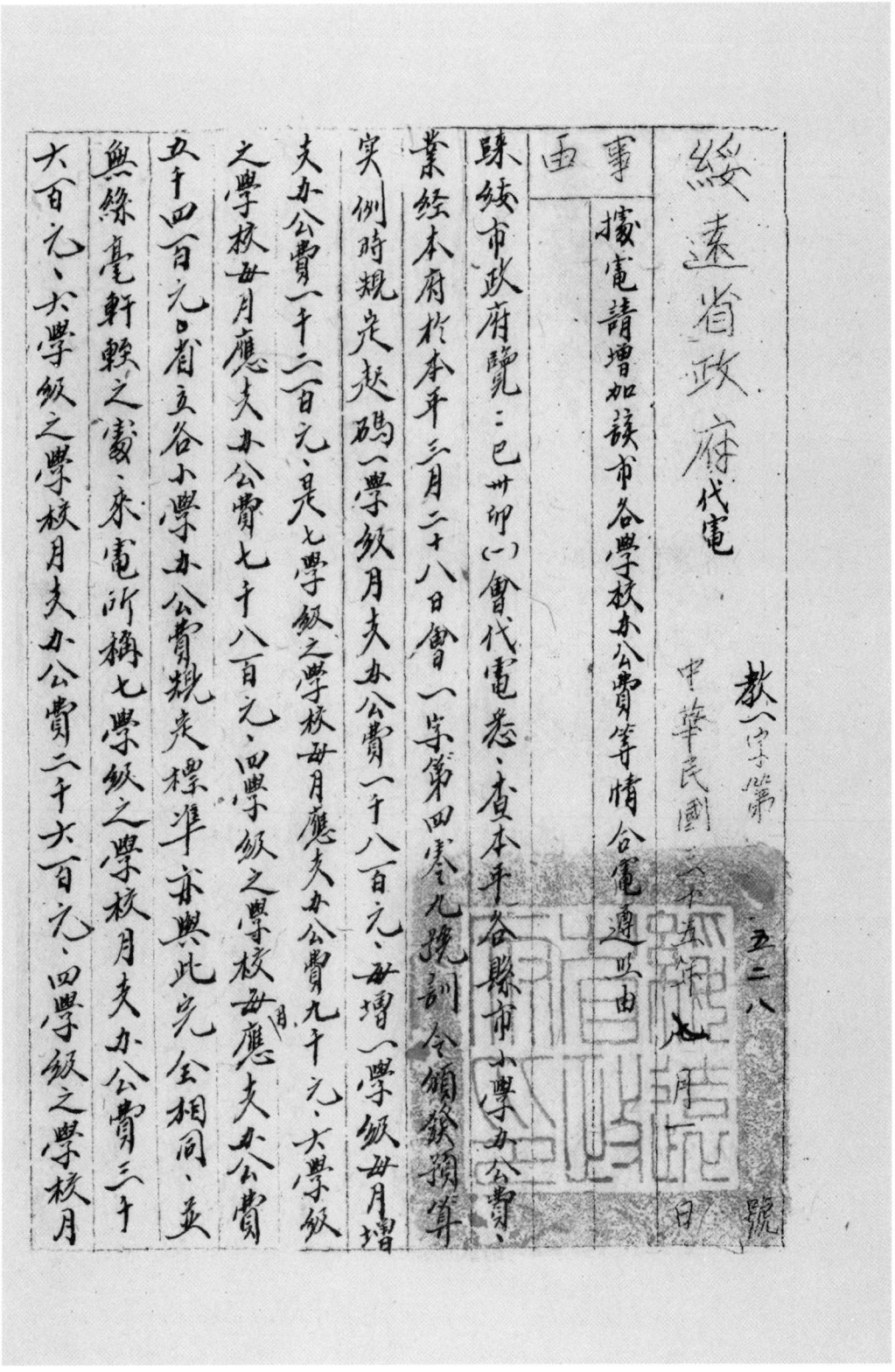

图 2-2-2 绥远省政府为增加各小学办公费等情合电遵照给归绥市政府代电（1946年8月1日）（一）

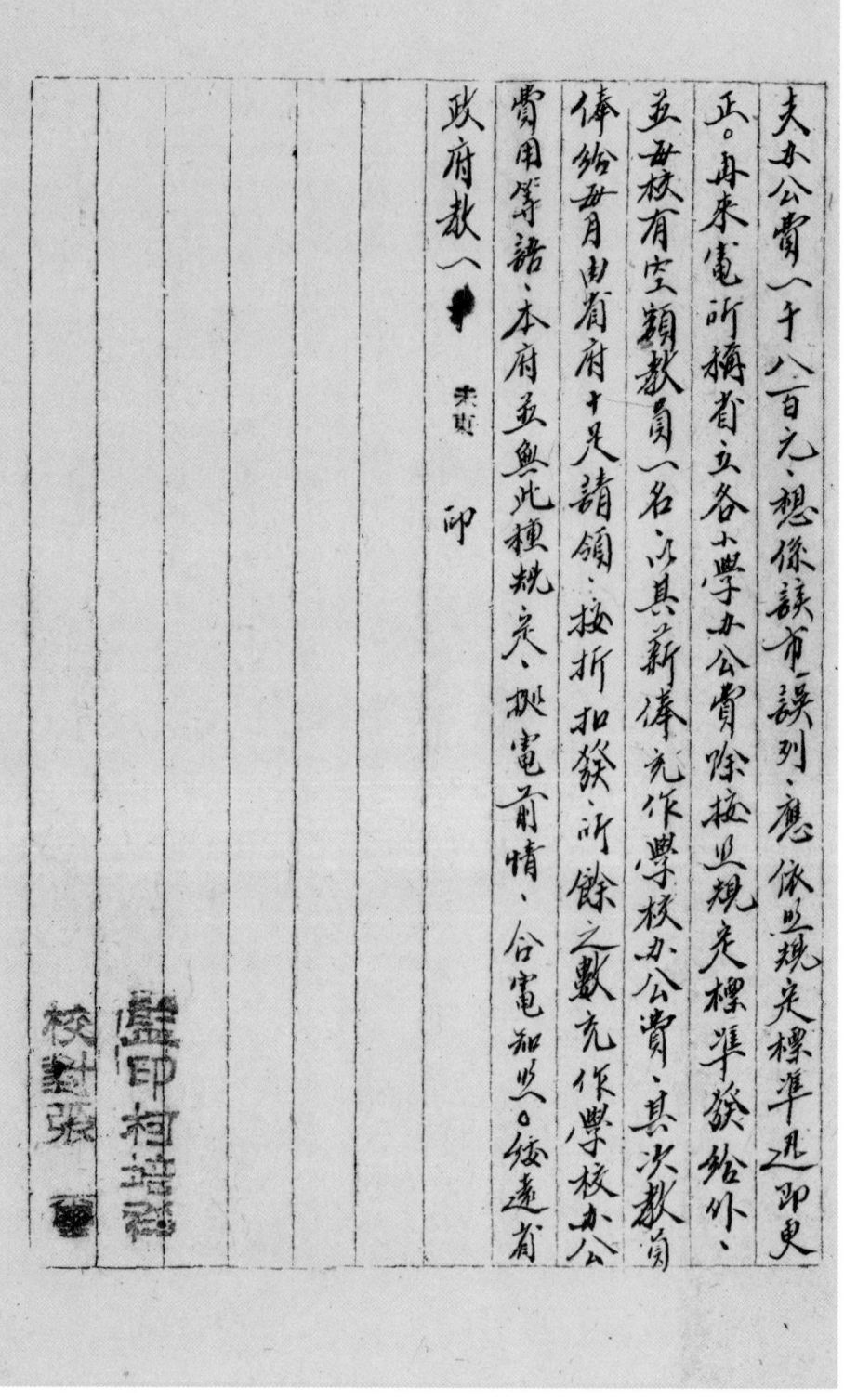

图 2-2-2 绥远省政府为增加各小学办公费等情合电遵照给归绥市政府代电（1946年8月1日）（二）

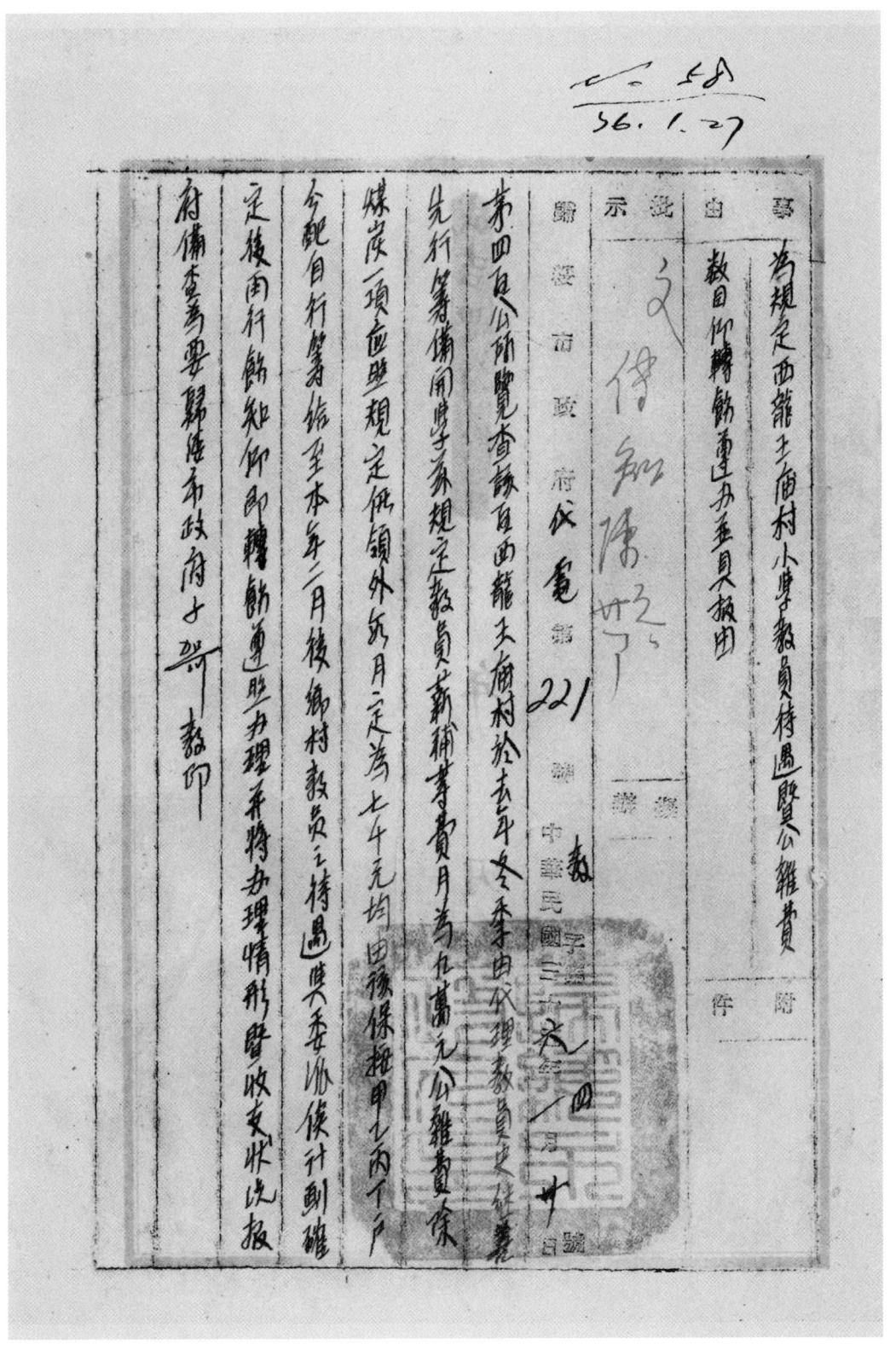

图 2-2-3 归绥市政府为规定西龙王庙村小学教员待遇暨公杂费数目给第四区公所代电（1947年1月30日）

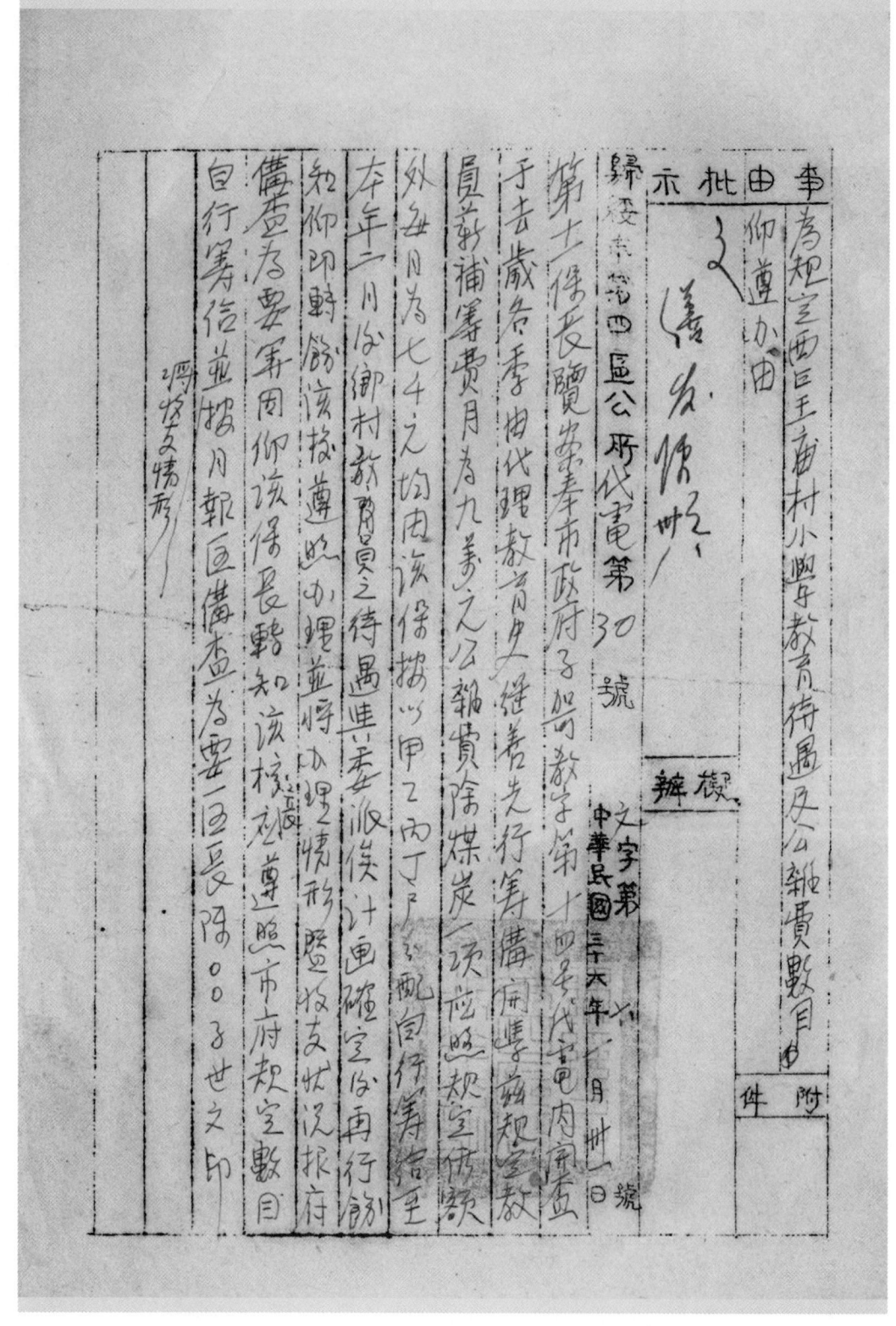

图 2-2-4　归绥市第四区公所为规定西龙王庙村小学教育待遇及公杂费数目给第十一保代电（1947年1月31日）

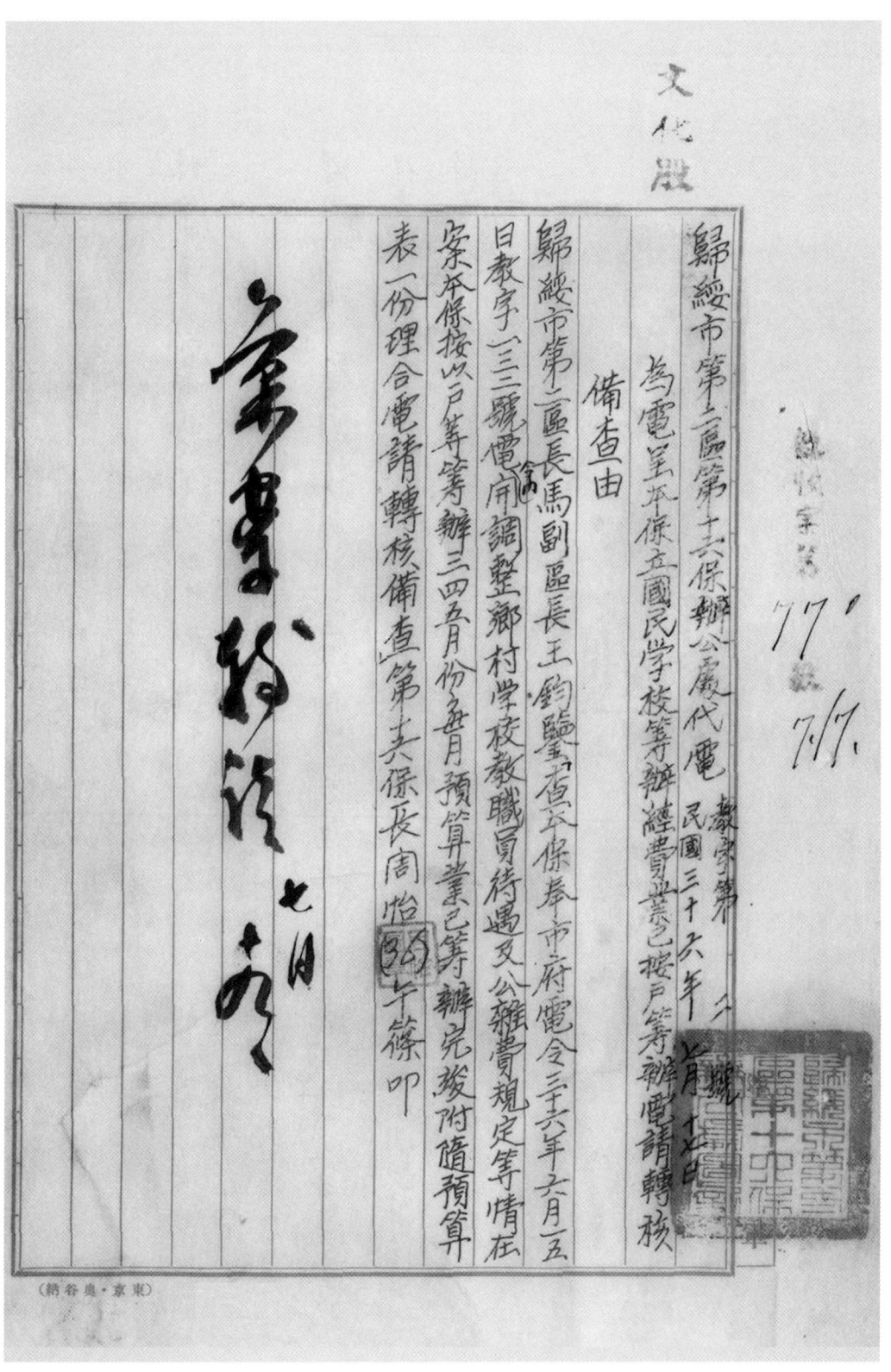

图 2-2-5 归绥市第二区公所第十六保办公处为呈报保立国民学校筹办经费业已按户筹办致归绥市政府代电（1947年7月17日）

图 2-2-6　归绥市第二区公所为转所属第十六保立国民学校三、四、五月份预算等情致归绥市政府代电（附预算表）（1947年7月26日）（一）

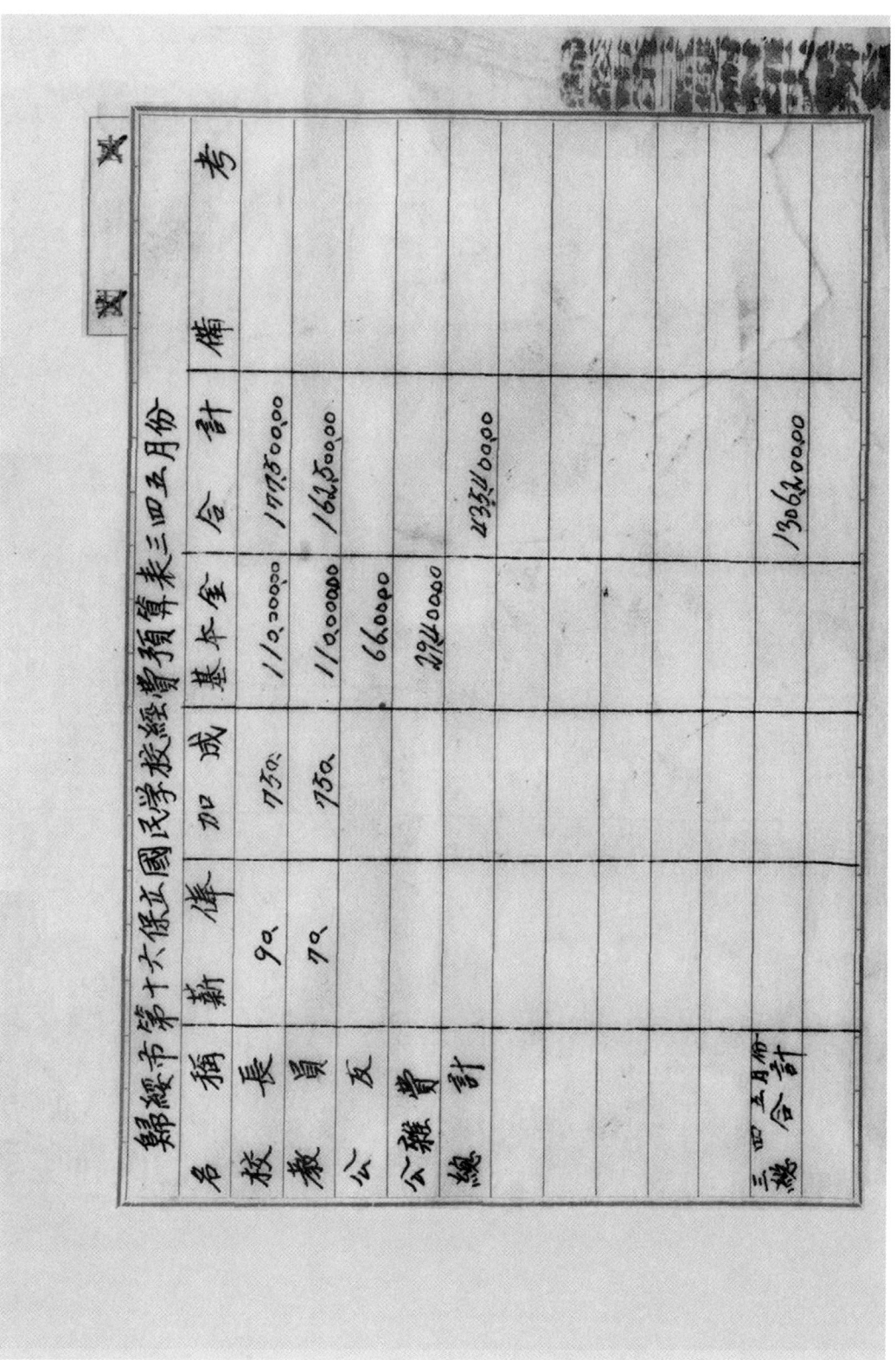

归绥市第十六保立国民学校经费预算表三四五月份

名称	新俸	加成	基本金	合计	备考
校长	90	750	1100000	1775000	
教员	70	750	1100000	1625000	
公役			66000		
公杂费			2240000	4335000	
总计					
三四五月份总合计				13062000	

图 2-2-6　归绥市第二区公所为转所属第十六保立国民学校三、四、五月份预算等情致归绥市政府代电（附预算表）（1947年7月26日）（二）

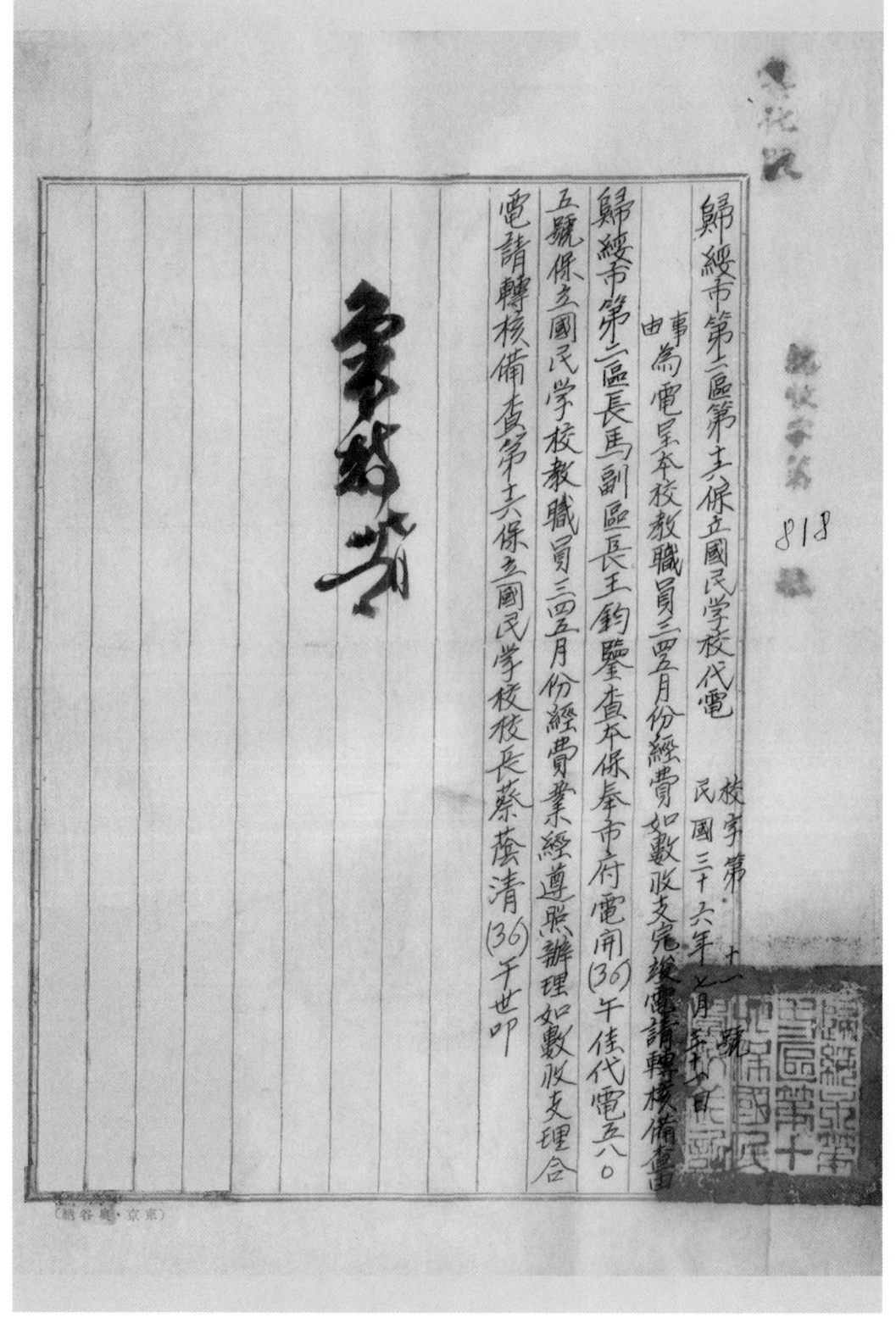

图 2-2-7　归绥市第二区第十六保立国民学校为呈教职员三、四、五月份经费如数收支完竣致归绥市第二区公所代电（1947 年 7 月 31 日）

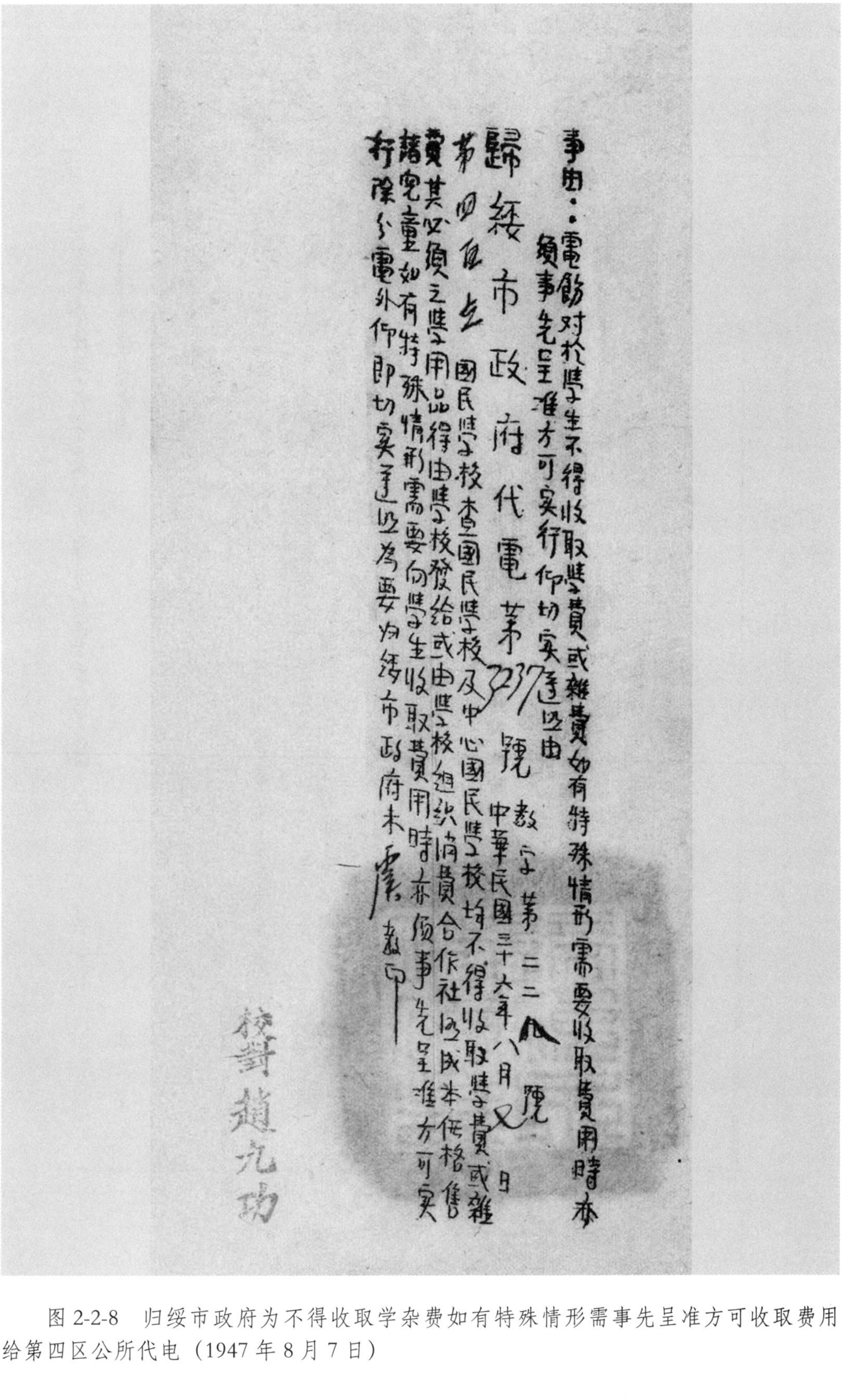

事由：电饬对于学生不得收取学杂费，或杂费如有特殊情形需要收取费用时，亦须事先呈准方可实行，仰切实遵照由

归绥市政府代电 莱字第237号

案查国民学校及中心国民学校均不得收取学杂费或杂费，其实需之学用品得由学校发给，或由学校组织消费合作社以成本价格售其实需之学用品，得由学校发给或由学校收取其费用时，亦须向学生先呈准市政府未行，除分电外，仰即切实遵此为要

中华民国三十六年八月七日

校对 赵元功

图 2-2-8 归绥市政府为不得收取学杂费如有特殊情形需事先呈准方可收取费用给第四区公所代电（1947年8月7日）

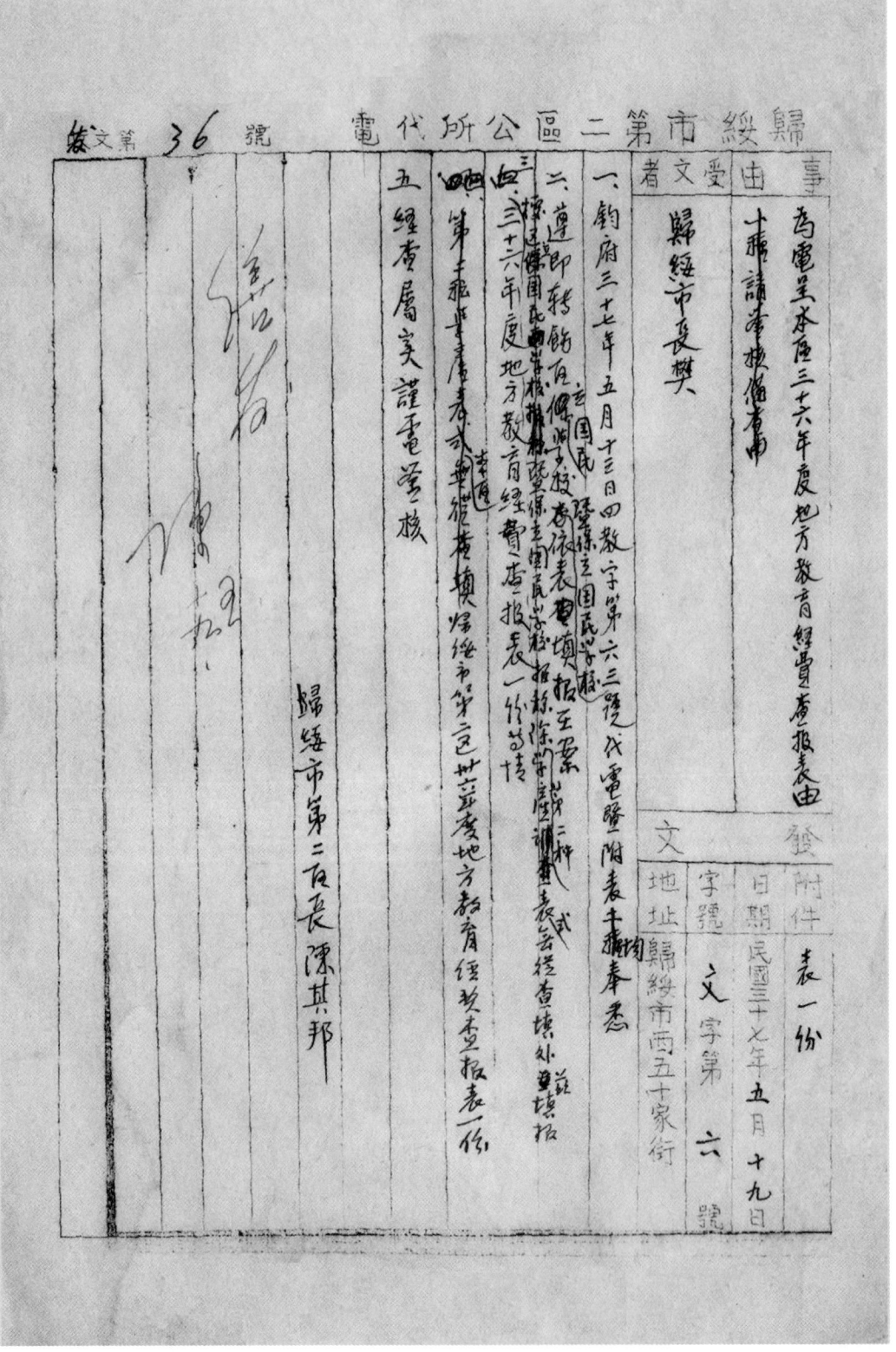

图 2-2-9　归绥市第二区公所为呈三十六年度地方教育经费查报表致归绥市政府代电（1948年5月19日）（一）

一、自筹经费

归绥市第二区三十六年度地方教育经费查报表　民国三十七年五月　日

县市别	经费名称	数目	来源	征收方法	保管情形	动支情形
归绥市	第二区立第十六保立学校教育经费	八二六六五〇〇 七四三五六〇	由所属各保任用 由第十六保田共保分担 三	难军征收 联军征收	按预算按月阅支 按预算按月阅支	按月商支
合计		一五六九八〇六〇				

附：

一、区立男子学校教育经费每月一八三七〇〇〇元。由八月十五日起至十二月止共计八二六六五〇〇元。

二、保立学校由廿六年三月一日起至六月止每月教育经费四三五六〇元，由七月一日起至十二月底止每月教育经费九四八二〇元（因七月份属上共计七四三五六〇元）

三、教职员薪俸共计七三六五〇〇元，办公费二四六〇〇元，房租四五〇〇元，杂费二二〇〇元，共计八二六六五〇〇元。

四、保立学校教职员薪俸共计七〇六一九六〇元，公费三六九六〇〇元，共计七四三一五六〇元。

图 2-2-9　归绥市第二区公所为呈三十六年度地方教育经费查报表致归绥市政府代电（1948年5月19日）（二）

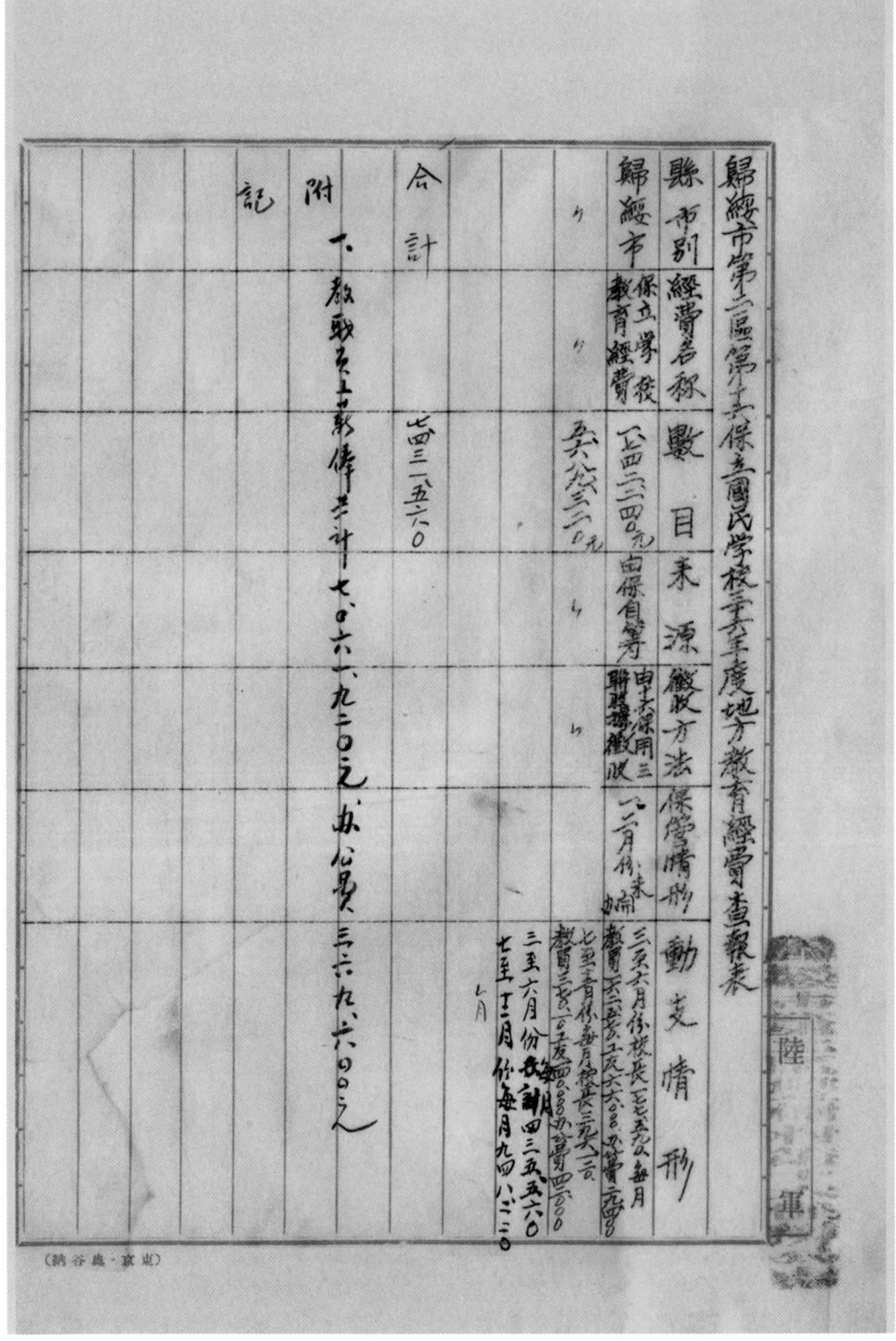

图 2-2-10　归绥市第二区公所第十六保立国民学校三十六年度地方教育经费查报表

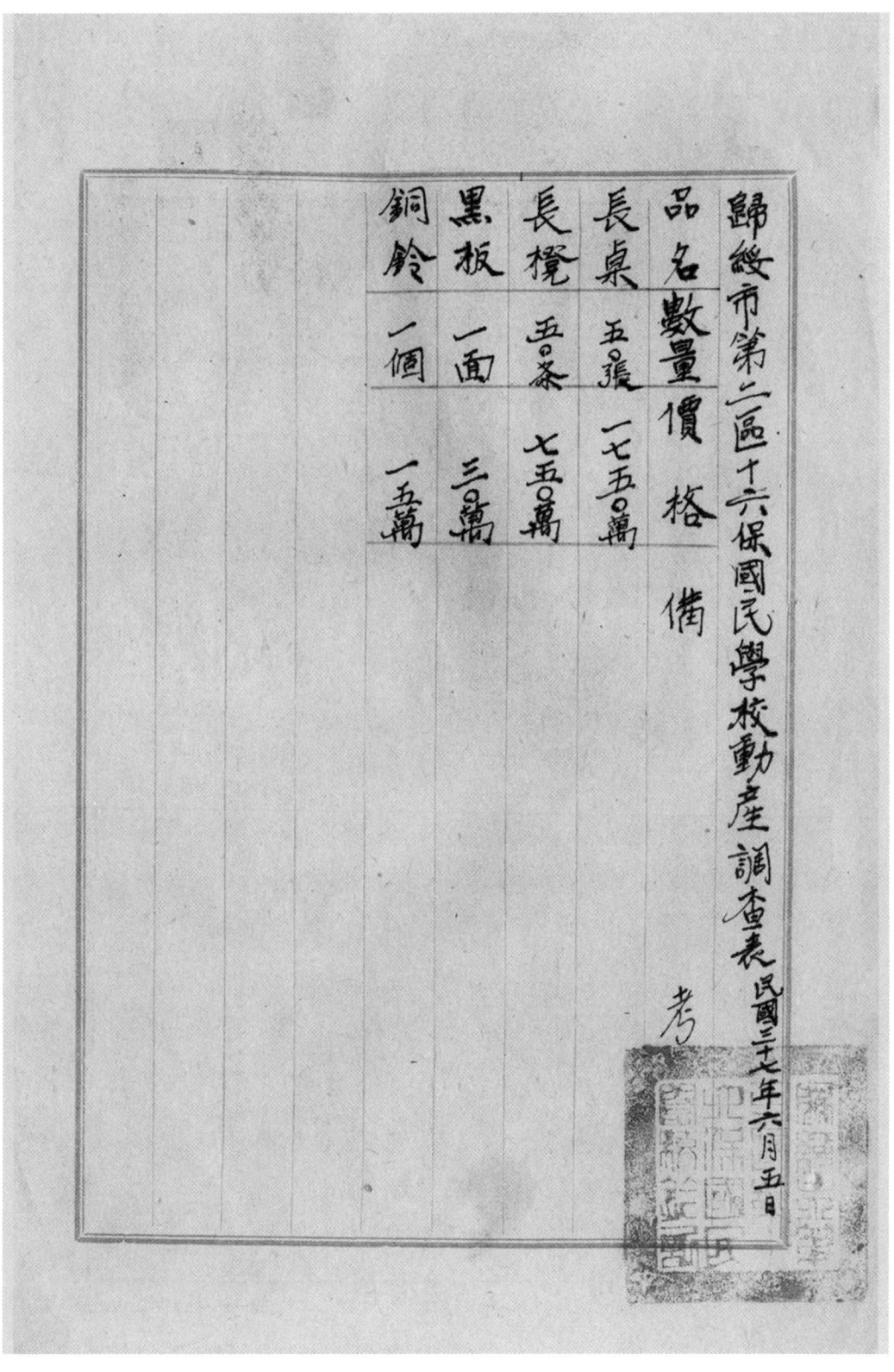

图 2-2-11　归绥市第二区公所十六保国民学校动产调查表（1948 年 6 月 5 日）

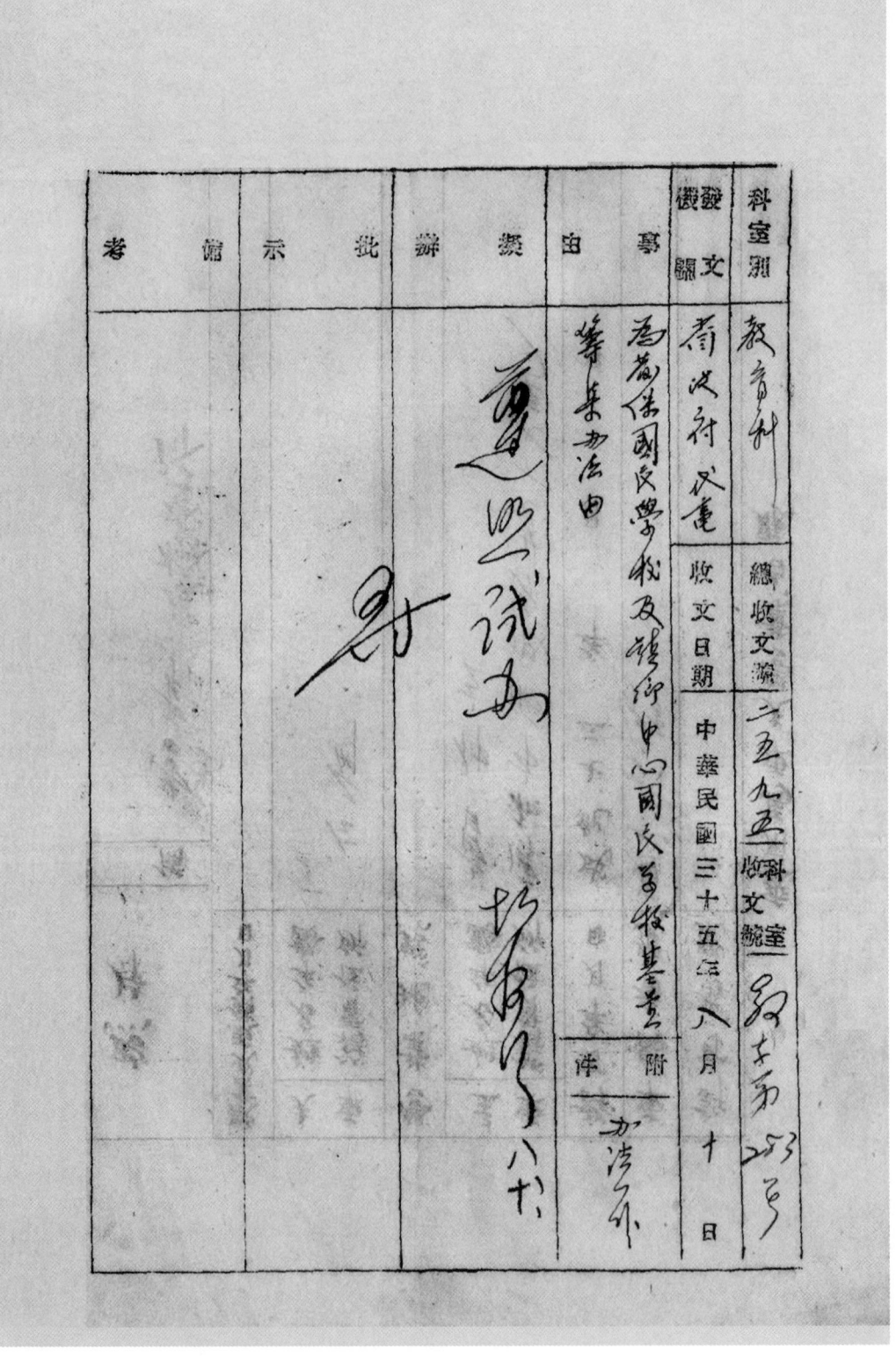

图 2-2-12　绥远省政府为抄发保国民学校及乡镇中心国民学校基金筹集办法给归绥市政府代电（1946年8月9日）（一）

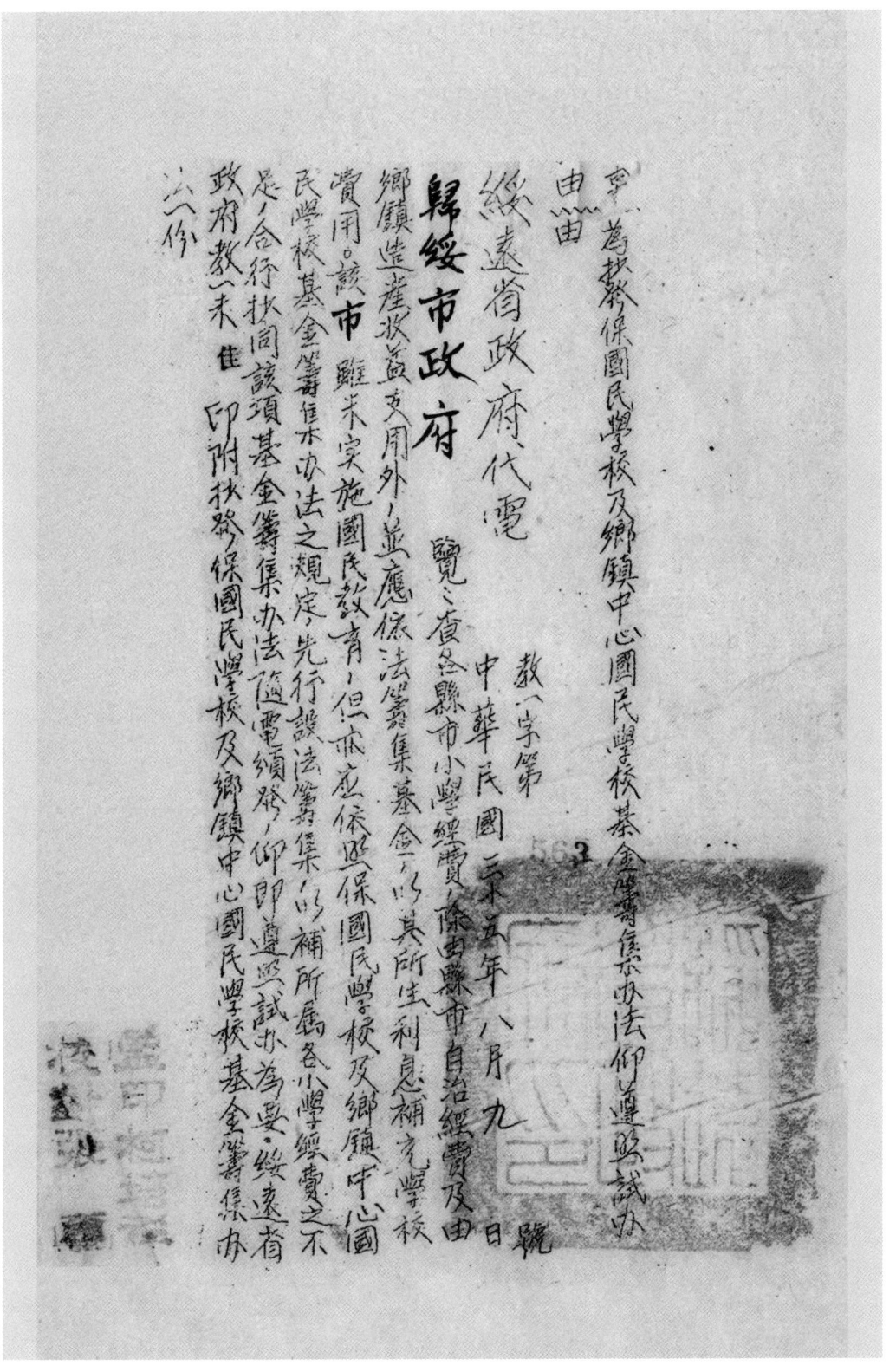

图 2-2-12　绥远省政府为抄发保国民学校及乡镇中心国民学校基金筹集办法给归绥市政府代电（1946 年 8 月 9 日）（二）

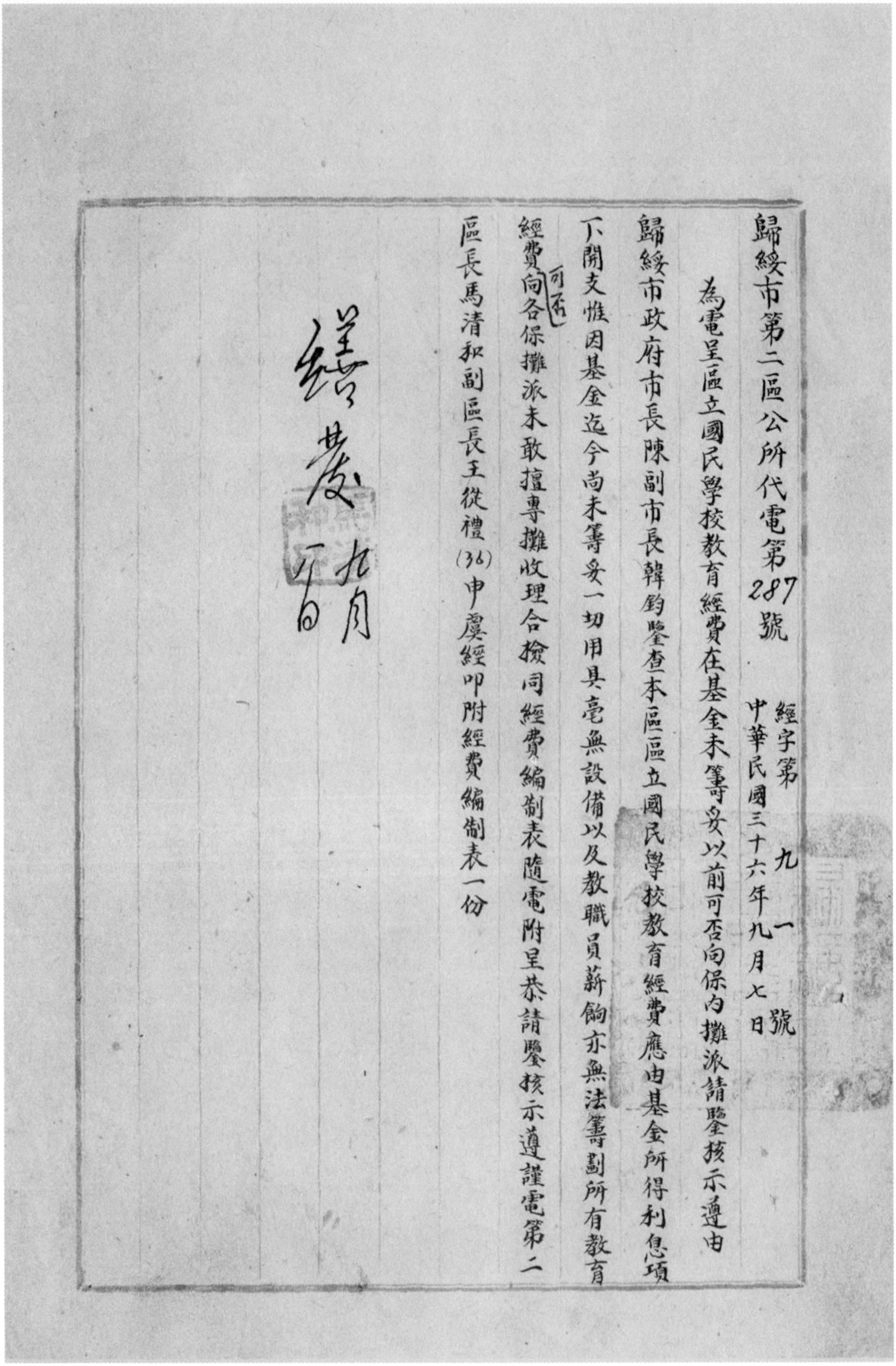

归绥市第二区公所代电第287号

经字第九一号 中华民国三十六年九月七日

为电呈区立国民学校教育经费在基金未筹妥以前可否向保内摊派请鉴核示遵由

归绥市政府市长陈副市长韩钧鉴查本区区立国民学校教育经费应由基金所得利息项下开支惟因基金迄今尚未筹妥一切用具毫无设备以及教职员薪饷亦无法筹副所有教育经费向各保摊派未敢擅专摊收理合检同经费编制表随电附呈恭请鉴核示遵谨电第二区长马清和副区长王从礼(36)申虞经叩附经费编制表一份

经费 九月 日

图 2-2-13 归绥市第二区公所为区立国民学校教育经费在基金未筹妥以前可否向保内摊派致归绥市政府代电（1947年9月7日）（一）

归绥市第二区立国民学校卅六年度人员经费编制表 民国三十六年九月七日

职别	任别	级别	员额	月支俸额	计额	计备	敬
校长		一	一二〇	一二〇			
级任教员		二	一〇〇	二〇〇			
科任教员		一	九〇	九〇			
公役		一	三〇	三〇			
办公费			五八八〇〇	五八八〇〇	以三五学级计算		
煤炭费			五一二〇〇	五一二〇〇			
房租			九〇〇〇〇	九〇〇〇〇			
合计				二〇〇三四〇			

附记
一、待遇应比照市级办公待遇，基数二四〇、〇〇〇元，倍数一、三〇〇倍
二、公役以基数六折计算
三、校长三九六、〇〇〇元 级任教员二名计七四〇、〇〇〇元 科任教员一名计三五七、〇〇〇元 工友一四四、〇〇〇元 煤炭费五三二〇〇元 公费五八、八〇〇元 房租九〇、〇〇〇元 共计一、八三七、〇八〇元 全年二二、〇四四、〇〇〇元

图 2-2-13 归绥市第二区公所为区立国民学校教育经费在基金未筹妥以前可否向保内摊派致归绥市政府代电（1947年9月7日）（二）

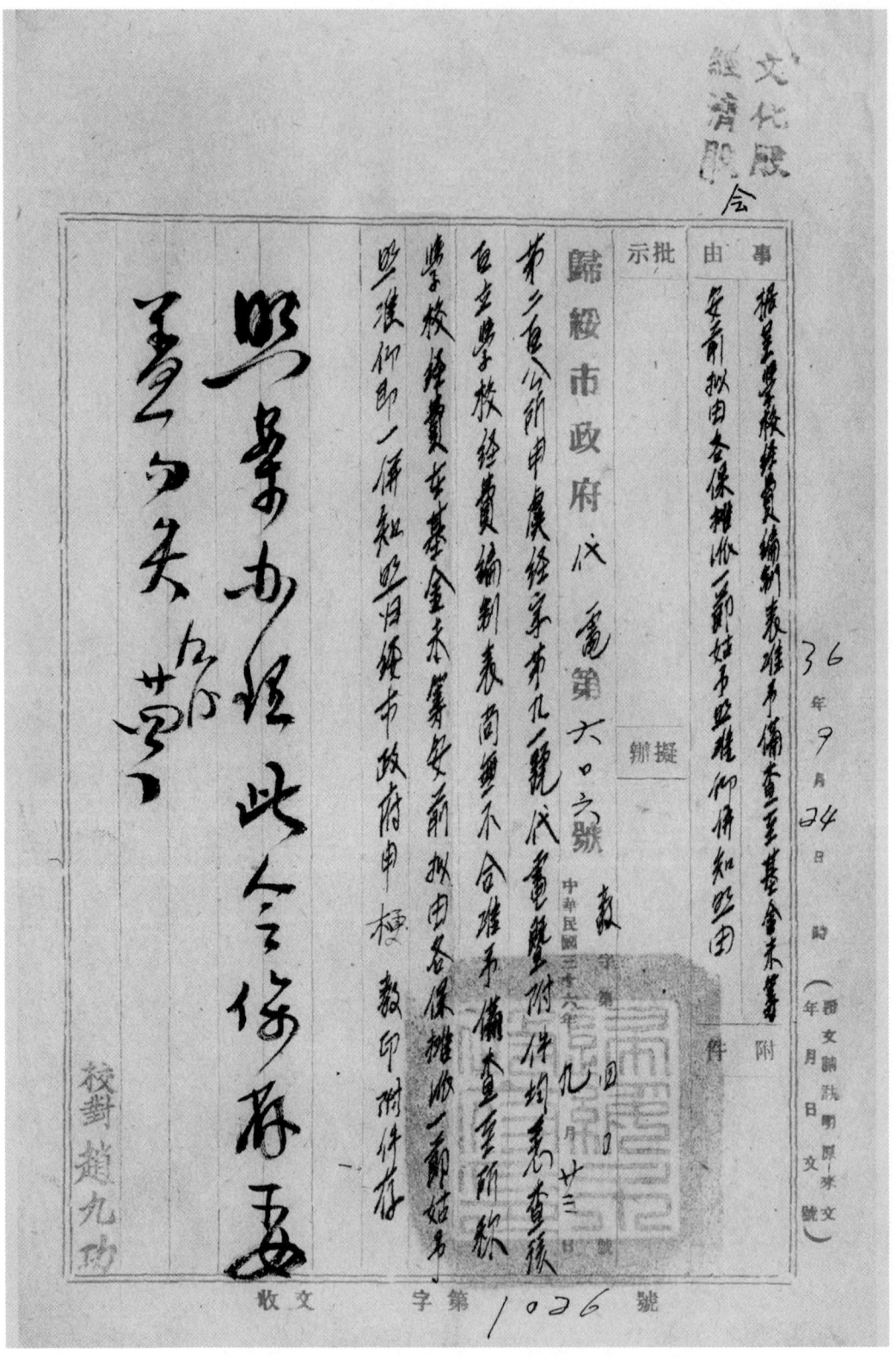

图 2-2-14　归绥市政府为学校经费编制表准予备查及准予基金未筹妥前由各保摊派致第二区公所代电（1947年9月23日）

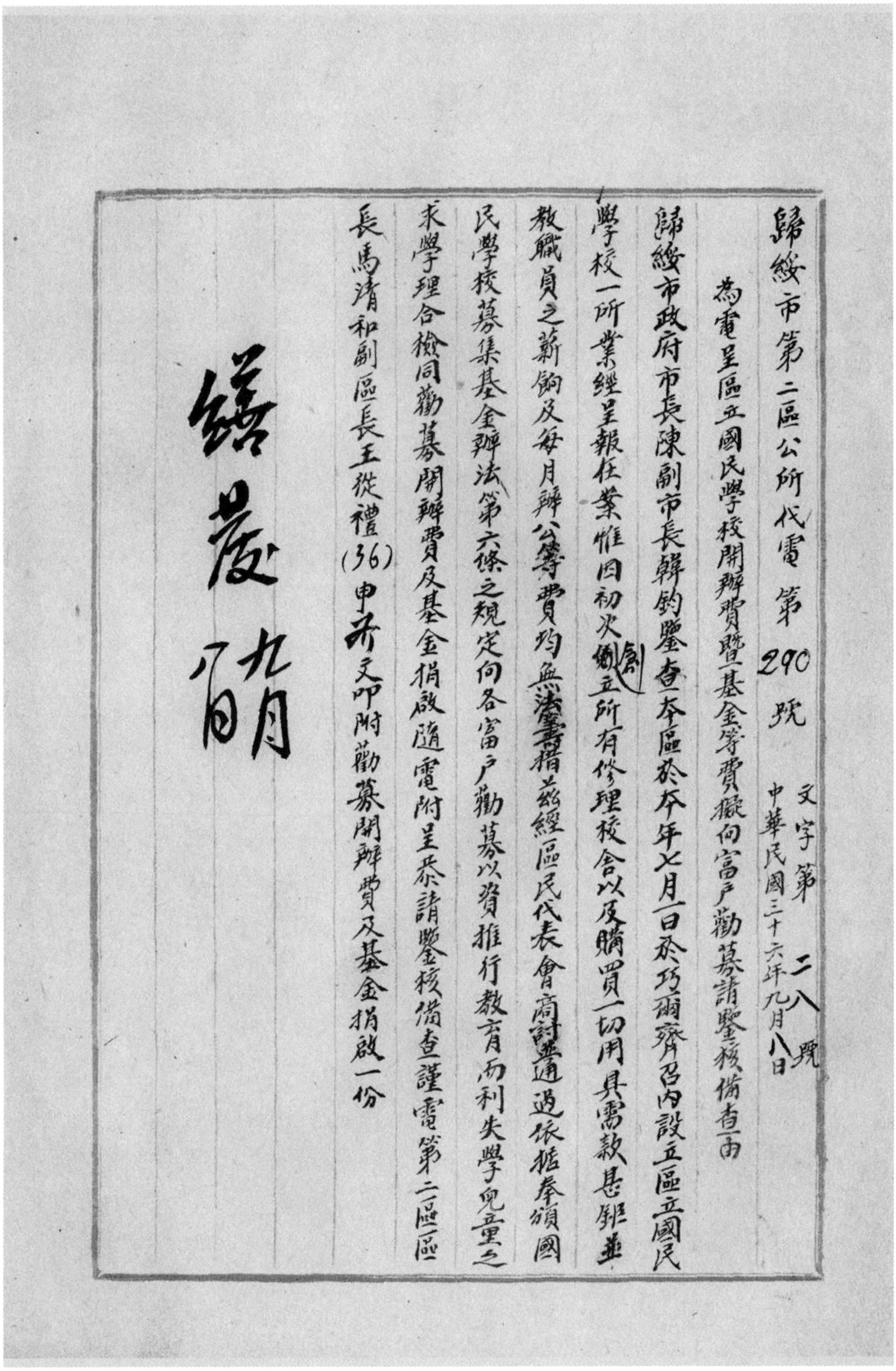

归绥市第二区公所代电 第290号 文字第二八号

中华民国三十六年九月八日

为电呈区立国民学校开办费暨基金等费拟向富户劝募请鉴核备查而

归绥市政府市长陈副市长韩钧鉴查本区於本年七月一日於巧尔齐召内设立区立国民学校一所业经呈报在案惟因初次创立所有修理校舍以及购买一切用具需款甚鉅兼教职员之薪饷及每月办公等费均无着落兹经区民代表会商讨议通过依据奉颁国民学校募集基金办法第六条之规定向各富户劝募以资推行教育而利失学儿童之求学理合检同劝募开办费及基金捐启随电附呈恭请鉴核备查谨电第二区区长马清和副区长王从礼（36）申齐文叩附劝募开办费及基金捐启一份

绥府九月

图 2-2-15 归绥市第二区公所为区立国民学校开办费暨基金等拟向富户劝募致归绥市政府代电（1947年9月8日）（一）

图 2-2-15　归绥市第二区公所为区立国民学校开办费暨基金等拟向富户劝募致归绥市政府代电（1947年9月8日）（二）

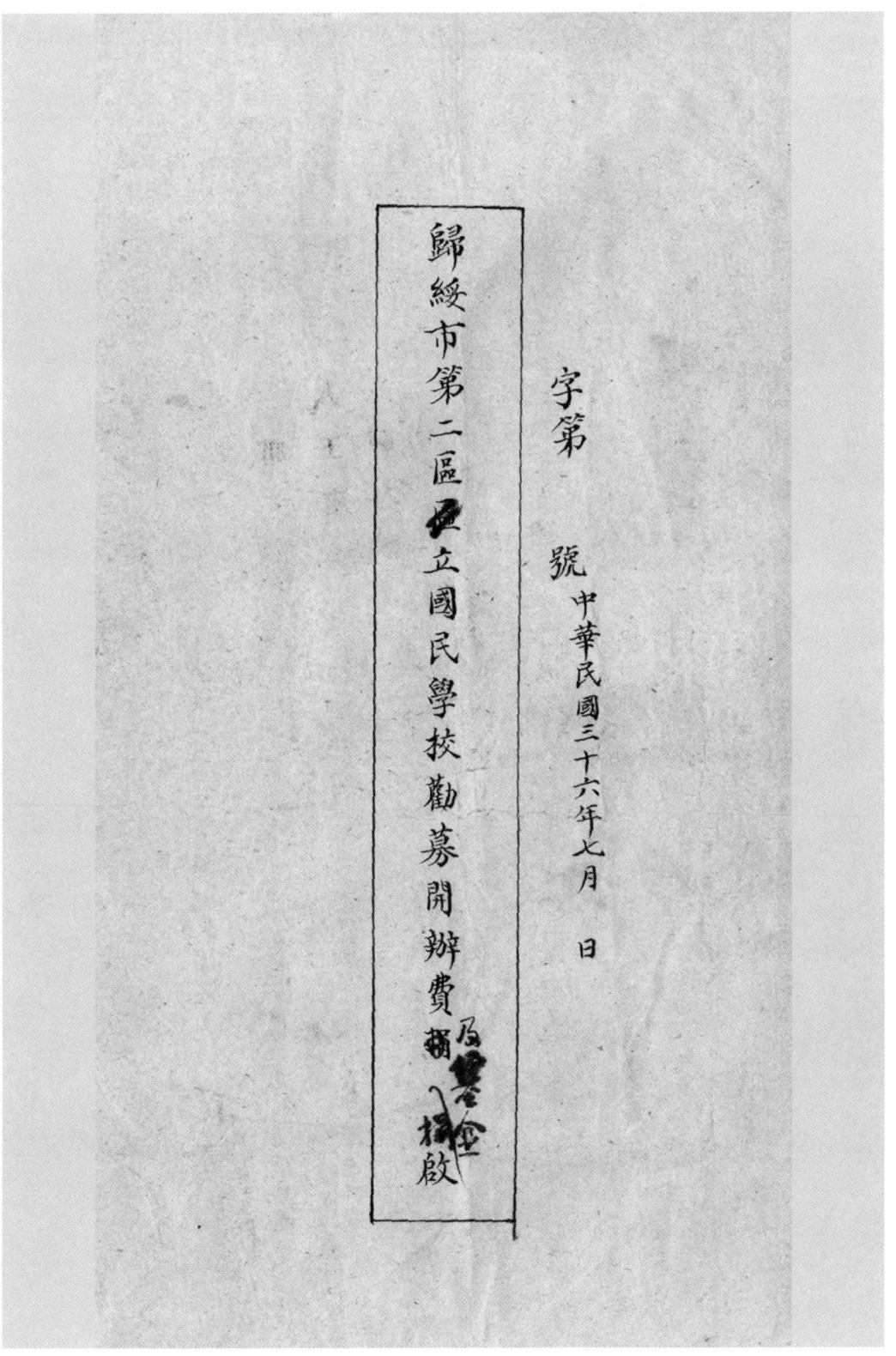

图 2-2-15 归绥市第二区公所为区立国民学校开办费暨基金等拟向富户劝募致归绥市政府代电（1947年9月8日）（三）

夫国之富强赖於教育之进展而教育之发达有赖於学校之设立故今日世界各国皆以兴办学校普及教育为当前之急务而我民国自肇建以来虽极力振兴教育创办学校而与其他各国相比相差甚钜致使一般聪颖儿童尽成盲童同人等有鉴及此自应设法兴学便利儿童之求学以期人材辈出服务社会爰集热心教育地方人士及社会贤达共同商讨拟在归绥市第二区巧尔齐召内设立区立国民学校一所惟因初次开办修理校舍以及购买桌凳等需款甚钜无法筹划同人等自揣力薄惟望社会贤达热心扶植教育者慨解义囊踊跃输将鼎力玉成共襄义举使一般天真儿童前来就学籍以日新月异迅速成以造成来日建国之中坚则学校幸甚地方更幸敢途乘章朱如蒙俯允请将台衔及助金若干详列於左

图 2-2-15 归绥市第二区公所为区立国民学校开办费暨基金等拟向富户劝募致归绥市政府代电（1947 年 9 月 8 日）（四）

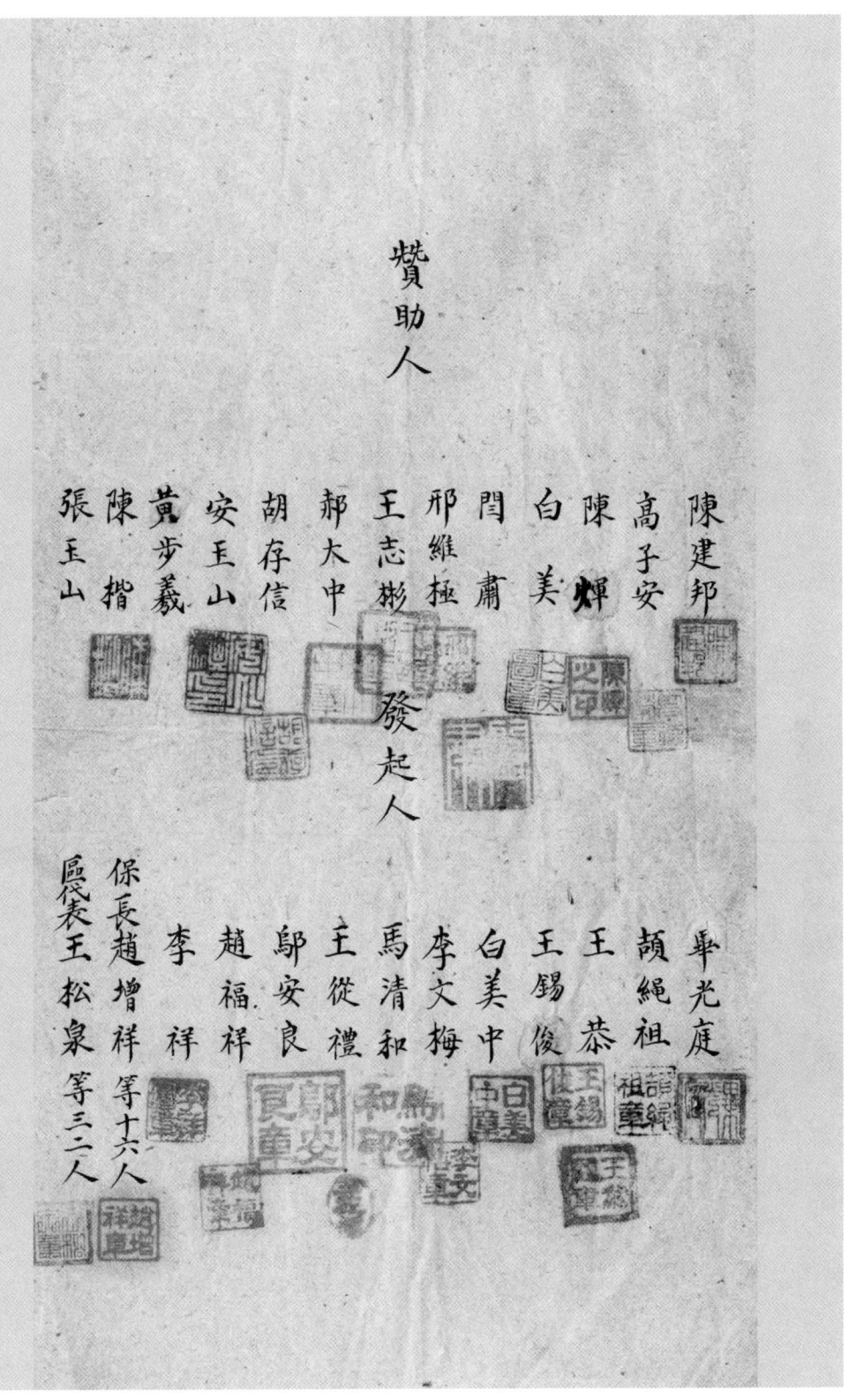

图 2-2-15　归绥市第二区公所为区立国民学校开办费暨基金等拟向富户劝募致归绥市政府代电（1947 年 9 月 8 日）（五）

归绥市第六区九保国民学校 财字第二号 中华民国三六年十月十五日

事由 为呈报敝校补助费现已支配完竣请核转备查两

市长陈 副市长韩钧鉴查本校承蒙

钧府见怜曾经发给补助费国币洋壹佰肆拾万圆整现在已经

将该款分配完竣除呈缴各项消费清单外並检同列表理合具文

一并呈报仰祈核转备查为荷 归绥市第六区九保国民学校校长吴

本謹再附送附支配消费表及各项单据一份

图 2-2-16 归绥市第六区第九保国民学校为补助费现已支配完竣致归绥市政府代电（1947年10月15日）（一）

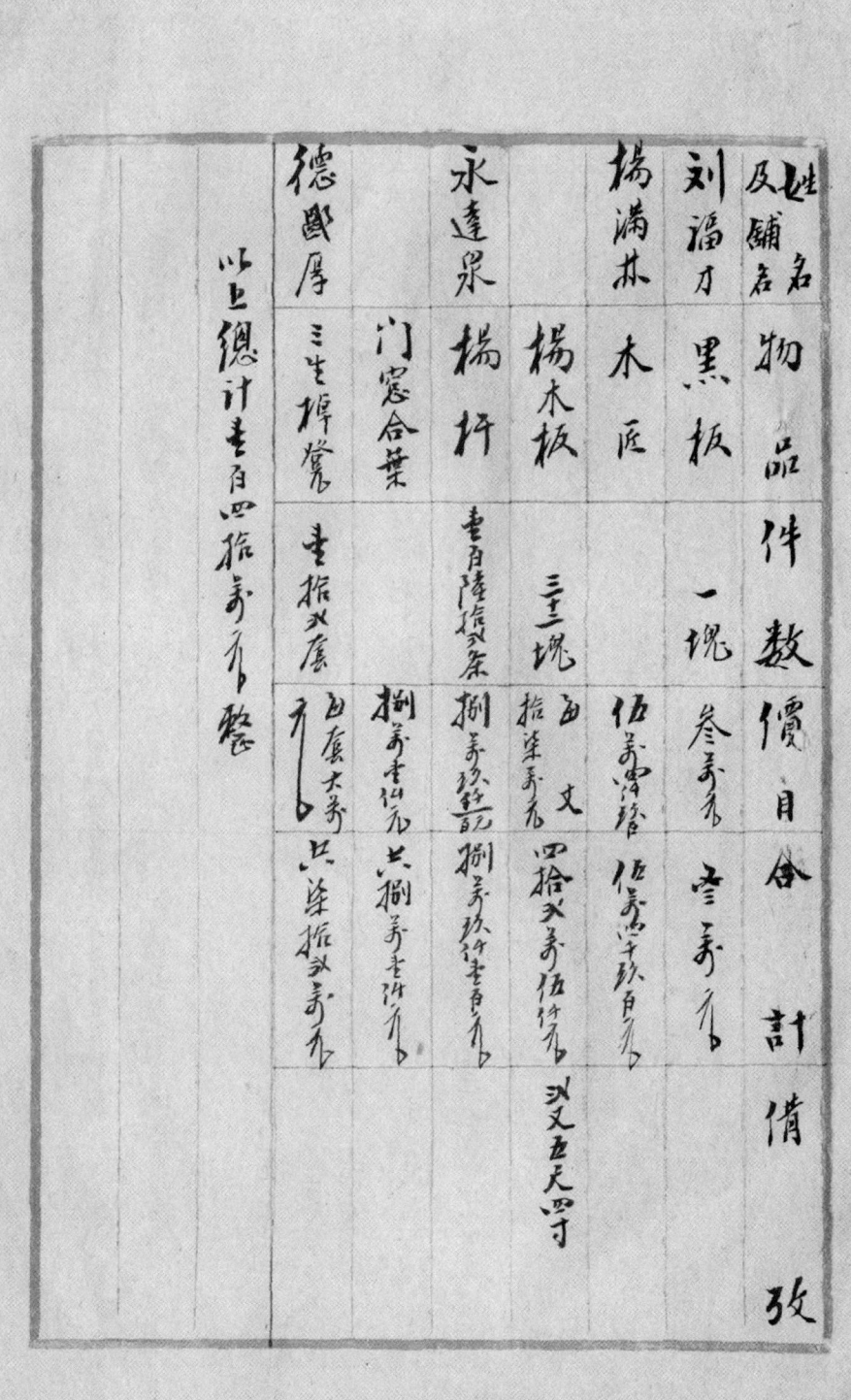

图 2-2-16 归绥市第六区第九保国民学校为补助费现已支配完竣致归绥市政府代电（1947年10月15日）（二）

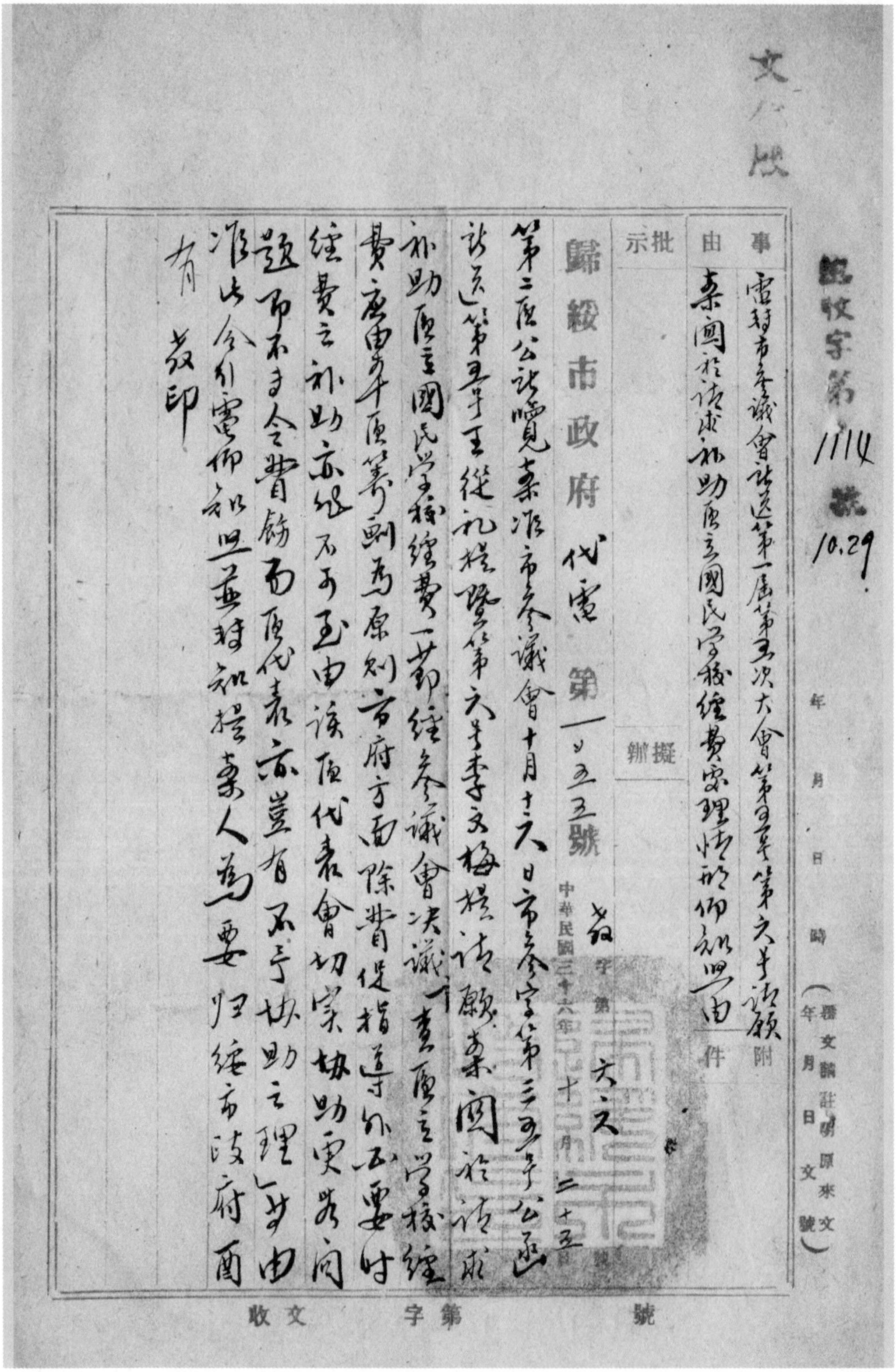

归绥市政府代电 第135号

事由：奉闻拟请求补助区立国民学校经费案理情形仰祈鉴由

第二区公所：兹奉准市参议会十月十八日市参字第三三号公函送第三届第三学年李文梅提请愿案"区立国民学校经费请补助原则：国民学校经费一节经参议会决议一、责成区立学校经费应由区筹办为原则，方府方面除酌予指导奖励外不要补助原则言之补助亦绝不可至由该会切实协助原则言之经费之补助亦绝不可至由该会切实协助妥为协商解决，而原代表席。不可字令，协助妥理，由准此合令电仰知照，并转知该原呈人为要，归绥市政府有敬印

图 2-2-17 归绥市政府为转市参议会请愿案关于请求补助区立国民学校经费处理情形给第二区公所代电（1947年10月25日）

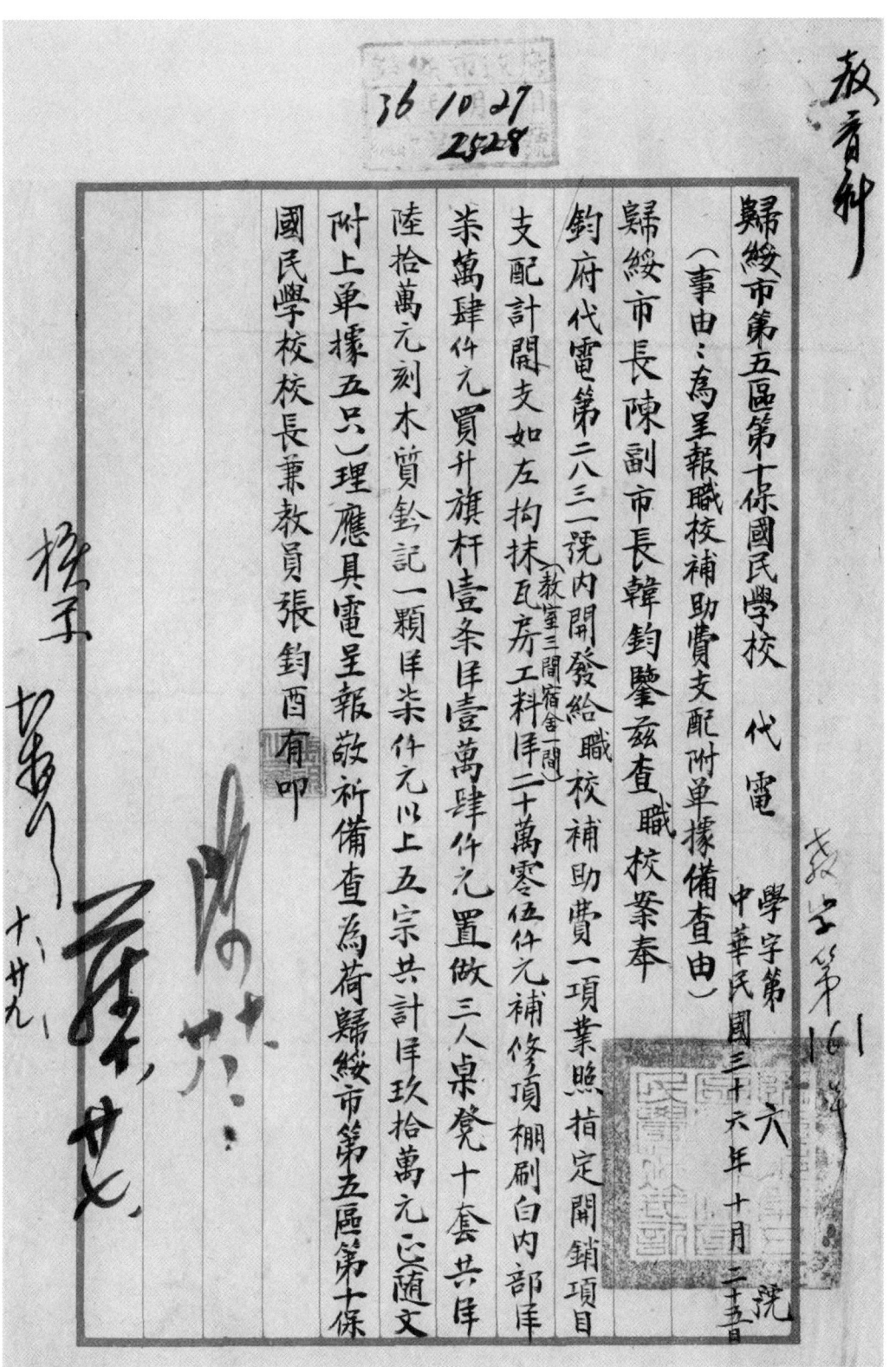

图 2-2-18 归绥市第五区第十保国民学校为呈报补助费开支情形致归绥市政府代电（附单据）（节选）（1947年10月25日）（一）

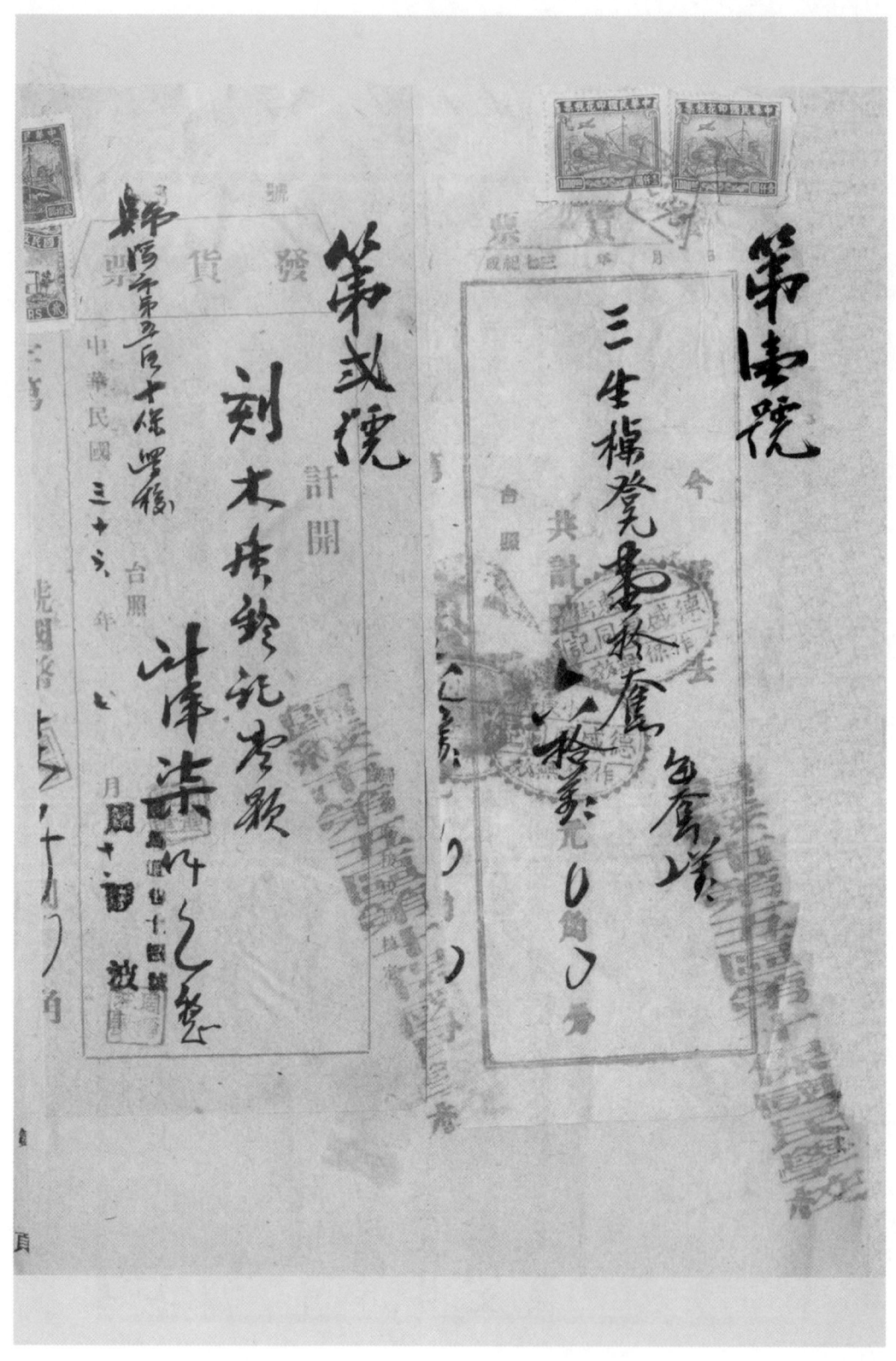

图 2-2-18　归绥市第五区第十保国民学校为呈报补助费开支情形致归绥市政府代电（附单据）（节选）（1947年10月25日）（二）

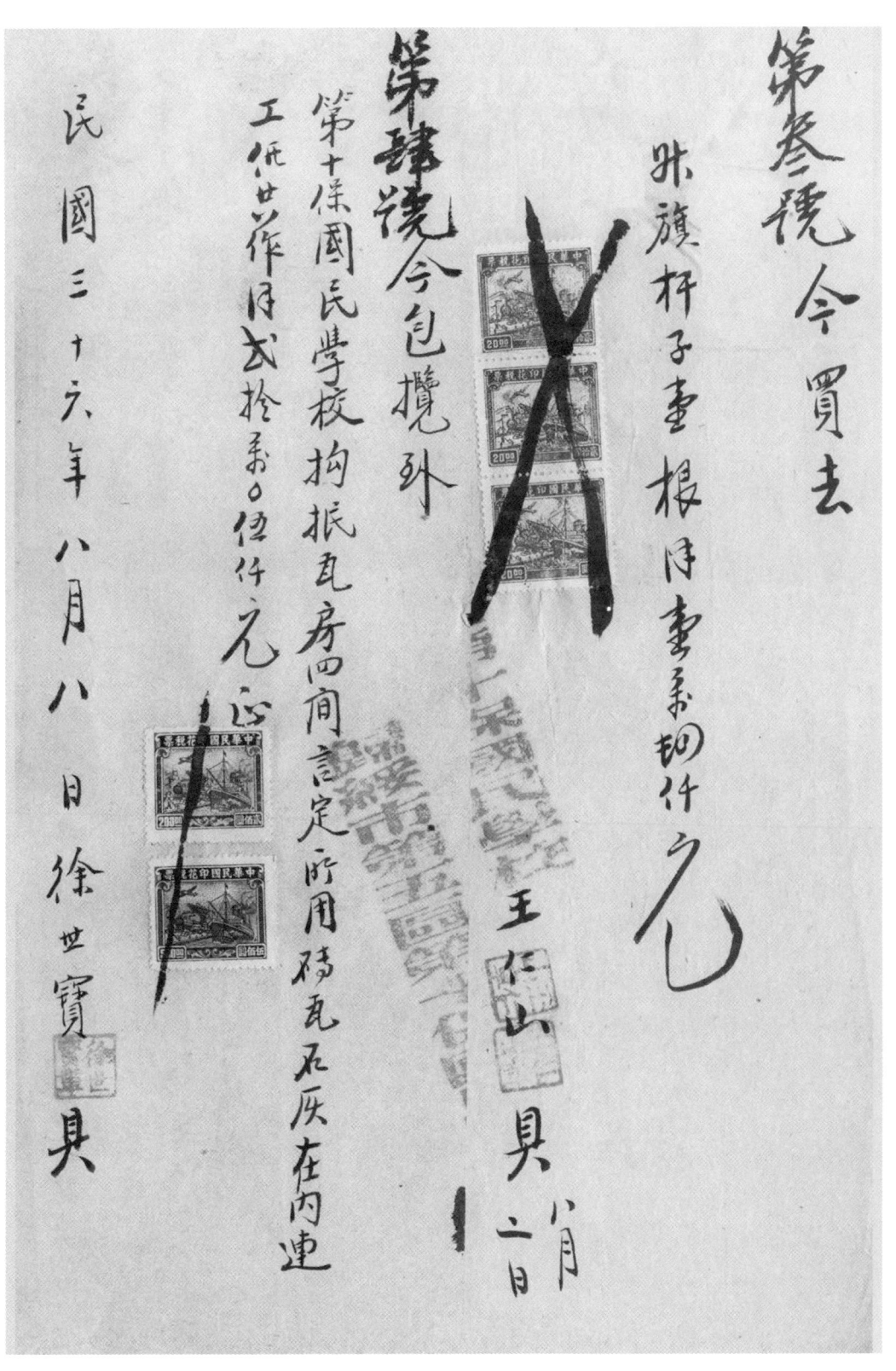

图 2-2-18 归绥市第五区第十保国民学校为呈报补助费开支情形致归绥市政府代电（附单据）（节选）（1947年10月25日）（三）

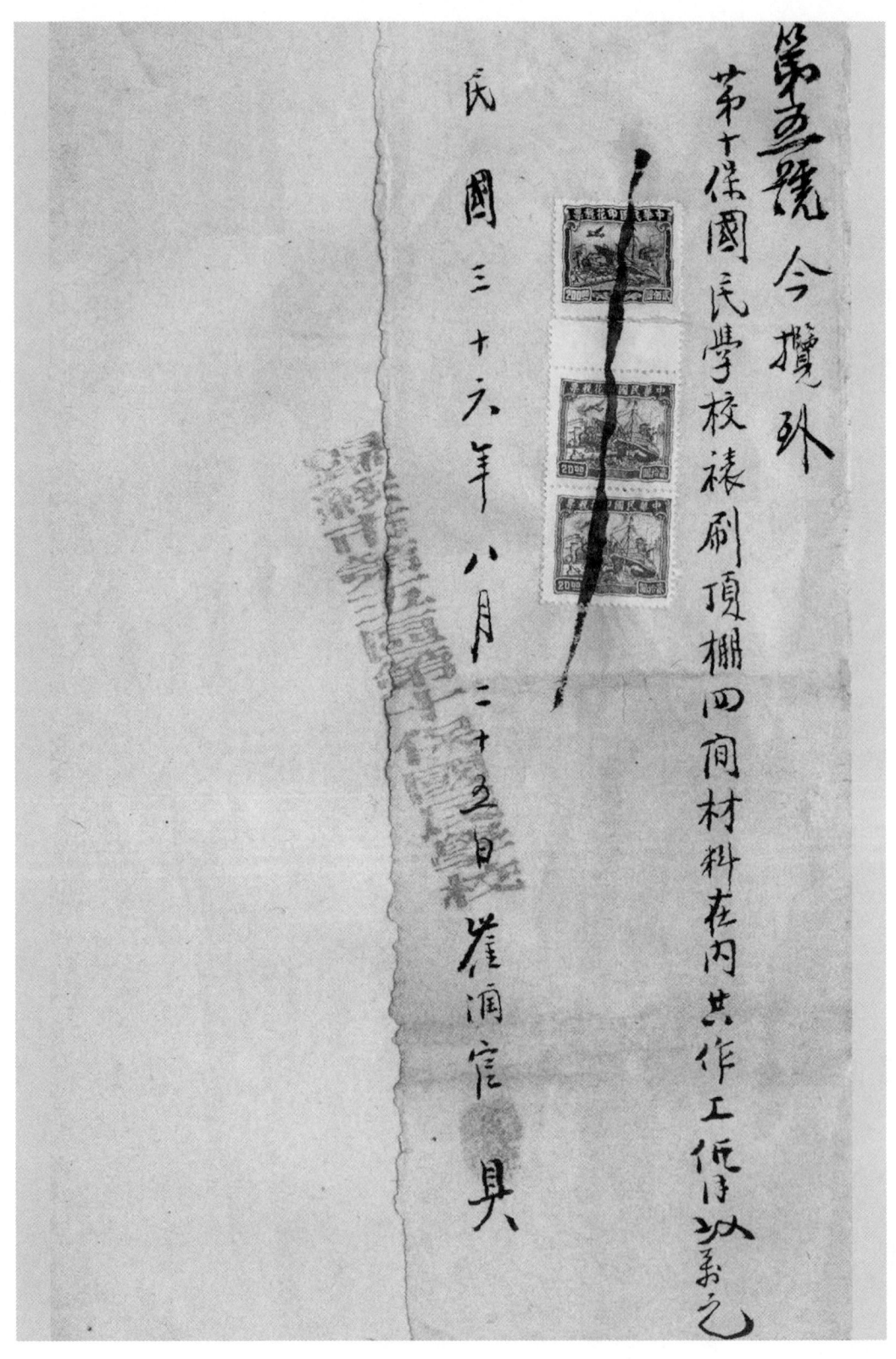

图 2-2-18 归绥市第五区第十保国民学校为呈报补助费开支情形致归绥市政府代电（附单据）（节选）（1947 年 10 月 25 日）（四）

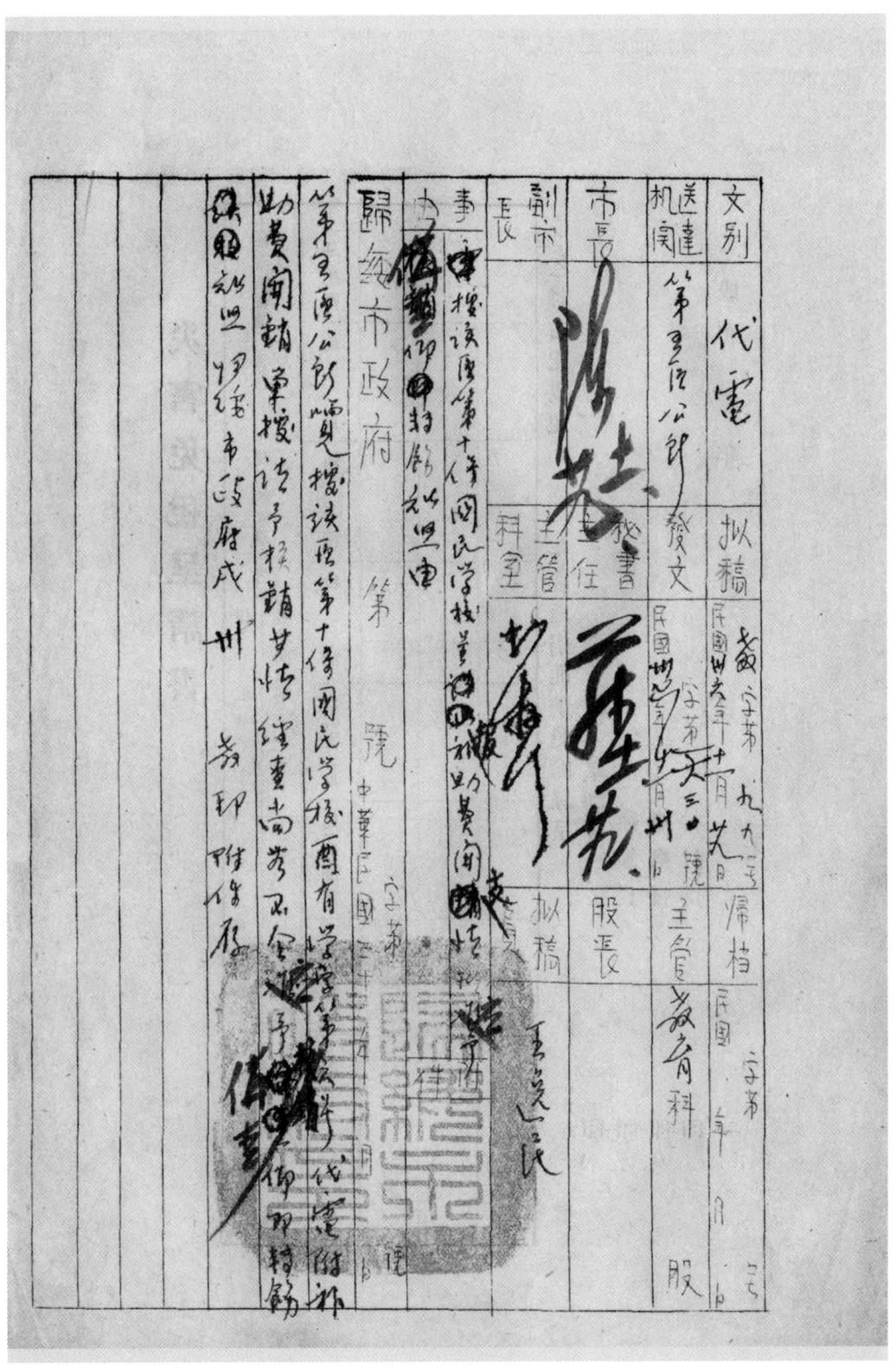

图 2-2-19　归绥市政府为第十保国民学校补助费开支情形应予备查给第五区公所代电（1947年11月30日）

# 三　教务工作

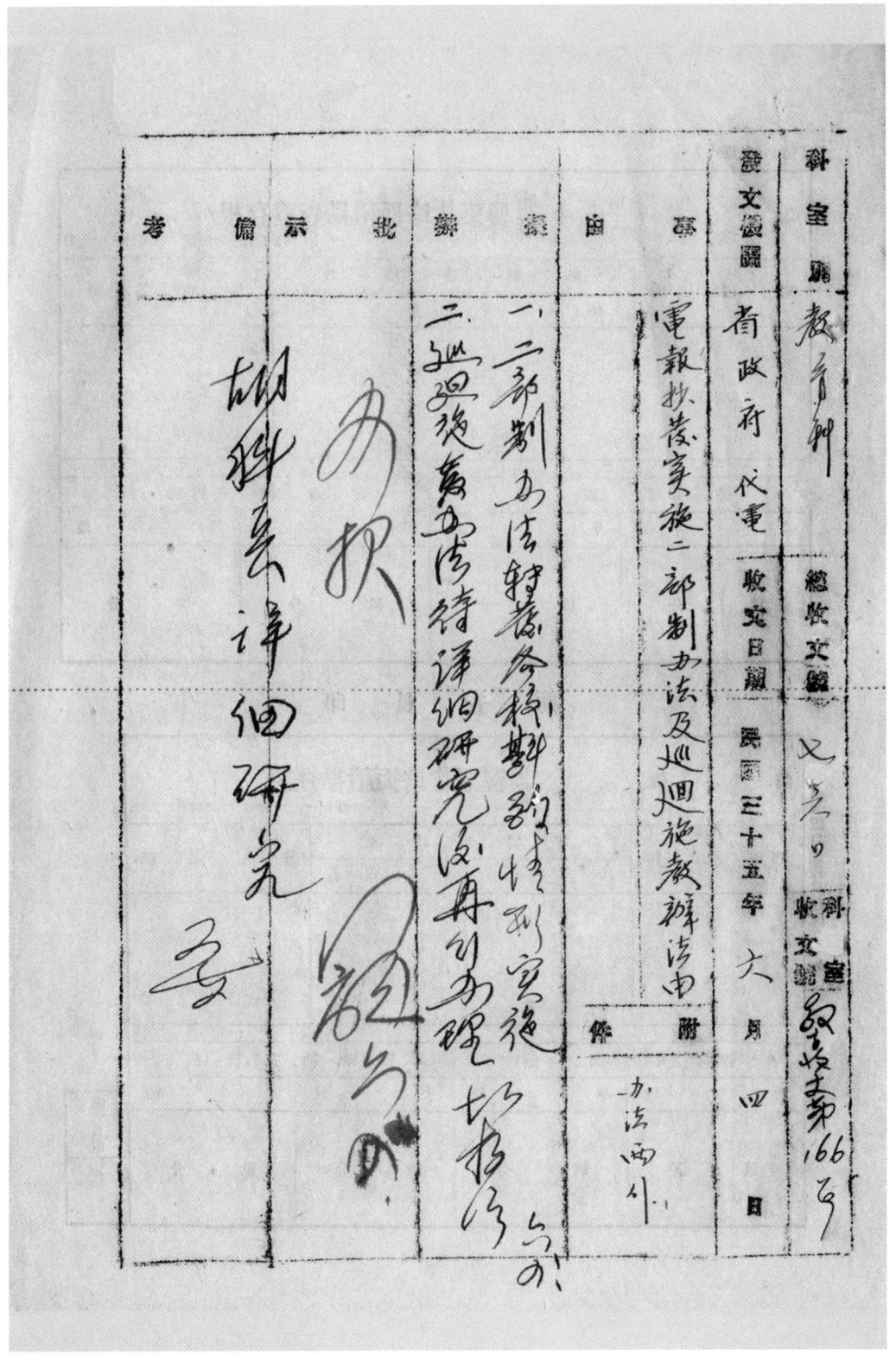

图 2-3-1　绥远省政府为抄发实施二部制办法及巡回施教办法给归绥市政府代电（1946年6月3日）（一）

图 2-3-1 绥远省政府为抄发实施二部制办法及巡回施教办法给归绥市政府代电（1946年6月3日）（二）

實施二部制辦法

教育部第一〇〇一七號部令公布(三六、六、一)

第一條 本辦法根據實施義務教育暫行辦法大綱第五條第三項及施行細則第十條第一項第十三條第二項之規定訂定之

第二條 凡人口較為密集之區域所有短期小學簡易小學及普通小學低年級不能容納就學兒童時以採用二部編制為原則

第三條 二部制分左列各種由各校視學校及地方情形分別採用

（一）全日二部制 以二教室同時容納兩班同程度或異程度之兒童由教員往來復施教教室最好兩室相連或作日字中間闢門以便教員往來兒童隔室相向或作尺形橫豎交叉實不敷板壁牆闢斜置黑板教員在同一位置可照料左右二教室

（二）全日一教室間時二部制 以一教室及（其他場所如運動場園地圖書室禮堂等）同時交替入教室由（教員）施教其不直接受教之兒童由導生領導自習或作其他活動

（三）半日二部制 以（教室容納兩班兒童分上下午教學由一教員施教是項二部制分左列兩式
甲、兒童全日在校者半日在教室學習半日由導生領導在其他所自由作業或活動
乙、兒童半日在校者離校之半日由教員支配課外作業令兒童自習

（四）全日半日混合二部制 以二教室容納兩班或三班之教學時間須交互配半日班授課時全日班應支配自習或課外作業

图 2-3-1 绥远省政府为抄发实施二部制办法及巡回施教办法给归绥市政府代电（1946年6月3日）（三）

(五)間日二部制 以一教室容納兩班兒童間日輪流施教不直接施教之一班應支配自習或課外作業

二部制之教室形狀及教學期間支配情形另附圖例

第四條 小學兒童數超過一級以上而校舍設備敷用者宜採用全日六部制兒童因交通或家庭關係不能全日到校舍設備不敷用者宜採用全日半日混合二部制員教學上其兒童學習上尚特殊需要者可採用全日半日混合二部制

第五條 便於共同教學之科目應儘量將兩班兒童施合併教學

第六條 簡易小學及普通小學均實施二部制約每級八十人每班五十人為原則為原則短期小學實施二部制約署每級一百人每班五十人為原則

第七條 擇此戰時二部制教學之教員除應具規定資格外並須遴選教學成績比較優良者充任之其待遇應酌量提高

第八條 教員應於每班中選一年長優秀之兒童予以相當訓練俾成導生在自習或課外活動時負領導及維持秩序之責

第九條 施行二部制之學校其辦公費得酌量增加

第十條 各地方之中心小學實驗小學應切實施行二部制隨時導施行機案

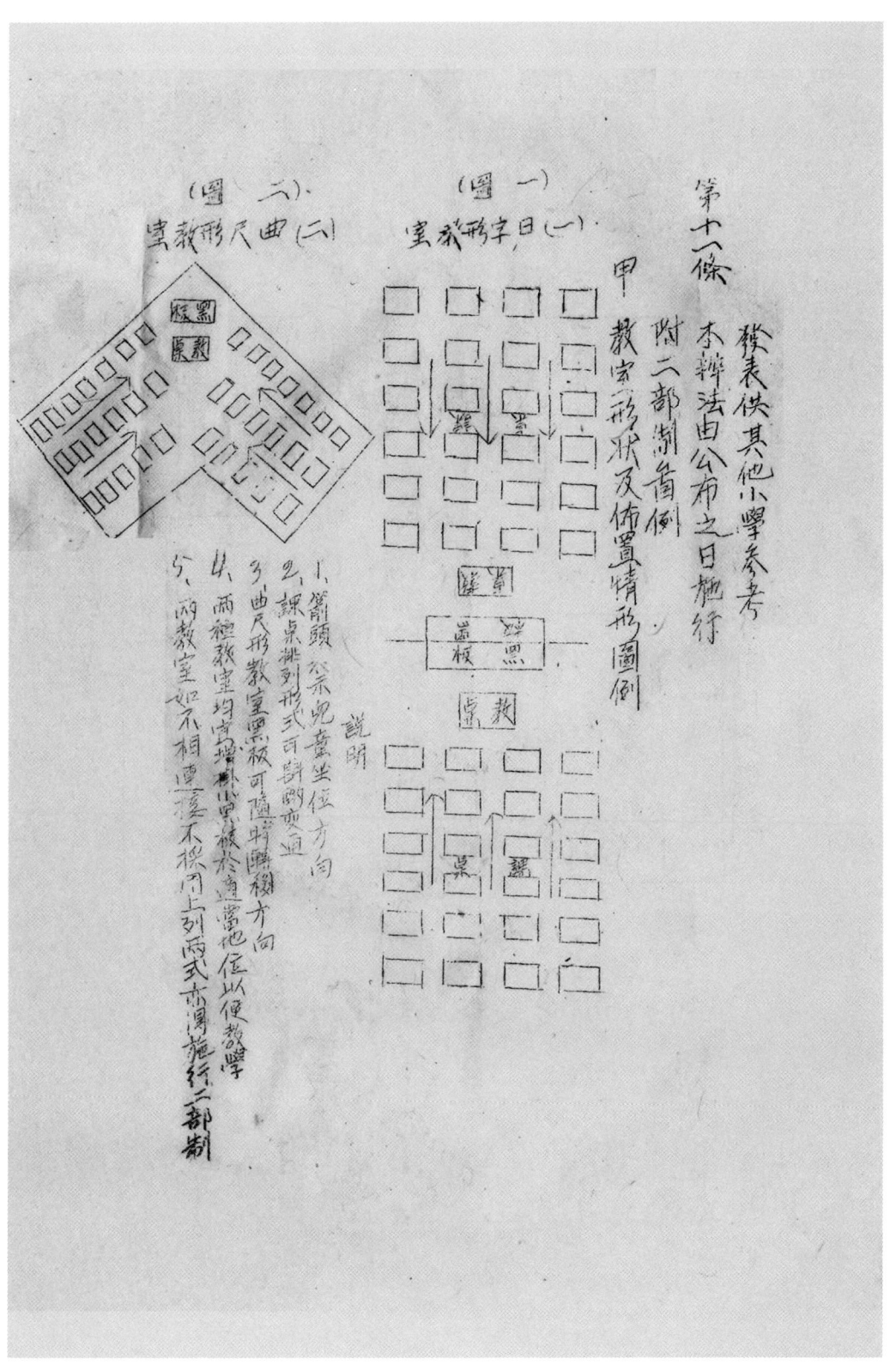

图 2-3-1　绥远省政府为抄发实施二部制办法及巡回施教办法给归绥市政府代电（1946年6月3日）（五）

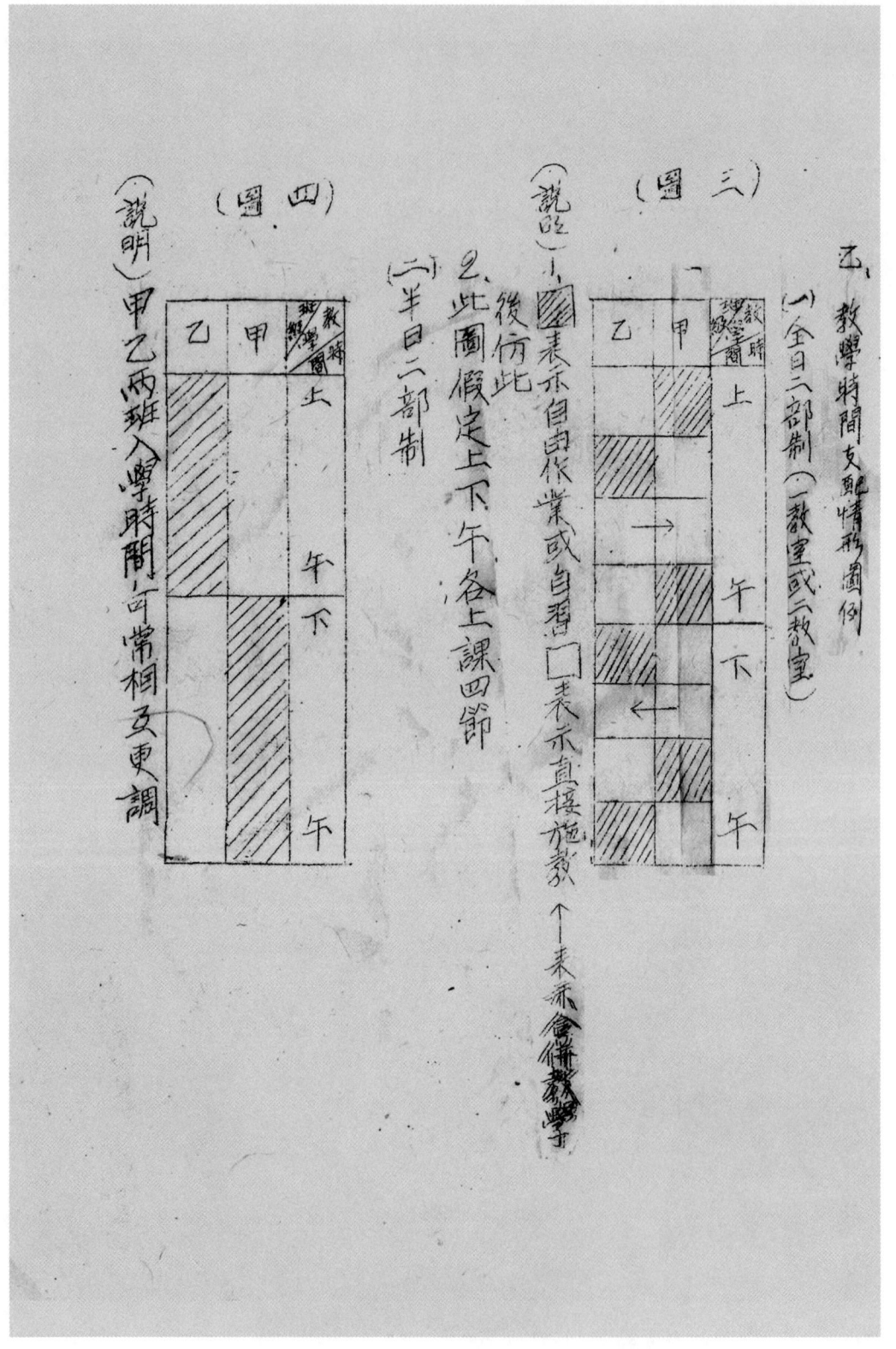

图 2-3-1 绥远省政府为抄发实施二部制办法及巡回施教办法给归绥市政府代电（1946年6月3日）（六）

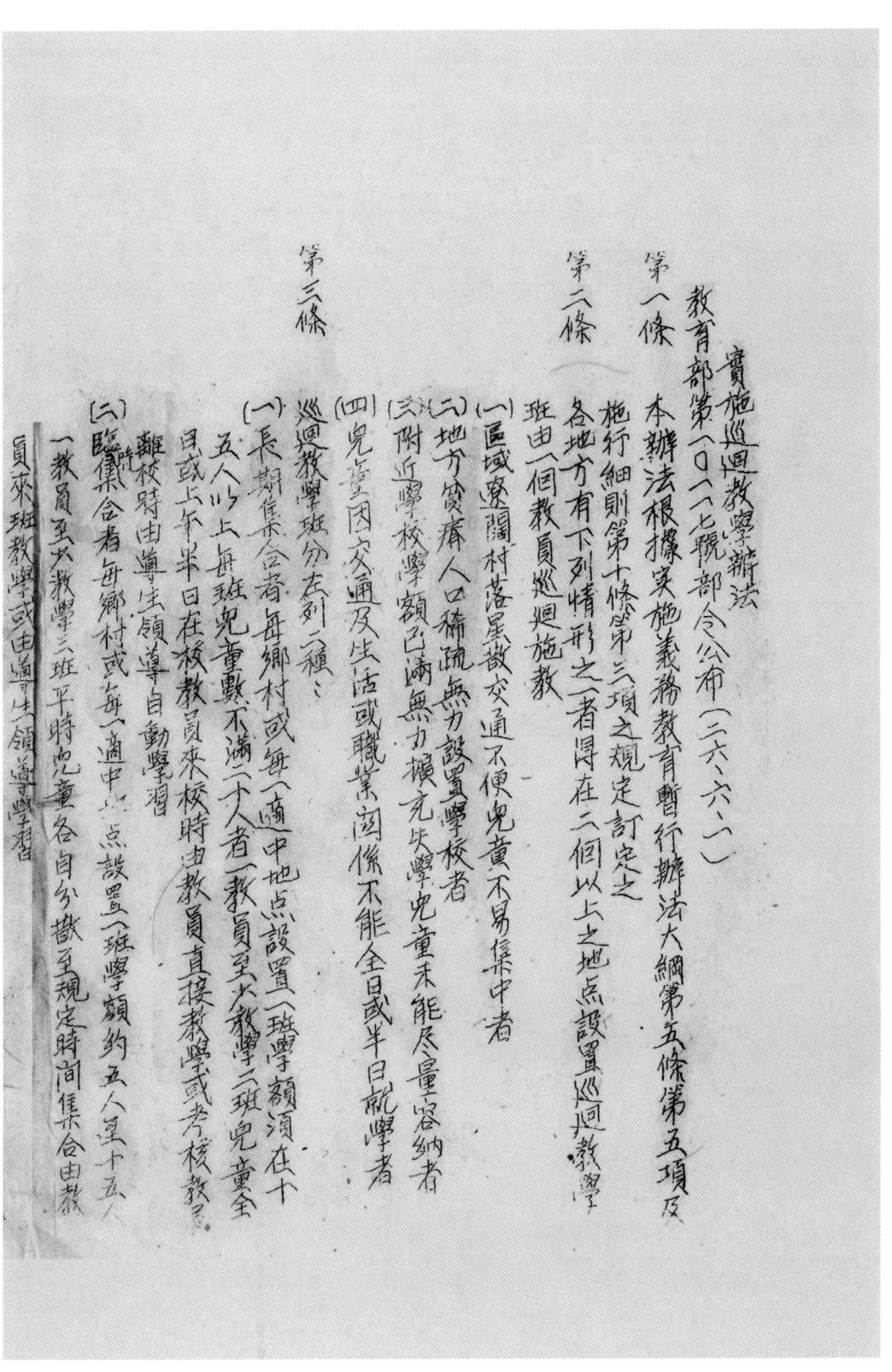

实施巡回教学办法

教育部第(〇一七号)部令公布（三六、六、一）

第一条　本办法根据实施义务教育暂行办法大纲第五条第五项及施行细则第十条第六项之规定订定之

第二条　各地方有下列情形之一者得在二个以上之地点设置巡回教学班由一个教员巡回施教

（一）区域辽阔村落星散交通不便儿童不易集中者

（二）地方笺寥人口稀疏无力设置学校者

（三）附近学校学额已满无力扩充学童未能尽量容纳者

（四）儿童因交通及生活或职业关系不能全日或半日就学者

第三条　巡回教学班分左列二种：

（一）长期集合者每乡村或每一适中地点设置（班学额约五人以上每班儿童数不满二十人者）一教员至大教学二班儿童全日或上午半日在校教员来校时由教员直接教学或考核教员来班教学或由导生领导学习

（二）临时集合者每乡村或每一适中地点设置（班学额约五人至十五人）一教员至大教学三班平时儿童各自分散至规定时间集合由教员来班教学或由导生领导学习

图 2-3-1　绥远省政府为抄发实施二部制办法及巡回施教办法给归绥市政府代电（1946年6月3日）（七）

第四條 實施巡迴教學應先調查當地情形及設班地點並確定設班辦法及施教時間與次數

第五條 巡迴教學以每班每日均得巡迴施教一次為原則但得視當地情形採用閒日巡迴施教制其每班施教時間之長短視路途遠近及班數多寡酌定之

第六條 實施巡迴教學區域內之學董助理學董保甲長國勢教育之人士均應協助巡迴教員籌借公共房屋或民房為設班處所

第七條 巡迴教學班之課程以依照短期小學班課程辦理為原則但得視地方需要參照普通初級小學課程辦理

第八條 巡迴教學班之桌椅等設備以由兒童家庭各自借出或借用公共原有物件為原則不拘形式必要時得採用巡迴教學車或教育箱等工具

第九條 巡迴教學班之教員應遴選教學成績比較優良者充任之於實施巡迴教學班並於以相當訓練

第十條 巡迴教學班應各訓練年長優秀學生為導生於教員不出席時領導兒童自習并協助教員處理教學及訓育上之事務

图 2-3-1　绥远省政府为抄发实施二部制办法及巡回施教办法给归绥市政府代电（1946年6月3日）（八）

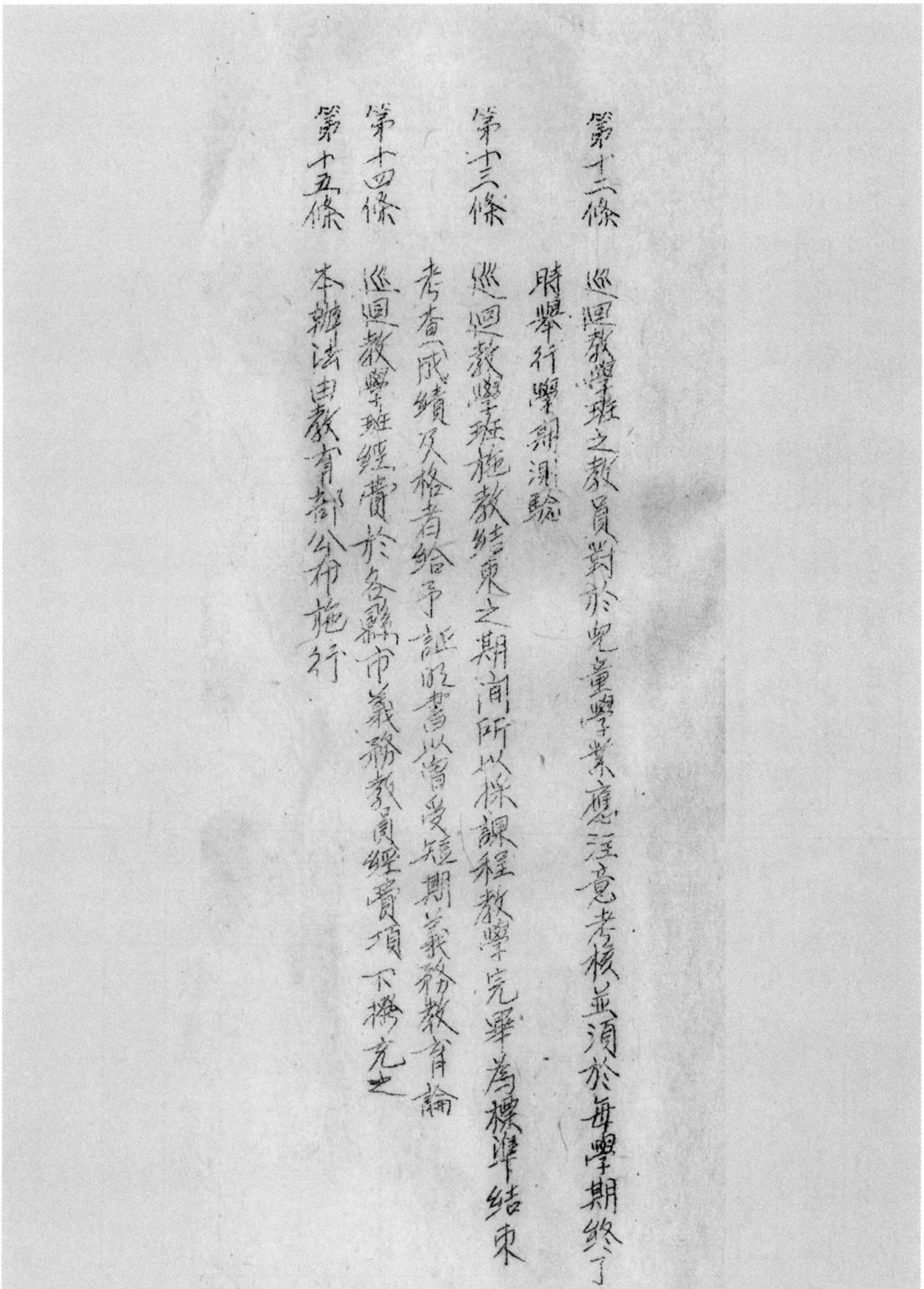

第十二條　巡迴教學班之教員對於兒童學業應注意考核並須於每學期終了時舉行學期測驗

第十三條　巡迴教學班施教結束之期間所以採課程教學完畢為標準結束考查成績及格者給予證明書以曾受短期義務教育論

第十四條　巡迴教學班經費於各縣市義務教育員經費項下撥充之

第十五條　本辦法由教育部公布施行

图 2-3-1　绥远省政府为抄发实施二部制办法及巡回施教办法给归绥市政府代电（1946年6月3日）（九）

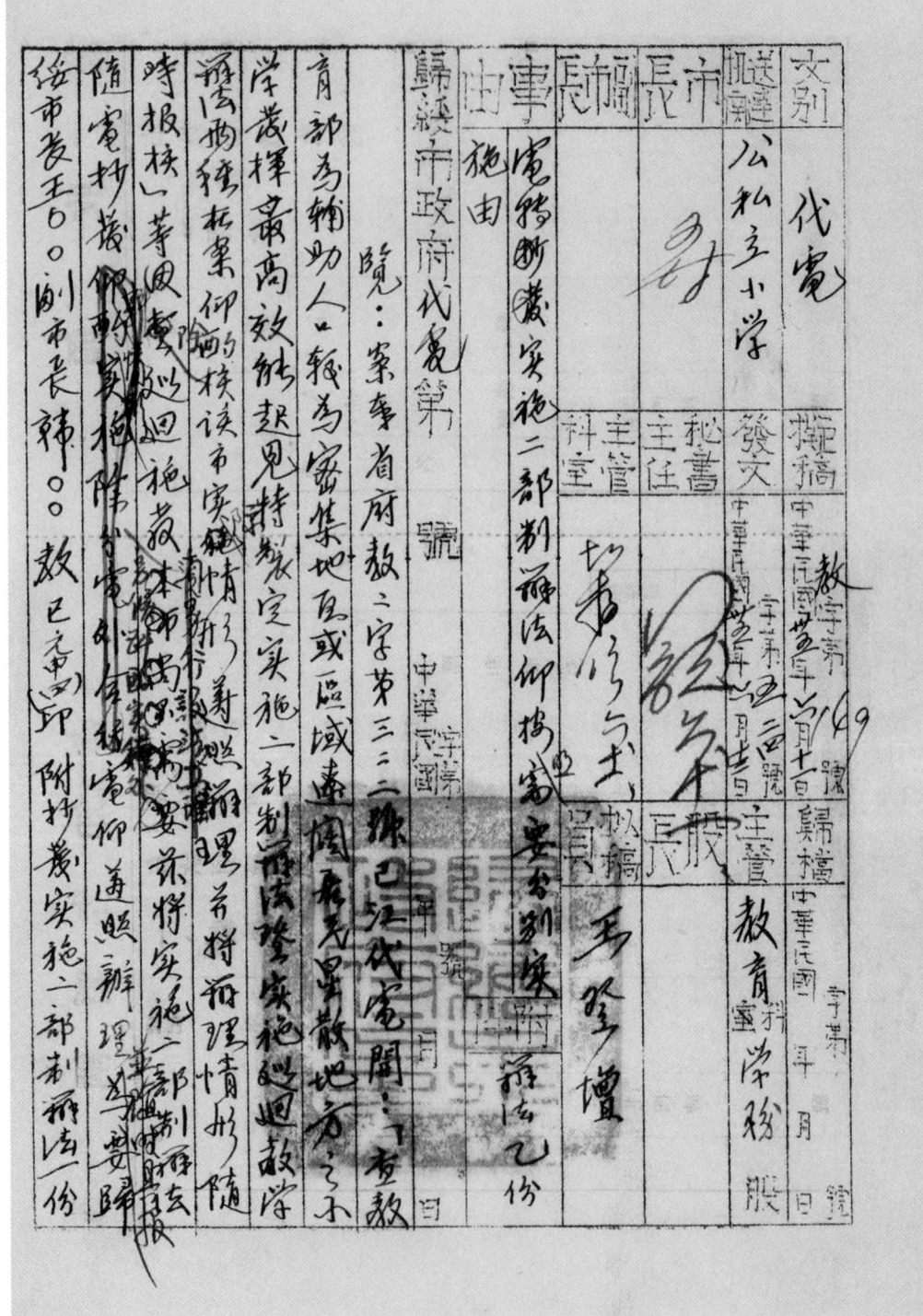

图 2-3-2　归绥市政府为转发实施二部制办法给公私立小学代电（1946年6月13日）

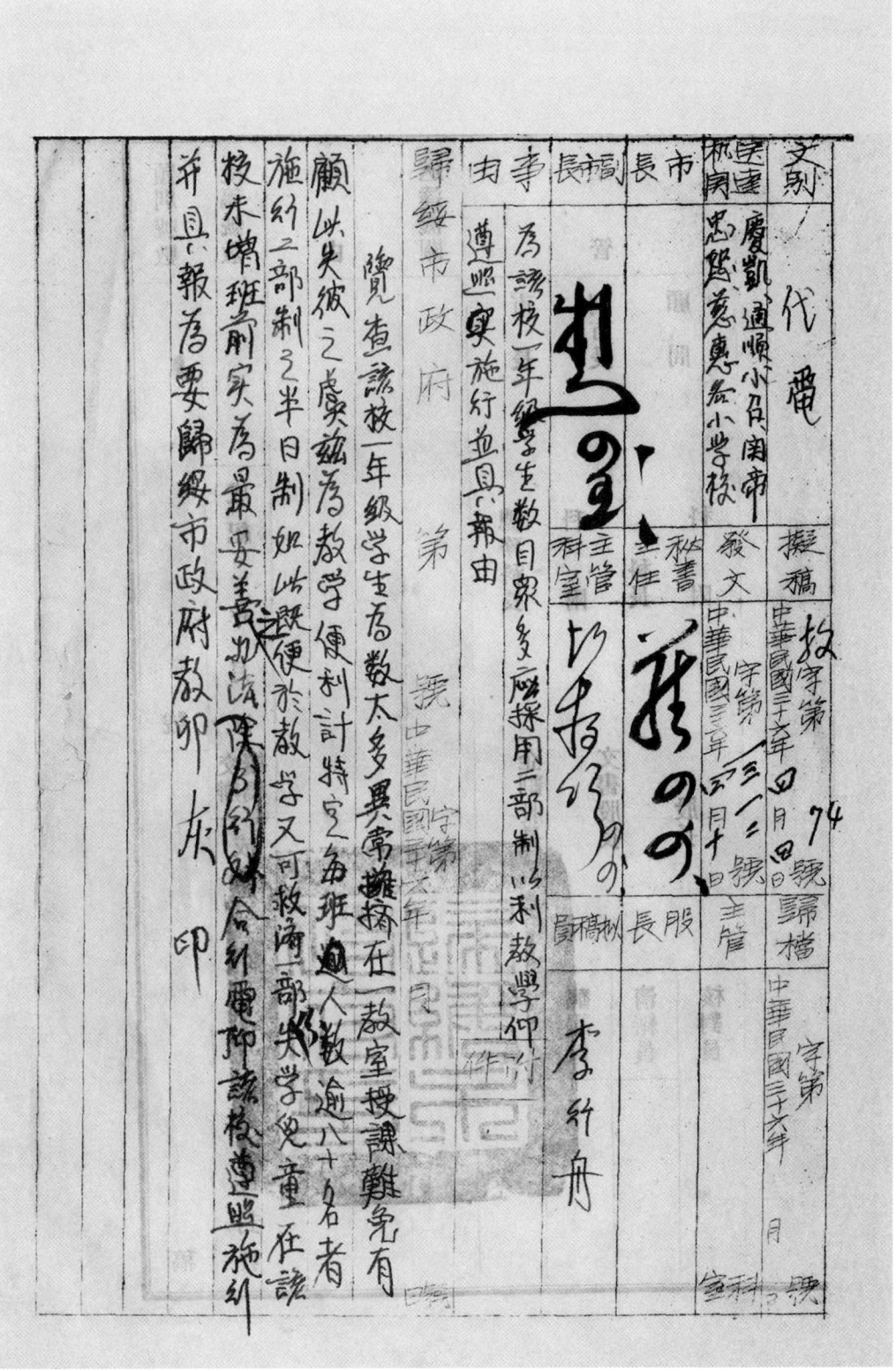

图 2-3-3 归绥市政府为一年级学生数目众多应采用二部制以利教学给庆凯、通顺、小召、关帝、忠恕、慈惠等小学校代电（1947 年 4 月 10 日）

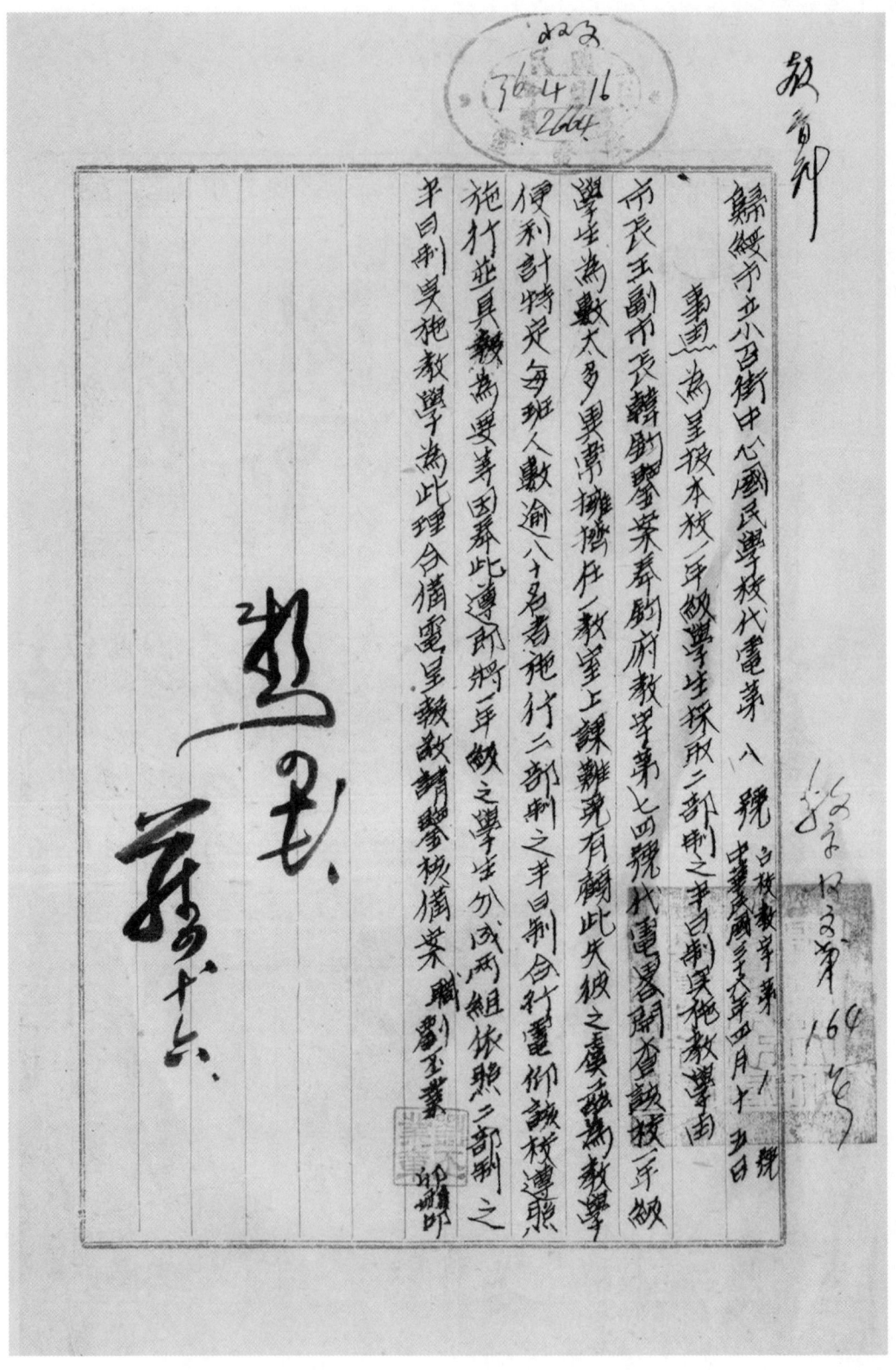

图 2-3-4　归绥市立小召街中心国民学校为呈报一年级学生采取二部制之半日制实施教学致归绥市政府代电（1947 年 4 月 15 日）

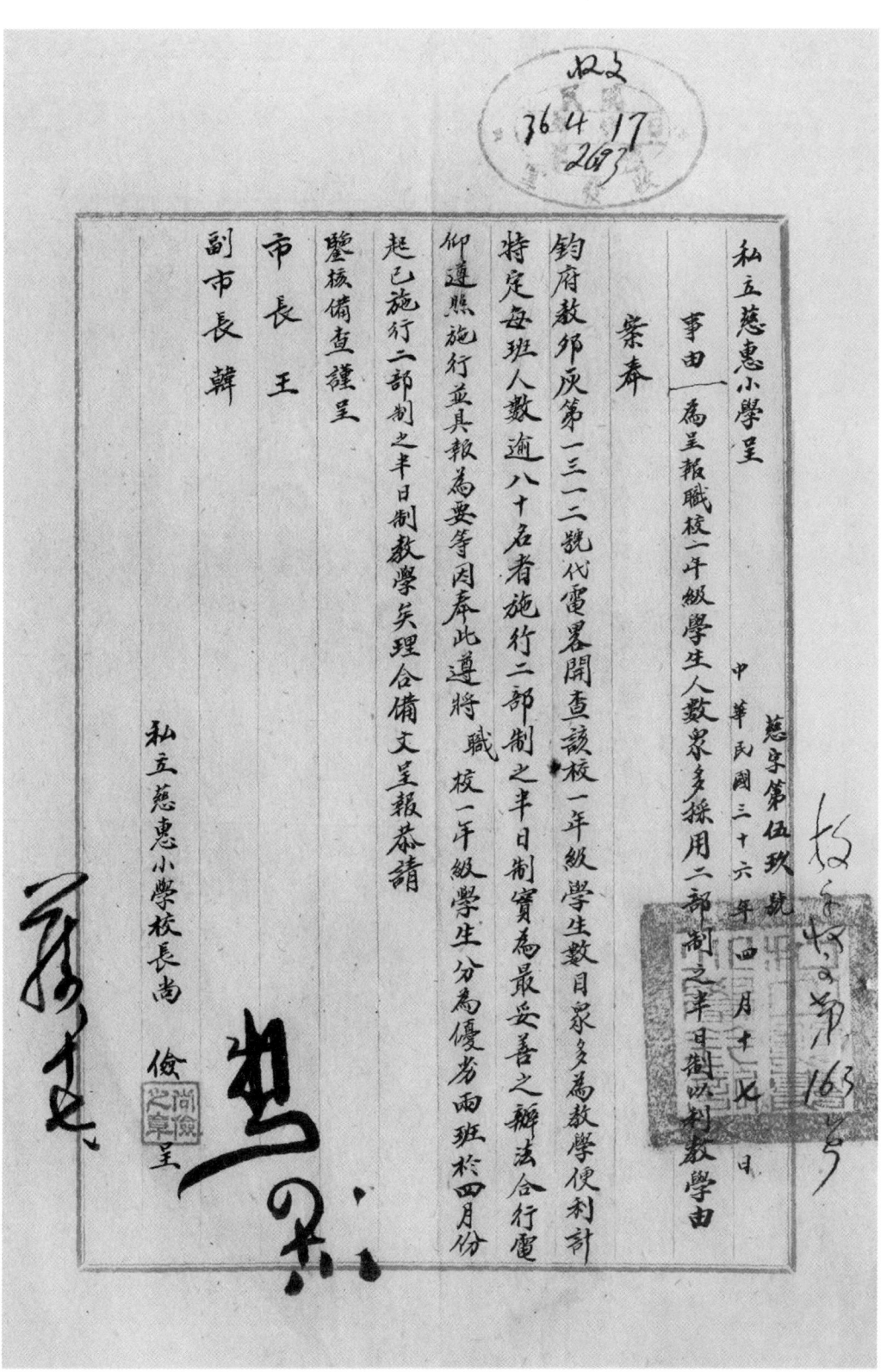

图 2-3-5　私立慈惠小学为一年级学生人数众多采用二部制之半日制以利教学致归绥市政府呈（1947 年 4 月 17 日）

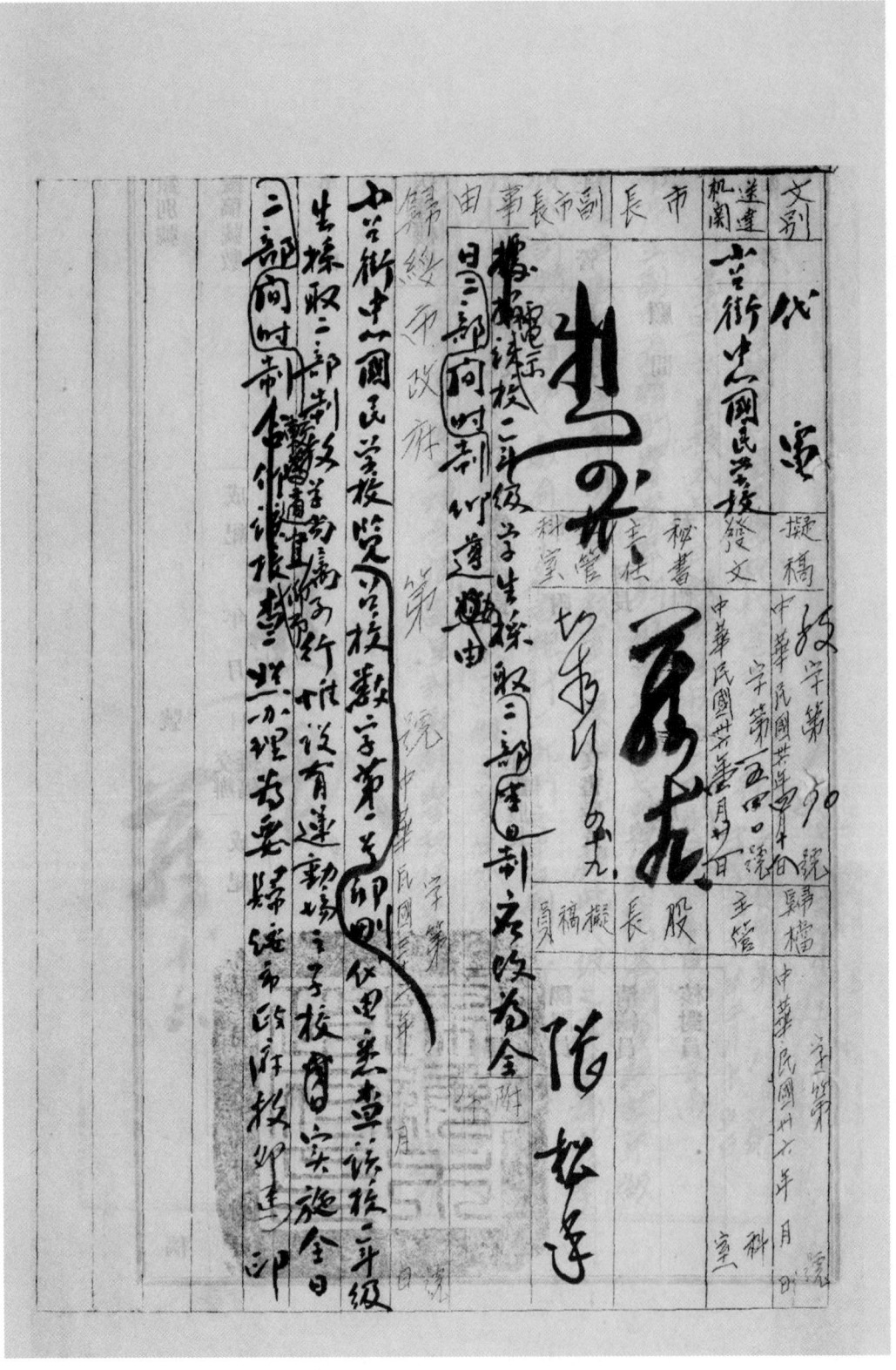

图 2-3-6 归绥市政府为一年级学生采取半日二部制应改为全日间时二部制给小召街中心国民学校代电（1947年4月21日）

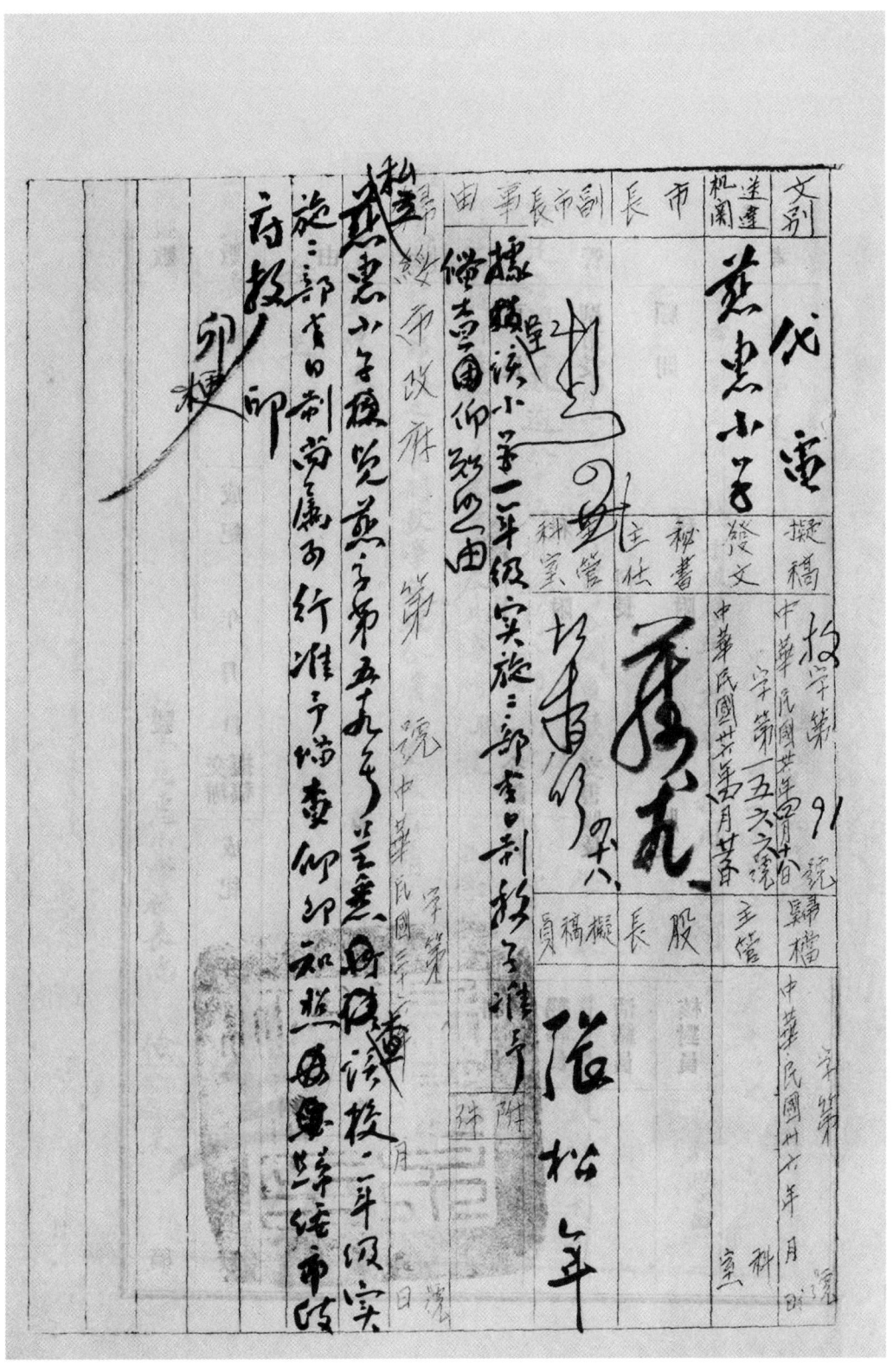

图 2-3-7　归绥市政府为一年级实施二部半日制教学准予备查给慈惠小学代电
（1947 年 4 月 23 日）

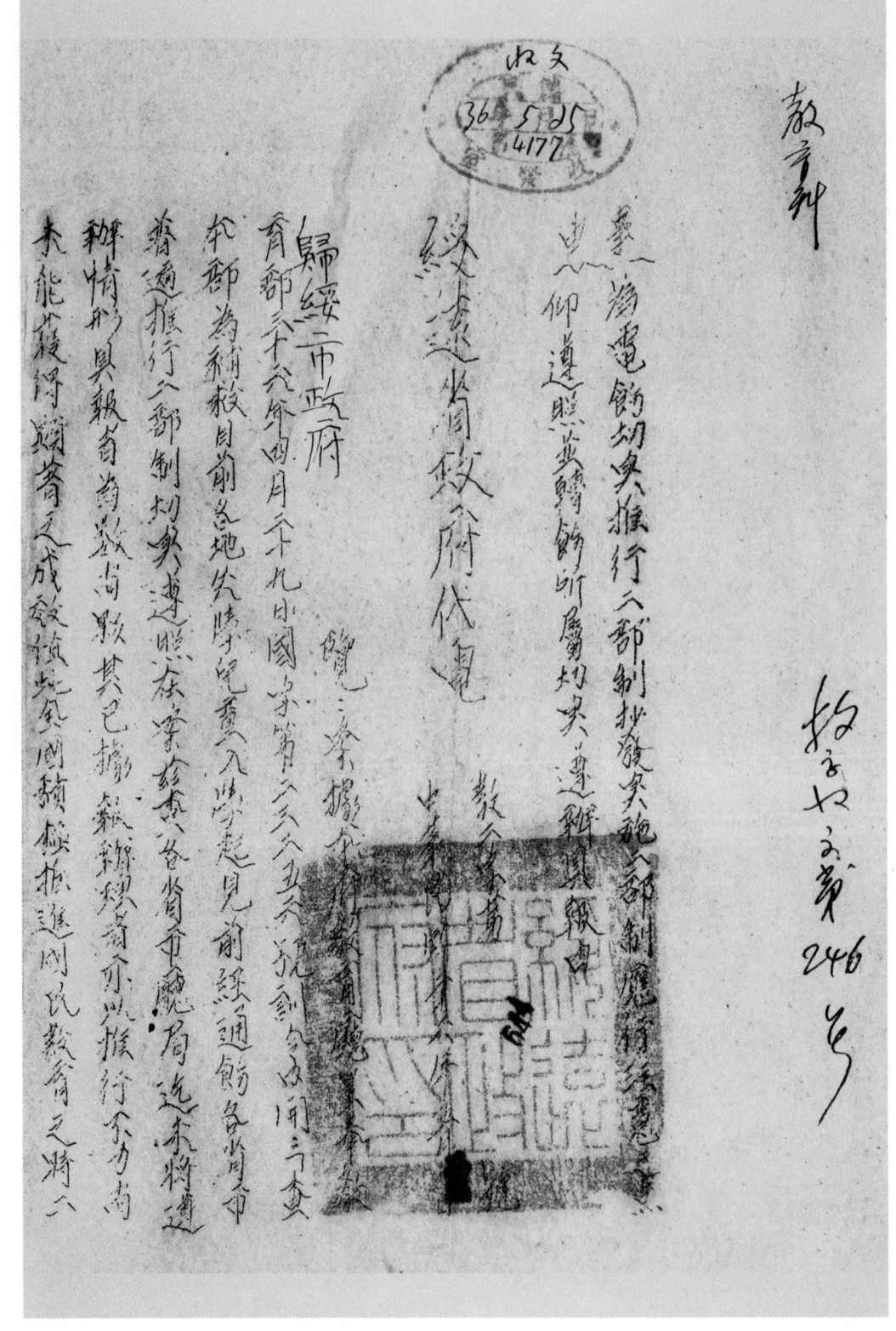

图 2-3-8 绥远省政府为抄发实施二部制应注意事项给归绥市政府代电（1947年5月23日）（一）

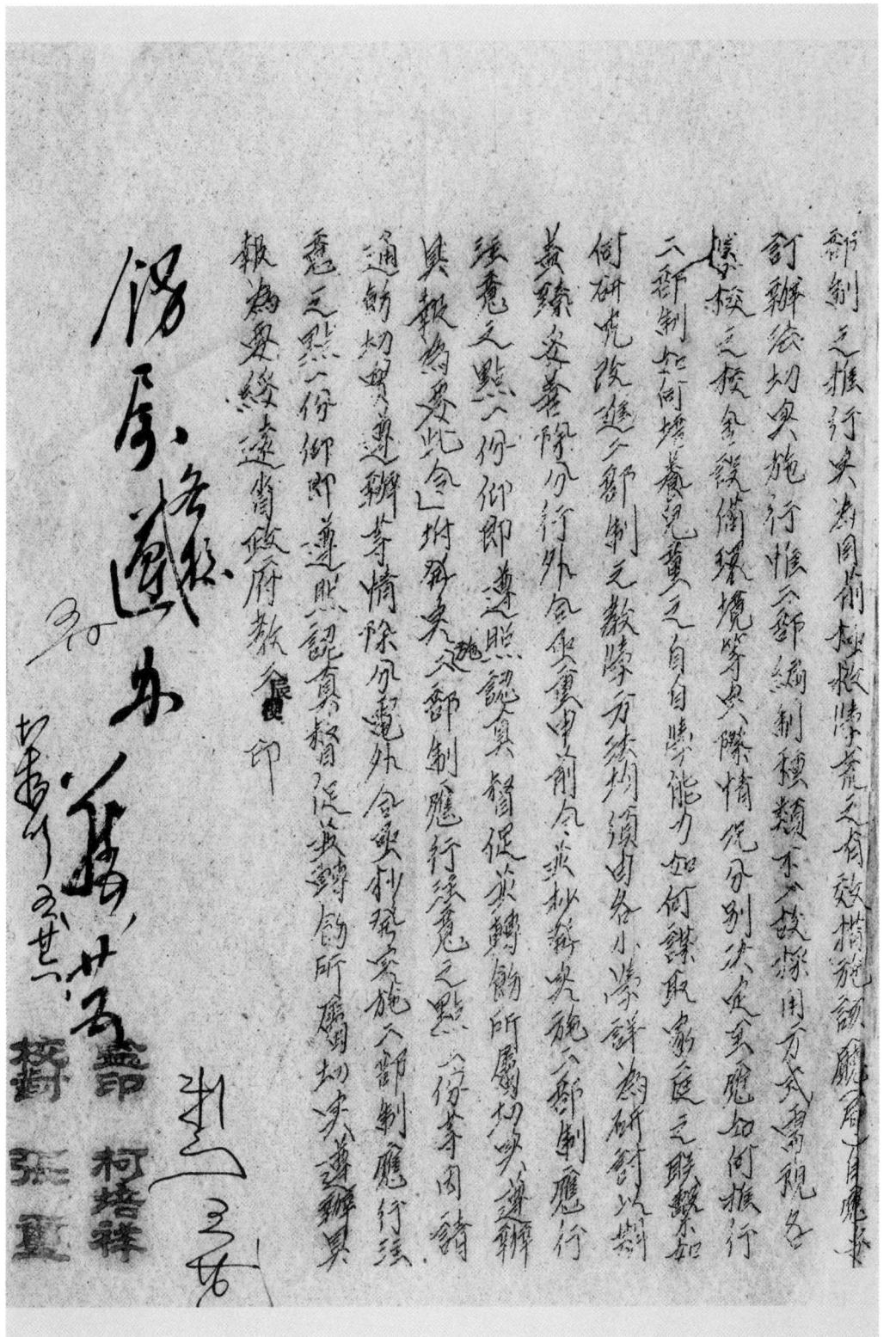

图 2-3-8 绥远省政府为抄发实施二部制应注意事项给归绥市政府代电（1947年5月23日）（二）

实施二部制应行注意之点

一、小学实施二部制採用何种方式应视学校设备环境等实际情形酌为决定如学生为数甚少教员不敷布置设备不充足校舍不敷分配者负担过半日入部制在农村或大埸所近邻多採用合半日半日入部制兒童同级合二部制兒童同级合二部制採用同日二部制逐日到校者可採用同日二部制

二、小学实施二部制之学级应视兒童人数程度及其自动能力斟酌决定

三、儞採入部制学级之日课表可按照二部制定小学各科目排列时间酌量减少并得就性质相近联系紧密之科目实贯归併

四、擔任二部制課級之教師在上課以前對於選擇教材各併教學類同教練及自習指導方等應有充分之準備

對於各科目動作業，功各兒童自動學習時間之支配亦應預先事前預為計劃

五、二部制之實施應訓練兒童熟練自學有法培養其自習能力委領訓練優秀兒童作為導共儀能維持自學秩序摆示作業題目分擔教師入部修之工作

六、擔任二部制教學之教師應選擇教學成績優良者

使能切實研究輔導兒童自學偉典普通學級編制收同樣之効致

七、實施二部制之課級應由教師指導兒童在家自習

方法須得情省兒童人數必要增圖

八、學校與家庭應隨時交換意見繁切聯繫求取得岳之同情與協助

九、各縣市主管教育行政機關應時舉行二部制教學研究会

研討二部制之實施方法普文換延究心得

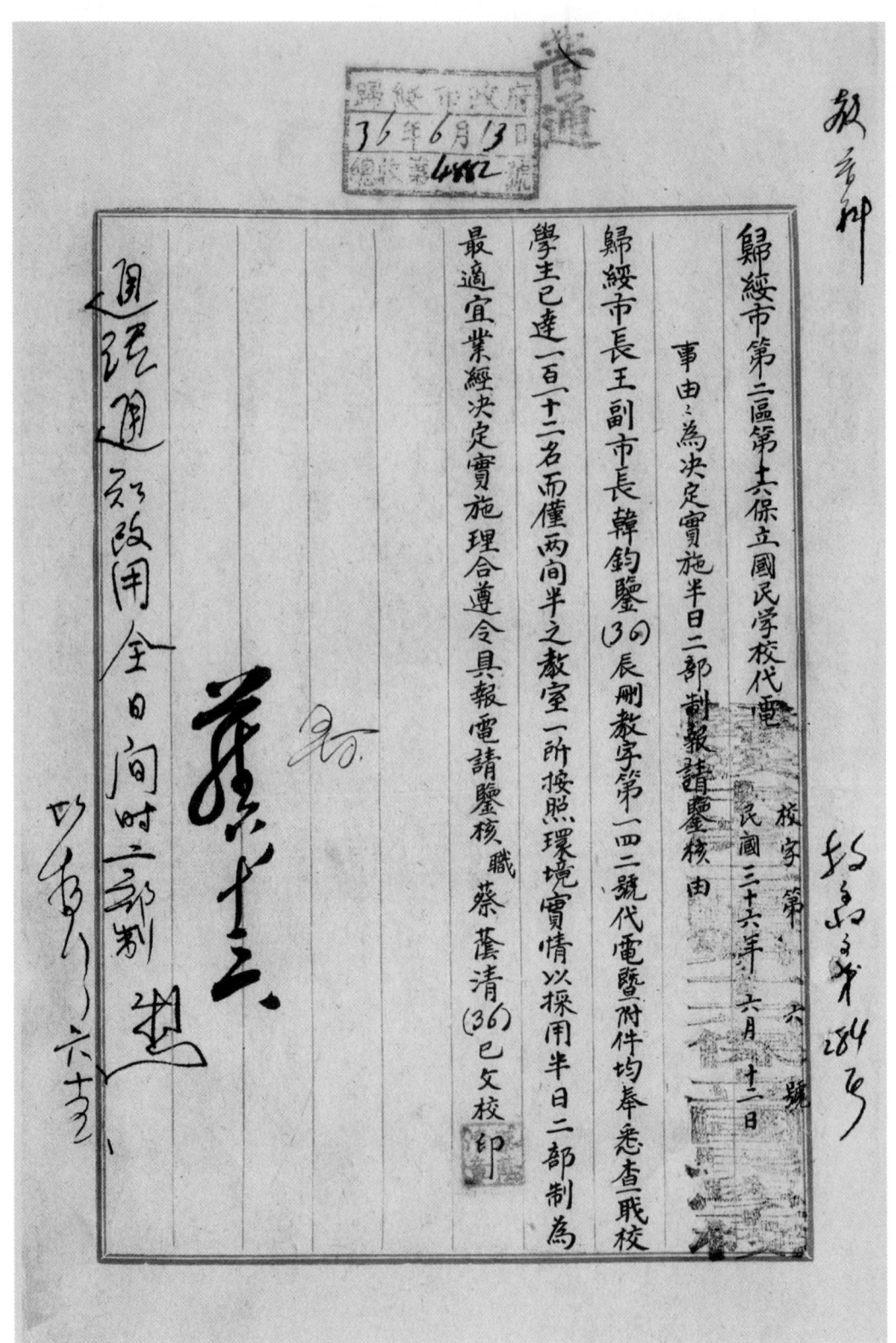

图 2-3-9　归绥市第二区第十六保立国民学校为决定实施半日二部制致归绥市政府代电（1947年6月12日）

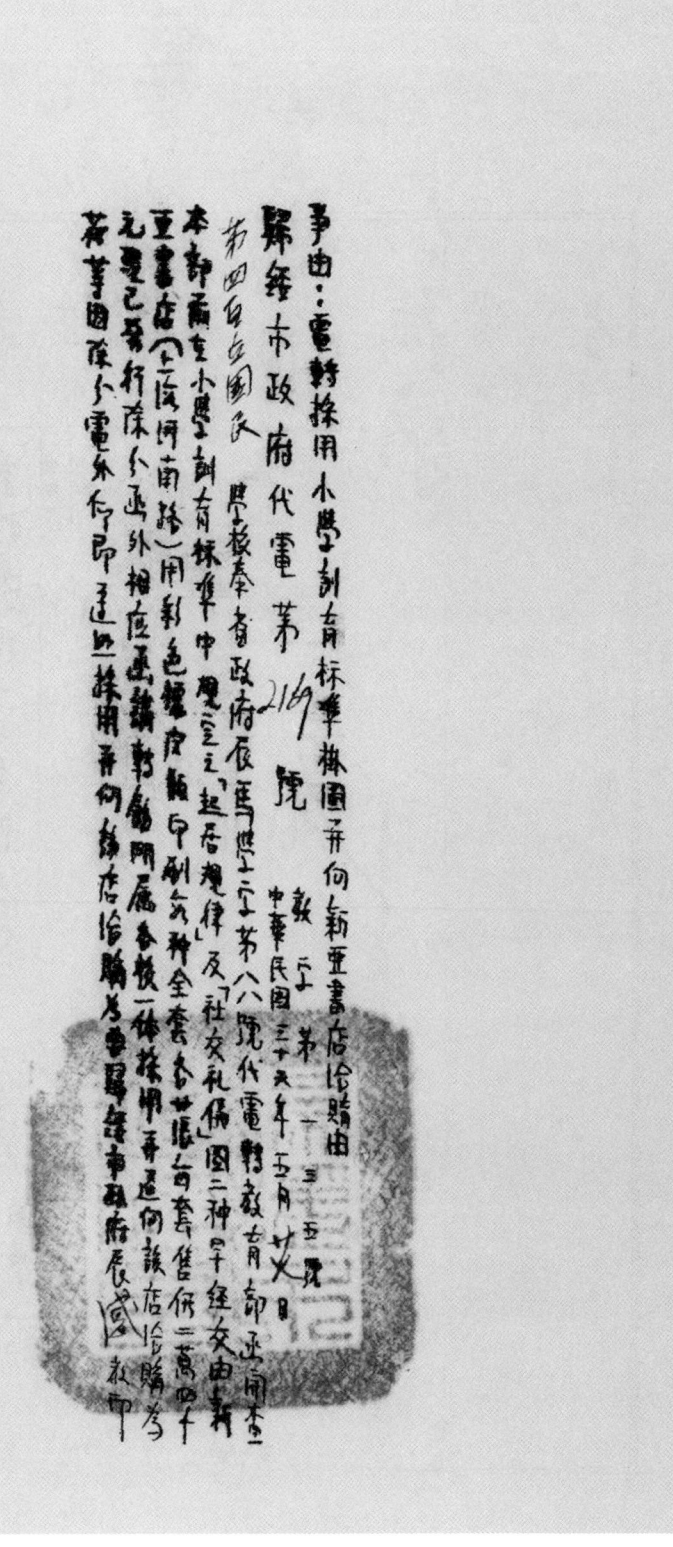

图 2-3-10　归绥市政府为转发采用小学训育标准挂图并向新亚书店洽购给第四区立国民学校代电（1947年5月27日）

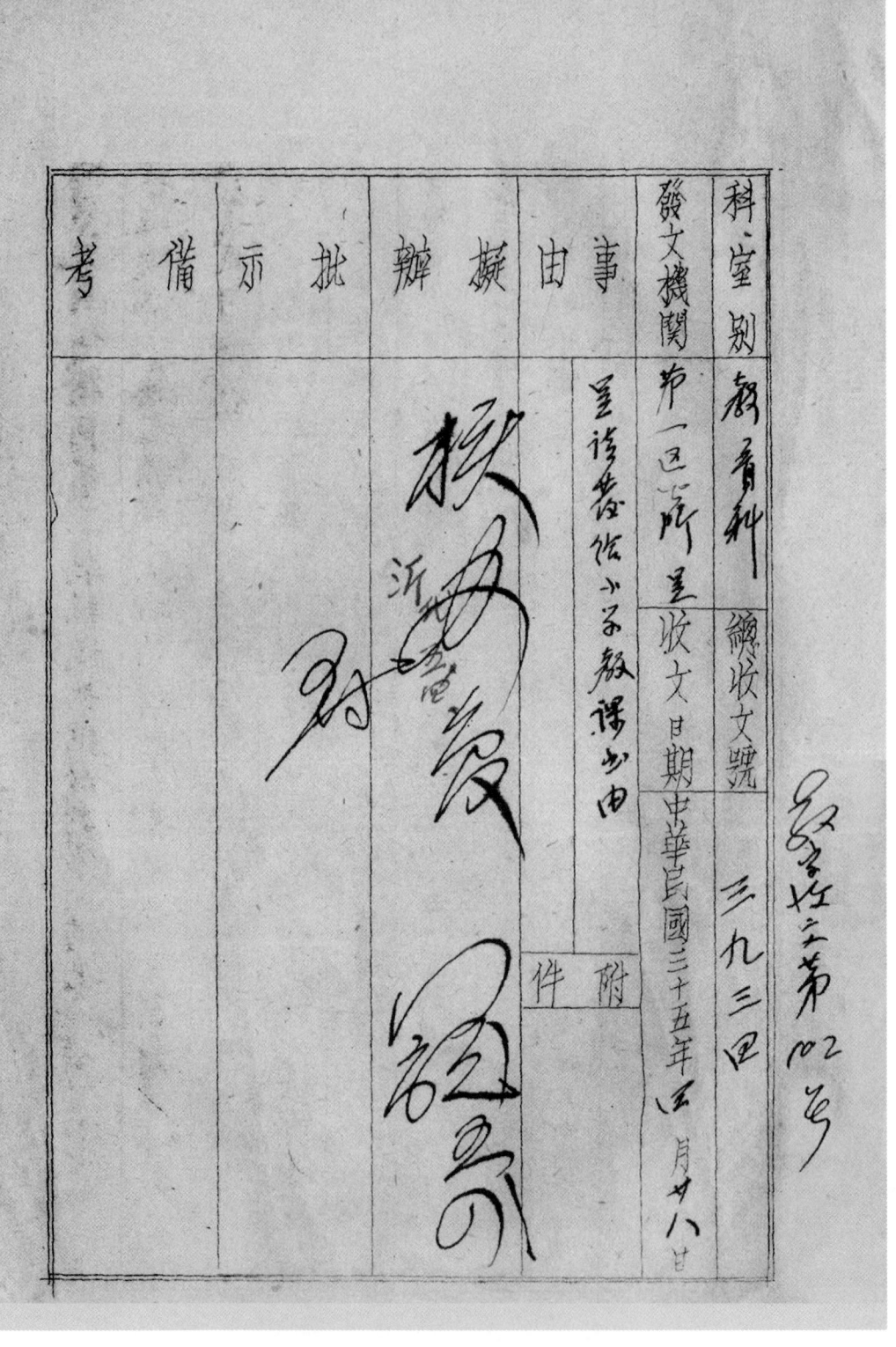

图 2-3-11 归绥市第一区公所呈请发给小学教科书及归绥市政府核办发的批示（1946年4月27日）（一）

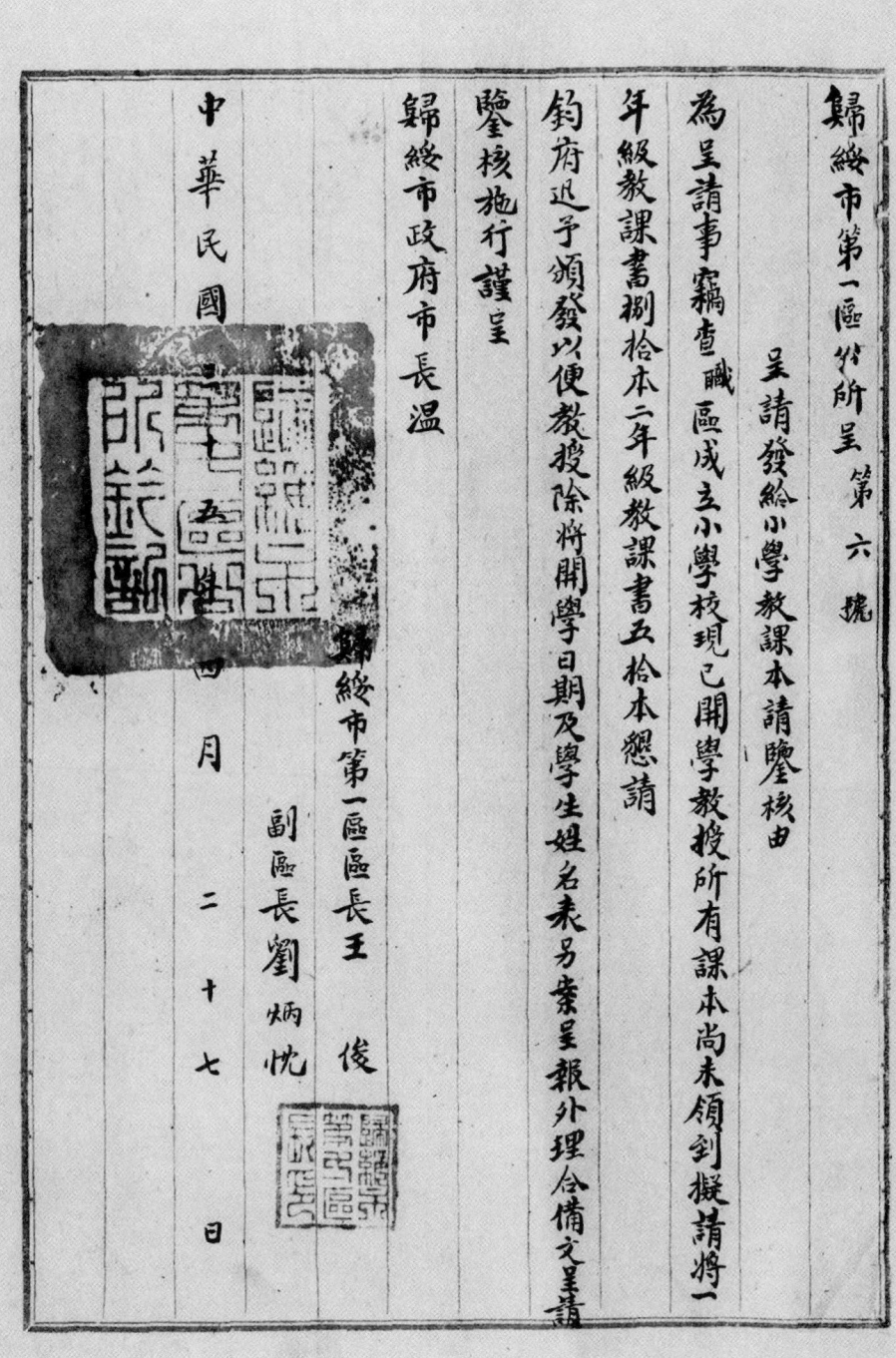

图 2-3-11 归绥市第一区公所呈请发给小学教科书及归绥市政府核办发的批示（1946年4月27日）（二）

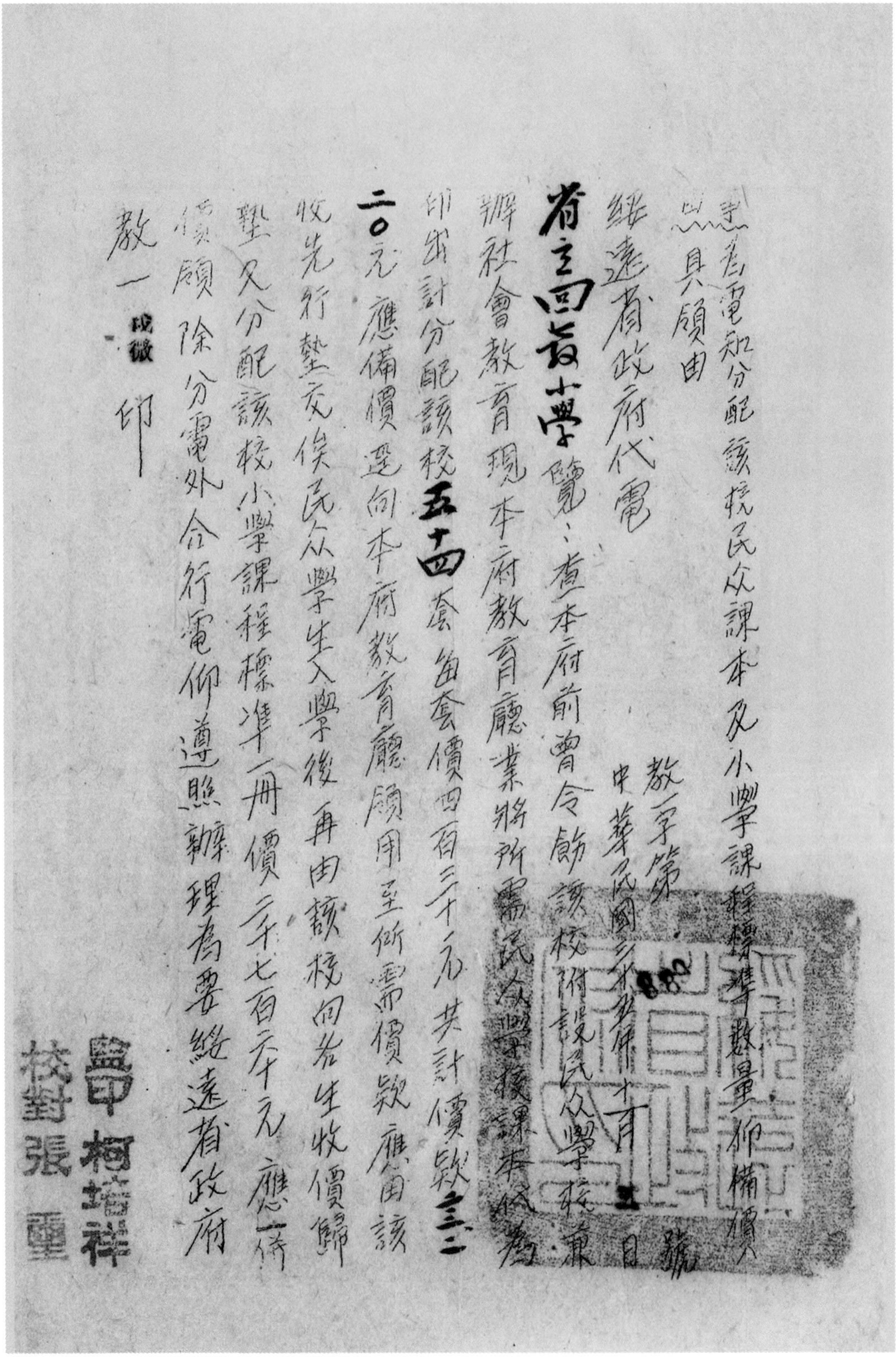
事由：為電知分配該校民众課本及小學課程標準數量仰備價具領由

教字第　　號

中華民國三十五年十一月五日

綏遠省政府代電

省立回教小學覽、查本府前曾令飭該校附設民众學校兼辦社會教育現本府教育廳業將所需民众學校課本代為印出計分配該校五十四套每套價四百三十元共計價款二三二二〇元應備價逕向本府教育廳領用至衙需價款應由該校先行墊交俟民众學生入學後再由該校向各生收價歸墊又分配該校小學課程標準一冊價二千七百六十元應一併備價領除分電外合行電仰遵照辦理為要綏遠省政府教一戌微印

監印 柯培祥

校對 張璽

图 2-3-12　绥远省政府为领用民众课本及小学课程标准给省立回教小学代电（1946 年 11 月 5 日）

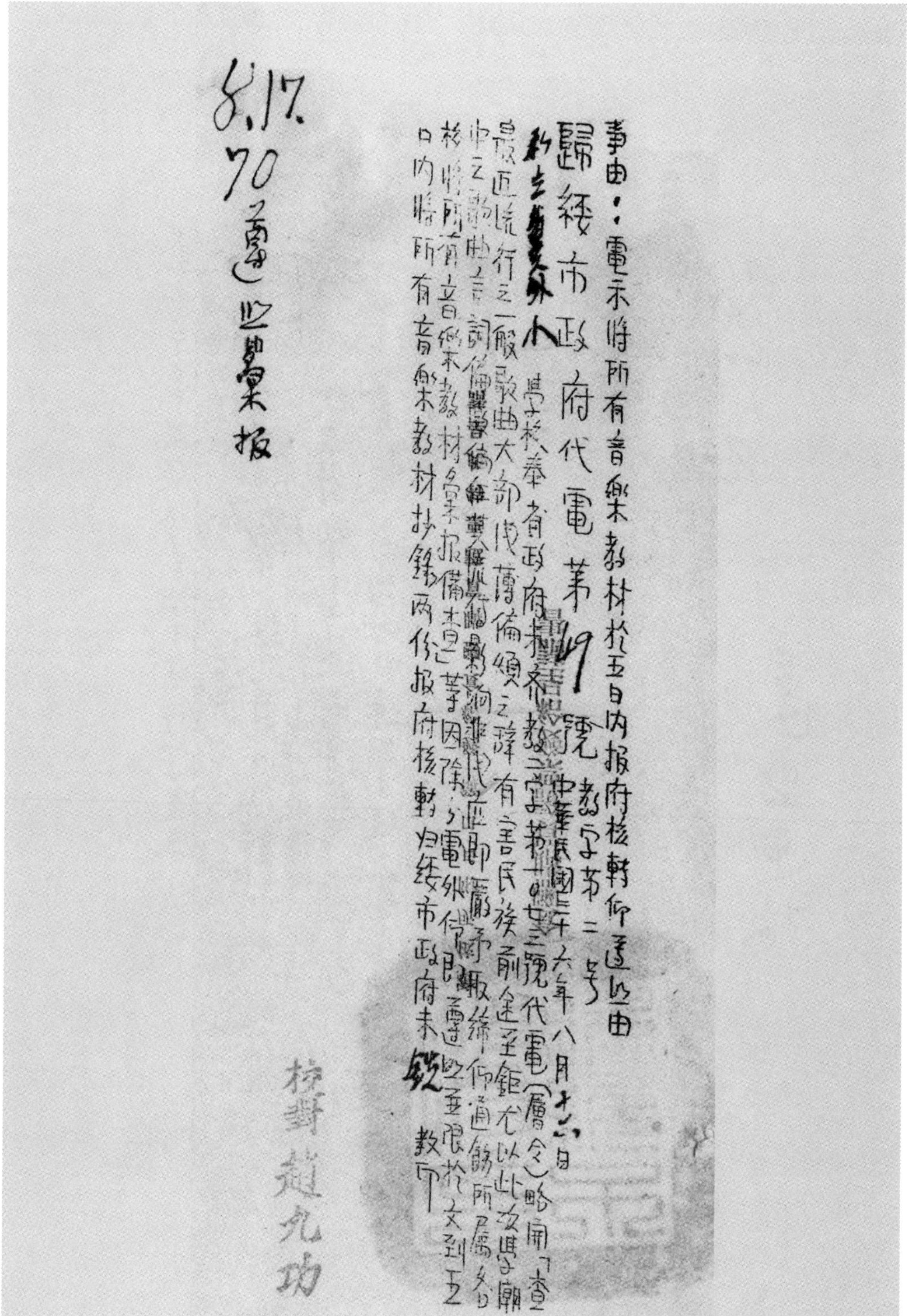

图 2-3-13 归绥市政府关于将所有音乐教材于五日内抄报的代电（1947 年 8 月 16 日）

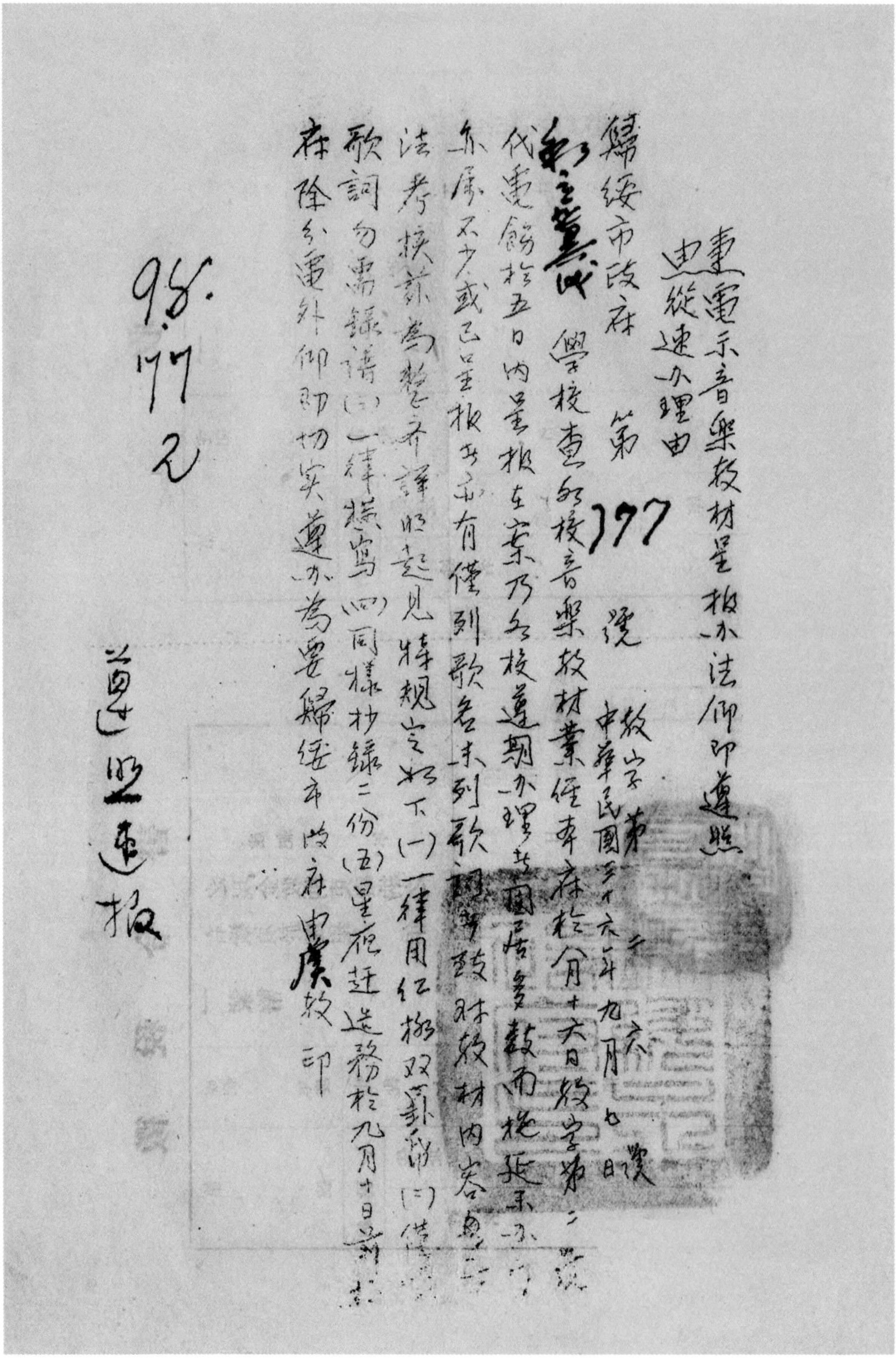

秉電示音樂教材呈報辦法仰即遵照
由 從速辦理由

歸綏市政府 第177號 教字第 號 中華民國三十六年九月七日發

學校查各校音樂教材業經本府於八月十六日教字第二號
代電飭於五日內呈報在案乃各校遵期辦理者固居多數而拖延不辦
亦屬不少或已呈報者亦有僅列歌名未列歌詞致該校教材內容無由
法考核茲為整齊詳明起見特規定如下（一）一律用紅格双頁紙（二）僅
歌詞者需錄譜（三）一律楷寫（四）同樣抄錄二份（五）呈府並送務於九月十日前
府除分電外仰即切實遵辦為要 歸綏市政府 虞教印

98.177九

遵照 遵擬

图 2-3-14 归绥市政府关于音乐教材呈报办法的代电（1947 年 9 月 7 日）

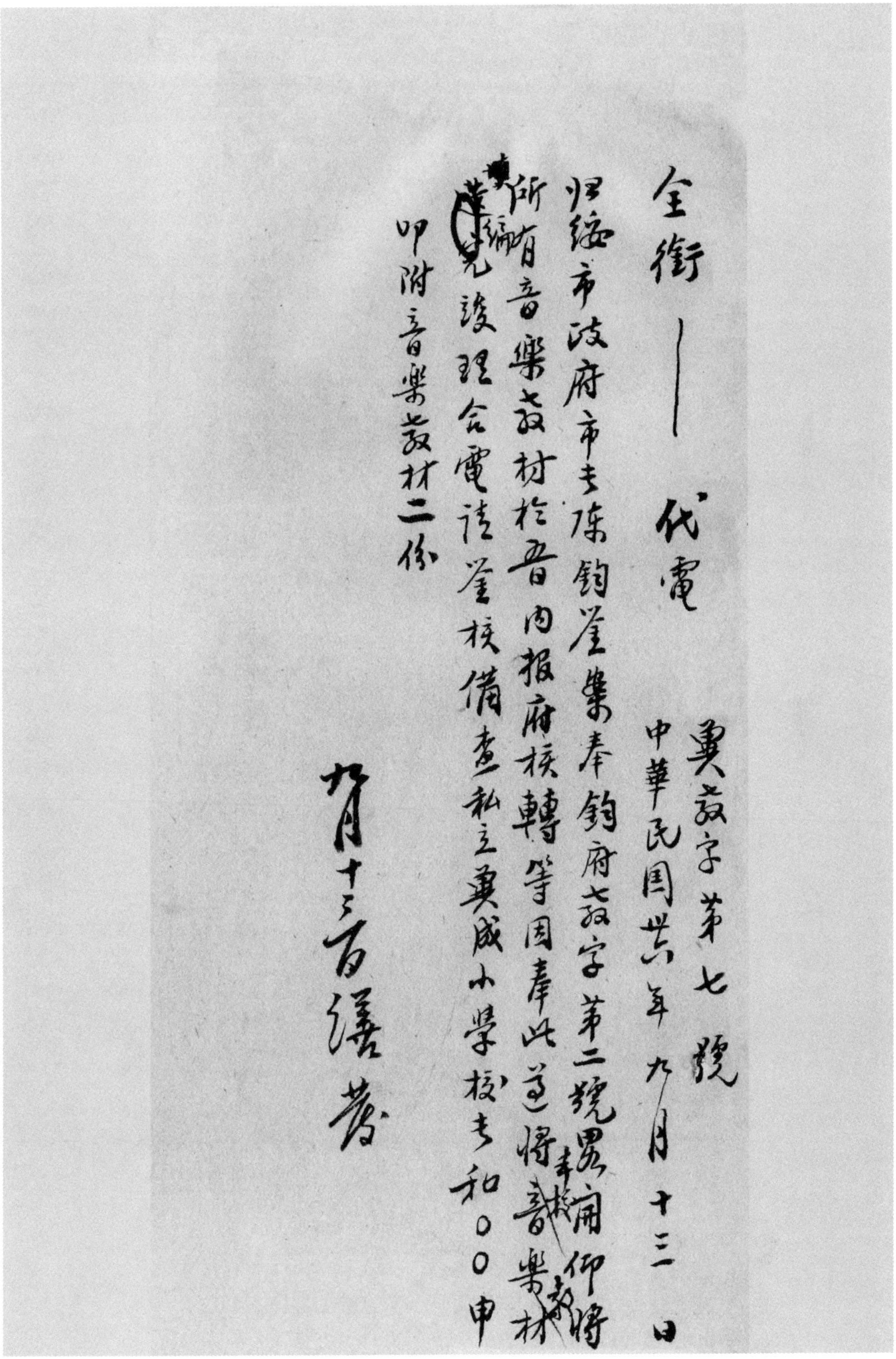

全衔 代电

冀教字第七號 中華民國卅六年九月十三日

归绥市政府市主席鈞鑒 奉鈞府教字第二號畧開仰將所有音樂教材檢呈内報府核轉等因奉此遵將音樂教材編竟擬理合電請鑒核備查 私立冀成小学校卅和〇〇申

卯附音樂教材二份

卅九月十三日 百鑑蓉

图 2-3-15 私立冀成小学校为呈报音乐教材致归绥市政府代电（附音乐教材）（1947年9月13日）（一）

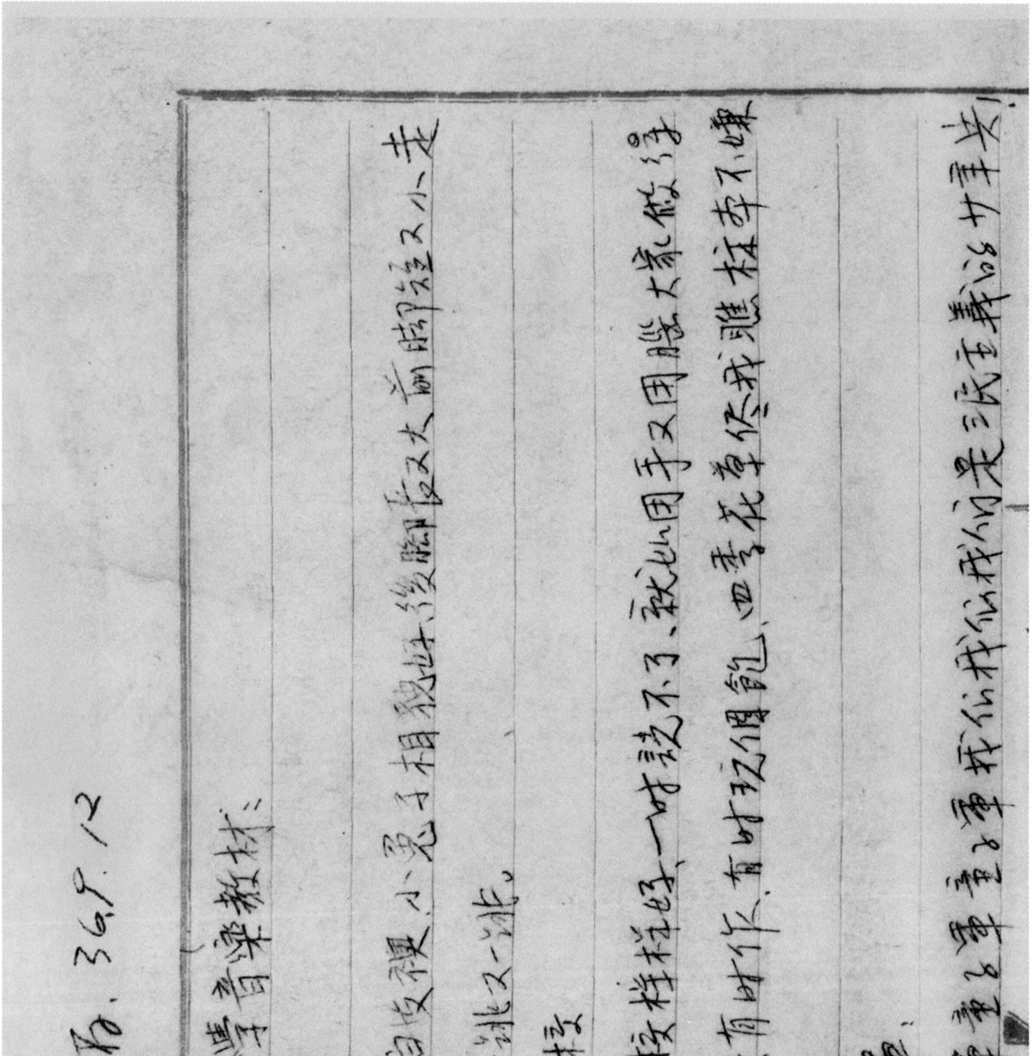

档号 36.5.12

私立冀成小学一年级音乐教材：

一、红眼睛

红眼睛，白皮肤，小兔子相遇怎么哭？哎呀呀，我的萝卜给它偷吃了。哎哟哟，我的白菜一堆又一堆。

二、我们的学校

我们的学校样样好，一听说上了学，致（？）山困手又用脑大家做得好，到了下课有时作有时玩记忆，四处找我跳拉李不赚。

三、中国童军

中国童军童军童军童军童军童军我们在青天白日下，我们在青天白日下。

图 2-3-15　私立冀成小学校为呈报音乐教材致归绥市政府代电（附音乐教材）（1947年9月13日）（二）

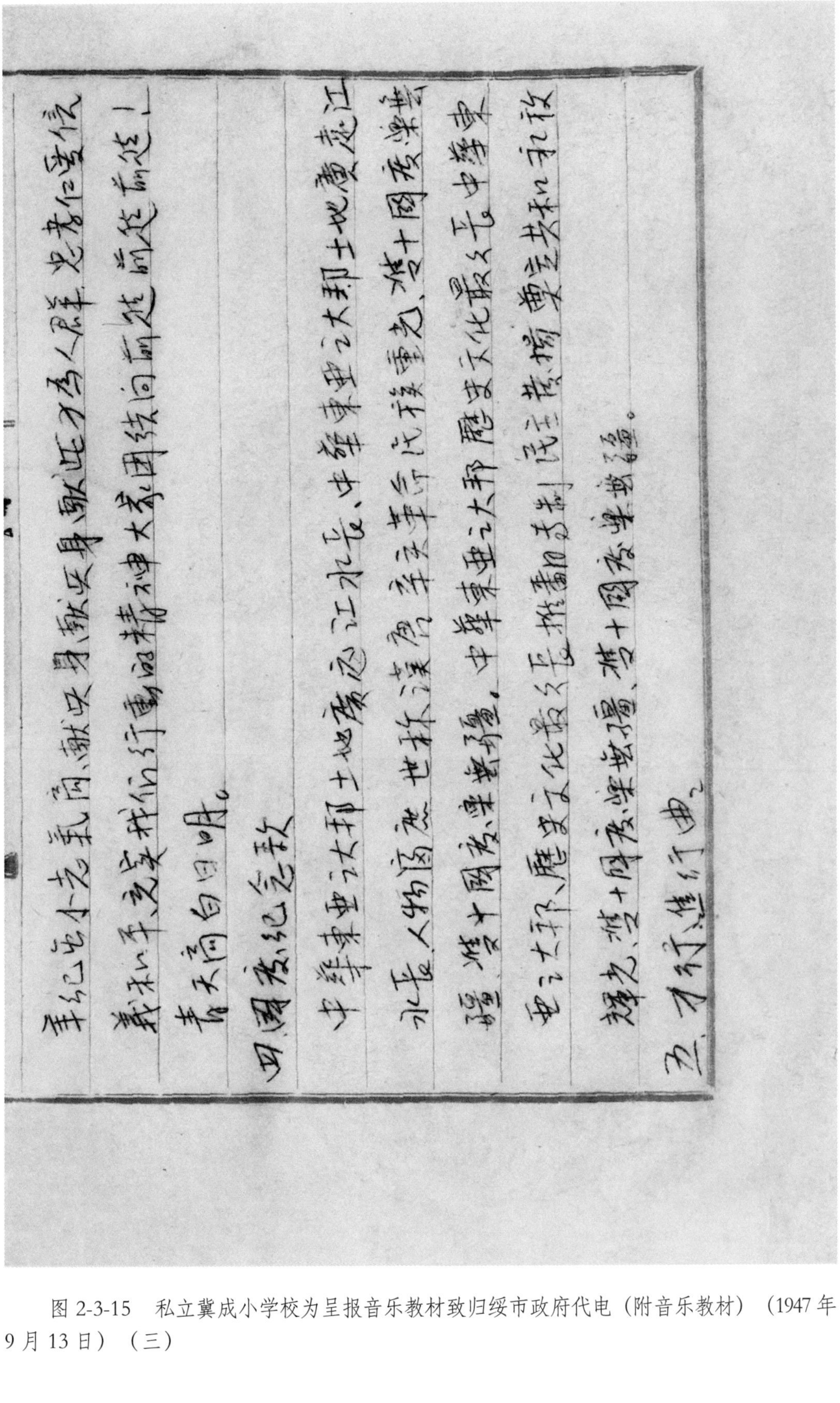

年纪也还小之气问，献出身躯以身体力名人群中发扬光显信
我的平支支持的行动与精神中华民国线问题而定！
革命尚自印趣。
四、国家纪念歌
中华民国土地广远江水江北地广物大邦土此重是江
水正人物凤凰世托谨与傻勇孝孝年代孝孝将十国家荣誉
搪誉十国家荣誉荣，中华民国之大邦历史文化服务亡中华民
史之千年，历史文化服务亡光辉辉煌唐宴芸芬和引执
辉名望十国家荣誉荣密强，将十国家荣誉密强。
五、了行进行曲。

图 2-3-15 私立冀成小学校为呈报音乐教材致归绥市政府代电（附音乐教材）（1947年9月13日）（三）

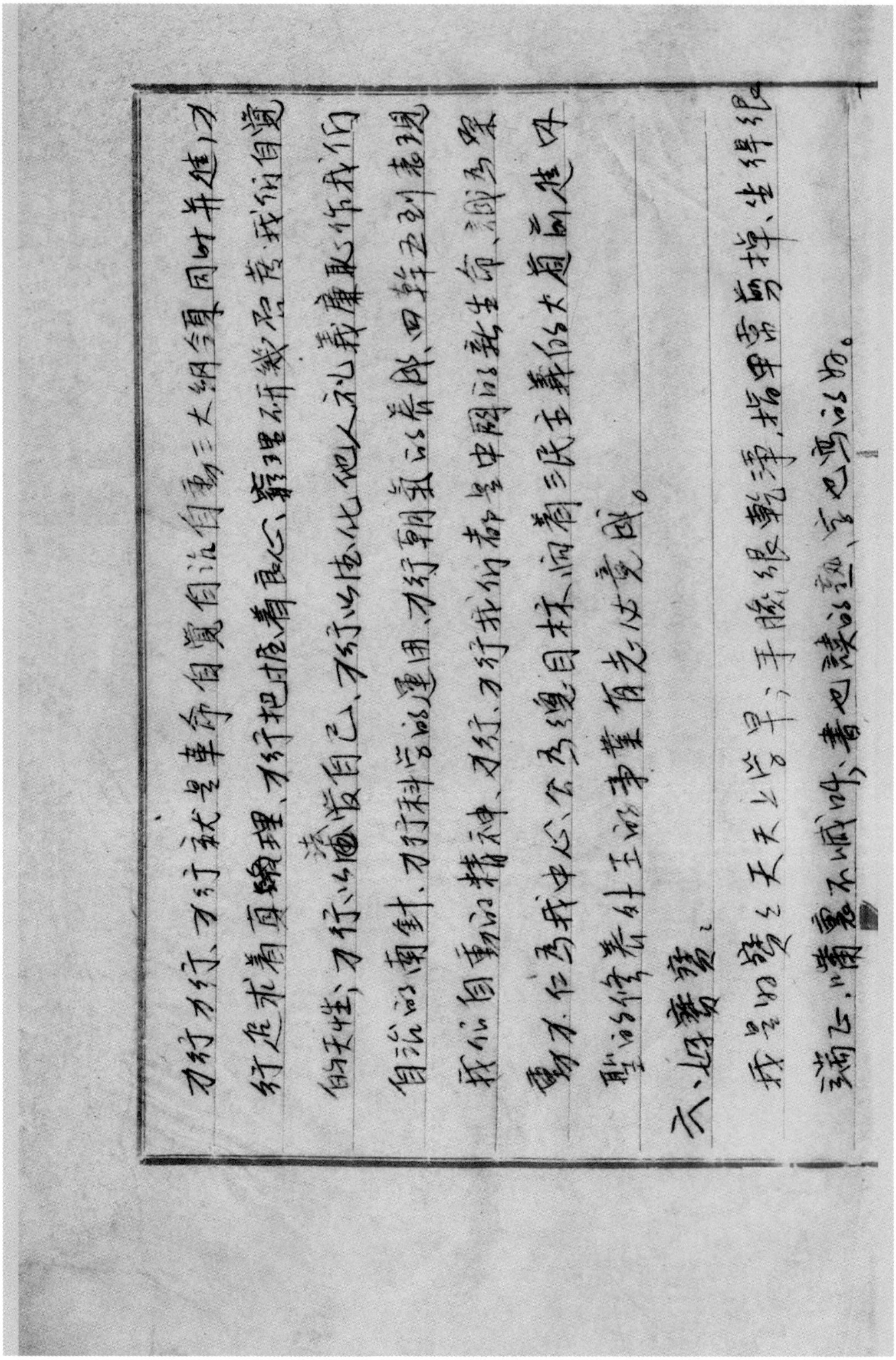
力行力行、力行就是革命自覺自治自動三大綱領同時並進，力行追求着真理、力行把握着良心、窮理研幾啓發我們自覺的天性；力行以法管自己、力行以法化他人，禮義廉恥作我們自治的南針、力行科學的運用、力行朝氣的養成、四維五到表現我們自動的精神、力行、力行我們都是中國的新生命、調為軍事、仁為我中心、公為總目標、向着三民主義的大道前進，內聖的修養外王的事業有志必竟成。

六、好寶寶：

我是好寶寶，天天上學早，手臉很乾淨，指甲常剪掉，坐得很端正，嘴裏不喊叫，書也讀的熟，字也寫的好。

图 2-3-15　私立冀成小学校为呈报音乐教材致归绥市政府代电（附音乐教材）（1947 年 9 月 13 日）（四）

七、是想家

親愛的家長們，我們多么希望使我們的孩子們，早日歸來，同聲同氣，同在家庭指導之下，共渡著美滿幸福生活，頌以……（不清）

……此致家長諸位同學們作此是詞禮。

八、分家吧

功了課，買完了回家吃去，老師們同學們都分手，該要臨著去到家、

要知道功課做好、今動事情今朝了，怎在※※家記心※須，明天可……

家明天見，明天早到校來上……（不清）

九、我生活運動去？

……起來像我在×××住行，運動便是衛生汗運動……排示……

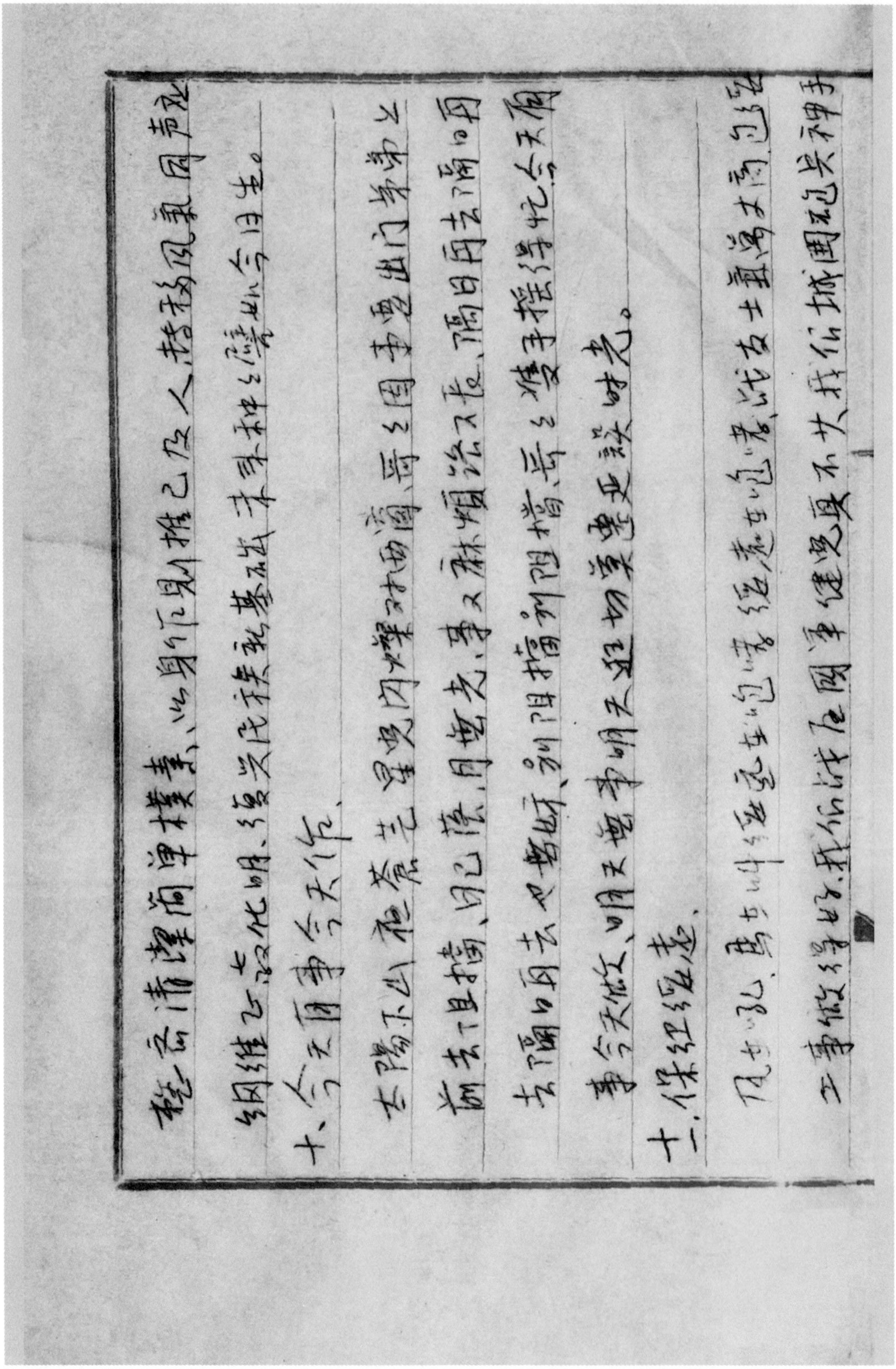

整齐清洁简单朴素、以身作则推己及人，转移风气同声应

纲维飞舞化明、复兴民族新基础 未来种子譬如今日生。

十、今天有事今天作、

太阳下山 夜苍茫 星儿闪烁对面窗、哥哥因事要出门弟弟上

前去阻挡、日已落、月无光、事又麻烦路又长、隔日再去隔日再

去隔日再去也无妨、别阻挡别阻挡、哥哥双手摇得忙今天有

事今天做、明天无事明天逛 切莫要延误时光。

十一、保卫绥远、

风也吼、马也叫 绥远在咆哮 绥远在咆哮、战士真高大、包绥

工事做得好、我们战在国军 健儿真不少 我们城围炮兵神手

图 2-3-15　私立冀成小学校为呈报音乐教材致归绥市政府代电（附音乐教材）（1947 年 9 月 13 日）（六）

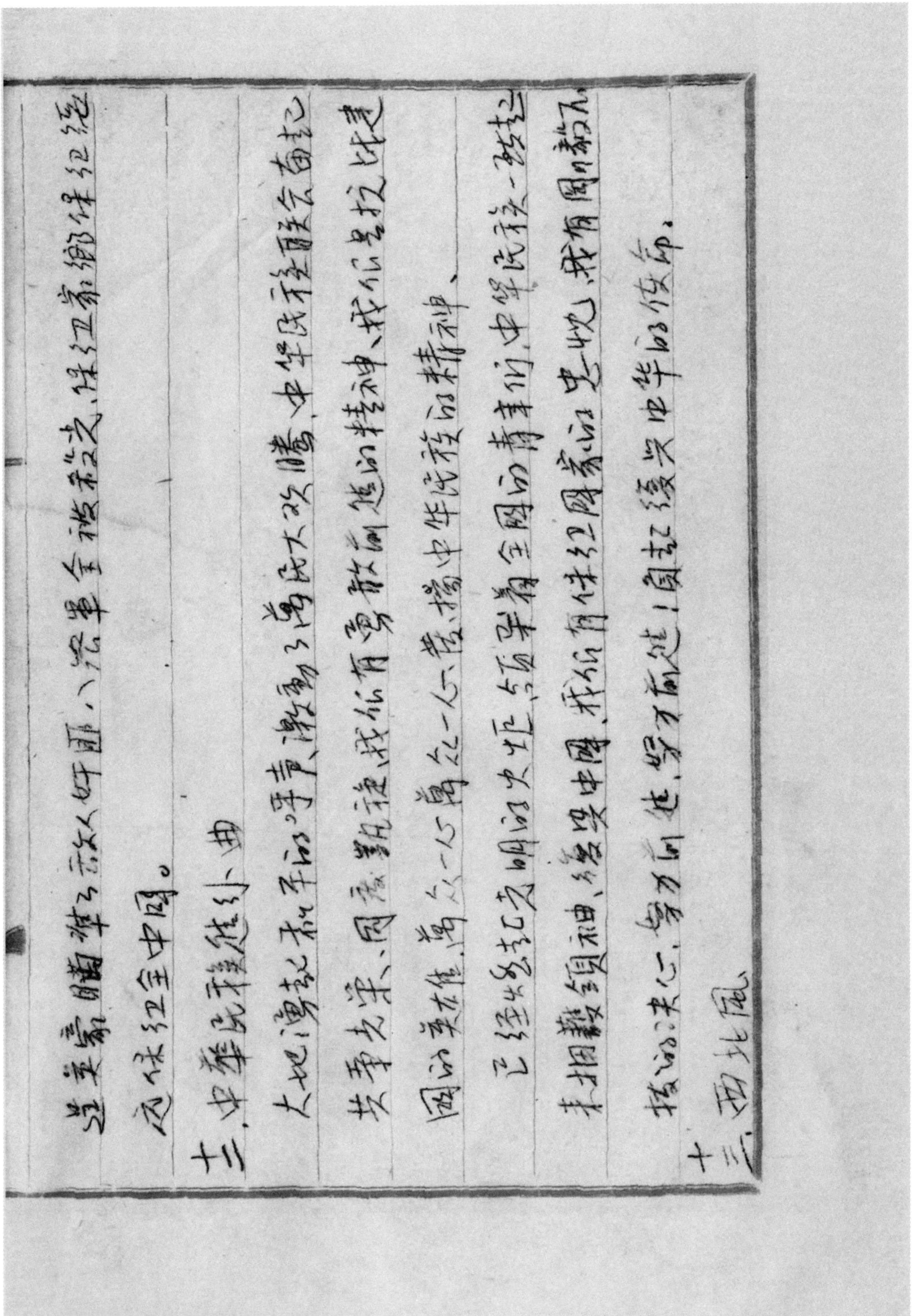

这美家瞒着了敌人奸匪，八路军全被杀光，保卫家乡保卫总
应保卫全中国。

十二、中华民族进行曲

大地响起和平的呼声，激动了万民大欢腾，中华民族联合奋起，共争光荣，同庆凯旋，我们有勇敢前进的精神，我们是抗战建国的英雄，万众一心，万众一心，发扬中华民族的精神。

已经燃起光明的火炬，领导着全国的青年们，中华民族一致起来拥护领袖，复兴中国，我们有保卫国家的忠忱，我有国的毅力，拔的决心，努力前进，努力前进！负起复兴中华的使命。

十三、西北风

图 2-3-15　私立冀成小学校为呈报音乐教材致归绥市政府代电（附音乐教材）（1947 年 9 月 13 日）（七）

图 2-3-15 私立冀成小学校为呈报音乐教材致归绥市政府代电（附音乐教材）（1947年9月13日）（八）

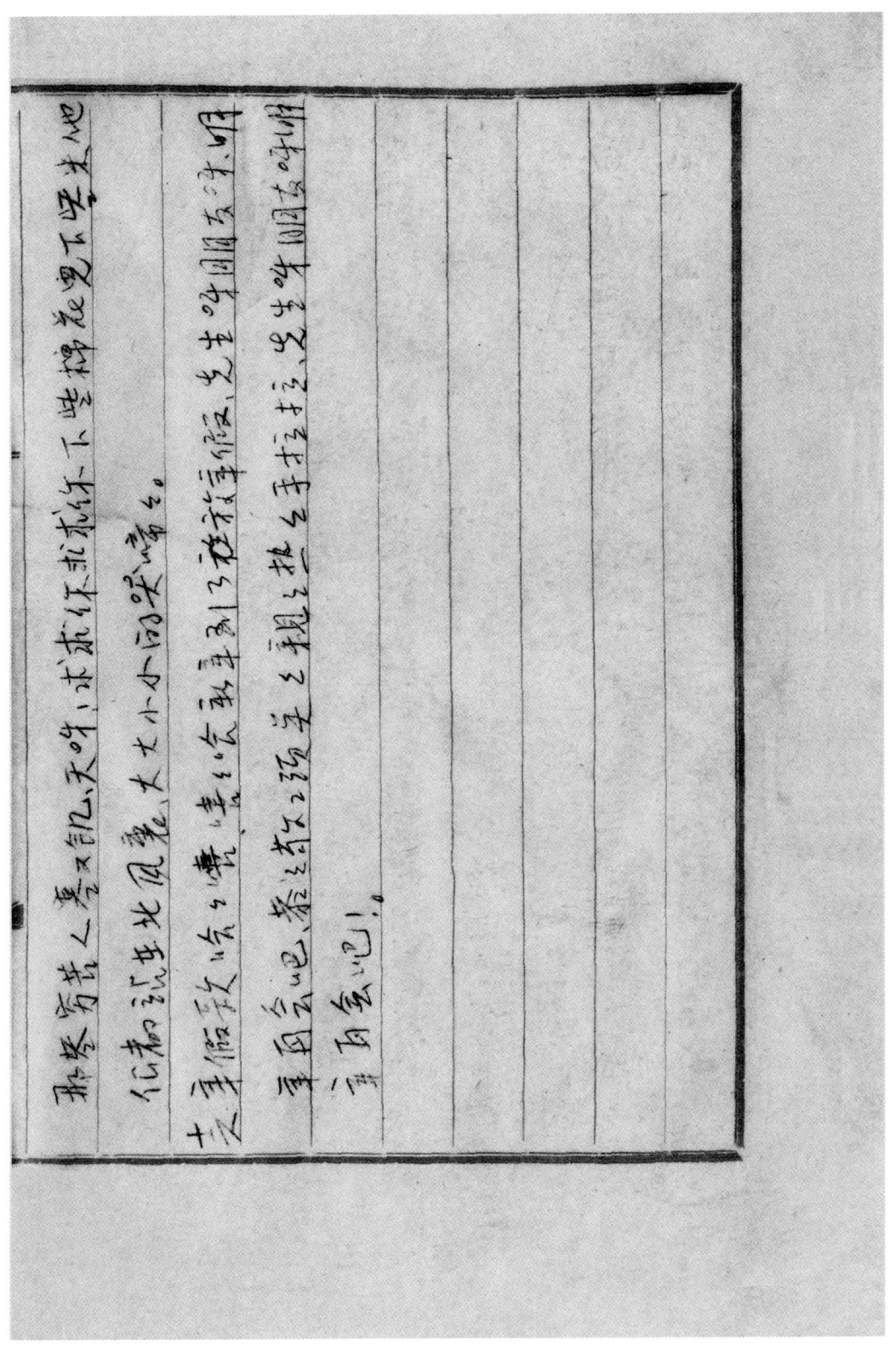

图 2-3-15　私立冀成小学校为呈报音乐教材致归绥市政府代电（附音乐教材）（1947年9月13日）（九）

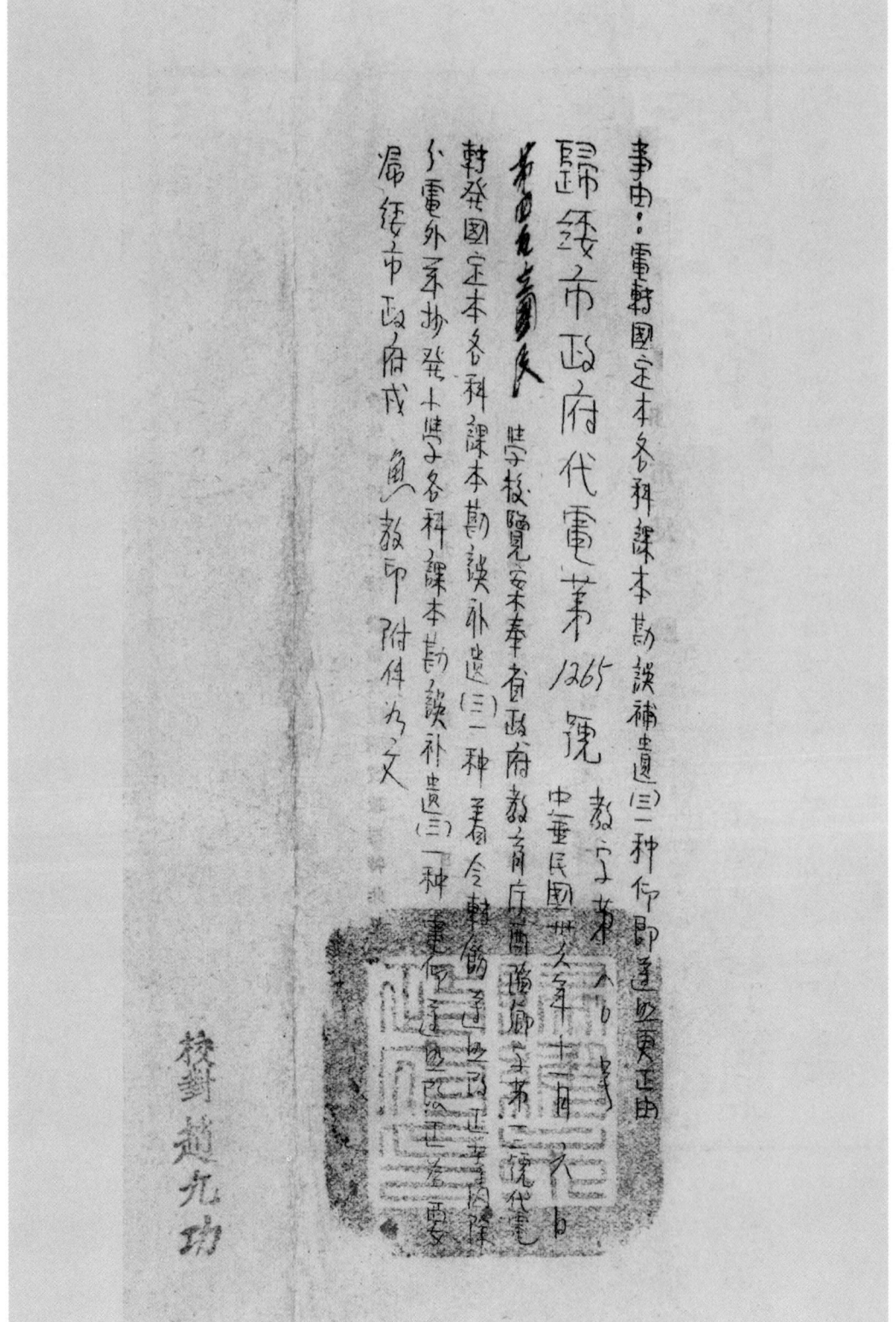

图 2-3-16 归绥市政府为转国定本各科课本勘误补遗（三）给第四区立国民学校代电（附勘误补遗）（1947年11月6日）（一）

图 2-3-16 归绥市政府为转国定本各科课本勘误补遗（三）给第四区立国民学校代电（附勘误补遗）（1947年11月6日）（二）

高小國語	4	5	6	最高法院	高等法院	
〃	〃	5	7	從不把家中的苦况，去报告！	從不把家中的苦况去报告	删「，」
〃	〃	6	8-9	集团使用的	密集使用的	
〃	〃	6	12	團圓，團白，	團圓．團白，	
〃	〃	7	7	軍官和兩個敌兵	那個軍官和兩個敌兵	
〃	〃	10	7	無言的凱旋歸。	「無言的凱旋歸」。	
〃	〃	11	2	寸土不教碎	尺寸要保衛。	
〃	〃	14	6	空中堡壘，	空中堡壘	删「，」
〃	〃	18	3	唯一的	僅有的	
〃	〃	19	7	堅固结实，	堅固、结实。	加「、」
〃	〃	21	12	長山車站	長山車站	
〃	〃	23	1	搭客	乘客	
〃	1	23	3			删「艰巨」二字
〃	〃	24	1	中型重轉炸机	輕重轉炸机	
〃	〃	25 27	9 12	征飛机駕駛員 兩見	一個飛机駕駛員	
〃	〃	27	7	北極 兩見	北極	删私名标
〃	〃	28	2	在愛斯基摩人地方	在愛斯基摩人住的地方	

图 2-3-16　归绥市政府为转国定本各科课本勘误补遗（三）给第四区立国民学校代电（附勘误补遗）（1947 年 11 月 6 日）（三）

〃	〃	28	10	仝……上	仝……上	
〃	〃	29	12	仝……上	仝……上	
〃	〃	29	2	大部人一般高	大部有人一般高	
〃	〃	30	7	北極	北極	删私名标
〃	〃	32	4	我们要知道别地方的人们，怎樣……	我们要知道别地方的人怎樣……	删「们」「，」二符
〃	〃	34	2	在新村的……交叉着國旗党旗，	在新村大礼堂前面的旗杆上，高高的懸掛着國旗党旗。	
〃	〃	34	2—3	擺着長方形的長桌，……檯布，	放着長方形的桌子，……桌布	
〃	〃	35	6	雞鳴狗吠	雞鳴、狗吠，	加「、」
〃	〃	35	12	刻苦耐劳，……分工合作，	刻苦、耐劳，……分工、合作，	加「、」「、」
〃	〃	37	12	互助合作	互助、合作	加「、」
〃	〃	38	6	那裡会有這樣的好呢！	那裡会這樣的好呢！	删「有」字
〃	〃	38	8—9	農作物能够豐收……也能够……	農作物便可豐收……也可……	
〃	〃	39	2	八時之前	八時以前	
〃	〃	41	10—11	一保裏的保友们	全保的保友们	
〃	〃	42	2	字和詞：	字詞和語：	

(二)

图 2-3-16　归绥市政府为转国定本各科课本勘误补遗（三）给第四区立国民学校代电（附勘误补遗）（1947 年 11 月 6 日）（四）

图 2-3-16　归绥市政府为转国定本各科课本勘误补遗（三）给第四区立国民学校代电（附勘误补遗）（1947年11月6日）（五）

图 2-3-16　归绥市政府为转国定本各科课本勘误补遗（三）给第四区立国民学校代电（附勘误补遗）（1947 年 11 月 6 日）（六）

附記	〃	〃	〃	〃	〃	〃	〃	〃	〃	〃	〃
	〃	〃	〃	〃	〃	〃	〃	〃	〃	〃	〃
	87	87	86	86	82	82	78	77	76	75	70
	4	6³	7	1	9起	5	1	9	7--5	10	12
	架子	木架子架子	大之前4年	不久便要告別老師，同學和母校，		也許肚子餓了。	本社園改穿女装上		你可聽清楚嗎？		凱旋回家， 他年得勝回來，
	木架	木架	三4之前	不久便要向老師同學和母校告別，		一定肚子餓了。		刪「穿」字		刪「同」字 (兵士露驚疑狀)。	第七行後面加一行小字如下
				考題、課本另詳	改用假期讀書会公開考十	均刪去	「名目繁多」「幟」「解服」				

图 2-3-16 归绥市政府为转国定本各科课本勘误补遗（三）给第四区立国民学校代电（附勘误补遗）（1947年11月6日）（七）

事由：为电转介绍商务印书馆北平分馆新编"新小学文库"一套仰即知照由

归绥市政府代电第1330号 教字第443号
中华民国卅六年十一月九日

希四区立国民学校鉴：奉省政府教育厅西字第三三四号代电："据商务印书馆北平分馆呈称：敝馆邀约擅长写字著书、绘画名家多人新编'新小学文库'一套共出一百册三百余种，包含小学三四五六年级儿童应用书刊数种及小学课程中各科课用书四十册，系根据最新材料而撰述之作品，计全部定价一百三十万元，特价九十六万元开为优待起见自十月十六日发售特价两个月全套本每部左右定每月加重售出十册原售价一百三十万元改为七五折即每部实收九十万元如左年交货须另计算廿芊情扰此洋将本馆存事厅备赠品知此事因奉此特令电外合行电仰连何该馆许购善要交归绥市政府成佳教印"

校对 赵九功

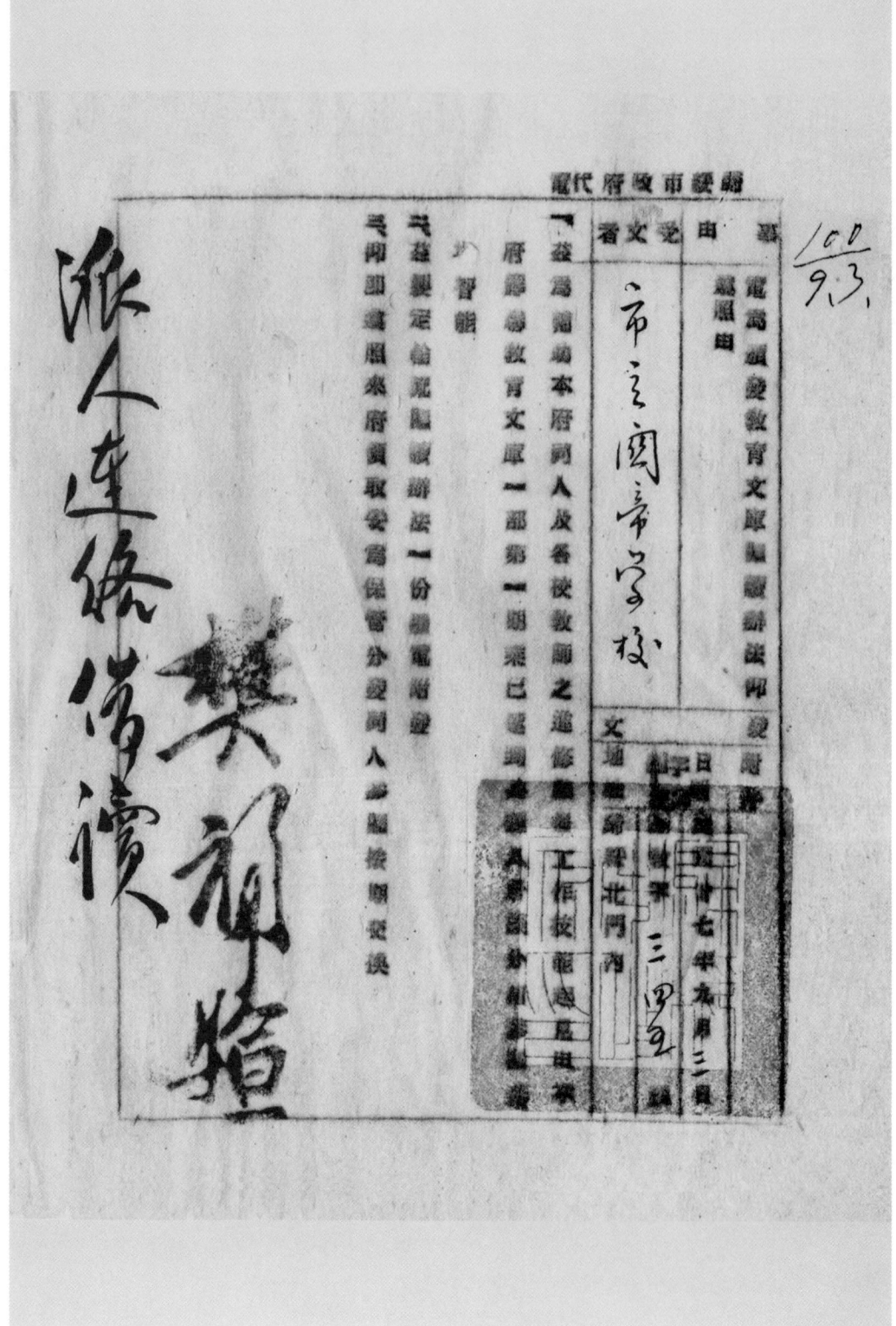

图 2-3-18 归绥市政府关于颁发教育文库阅读办法的代电（附办法）（1948 年 9 月 3 日）（一）

教育文庫閱讀辦法

一、本府為使各校教師閱讀教育文庫以資進修期增進教學效能起見特訂定本辦法
二、本文庫由本府依照文庫目錄次第臚陳暫分六組其名稱如左：甲進修組乙教育狀況丙行政丁教材辦法戊鄉鎮村教育己成人教育
三、由本府同人暨市立恆昌店舖察爾蒙凱橋街小召街遍順街道中心國民學校分為六組依照文庫分配次輪流閱讀
四、各組閱讀期間暫定為五星期期滿時原藏之還本府依次交換勿稍遲延
五、每組閱讀由所屬組員中互推組長一名負責領取更及分配書籍之責
六、各組長於收受書籍時如發現有遺失及書中有任何殘缺篇及折損等情事應立即追究責任查明員賠償之責
七、本書金額一百冊除現已運到之第一期第一集零八冊暫依本辦法外如全書運回閱讀辦法另訂之規定編額外

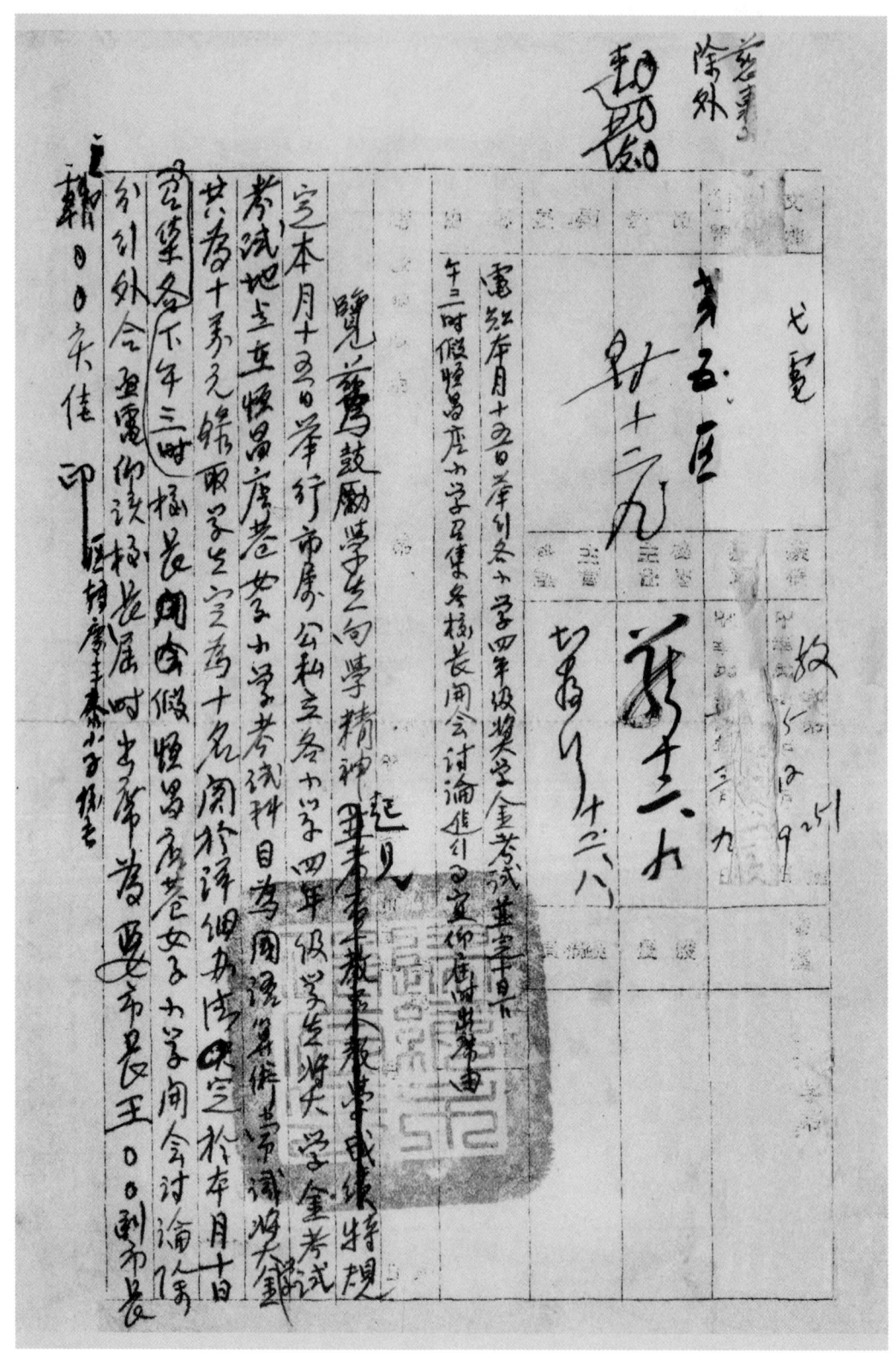

图 2-3-19　归绥市政府通知举行小学四年级奖学金考试并召集校长开会讨论进行事宜的代电（1946 年 3 月 9 日）

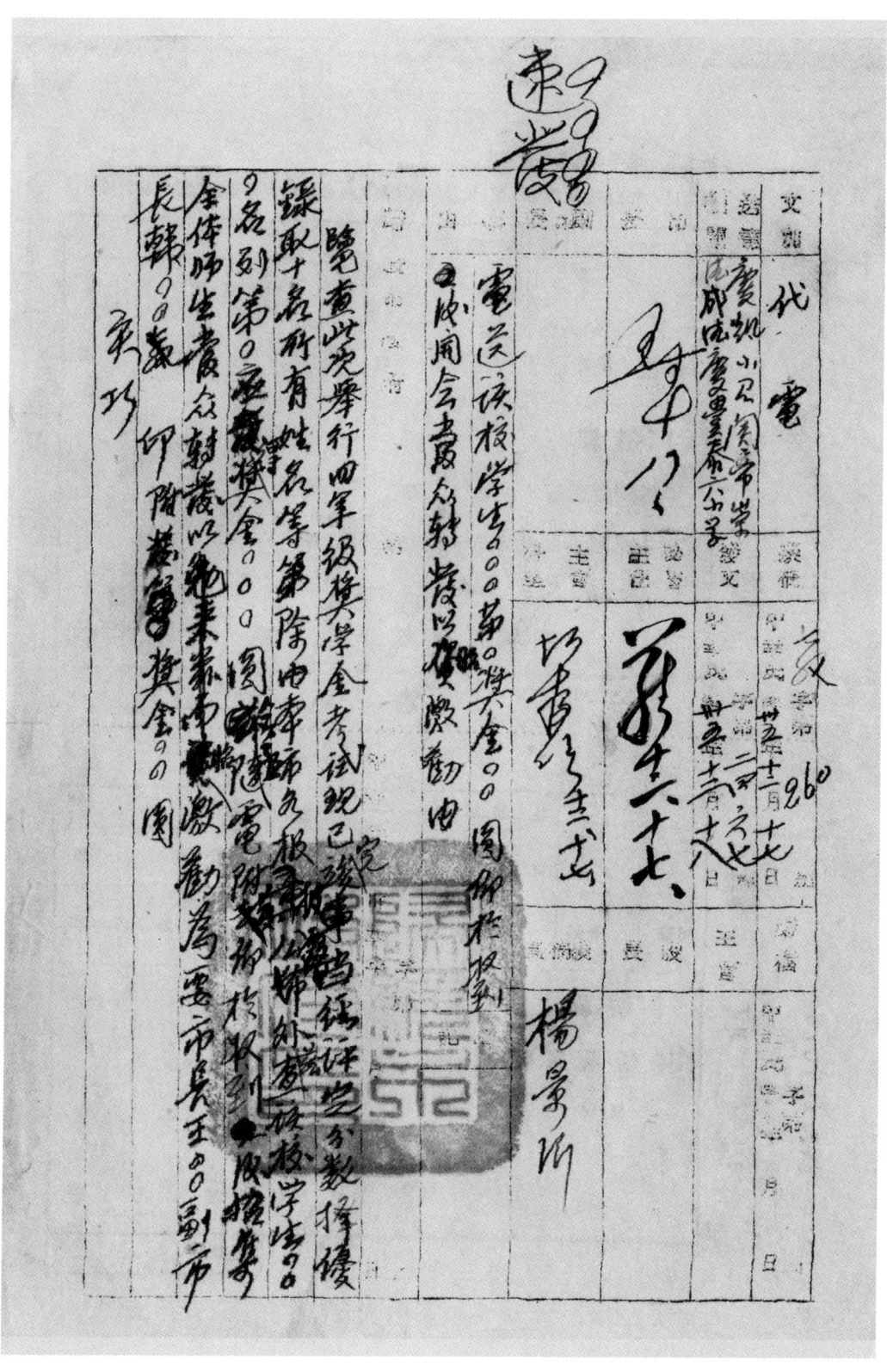

图 2-3-20　归绥市政府关于开会当众转发学生奖金的代电（1946 年 12 月 18 日）

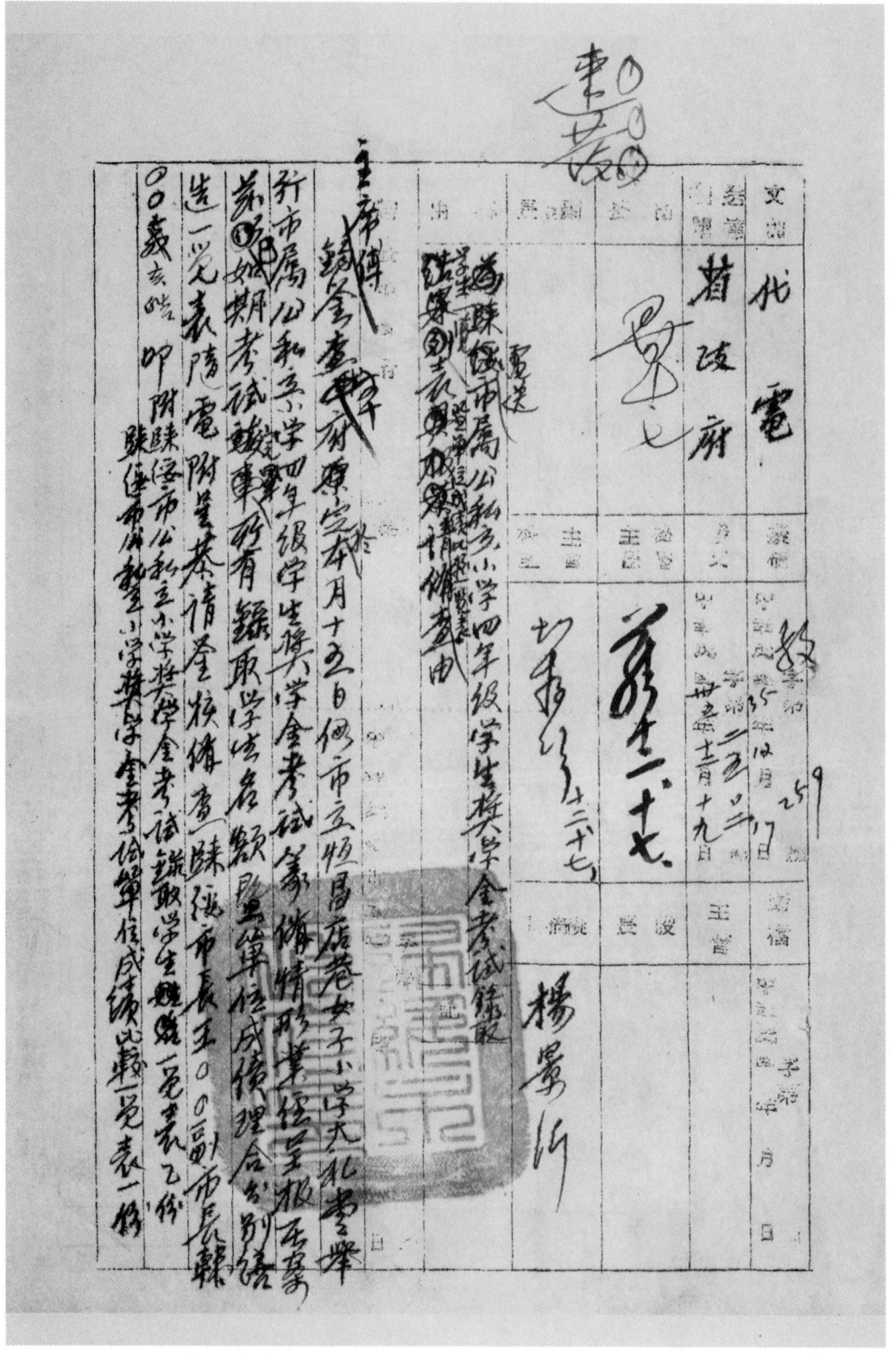

图 2-3-21 归绥市政府为呈送市属公私立小学四年级学生奖学金考试录取学生一览表暨单位成绩比较一览表致绥远省政府代电（附表）（1946年12月19日）（一）

归绥市公私立小学四年级奖学金考试录取学生姓名一览表

校别	姓名	性别	年龄	籍贯	等第	平均分数	奖金数目	级任教员	备注
庆凯	安世禄	男	十二	归绥	1	90.3	21,000	龚国玺	
崇德	刘铭	男	十	山西	2	89.6	17,000	张素梅	
庆凯	黄贵郿	男	十四	河北	3	88.6	14,000	罗万鑑	
成德	黄贵郿	男	十三	归绥	4	88.3	12,000	全慎修	
小召	温永功	男	十四	山西	5	88	10,000	阎贞	
崇德	李如海	男	十二	山西	6	86.3	8,000	张素梅	
成德	秦淑云	女	十五	河北	7	85	6,000	罗万鑑	
庆丰泰	麻润福	男	十五	山西	8	82.6	5,000	阎贞	
崇德	张寰庭	男	十三	山西	9	82.3	4,000	张素梅	
关帝庙	韩枚	男	十一	山西	10	81.6	3,000	阎国鼎	

图 2-3-21 归绥市政府为呈送市属公私立小学四年级学生奖学金考试录取学生一览表暨单位成绩比较一览表致绥远省政府代电（附表）（1946年12月19日）（二）

归绥市公私立小学奖学金考试单位成绩比较一览表

等第	项别	公私立	校名	总平均分数	备注
1		市立	庆凯桥小学	七四.六三	
2		市立	小召街小学	七四.二七	
3	8	私立	道德女子小学	六八.〇二	
	3	私立	道顺街小学	六七.三八	
4		市立	崇德小学	六三.五四	
5		市立	庆丰泰街小学	六八.二二	
		区立	忠心召小学	六八.四七	
6		私立	怀昌店女子小学	六一.四二	
7		市立	成德小学	五七.九六	原数十名兹考九名
		私立	圣家女子小学	四三.六七	缺考
10					
11		市立	关帝庙街小学	四三.〇三	全

图 2-3-21 归绥市政府为呈送市属公私立小学四年级学生奖学金考试录取学生一览表暨单位成绩比较一览表致绥远省政府代电（附表）（1946年12月19日）（三）

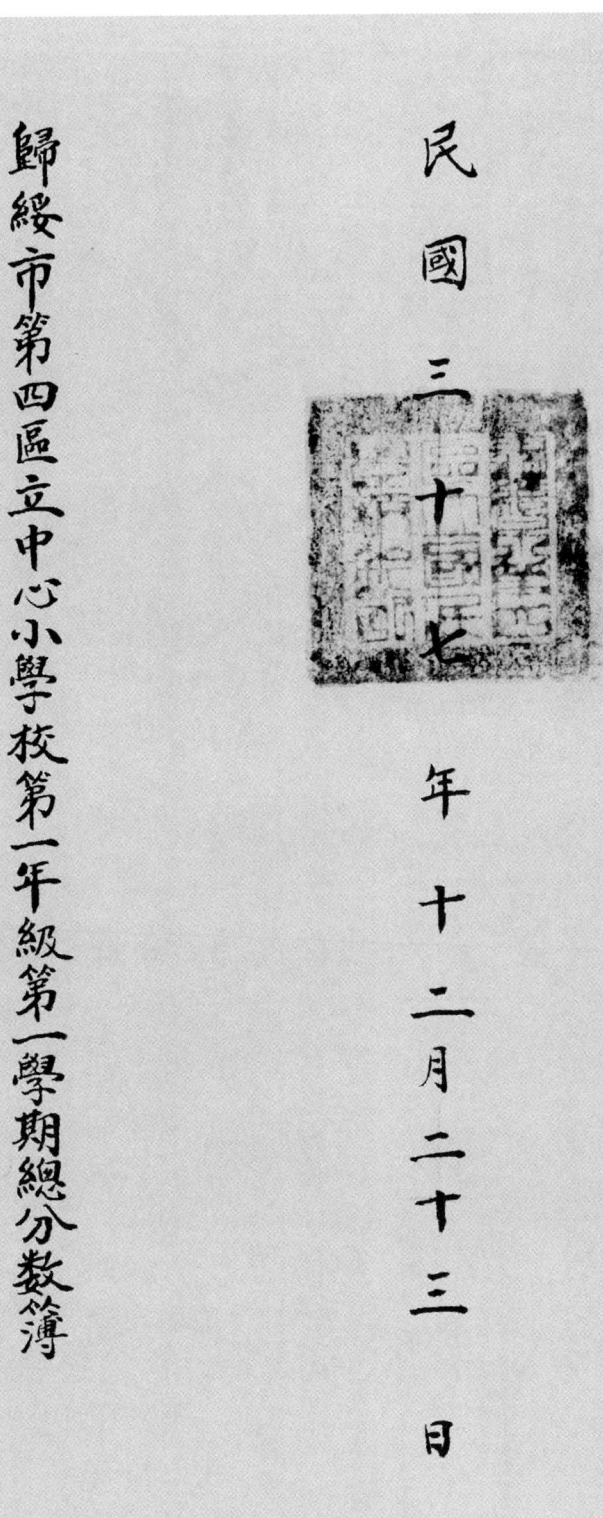

图 2-3-22　归绥市第四区立中心小学校第一年级第一学期总分数簿（节选）（1948年12月23日）（一）

李果仁			史長山			姓名次別分科數目	學業成績表
學期測驗	臨時測驗次二	臨時測驗次一	學期測驗	臨時測驗次二	臨時測驗次一		
94	94	92	96	96	99	算術	
89	84	93	90	89	93	國語	
85	97	78	92	84	92	唱歌	
86	80	96	80	65	81	圖畫	
83	83	80	90	68	82	勞作	
95	88	88	89	60	85	國音	
90	63	91	85	90	98	體育	
83	93	94	84	88	83	故事	
729	617	712	706	640	713	總分	
85.3	2049 均分 總分		85.7	2059 均分 總分		實得數	
2	女甲 及格次等		1	男甲 及格次等		性別等	

民國三十七年十二月二十三日

图 2-3-22 归绥市第四区立中心小学校第一年级第一学期总分数簿（节选）（1948年12月23日）（二）

王德山			王拴			吕贵		
臨時次一	測驗次二	學期測驗	臨時次一	測驗次二	學期測驗	臨時次一	測驗次二	學期測驗
81	40	92	98	82	94	60	45	71
91	64	85	95	38	88	84	58	68
87	76	93	85	93	93	88	90	79
86	84	88	98	72	90	80	65	60
85	63	63	85	82	92	65	75	95
79	90	82	85	88	91	71	72	90
96	85	95	92	82	60	82	78	82
73	87	88	72	70	85	92	90	90
684	644	710	710	607	713	662	673	695
總分 2038		勻分 84.9	總分 2030		勻分 84.5	總分 2030		勻分 84.5
男甲		名次 3	男甲		名次 4	男甲		名次 5

图 2-3-22 归绥市第四区立中心小学校第一年级第一学期总分数簿（节选）（1948年12月23日）（三）

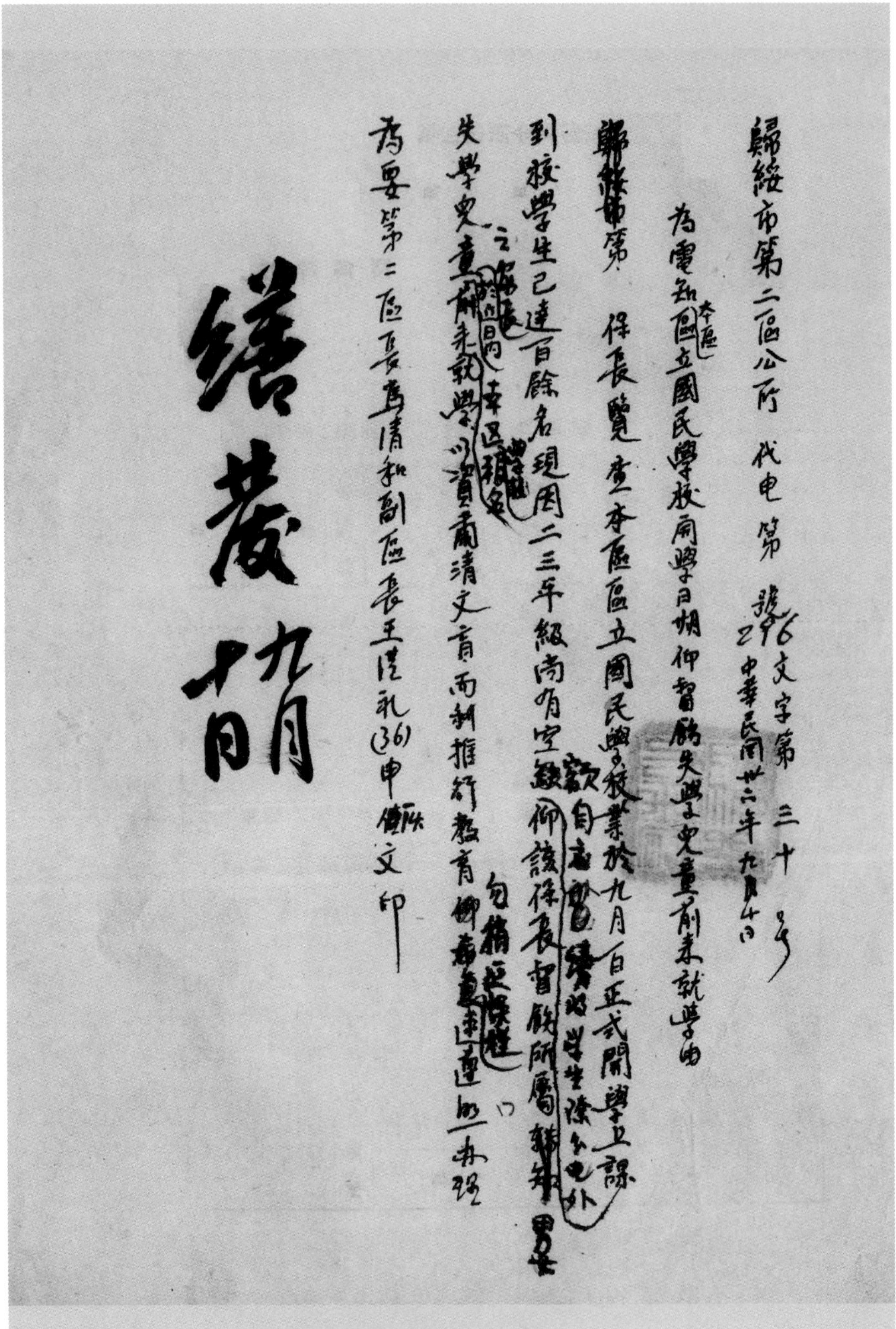

归绥市第二区公所 代电第 96 文字第三十号 之 中华民国卅六年九月4日

为电知国立国民学校（本区）开学日期仰晋饬失学失学儿童前来就学由

归绥市第

保长览 查本区区立国民学校业于九月一日正式开学上课 自应加紧必要学生源源到校外 仰该保长督饬所属保干 到校学生已达百余名 现因二三年级尚有空额 仰护保长督饬所属保干 失学儿童前来就学以资肃清文盲 而利推行教育 仰即遵照

为要 等 第二区长马清泉 副区长 王廷礼(36)申 佩文印

缮发九月十日

图 2-3-23 归绥市第二区公所通知区立国民学校开学日期的代电（1947年9月10日）

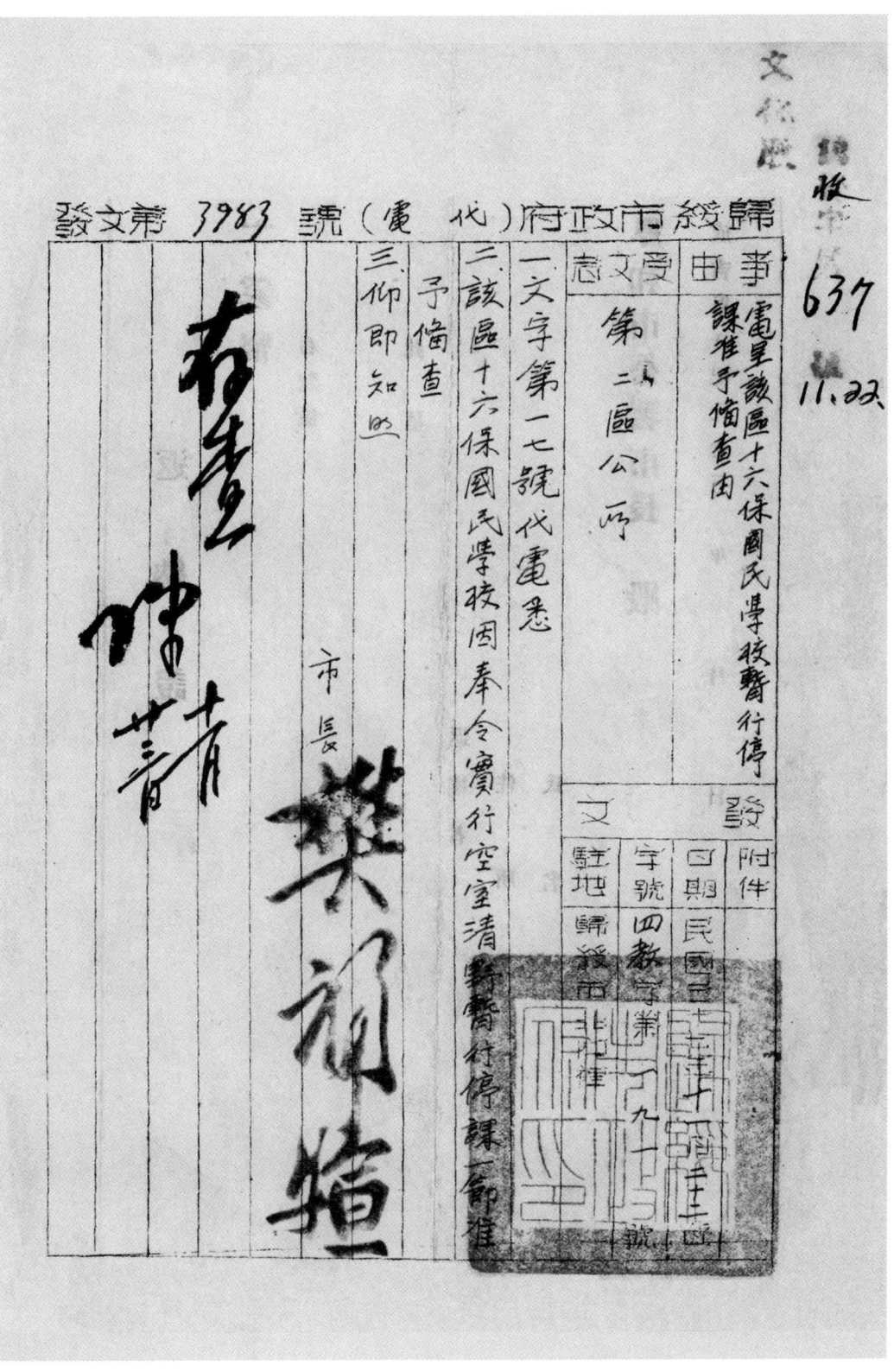

图 2-3-24　归绥市第二区公所为呈报第十六保国民学校由十月一日起暂行停课及归绥市政府准予备查的代电（1948年11月22日）（一）

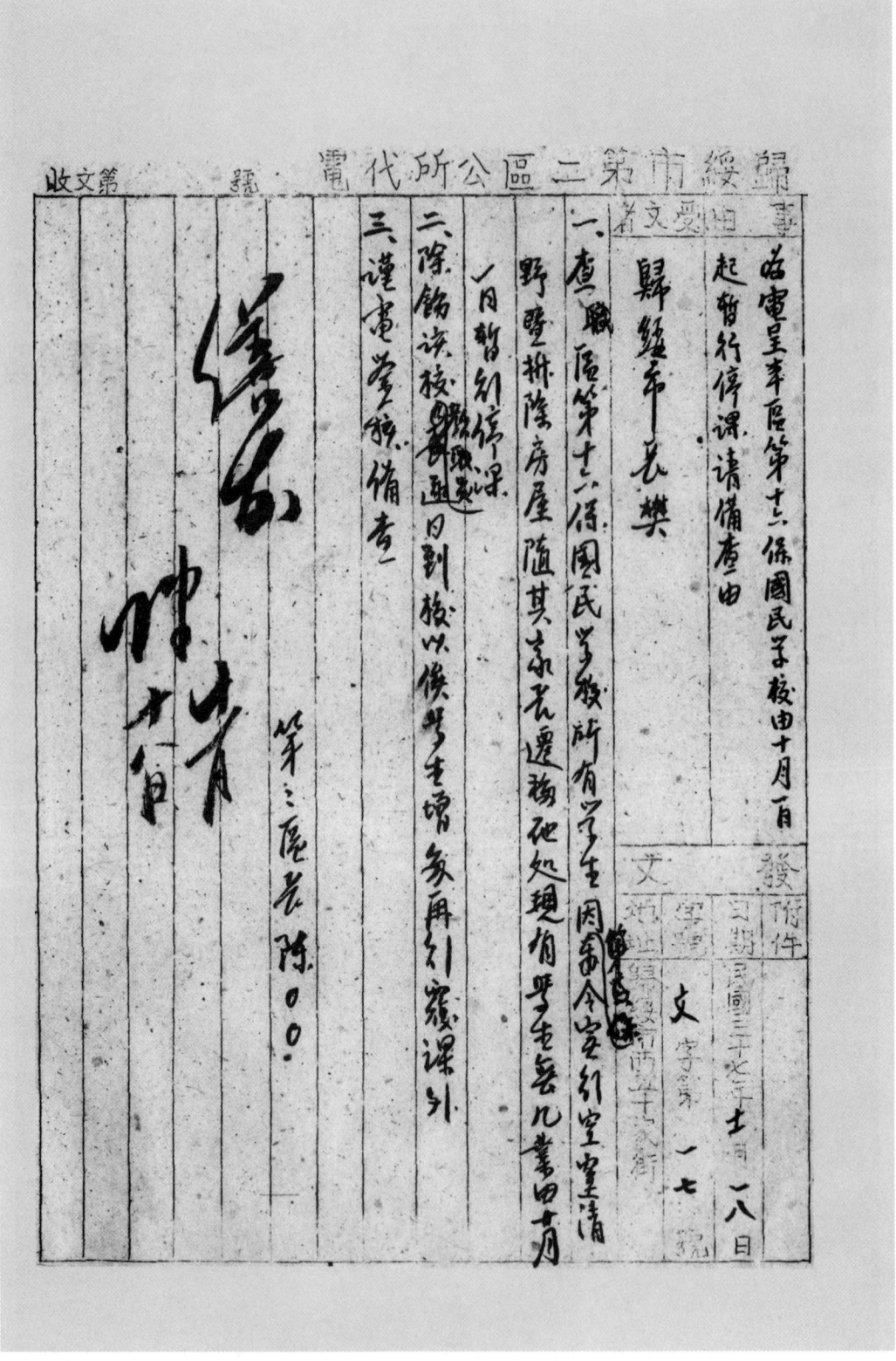

图 2-3-24 归绥市第二区公所为呈报第十六保国民学校由十月一日起暂行停课及归绥市政府准予备查的代电（1948年11月22日）（二）

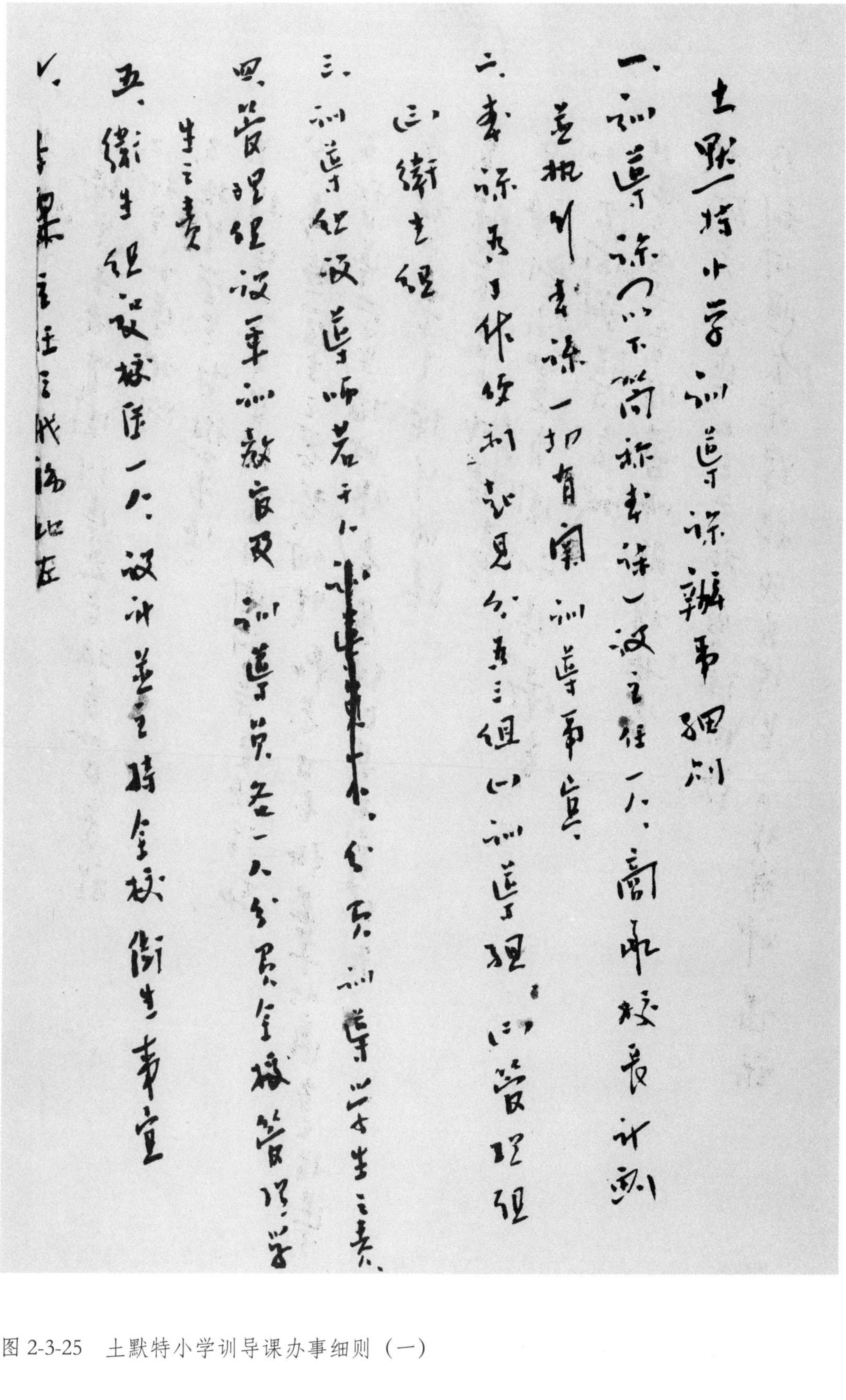

土默特小学训导课办事细则

一、训导课以不简称本课）设主任一人,由本校长计划本课一切育导训导事宜,兼机川本课一切育导训导事宜。

二、本课为工作便利起见分为三组,以训导组、以管理组、以卫生组

三、训导组设训导师若干人,分员训导学生之责。

四、管理组设军训教官及训导员各一人,分员全校管理学生之责。

五、卫生组设校医一人,设卫生员掌全校卫生事宜。

六、本课主任三代论如左

图 2-3-25　土默特小学训导课办事细则（一）

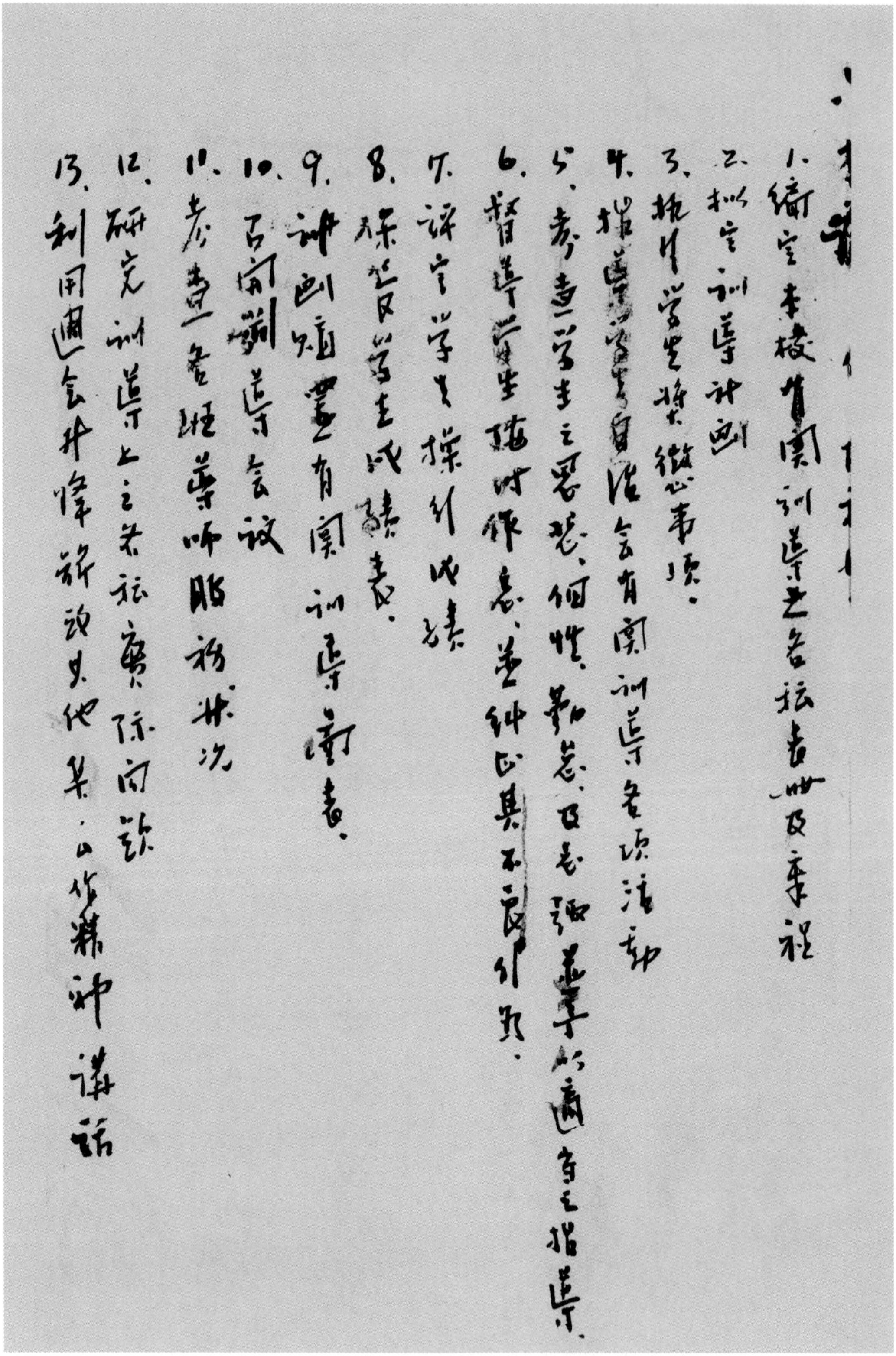

[illegible]
1. 編定本校有關訓導之各種表冊及章程
2. 擬定訓導計劃
3. 執行學生獎懲事項。
4. 指導學生自治會有關訓導各項活動
5. 考查學生之容裝、個性、勤惰、及長短，並予以適當之指導。
6. 督導學生隨時作息、並糾正其不良行為。
7. 評定學生操行成績
8. 保管學生成績表。
9. 計劃實施有關訓導事宜。
10. 召開訓導會議
11. 考查各班導師服務狀況
12. 研究訓導上之各種實際問題
13. 利用週會升降旗及其他集會作精神講話

图 2-3-25　土默特小学训导课办事细则（二）

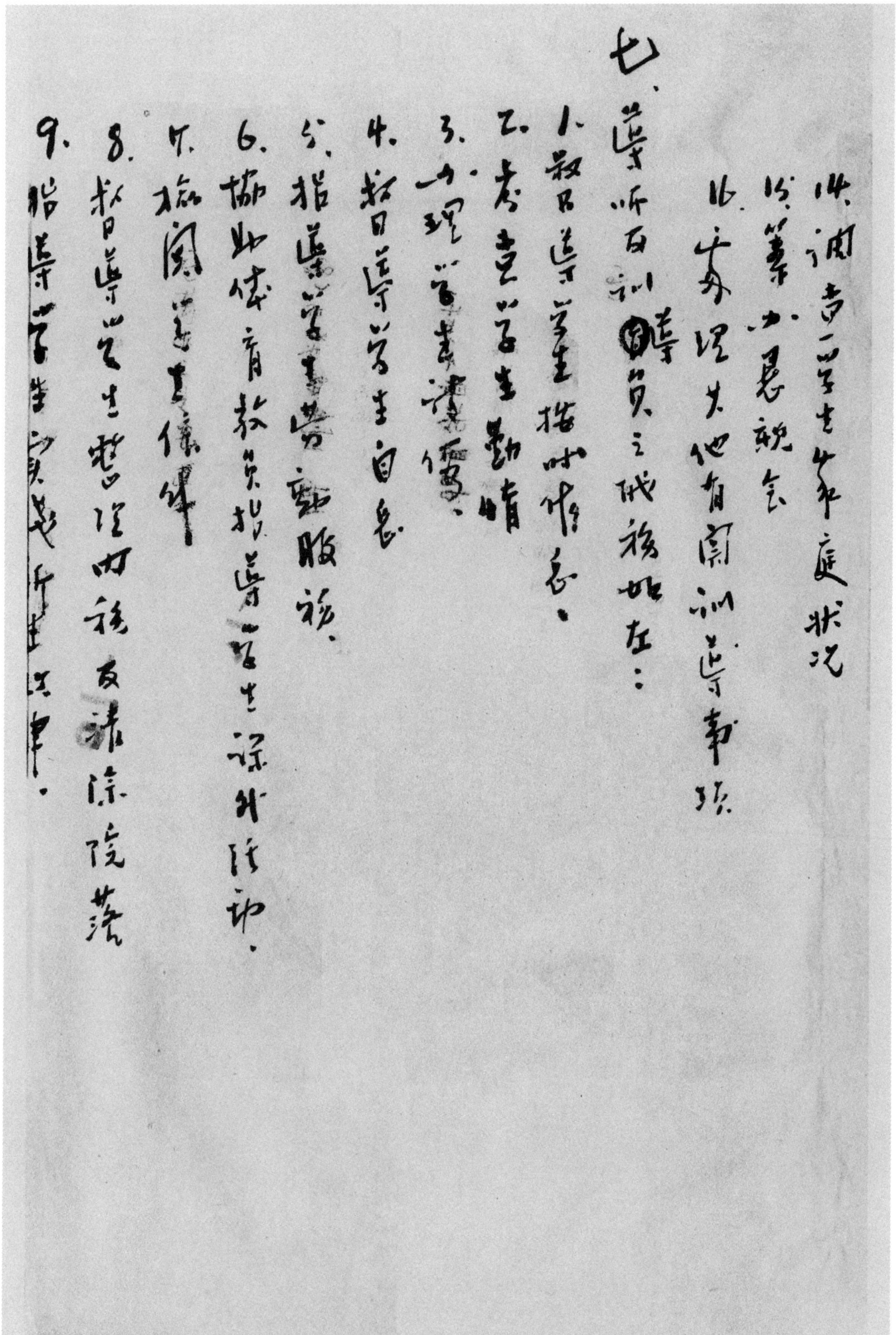

以调查学生家庭状况

七、举办学生晚会

此外还有其他有关训导事项

小教导主任⑪负之职务如左：

1. 教导主任掌理训导事长、
2. 考查学生勤惰、
3. 办理学生请假、
4. 督导学生自治、
5. 指导学生课外服务、
6. 协助体育教员指导学生课外活动、
7. 检阅学生作业簿
8. 督导学生实行四维及清除院落、
9. 指导学生实施新生活律、

图 2-3-25　土默特小学训导课办事细则（三）

10. 晚点名时,遇必要时作精神训话。
11. 纠察学生作息及实修事,随时予以鼓励或纠正。
12. 辅导学生征求□允许之行会活动。
13. 指导学生社会服务及学校服务之一切事宜。
14. 利用课馀及例假时间集合本班学生举行谈话会,讲演会,辩论会,郊游会及时事座谈会。
15. 集会训话。
16. 调查学生健康状况。
17. 考查学生个性思想身体状况及学业成绩,宜当指导。
18. 办理学生偶发事件。
19. 评定学生操行成绩。

图 2-3-25 土默特小学训导课办事细则（四）

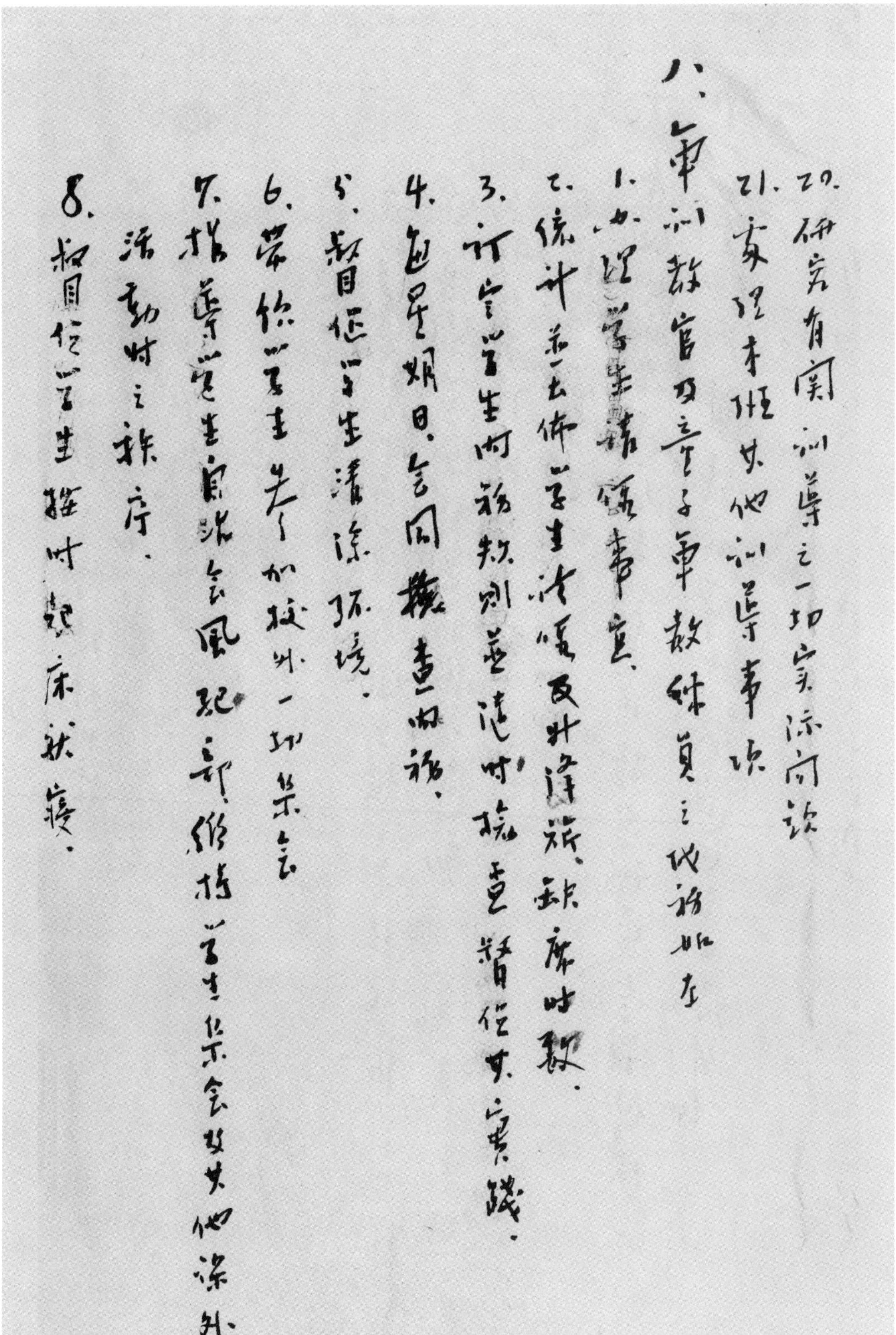

八、军训教官办童子军教练员之地位如左

2). 研究有关训导之一切实际问题
21. 实施本班其他训导事项
1. 办理学生请领事宜
2. 领导并布置学生活动及升降旗、缺席时数
3. 许可学生请假规则并注销临时缺席暨住宿实践
4. 包星期日会同稽查内务
5. 督促学生清洁环境
6. 带领学生参加校外一切集会
7. 指导学生家庭会风纪部级特学生集会及其他课外活动时之秩序
8. 校阅住宿生按时起床就寝

图 2-3-25 土默特小学训导课办事细则（五）

九、校医室
10.其他管理学生事项
9.校室寝室体息灯并门窗
10.其他管理学生事项

十、校医室之他设施
1.计画全校卫生设施
2.诊治师生之疾病
3.推广举行目治会卫生股之各项活动
4.筹备举之各种卫生运动
5.划回升评议其他采食物之重请卫生常识
6.指导学生其他卫生事项

十一、本细则如有未尽事宜,所提出训导会议修改。

十二、本细则经训导会议通过之日施行。

图 2-3-25 土默特小学训导课办事细则（六）

四 总务工作

绥远省喇嘛印务处公函民国三十六年〇二月廿七日 字第 号

事由 交纳房租由

迳启者案据所属崇福寺执事喇嘛鸿禧等呈报事窃缘有本市市立小召街小学校现任校长刘某于去春佔住本寺七间楼院时约佔用房共二十余间于初时声言房租多寡容此时难以规定令向市政府交涉约定等语不想嗣后虽呈请交涉至再卒未交纳房租一次且亦未予规定数目更不知何时擅将内存召中松木檩二十余条建盖厕所概未给与分文之价乃近来更催用木匠又拟使用所

为函请令知小召街市立小学校免擅毁宗教建筑及

[印章：喇嘛鸿禧等称为呈]

[印章：喇嘛印务处]

厕所用檩十二〇檩七十〇

中华民国 年 月 日

图 2-4-1 绥远省喇嘛印务处为请令知小召街市立小学校免擅毁宗教建筑及缴纳房租致归绥市政府公函（1947年2月27日）（一）

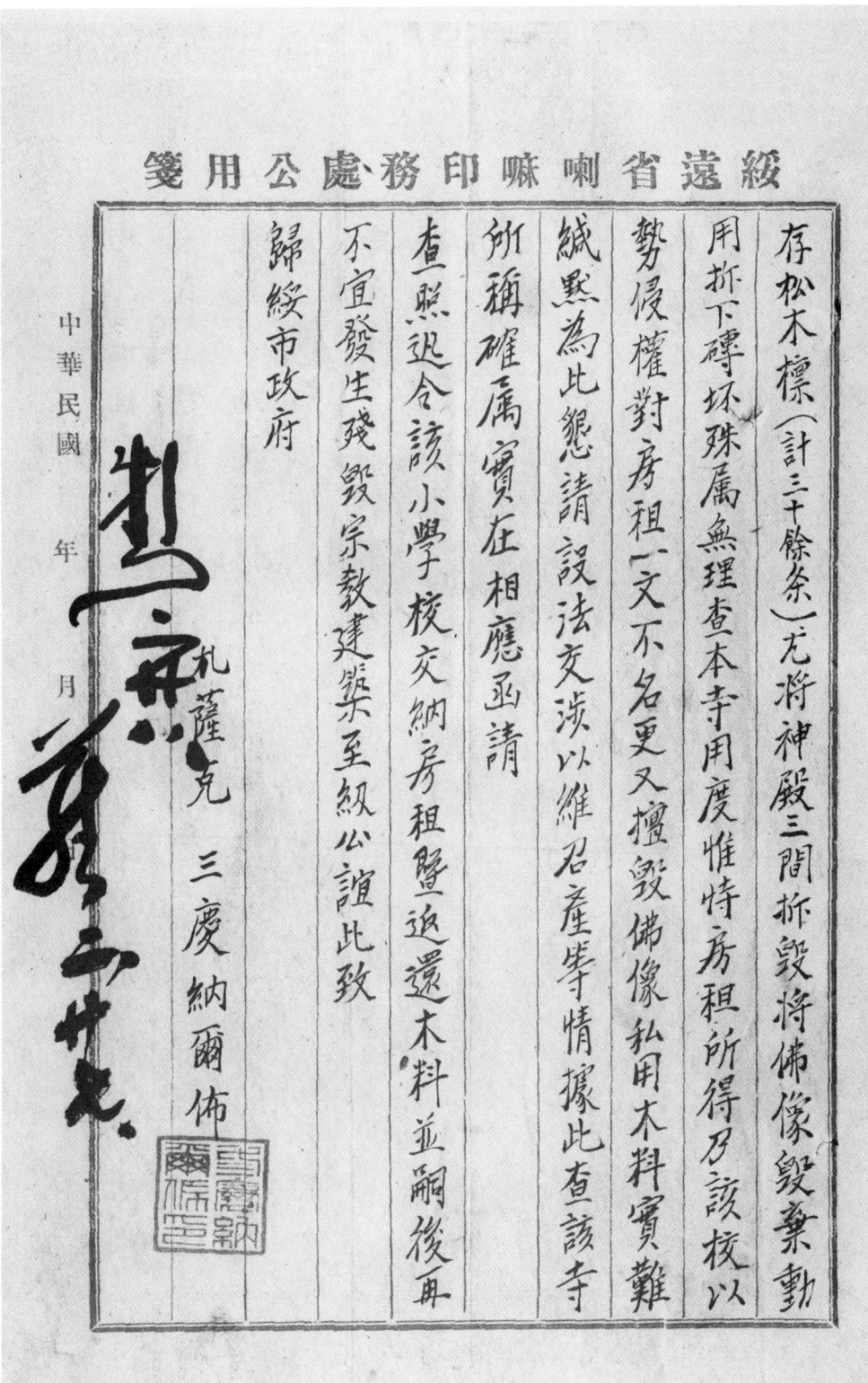

图 2-4-1　绥远省喇嘛印务处为请令知小召街市立小学校免擅毁宗教建筑及缴纳房租致归绥市政府公函（1947年2月27日）（二）

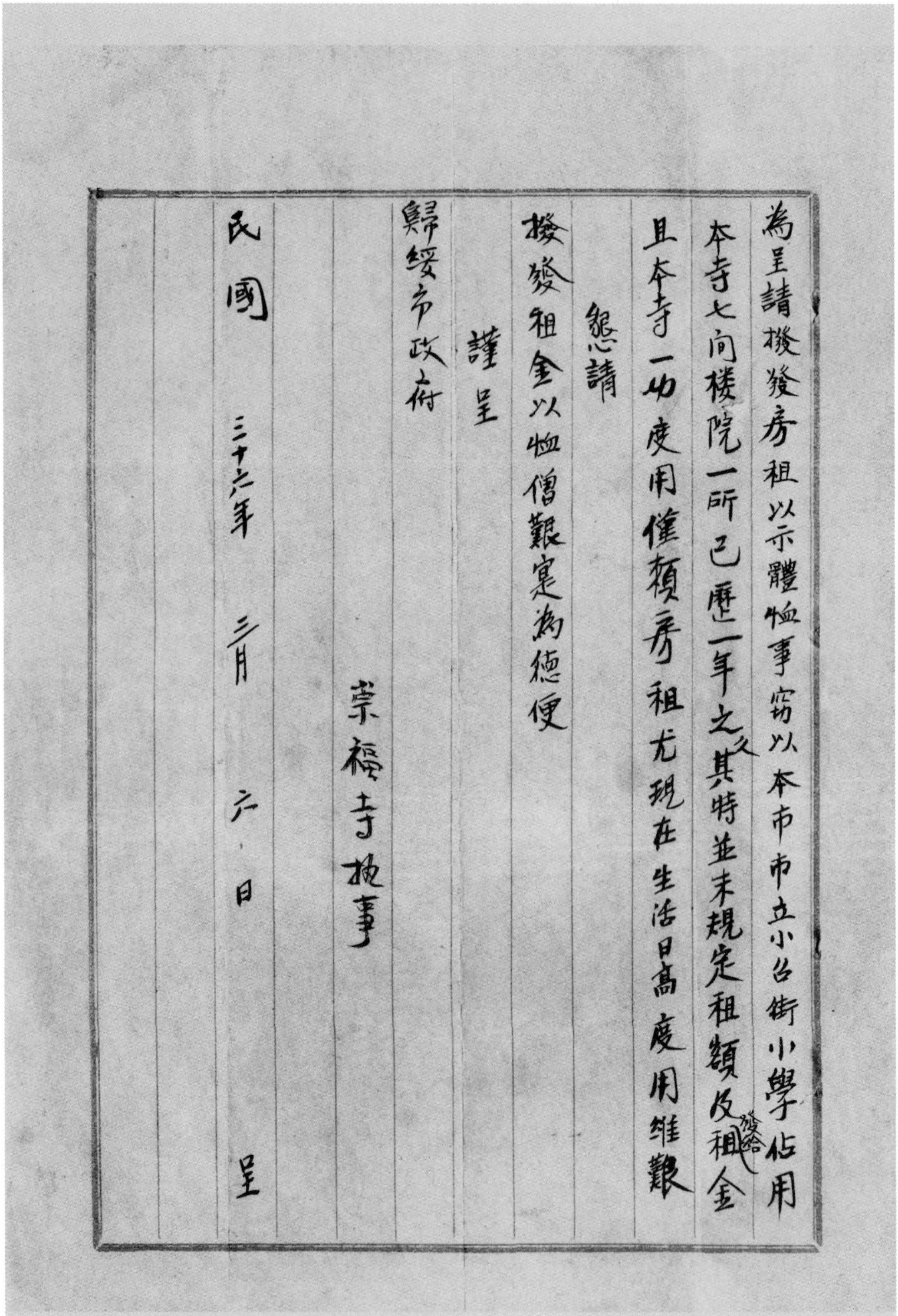

为呈请拨发房租以示体恤事窃以本市市立小召街小学占用本寺七间楼院一所已历二年之久其特并未规定租额及租金且本寺一切度用仅赖房租尤现在生活日高度用维艰

恳请

拨发租金以恤僧艰寔为德便

归绥市政府

谨呈

崇福寺故事 呈

民国三十六年 三月 六日

图 2-4-2 崇福寺（小召）为请拨发市立小召街小学房租致归绥市政府呈（1947年3月6日）

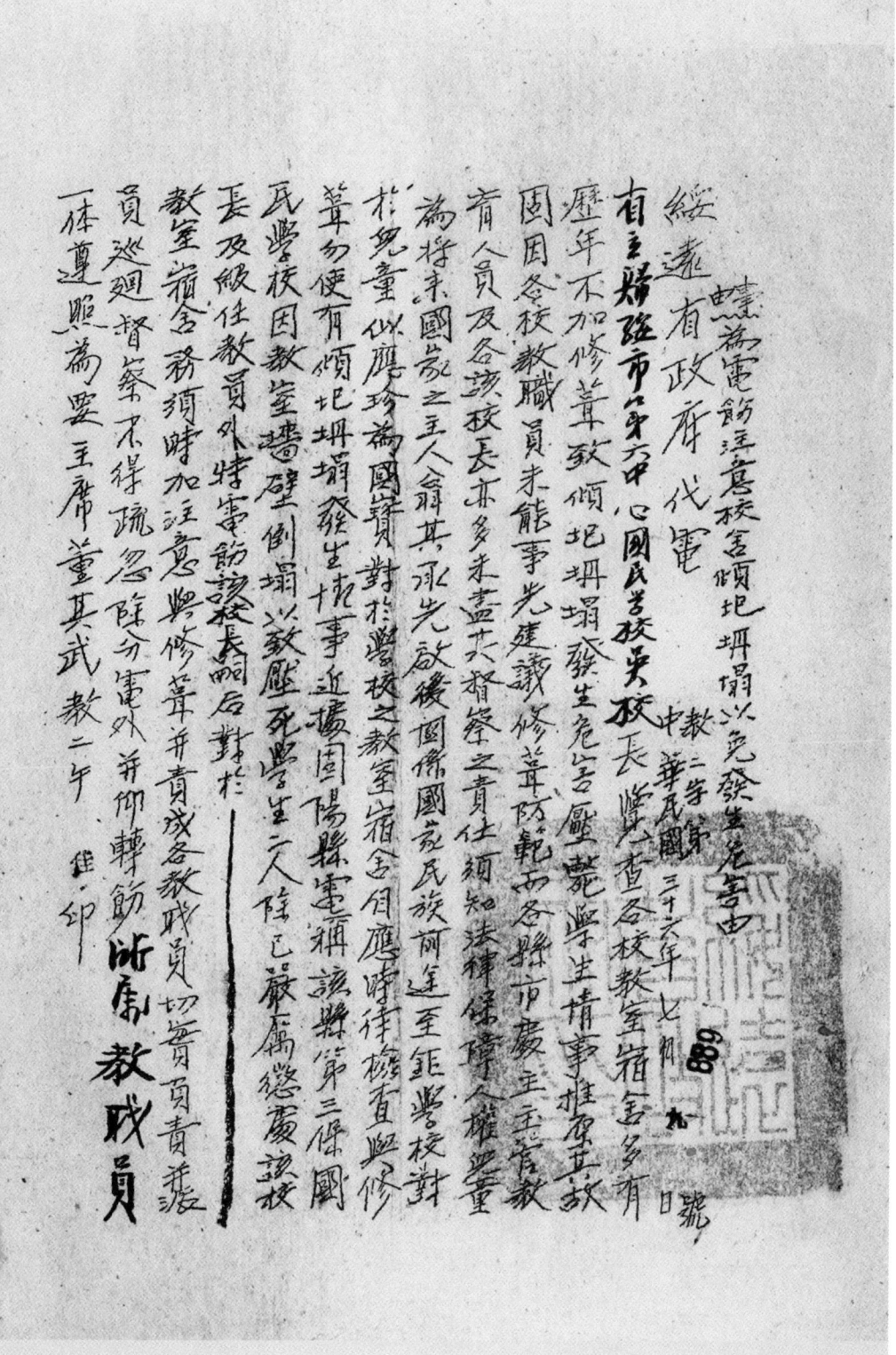

图 2-4-3　绥远省政府关于注意校舍倾圮坍塌以免发生危害的代电（1947年7月9日）

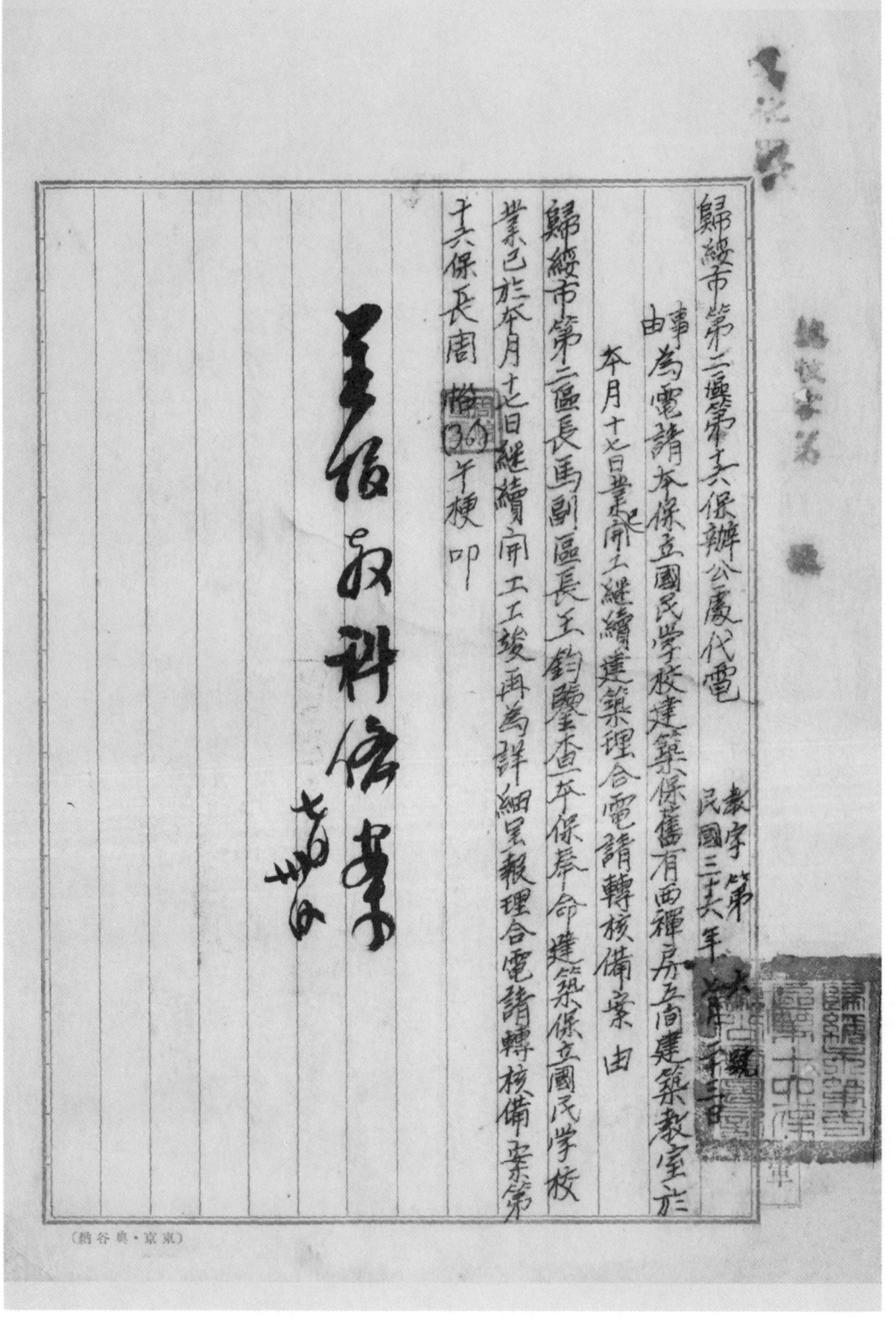

图 2-4-4 归绥市第二区第十六保办公处为保立国民学校建筑教室开工备案致归绥市第二区公所代电（1947年7月23日）

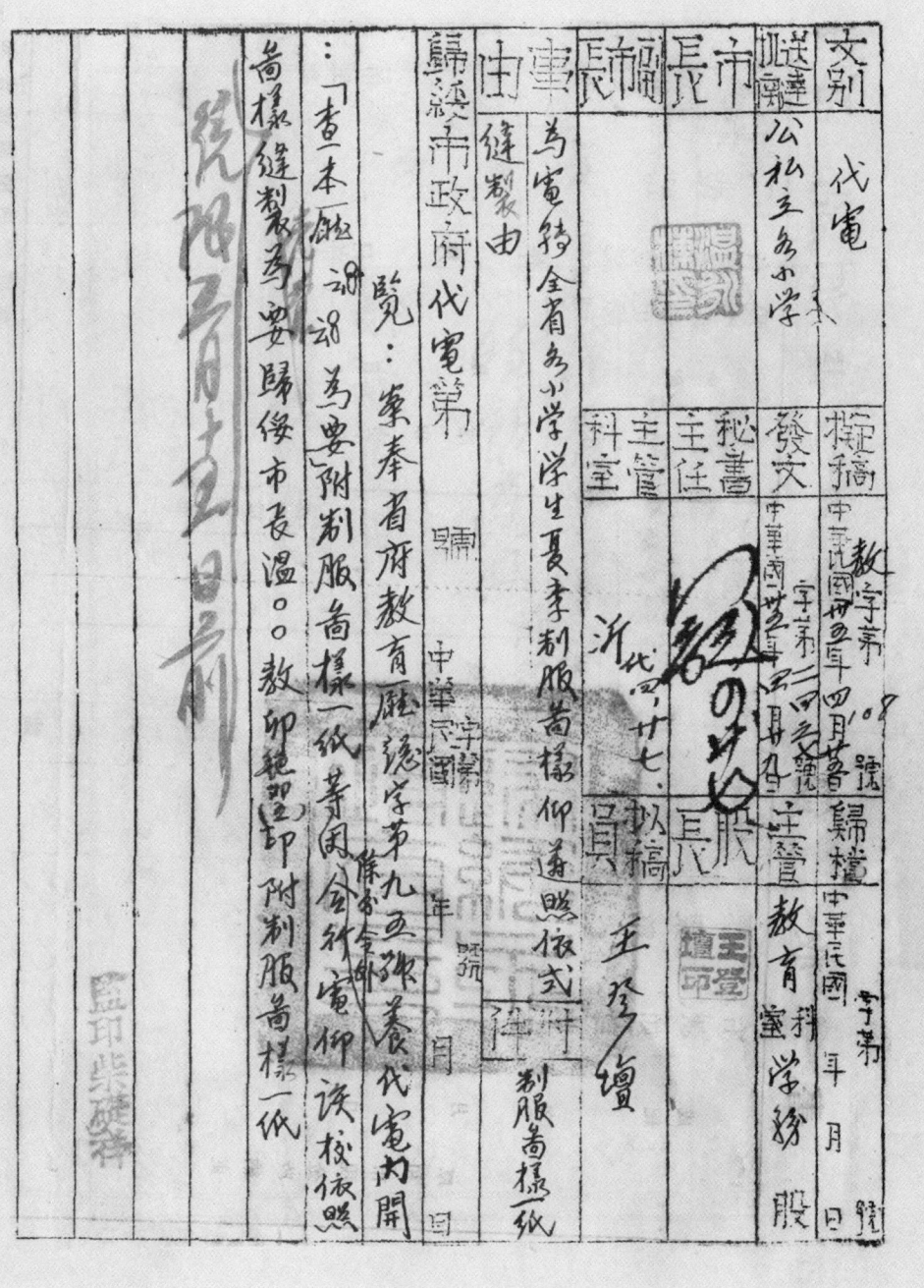

图 2-4-5 归绥市政府关于转发全省各小学学生夏季制服图样的代电（附绥远省政府代电）（1946 年 4 月 22 日）（一）

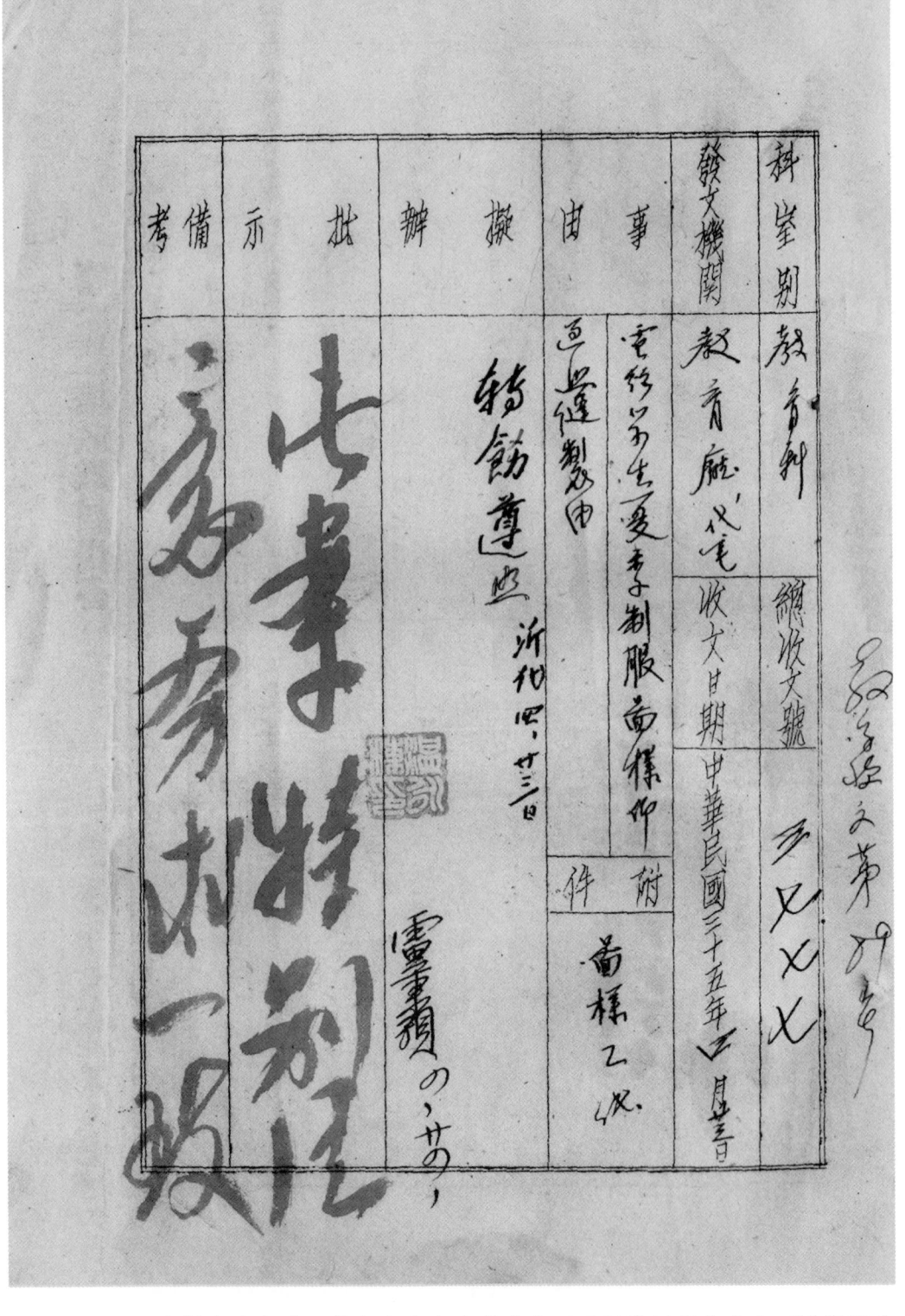

图 2-4-5 归绥市政府关于转发全省各小学学生夏季制服图样的代电（附绥远省政府代电）（1946年4月22日）（二）

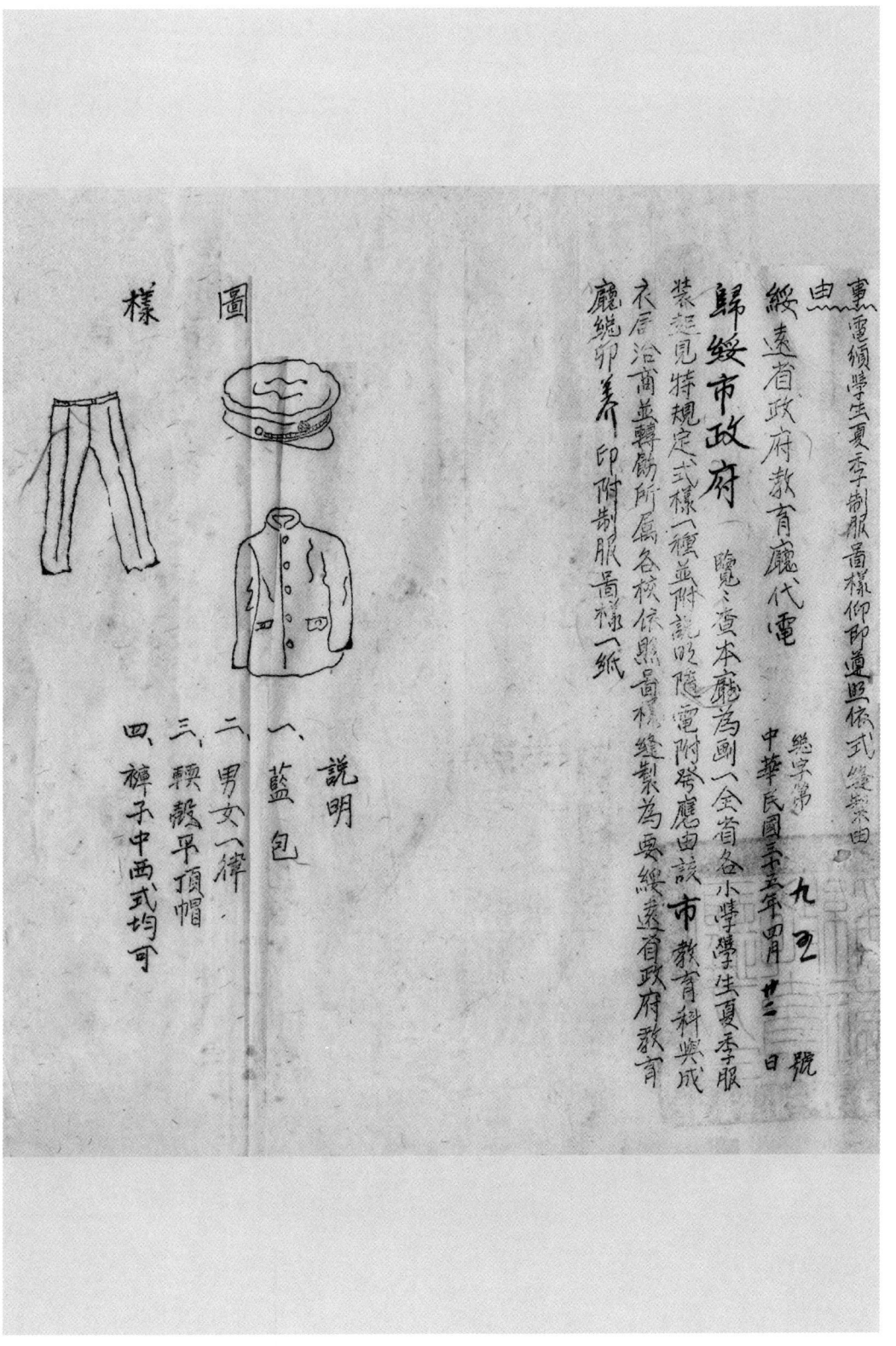

图 2-4-5 归绥市政府关于转发全省各小学学生夏季制服图样的代电（附绥远省政府代电）（1946 年 4 月 22 日）（三）

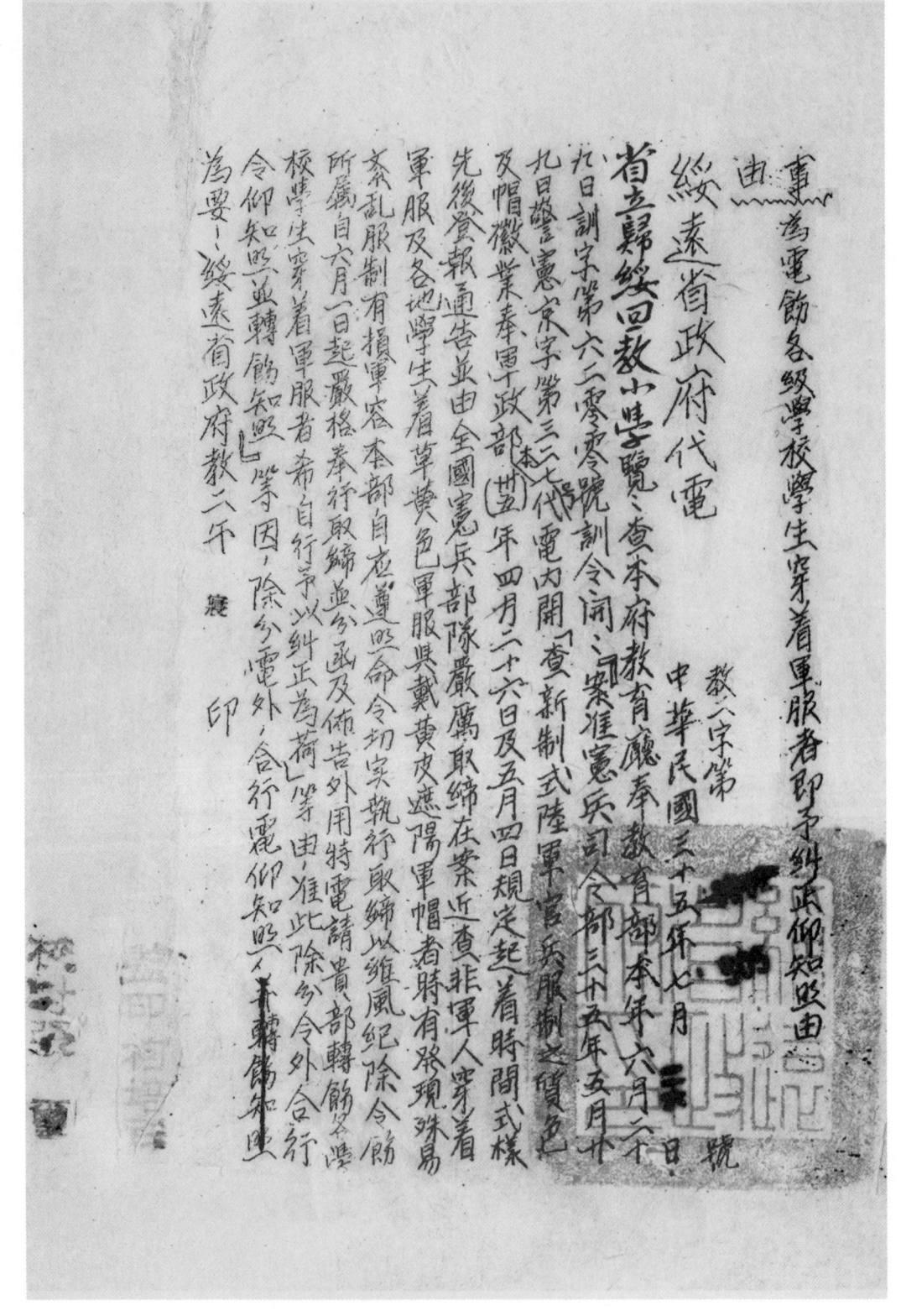

图 2-4-6 绥远省政府关于各级学校学生穿着军服者即予纠正的代电（1946年7月26日）

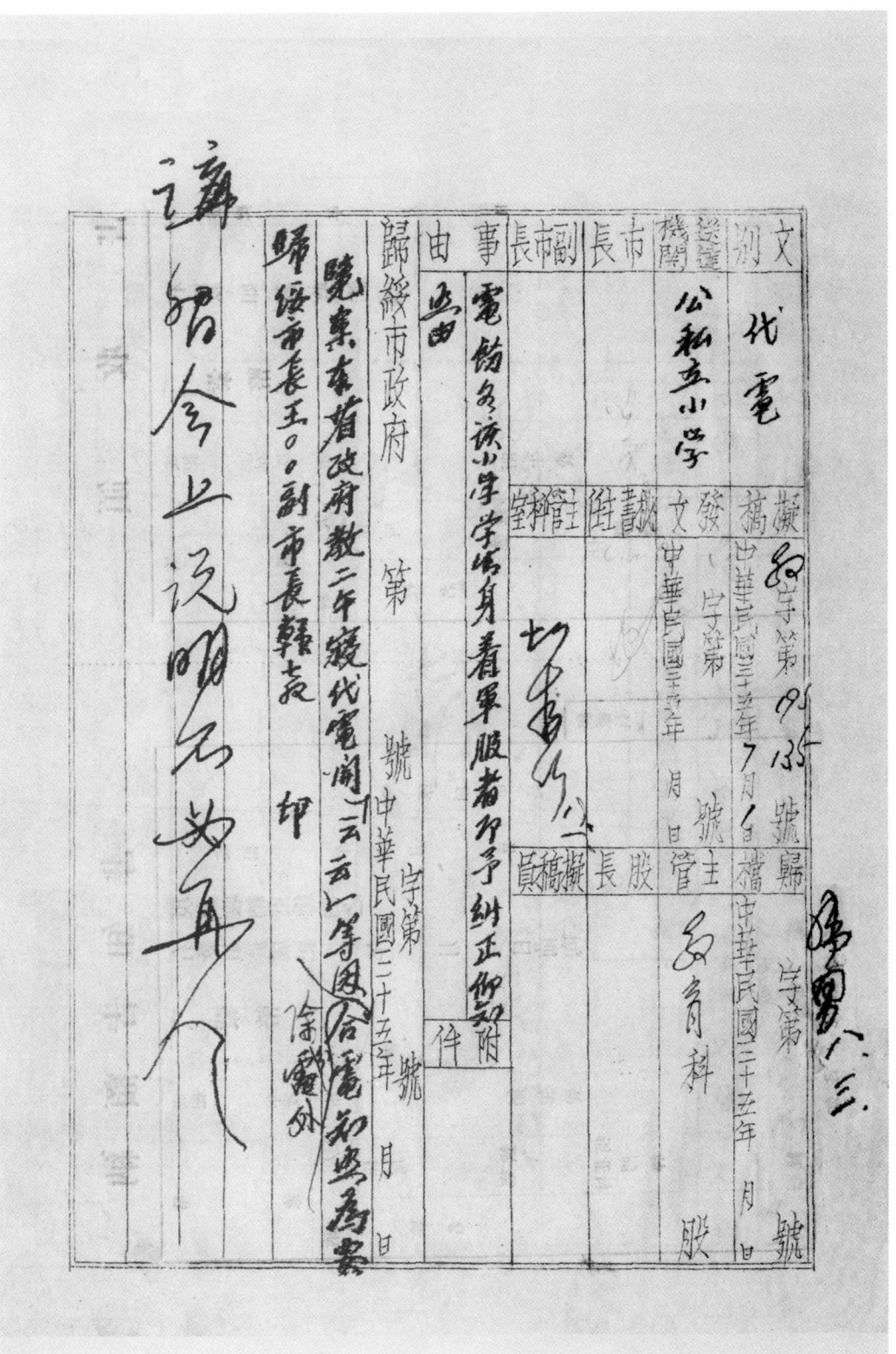

图 2-4-7　归绥市政府关于小学学生身着军服者即予纠正的代电［1946 年 8 月 1 日］

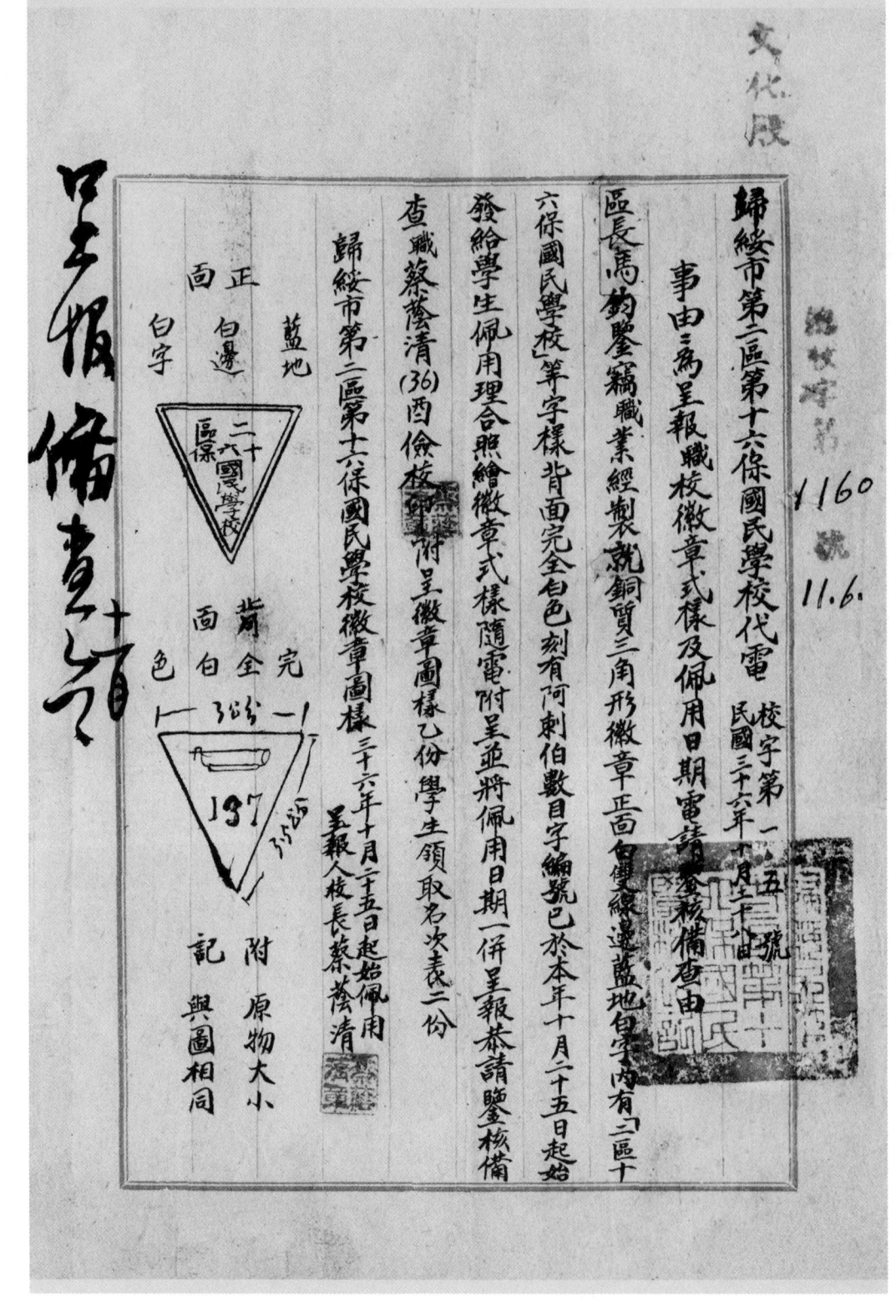

图 2-4-8　归绥市第二区第十六保国民学校为呈报学生徽章式样及佩用日期致第二区公所代电（附徽章图样和领取名次表）（1947 年 10 月 28 日）（一）

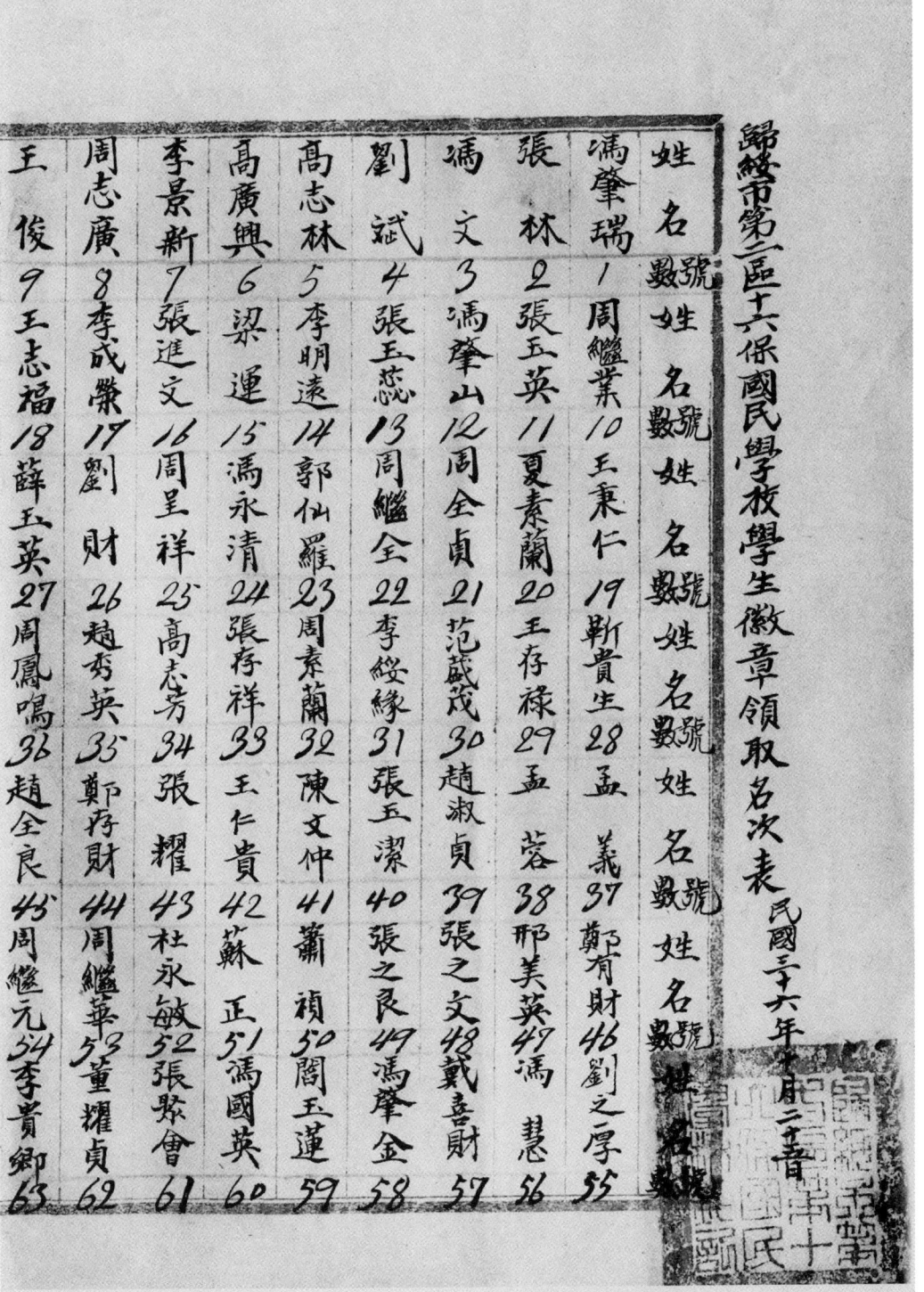

图 2-4-8　归绥市第二区第十六保国民学校为呈报学生徽章式样及佩用日期致第二区公所代电（附徽章图样和领取名次表）（1947年10月28日）（二）

周继礼 74	冯玉清 73	齐维新 72	刘存金 71	王月娥 70	冯摩基 69	冯国美 68	周继明 67	张玉珍 66	董耀兰 65	杜永礼 64(?)		周继宝 63	杜永贤 64
刘之武 85	刘之义 84	刘之诚 83	刘之文 82	刘补金 81	刘秀会 80	卜尧贞 79	杜永贞 78	王爱华 77	周凤岐 76	张慧敏	刘之仲		
王荣禧 96	张太平 95	范忠良 94	岳华民 93	王长补 92	阎万库 91	张月堂 90	王爱华 87	周凤仪 88	常耀兰			86 刘天财	97 乔之禄
刘之茂 107	刘淑兰 106	王仲魁 105	王英魁 104	张志高 103	崔鸿贵 102	班进昌 101	靳福生 100	班铃桃 99				108 张和	
冯志英 118	冯秀云 117	张荣祥 116	姜桂娥 115	张彬 114	刘乡魁 113	冯志仁 112	邢秉仁 111	岳贵华 110	张平 109			119 刘彩华	
129	128	127	岳茂 126	岳帚 125	刘永茂 124	冯贵生 123	刘文威 122	周秀珍 121				130	

图 2-4-8　归绥市第二区第十六保国民学校为呈报学生徽章式样及佩用日期致第二区公所代电（附徽章图样和领取名次表）（1947 年 10 月 28 日）（三）

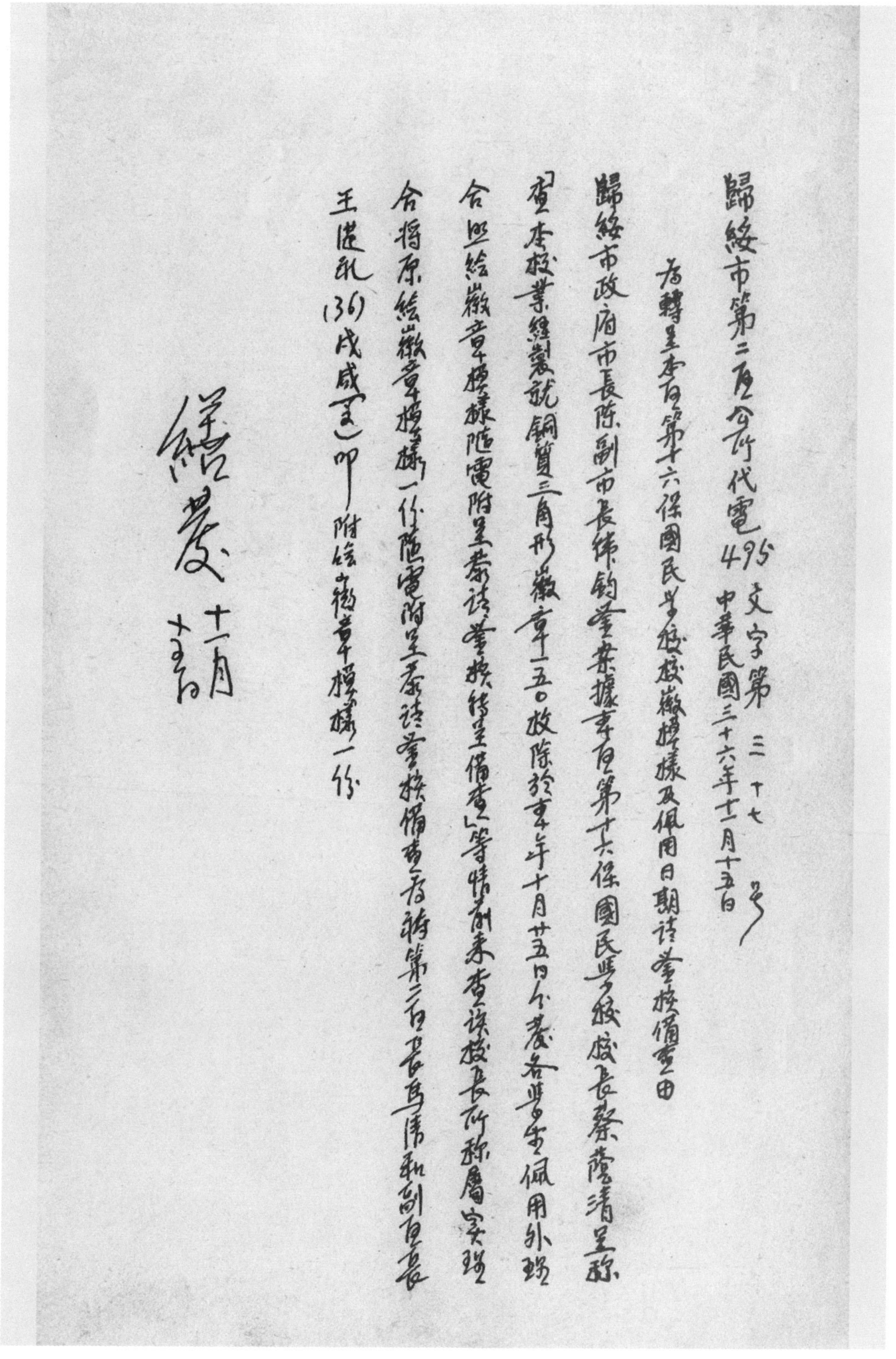

归绥市第二区公所代电 495 文字第三十七号 中华民国三十六年十一月十五日

为转呈本区第十六保国民学校徽样及佩用日期请鉴核备查由

归绥市政府市长陈 副市长徐钧鉴:案据本区第十六保国民学校校长蔡荫清呈称

窃奉钧座业经制就铜质三角形徽章一百五十枚除于本年十月廿五日分发各学生佩用外理

合检缴徽章样模样随电附呈叅诸鉴核等情到所除层实转

合将原缴徽章样模样一份随电附呈叅核备查外理合将第二区长马伟和副区长

王进礼（36）戌咸（三）叩 附缴校徽章样模样一份

继尧 十一月十五日

图 2-4-9 归绥市第二区公所为转呈本区第十六保国民学校校徽模样及佩用日期致归绥市政府代电（1947年11月15日）

五 教师管理

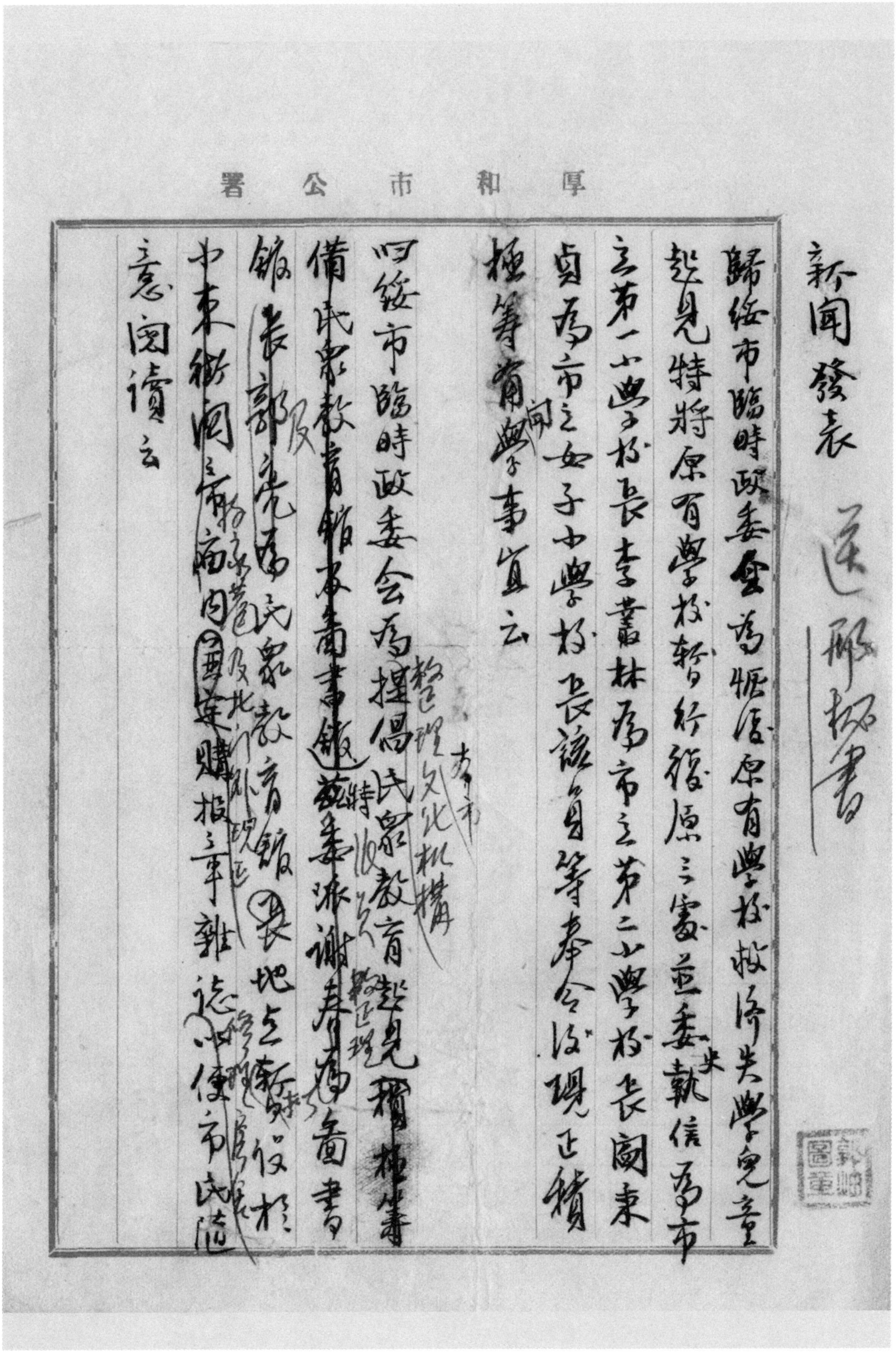

厚和市公署

新闻发表

归绥市临时政委会为恢复原有学校被停失学儿童起见，特将原有学校暂行确定，兹重新委就信为市立第一小学校长李书林为市立第二小学校长谊育等奉令为市之女子中学校长闫秉贞为市之女子中学校奉令从现正筹极等有关学事宜云

归绥市临时政委会为提倡民众教育起见，稽植坤寿备武东教育馆筹备委员派谢寿为图书馆长郝宪章民众教育馆长地之残废校舍即拟修正中束街关商会图定赶报
章辅使市民随意阅读云

图 2-5-1　归绥市临时政委会委任史执信、李丛林、闫秉贞分别为市立第一、第二、女子小学校长以及派员整理图书馆和民众教育馆的新闻稿

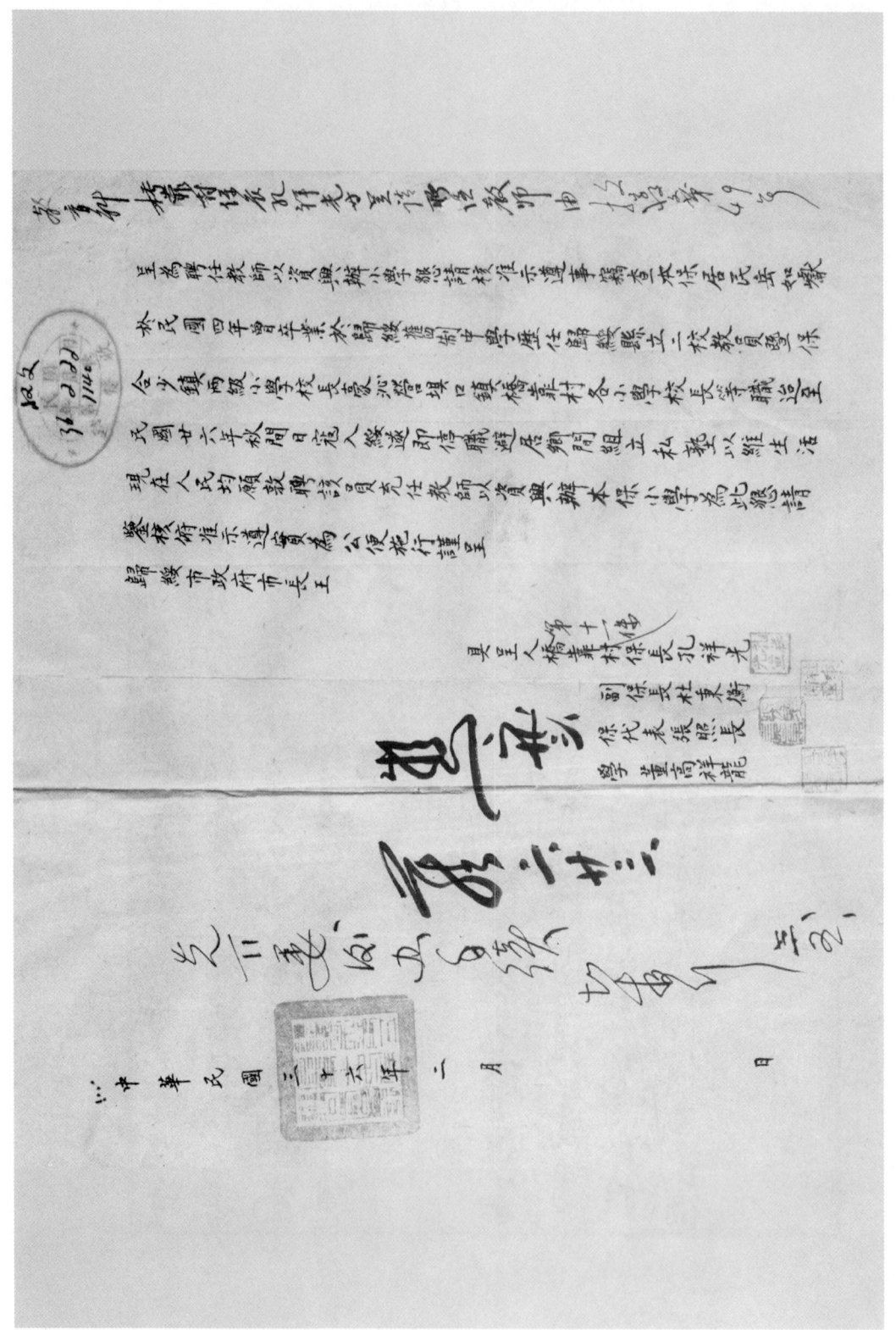

图 2-5-2 归绥市第五区第十一保（桥靠村）为聘岳如巘任保小学教师致归绥市政府呈（1947 年 2 月 22 日）

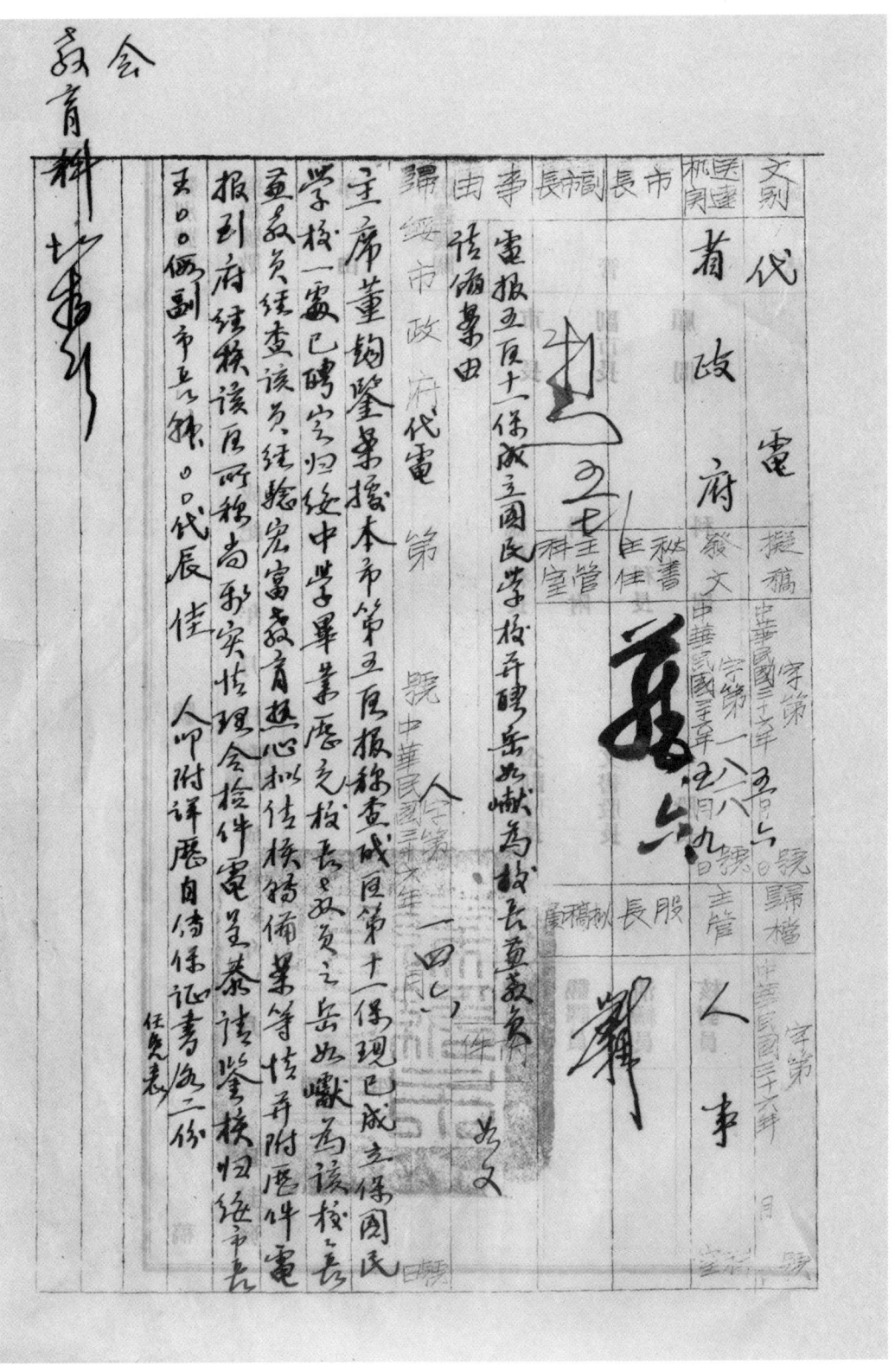

图 2-5-3　归绥市政府为五区十一保成立国民学校并聘岳如巘任校长兼教员致绥远省政府代电（附人员任免报告表）（1947年5月9日）（一）

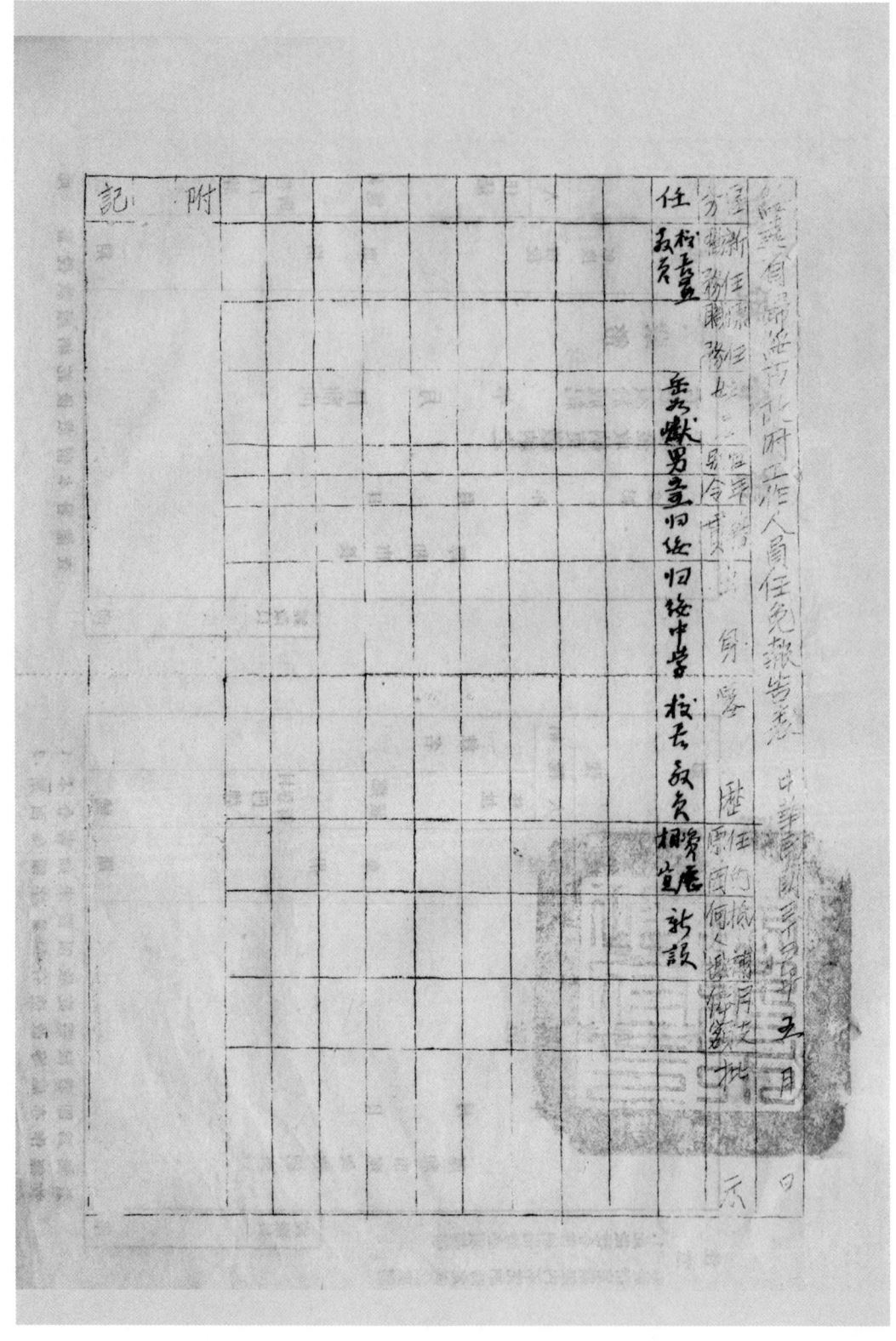

图 2-5-3 归绥市政府为五区十一保成立国民学校并聘岳如巇任校长兼教员致绥远省政府代电（附人员任免报告表）（1947年5月9日）（二）

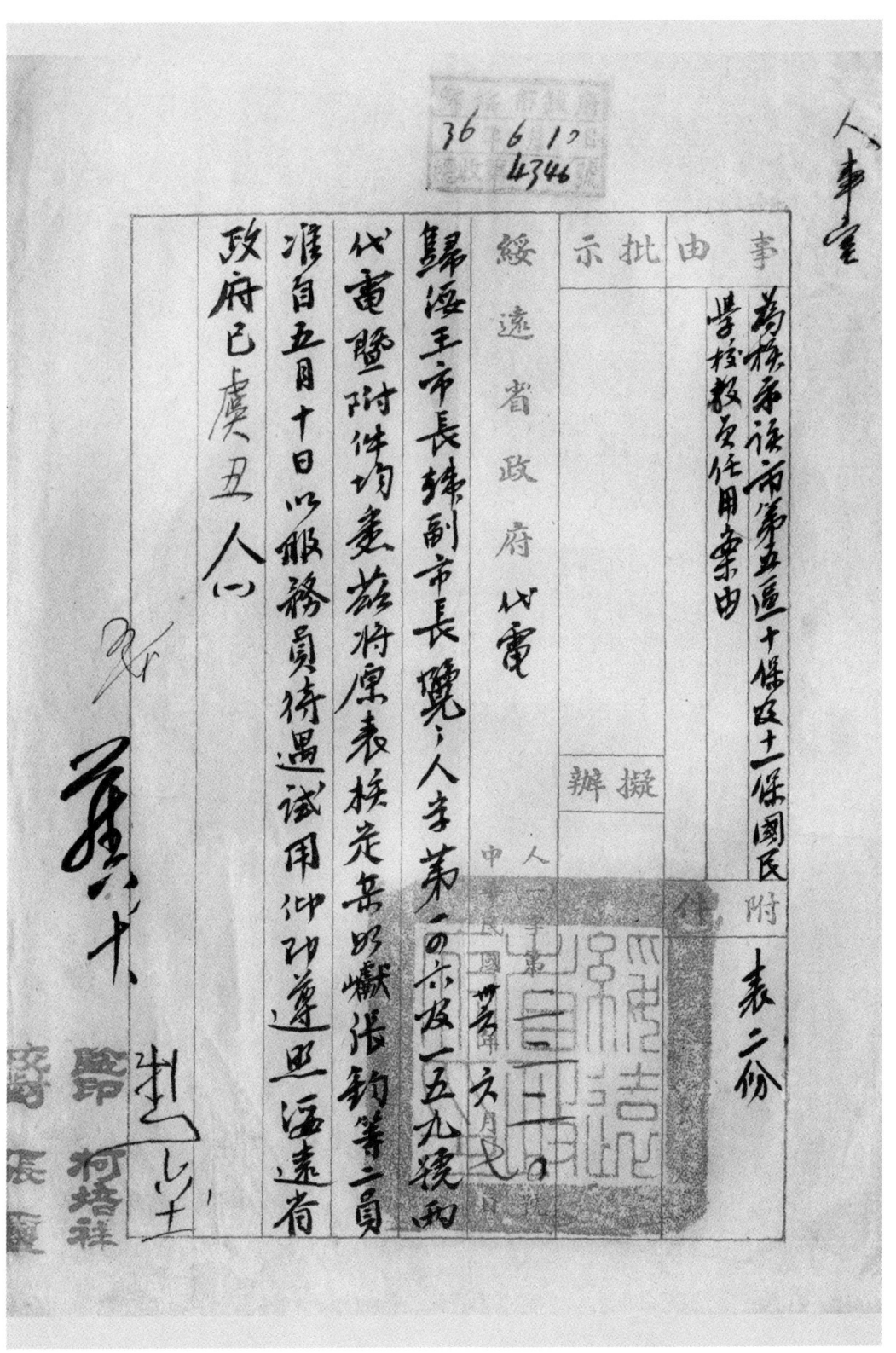

图 2-5-4 绥远省政府为核示该市第五区十保及十一保国民学校教员任用给归绥市政府代电（附人员任免报告表）（1947年6月7日）（一）

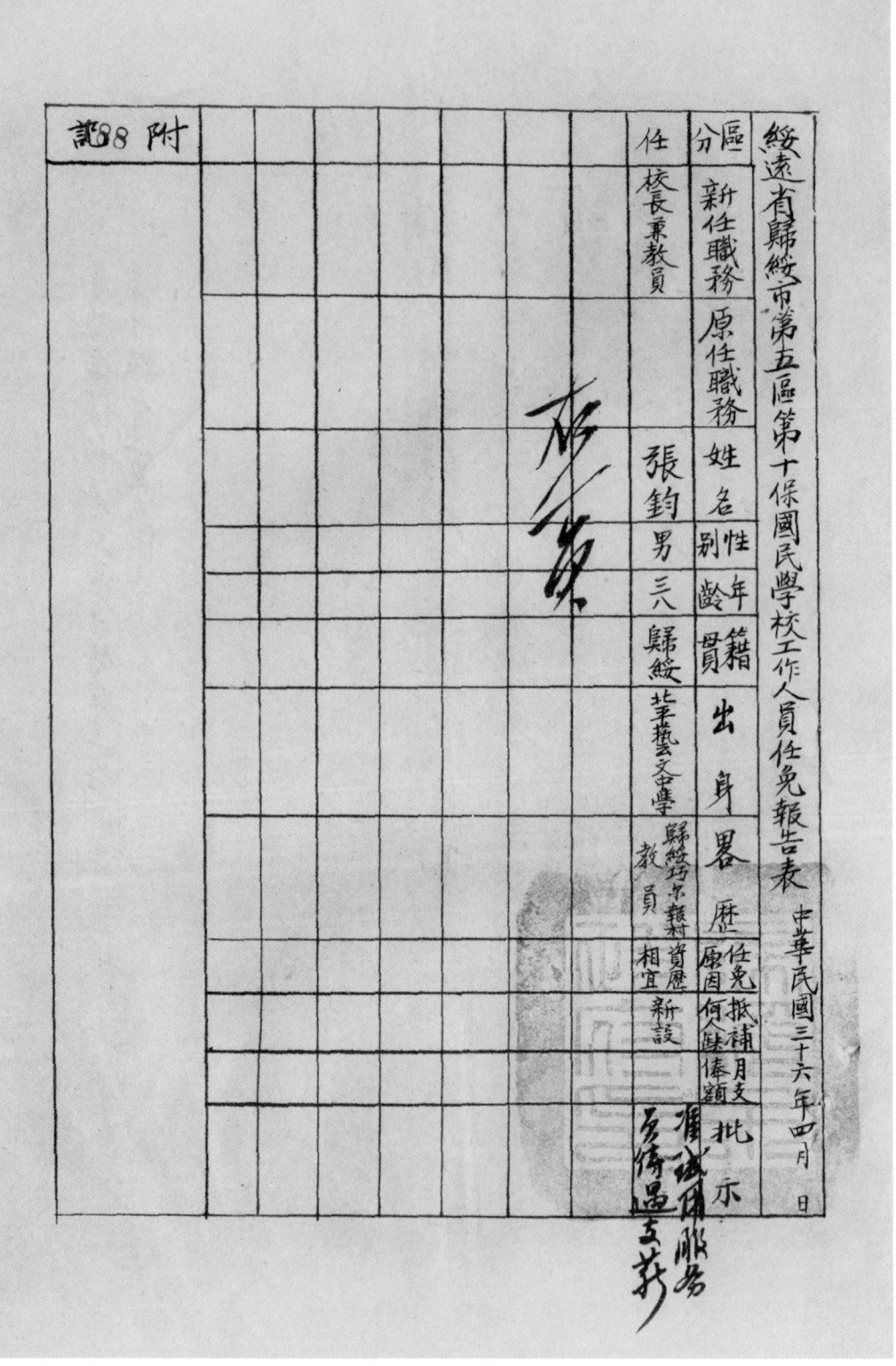

图 2-5-4 绥远省政府为核示该市第五区十保及十一保国民学校教员任用给归绥市政府代电（附人员任免报告表）（1947年6月7日）（二）

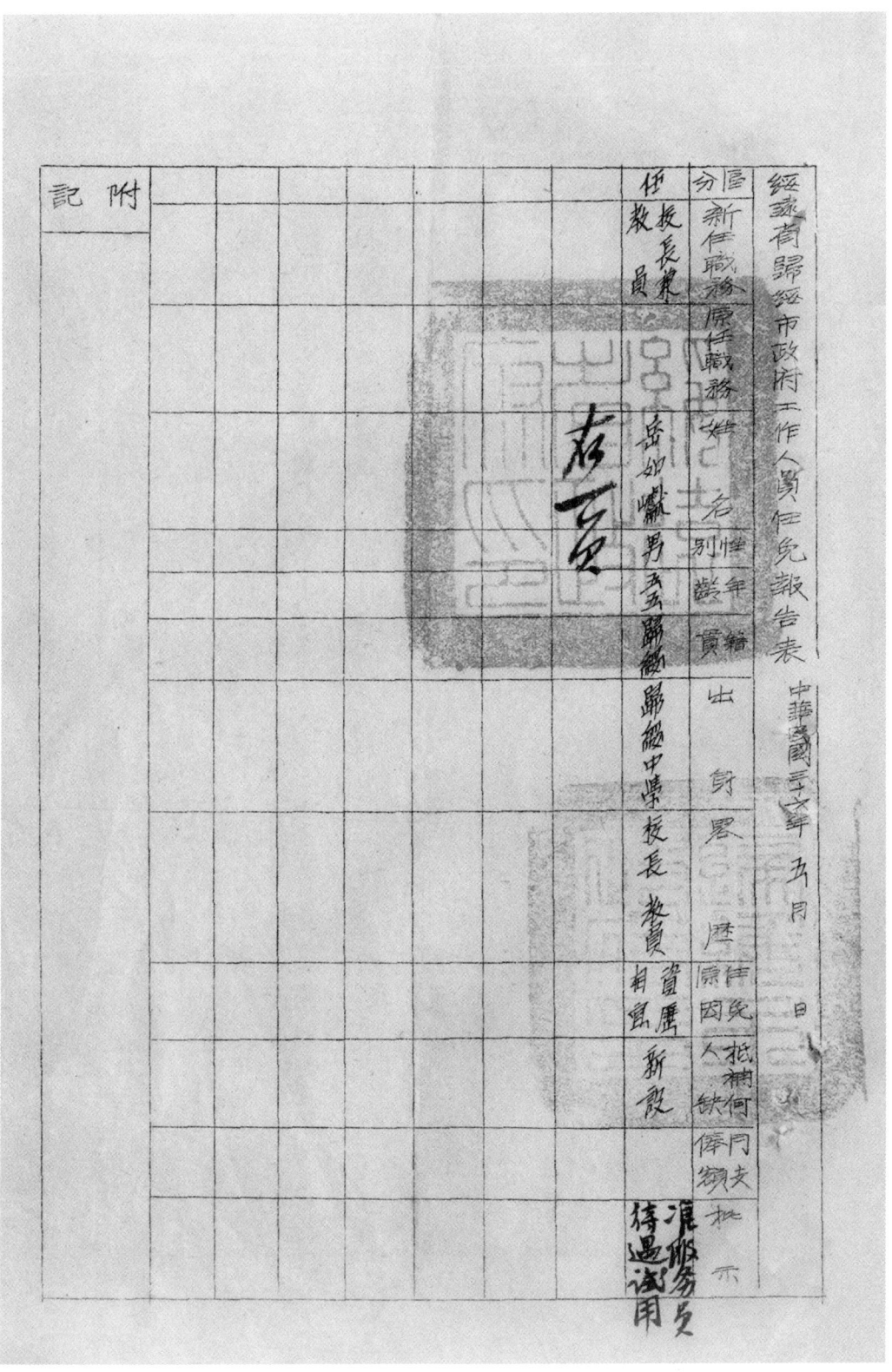

图 2-5-4 绥远省政府为核示该市第五区十保及十一保国民学校教员任用给归绥市政府代电（附人员任免报告表）（1947年6月7日）（三）

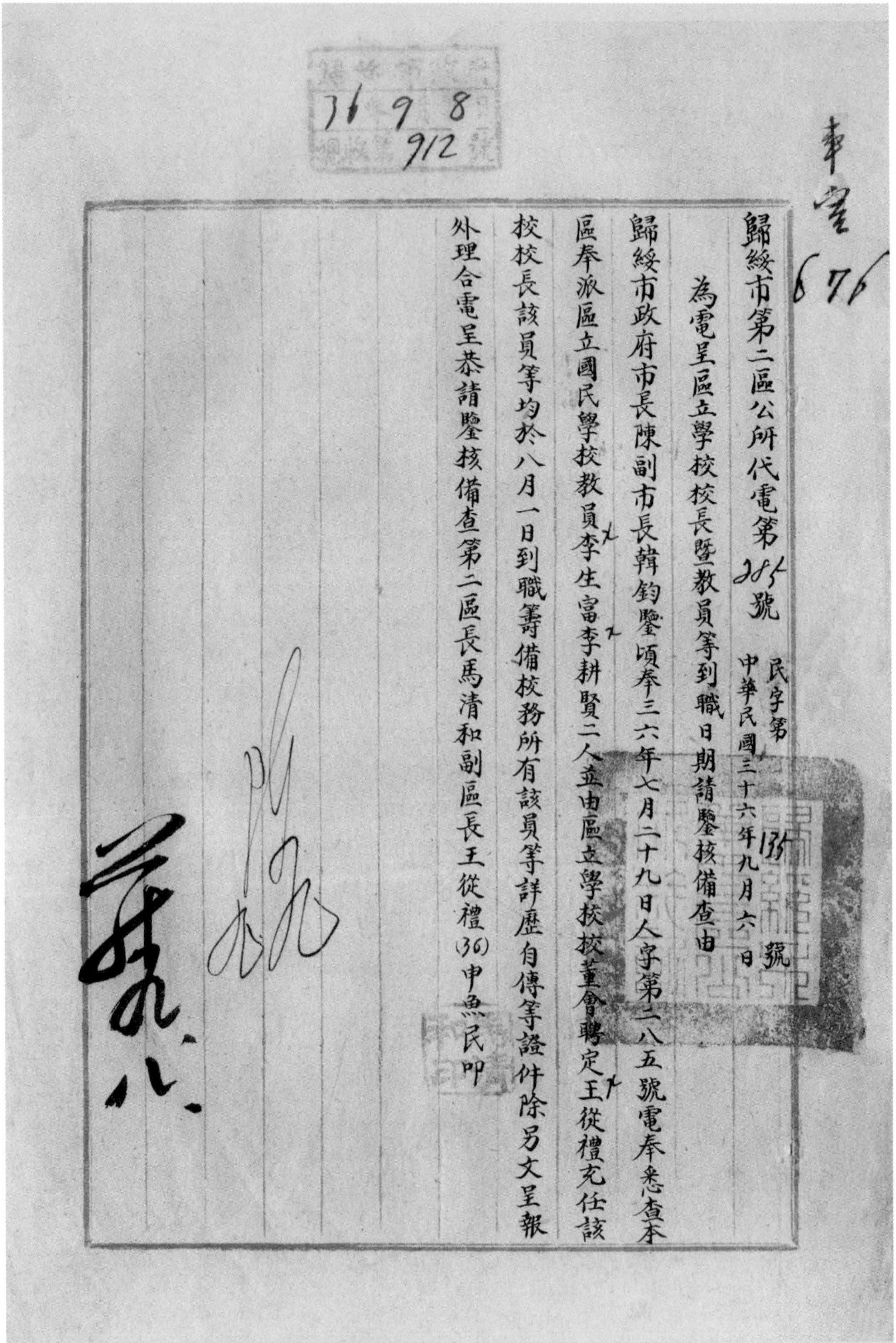

归绥市第二区公所代电第285号 民字第135号 中华民国三十六年九月六日

为电呈区立学校校长暨教员等到职日期请鉴核备查由

归绥市政府市长陈副市长韩钧鉴：顷奉三十六年七月二十九日人字第二八五号电奉悉。查本区奉派区立国民学校教员李生富李耕贤二人並由区立学校董事会聘定王从礼充任该校校长。该员等均於八月一日到职筹备校务，所有该员等详历自传等证件除另文呈报外，理合电呈恭请鉴核备查。第二区区长马清和副区长王从礼（印）申鱼民叩

图 2-5-5 归绥市第二区公所为呈区立学校校长暨教员等到职日期致归绥市政府代电（1947年9月6日）

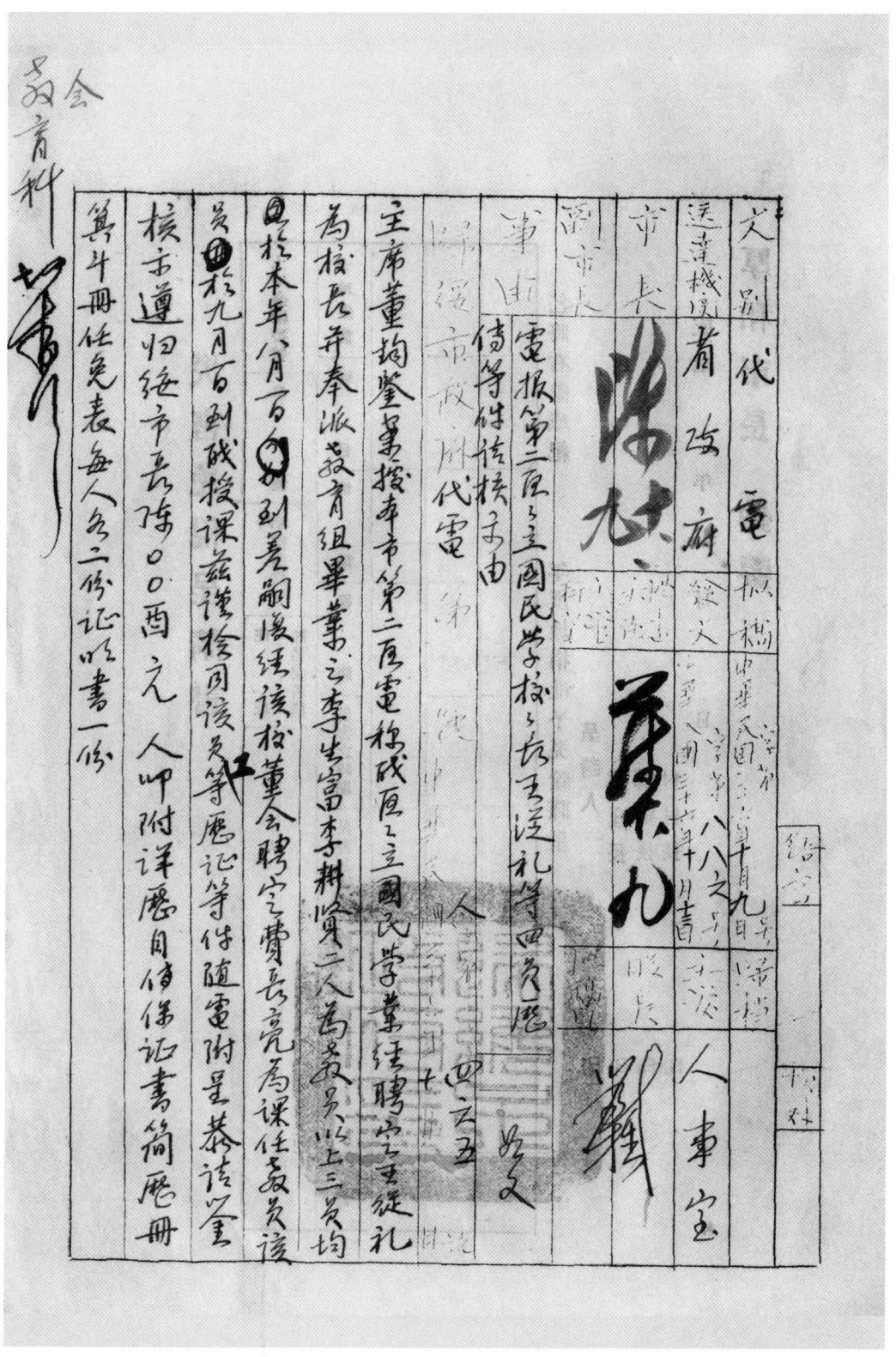

图 2-5-6 归绥市政府为报第二区立国民学校校长王从礼等四员履传等件请核示致绥远省政府代电（1947年10月13日）

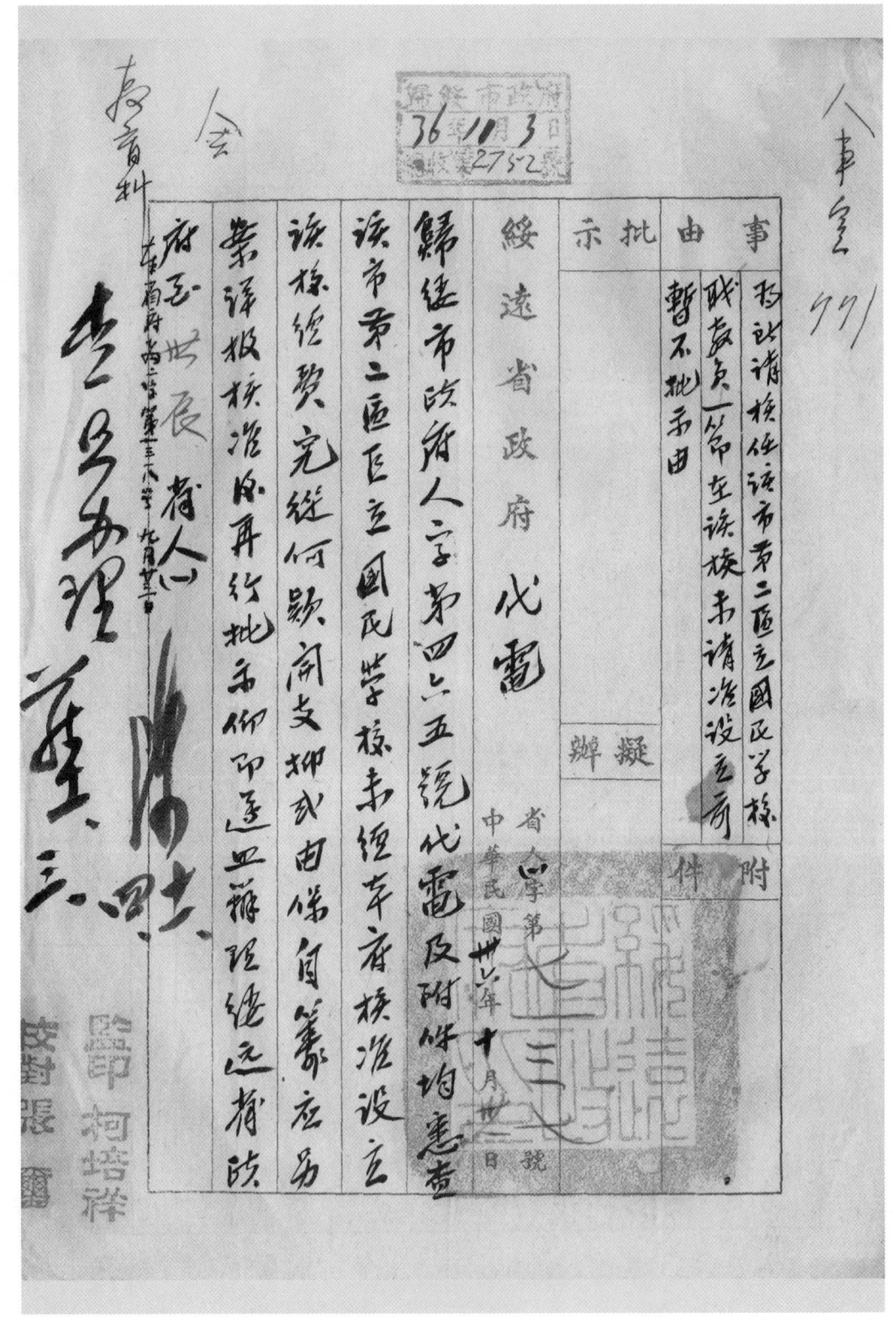

图 2-5-7 绥远省政府为所请核任该市第二区立国民学校职教员一节在该校未请准设立前暂不批示给归绥市政府代电（1947年10月31日）

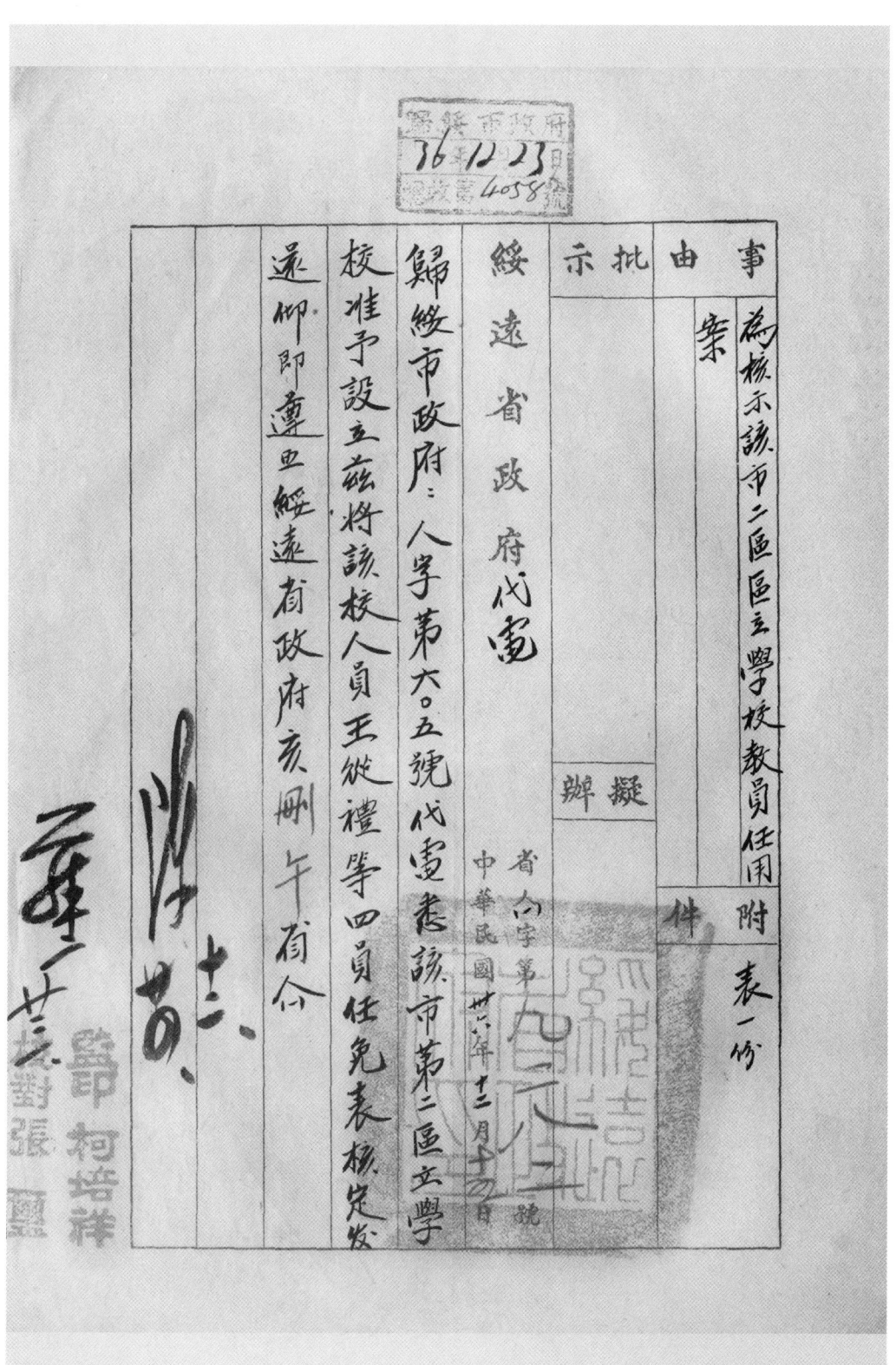

图 2-5-8 绥远省政府为核示该市第二区区立国民学校教员任用给归绥市政府代电（附人员任免报告表）（1947年12月15日）（一）

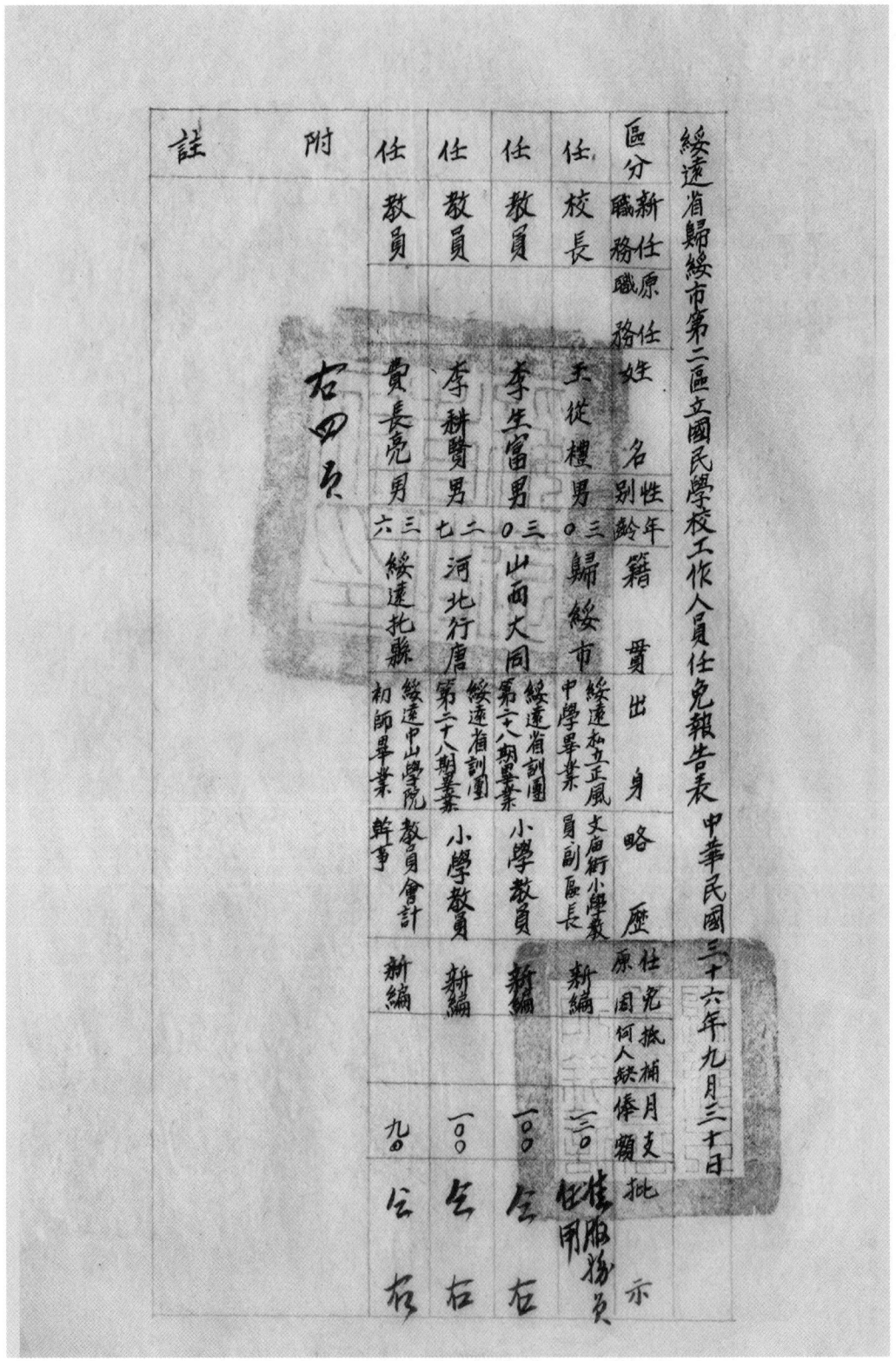

图 2-5-8 绥远省政府为核示该市第二区区立国民学校教员任用给归绥市政府代电（附人员任免报告表）（1947年12月15日）（二）

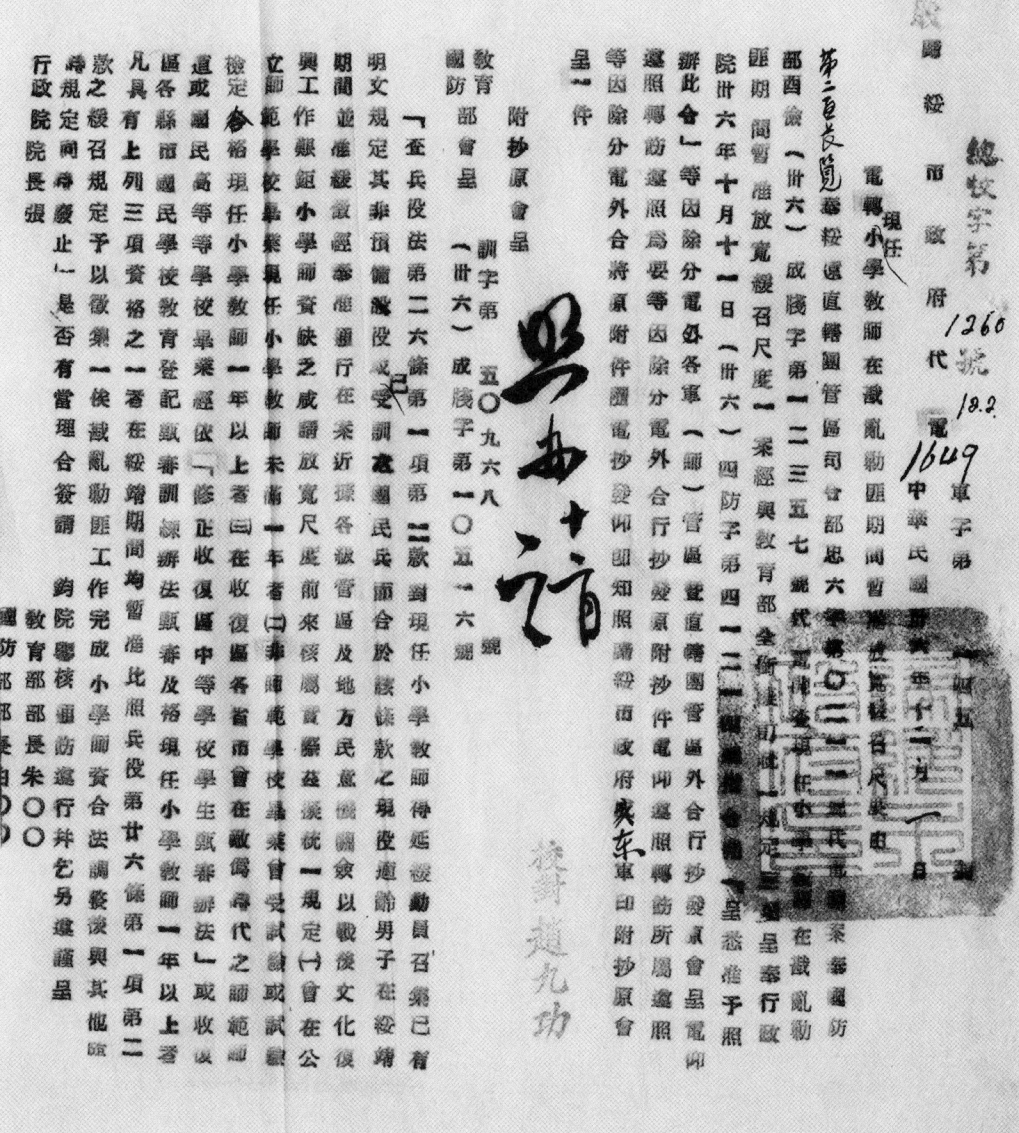

图 2-5-9 归绥市政府为转现任小学教师在战乱"剿匪"期间暂准放宽缓召尺度给第二区公所代电（附国防部教育部呈）（1947 年 12 月 1 日）

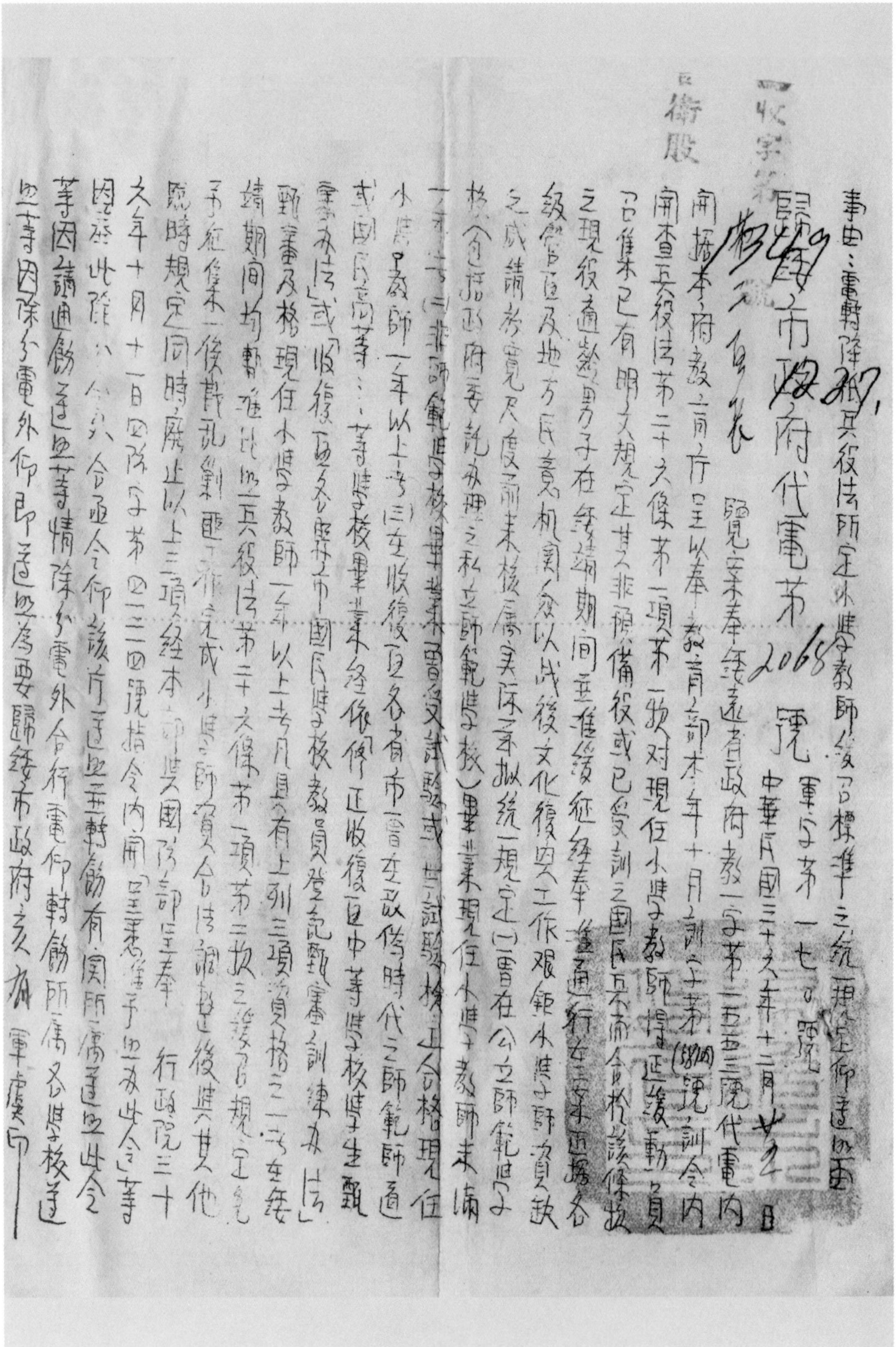

事由：電轉降低兵役法所定小學教師緩召標準之統一規定仰遵照由

收字第　號

衛股

歸綏市政府代電第2068號　軍字第一七〇號　中華民國三十六年十二月廿五日

覽案奉綏遠省政府教一字第一五五三號代電內開：據本府教育廳呈以奉教育部本年十月□日訓□字第□□號訓令內開：查兵役法第二十六條第一項第一款對現任小學教師得延緩動員召集已有明文規定，其非預備役或已受訓之國民兵，除合於該條款之現役適齡男子在緩召期間並准緩征，經奉通行在案。近據各級學校及地方民意機關僉以戰後文化復興工作艱鉅，小學師資缺乏，咸請放寬尺度，而未核屬實際。茲擬統一規定：(一)曾在公立師範學校（包括政府委託辦理之私立師範學校）畢業，現任小學教師未滿一年者；(二)非師範學校畢業，曾受文試驗或無試驗檢定合格，現任小學教師一年以上者；(三)在收復區各省市曾在敵偽時代之師範學校或國民高等……等學校畢業，經依「修正收復區中等學校學生甄審辦法」或「收復區各省市國民學校教員登記甄審訓練辦法」甄審及格，現任小學教師一年以上者。凡具有上列三項資格之一者，在緩召期間均暫准比照兵役法第二十六條第一項第二款之緩召規定免予征集，俟戡亂剿匪完成，小學師資合法調整後，與其他臨時規定同時廢止。以上三項經本部與國防部呈奉行政院三十六年十月十一日四防字第四三一四號指令內開「呈悉，准予照辦，此令」等因。奉此，除分令外，合亟令仰該廳遵照並轉飭有關所屬遵照，此令。等因，請通飭遵照等情。除分電外，合行電仰轉飭所屬各學校遵照。等因，除分電外，仰即遵照為要。歸綏市政府亥有軍處印

图 2-5-10　归绥市政府为转降低兵役法所定小学教师缓召标准之统一规定致第二区公所代电（1947 年 12 月 25 日）

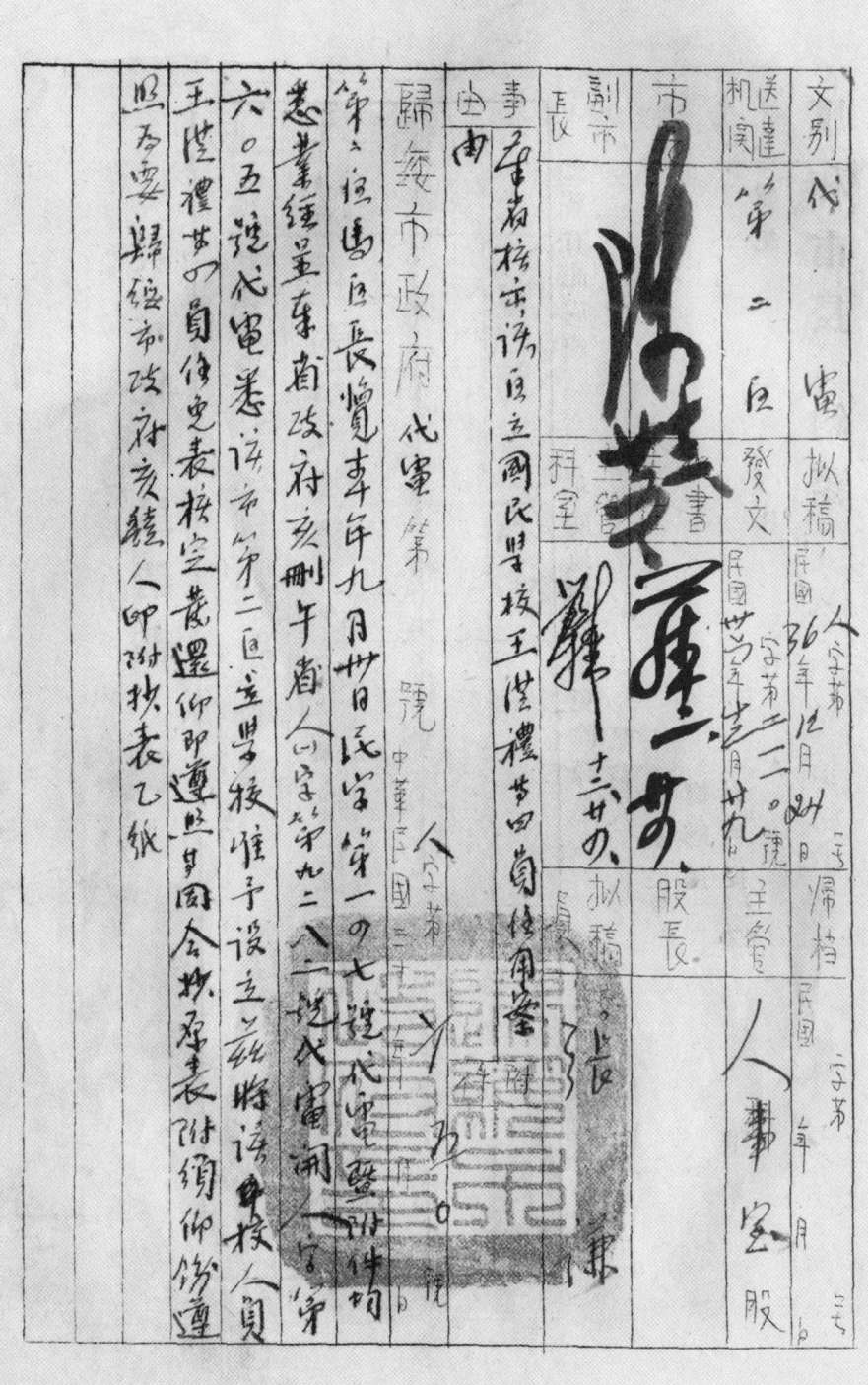

图 2-5-11　归绥市政府为区立国民学校王丛礼等四员核准任用给第二区公所代电（1947 年 12 月 29 日）

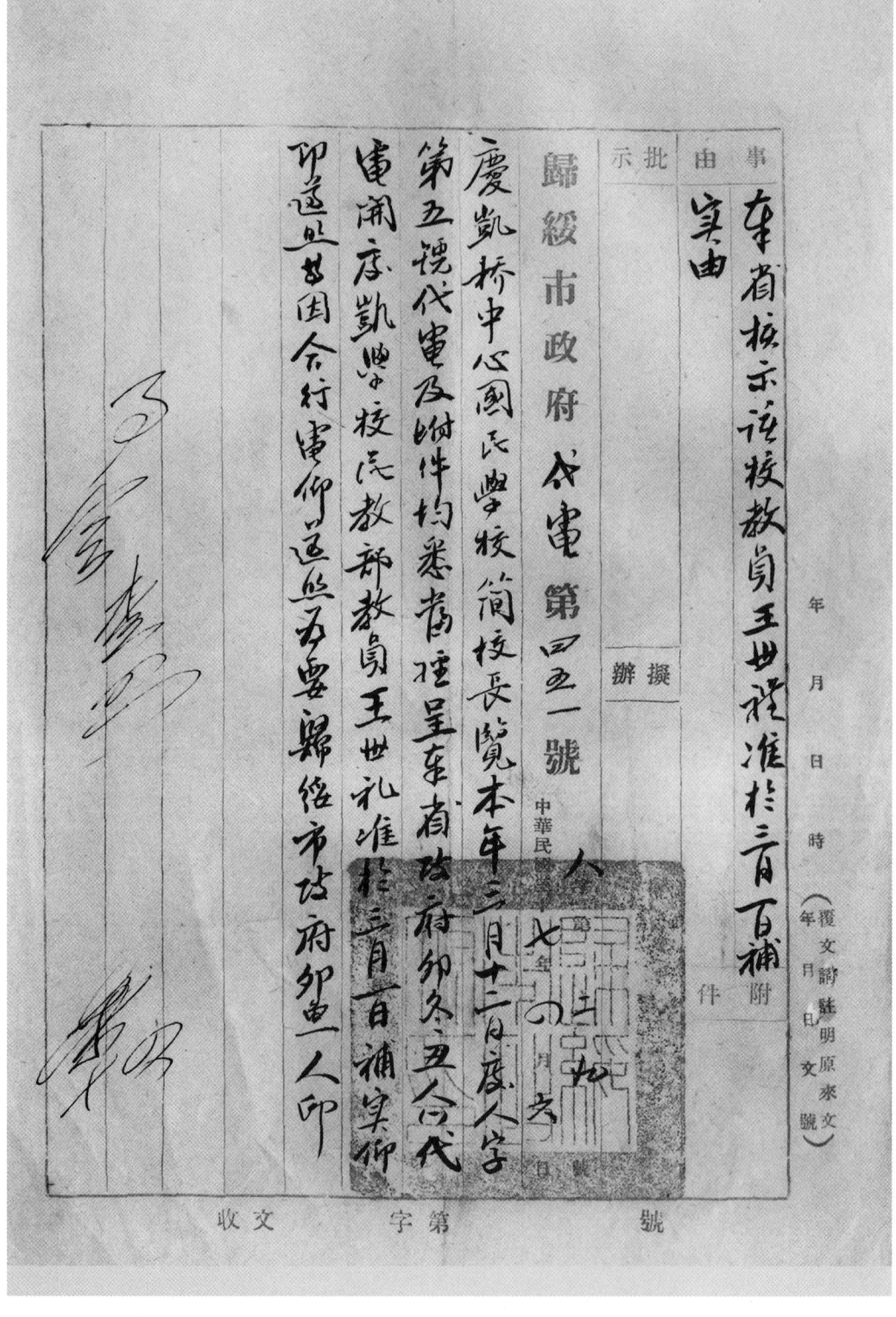

图 2-5-12　归绥市政府为奉省核示该校教员王世礼准予三月一日补实给庆凯桥中心国民学校代电（1948年4月6日）

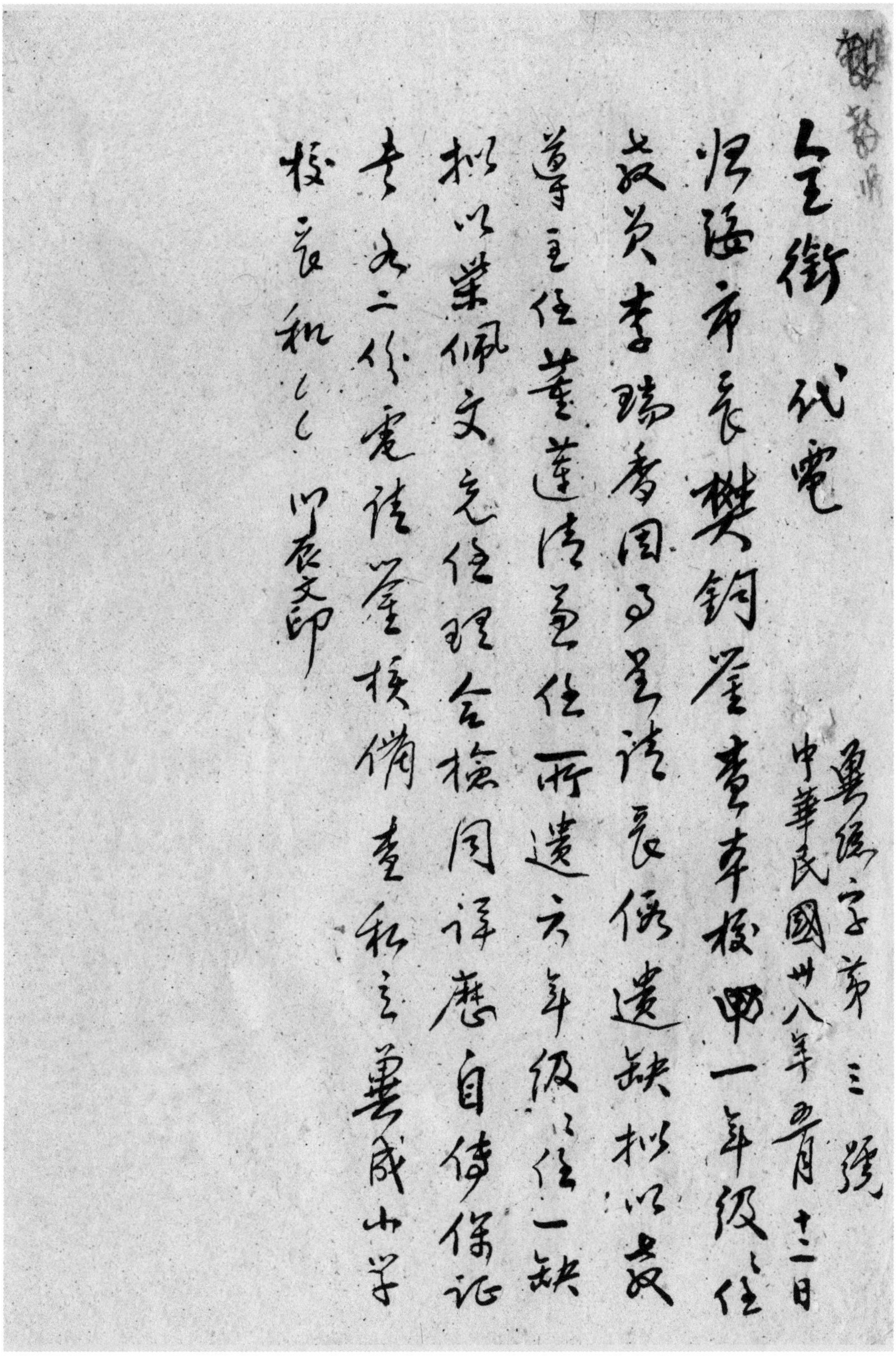

冀綏字第三號

中華民國卅八年五月十二日

全銜代電

歸綏市長樊鈞鑒：查本校第一年級級任教員李瑞香因事請長假，遺缺擬以教導主任董蓮清兼任，所遺六年級級任一缺擬以業佩文充任，理合檢同詳歷自傳保証書各二份，電請鑒核備查。私立冀成小学校長和〃〃叩辰文印

图 2-5-13　私立冀成小学为拟任教员致归绥市政府代电（1949 年 5 月 12 日）

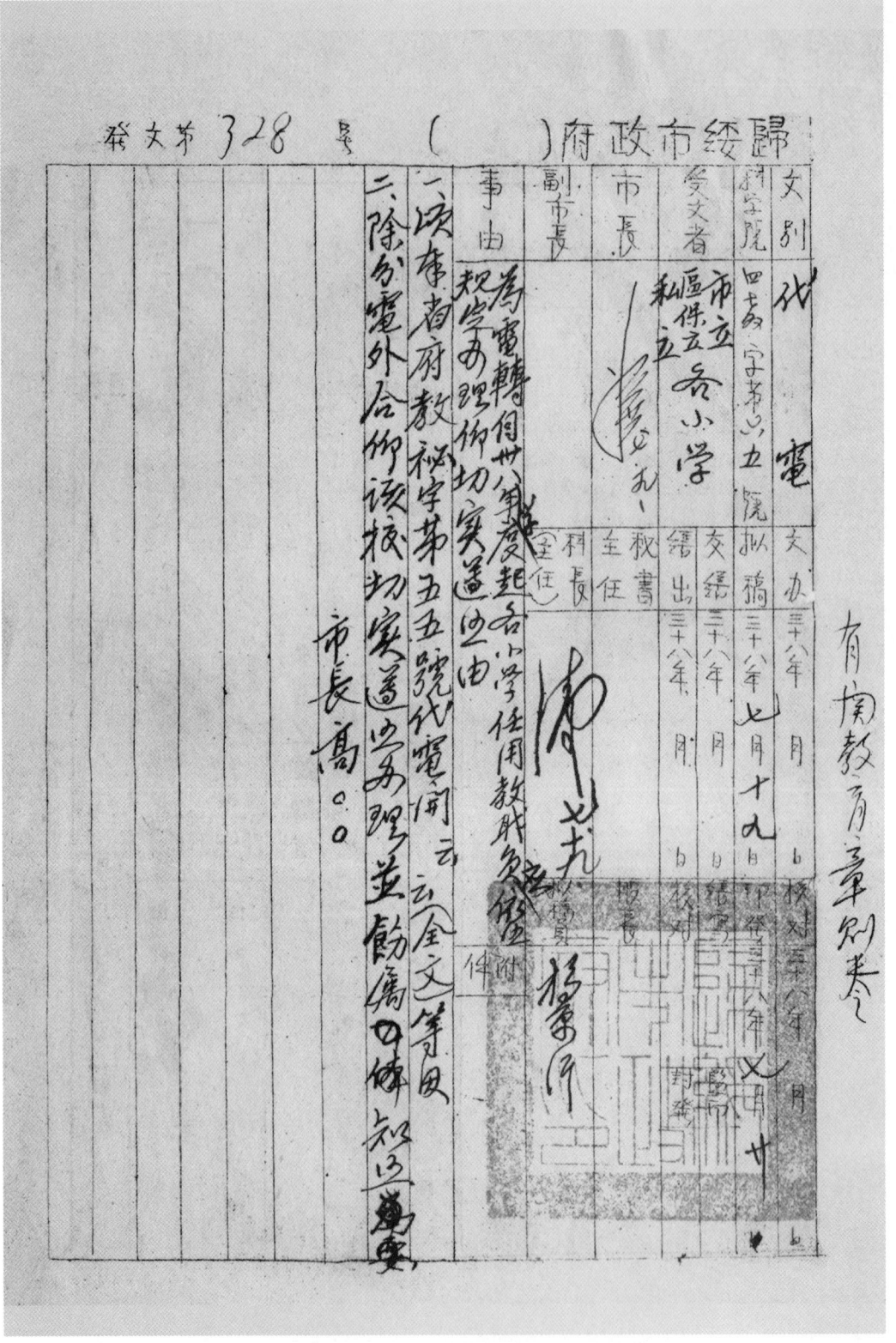

图 2-5-14 归绥市政府关于转发自三十八学年度起各小学任用教职员应依照规定办理的代电（1949年7月14日）（一）

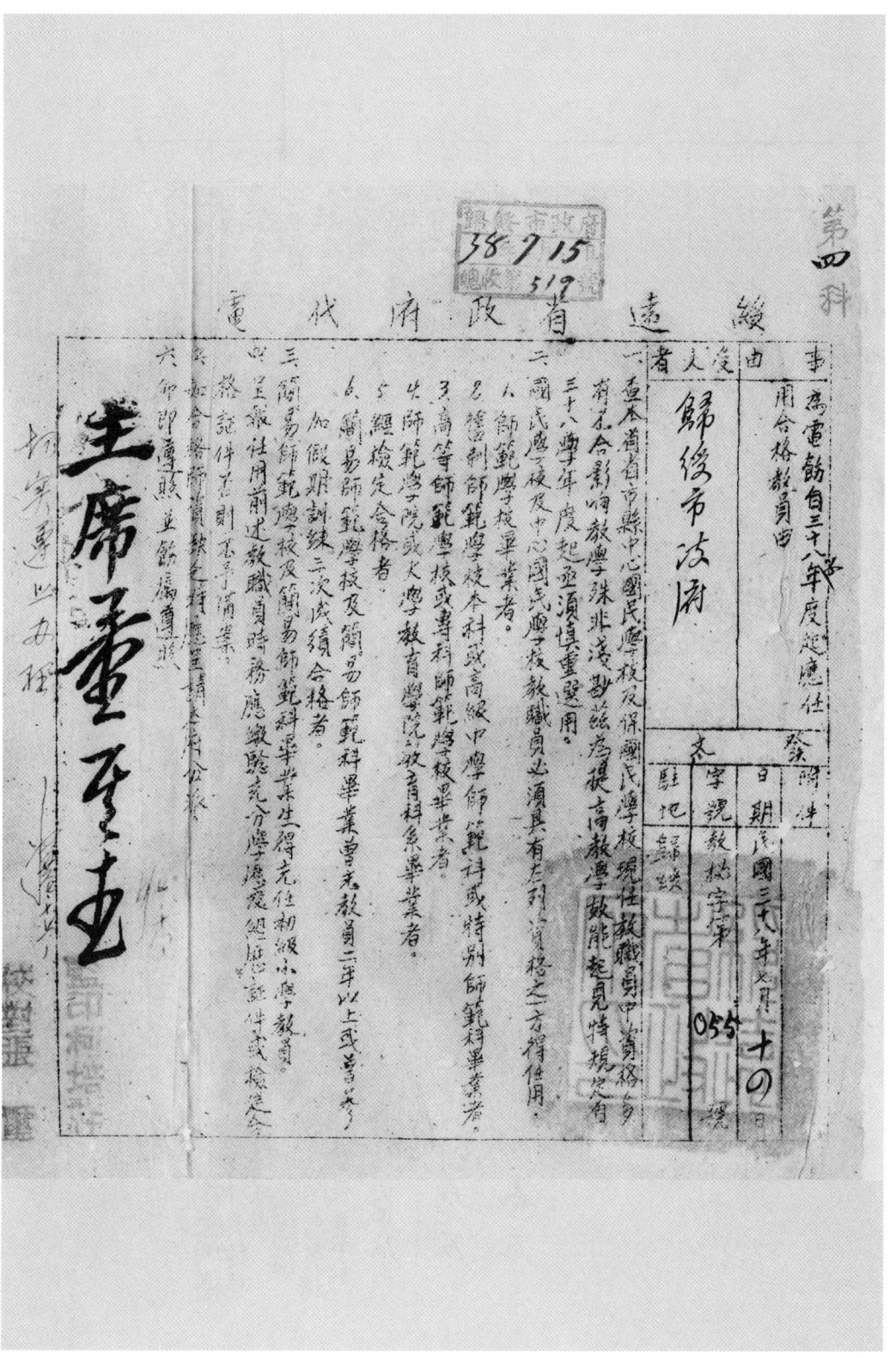

图 2-5-14 归绥市政府关于转发自三十八学年度起各小学任用教职员应依照规定办理的代电（1949年7月14日）（二）

绥远省归绥市政府工作人员任免报告表 中华民国三十六年 月 日

区分	新任职务原任职务	姓名	性别 年龄	籍贯 出身	历任及现任人员待遇情形	附记
任	庆凯学校民教部教员	王世礼	男 三五	归绥	大同师范 省训团毕业 口泉小学教员 资历相宜 新增九〇	仍发副服 候试用 试用 服务期满待遇支薪
任	通顺学校民教部教员	秦建西	三七	归绥师范 弘达中学		仝右
任	关帝学校民教部教员	赵星安	二三	土旗中学财厅书记 师范学校		仝右
任	小召学校民教部教员	张克谅	四〇			仝右
任	恒昌学校民教部教员	贺德卿	三九	崞县 山西 晋省师范教员文牍		仝右

图 2-5-15 绥远省归绥市政府工作人员任免报告表（各学校民教部教员）（1947年）

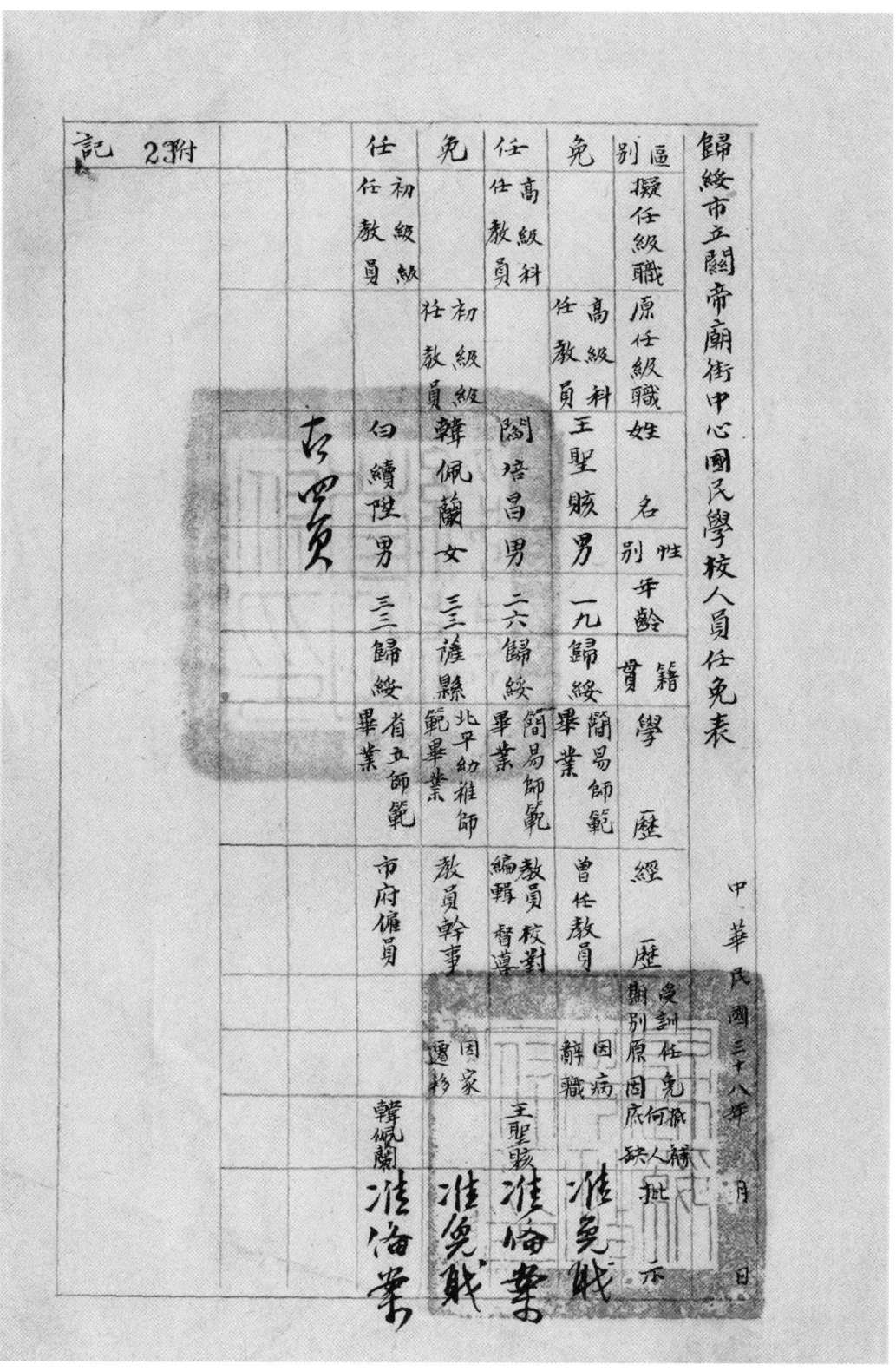

图 2-5-16　归绥市立关帝庙街中心国民学校人员任免表（1949年）

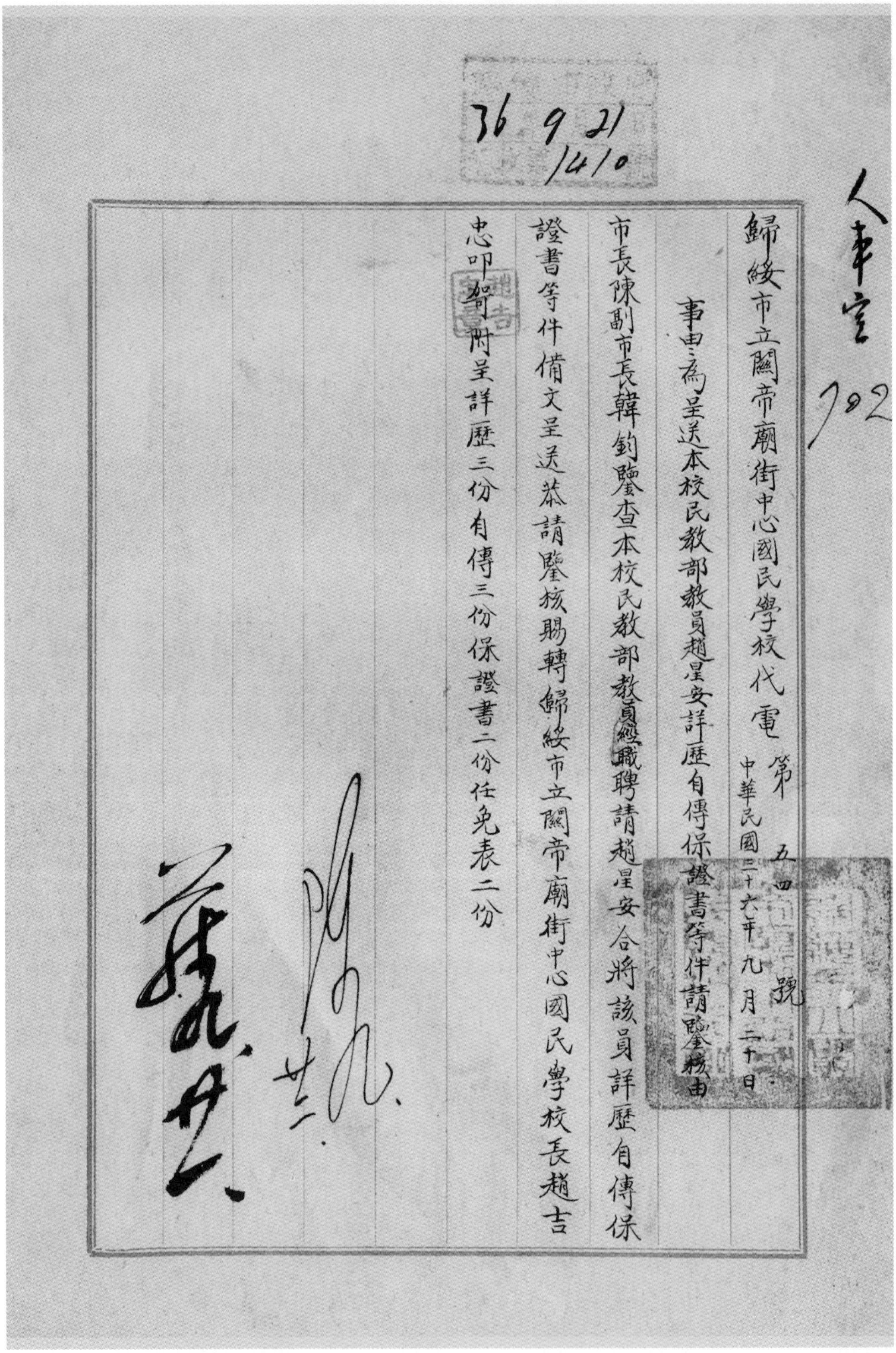

人事室 702

36 9 21
1410

歸綏市立關帝廟街中心國民學校代電　第五四號

事由：為呈送本校民教部教員趙星安詳歷自傳保證書等件請鑒核由

中華民國三十六年九月二十日

市長陳副市長韓鈞鑒：查本校民教部教員經職聘請趙星安，合將該員詳歷自傳保證書等件備文呈送，恭請鑒核賜轉。歸綏市立關帝廟街中心國民學校長趙吉忠叩。附呈詳歷三份、自傳三份、保證書二份、任免表二份。

图 2-5-17　归绥市立关帝庙街中心国民学校为呈送民教部教员赵星安详历自传保证书等件致归绥市政府代电（附任免表）（1947 年 9 月 20 日）（一）

綏靖市政府工作人員任免報告表　中華民國三十六年　月　日								附記
區分 新任職務 原任職務	姓名	性別	年齡	籍貫出身	履歷	任免原因	抵補何門支缺俸額批示	
民教部 任教員	趙星安	男	三三	歸綏市師範學校畢業			九〇	

图 2-5-17　归绥市立关帝庙街中心国民学校为呈送民教部教员赵星安详历自传保证书等件致归绥市政府代电（附任免表）（1947年9月20日）（二）

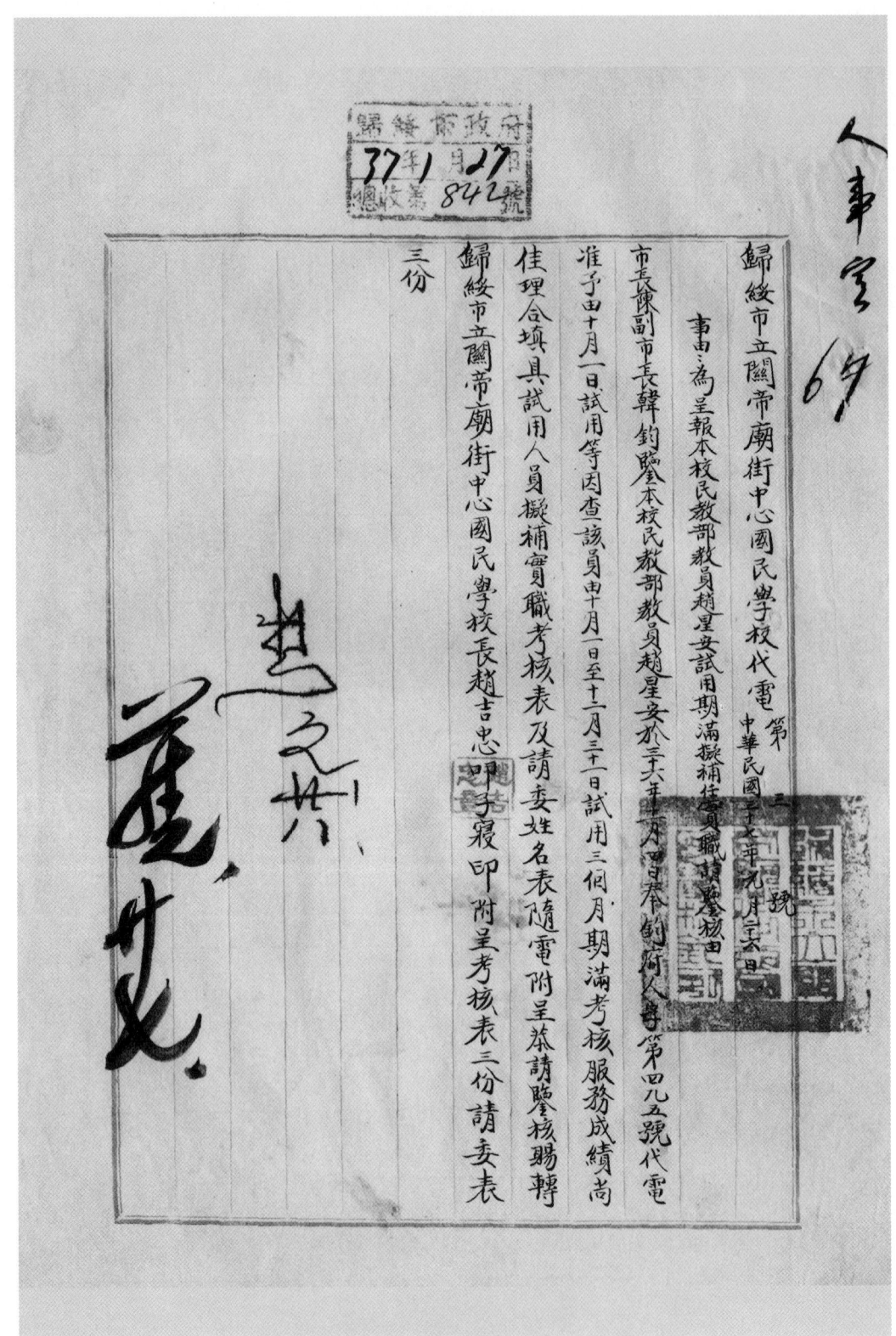

图 2-5-18 归绥市立关帝庙街中心国民学校为呈报民教部教员赵星安试用期满拟补任实职致归绥市政府代电（附考核表和请委姓名表）（1948年1月26日）（一）

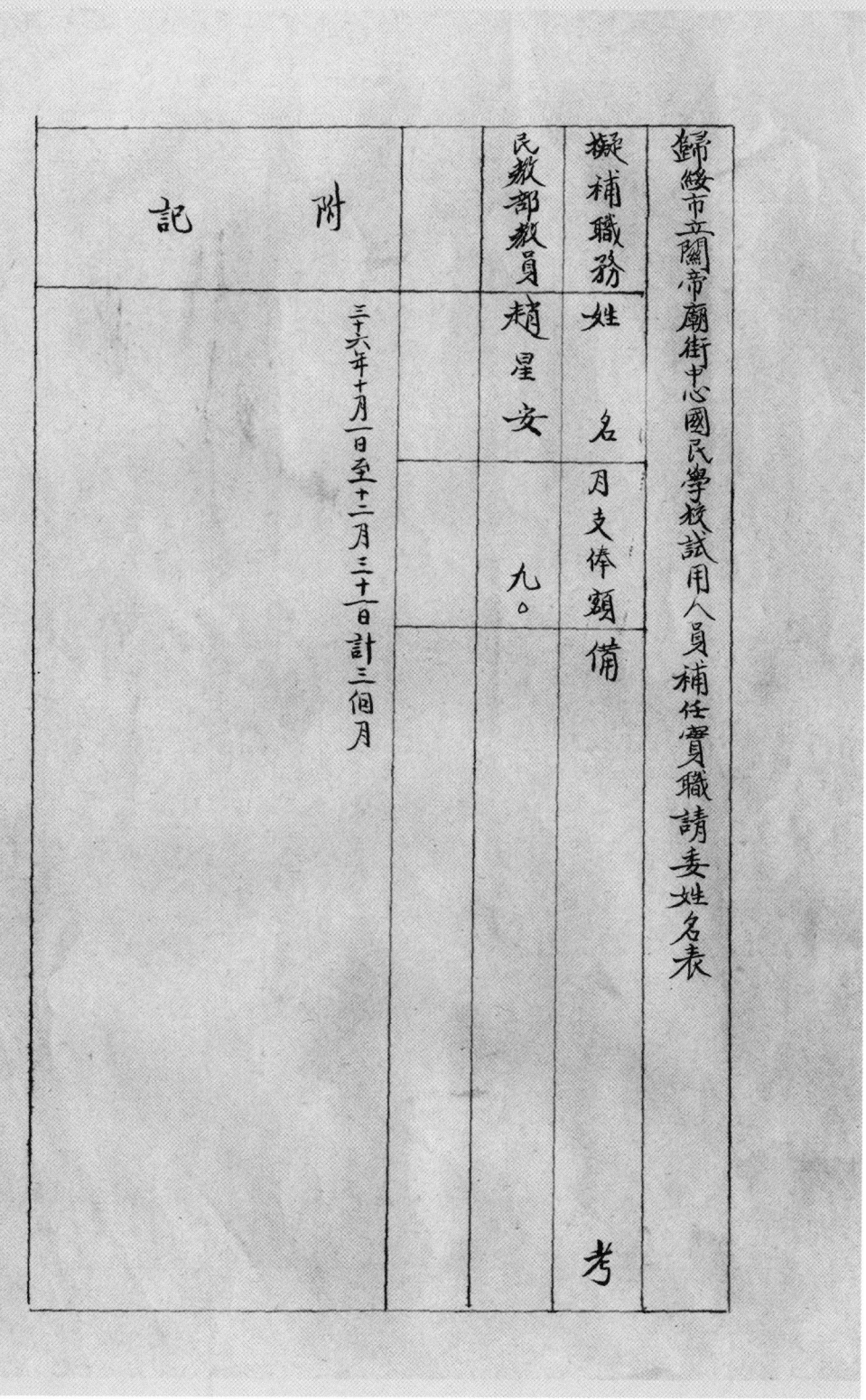

图 2-5-18 归绥市立关帝庙街中心国民学校为呈报民教部教员赵星安试用期满拟补任实职致归绥市政府代电（附考核表和请委姓名表）（1948年1月26日）（二）

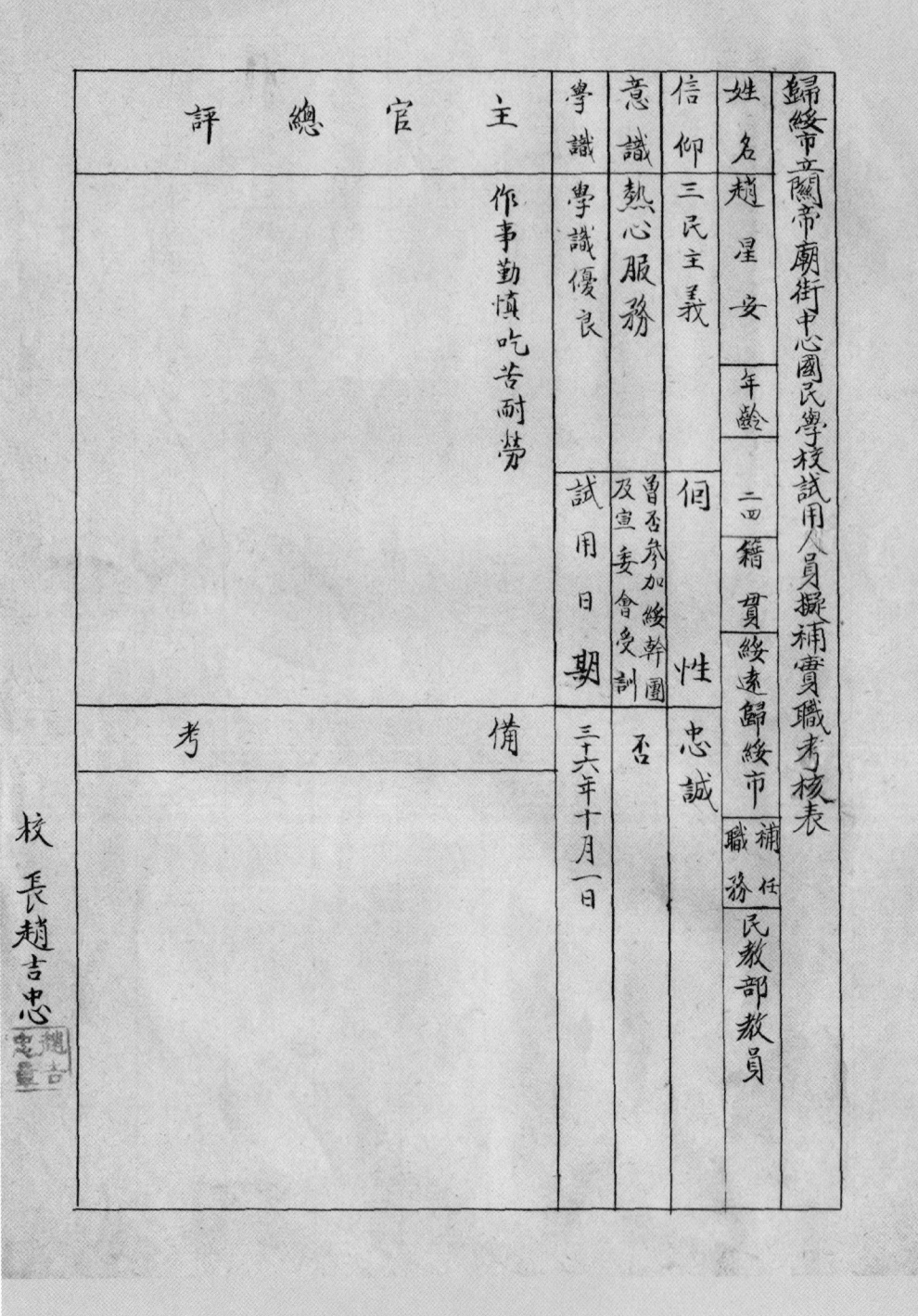

图 2-5-18　归绥市立关帝庙街中心国民学校为呈报民教部教员赵星安试用期满拟补任实职致归绥市政府代电（附考核表和请委姓名表）（1948年1月26日）（三）

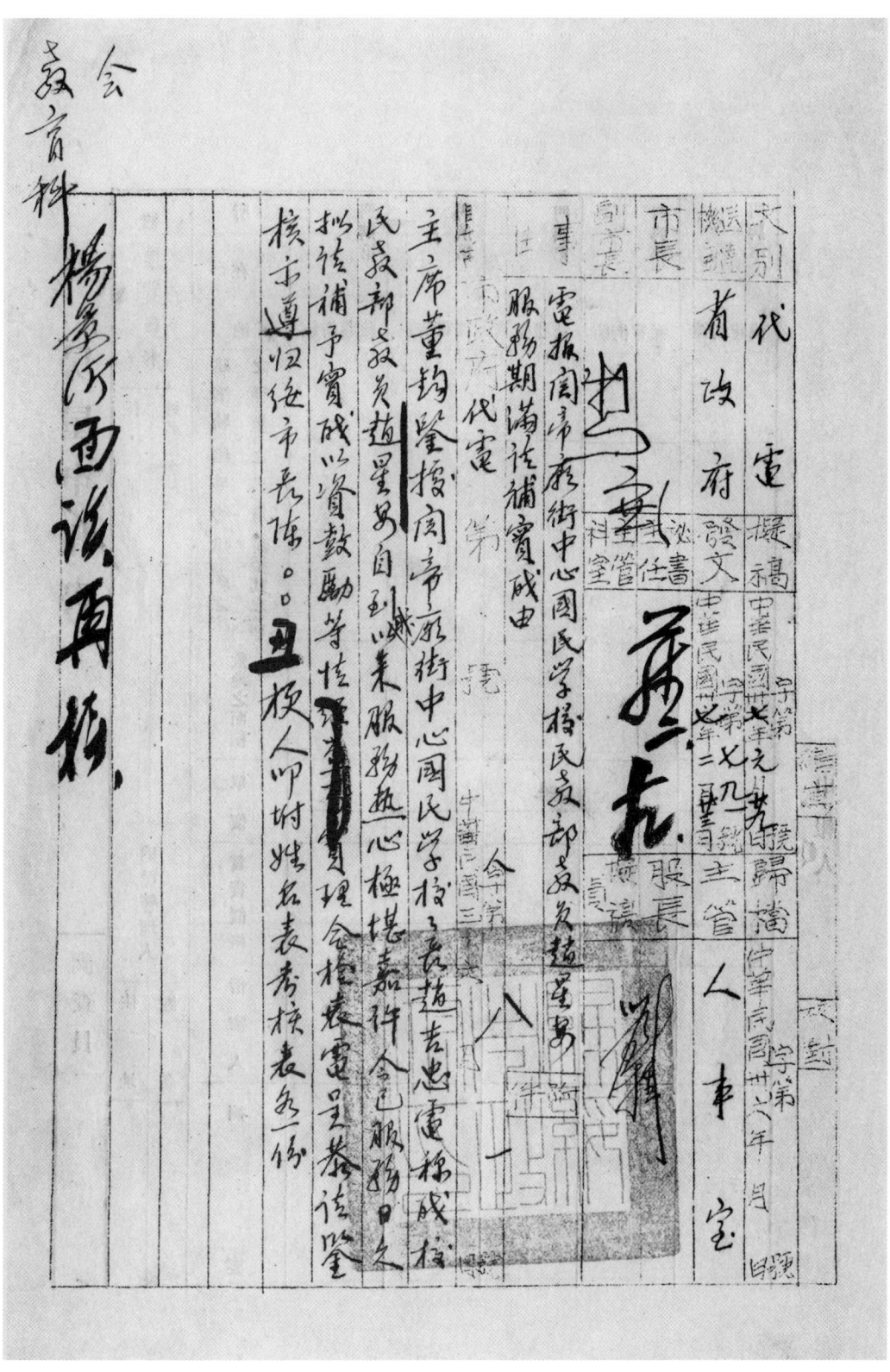

图 2-5-19　归绥市政府为呈报关帝庙街中心国民学校民教部教员赵星安服务期满请补任实职致绥远省政府代电（1948年2月23日）

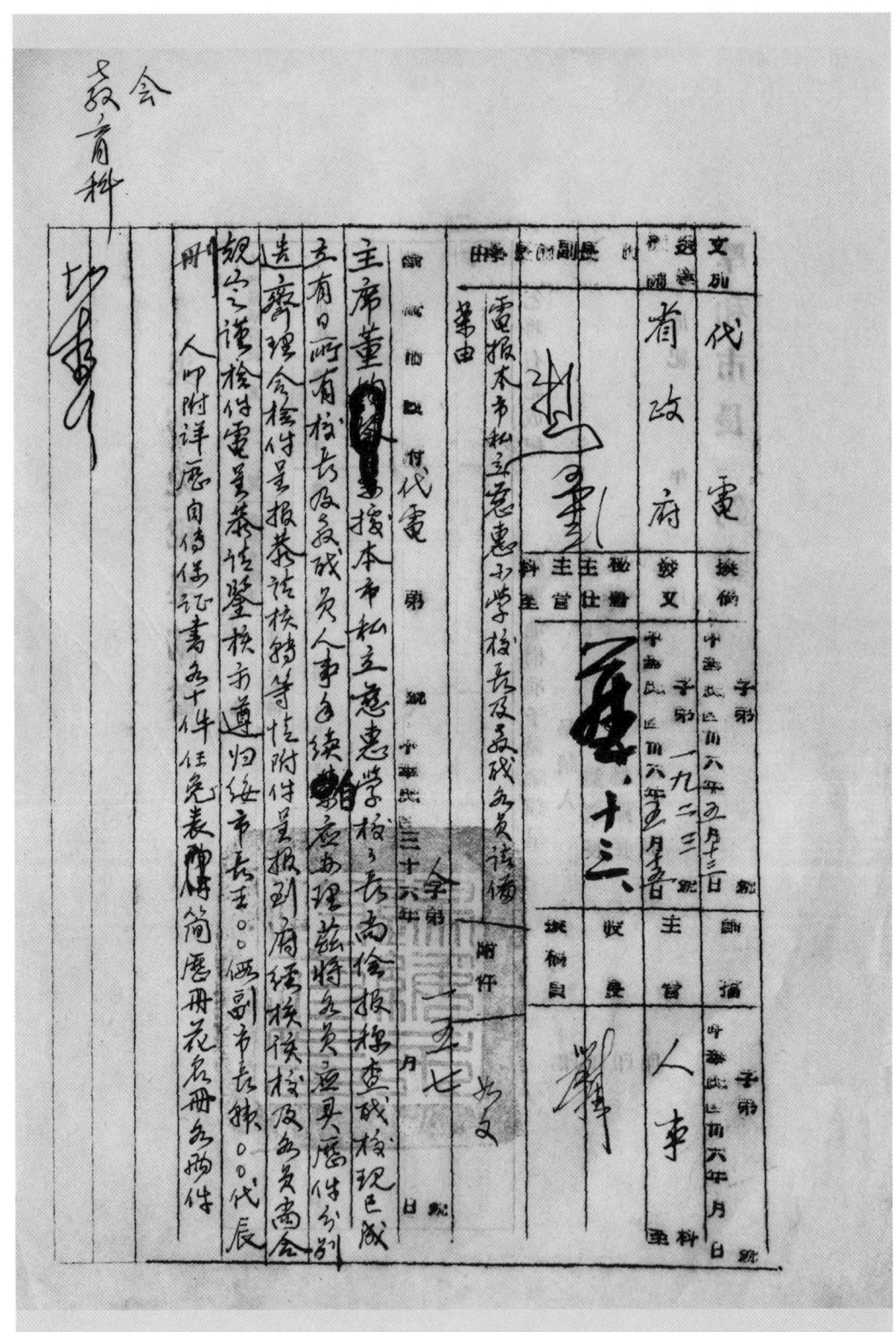

图 2-5-20 归绥市政府为呈报私立慈惠小学校长及教职员历传致绥远省政府代电（1947年5月15日）

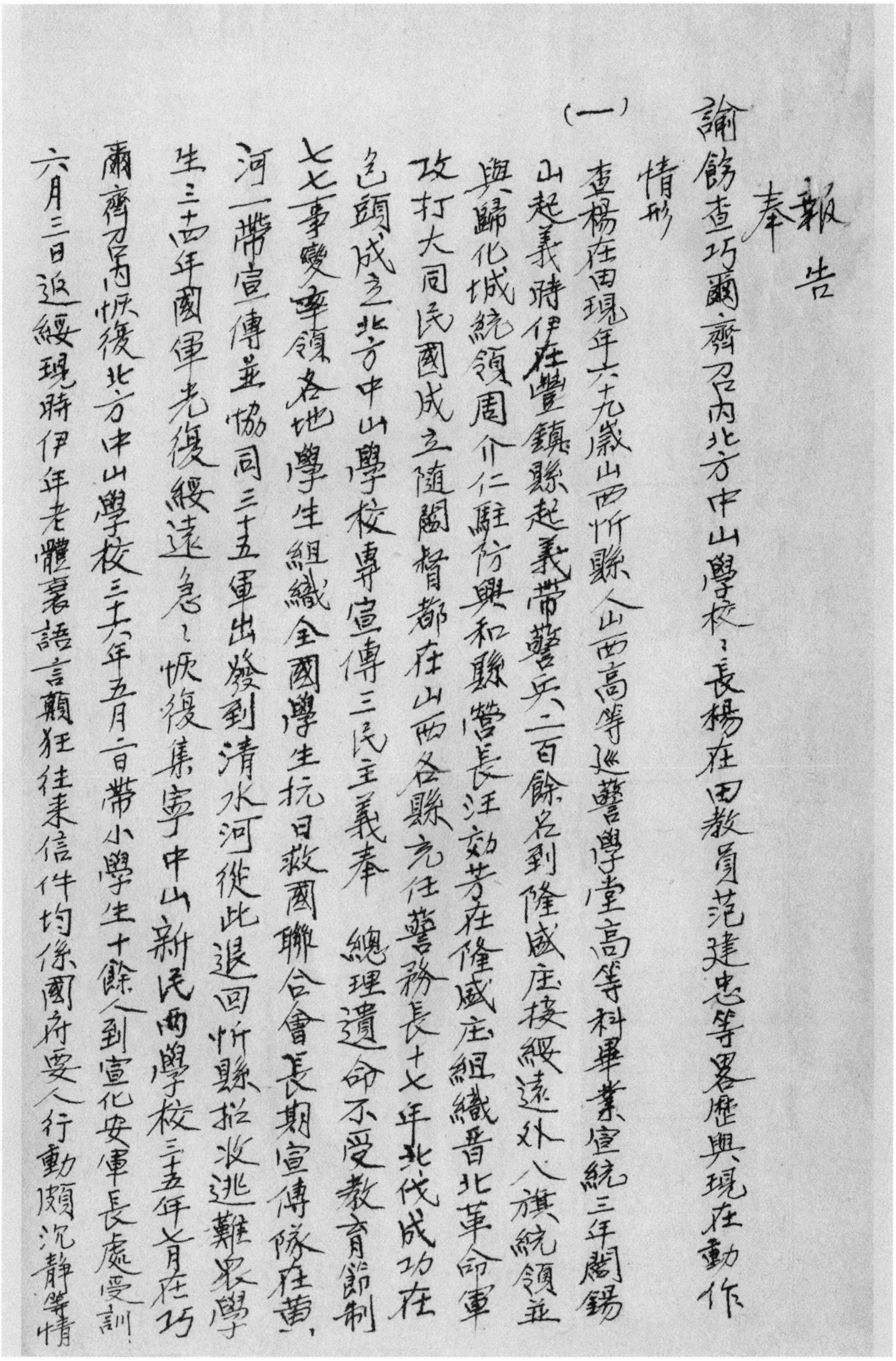

报告

奉

谕饬查巧尔齐召内北方中山学校，长杨在田教员范建忠等略历与现在动作情形

(一)

查杨在田现年六十九岁，山西忻县人，山西高等巡警学堂高等科毕业，宣统三年阎锡山起义时伊在丰镇县，起义带警兵二百余名到隆盛庄接绥远外八旗统领并与归化城统领周介仁驻防与和聚营长汪劲芳在隆盛庄组织晋北革命军攻打大同，民国成立，阎督都在山西各县充任警务长。十七年北伐成功，在包头成立北方中山学校，专事宣传三民主义，奉总理遗命不受教育节制。七·七事变率领各地学生组织全国学生抗日救国联合会长期宣传队，在黄河一带宣传并协同三十五军出发到清水河，从此退回忻县拟设逃难众学生三十四年国军光复绥远，急之恢复集宁中山新民西学校，三十五年正月在巧尔齐召恢复北方中山学校。三十六年五月二十日带小学生十余人到宣化安军长处受训，六月三日返绥。现时伊年老体衰，语言颠狂，往来信件均系国府要人，行动颇沉静等情

图 2-5-21 刑事警察队调查巧尔齐召北方中山学校校长杨在田和教员范建忠等略历与活动情况报告（附杨在田报告）（1947年6月24日）（一）

（二）查范建忠年三十六岁绥远人家住新城道门牌三〇号二十一岁毕业教小学校教员与范较大学校大小学生讲解共产主义曾被检举判处有期徒刑二年六个月期满释放后偶充小学教授未几又经查出伊邮包由某处寄来信件内有汇票一纸每月一次均系接济二作党判处有期徒刑十年送监执行一年七个月二十六日寇侵佔绥远时将伊释放曾担任敌伪某小校教授旋为二作暴露被押四月有馀后受敌伪利用充任鹰营伪警察署警尉补三月后潜逃回军去后行动不轨复经伪政总队管押在案并受宪政训练期满后赋闲旋拾三五年被北方中山学校长杨在田邀聘为北方中学所会新民小学教授本年五月迁援较大学生编为全国学生联合会三民主义建国宣传队该杨在田校长再赴前线作宣传工作临行将新民小学教务暂推范建忠维持一切杨校长走后不久范某擅将新民小学改为自新小学並拼校内樟檜学俱变卖杨在田返校大起反感追未解决近闻范某不久赴陕垻一行查其行动显有奸党活动情形等情

中华民国三十六年六月二十四日

刑事警察队长张国学　呈

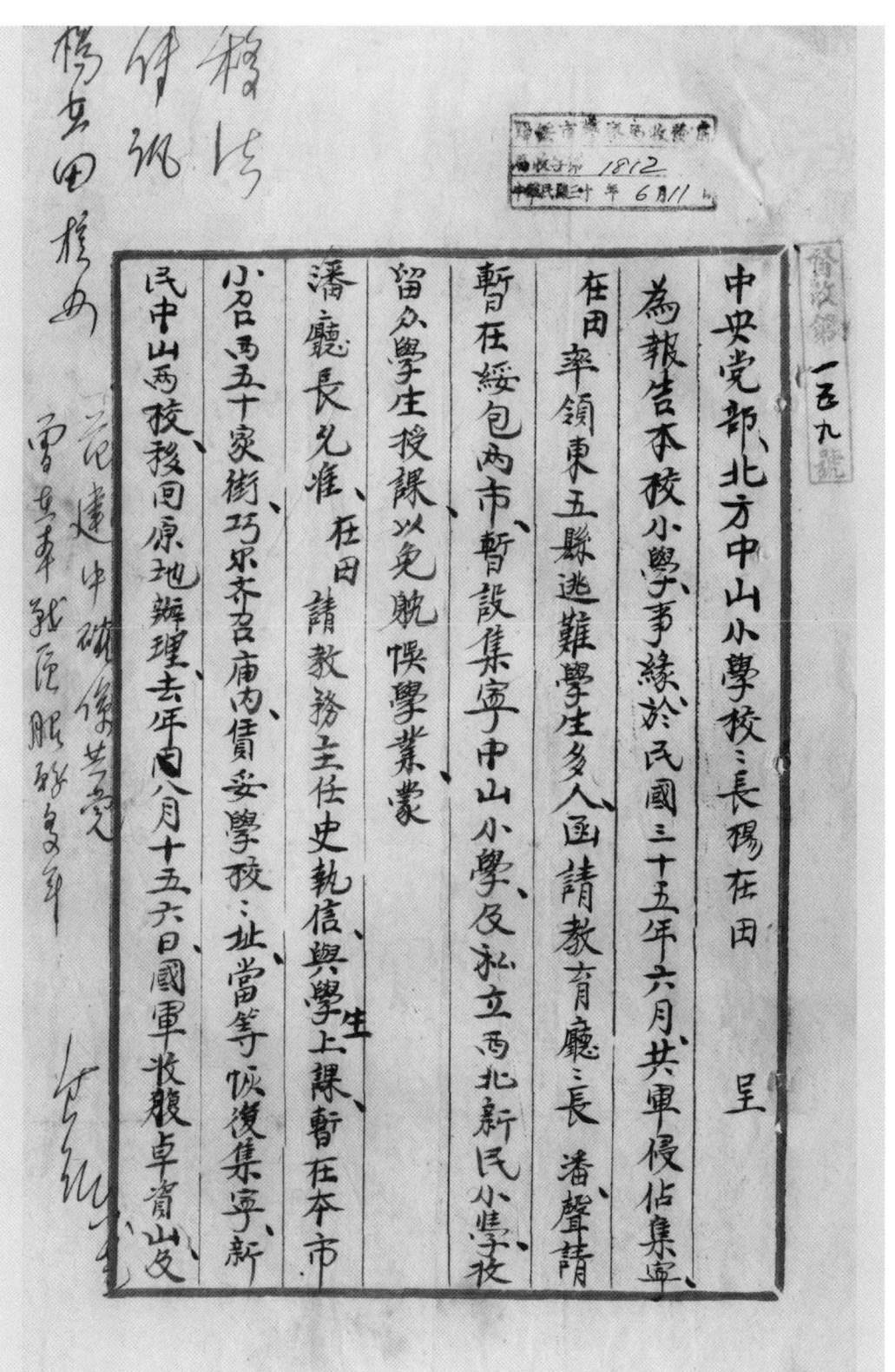

图 2-5-21 刑事警察队调查巧尔齐召北方中山学校校长杨在田和教员范建忠等略历与活动情况报告（附杨在田报告）（1947年6月24日）（三）

集宁宣传队众学生暨校长随军工作、在田蒙绥远救济会补助
伊资火车费将东五县学生五十一人送回集宁中山堂授课另请教
员因人上课本市巧尔齐召为中山小学、新民两校还有本市街上众贫
小学生多人、在田只的仍在巧尔齐召内设立新民中山两小校请教员六
人教授呈明绥远教育厅苏知情五月肖在田接暂五军安军长公
函着在田由包市中山学校学生包品一等四十八人在田率领学生选
到宣化府交安军长训练、为国家出力、在田五月初六日由本市走时将
巧尔齐召內中山小学校暂时靠范建中允当教授在田言明走廿多天三月

图 2-5-21 刑事警察队调查巧尔齐召北方中山学校校长杨在田和教员范建忠等略历与活动情况报告（附杨在田报告）（1947年6月24日）（四）

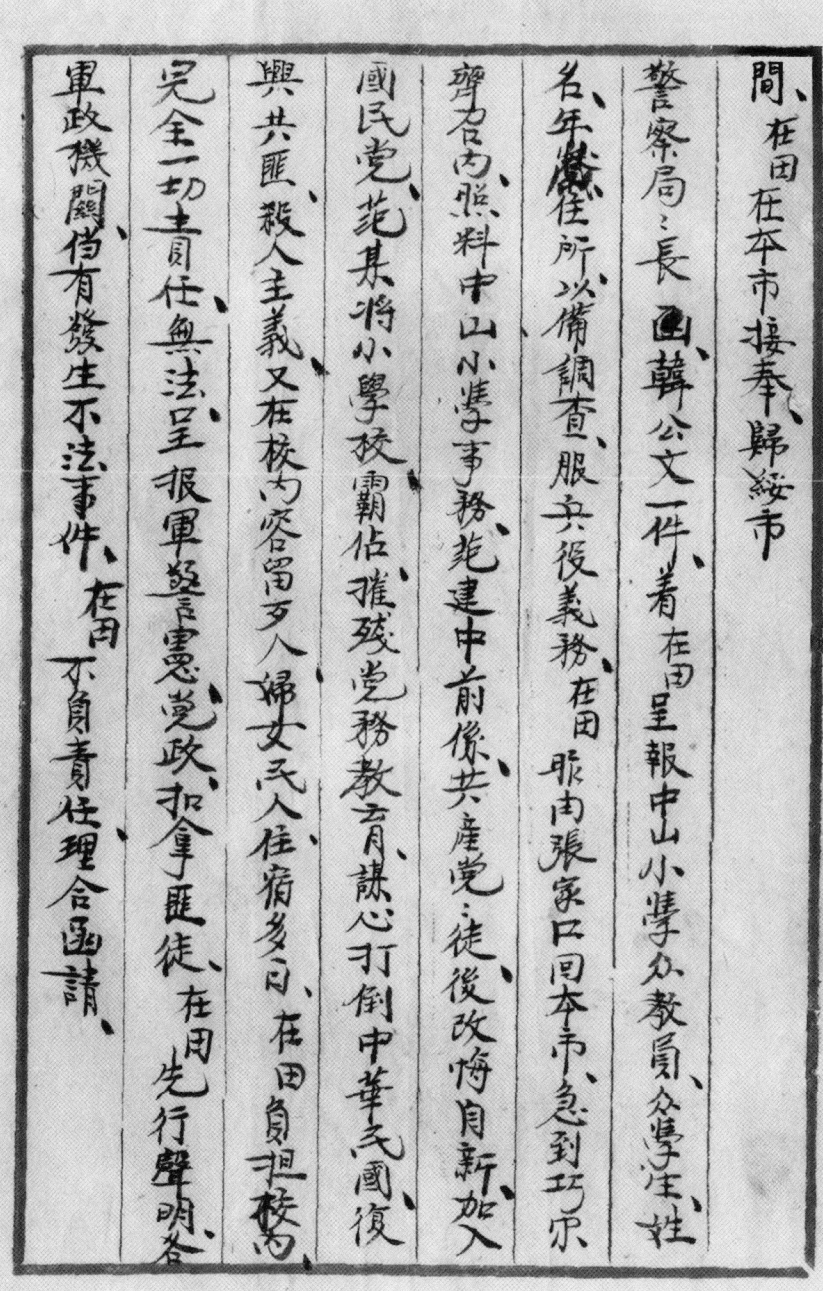

图 2-5-21 刑事警察队调查巧尔齐召北方中山学校校长杨在田和教员范建忠等略历与活动情况报告（附杨在田报告）（1947 年 6 月 24 日）（五）

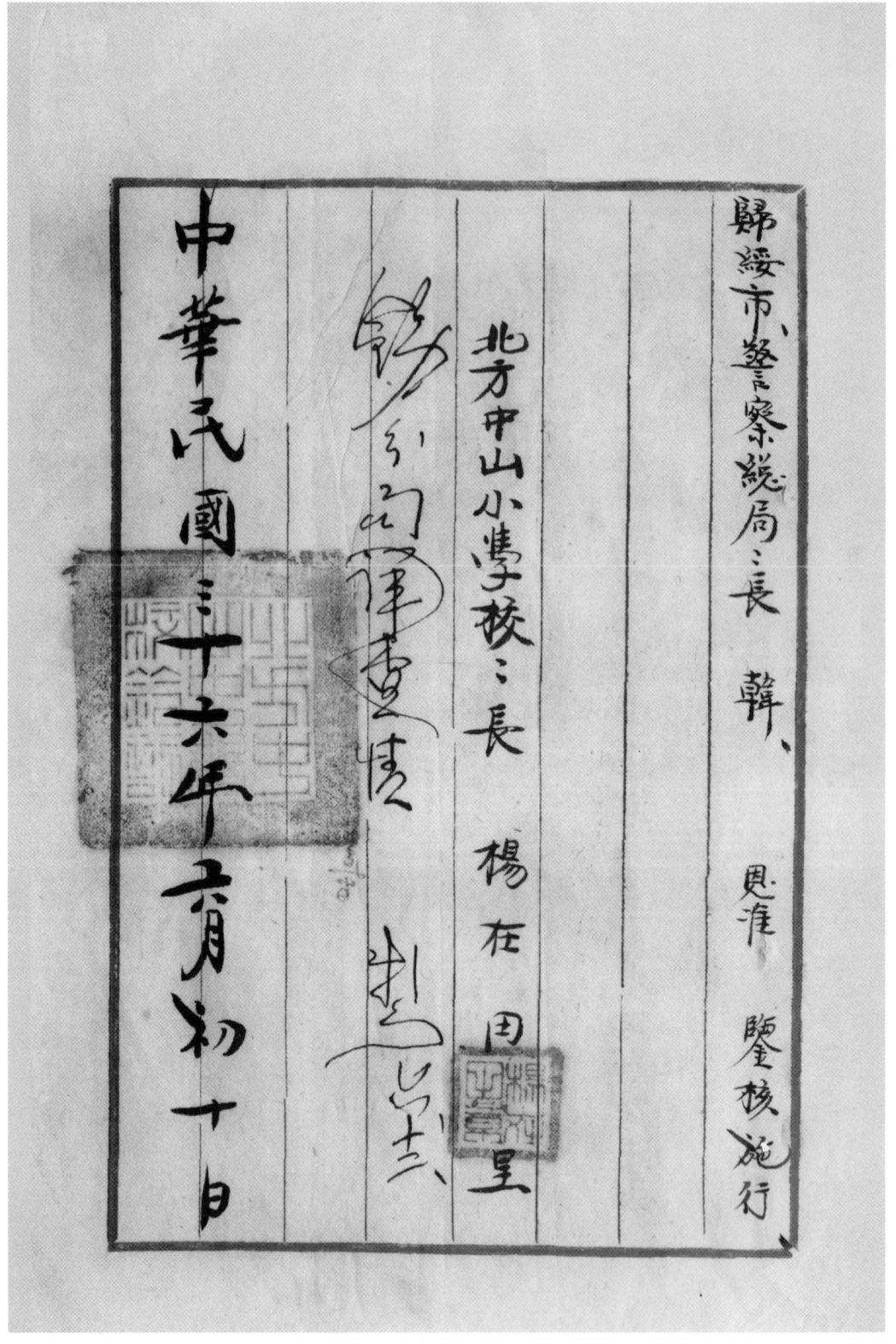

图 2-5-21 刑事警察队调查巧尔齐召北方中山学校校长杨在田和教员范建忠等略历与活动情况报告（附杨在田报告）（1947年6月24日）（六）

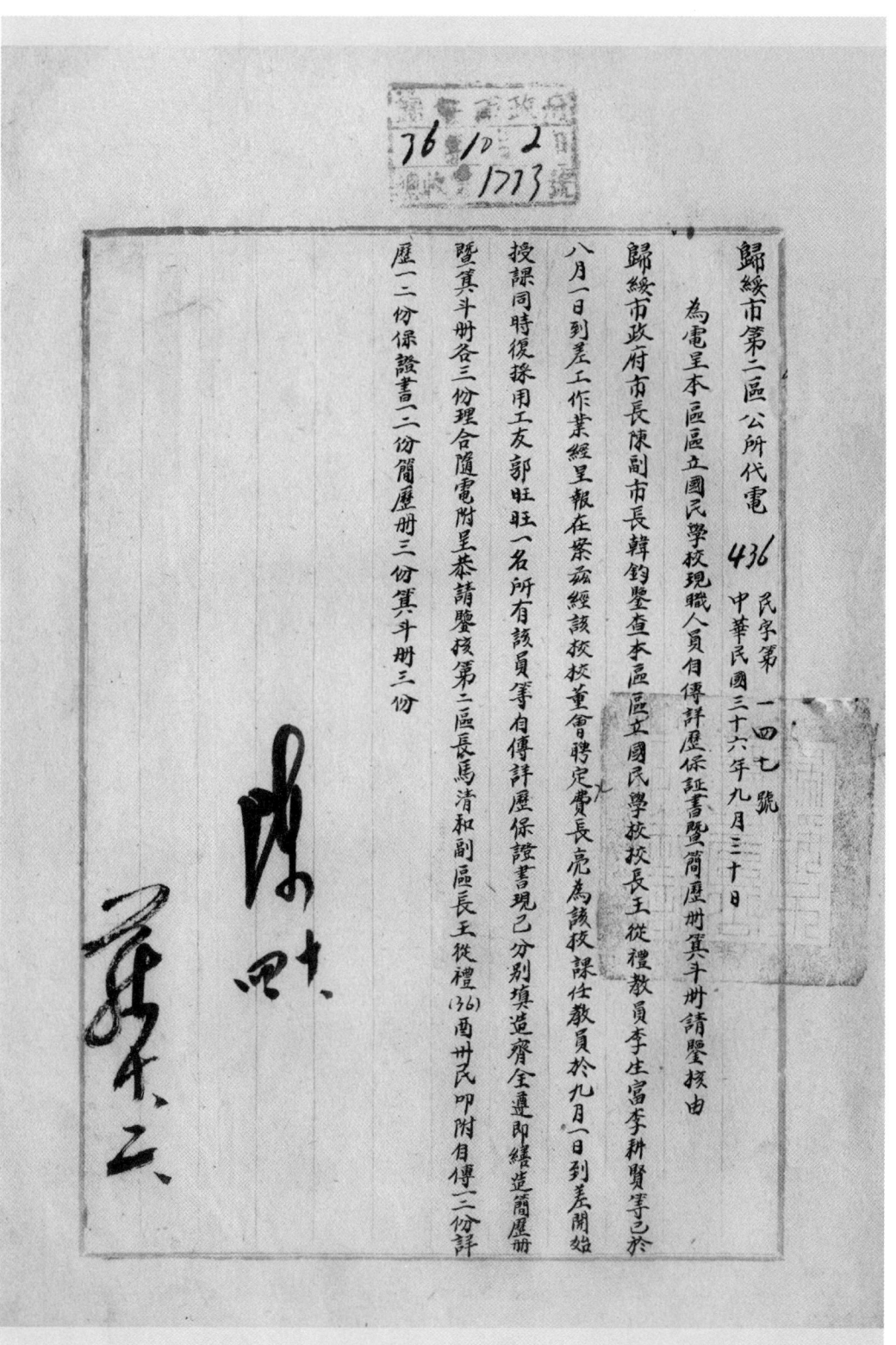

图 2-5-22 归绥市第二区公所为呈本区区立国民学校现职人员自传详历保证书暨简历册箕斗册致归绥市政府代电（1947年9月30日）

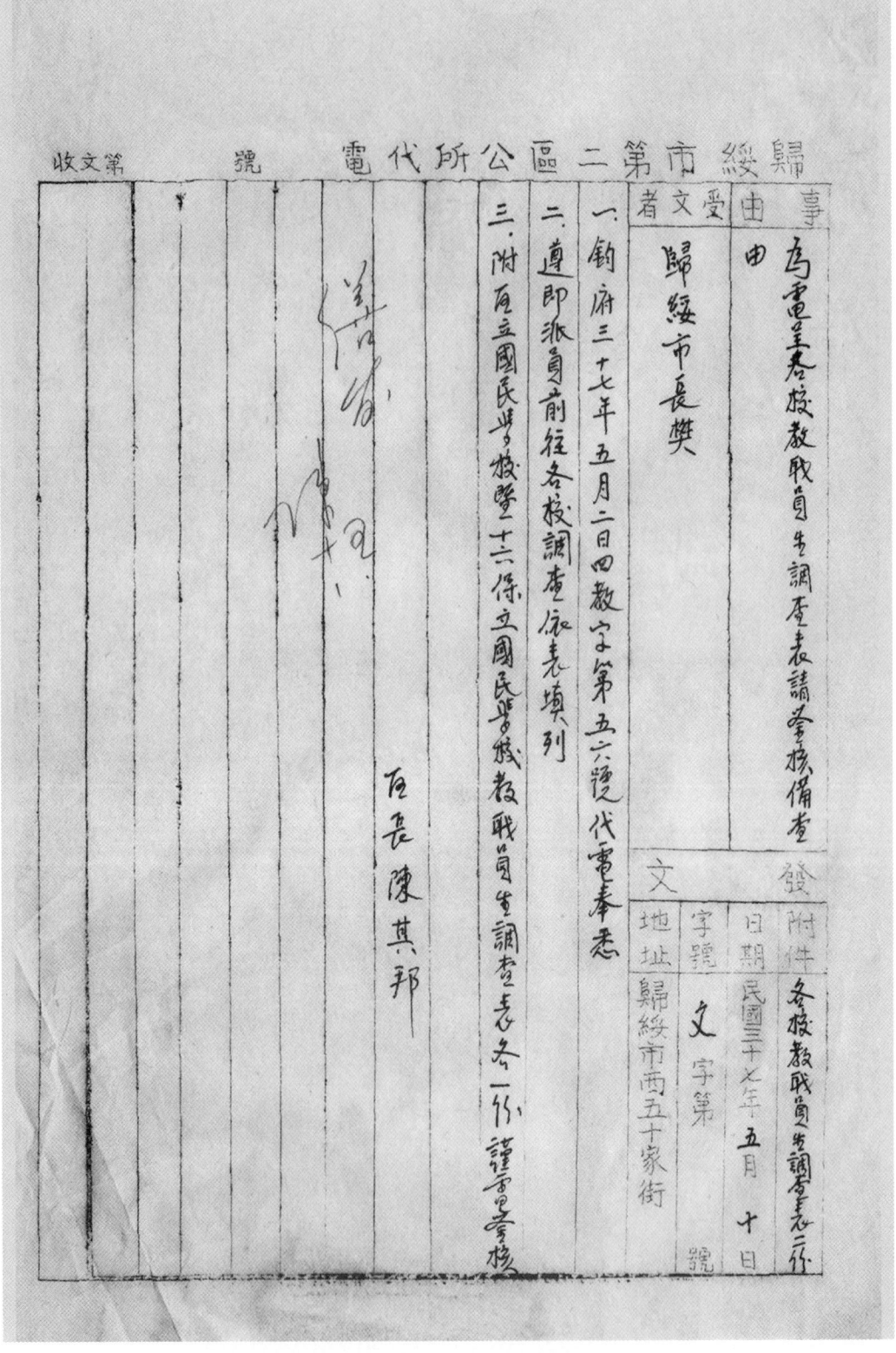

图 2-5-23 归绥市第二区公所为呈各校教职员生调查表致归绥市政府代电（1948 年 5 月 10 日）（一）

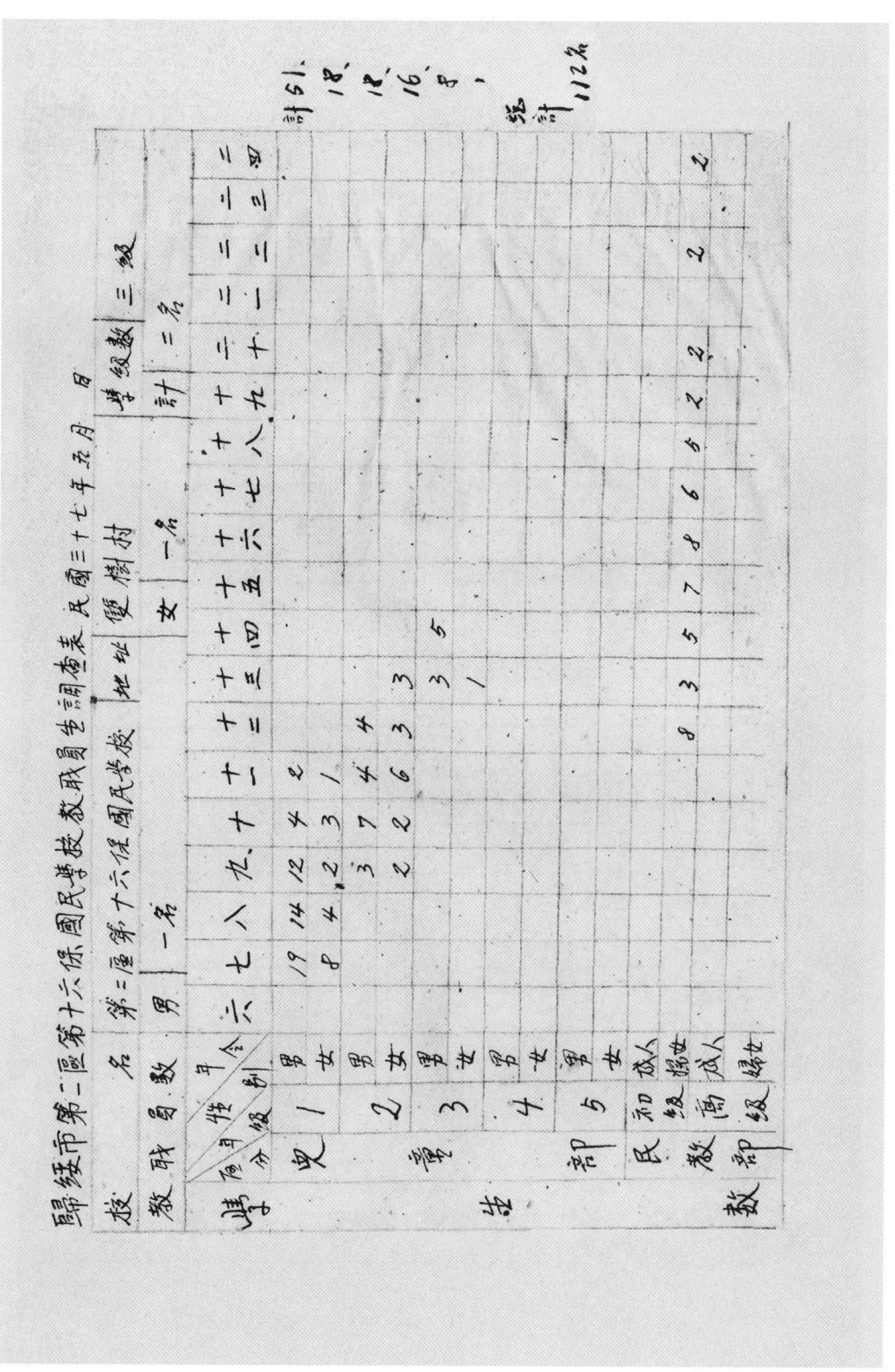

图 2-5-23 归绥市第二区公所为呈各校教职员生调查表致归绥市政府代电（1948年5月10日）（二）

图 2-5-23 归绥市第二区公所为呈各校教职员生调查表致归绥市政府代电（1948年5月10日）（三）

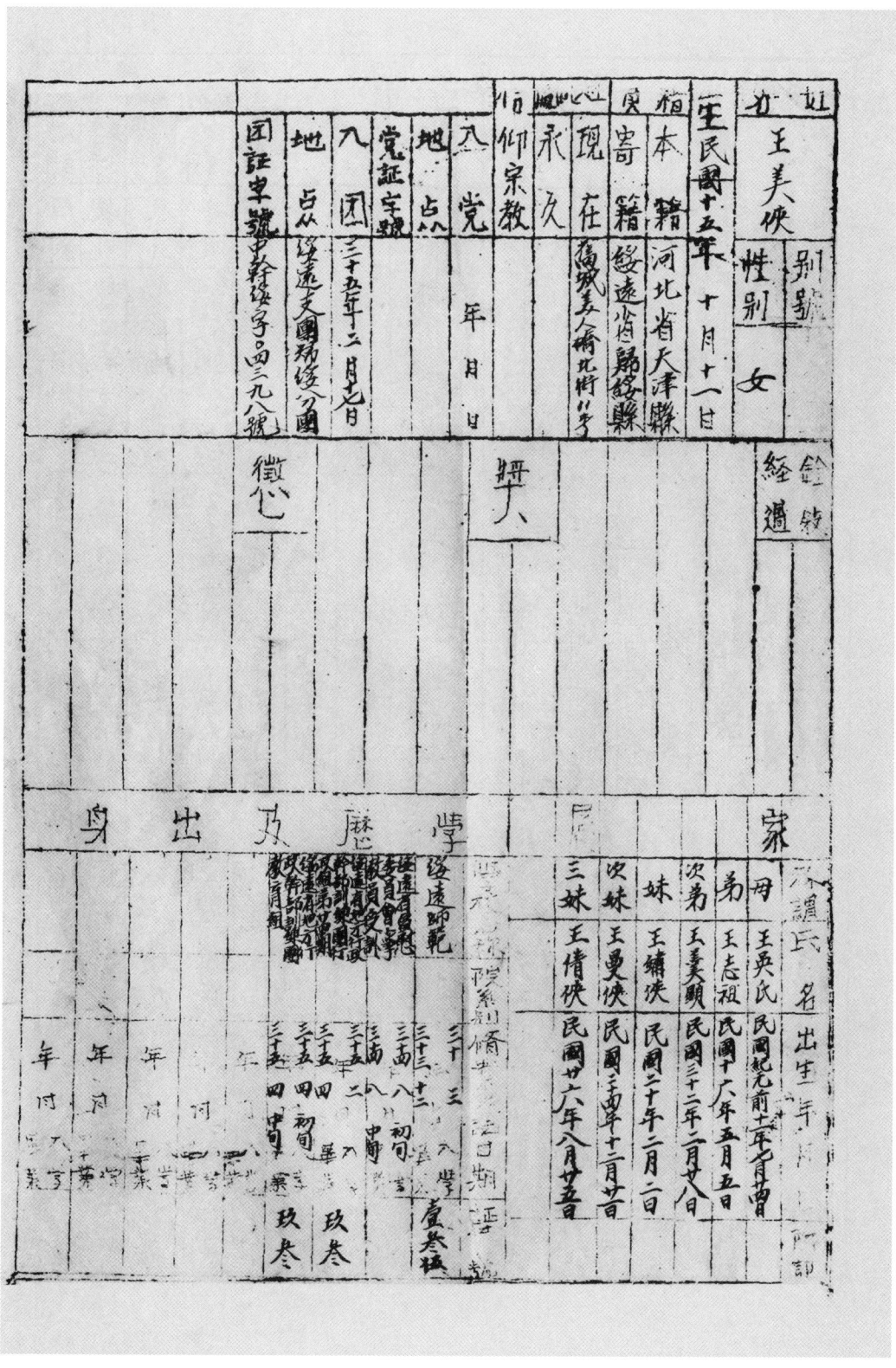

图 2-5-24 私立冀成小学教员王美侠个人简历自传保证书等（1948年）（一）

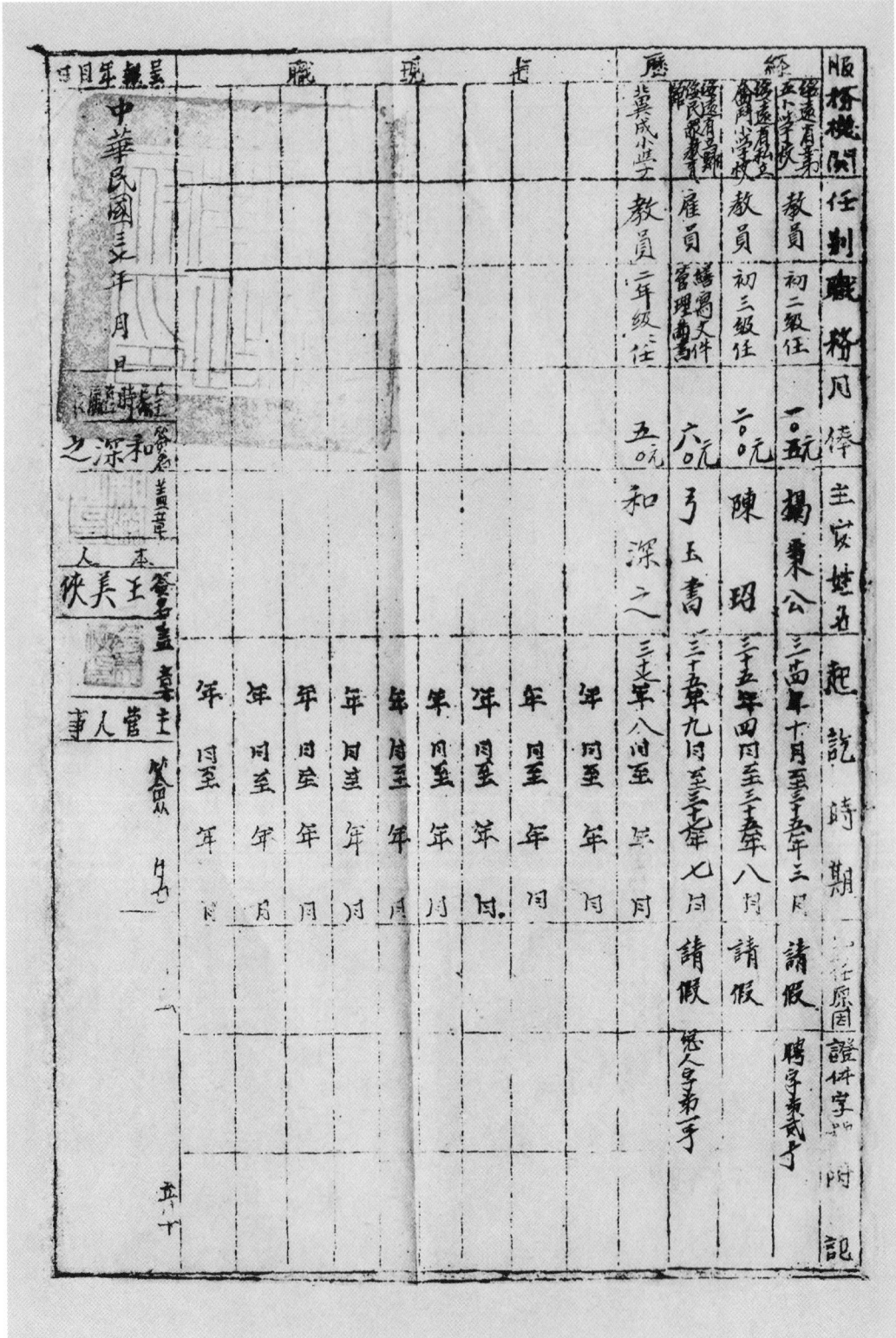

图 2-5-24 私立冀成小学教员王美侠个人简历自传保证书等（1948年）（二）

綏遠省歸綏市私立冀成小學工作人員自傳

自傳要點

一、前言
二、誕生年月日
三、家庭狀況
四、學歷及經歷
五、對工作興趣與經驗
六、作何是吾健全
七、個人志趣
八、最近一年來生活簡述
九、對吉人及時人最欽佩的是誰
十、對國家現況之觀感
十一、對本部的工作感想
十二、結論與總評

勝利迄今,轉屆四年,國家統一,社會建設,人民安樂,諸項事業之興革,值此行憲之始,惟賴政府人民之意旨及努力,痛恨之奸黨共匪,不休時報擾民權,割據地盤,阻礙統一,破壞交通,貨幣暴跌,並飽以赤化政策,捏造謠言,製造恐怖,除害人民,更不知廉恥,到處搶奪民財民物,造成民不聊生,恐慌慘狀,共罪滔天,本容寬饒,若非消滅貽患無窮,是以凡我同胞,宜時刻提高警覺,各盡所能,肩負戡亂建國勤匪之重任,以奠光明燦爛三民主義新中華之國基。民弟我二人,各就職以維生,時當民國三十三年冬,綏遠有師範學校畢業,三十五年春,復入綏遠省立鄉村行政組教育組受訓期滿畢業,先後獲綏遠有立第五區立第二中心國民學校高小教導人群之正軌,養成良民有為的國民為宗旨。那麽,為教育之言行動作再查教育事業非但本身清高,且開係執教育習德教群四育之修養,在平衡不斷進展中,是以反綏遠有立鄰俊民眾教育館兼當教員及雇員之職員,小學校教育當曾教員數人,各就撤職以維生,時當民國三十三年冬,綏遠有師範學校畢業,三十五年春,復入綏遠省立鄰俊民眾教育館受訓期滿畢業,先後獲綏遠有立第五區立第二中心國民學校高小教導人群之正軌,養成良民有為的國民為宗旨。那麽,為教育之言行動作再影響壯大群眾,起著領導作用。凡事首宜具有蓬勃朝氣,挖定骨幹之進取心以獲教學相長之義。如此,教育方不致落空。至於,幸福成事業非淺,即平時亦不專歡身體之保養與鍛鍊,這結果使我獲得健康,避免一切疾病之苦。余志在作教育工作,但于政治亦頗風興趣,近年來未嘗康齋社會而工作,業餘喜翻閱文藝叢書,小說、教章、雜誌等,尚勉可自慰。念人可佩的名將,古人岳飛,畫民忠報國。時人英明卓絕的蔣總統,率領全國抗戰八年,終獲勝利,完成國父遺志,樹立三民主義之新中國。使人厭惡至極的古

图 2-5-24　私立冀成小学教员王美侠个人简历自传保证书等（1948年）（三）

人槔檜，曹國罪将。時人奸党共匪，胡作非為，執迷不醒，現正激烈问全國各地騷擾，發起攻勢。但是，我们有良好準備堅固的城防，勇敢精練的軍隊，完美的軍械，軍民合作保國衛土的精神相信，共匪絕不會發生任何效力，乃自掘陷坑趨向滅亡。國家生命力，乃教育經濟力是以今後教育当着眼於一教育適應政治需要，与政治密切連系起来，二應把行文武合一的教育，施行手膽並重的教育，四施行術德兼修的教育。蔣總統曾說：生活的目的，在增進人類全體的生活，生命的意義，在創造宇宙継起的生命。在此人生兩大目標之下，為人群服務造福，使三民主義新中國光輝高昂，邁進世界大同。

填寫人王美俠

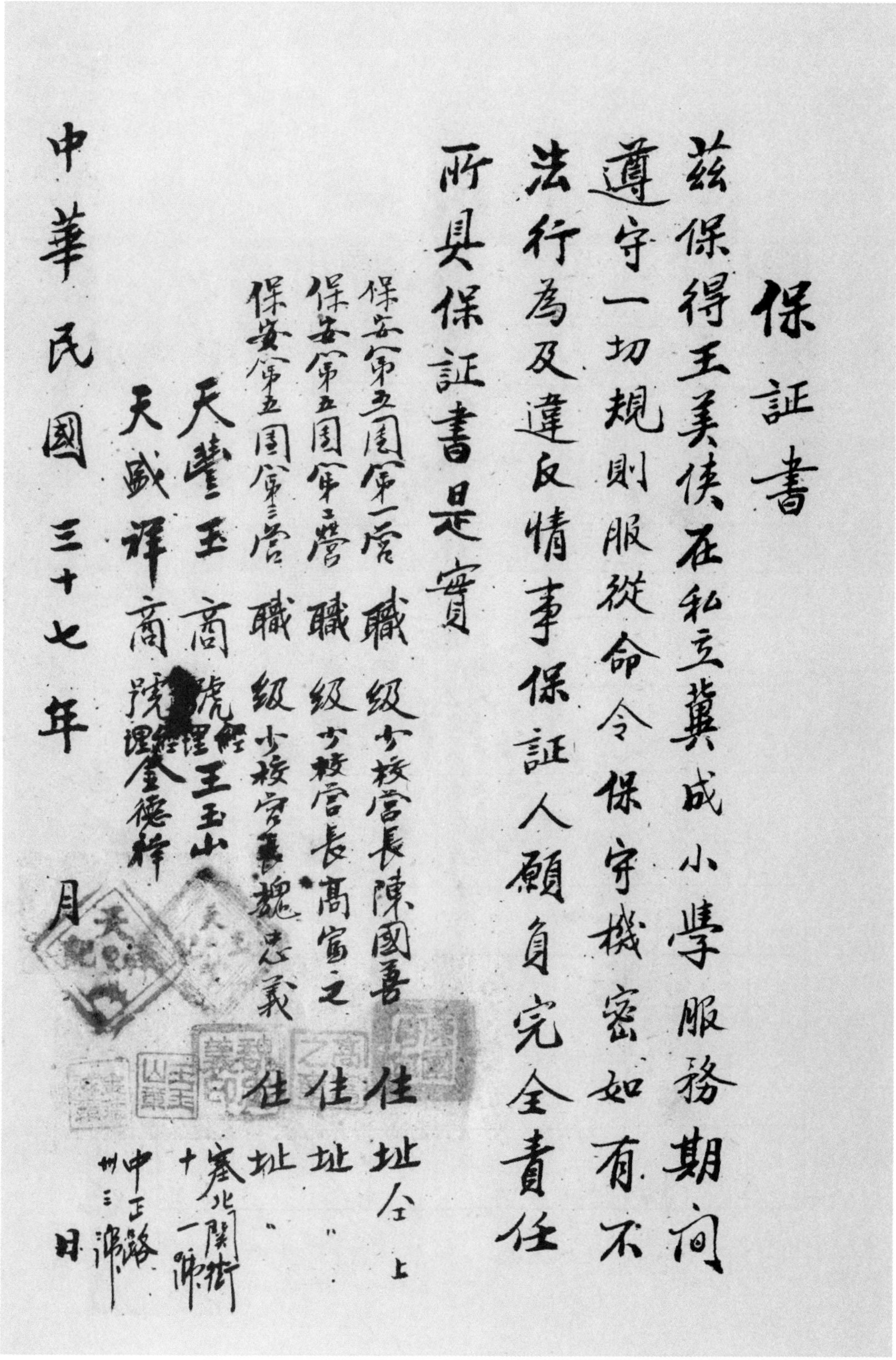

保証書

兹保得王美俠在私立冀成小學服務期間遵守一切規則服從命令保守機密如有不法行為及違反情事保證人願負完全責任所具保證書是實

保安第五團第一營職級少校營長陳國喜　住址全上
保安第五團第二營職級少校營長高富之　住址全上
保安第五團第三營職級少校副營長魏忠義　住址塞北關街十一號

天豐玉商號經理王玉山　中正路一師
天盛祥商號經理金德祥　卅三鴻日

中華民國三十七年　　月　　日

图 2-5-24　私立冀成小学教员王美侠个人简历自传保证书等（1948年）（五）

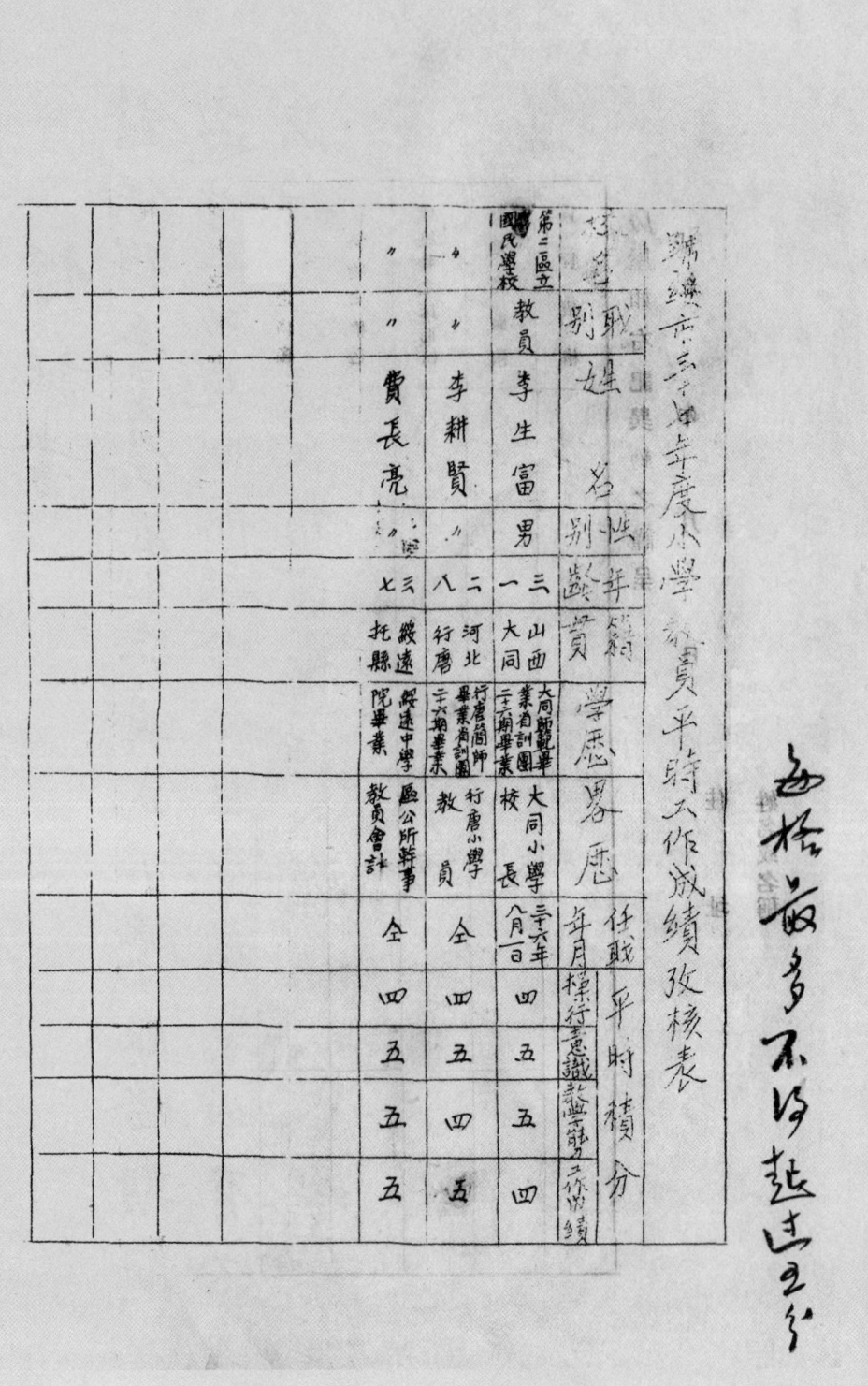

图 2-5-25　归绥市三十七年度小学教员平时工作成绩考核表（节选）（一）

归绥市三十七年度小学教员平时工作成绩考核表

校名别	姓名	性别	年龄	籍贯	学历暨履历	任职年月	平时积分				操行意识教学能力工作勤绩
市立通顺街中心国民学校	教员 胡存铠	男	三三	山西大同	私立正风中学毕业 曾任小学教员三年八月	三十六年二月	5	5	5	5	
〃	袁锦骊	男	二七	归绥	〃 巴盟师范毕业 曾任小学教员三年二月	三十四年十月	5	5	5	5	
〃	李雨田	男	二四	〃	师范毕业 曾任小学教员十年二月	三十六年二月	5	3	3	4	
〃	阎静波	女	三八	黑龙江黑省	女子师范毕业 曾任小学教员三年十月	三十四年十月	5	5	5	5	免考
〃	杨束让	男	三一	归绥	农业科毕业 经远省立子师范 曾任小学教员十年二月	三十四年十月	5	5	5	5	免考
〃	韩东炯	女	三五	〃	七子师范毕业 教员十年二月						免考

图 2-5-25 归绥市三十七年度小学教员平时工作成绩考核表（节选）（二）

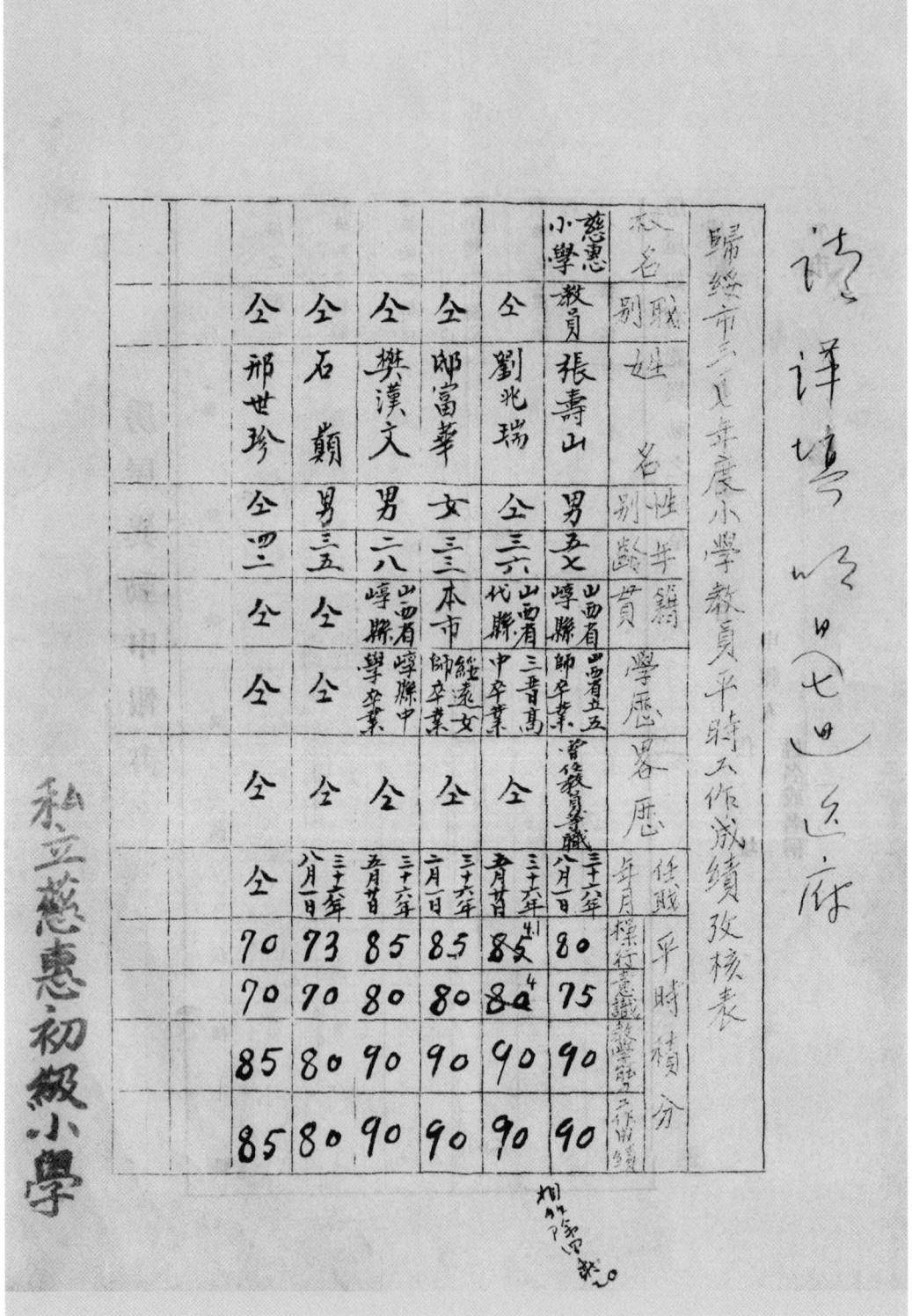

图 2-5-25 归绥市三十七年度小学教员平时工作成绩考核表（节选）（三）

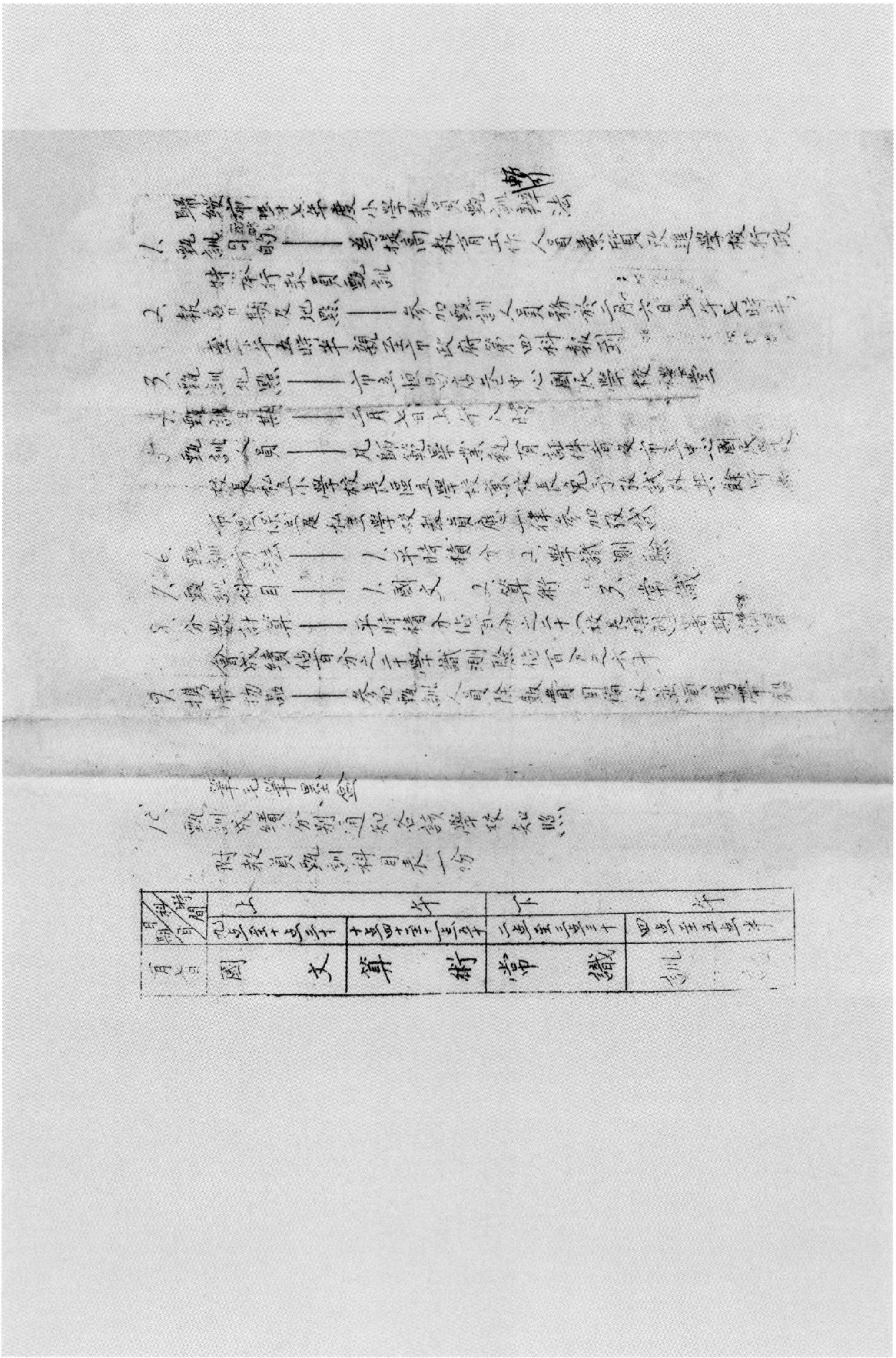

图 2-5-26 归绥市三十七年度小学教员甄训暂行办法

六 学生管理

归绥市立恒昌店巷女子小学概况调查表　　民国三十五年十月十九日

省縣市別	校別	校長姓名	學級數	教職員數男女計	學生數男女計	經費	設備	備註
歸綏市立	恒昌店巷女子小學	王德政	七	七 五 六 二	充 充			教室桌櫈均有惟還有三具損書全焉

图 2-6-1　归绥市立恒昌店巷女子小学概况调查表（节选）（1946 年 10 月 19 日）

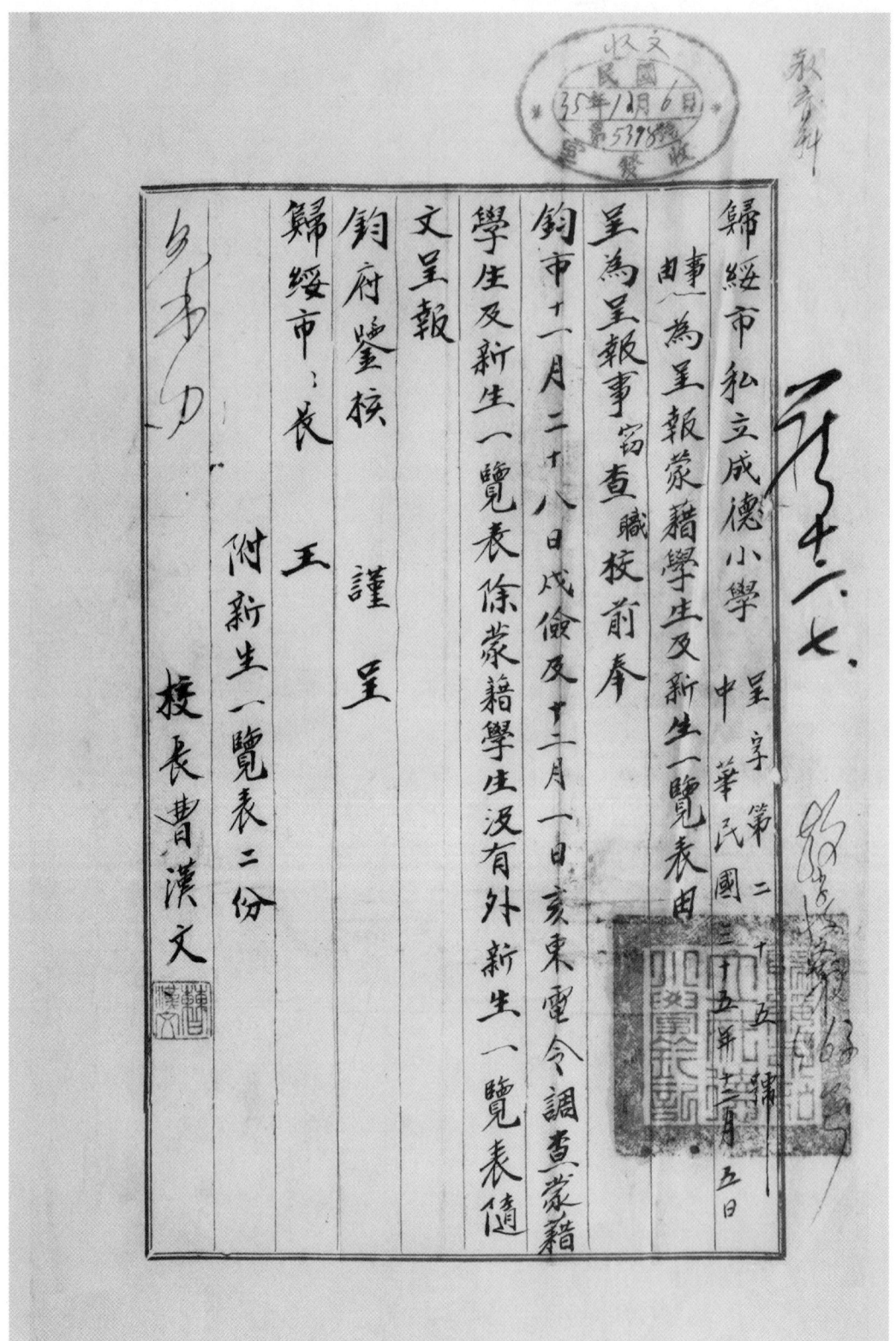

图 2-6-2　归绥市私立成德小学为报蒙籍学生及新生一览表致归绥市政府呈（节选）（1946年12月5日）（一）

归绥市私立成德小学校新生一览表

年级	姓名	性别	年龄	籍贯	入学年月	学历	家庭营业	备注
壹年	徐连荣	女	大	河北天津	三五年六月	我国	商	
仝	王连芝	女	八	山西代县	仝上		商	
仝	王志明	男	七	河北通县	仝上		商	
仝	张志生	男	八	河北定县	仝上		成员	
仝	程壽生	男	九	河北昌县	仝上		商	
仝	孔庆章	男	九	山西大同	仝上		商	
仝	张桂枝	女	八	河北通县	仝上		商	
仝	张耀文	男	七	山西忻县	仝上		商	
仝	邓秀芷	女	七	河北武清	仝上		商	
仝	李北生	男	八	河北通县	仝上		成员	
仝	张凤芳	女	九	山西忻县	仝上		商	
仝	王金福	男	八	河北定县	仝上		商	
仝	张永刚	男	十	北平	仝上		工人	
仝	孟昭玉	男	八	河北定县	仝上		商	
仝	王学裁	男	十	归绥本市	仝上		商	
仝	卢振振	男	八	河北吴桥	仝上		成员	
仝	崔振志	男	十	归绥本市	仝上		商	
仝	规阑香	女	十	北津	仝上		工人	
仝	候中	男	九	河北唐县	仝上		成员	
仝	张性浦	男	九	河北通县	仝上		工人	

图 2-6-2 归绥市私立成德小学为报蒙籍学生及新生一览表致归绥市政府呈（节选）（1946 年 12 月 5 日）（二）

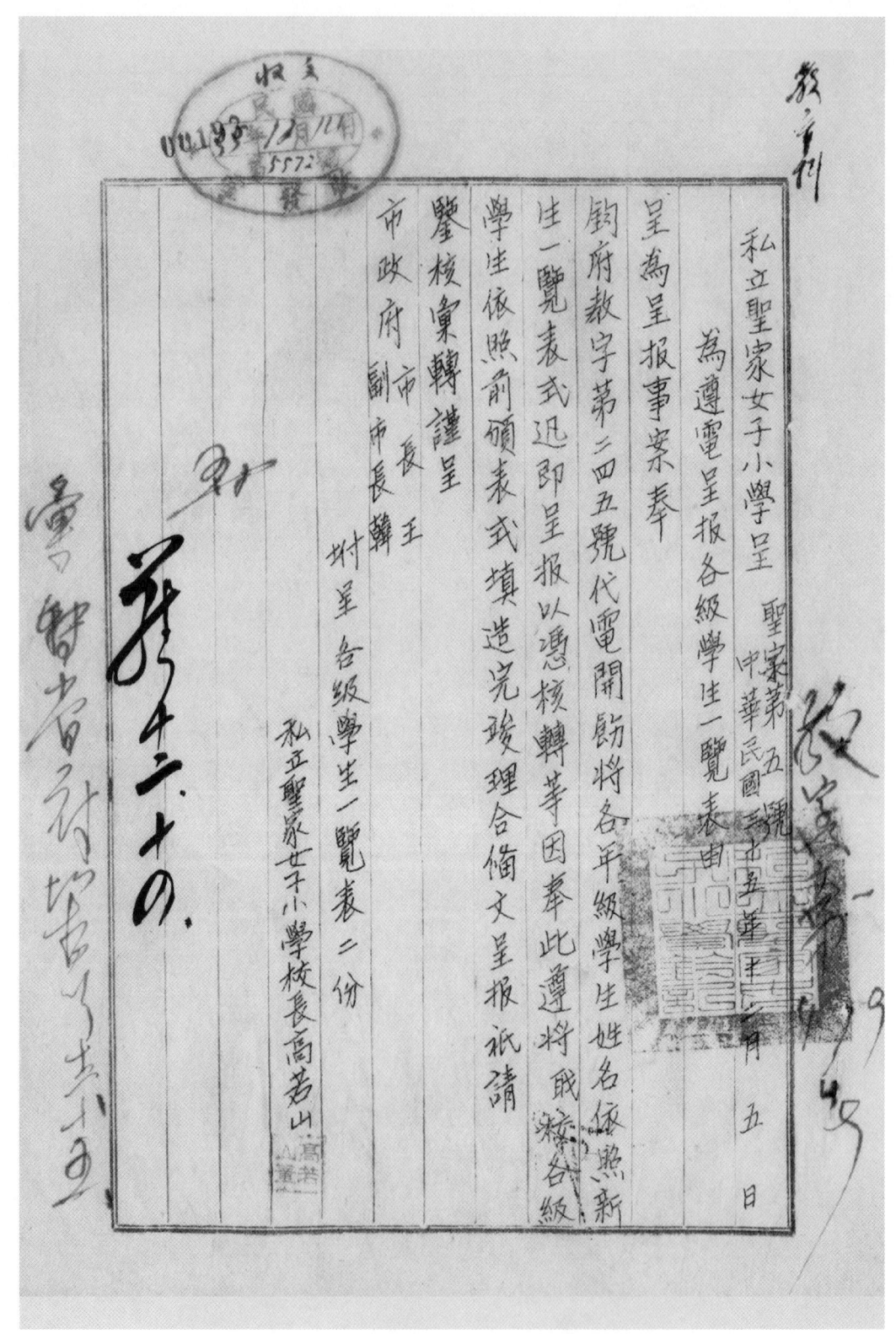

图 2-6-3 私立圣家女子小学为呈报各级学生一览表致归绥市政府代电（节选）（1946年12月5日）（一）

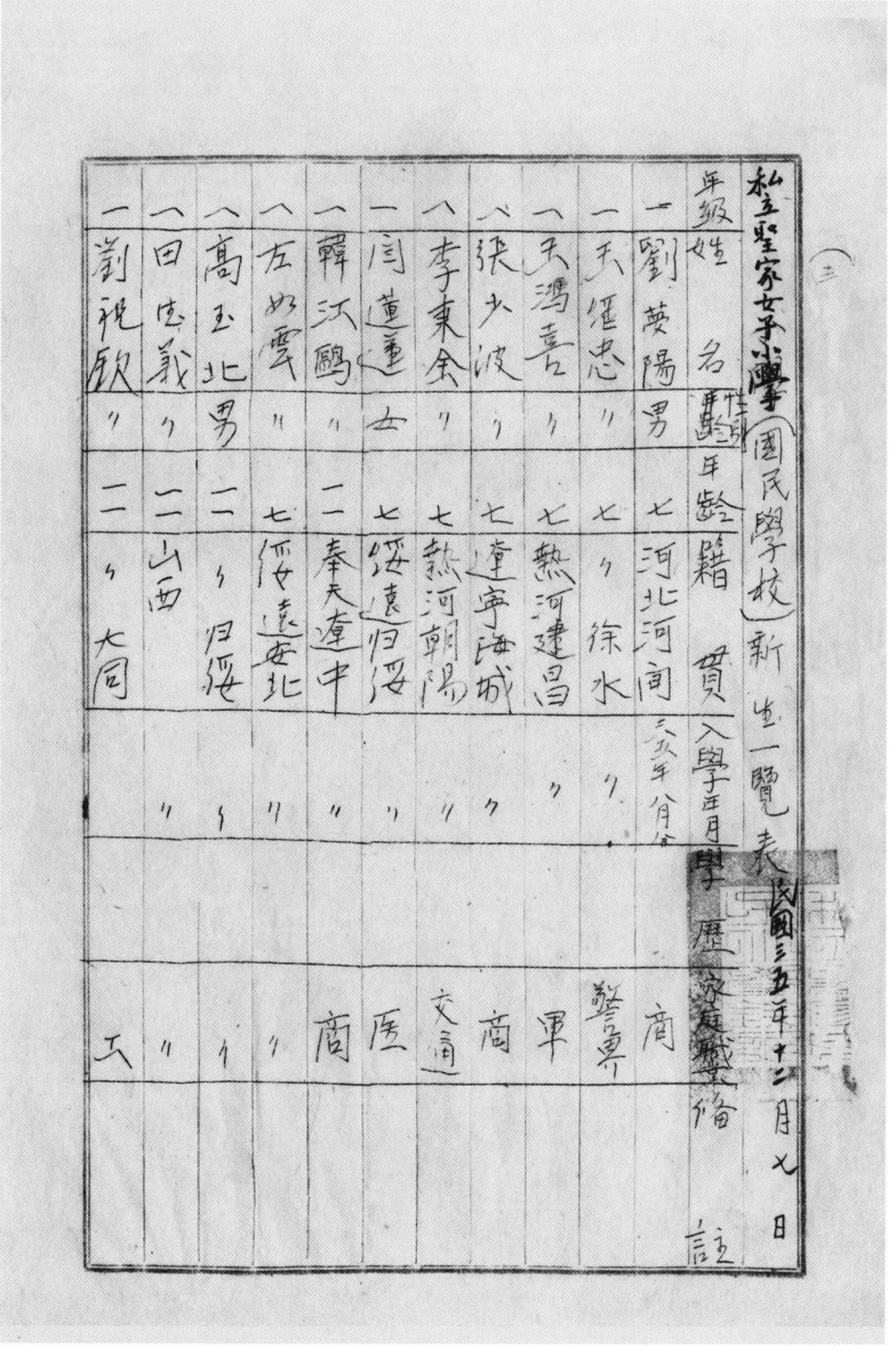

图 2-6-3 私立圣家女子小学为呈报各级学生一览表致归绥市政府代电（节选）（1946年12月5日）（二）

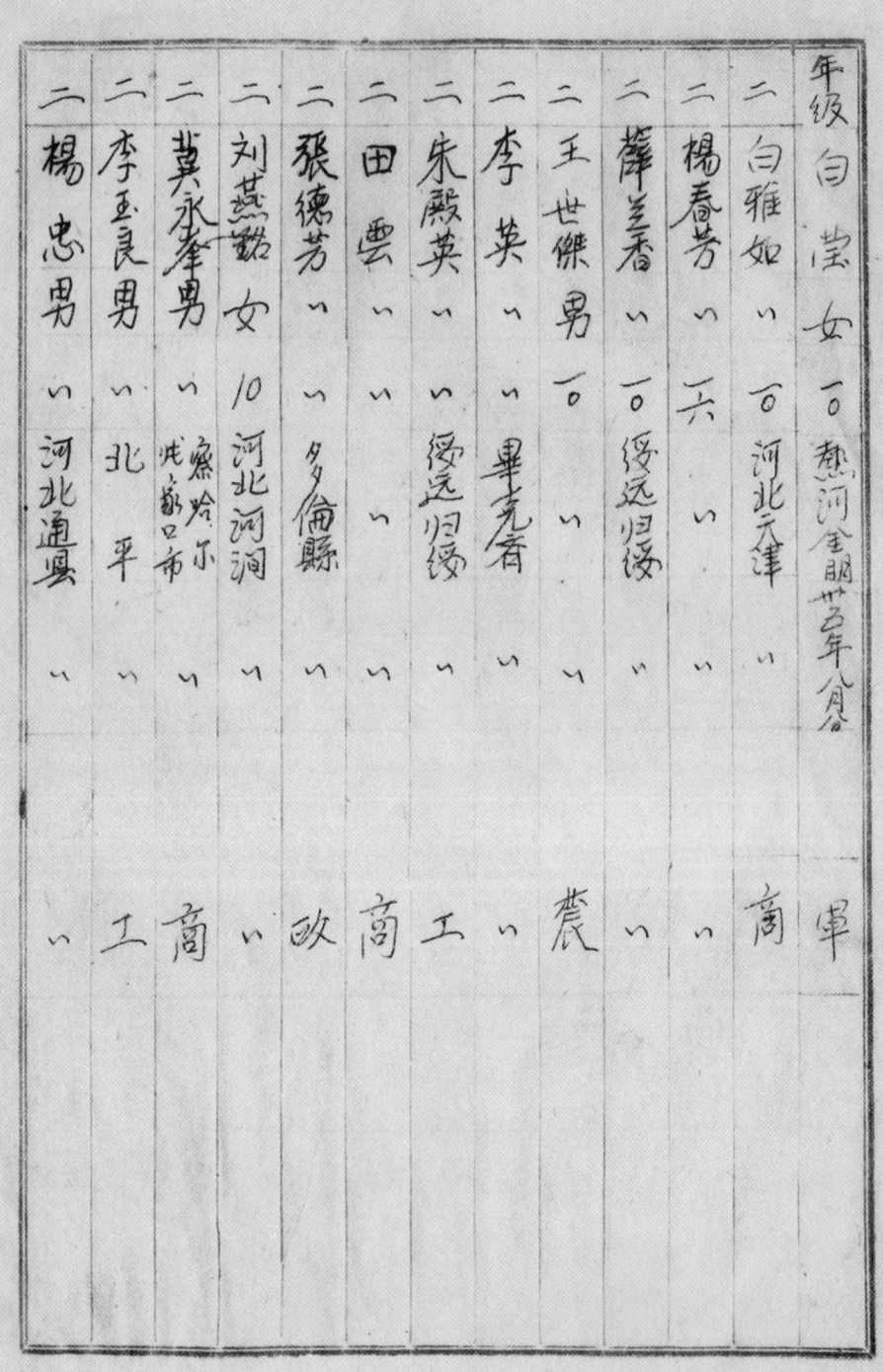

图 2-6-3 私立圣家女子小学为呈报各级学生一览表致归绥市政府代电（节选）（1946年12月5日）（三）

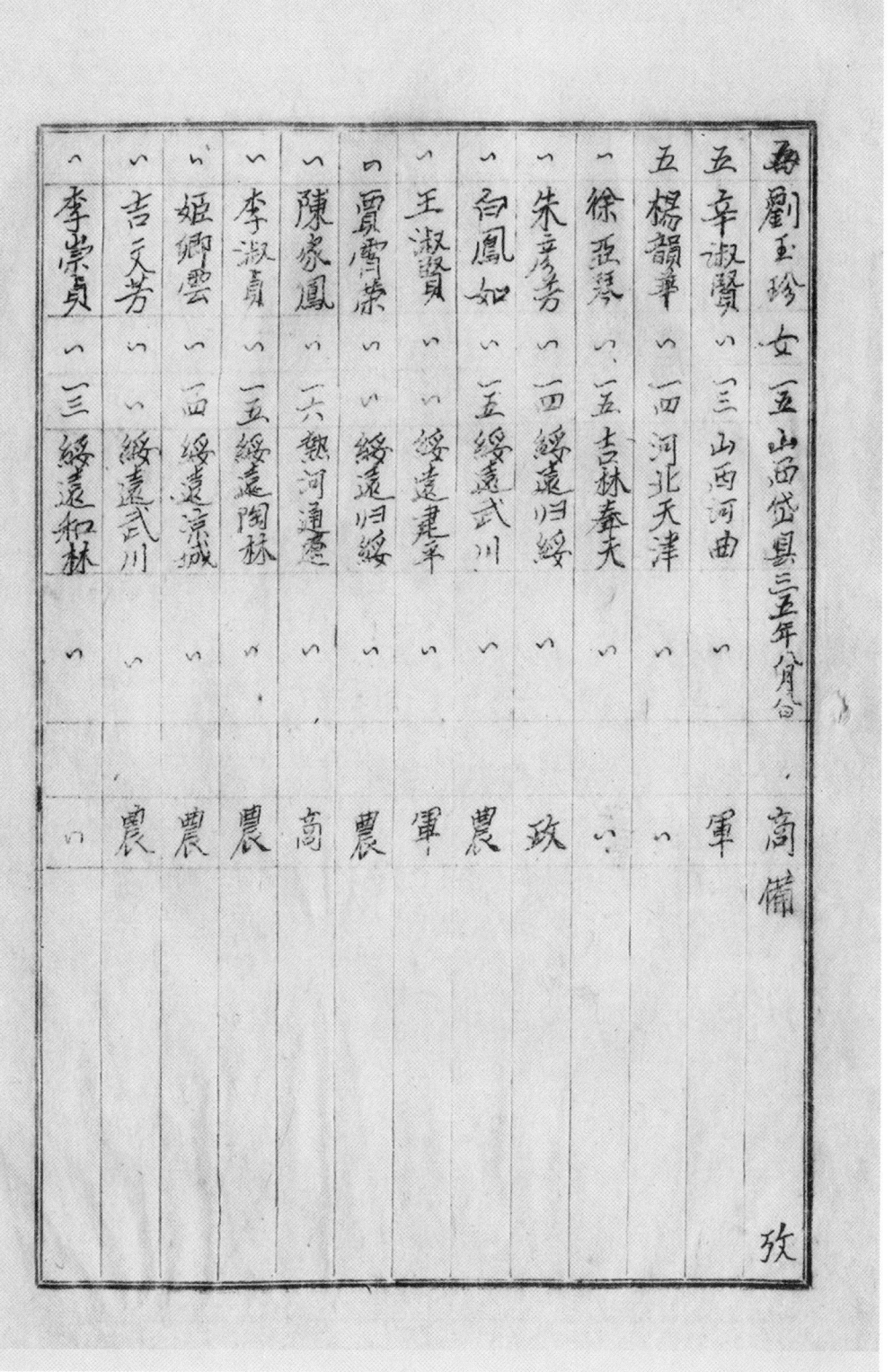

图 2-6-3 私立圣家女子小学为呈报各级学生一览表致归绥市政府代电（节选）（1946年12月5日）（四）

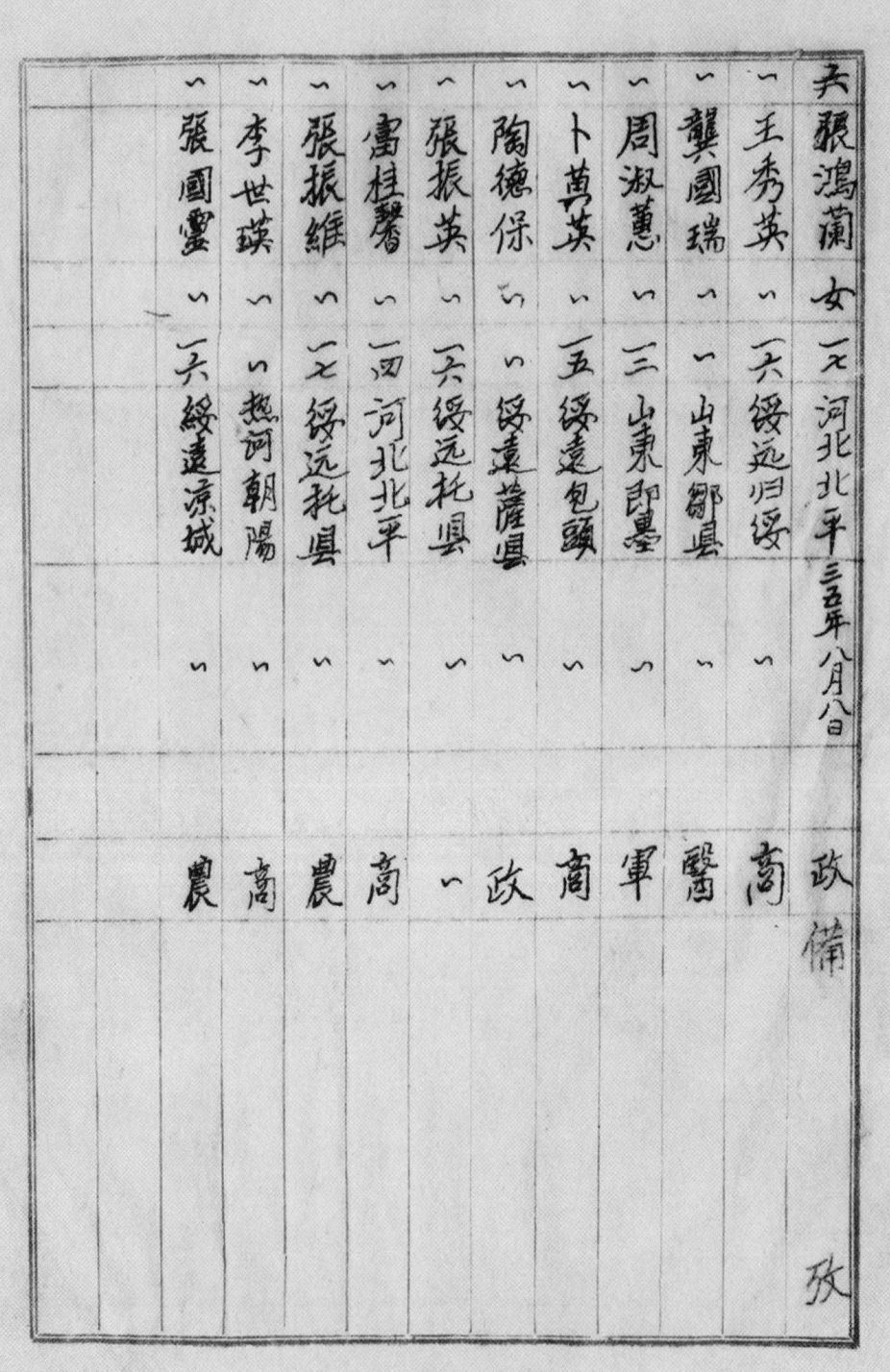

图 2-6-3　私立圣家女子小学为呈报各级学生一览表致归绥市政府代电（节选）（1946年12月5日）（五）

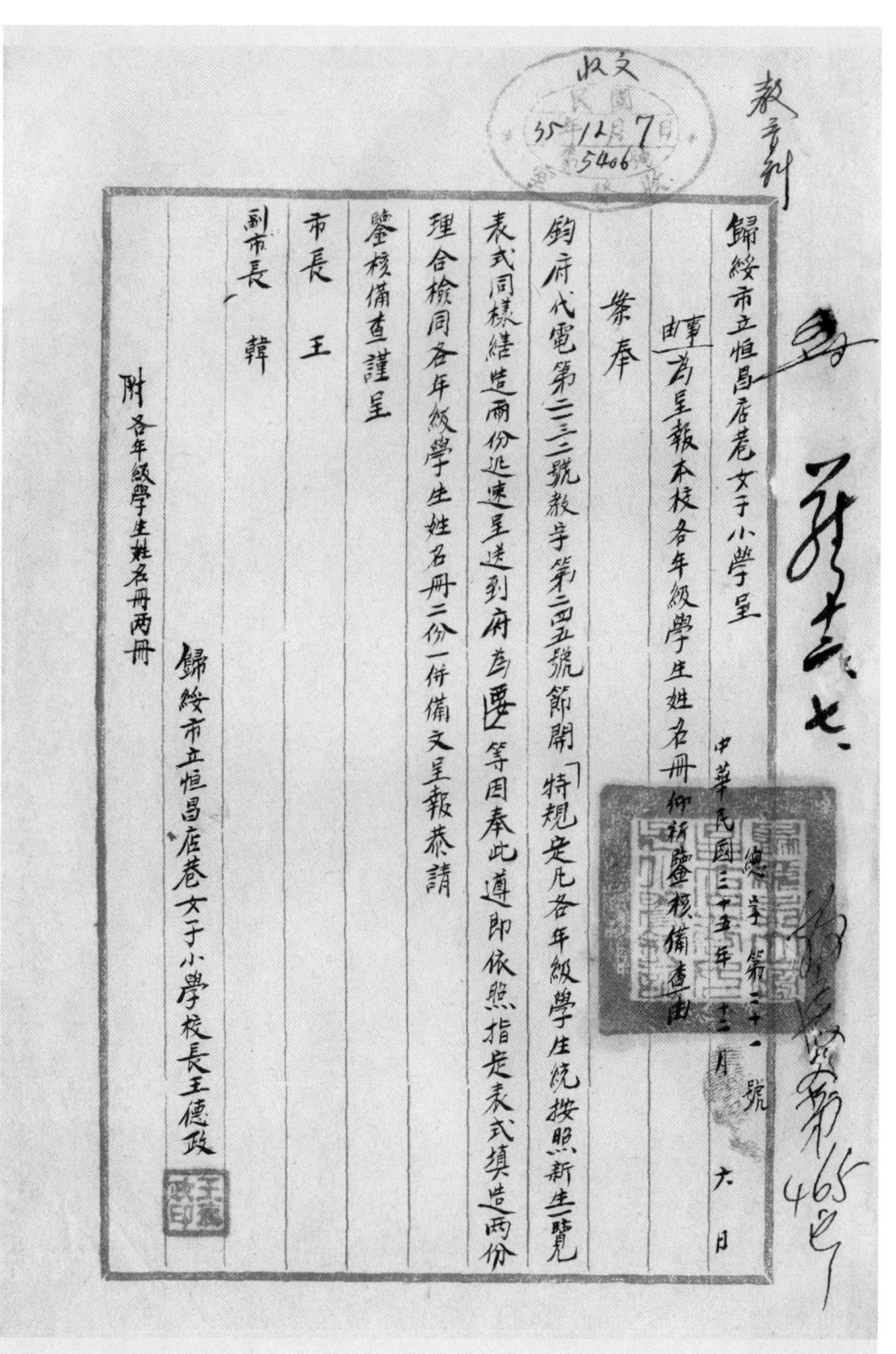

图 2-6-4 归绥市立恒昌店巷女子小学为报各年级学生姓名册致归绥市政府呈（节选）（1946年12月6日）（一）

归绥市立恒昌店巷女子小学各年级学生姓名一览表

年级	姓名	性别	年龄	籍贯	入学年月	学历	家庭职业
乙年级	毛淑芳	女	九	河北	卅年八月		商
〃	畅建生	〃	十	萨县	〃		商
〃	宋秀贞	〃	八	山西	〃		
〃	殷秀英	〃	十二	河北	卅年○月		政
〃	梁秀英	〃	十三	山西	卅年八月		商
〃	刘永霞	〃	九	〃	〃		〃
〃	马虎林	〃	十二	绥远	〃		〃
〃	魏秀梅	〃	十	河北	〃		〃

图 2-6-4 归绥市立恒昌店巷女子小学为报各年级学生姓名册致归绥市政府呈（节选）（1946 年 12 月 6 日）（二）

年級	姓名	性別	年齡	籍貫	入學年月	學歷	家庭職業	備註
甲年級	王麗書	女	九	河北	三五年四月		警	
〃	郭秀英	〃	八	歸綏	〃		商	
〃	高在松	〃	八	河北	三五年八月		商	
〃	韓麗安	〃	八	涼城	〃		政	
〃	譚秀貞	〃	二	河北	〃		商	
〃	劉鳳蘭	〃	九	山西	〃		商	
〃	李淑芬	〃	三	河北	〃		政	
〃	張淑琴	〃	九	歸綏	〃		商	

歸綏市立恒昌店巷女子小學

图 2-6-4　归绥市立恒昌店巷女子小学为报各年级学生姓名册致归绥市政府呈（节选）（1946 年 12 月 6 日）（三）

归绥市立恒昌店巷女子小学

年级	姓名	性别	年龄	籍贯	入学年月	学历	家庭职业	备註
二年级	李兰玉	女	一〇	归绥	三四年九月		医	
ヶ	郭玉芝	ヶ	七	榆林	三四年九月		银行经理	
ヶ	吴振兰	ヶ	八	北平	三五年四月		警	
ヶ	李秀荣	ヶ	二	山东	三四年九月		军	
ヶ	詹秀兰	ヶ	一〇	河北	三四年九月		商	
ヶ	邢淑代	ヶ	一〇	天津	三四年九月		工	
ヶ	刘兰锁	ヶ	八	河北	三五年四月		商	
ヶ	辛素兰	ヶ	一三	大同	三五年九月		无业	

图 2-6-4　归绥市立恒昌店巷女子小学为报各年级学生姓名册致归绥市政府呈（节选）（1946年12月6日）（四）

归绥市立恒昌店巷女子小学

年级	姓名	性别	年龄	籍贯	入学年月	学历	职业
三年级	刘秀琴	女	二	河北	卅年月日	学业	家庭
〃	吴新英	〃	二	归绥	卅年八月	迪化女校	商
〃	蔡筠	〃	一〇	托县	卅年月一日	学	政
〃	张玉琴	〃	一二	归绥	〃		〃
〃	高在鹦	〃	一〇	河北	〃		〃
〃	崔亚元	〃	一二	察哈尔	卅年八月	圣家小学	军
〃	庞顺意	〃	一〇	大同	〃	〃	〃
〃	张秀贞	〃	一二	清河	卅年月一	〃	〃

图 2-6-4 归绥市立恒昌店巷女子小学为报各年级学生姓名册致归绥市政府呈（节选）（1946年12月6日）（五）

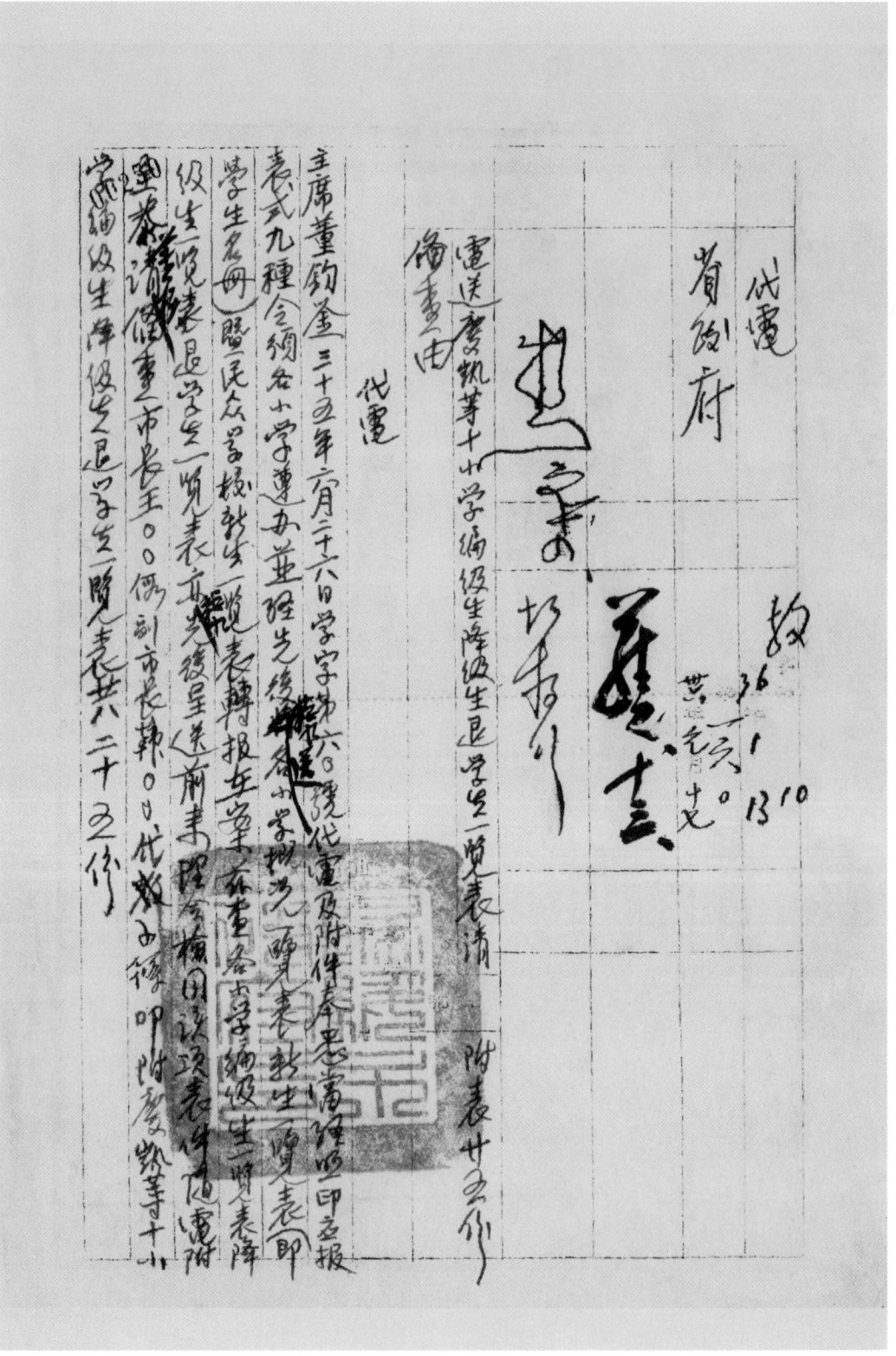

图 2-6-5 归绥市政府为呈送庆凯等十小学编级生降级生退学生一览表致绥远省政府代电（1947年1月17日）（一）

立別校　名	新生編級生降級生退學生畢業生一覽表　一覽表　一覽表　一覽表			
公立 慶凱橋小學	一冊	一冊		
公立 通順街小學	一冊	一冊	一冊	
公立 小召街小學	一冊	一冊	一冊	一冊
公立 關帝廟街小學	一冊	一冊		一冊
公立 恒昌店巷女子小學	一冊	一冊	一冊	一冊
區立 慶豐泰街小學	一冊	一冊	一冊	
私立 忠恕小學		一冊	一冊	一冊
私立 道德女子小學	一冊	一冊	一冊	一冊
私立 成德小學		一冊	一冊	一冊
私立 崇德小學		一冊	一冊	一冊
私立 聖家女子小學	一冊	一冊	一冊	
合計 十校	八冊	十冊	七冊	八冊

归绥市公私立小学应报表册一览表

图 2-6-5　归绥市政府为呈送庆凯等十小学编级生降级生退学生一览表致绥远省政府代电（1947年1月17日）（二）

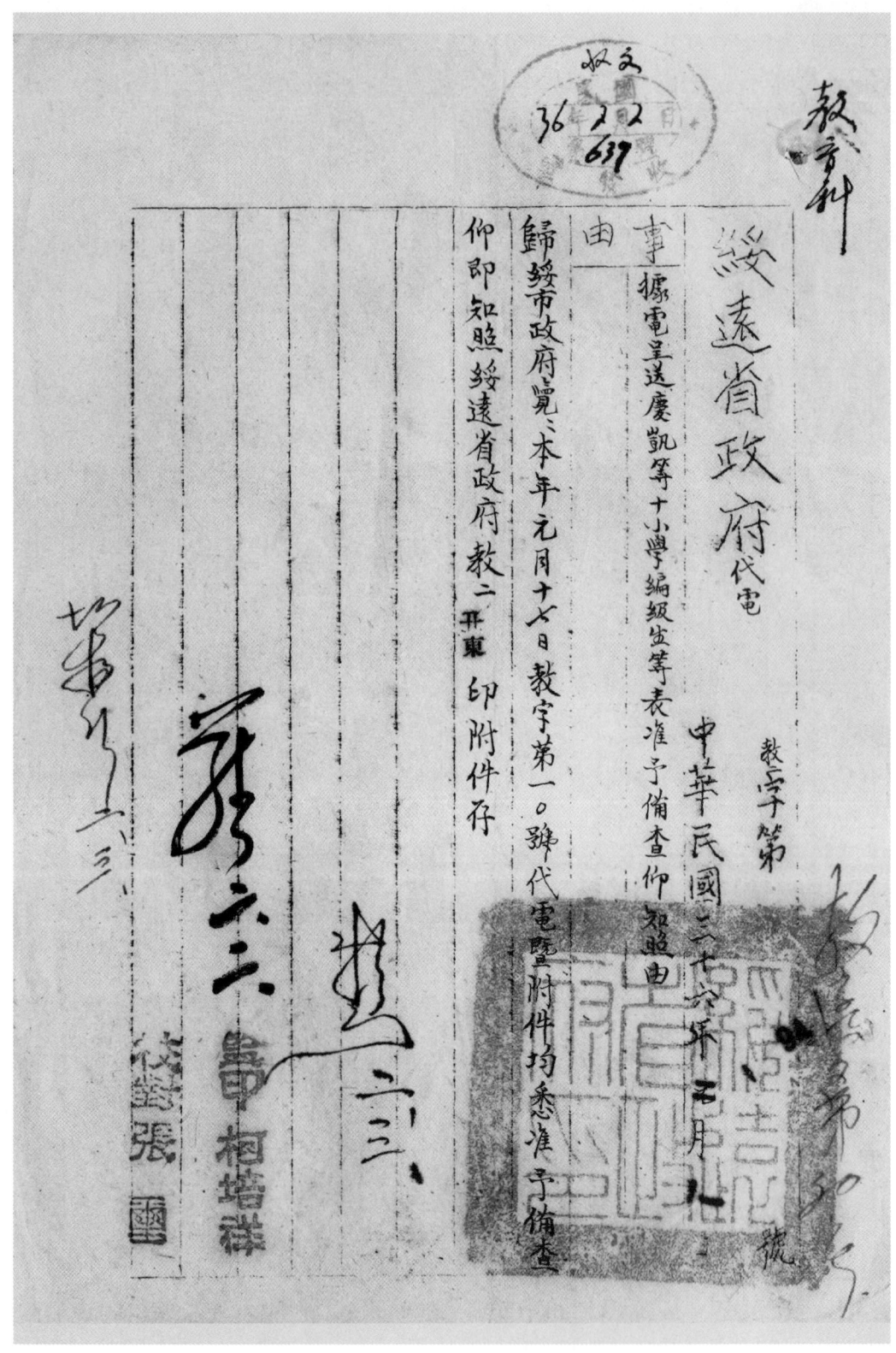

图 2-6-6　绥远省政府为庆凯等十小学编级生等表准予备查给归绥市政府代电（1947年2月1日）

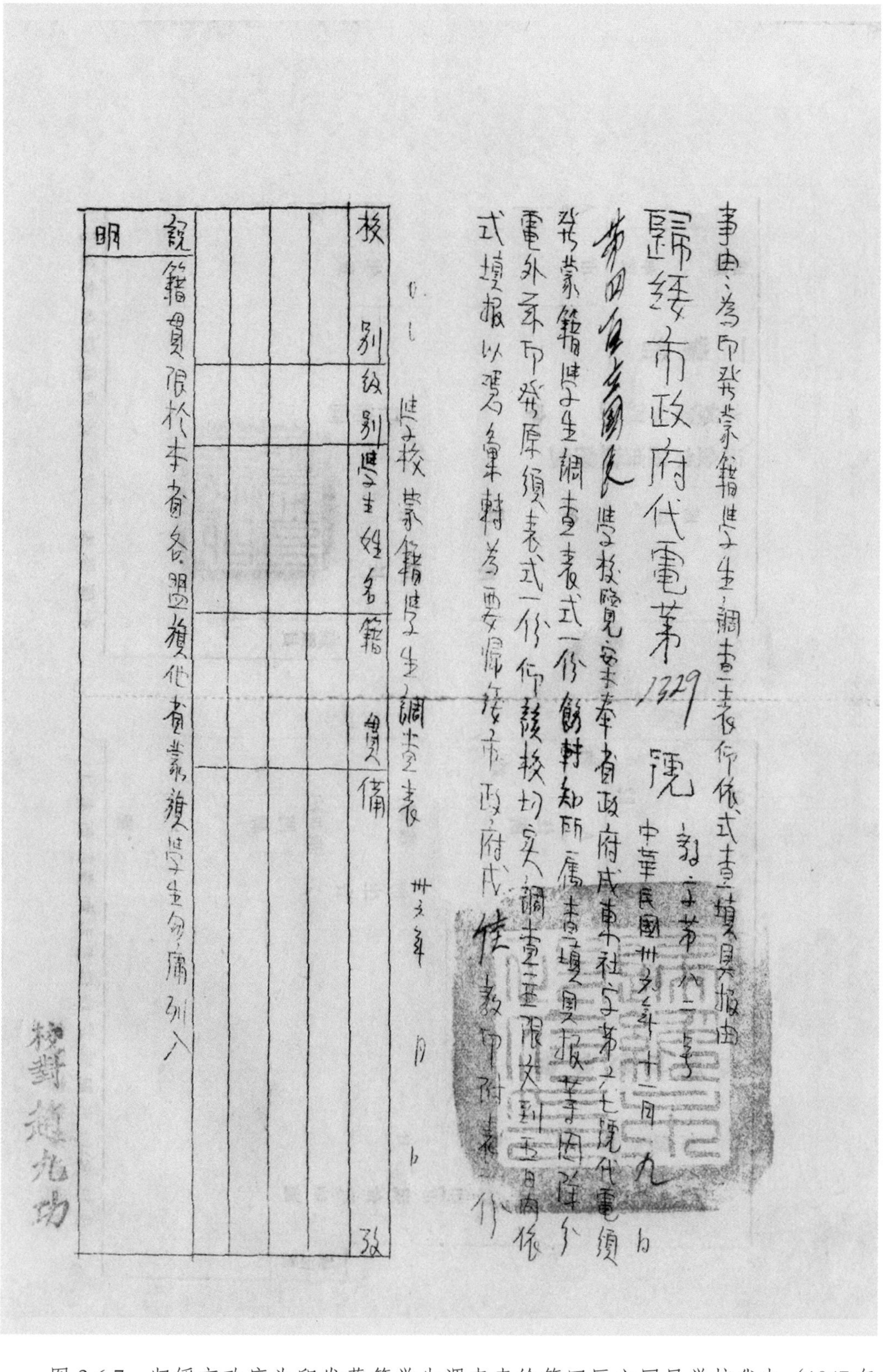

事由：為印發蒙籍學生調查表仰依式查填具報由

歸綏市政府代電第1229號

發文字第　號　中華民國卅六年十一月九日

第四區立國民學校覽：案奉省政府戌東社字第六七號代電，須發蒙籍學生調查表式一份，飭轉知所屬查填具報等因，附發電外，茲印發原須表式一份，仰該校切實調查，並限文到五日內依式填報，以憑彙轉為要。歸綏市政府戌佳教印　附表一份

　　校蒙籍學生調查表　卅六年　月　日

校別	級別	學生姓名	籍貫	備攷

說明：籍貫限於本省各盟旗，他省蒙旗學生分開列入

校對 趙九功

图 2-6-7　归绥市政府为印发蒙籍学生调查表给第四区立国民学校代电（1947 年 11 月 9 日）

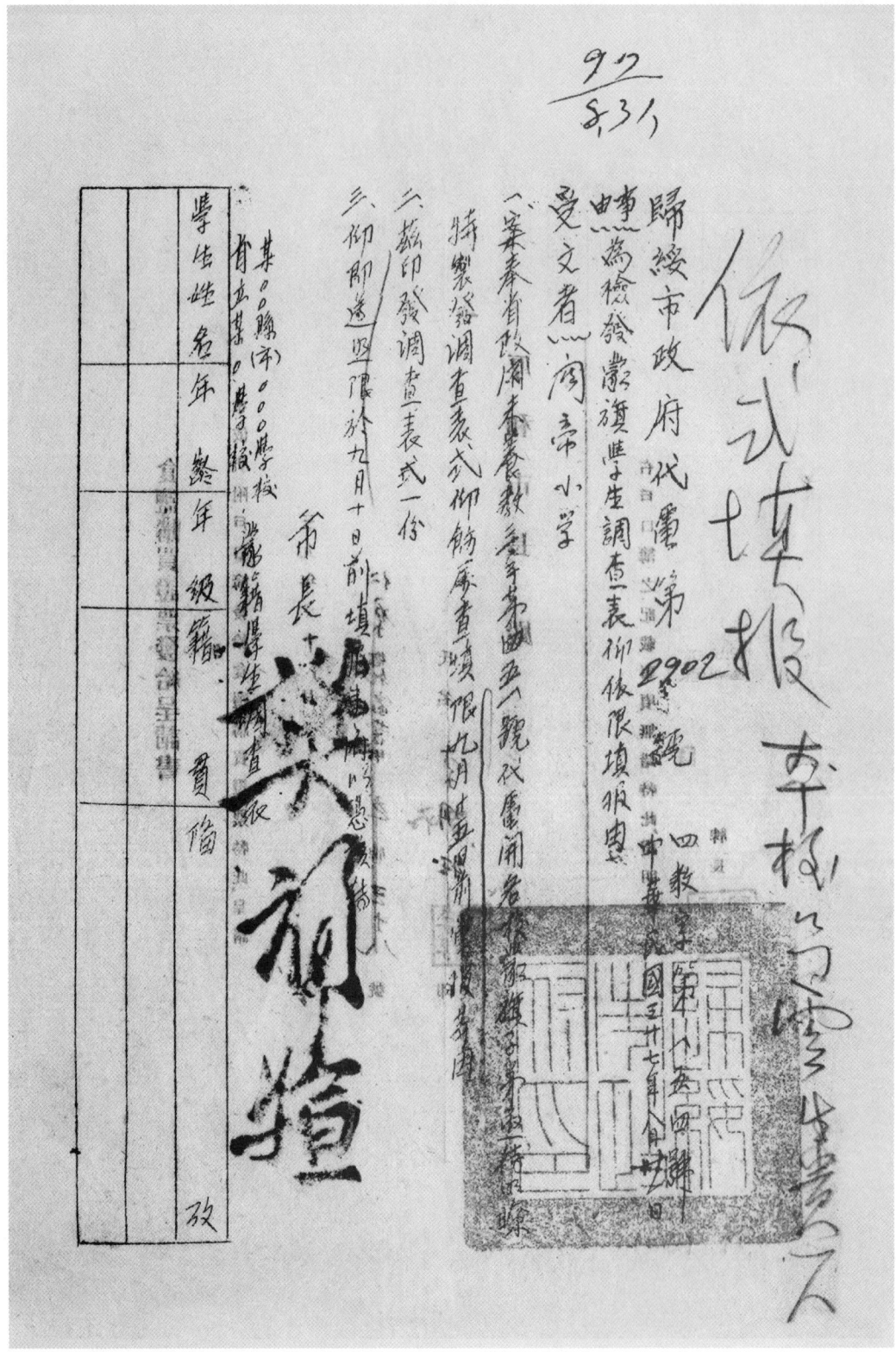

图 2-6-8　归绥市政府为印发蒙旗学生调查表给关帝庙小学代电（1948 年 8 月 31 日）

归绥市立庆凯桥中心国民学校三十七年度学生花名册

年级	姓名	性别	年龄	籍贯	住所	家庭职业	备考
甲一年级	张建国	男	一〇	河北	昌平	政	
	张存义	一	一〇	山右	玉龙湾大西巷七号	商	
	温全贵	一	九	归绥	马道巷十六号	商	
	孙巨宽	一	一〇	河北	四合兴巷二号	商	
	高国正	一	二〇	归绥	大马路街本号	商	
	邢朝雍	一	九	归绥	县署西四号	政	
	陈文武	一	二〇	清河	城皇庙街二号	工	
	朱文武	一	九	归绥	天元巷八号	商	
	张文全	一	一〇	大同	西礼拜寺巷三号	艺	
	杨万元	一	一〇	归绥	牛桥街甲二号	商	
	薛腊先	女	八	大同	西太平街三十二号	商	
	赵长双	男	二	阜平	大马路街三十四号	工	
	翟鸿奎	一	一〇	归绥	后沙滩二号	农	

图 2-6-9 归绥市庆凯桥中心国民学校三十七年度学生花名清册（节选）（一）

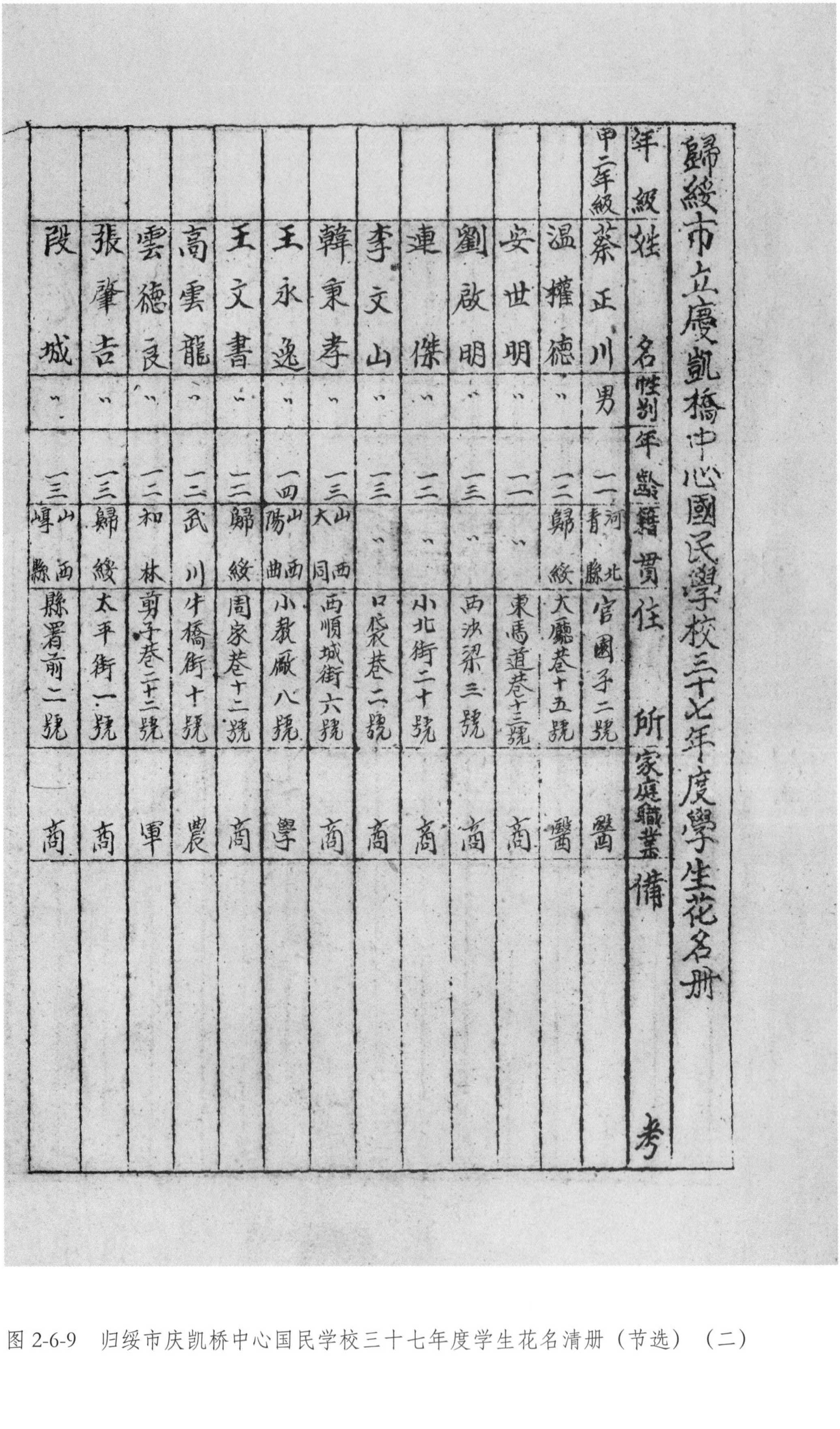

归绥市立庆凯桥中心国民学校三十七年度学生花名册

年级	姓名	性别	年龄	籍贯	住所	家庭职业	备考
甲二年级	蔡正川	男	一二	河北官国子二号		医	
	温權德		一二	青县	大厅巷十五号	医	
	安世明		一二	归绥	东马道巷十三号	商	
	刘启明		一三		西沙梁三号	商	
	连杰		一三		小北街二十号	商	
	李文山		一三		口袋巷二号	商	
	韩秉孝		一三	大同	西顺城街六号	商	
	王文逸		一四	山西曲阳	小煤厂八号	学	
	王永书		一三	归绥	周家巷十二号	商	
	高云龙		一三	武川	牛桥街十号	农	
	云德良		一三	和林	剪子巷二二号	军	
	张肇吉		一三	归绥	太平街一号	商	
	段城		一三	山西	崞县署前二号	商	

图 2-6-9 归绥市庆凯桥中心国民学校三十七年度学生花名清册（节选）（二）

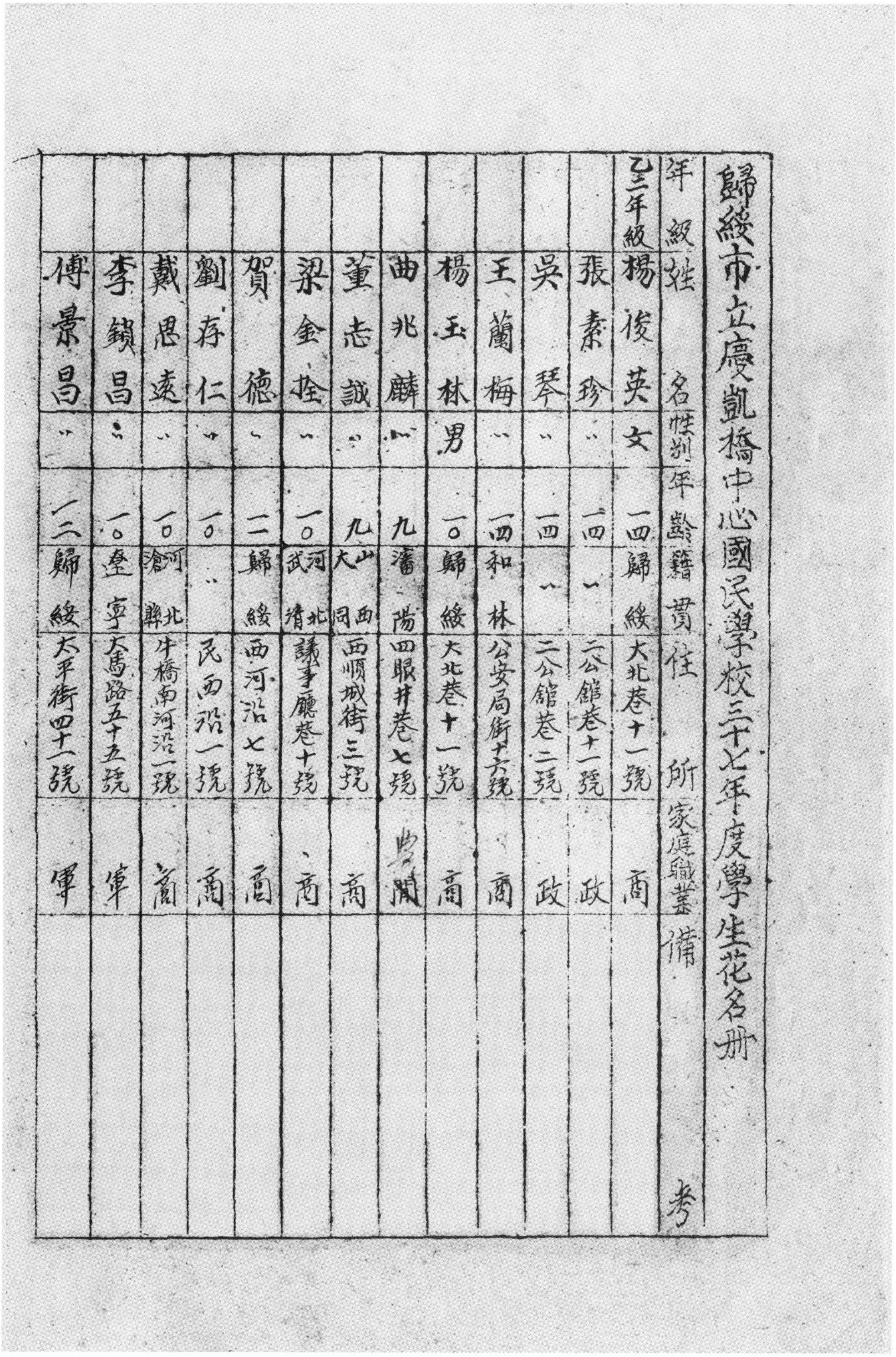

年級 姓名 性別 年齡 籍貫 住所				家庭職業	備考
二年級 楊俊英 女 一四 歸綏 大北巷十一					
張素珍 一四 歸綏 大北巷十一號				商	
吳琴 一四 二公館巷十一號				政	
王蘭梅 一四 和林公安局街十六號				政	
楊玉林 男 一〇 歸綏大北巷十一號				商	
曲兆麟 九 濬陽四眼井巷七號				商閒	
董志誠 一〇 大同西順城街三號				商	
梁金栓 九 山西議事廳巷十號				商	
賀德 二 歸綏西河沿七號				商	
劉存仁 一〇 河北牛橋南河沿一號				商	
戴思遠 一〇 滄縣大馬路五十五號				商	
李鎖昌 一〇 遼寧大馬路五十五號				軍	
傅景昌 一二 歸綏太平街四十一號				軍	

归绥市立庆凯桥中心国民学校三十七年度学生花名册

图2-6-9 归绥市庆凯桥中心国民学校三十七年度学生花名清册（节选）（三）

归绥市立庆凯桥中心国民学校三十七年度学生花名册

年级	姓名	性别	年龄	籍贯	住所	家庭职业	备考
三年级	谢鸿宾	男	一二	滕县	马莲滩八十六号	政	
	张萱	〃	一四	归绥	牛桥南河沿四号	政	
	郭万昇	〃	一四	山西	牛桥街十四号	农	
	吕宽	〃	一四	大同	西二公馆巷二号	商	
	胡振刚	〃	一五	包府	万盛合巷十五号	二厨	
	王俊	〃	一四	归绥	县署后一号	商	
	王存礼	〃	一四	山西	玉营坊道六号	军	
	康天敏	女	一三	高平县	署西四号	政	
	韩存莲	〃	一四	归绥	营坊道街五十九号	商	
	翟秀华	〃	一六	〃	后沙滩一号	政	
	潘爱芳	〃	一六	〃	营坊道街十九号	农	
	郑凤兰	〃	一八	〃	县署西十号	农	
	马喜增	男	一三	河北	四眼井巷二号	商	

图 2-6-9 归绥市庆凯桥中心国民学校三十七年度学生花名清册（节选）（四）

归绥市立庆凯桥中心国民学校三十七年度学生花名册

年级	姓名	性别	年龄	籍贯	住所	家庭职业	备考
四年级	王成贵	男	一六	归绥	西顺城街三号	工	
	赵万贵		一六		兴隆永巷十二号	农	
	李福云		一五	河北	西顺城街二十四号	农	
	梁生财		一四	山西定襄	西顺城街四十二号	工	
	杜明		一四	归绥	什拉门更五号	商	
	康守禄		一四	山西大同	小召後二十一号	农	
	王维义		一六	归绥	小召後二十一号残	商	
	王守杰		一五		小召後一号	政	
	李树荣		二一	山西崞县	大厅巷二十六号	政	
	王进禄		一三	归绥	大厅巷二十号	商	
	王盛		一五	武川	太平召街十三号	农	
	李华		一四	归绥	太平召街六号	商	
	陈荣		一三		口袋房巷二号	工	

图 2-6-9 归绥市庆凯桥中心国民学校三十七年度学生花名清册（节选）（五）

归绥市立庆凯桥中心国民学校三十七年度学生花名册

年级	姓名	性别	年龄	籍贯	住所	家庭职业	备考
五年级	高存玉	女	一六	河北深县	大南街石头巷元号	高	
	李祥	男	一四	归绥	西沙梁一号	农	
	王进财	男	一五	武川	太平召前十三号	农	
	韩玉清	女	一六	归绥	营坊道五十九号	农	
	陈秀英	女	一五	"	口袋巷二号	商	
	张光瑞	男	一三	"	县署东一号	商	
	石瑞芳	"	一四	"	东沙梁二十六号	商	
	张纯	"	一四	"	始子板四十三号	农	
	李廷魁	"	一四	"	东马道巷七号	工	
	梁英	"	一六	"	东马道巷四号	农	
	白彦亮	"	一四	固阳	万盛合巷七号	农	
六年级	张晓霞	女	一四	山西汾阳	礼拜寺巷三十七号	医	
	刘玉珍	"	一六	大同	南河沿四号	商	

图 2-6-9 归绥市庆凯桥中心国民学校三十七年度学生花名清册（节选）（六）

归绥市立庆凯桥中心国民学校三十七年度学生花名册

年级班	姓名	性别	年龄	籍贯	住所	家庭职业	备考
民教部	彭秀英	女	一二	归绥	牛桥街七十二号		
	彭秀员		一一			匠	
	陈秀英		一一	陕坝	东顺马道巷八号	匠	
	王玉巧		一四			工	
	赵秀英		一四	归绥	南顺城街五号	报社	
	马玉珍		一三		马莲滩四十号	军	
	张先云		一〇		大马路十七号	商	
	贾秀珍		一四		南河沿四号	工	
	王大才 男		一三	大同	后新城道四六号	驼户	
	王小才		一〇	山西	俊沙滩二十号	驼户	
	李秀官		六		大马路三七号	商	
	甄威		一〇	归绥	大马路三七号	商	
	王润		八		大马路六十八号	商	

图 2-6-9 归绥市庆凯桥中心国民学校三十七年度学生花名清册（节选）（七）

七 教育活动

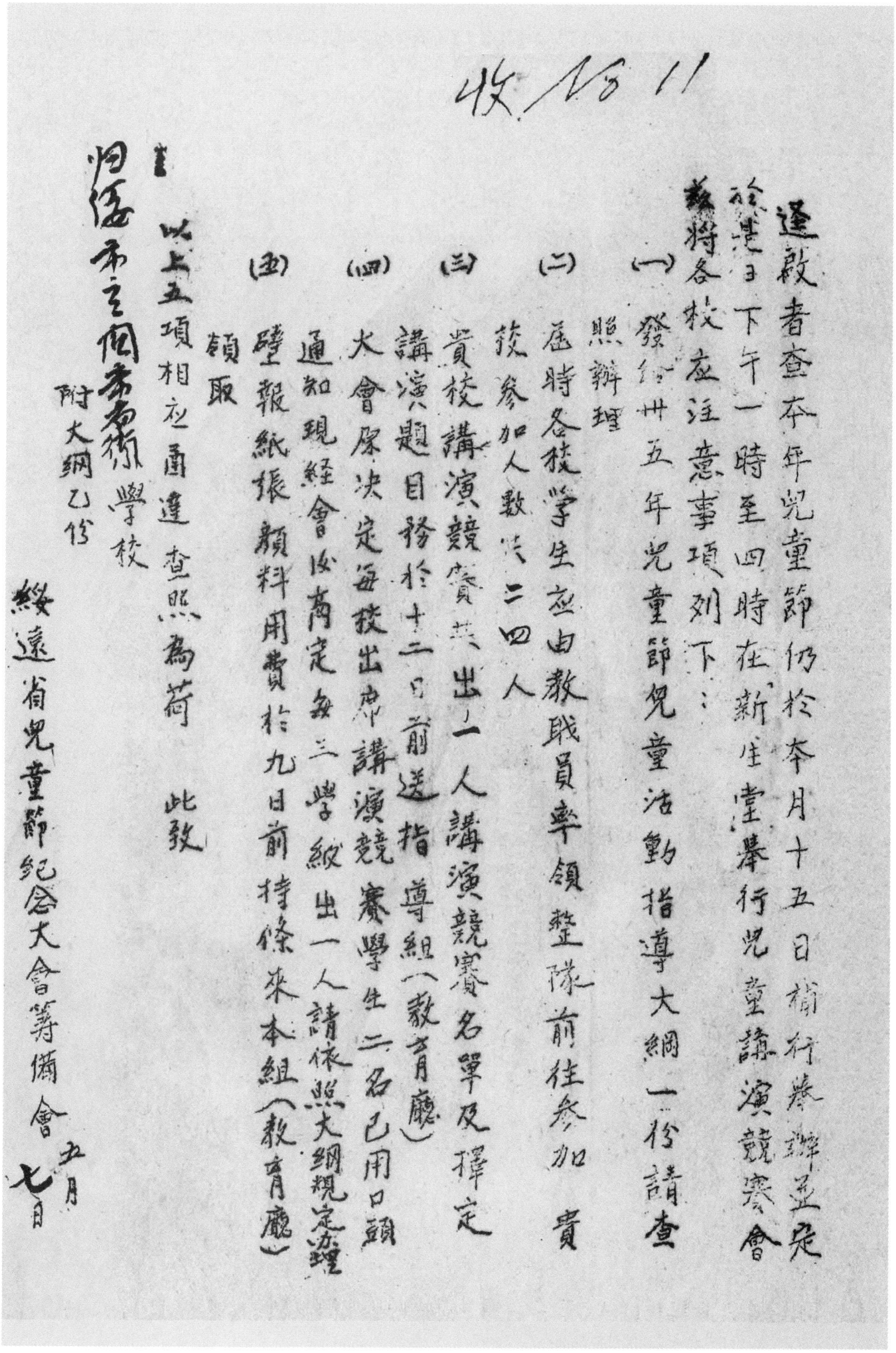

迳启者查本年党童节仍于本月十五日举行拟定
兹将各校应注意事项列后：

（一）发给卅五年党童节儿童活动指导大纲一份请查
照办理

（二）届时各校学生应由教职员率领整队前往参加

（三）贵校讲演竞赛共出一人讲演竞赛名单及择定
获参加人数约二四人

（四）大会已决定每校出席讲演竞赛学生二名已用口头
通知现经会议商定每三学级出一人请依照大纲规定选择
讲演题目务于十二日前送大会本组（教育厅）

（五）壁报纸张颜料用费于九日前持条来本组（教育厅）
领取

以上五项相应函达查照为荷　此致

归绥市立关帝庙街学校

附大纲乙份

绥远省党童节纪念大会筹备会　五月七日

图 2-7-1　绥远省儿童节纪念大会筹备会为本年儿童节讲演竞赛会注意事项给归绥市立关帝庙街学校函（附《绥远省三十五年度儿童节儿童活动指导大纲》）（1946年5月7日）（一）

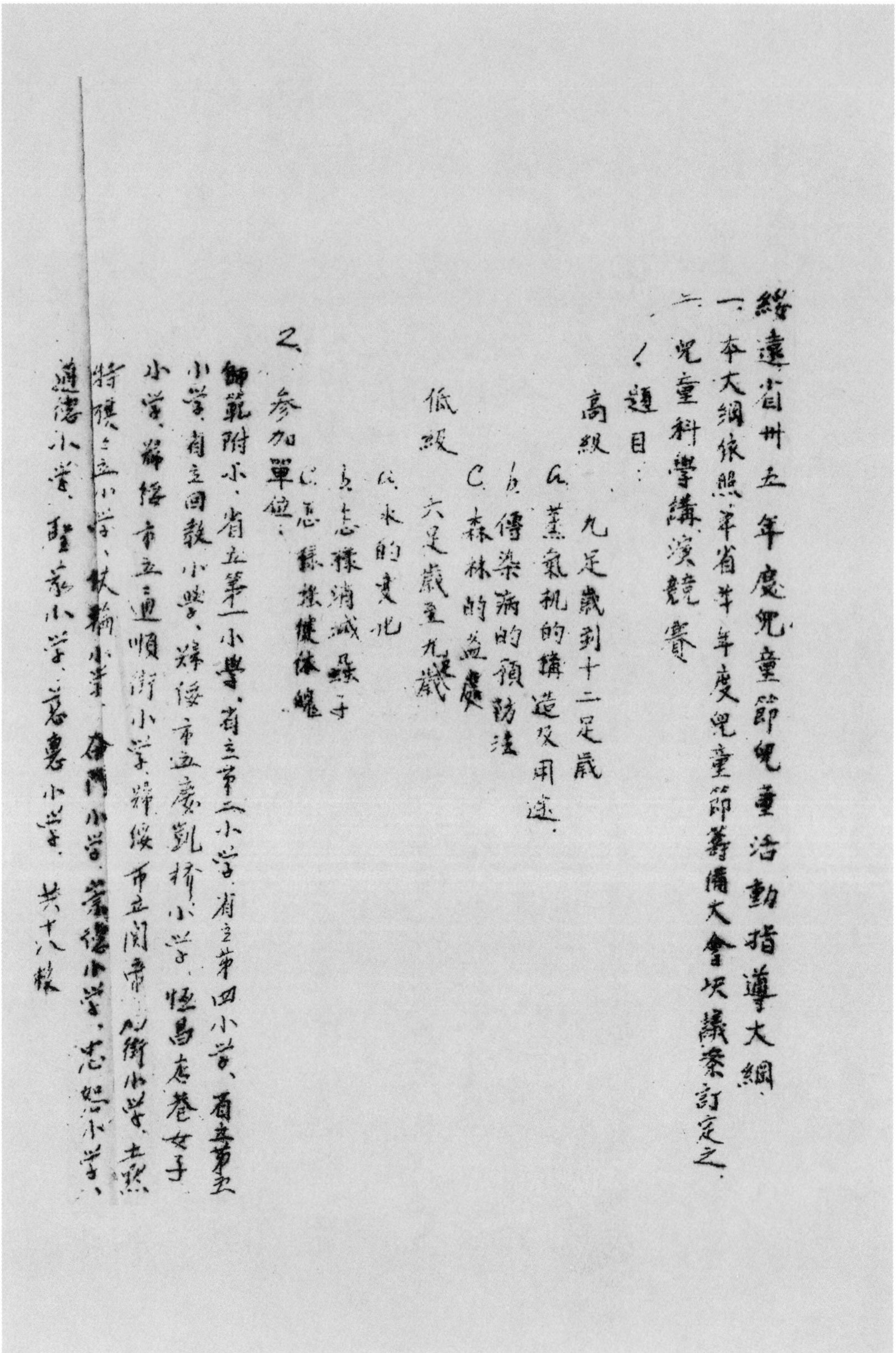

绥远省卅五年度儿童节儿童活动指导大纲

一、本大纲依照本省本年度儿童节筹备大会决议案订定之。
二、儿童科学讲演竞赛

A、题目：

高级（九足岁到十二足岁）
　a. 蒸气机的构造及用途
　b. 传染病的预防法
　c. 森林的益处

低级（六足岁至九岁）
　a. 水的变化
　b. 老鼠要消灭蚊子
　c. 怎样锻炼健体魄

B、参加单位：

师范附小、省立第一小学、省立第二小学、省立第四小学、省立第五小学、省立回教小学、归绥市立庆凯桥小学、恒昌店巷女子小学、归绥市立通顺街小学、归绥市立关帝庙街小学、土默特旗公立小学、铁轮小学、会馆小学、萧德小学、忠恕小学、道德小学、圣慈小学、若惠小学，共十八校。

图 2-7-1 绥远省儿童节纪念大会筹备会为本年儿童节讲演竞赛会注意事项给归绥市立关帝庙街学校函（附《绥远省三十五年度儿童节儿童活动指导大纲》）（1946年5月7日）（二）

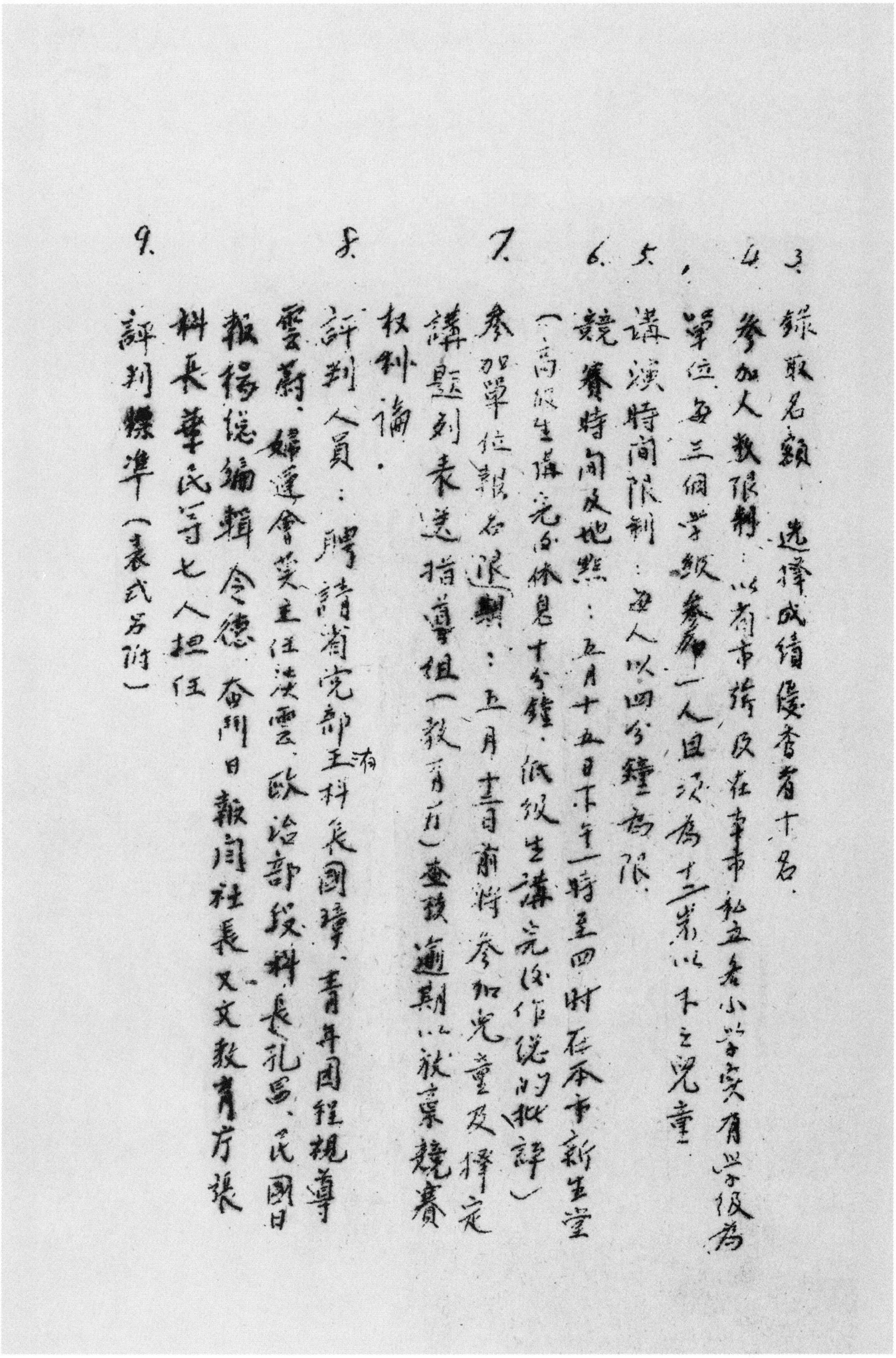
3. 錄取名額：選擇成績優秀者十名。
4. 參加人數限制：以省市縣區在本市私立各小學實有學級為單位，每三個學級參加一人，且須為十二歲以下之兒童。
5. 講演時間限制：每人以四分鐘為限。
6. 競賽時間及地點：五月十五日下午一時至四時在本市新生堂（高級生講完后休息十分鐘，低級生講完後作總的批評）
7. 參加單位報名限制：五月十三日前將參加兒童及擇定講題列表送指導組（教育廳）查核，逾期以放棄競賽權利論。
8. 評判人員：聘請省黨部王科長國璋、青年團程規導雲蔚、婦運會吳主任淑雲、政治部段科長孔昌、民國日報楊總編輯令德、奮鬥日報閻社長又文、教育廳張科長華民等七人担任
9. 評判標準（表式另附）

图 2-7-1　绥远省儿童节纪念大会筹备会为本年儿童节讲演竞赛会注意事项给归绥市立关帝庙街学校函（附《绥远省三十五年度儿童节儿童活动指导大纲》）（1946 年 5 月 7 日）（三）

三、科学壁报

1. 参加单位：师范附小、省立第一、二、四、五小学、归绥回教小学、县绥市立壹凯桥小学、恒昌店巷女子小学、顺街小学、土默特旗小学、技轮学校、私立奋斗小学恕小学等十四校。
2. 壁报文字或图画以有关科学材料为原则。
3. 篇幅以有光纸八张为度（每校一幅）
4. 张贴时间：定於五月十四日下午。
5. 张贴地区：另行通知
6. 壁报外围须以红布镶边

图 2-7-1　绥远省儿童节纪念大会筹备会为本年儿童节讲演竞赛会注意事项给归绥市立关帝庙街学校函（附《绥远省三十五年度儿童节儿童活动指导大纲》）（1946年5月7日）（四）

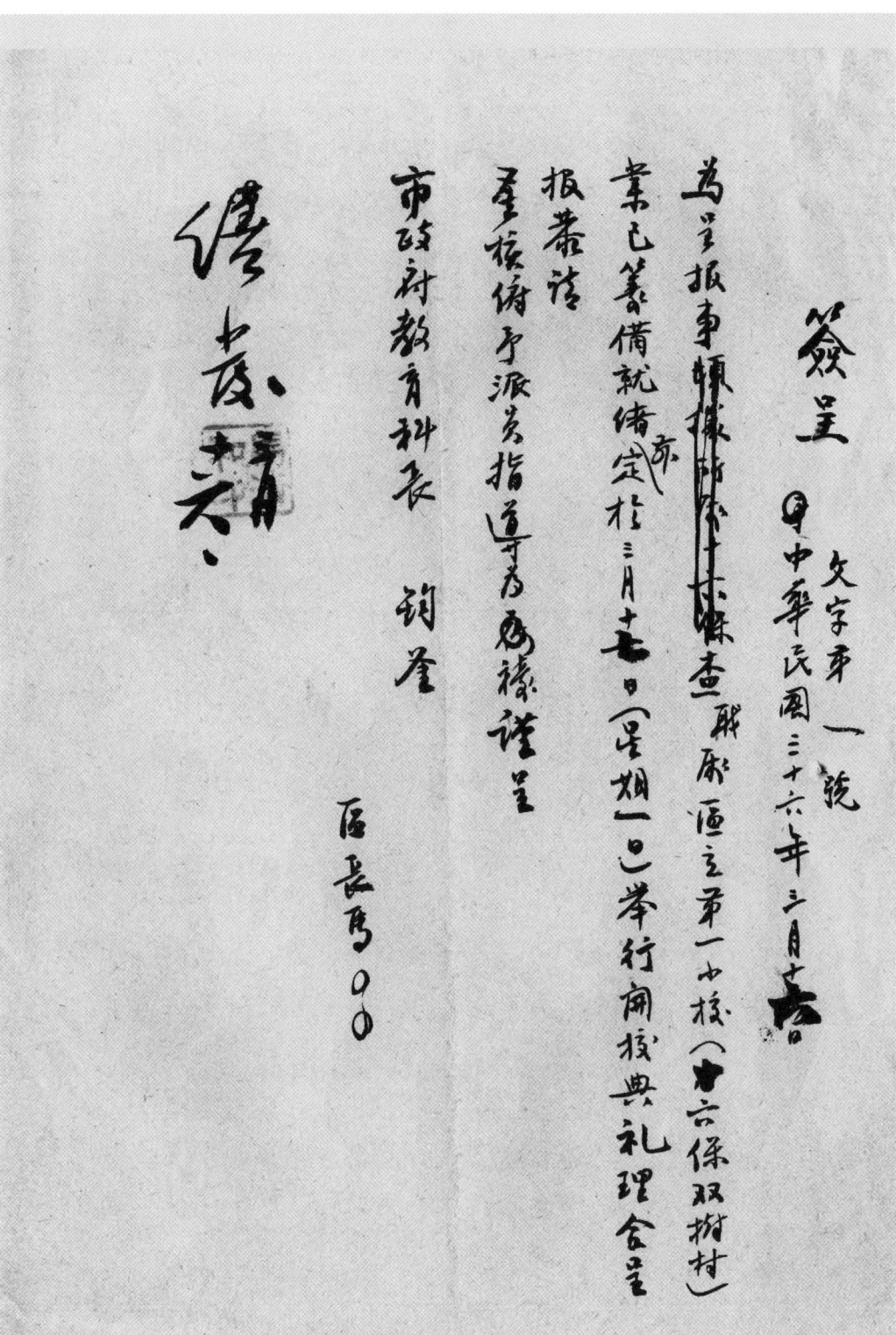

图 2-7-2 归绥市第二区区立第一小学为举行开学典礼请派员指导致归绥市政府教育科签呈（1947年3月16日）

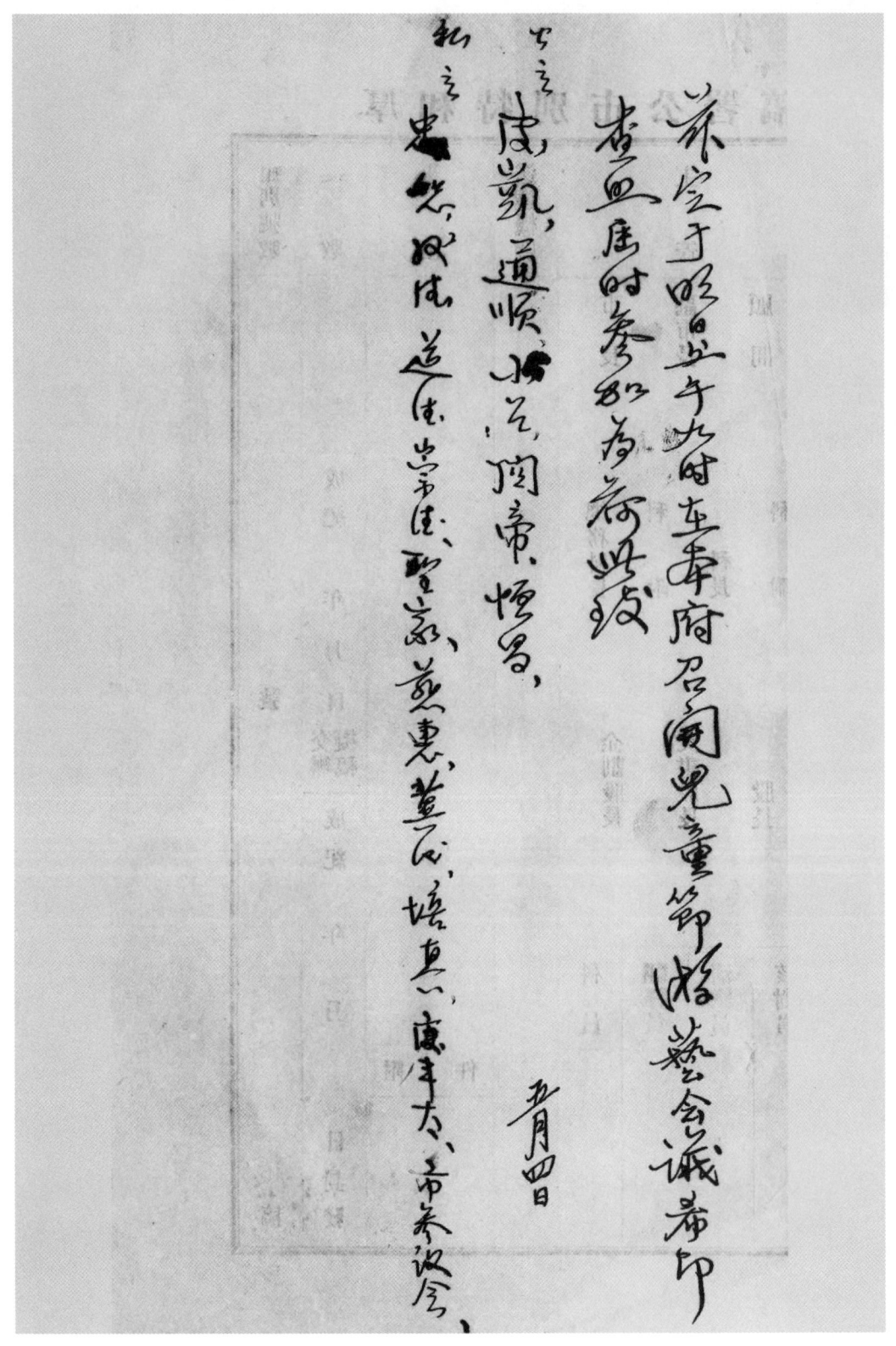

图 2-7-3 归绥市政府为召开儿童节游艺会议给庆凯、通顺、小召等学校函（附各校游艺项目表单）（节选）（1947年5月4日）（一）

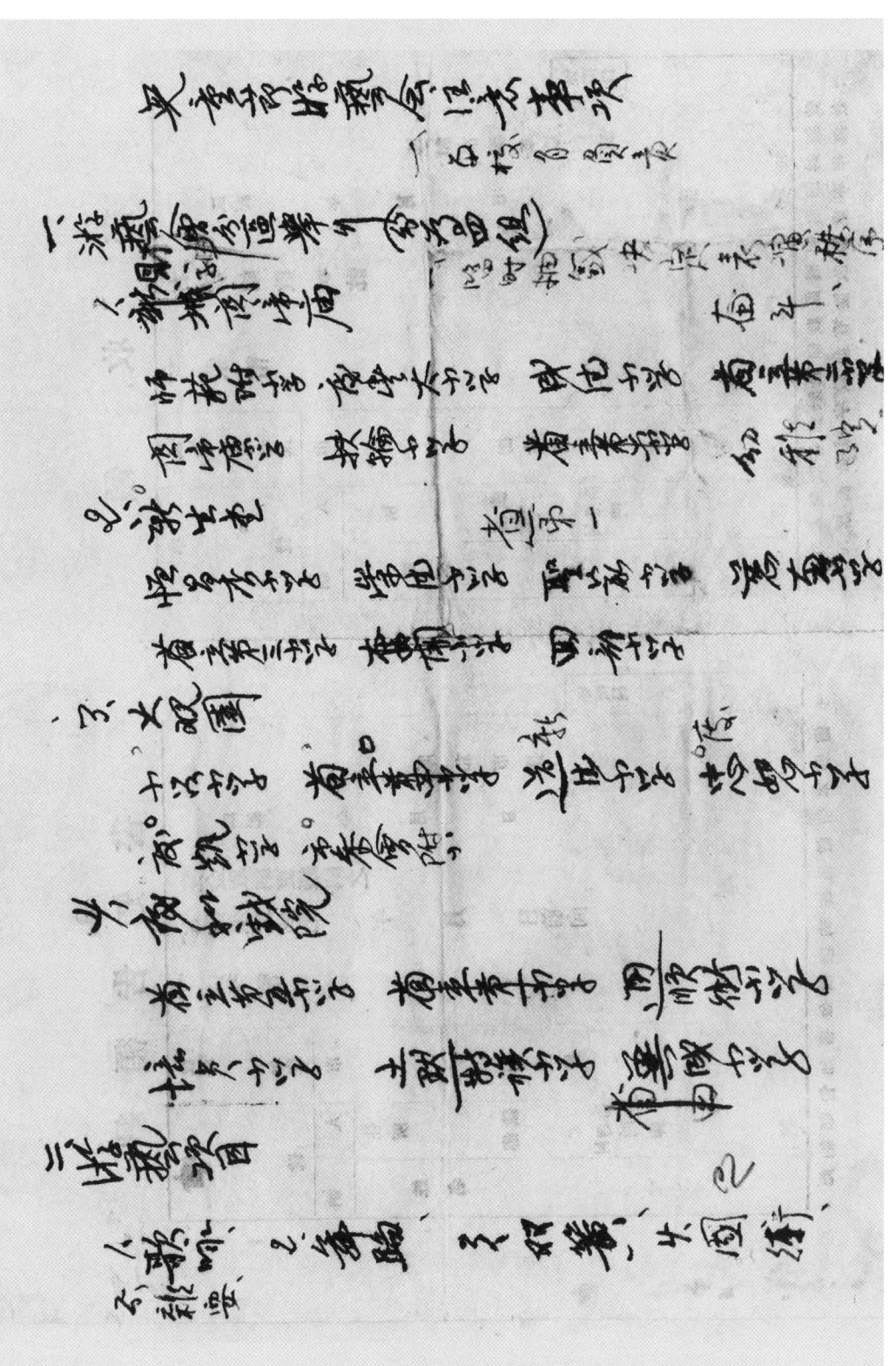

图 2-7-3 归绥市政府为召开儿童节游艺会议给庆凯、通顺、小召等学校函（附各校游艺项目表单）（节选）（1947年5月4日）（二）

图 2-7-3 归绥市政府为召开儿童节游艺会议给庆凯、通顺、小召等学校函（附各校游艺项目表单）（节选）（1947年5月4日）（三）

图 2-7-3　归绥市政府为召开儿童节游艺会议给庆凯、通顺、小召等学校函（附各校游艺项目表单）（节选）（1947 年 5 月 4 日）（四）

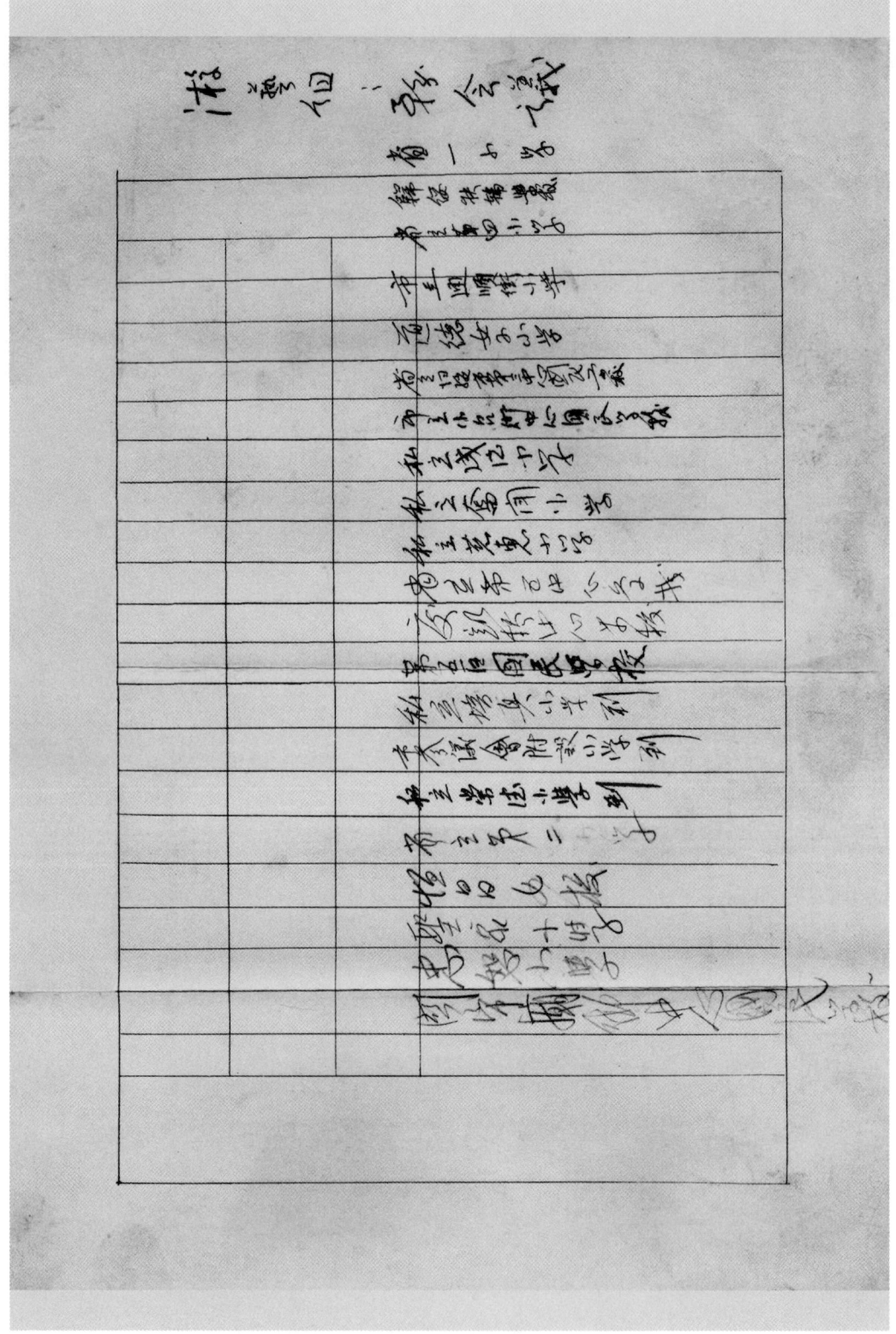

图 2-7-3　归绥市政府为召开儿童节游艺会议给庆凯、通顺、小召等学校函（附各校游艺项目表单）（节选）（1947年5月4日）（五）

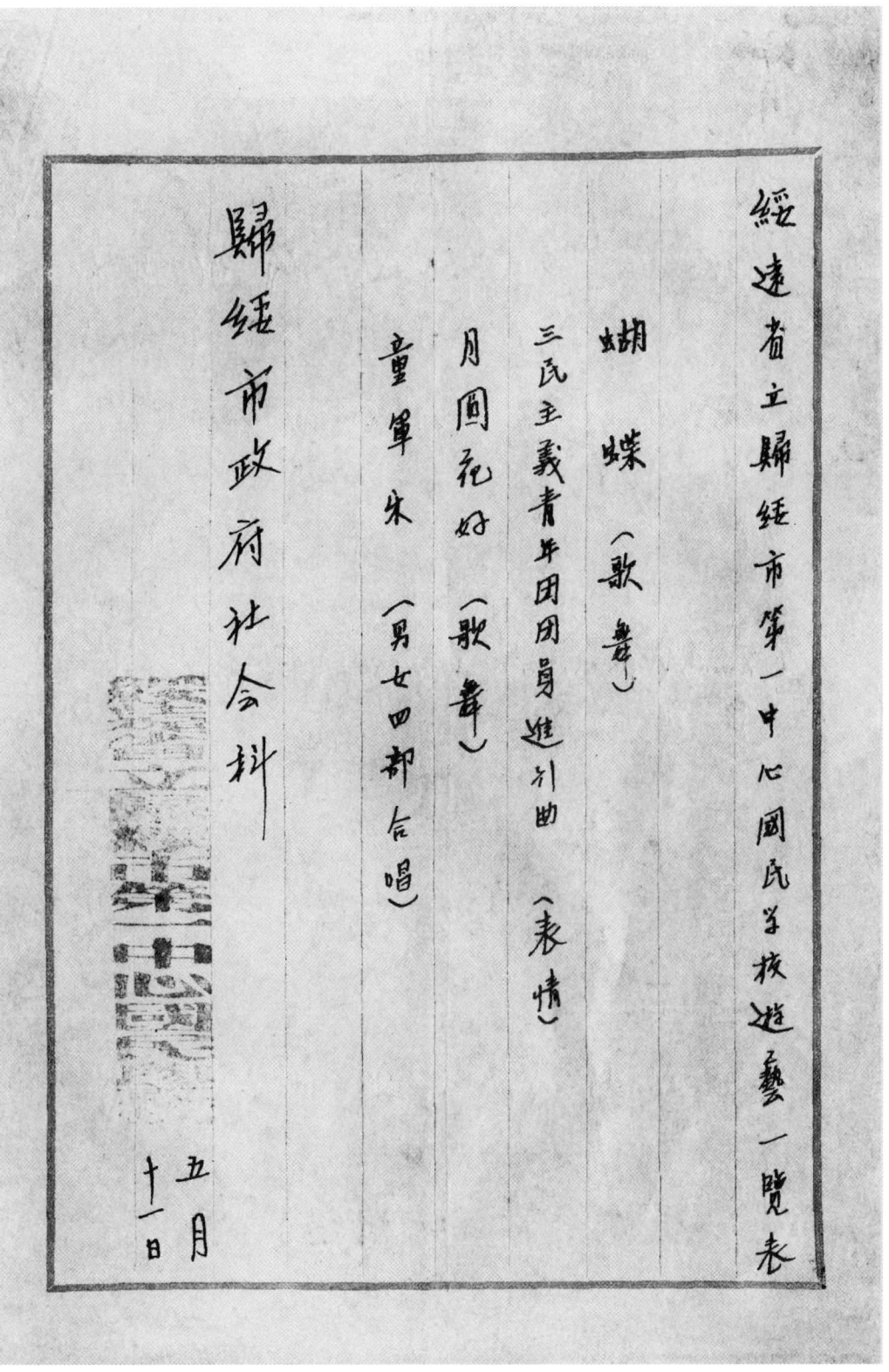

图 2-7-3 归绥市政府为召开儿童节游艺会议给庆凯、通顺、小召等学校函（附各校游艺项目表单）（节选）（1947年5月4日）（六）

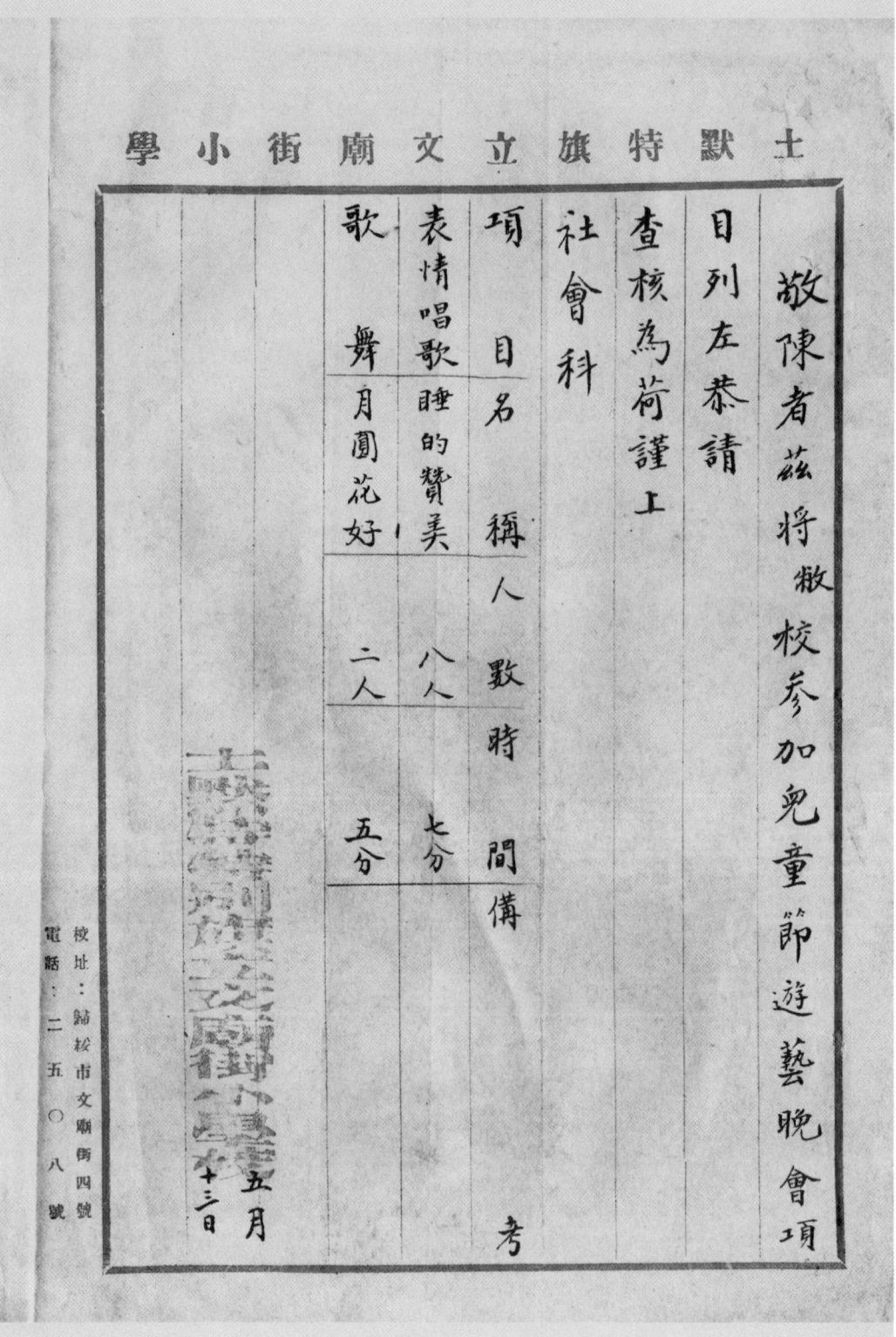

图 2-7-3　归绥市政府为召开儿童节游艺会议给庆凯、通顺、小召等学校函（附各校游艺项目表单）（节选）（1947年5月4日）（七）

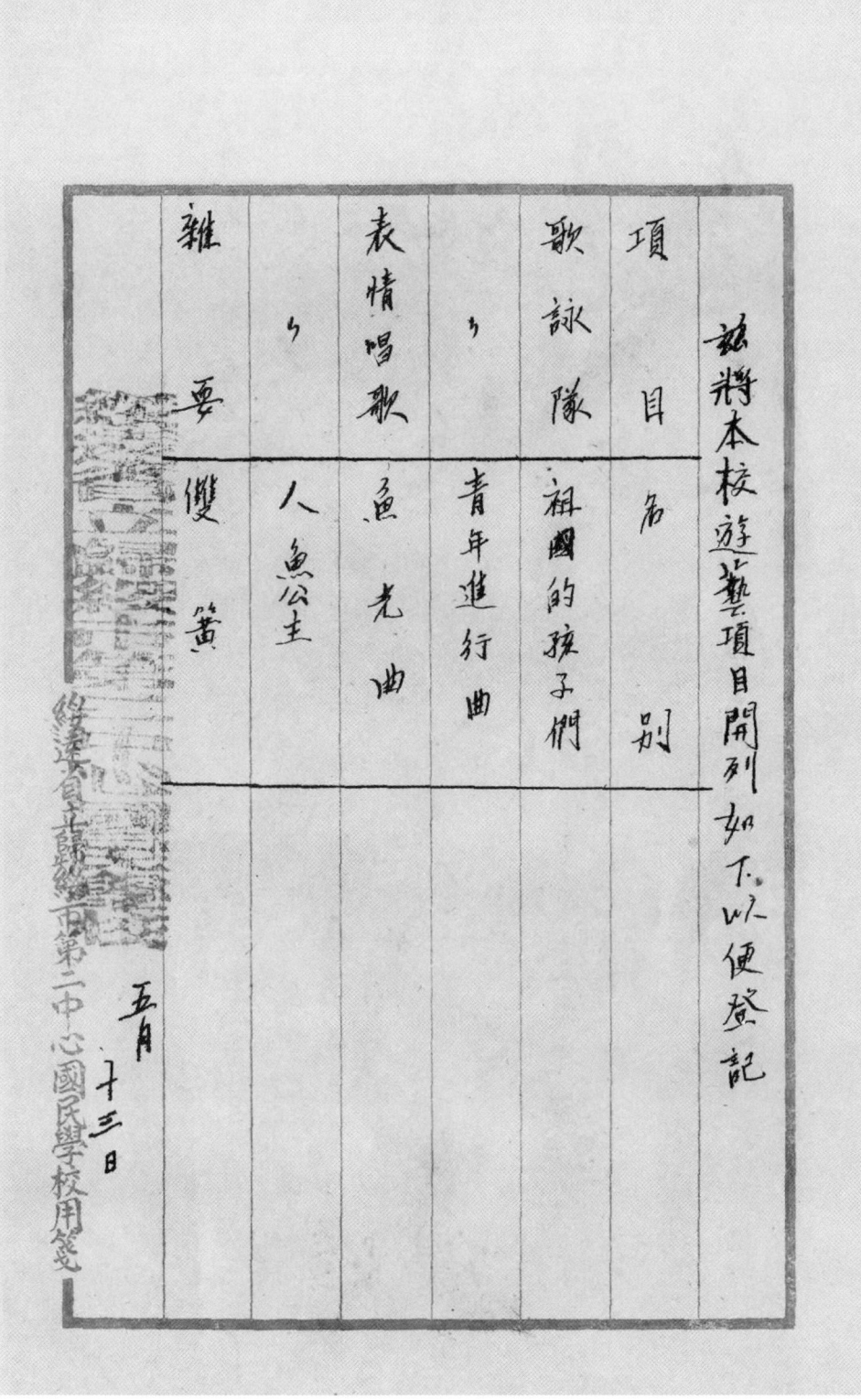

图 2-7-3 归绥市政府为召开儿童节游艺会议给庆凯、通顺、小召等学校函（附各校游艺项目表单）（节选）（1947年5月4日）（八）

图 2-7-4　归绥市第二区区立国民学校为举行校庆纪念日运动会游艺会请届时参加莅临指导致刘建明、李定中公函（1949 年 9 月 11 日）

附录 内蒙古中西部沦陷时期初等教育档案

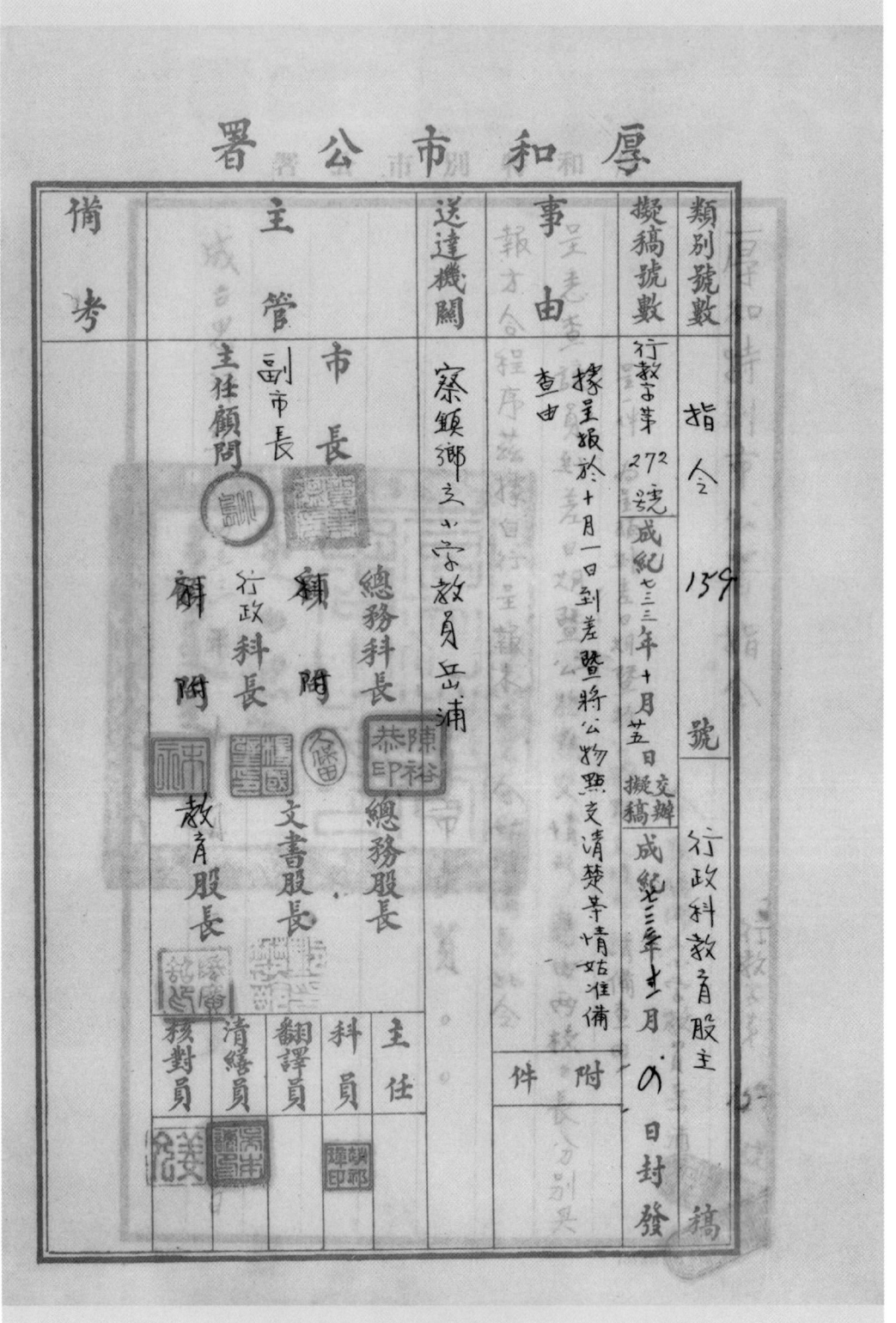

图 2-附录-1 "察镇乡立小学"呈报教员岳浦到差日期暨将公物点交清楚等情及"厚和市公署"姑准备查的指令（1938年11月4日）（一）

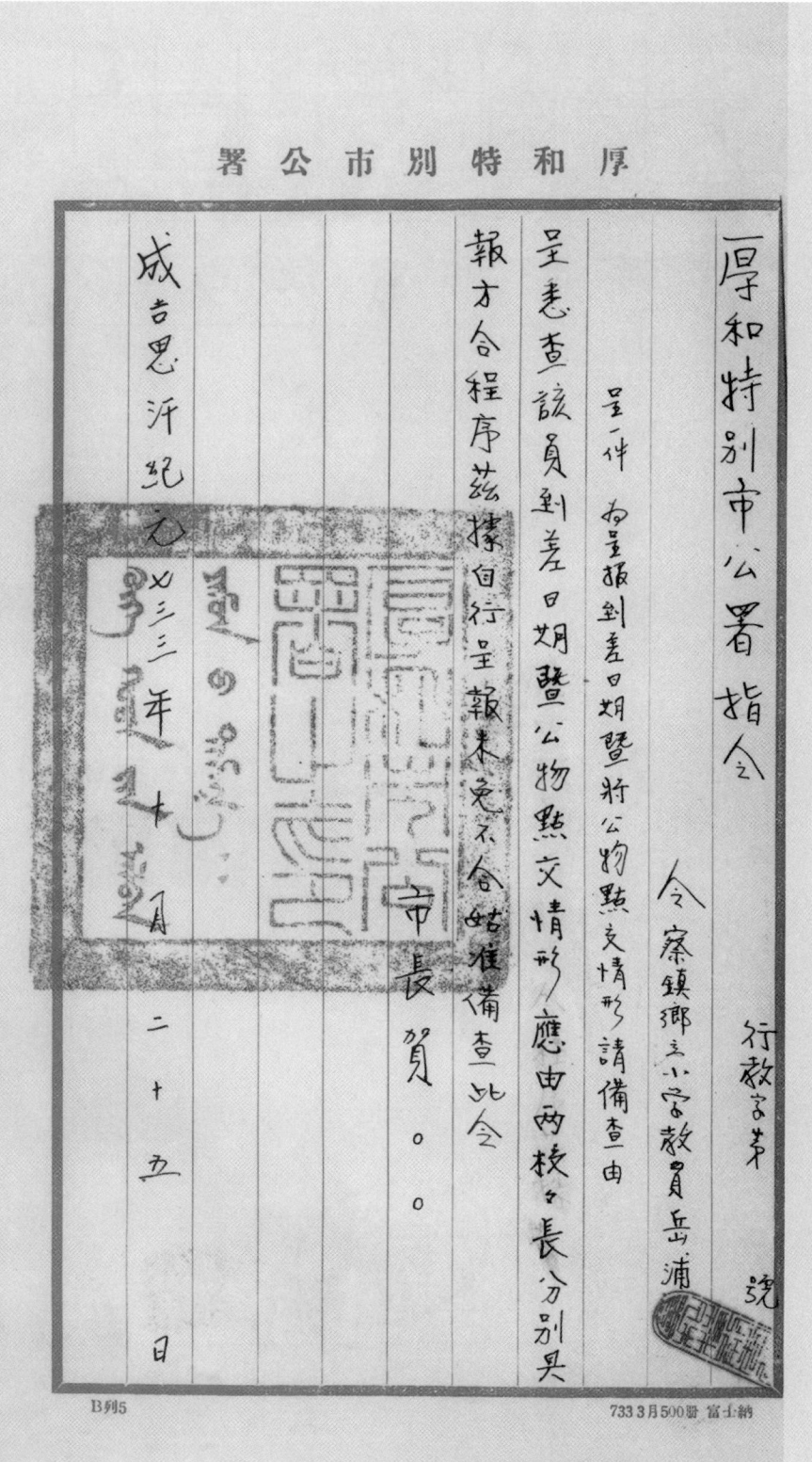

图 2-附录 -1 "察镇乡立小学"呈报教员岳浦到差日期暨将公物点交清楚等情及"厚和市公署"姑准备查的指令（1938 年 11 月 4 日）（二）

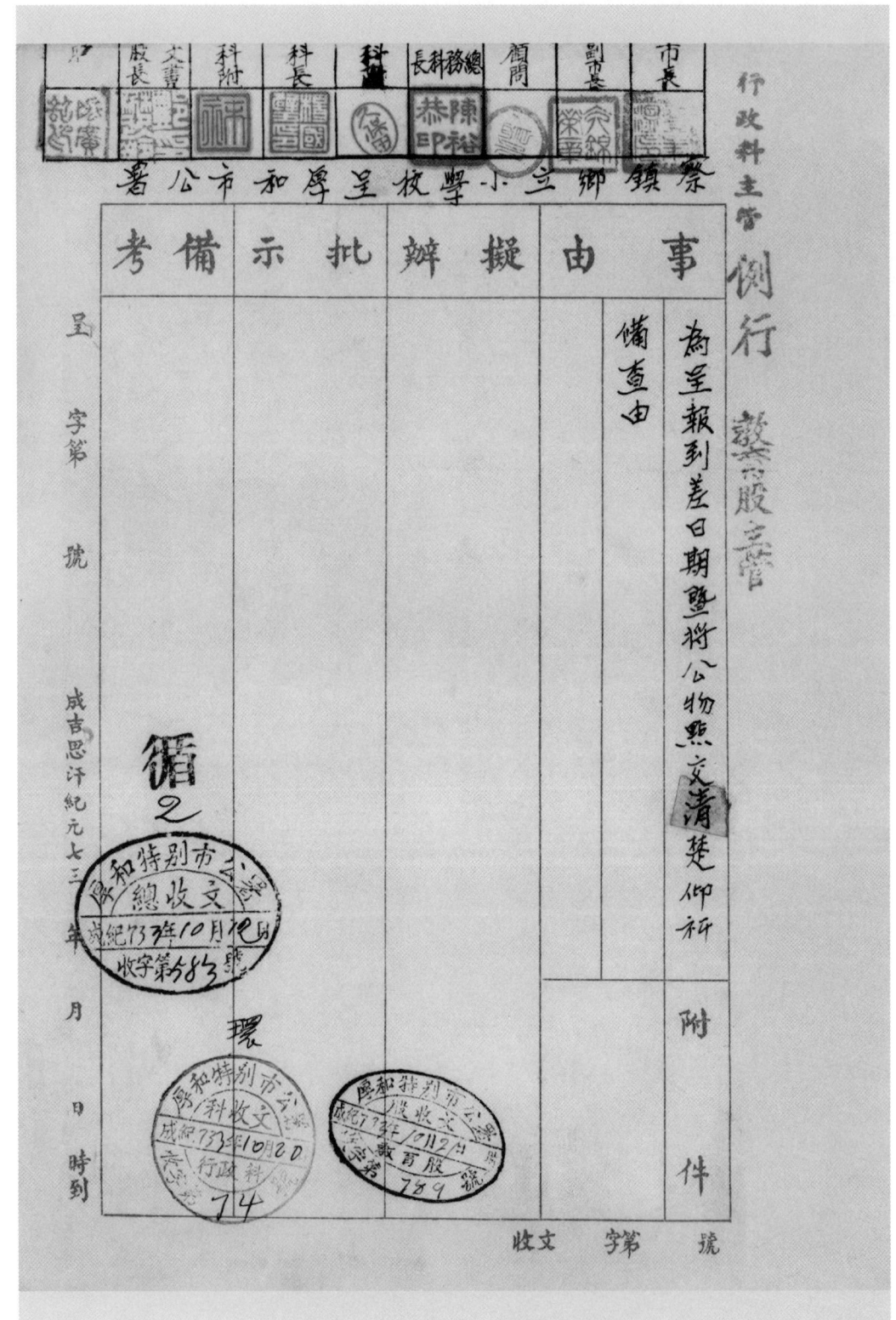

图 2-附录-1 "察镇乡立小学"呈报教员岳浦到差日期暨将公物点交清楚等情及"厚和市公署"姑准备查的指令（1938年11月4日）（三）

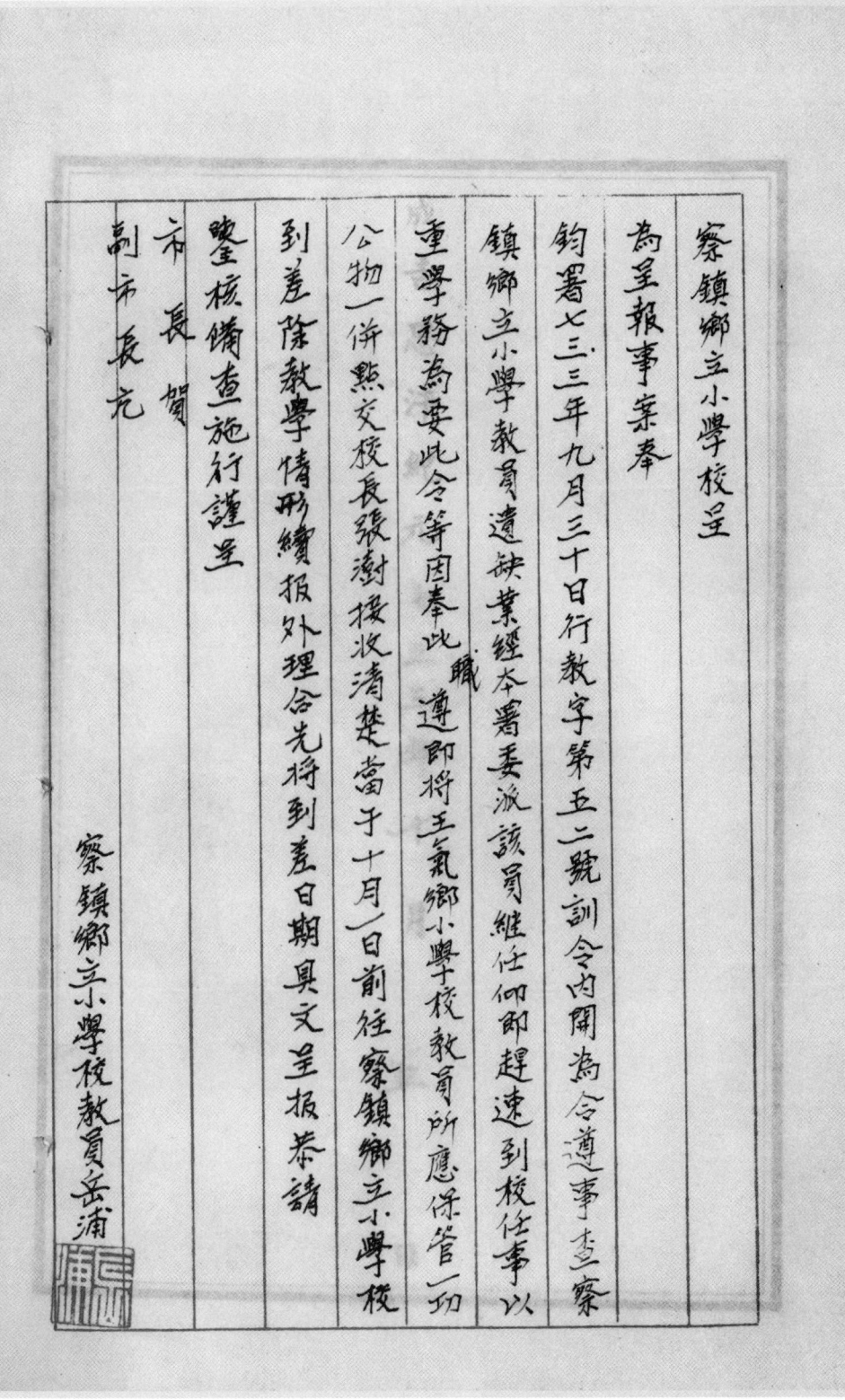

图 2-附录 -1 "察镇乡立小学"呈报教员岳浦到差日期暨将公物点交清楚等情及"厚和市公署"姑准备查的指令（1938 年 11 月 4 日）（四）

厚和市純一善社附設畢民小學校簡章

第一條 本校定名為純一善社附設畢民小學校

第二條 本校以教授一般無力求學之貧民子弟使其得以社會上必需之智識與技能將來得以養家身補助社會兼授以捨己教人之道起發其至善之本性俾便同發慈心共興善道為宗旨

第三條 本校設校長一人教師若干人事務員一人

第四條 設校長綜理全校一切事務教師承校長之命擔任教授事務員承校長之指揮辦理校內事務

第五條 校長教師事務員均由本校董事長於本社社友內量才簡選之

第六條 校長教師事務員之俸給由本校董事長酌定之（在未決定前均為義務職）

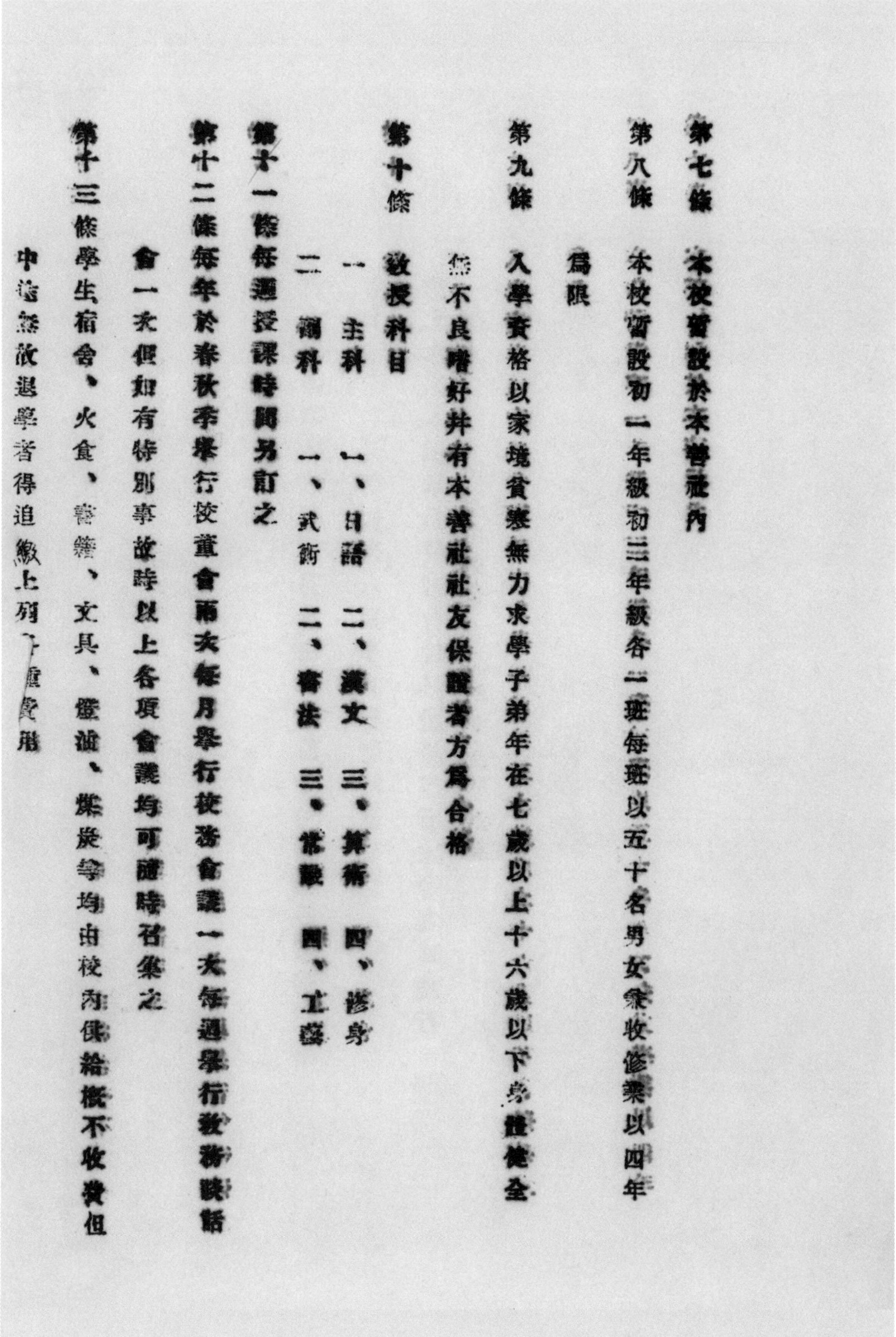

第七條　本校暫設於本善社內

第八條　本校暫設初一年級初三年級各二班每班以五十名男女兼收修業以四年為限

第九條　入學資格以家境貧寒無力求學子弟年在七歲以上十六歲以下身體健全無不良嗜好并有本善社社友保證者方為合格

第十條　教授科目
一、主科　1、日語　2、漢文　3、算術　4、修身
二、副科　1、武術　2、書法　3、常識　4、土語

第十一條　每週授課時間另訂之

第十二條　每年於春秋季舉行校董會而支每月舉行校務會議一次每週舉行教務談話會一次遇如有特別事故時以上各項會議均可隨時召集之

第十三條　學生宿舍、火食、薪金、文具、墨池、紫炭等均由校內供給概不收費但中途無故退學者得追繳上列下廣費用

图2-附录-2　"厚和市纯一善社附设小学校"简章（二）

第十四條 學生成績優秀者由校內隨時酌給獎品以資鼓勵

第十五條 本簡章如有未盡事宜得隨時修改之

第十六條 本簡章由校董會決議通過呈准市署之日施行

图 2-附录-2 "厚和市纯一善社附设小学校"简章（三）

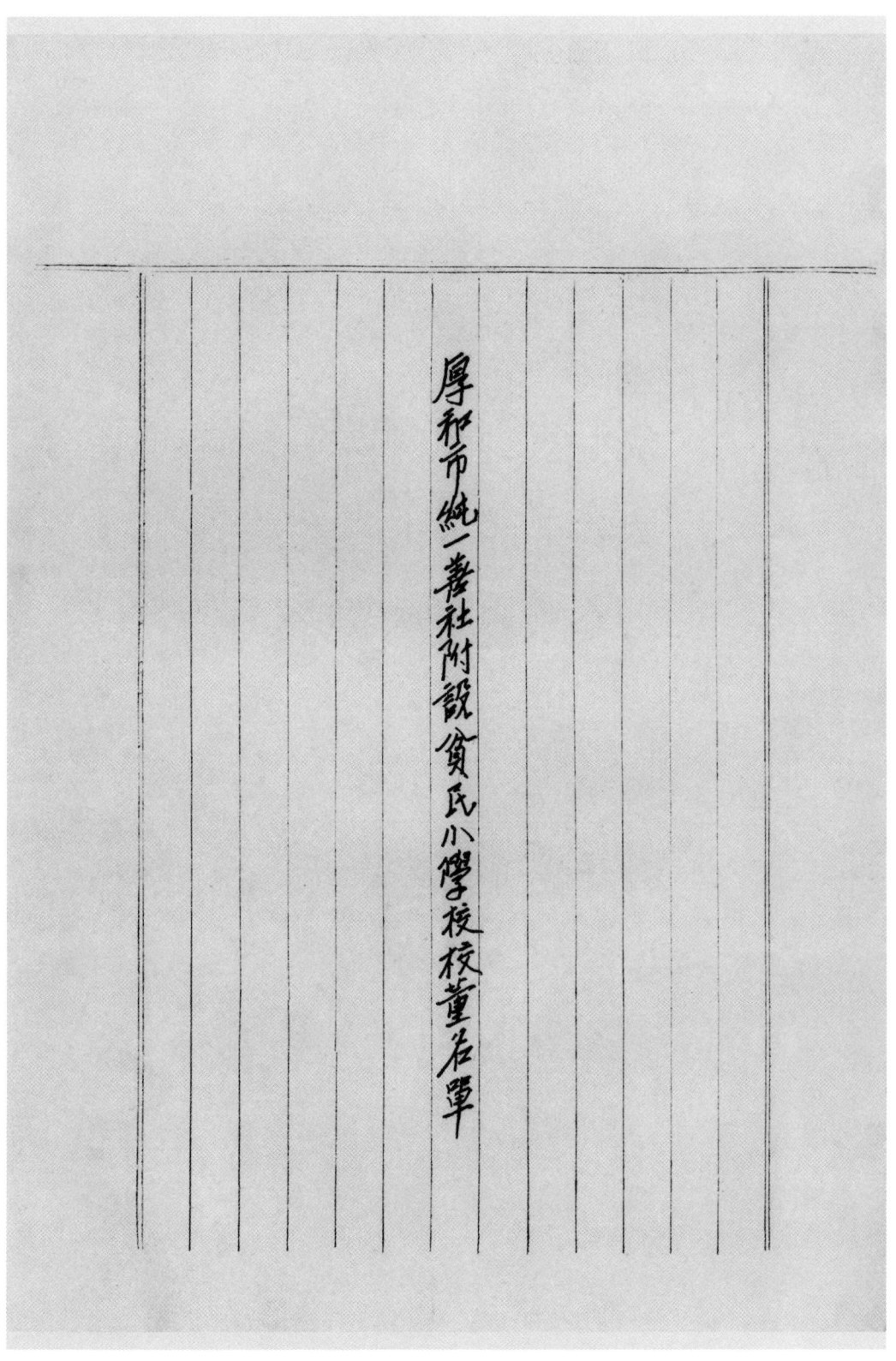

图 2-附录-3 "厚和市纯一善社附设贫民小学校"校董名单(一)

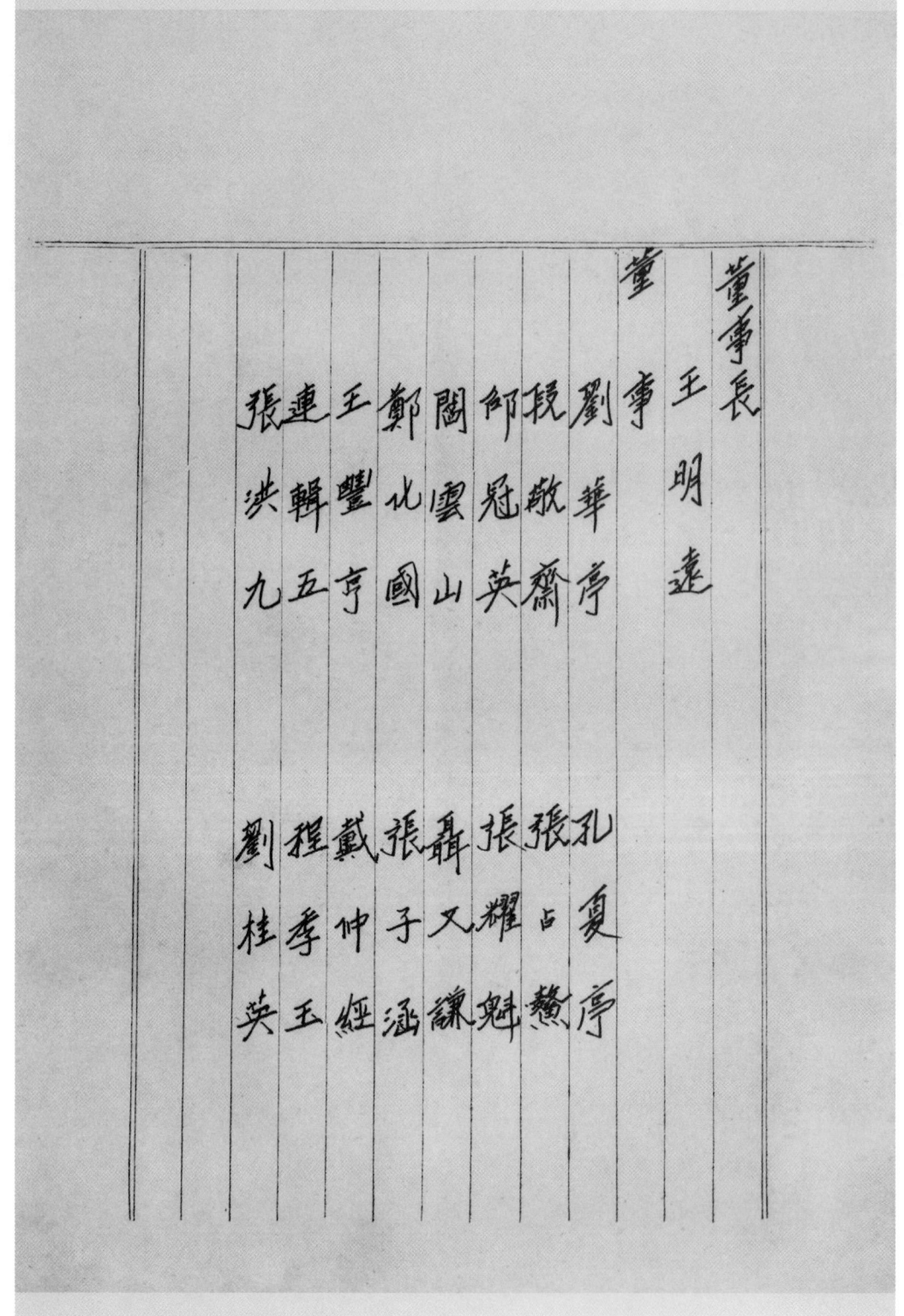

图 2-附录-3 "厚和市纯一善社附设贫民小学校"校董名单(二)

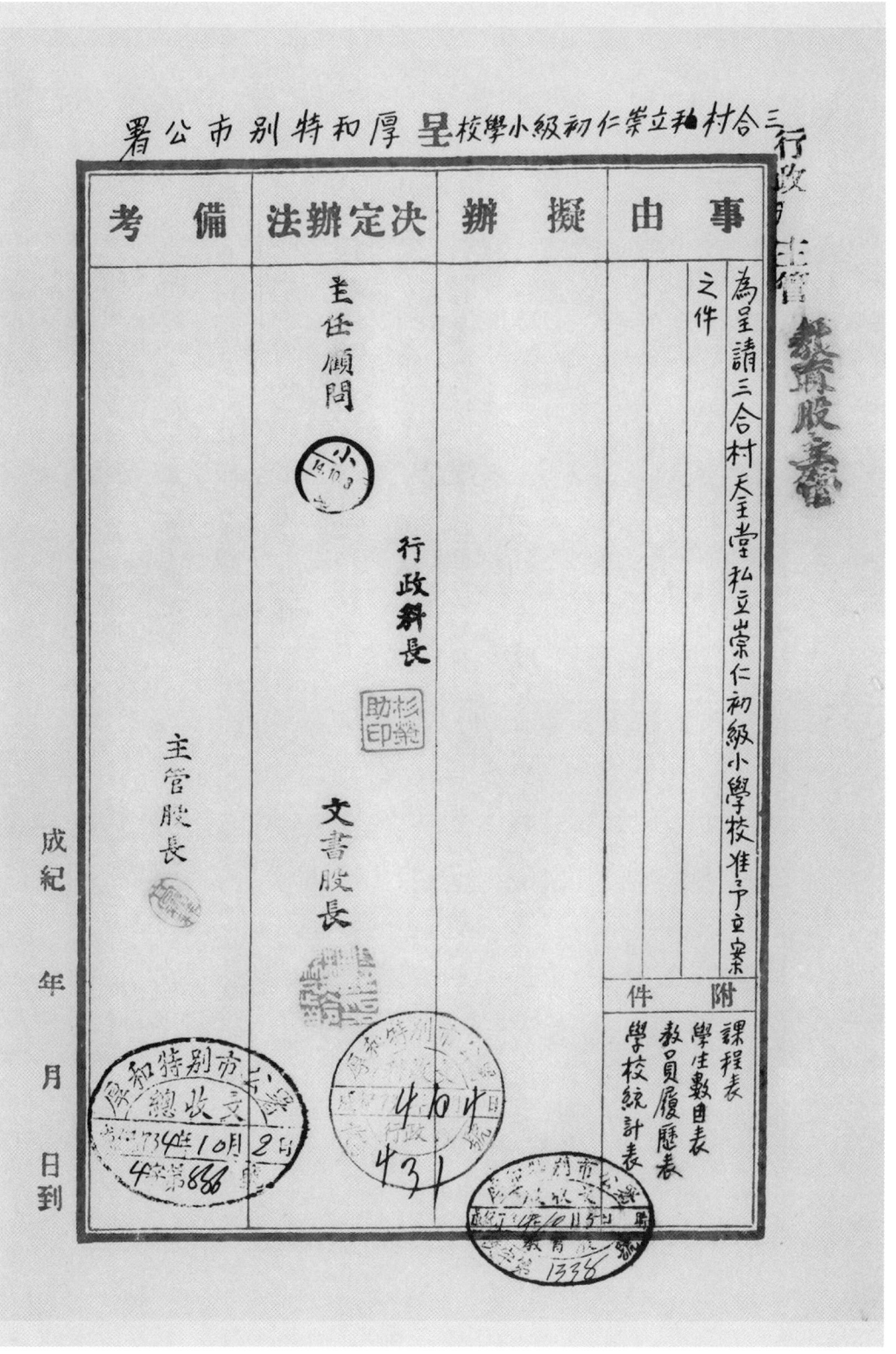

图2-附录-4 "三合村天主堂私立崇仁初级小学校"为请准予立案致"厚和市公署"呈（附课程表学生数目表教职员履历表）（1939年10月2日）（一）

为呈请事窃查三合村户达四十余家纯系务农为业一般失学儿童因多贫困所致而不得求学者居数甚多敝堂为体恤此等失学儿童起见特于三合村设立崇仁初级小学一所以资招收学童俾各授与相当教育而裕国民是否有当理合备文呈请

鉴核准予立案示遵施行谨呈

厚和特别市公署市长李

计呈送 课程表 学生数目表 教员履历表 学校统计表各一份

三合村天主堂私立崇仁初级小学校校长葛应春

图2-附录-4 "三合村天主堂私立崇仁初级小学校"为请准予立案致"厚和市公署"呈（附课程表学生数目表教职员履历表）（1939年10月2日）（二）

厚和市三合村天主堂私立崇仁初級小學校課程表（每週）

成紀七三四年九月二十九日

學年	課科名稱 選修或必修配	漢文 必修	算術	修身	自然	日語	手工	唱歌	體操	合計	聲明
第一學年	每週授課時數	九	六	二	二	二	二	二	二		每週計三十二時除正課三十九時外練習各科作為
	分	405	270	90	90	90	90	90	90		
	課目内容	采定課本	采定課本								
第二學年	每週授課時數	九	六	二	二	二	二	二	二		
	分	405	270	90	90	90	90	90	90		
	課目内容	采府定課本	采府定課本								

图 2-附录-4 "三合村天主堂私立崇仁初级小学校"为请准予立案致"厚和市公署"呈（附课程表学生数目表教职员履历表）（1939年10月2日）（三）

厚和市三合村天主堂私立崇仁初級小學校各學年學生數目表

學年別	性別		總數	備考
	男	女		
第一學年	十五名	十一名	二十六名	
第二學年	十三名	六名	十九名	
第三學年				
合計			四十五名	

图2-附录-4 "三合村天主堂私立崇仁初级小学校"为请准予立案致"厚和市公署"呈（附课程表学生数目表教职员履历表）（1939年10月2日）（四）

厚和市三合村天主堂私立崇仁初級小學校教職員履歷表

姓名	別號	性別	年齡	籍貫	學歷	經歷	職務	學科	月薪	到校年月
葛應春		男	四十二	薩縣	神哲大學畢業	歷充校長	校長	修身	義務	成紀七三四年八月
李介		〃	三十四	薩縣	養正中學畢業	歷充教員	任級教員	漢文算術自然手工日語體操唱歌	二〇.〇〇	〃
鄭雅納	波少	女	三十六	包頭市	初中肄業	歷充教員	任級教員	漢文算術自然	義務	〃
備考										

图 2-附录-4　"三合村天主堂私立崇仁初级小学校"为请准予立案致"厚和市公署"呈（附课程表学生数目表教职员履历表）（1939 年 10 月 2 日）（五）

厚和市初等教育調查表

种別	學校數	教員數	兒童數	備考
市立	一二	一一〇	三八三〇	
鄉立	八〇	九八	三五五三	
宗教關係立	五	三二	四三六	天主教立三校佛教立三校
代用小學(私塾)	二九	二九	一〇七	
其他	一	一〇	二五〇	巴彦塔拉盟立師範學校附屬小學
總計	一二七	二七〇	九〇七六	

图 2- 附录 -5 "厚和市"初等教育调查表

厚和市立各小学校概况一览表　成纪七三六年四月　日现在

校名	校址	电话番号	教职员数 男女计	班级数 高初计	学生数 男女计	备考
市立第一模范小学校	旧城恒昌店巷	六七	常锡庚 八 一			
市立第二模范小学校	新城藕府	六五	马多鲁 九 二			
市立第一小学	旧城乃莫气召前	八六五	沙文良 八 四			
二〃	旧城牛桥	六六	王慎 九 四			
三〃	南柴火市街	五二	宿国旭 七 二			
四〃	杨家巷	五三	成维夏 七 四			
五〃	新城东落凤街	八六四	王文经 九 五			
六〃	塔义恒乡白		柴昭 五 二			
七〃	林太忠孝乡茂		卢高 五 二			
八〃	毕克齐镇		郭文彬 六			
九〃	察素齐镇		陈耀庭 四 一			
市立回部小学	旧城东顺城街	七〇	王友三 八			
总计						

图 2-附录-6　"厚和市立各小学校"概况一览表（1941年4月）

呈为呈送增班开办费支付决算书乞请

鉴核事案奉

钧署总会字第一二四号指令内开呈书均悉应准照发仰即饬署领取可也件存此令等因奉此遵於本年五月十一日领到法币伍拾元整随即清付陈欠各款现在业经竣事自应缮造增班开办费支付决算书一份并连同单据粘存簿一本理合备文呈送伏乞

鉴核备案施行谨呈

厚和特别市公署市长贺

　　计呈

　　　开办费决算书一份

　　　单据粘存簿一本

厚和市立苏府街启智小学校长禹多善

图2-附录-7 "厚和市立苏府街启智小学校"为呈送增班开办费支付决算书致"厚和特别市公署"呈（附决算书）（1938年5月27日）（一）

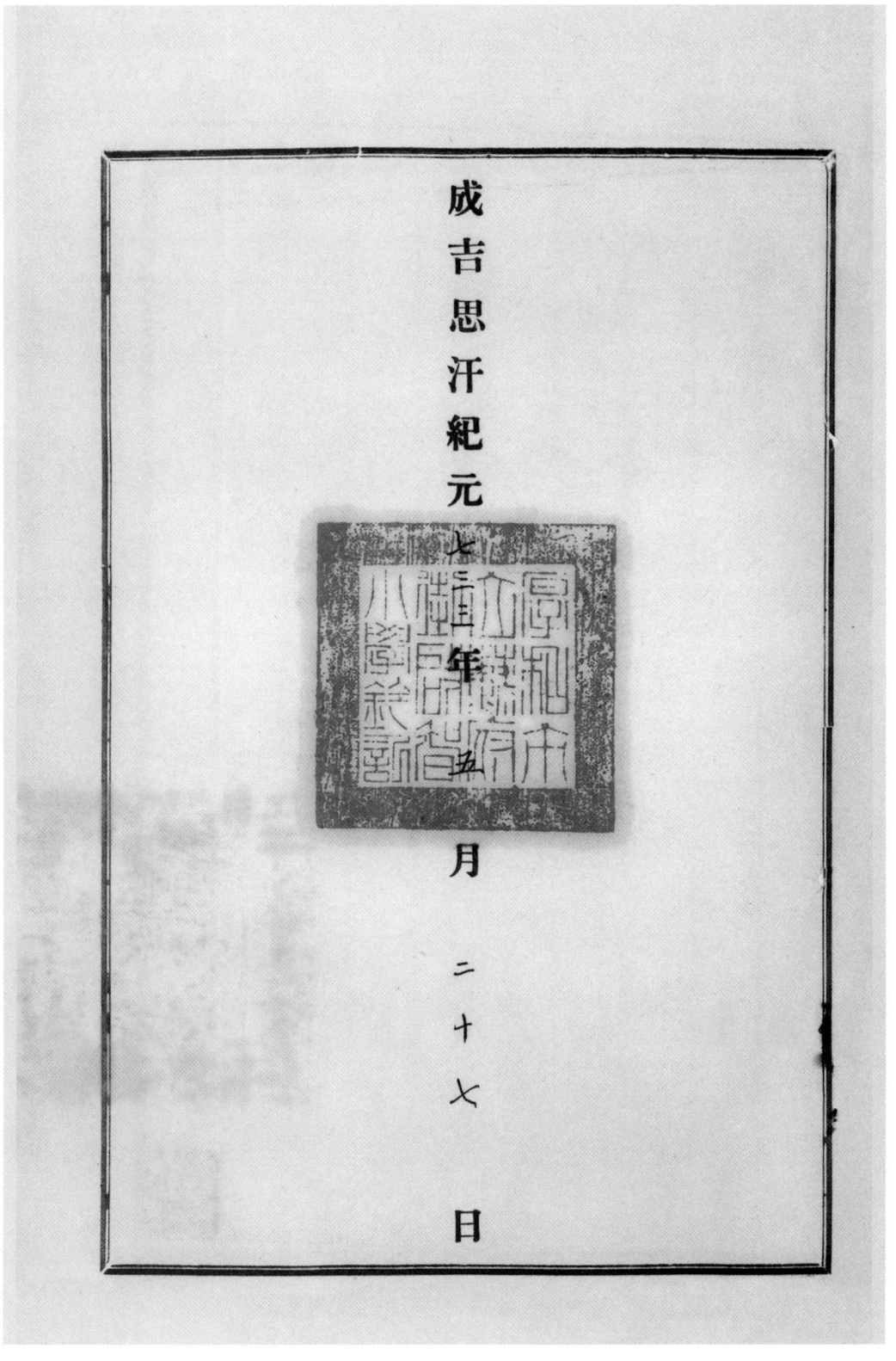

图 2-附录 -7 "厚和市立苏府街启智小学校"为呈送增班开办费支付决算书致"厚和特别市公署"呈（附决算书）（1938 年 5 月 27 日）（二）

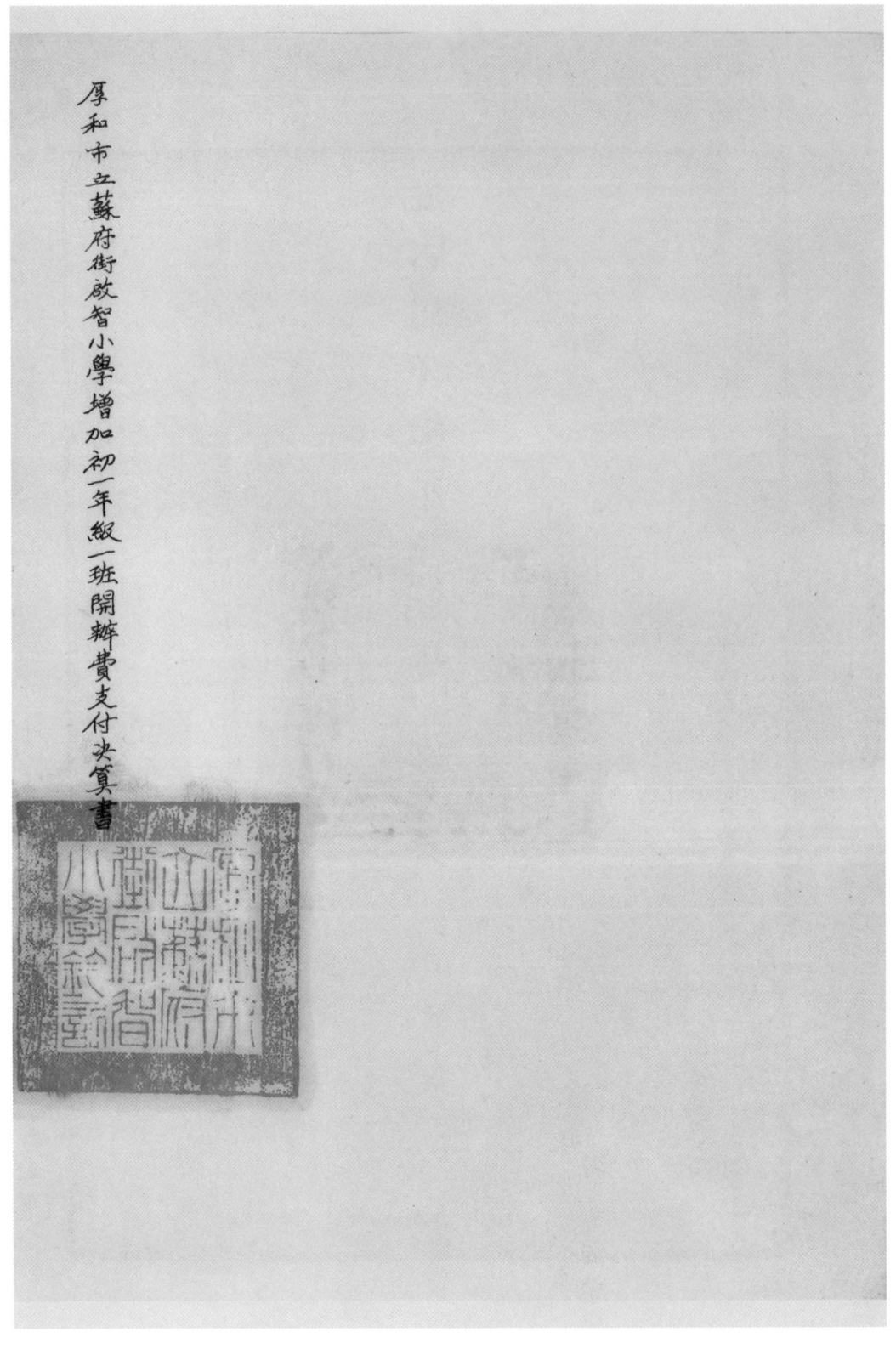

图 2-附录 -7 "厚和市立苏府街启智小学校"为呈送增班开办费支付决算书致"厚和特别市公署"呈（附决算书）（1938 年 5 月 27 日）（三）

厚和市立蘇府街啟智小學增加初一年級一班開辦費支付決算書

款	項	目	節	實支額	單據號數
經常門					
一、增班開辦費				50.000	
	一、購置費			26.350	
		一、器具		22.750	
			一、器具	22.750	單據第壹號至第伍號
		二、文具		3.600	
			一、文具	3.600	單據第陸號至第柒號
二、修繕費				23.650	

图 2-附录-7 "厚和市立苏府街启智小学校"为呈送增班开办费支付决算书致"厚和特别市公署"呈（附决算书）（1938 年 5 月 27 日）（四）

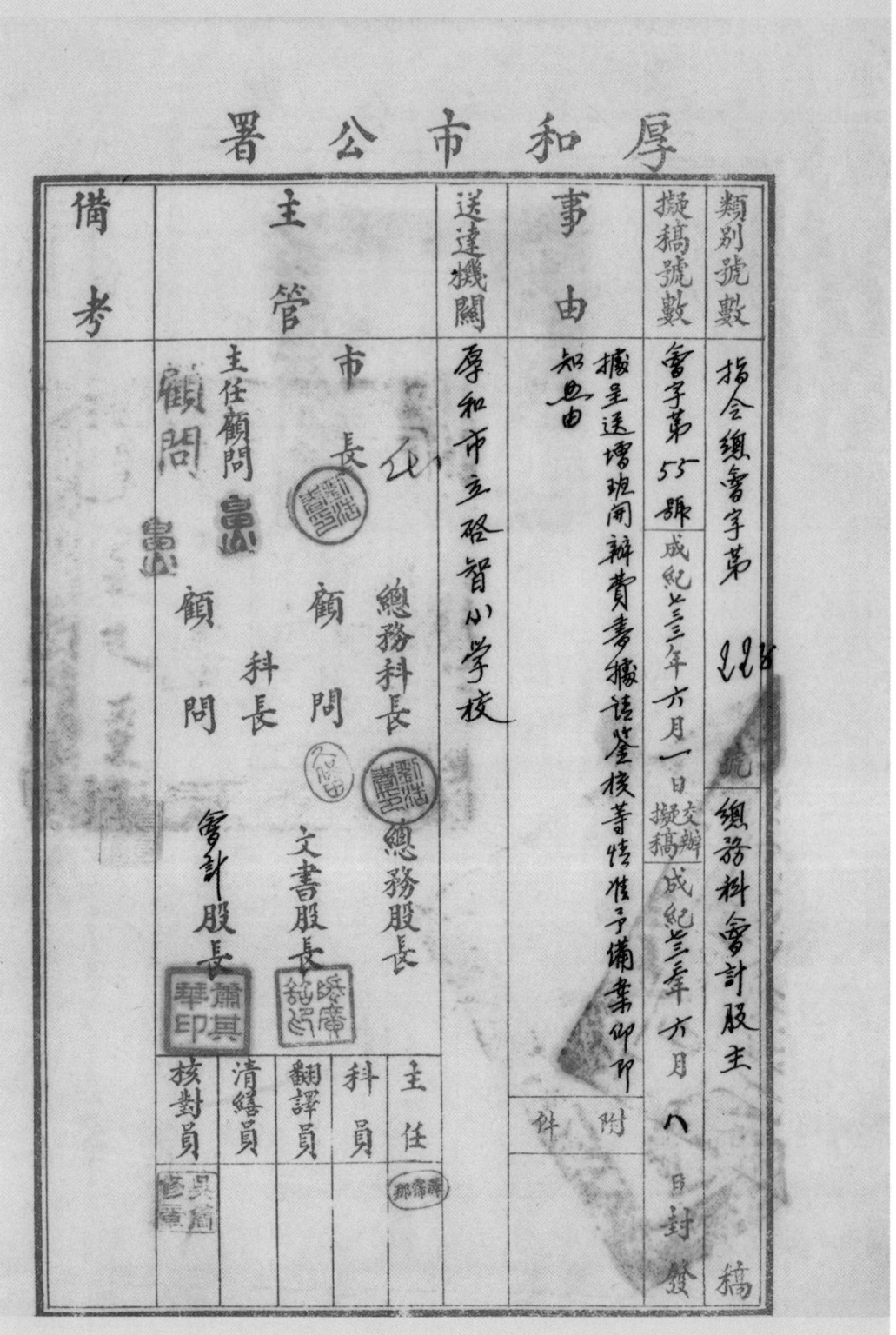

图 2-附录-8 "厚和特别市公署"为增班开办费支出决算书准予备案致"厚和市立苏府街启智小学校"令（1938 年 6 月 8 日）（一）

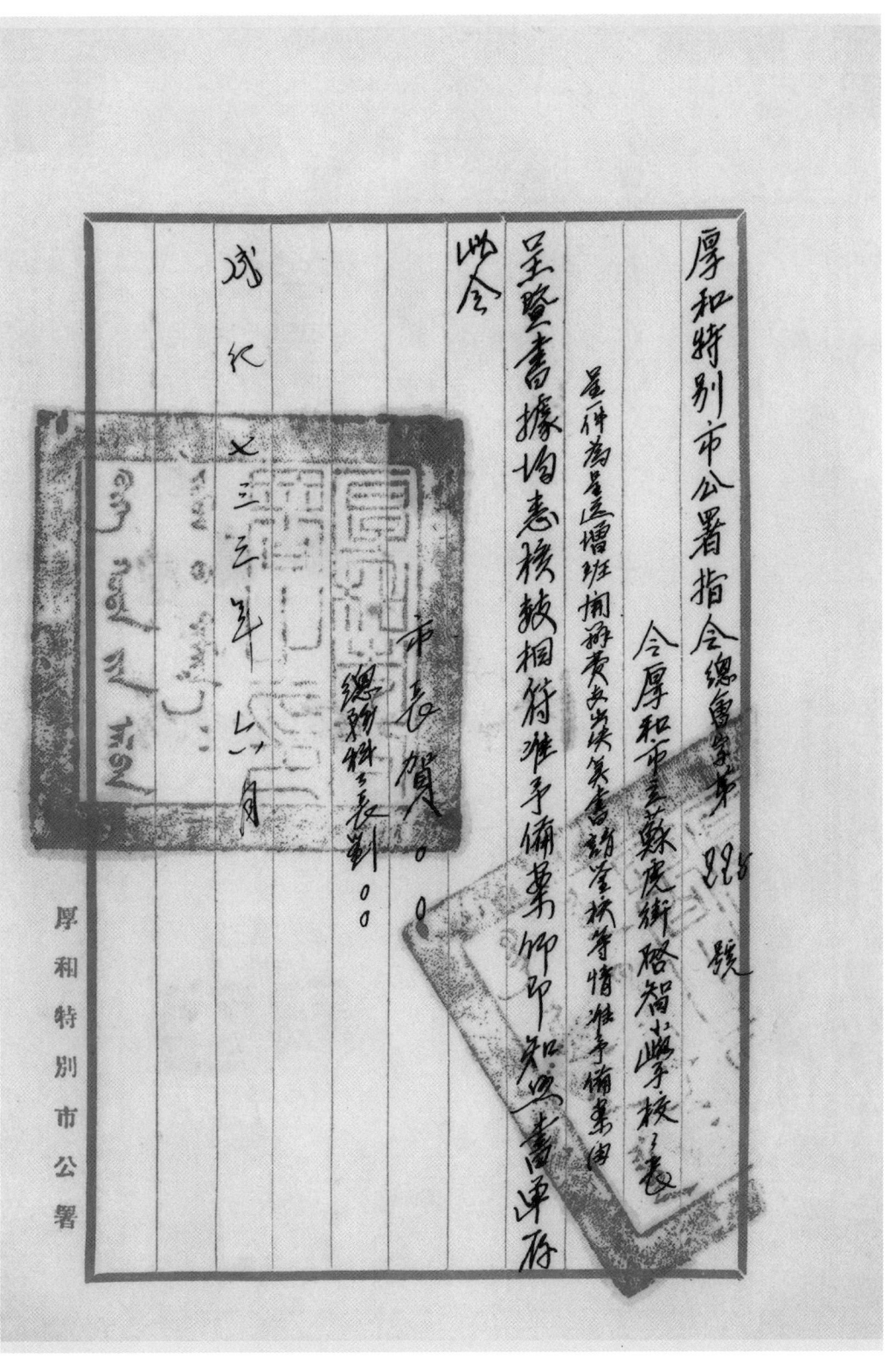

图 2-附录-8 "厚和特别市公署"为增班开办费支出决算书准予备案致"厚和市立苏府街启智小学校"令（1938 年 6 月 8 日）（二）

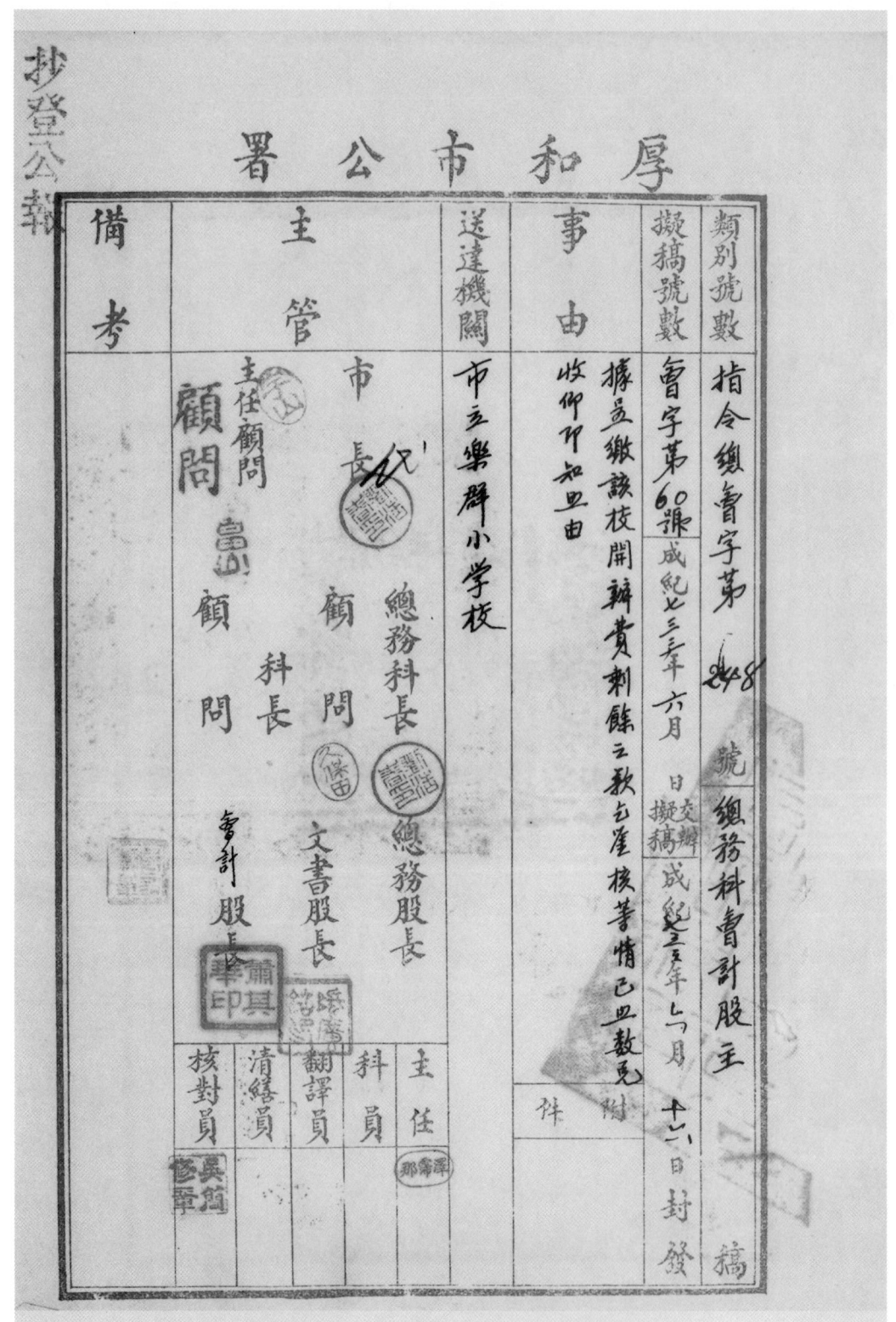

图 2-附录 -9 "厚和市公署"为该校开办费剩余之款已照数兑收给"市立乐群小学校"的指令（1938 年 6 月 16 日）（一）

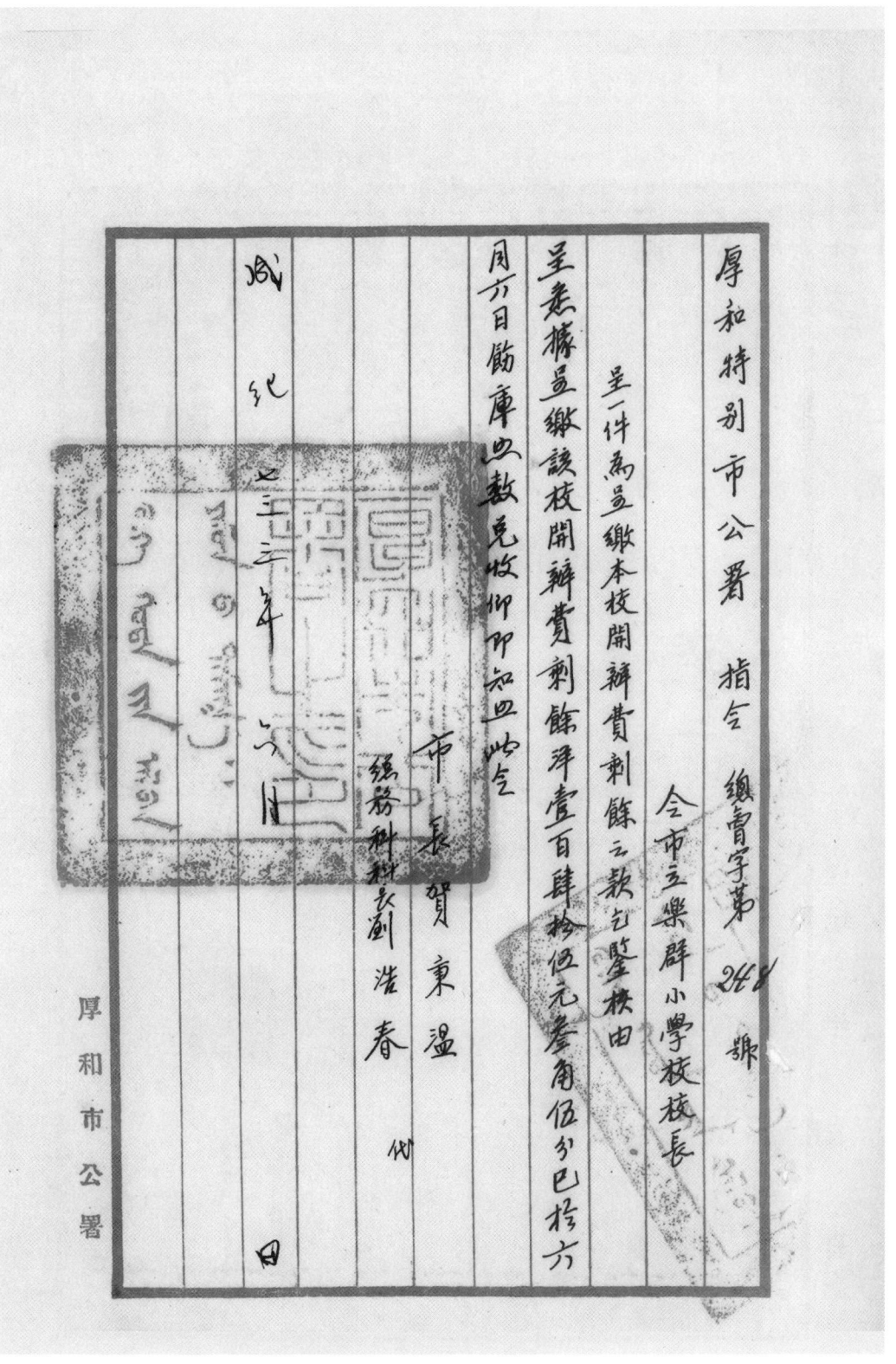

图 2-附录-9 "厚和市公署"为该校开办费剩余之款已照数兑收给"市立乐群小学校"的指令(1938 年 6 月 16 日)(二)

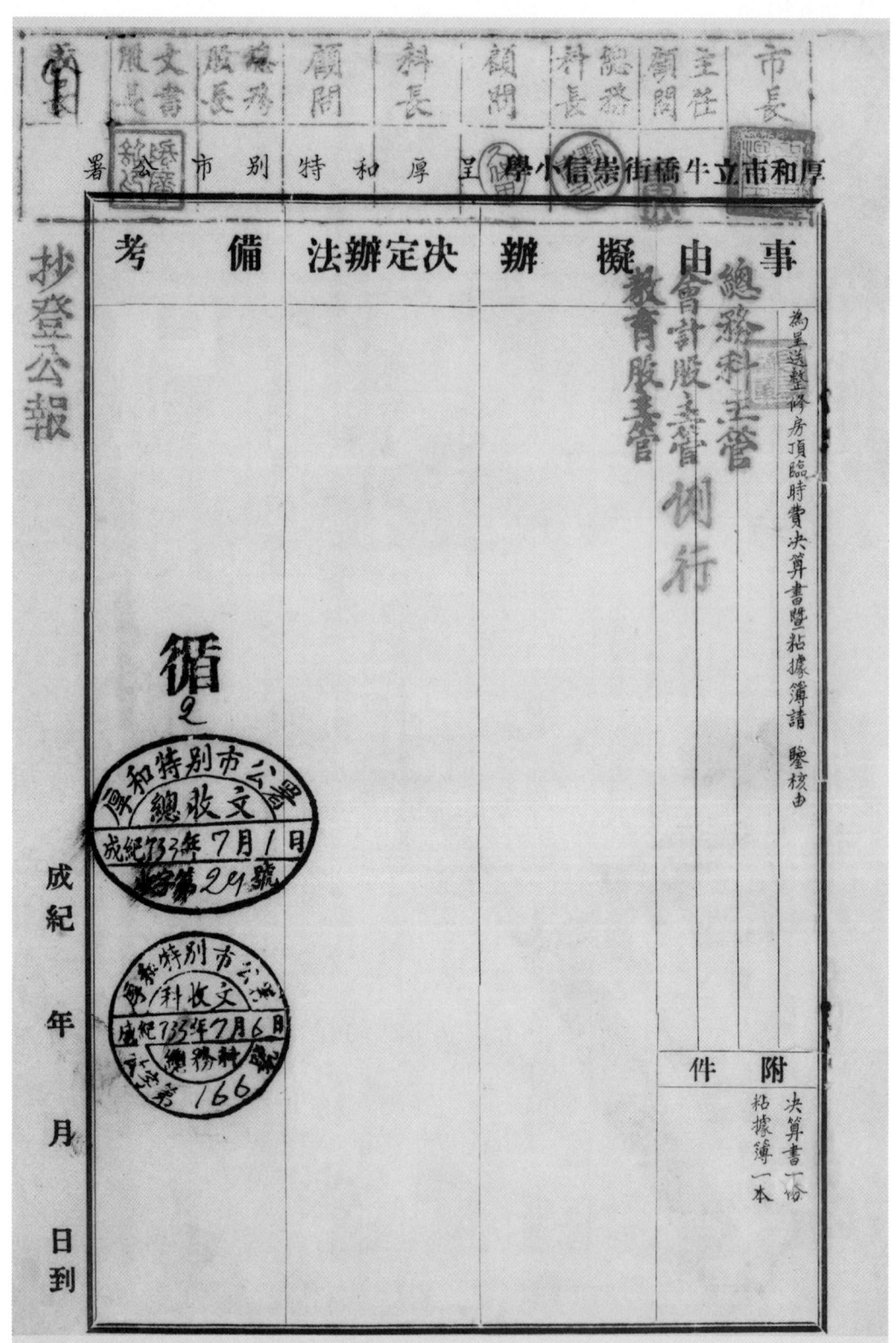

图 2-附录-10 "厚和市立牛桥街崇信小学"为呈送整修房顶临时费决算书暨粘据簿致"厚和市公署"呈（附决算书）（1938年7月1日）（一）

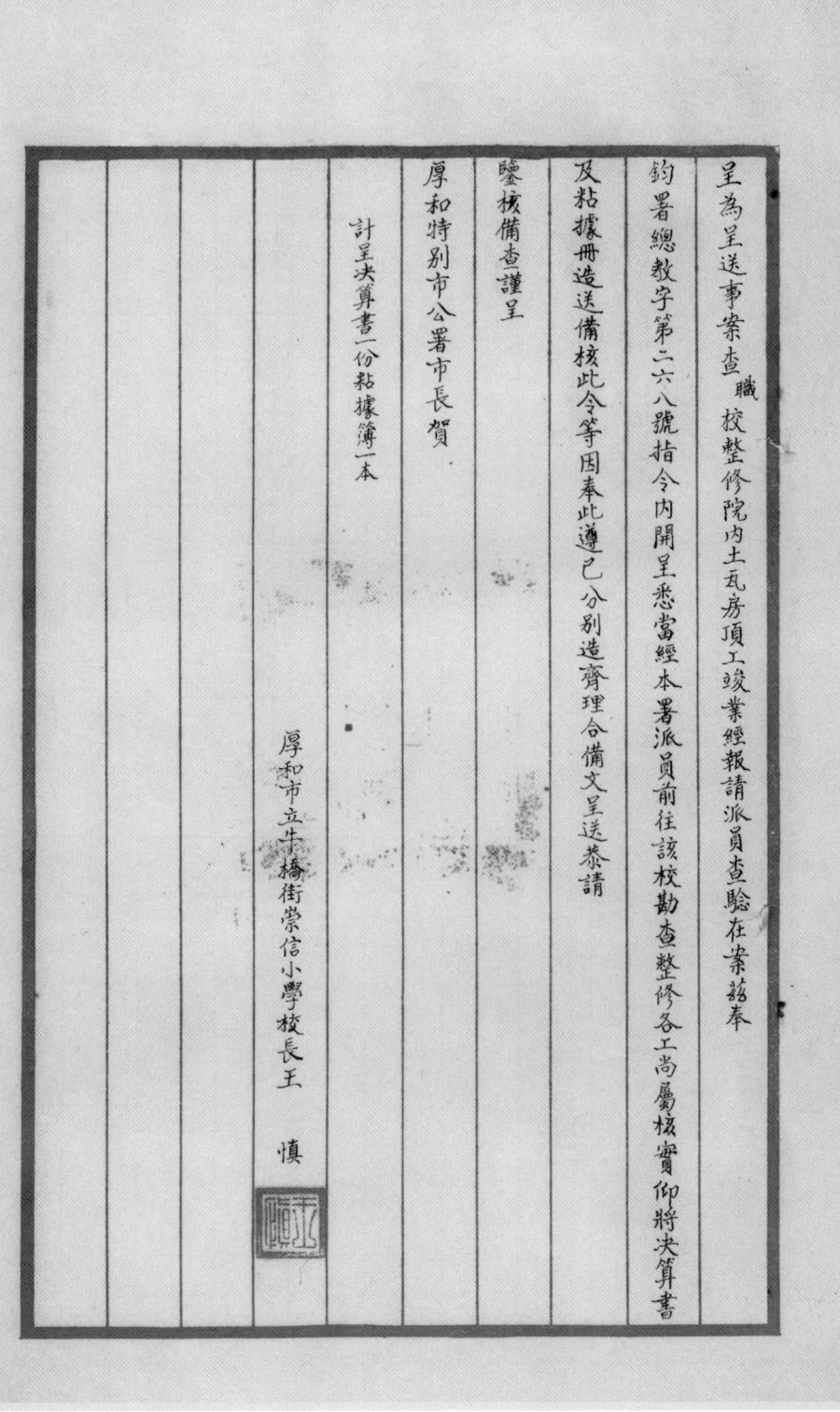

图 2-附录-10 "厚和市立牛桥街崇信小学"为呈送整修房顶临时费决算书暨粘据簿致"厚和市公署"呈（附决算书）（1938年7月1日）（二）

厚和市立牛橋街崇信小學整修房頂臨時費支付決算書

項　目	節	支出決算數	備　考
一、臨時費	一、修理房項費		
	一、修理房項費	六一五五	粘據第一號

图 2-附录-10 "厚和市立牛桥街崇信小学"为呈送整修房顶临时费决算书暨粘据簿致"厚和市公署"呈（附决算书）（1938年7月1日）（三）

厚和特別市公署

類別號數	便函			號	總務科教育股主稿
擬稿號數	總教字第20號 成紀七三三年三月 日擬稿			成紀七三三年三月二五日封發	
事由	為筹备将市立各小學財產調查表業经填齊希查收見復由				
送達機關	厚和市公署財務科		發送機關	本公署總務科教育股	
主管	市長 [印] 主任顧問 鐵井 顧問 顧問 [印] 富田	總務科長 [印] 教育股長 [印] 成雄	文書股長 [印]	擬稿員 [印] 翻譯員 [印]	
備考	清繕員				

图 2-附录-11 "厚和市公署总务科教育股"为送市立各小学财产调查表致"厚和市公署财务科"函（1938年3月25日）（一）

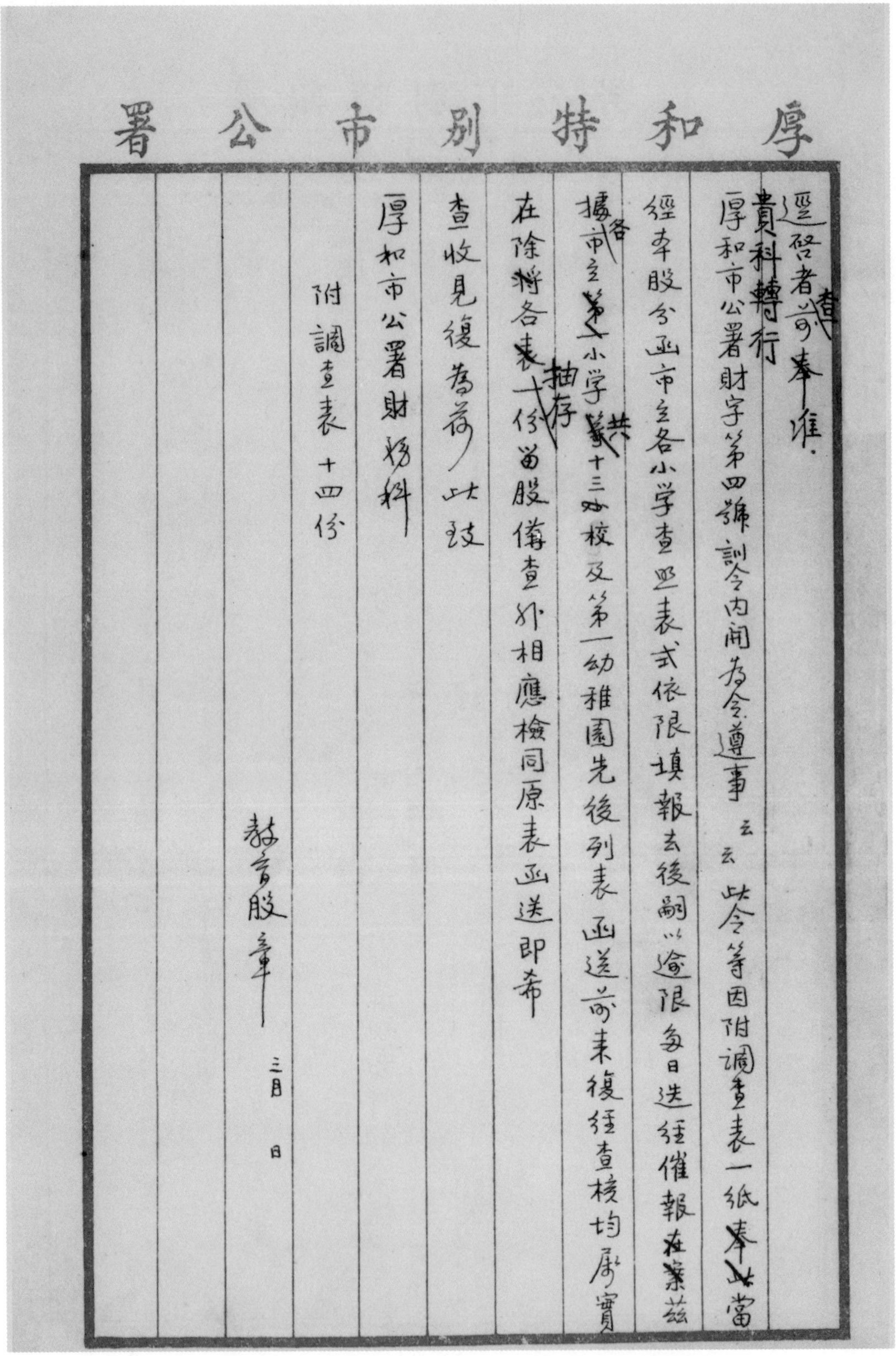

厚和特別市公署

迳启者兹奉准

贵科转行

厚和市公署财字第四号训令内开为令遵事云云此令等因附调查表一纸奉此当经本股分函市立各小学查照表式依限填报去后嗣以逾限每日送往催报在案兹据市立第十三处校及第一幼稚园先后列表函送前来复经查核均属实在除将各表十份当股备查外相应检同原表函送即希

查收见复为荷此致

厚和市公署财务科

附调查表十四份

教育股 章

三月　日

图2-附录-11 "厚和市公署总务科教育股"为送市立各小学财产调查表致"厚和市公署财务科"函（1938年3月25日）（二）

市立第一小學校市有財產調查表			
種類坐落處數間數其他什物備考			
房屋 本市乃萬野合衖	一	木棹一二四三張 凳椅一二〇一條 圖書一三七六一本 儀器一只有四件皆已殘破不全	職校房屋皆係瓦房
說明	職校全校地基六畝四分有餘係歸丹府所有每年出地租洋五元五角捌分理合陳明		
成吉思汗紀元七三三年二月二十三日			

图 2-附录-11 "厚和市公署总务科教育股"为送市立各小学财产调查表致"厚和市公署财务科"函（1938年3月25日）（三）

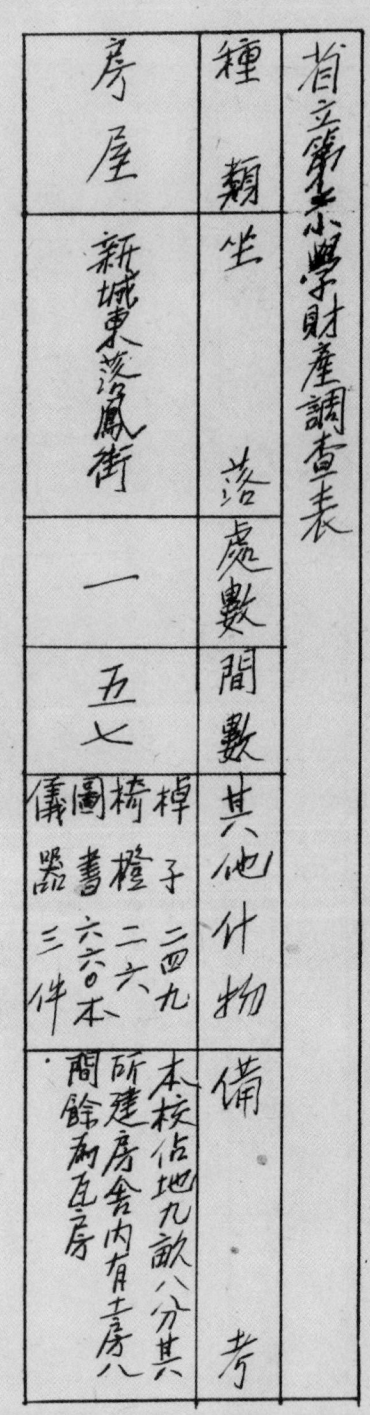

图 2-附录-11 "厚和市公署总务科教育股"为送市立各小学财产调查表致"厚和市公署财务科"函（1938年3月25日）（四）

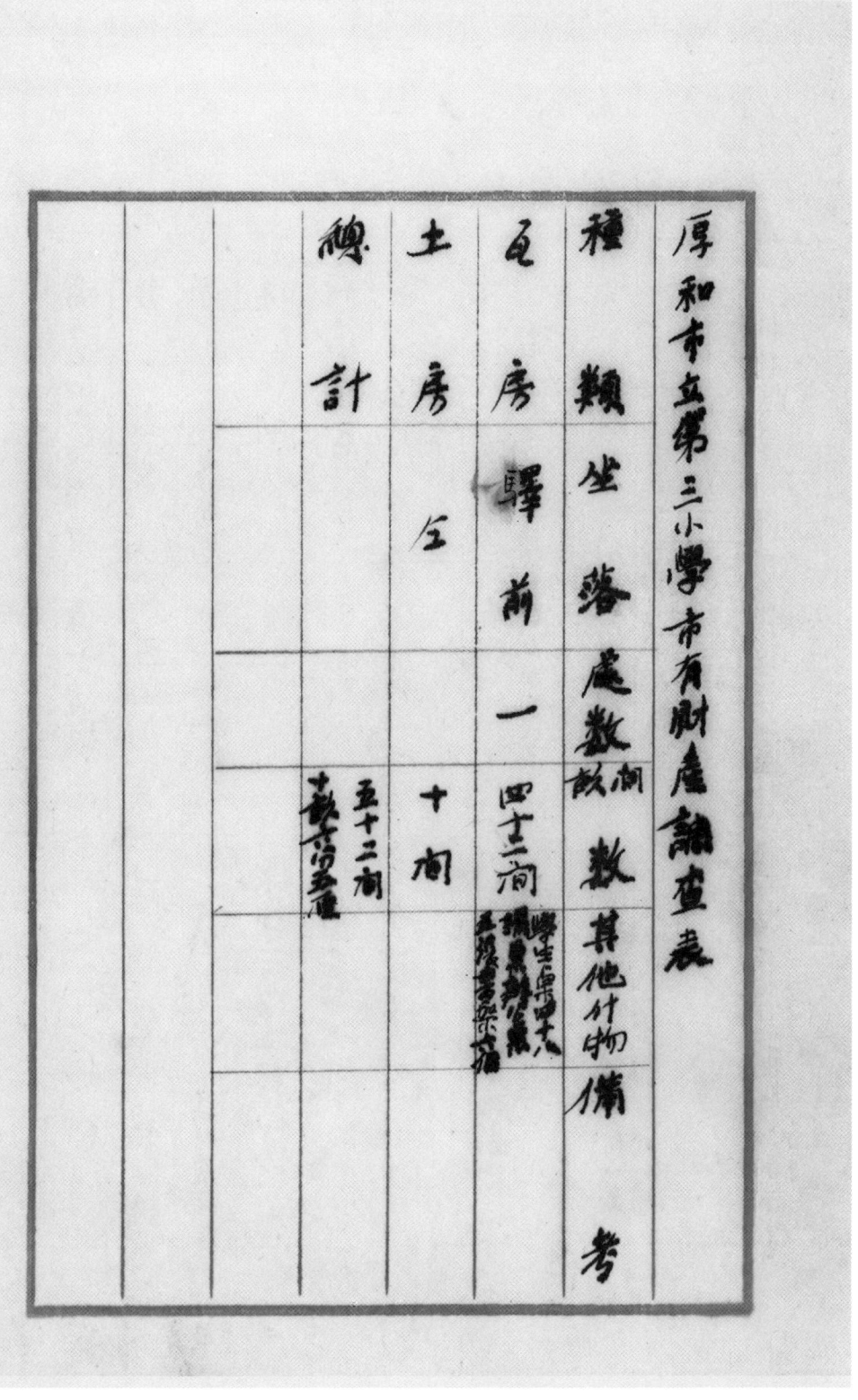

图 2-附录-11 "厚和市公署总务科教育股"为送市立各小学财产调查表致"厚和市公署财务科"函（1938 年 3 月 25 日）（五）

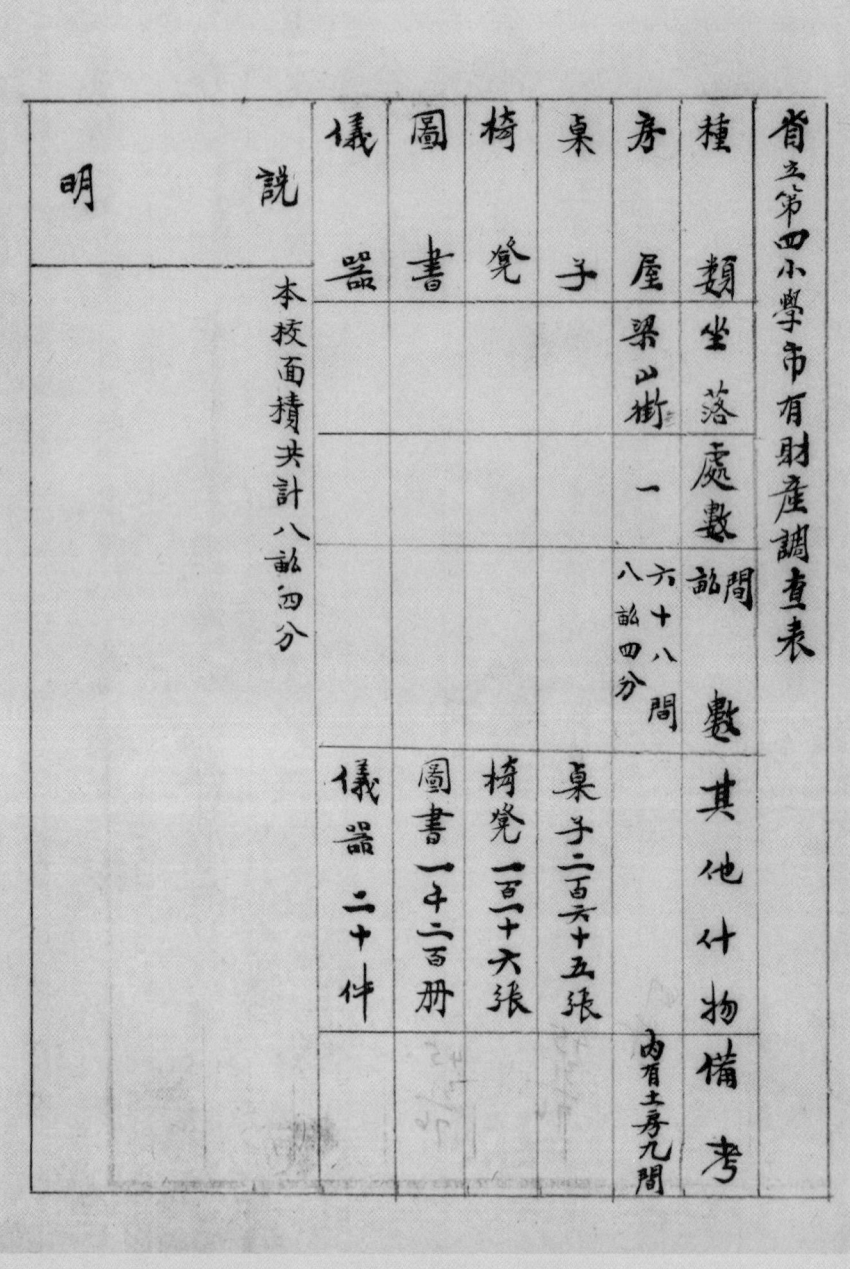

图 2-附录-11 "厚和市公署总务科教育股"为送市立各小学财产调查表致"厚和市公署财务科"函(1938年3月25日)(六)

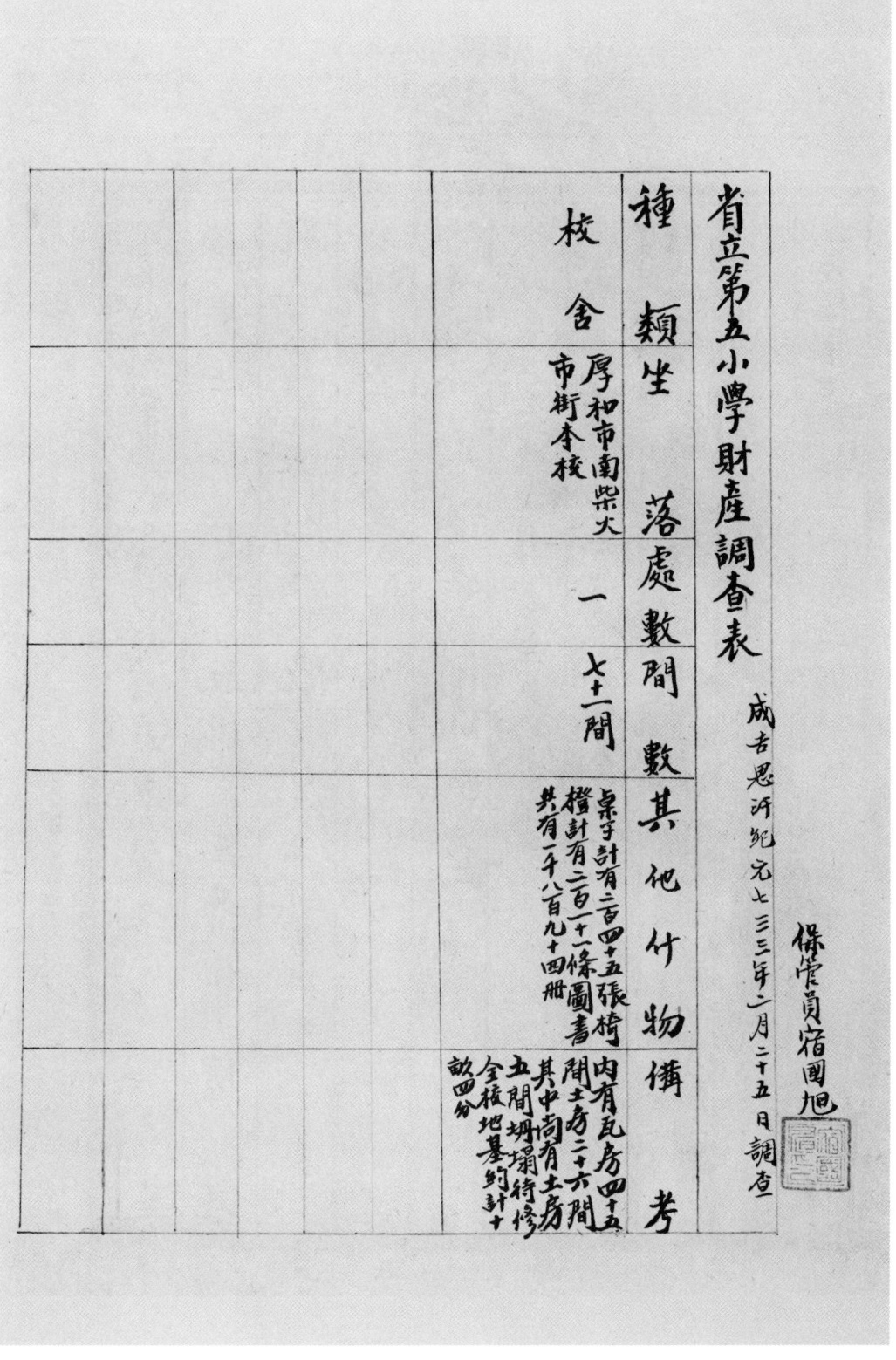

图 2-附录 -11 "厚和市公署总务科教育股"为送市立各小学财产调查表致"厚和市公署财务科"函（1938 年 3 月 25 日）（七）

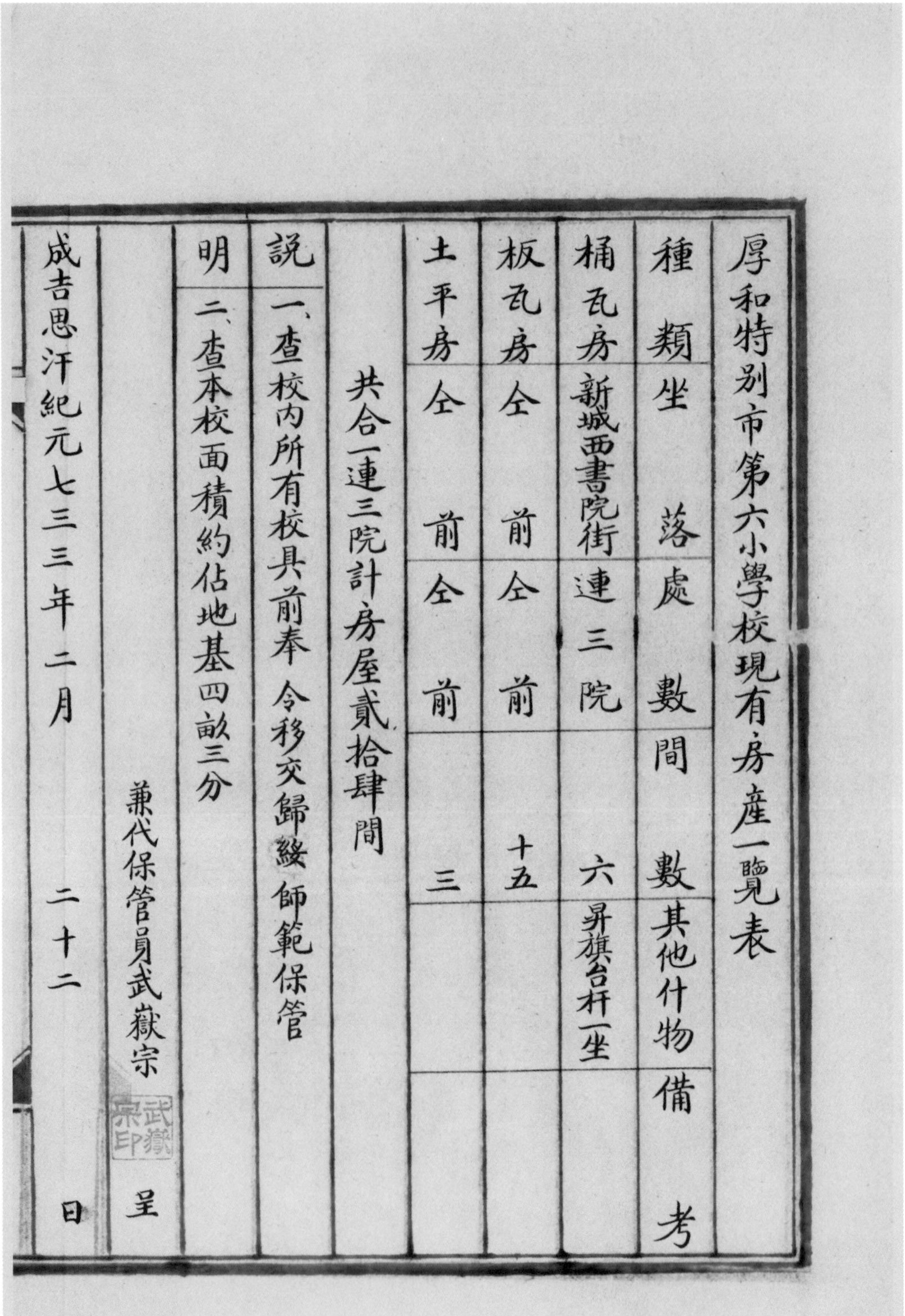

厚和特別市第六小學校現有房產一覽表

種類	坐落處	數間	數其他什物	備考
桶瓦房	新城西書院街	連三院	六昇旗台杆一坐	
板瓦房	全前	十五		
土平房	全前	三		

共合一連三院計房屋貳拾肆間

說明
一、查校內所有校具前奉令移交歸綏師範保管
二、查本校面積約佔地基四畝三分

兼代保管員武嶽宗 呈

成吉思汗紀元七三三年二月二十二日

武嶽宗印

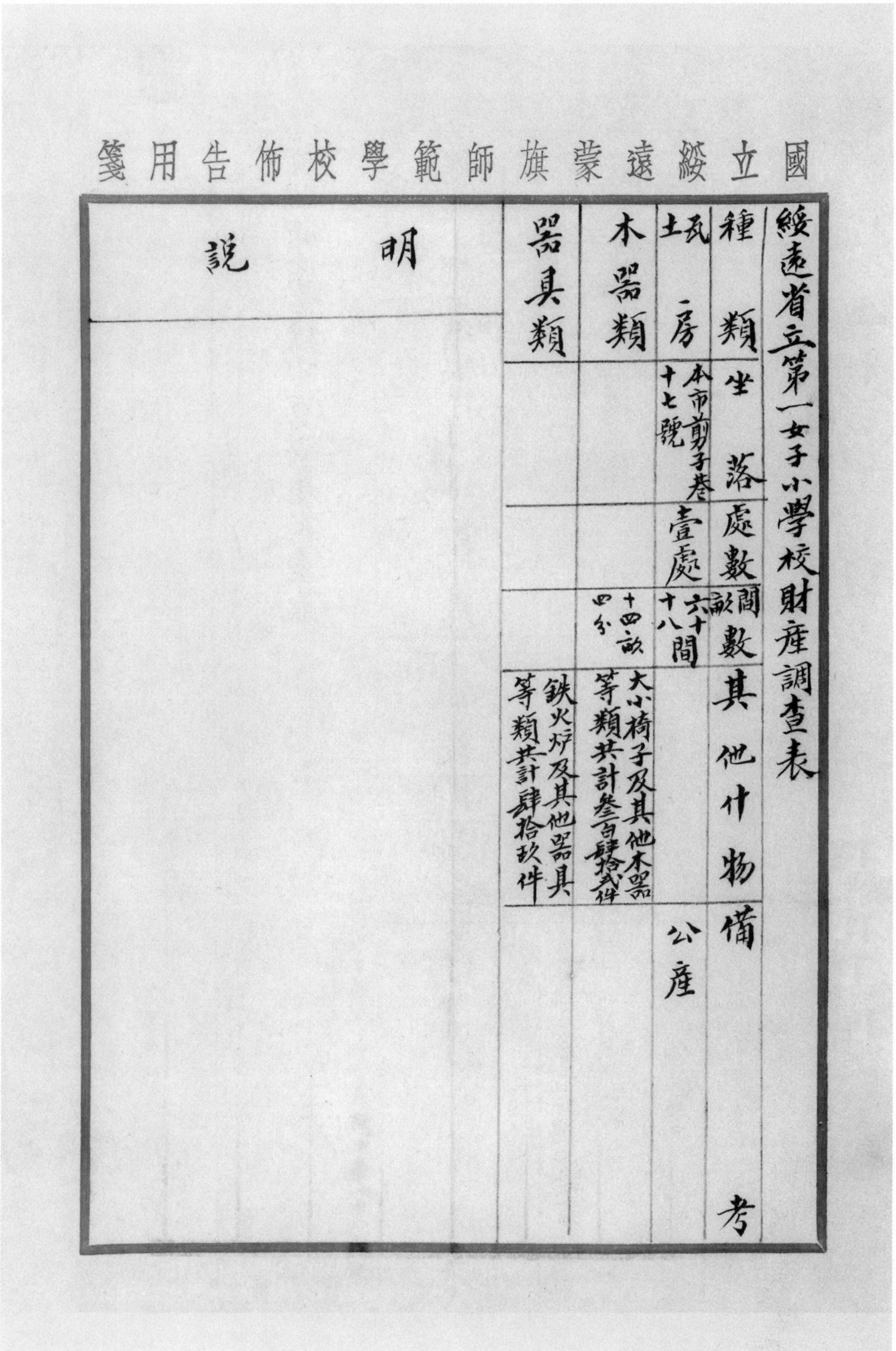

国立綏遠蒙旗師範學校佈告用箋

綏遠省立第一女子小學校財產調查表

種 類	坐 落 處	數 間 數	其 他 什 物	備 考
瓦 房		一處 六十八間		
土 房	本市剪子巷十七號	壹處 十四畝四分		公產
木器類			大小椅子及其他木器等類共計叁百肆拾貳件	
器具類			鉄火炉及其他器具等類共計肆拾玖件	

说明

图2-附录-11 "厚和市公署总务科教育股"为送市立各小学财产调查表致"厚和市公署财务科"函（1938年3月25日）（九）

牛橋街小學校市有財產調查表

種類	坐落處 畝數間數 其他什物備	考
房屋 牛橋街	一處 三八間	桌子二一四張 房屋係瓦房二十七間土房十一間 椅凳二二七條 圖書一六二冊 儀器六件 基計五畝五分地

图 2-附录-11　"厚和市公署总务科教育股"为送市立各小学财产调查表致"厚和市公署财务科"函（1938 年 3 月 25 日）（十）

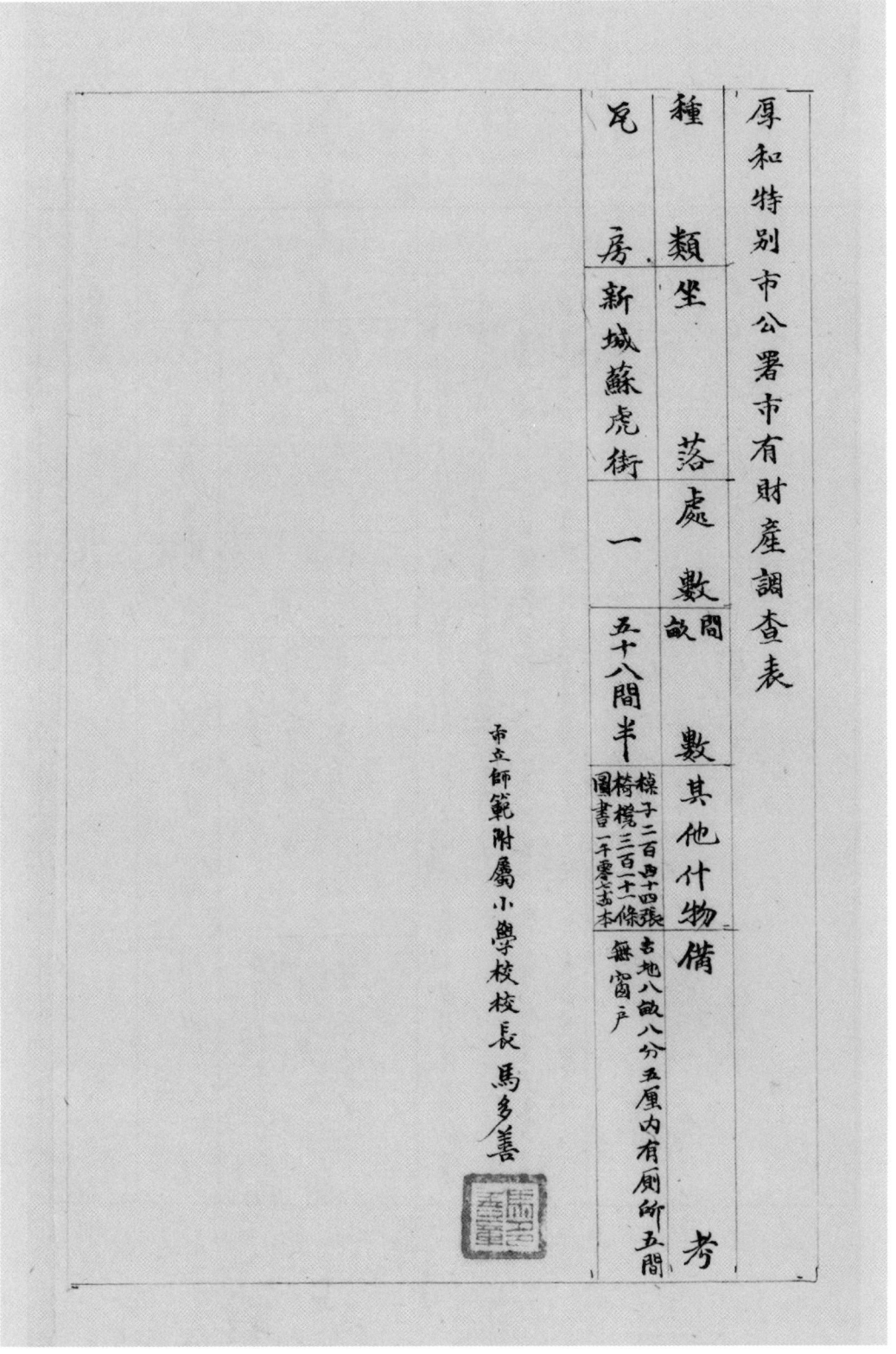

图 2-附录-11 "厚和市公署总务科教育股"为送市立各小学财产调查表致"厚和市公署财务科"函（1938 年 3 月 25 日）（十一）

厚和特別市回部學校財產調查表

種類數量	房屋	蔵書數及其他什物	備考
東順城街十八號	一半	三大間 橇子一百個 橇子一百九十七張 遊戲器具四件	內計正房二十六間 土房一間 地基三.三七畝

說明
(一)查職校校址原係回民富户捐贈清真大寺者自職校成立即囙該寺眼預
今與回民聯合總公會合辦
(二)原有禪櫈子九十五張櫈子一百個藍球架一對本年度呈准購置費五至九
新置書禪一百雲教禪二張滑稽廣告牌一對文我案各一具合併聲明

成書恩評紀元七三三年三月二十一日

厚和市土默特旗小學校旗有財產調查表				
種類	坐落處	數間	數其他什物	備考
房屋	厚和市文廟街一處	瓦房五十間 土房八間 金被面積 8.904畝	桌凳二百二十六件 圖書五百二十五冊 儀器二十件	查本校房屋地基及一切什物均為土默特旗公署購置

說明
(1) 市有財產 係各學校及教育機關所有一切房產土地等
(2) 種類 像填瓦房土房園地等類
(3) 其他什物 係附帶一切什物

图 2- 附录 -11 "厚和市公署总务科教育股"为送市立各小学财产调查表致"厚和市公署财务科"函（1938 年 3 月 25 日）（十三）

已秀縣縣有財產調查表					
種類	坐落	數量	欵數	其他什物備	考
學校校址	新城關岳廟街一處	面積五百二十九方間積丈約	桿磚瓦房	其他什物桌椅茶具木器具己領各數平素鈔無公用	
説明					

图 2-附录-11 "厚和市公署总务科教育股"为送市立各小学财产调查表致"厚和市公署财务科"函（1938 年 3 月 25 日）（十四）

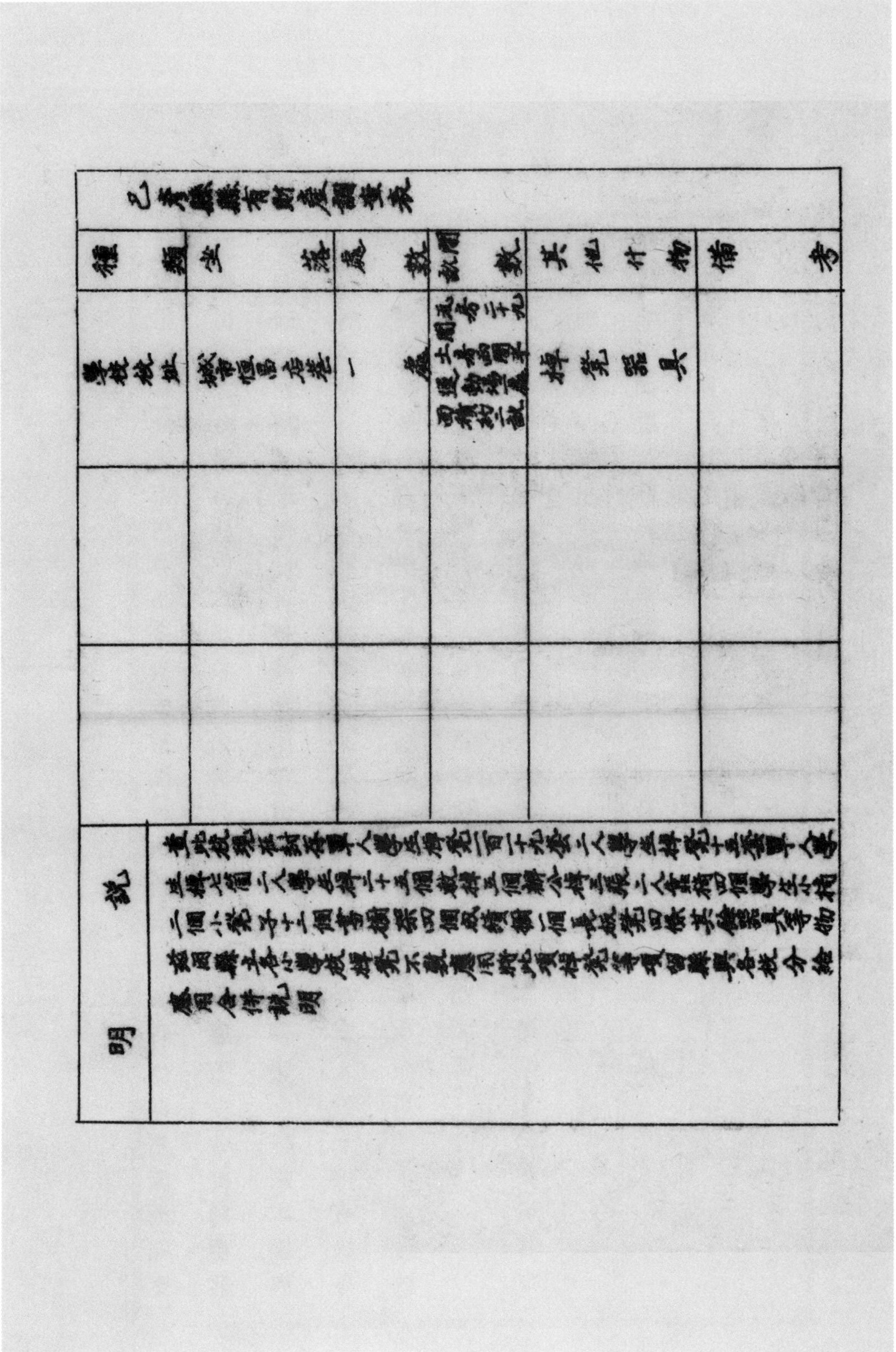

图 2-附录-11 "厚和市公署总务科教育股"为送市立各小学财产调查表致"厚和市公署财务科"函（1938年3月25日）（十五）

呈為呈請事竊查市內各小學自去歲開學以還所授各科係採用滿洲國文教部出版之教科書經巴彥塔拉盟公署教育廳購運來厚頒發各校應用然實際尚缺數種迄未補發教學頗感困難本年本市各小學完全劃歸本署辦理迭據各校聲請本學期因初級實到學生竟各超過額定人數一倍有餘勢必增班方便教學茲經決定每校均各增加一班所有學生應用課本尚付缺如而各校所增各班開課在即課本亟待需用刻不容緩頃聞

鈞府存有小學教科書多種備用理合將市立各小樂本本學期需要教科書冊數分別列表備文呈送仰祈

鑒核准予如數撥發轉給以應需要而利教學實為公便謹呈

蒙古聯盟自治政府政務院

附呈 課本數目一覽表 一份

厚和特別市公署

图 2-附录-12 "厚和特别市公署"为请拨发小学教科书致"蒙古联盟自治政府政务院"呈文（1938年4月26日）（一）

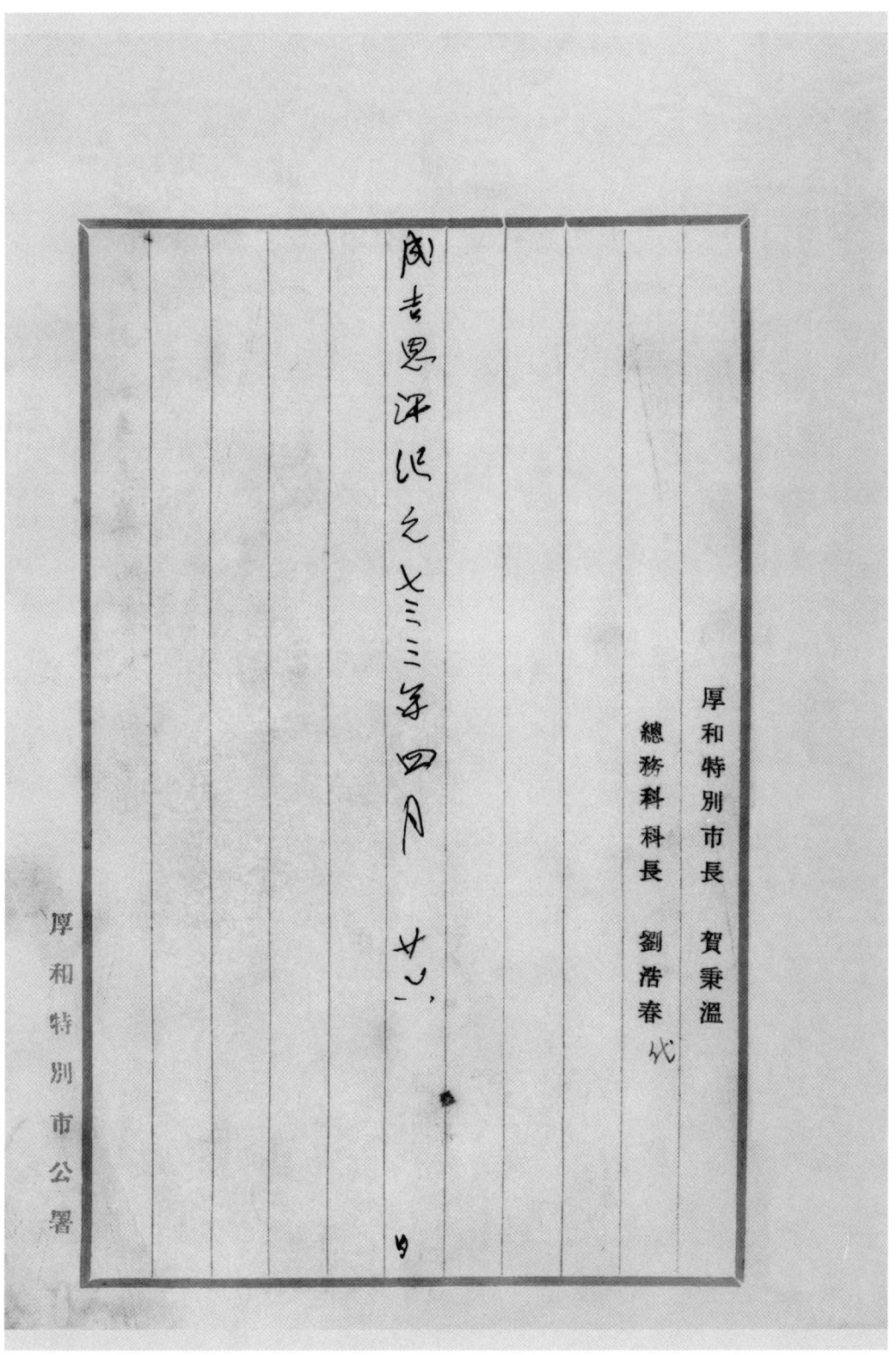

图 2-附录-12 "厚和特别市公署"为请拨发小学教科书致"蒙古联盟自治政府政务院"呈文（1938 年 4 月 26 日）（二）

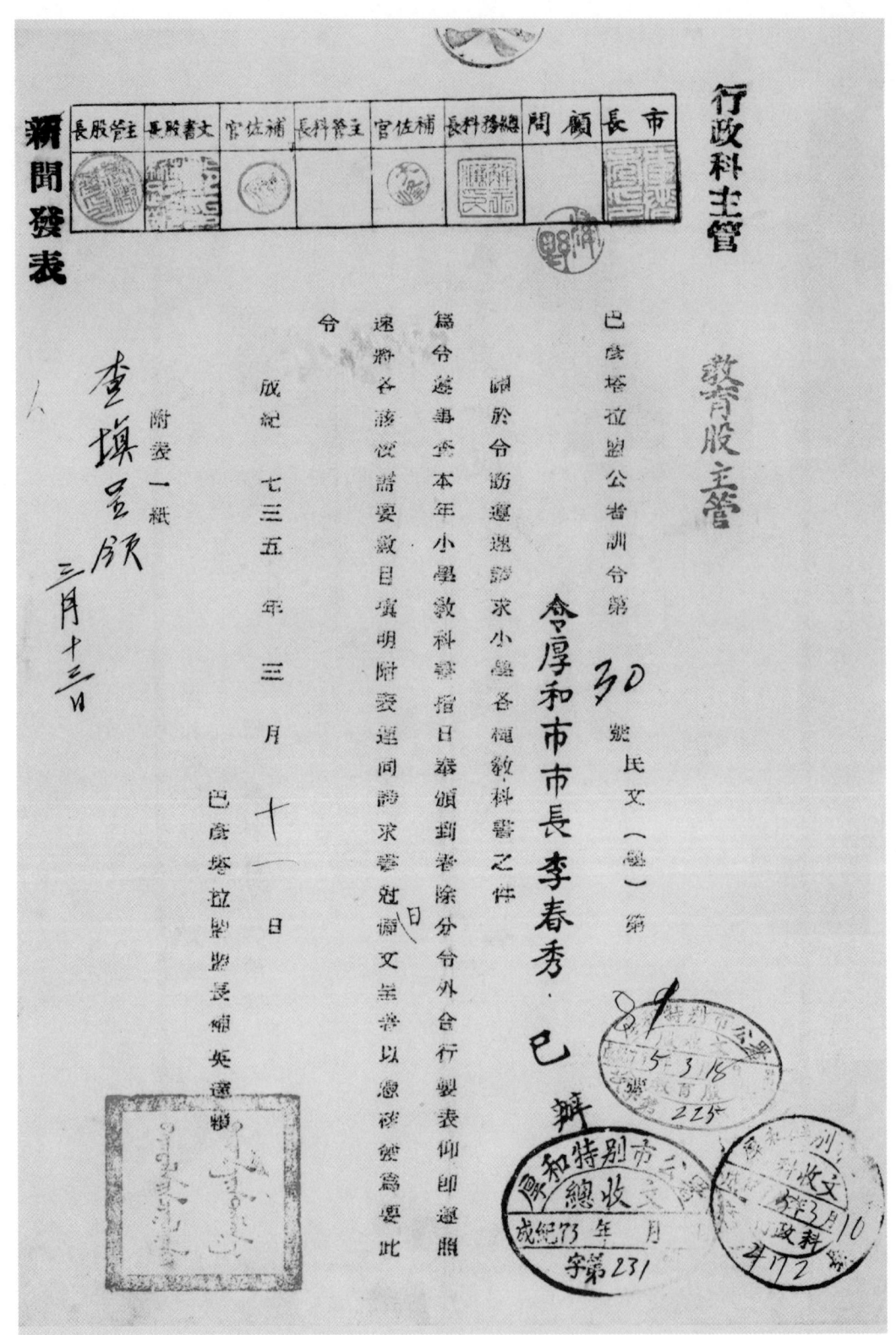

图 2-附录-13 "巴彦塔拉盟公署"关于速呈小学教科书需要数目的训令(附部数表)(1940 年 3 月 11 日)(一)

学年度生数需要课本部数 (市县镇校) 七三五年小学教科书部数表							
高级一年级							
高级二年级							
初级一年级							
初级二年级							
初级三年级							
初级四年级							
合计							

图 2-附录-13 "巴彦塔拉盟公署"关于速呈小学教科书需要数目的训令（附部数表）（1940 年 3 月 11 日）（二）

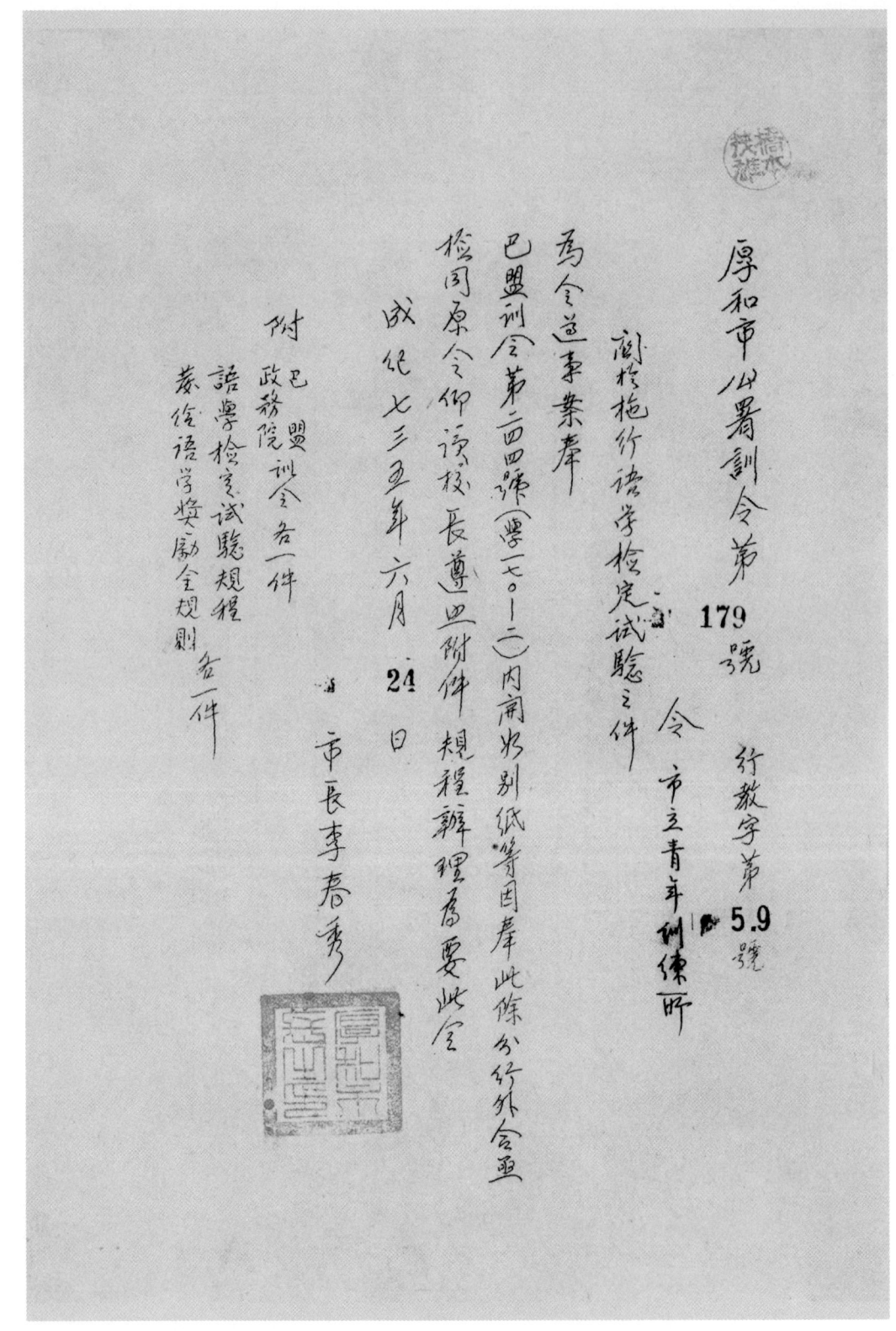

图 2-附录-14 "厚和市公署"关于施行语学检定试验各项规程的训令(附"巴彦塔拉盟""政务院"训令及规程)(1940年6月24日)(一)

图 2-附录 -14 "厚和市公署"关于施行语学检定试验各项规程的训令（附"巴彦塔拉盟""政务院"训令及规程）（1940 年 6 月 24 日）（二）

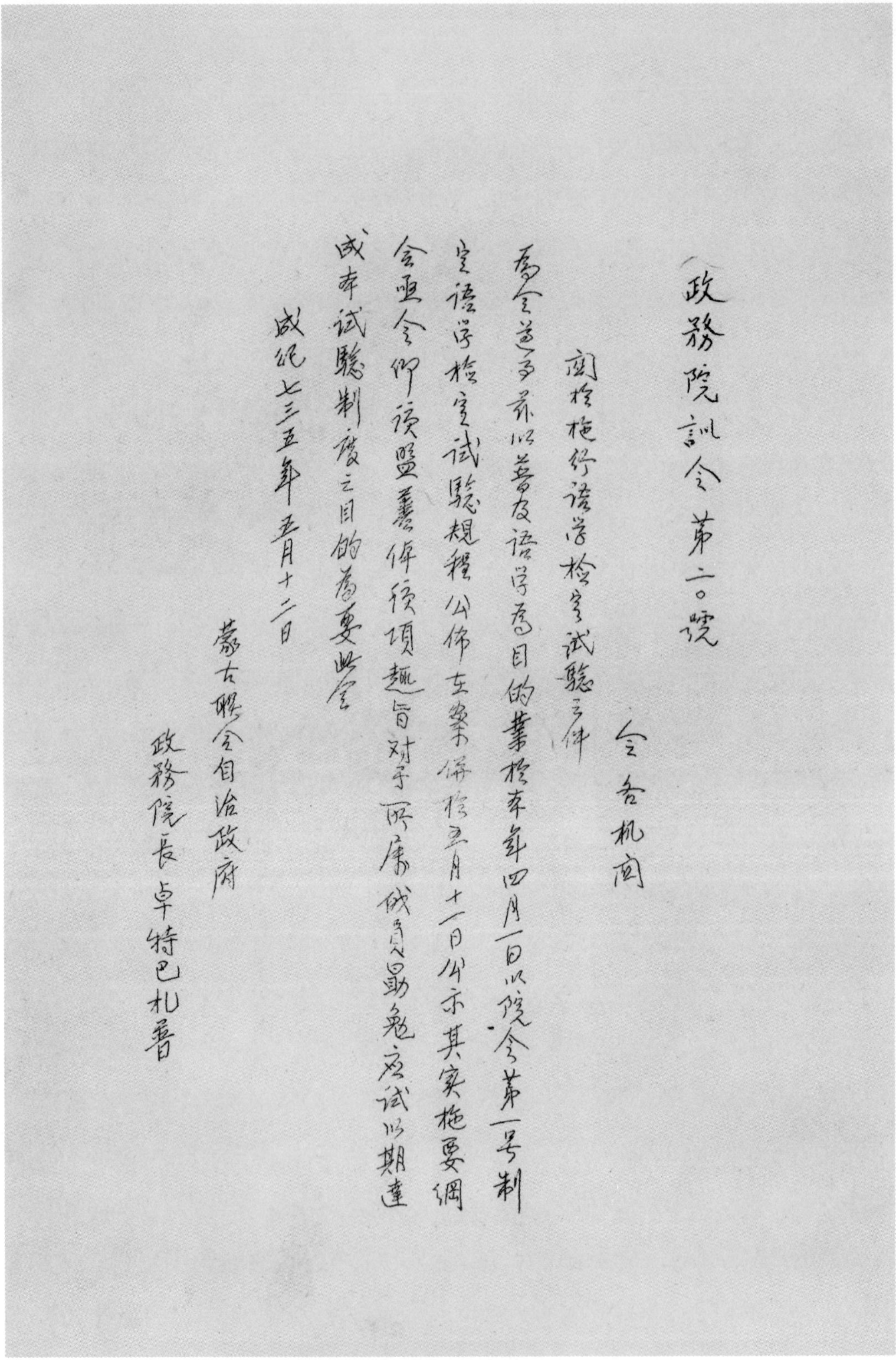

政務院訓令第二〇號

　　為檢發語學檢定試驗之件

令各機關

查令蒙古青年以普及語學為目的業經本年四月一日以院令第一號制
定語學檢定試驗規程公佈在案係擬於五月十一日以示其實施要綱
令亟令仰預監事係項趣旨對于所屬俄育勖免應試以期達
成本試驗制度之目的為要等

成紀七三五年五月十二日

蒙古聯合自治政府
政務院長 卓特巴扎普

图 2-附录-14 "厚和市公署"关于施行语学检定试验各项规程的训令（附"巴彦塔拉盟""政务院"训令及规程）（1940年6月24日）（三）

發給語學獎勵金規則

第一條　政府及隸屬各機關職員經成吉思汗紀元七百三十五年四月一日院令第一號語學檢定試驗規程所定之語學檢定試驗合格者按另表發給語學獎勵金

第二條　語學獎勵金按各語學別發給之

第三條　語學獎勵金對於特等合格者三年間對於一等合格者二年間對於三等合格者一年間均由合格之翌月起每月發給之

第四條　受語學獎勵金者關於同種語學更合格上級之試驗時自翌月起發給核於該等級之語學獎勵金

第五條　語學獎勵金關於同種語學雖合格既以合格等級以下之試驗者蓋不發給

第六條　有左列各款情形之一者雖經合格該語學檢定之試驗時亦不發給語學獎金

一、以日本語蒙古語華語之教授通譯或翻譯為本務者

二、前項外認為無有發給必要者

第七條　初等學校及準此者或中等學校及準此者其教授用語以日本語蒙古語

图2-附录-14　"厚和市公署"关于施行语学检定试验各项规程的训令（附"巴彦塔拉盟""政务院"训令及规程）（1940年6月24日）（四）

第八條 華語為主之學校畢業者關於當該語學均限於合格二等或一等以上得發給語學獎勵金

有左列各款情形之一者停止發給語學獎勵金

一、有不當之行為者

二、奉命休職者

三、奉命長期出差或留學者

於前項情形該月份之語學獎勵金迄至判明其行為日或發令日之前日按日計算而發給之

第九條 語學獎勵金其月份於翌月十日前發給之

附則

本令自公佈日施行

图 2- 附录 -14 "厚和市公署"关于施行语学检定试验各项规程的训令（附"巴彦塔拉盟""政务院"训令及规程）（1940年6月24日）（五）

語學檢定試驗規程

第一條　語學檢定試驗係獎勵學習語學以謀其普及為目的

第二條　按本令應試驗之語學日本人為蒙古語及華語其他者為日本語

第三條　為施行語學檢定試驗於總務部置語學檢定試驗委員會

第四條　語學檢定試驗委員會以委員長副委員長及試驗委員若干名組織之認

有必要時得設臨時委員

第五條　委員長以總務部長充之委員長綜理會務將檢定之結果報告政務院長

副委員長以民政部長充之副委員長輔佐委員長如有事故時代理之

第六條　試驗委員臨時出總務部長任命或委囑之委員承委員長之命令專

於語學檢定試驗事項臨時委員亦委員長之指揮掌理關

第七條　委員會設幹事長及幹事若干名

第八條　幹事長承委員長之命令綜理關於語學檢定試驗庶務

幹事承幹事長之指揮從專庶務

第九條　試驗分筆記試驗口述試驗筆記試驗為譯解作文及默寫口述試驗為會

話及讀解

图 2-附录-14　"厚和市公署"关于施行语学检定试验各项规程的训令（附"巴彦塔拉盟""政务院"训令及规程）（1940 年 6 月 24 日）（六）

第十條 試驗每年舉辦一回以上

第十一條 關於施行試驗之必要事項寧先由政府弘報公告之
試驗分特等試驗、一等試驗、二等試驗、三等試驗、四等試驗、五種、

第十二條 對於試驗合格者授與合格證書並由政府弘報公告之

第十三條 關於試驗對於有不正之行為者停止其應試或將其合格作為無效

附則

本令自公佈日施行

图 2-附录-14 "厚和市公署"关于施行语学检定试验各项规程的训令（附"巴彦塔拉盟""政务院"训令及规程）（1940年6月24日）（七）

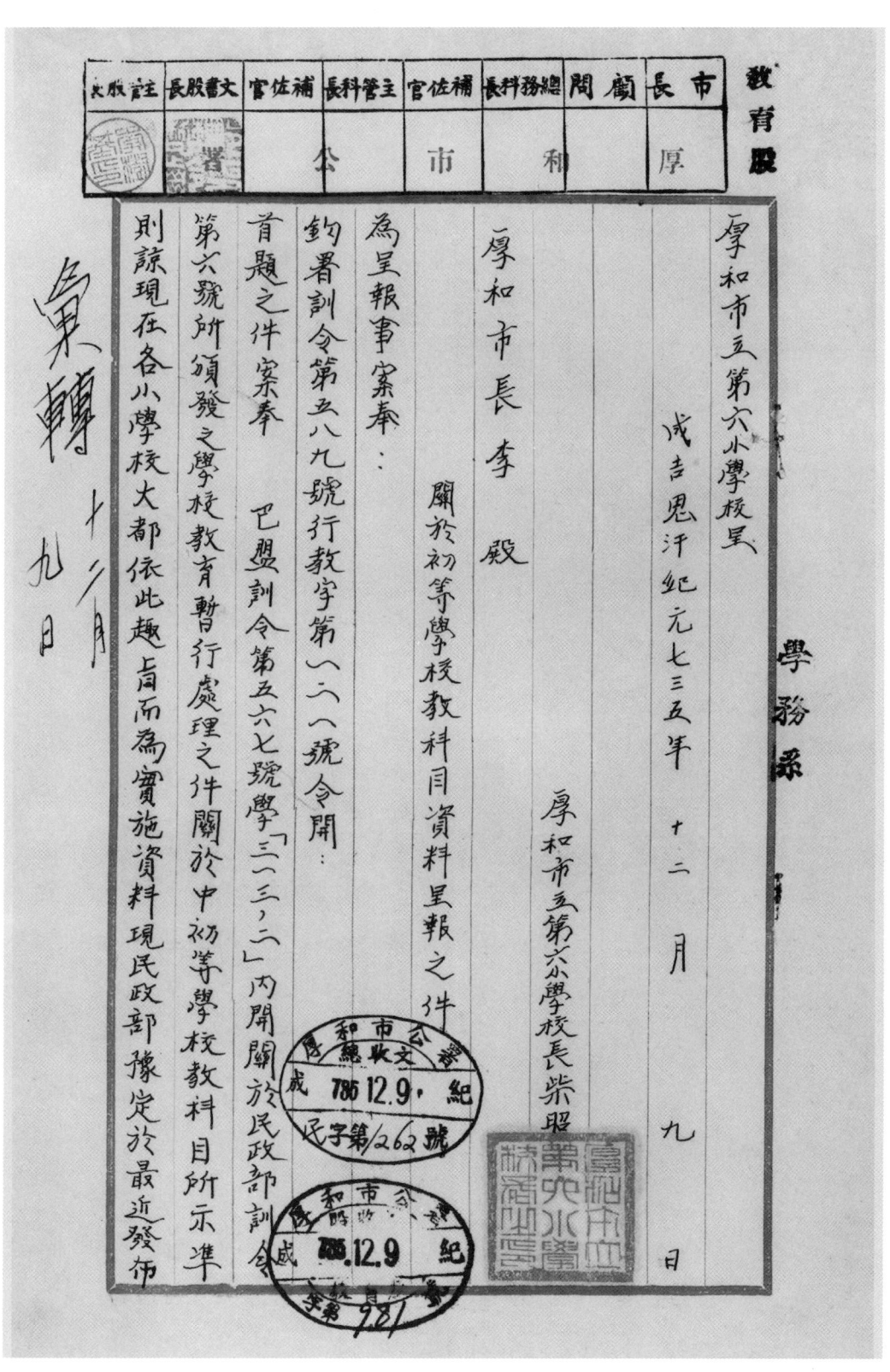

图 2- 附录 -15 "厚和市立第六小学校"为报初等学校教科目资料致"厚和市公署"呈（附资料表）（1940年12月9日）（一）

厚 和 市 公 署

新学制關於初級小學校及高級小學校之教科目此項參考資料意徵諸於現職教員（目係現地像）及文教關係官如有此項資料希率直陳訴意見如別紙樣式添報來盟以便轉報等因附發小學校各科目每週時數表及資料表各一紙奉此除分令外合仰該校長遵照辦理并將資料表限於文到三日內填報來署以憑核轉切勿延誤為要此令等因奉此遵令依照資料表式填寫繕就理合備文呈報恭請

鑒核備查施行

謹呈

附呈 資料表 乙紙

图 2- 附录 -15 "厚和市立第六小学校"为报初等学校教科目资料致"厚和市公署"呈（附资料表）（1940 年 12 月 9 日）（二）

事變前所實施之教科目	國語 算術 書法 歷史 公民 衛生 自然 地理 美術 勞作 綴法 常識 音樂 唱遊 體操	三自治政府時代所實施之教科目	漢文 算術 圖畫 日語 修身 自然 體操 歷史 日史 唱歌 作文 地理 綴法 習字 孝經 論語 遊戲 手工	為新政權之理想實現初等學校應選定何種教科目係現職教員之意見	修身 漢文 日語 圖畫 體操 自然 地理 珠算 衛生 算術 作業 音樂 實務	現地係現職教文教關係官員之意見

備考 記載樣式○○科和○○科橫列記之

厚和市立第六小學校呈

391

图 2-附录 -15 "厚和市立第六小学校"为报初等学校教科目资料致"厚和市公署"呈（附资料表）（1940 年 12 月 9 日）（三）

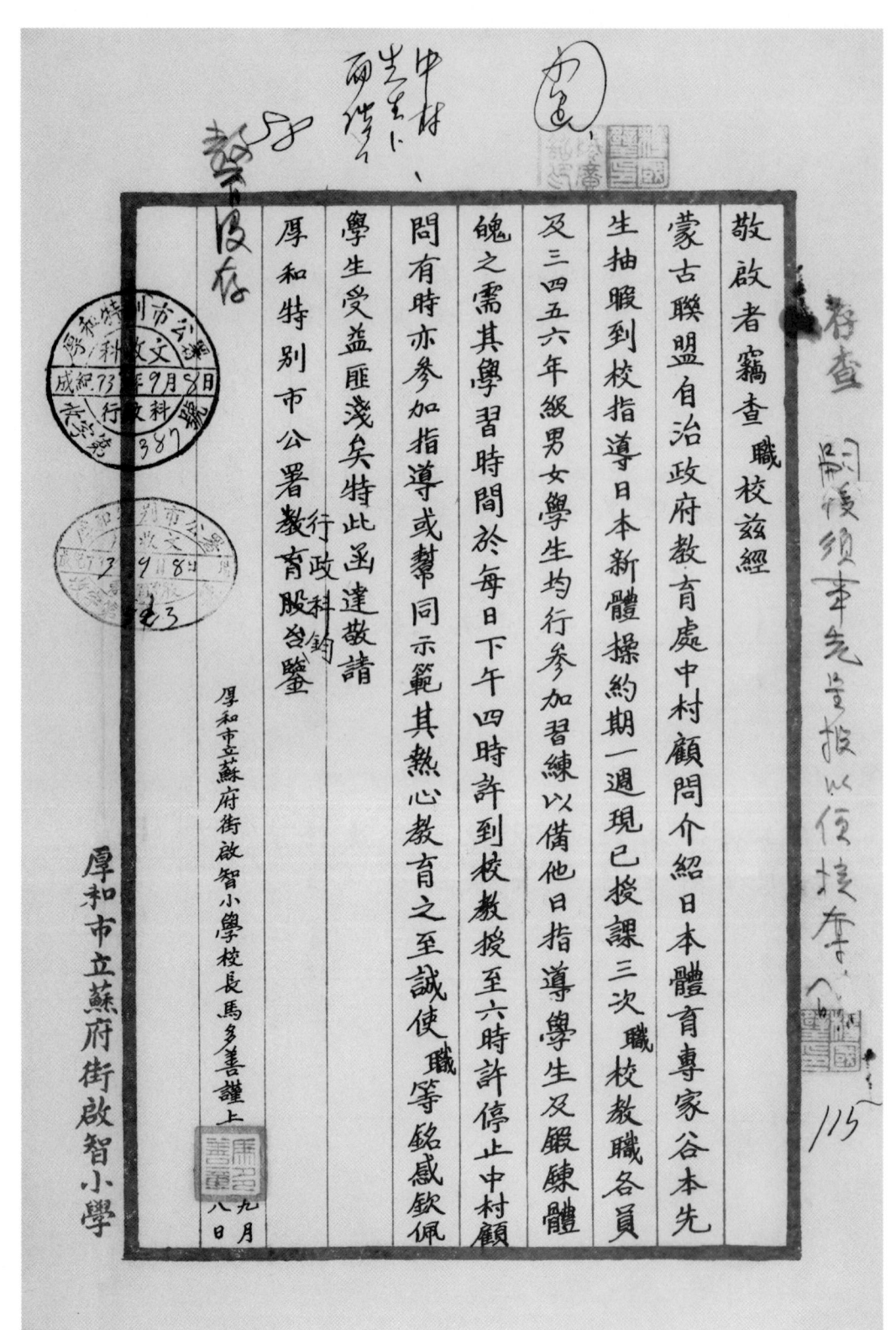

图 2-附录-16 "厚和市立苏府街启智小学"为日本体育专家到校指导日本新体操情况致"厚和市公署行政科"函（1938 年 9 月 8 日）

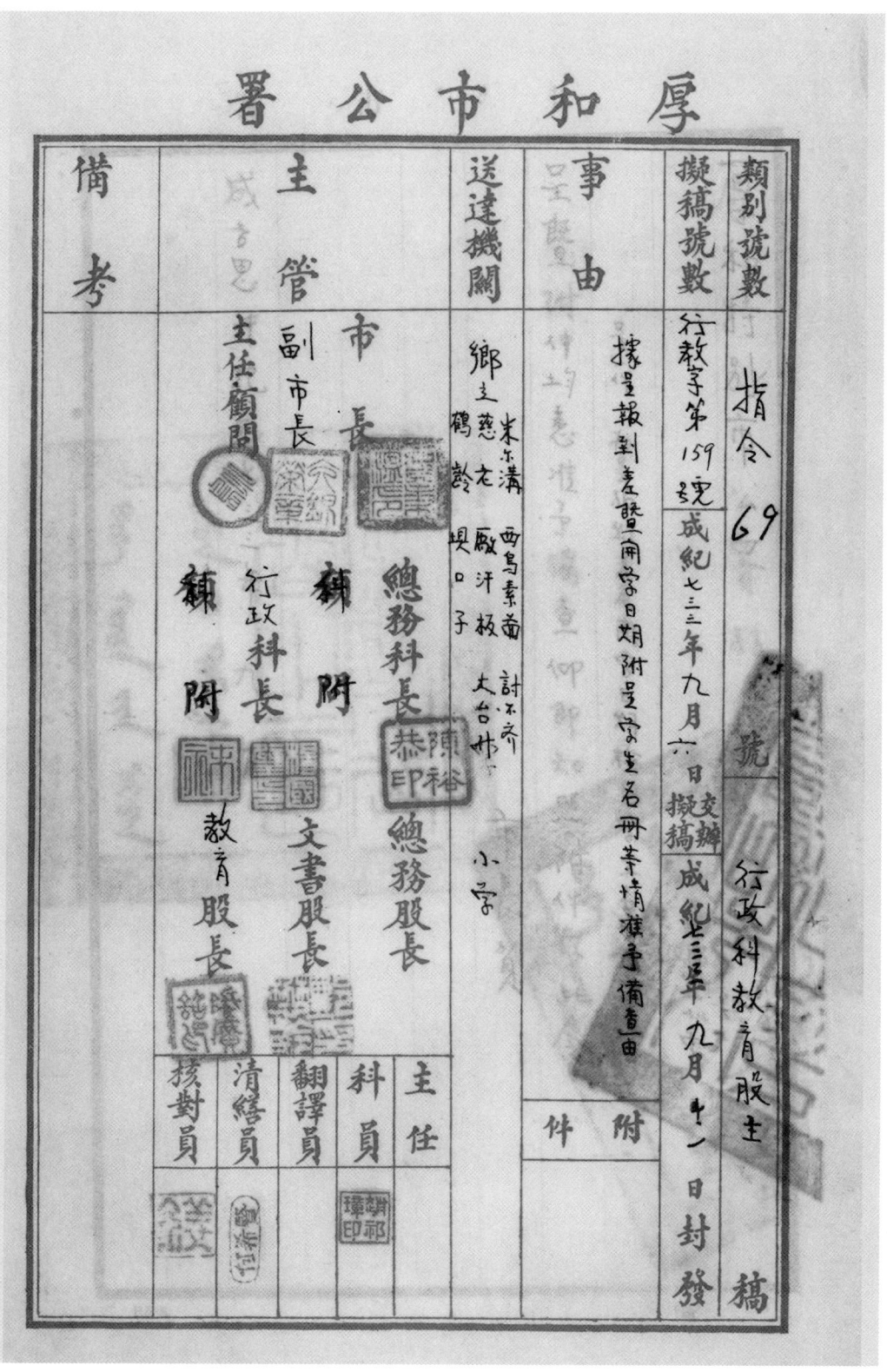

图 2-附录-17 "厚和市公署"为到差暨开学日期和学生册准予备查给乡立朱尔沟、西乌素图等 8 所小学指令（附朱尔沟乡立小学校呈文）（节选）（1938 年 9 月 11 日）（一）

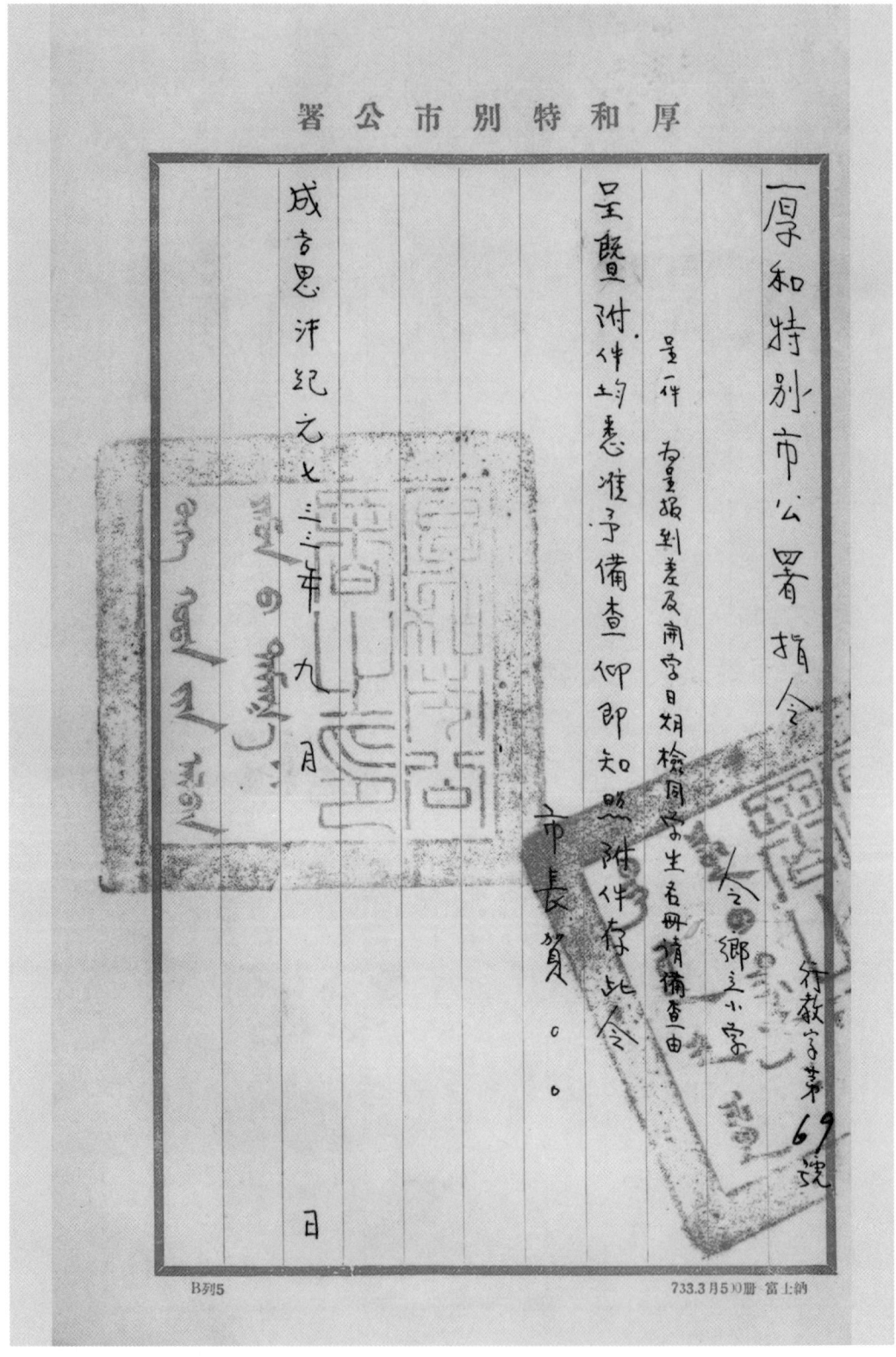

图 2-附录-17 "厚和市公署"为到差暨开学日期和学生册准予备查给乡立朱尔沟、西乌素图等 8 所小学指令（附朱尔沟乡立小学校呈文）（节选）（1938 年 9 月 11 日）（二）

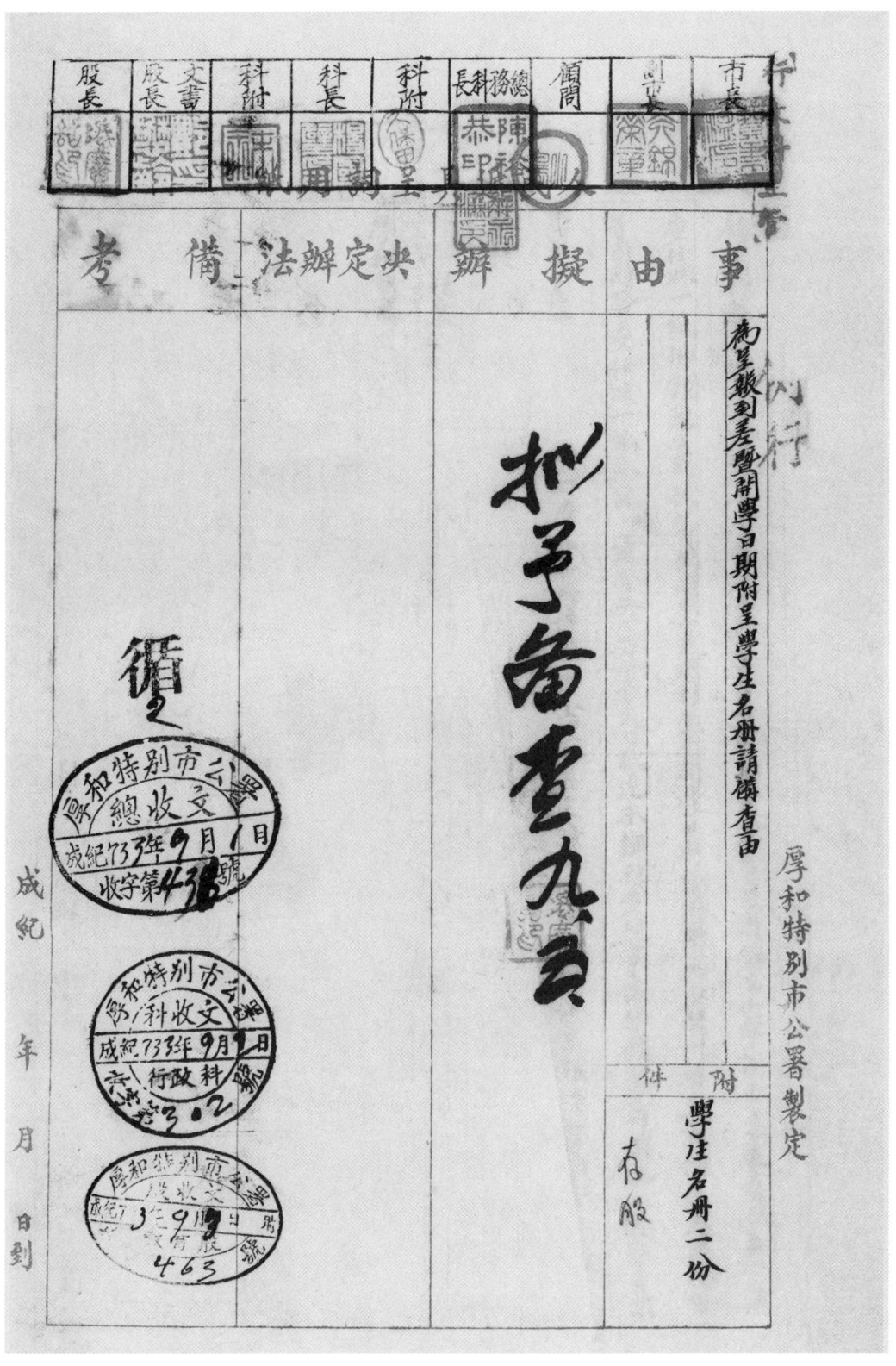

图 2-附录-17 "厚和市公署"为到差暨开学日期和学生册准予备查给乡立朱尔沟、西乌素图等 8 所小学指令（附朱尔沟乡立小学校呈文）（节选）（1938 年 9 月 11 日）（三）

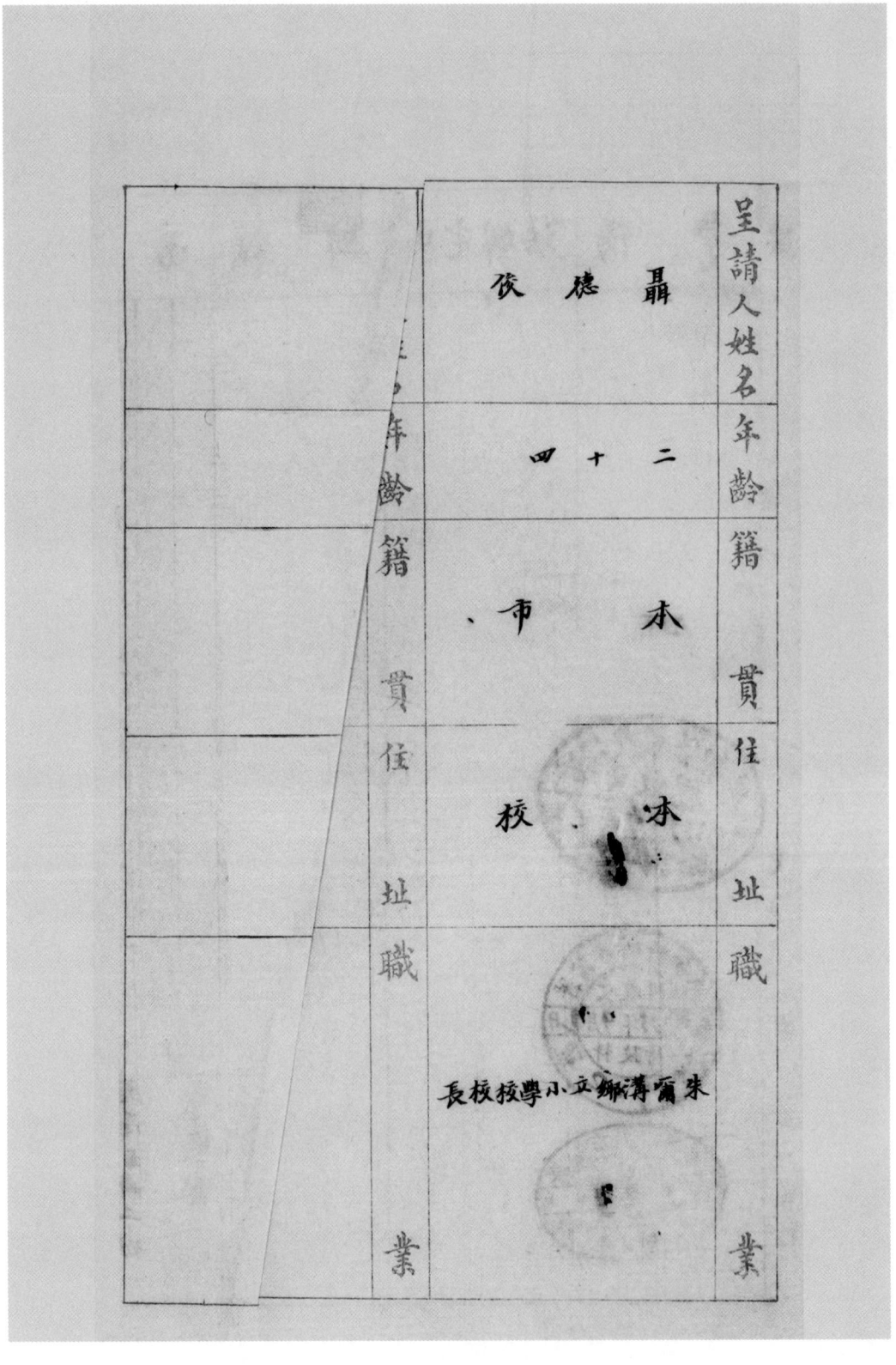

图 2-附录-17 "厚和市公署"为到差暨开学日期和学生册准予备查给乡立朱尔沟、西乌素图等 8 所小学指令（附朱尔沟乡立小学校呈文）（节选）（1938 年 9 月 11 日）（四）

呈為呈報事竊案奉

鈞署行教字第一〇號訓令內開為令遵事茲委任該員為朱爾溝鄉立小學校長兼教員合亟令發

委任狀一紙仰即剋日到校籌備開學並將到差及開學日期檢同學生名冊一併呈報俾查為要此令

等因附發委任狀一紙奉此職遵令於本月二十八日馳達本鄉到差視事茲經積極籌備於八月三十日開

學翌日即始授課現在已將學生名冊繕造齊全理合具文檢同學生名冊一併呈報俾查為要伏乞

鑒核（附呈學生名冊二份）

謹呈

厚和市市長賀

图 2-附录-17 "厚和市公署"为到差暨开学日期和学生册准予备查给乡立朱尔沟、西乌素图等 8 所小学指令（附朱尔沟乡立小学校呈文）（节选）（1938 年 9 月 11 日）（五）

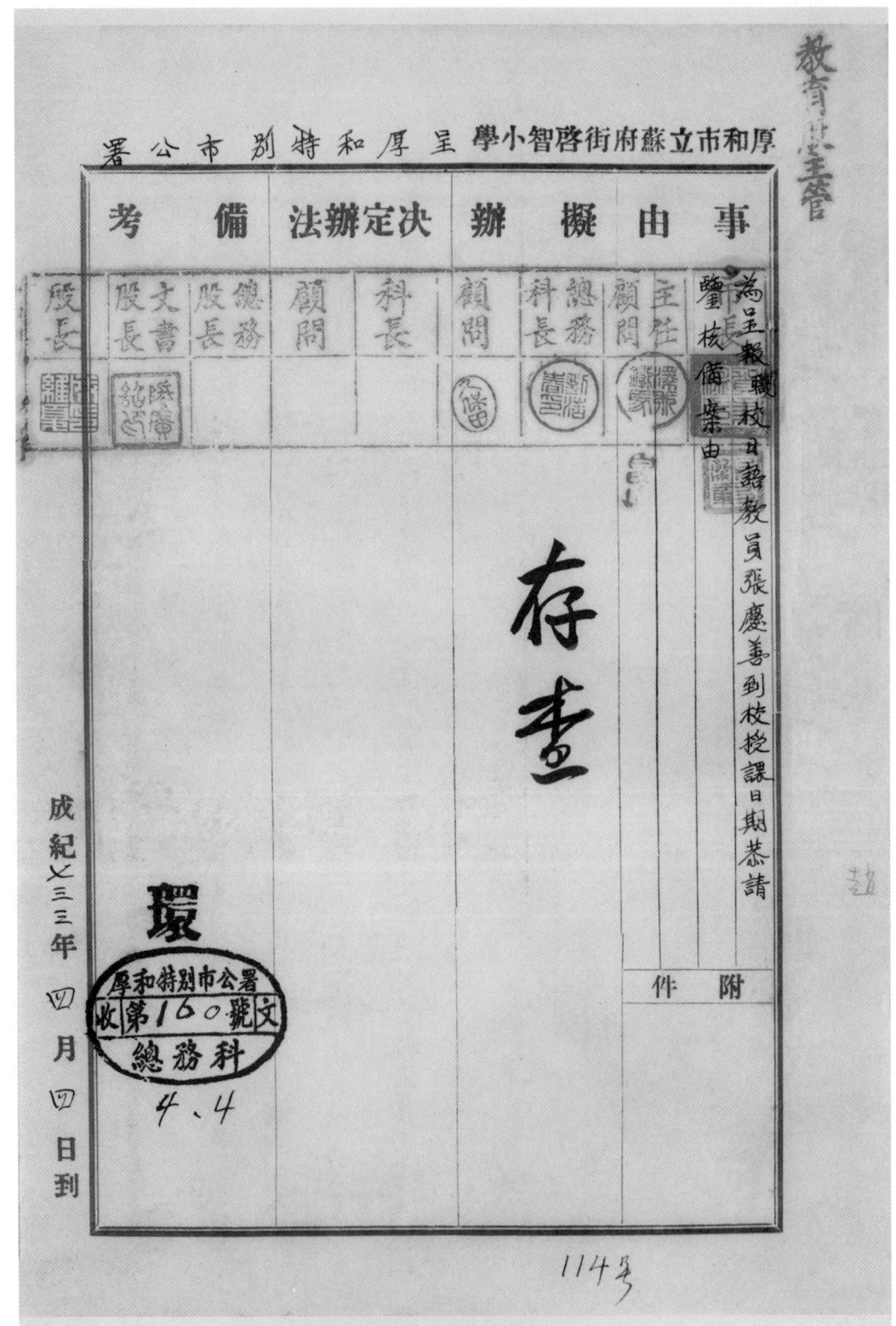

图2-附录-18 "厚和市立苏府街启智小学"为报日语教员张庆善到校授课日期致"厚和市公署"呈（1938年4月4日）（一）

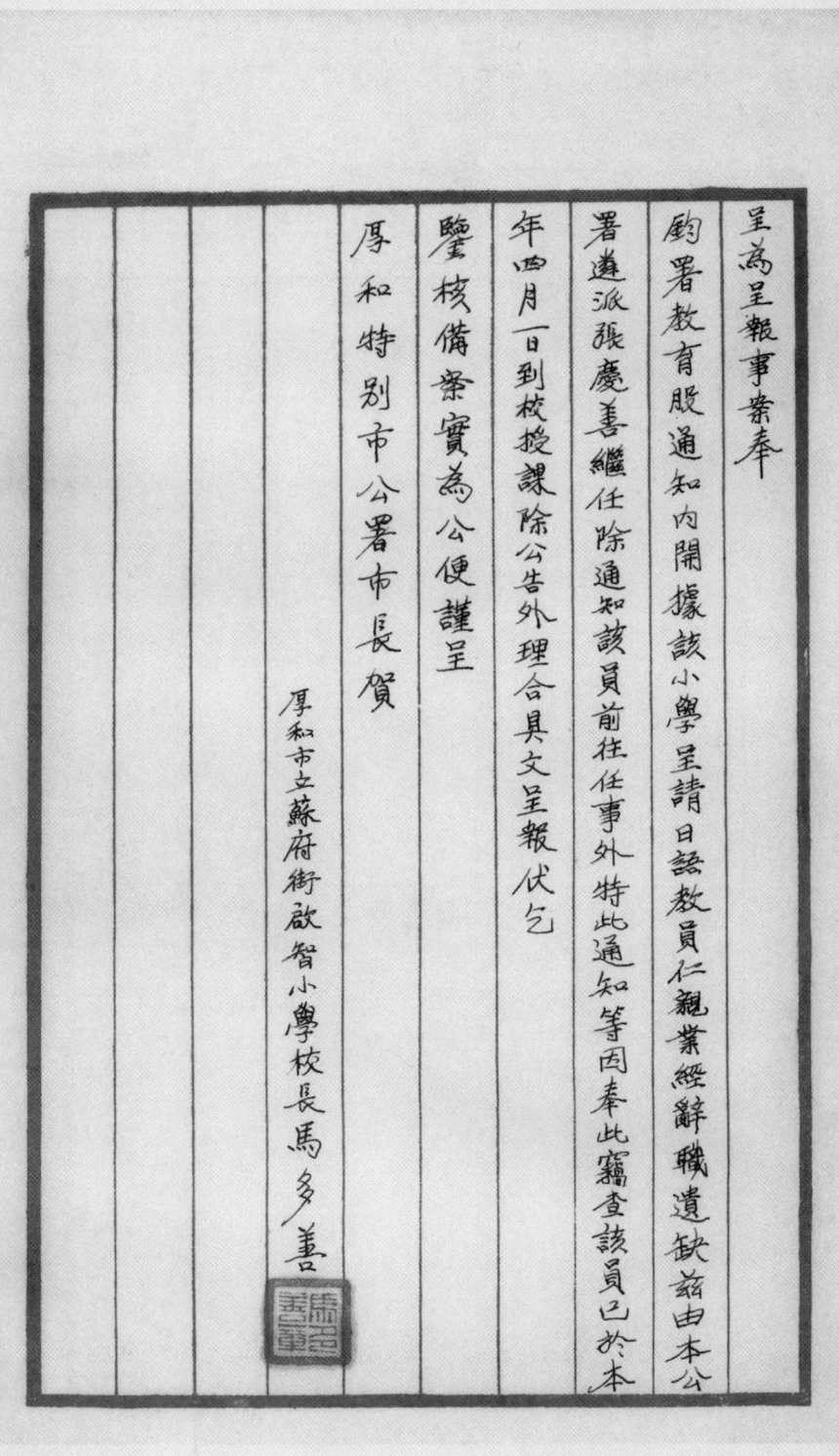

图 2-附录-18 "厚和市立苏府街启智小学"为报日语教员张庆善到校授课日期致"厚和市公署"呈（1938年4月4日）（二）

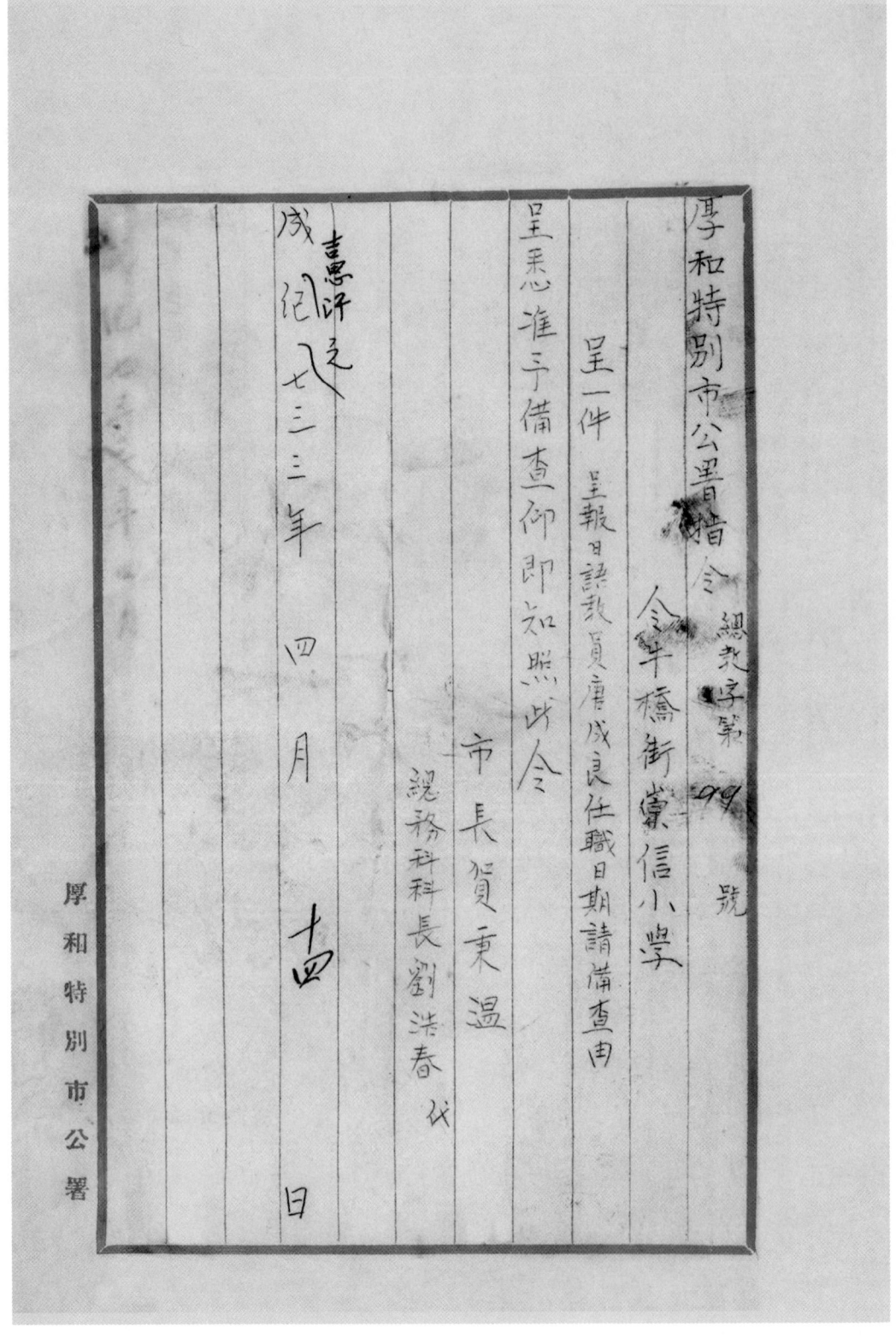

图 2-附录-19 "厚和特别市公署"为日语教员唐成良任职日期准予备查给"牛桥街崇信小学"的指令（1938年4月14日）

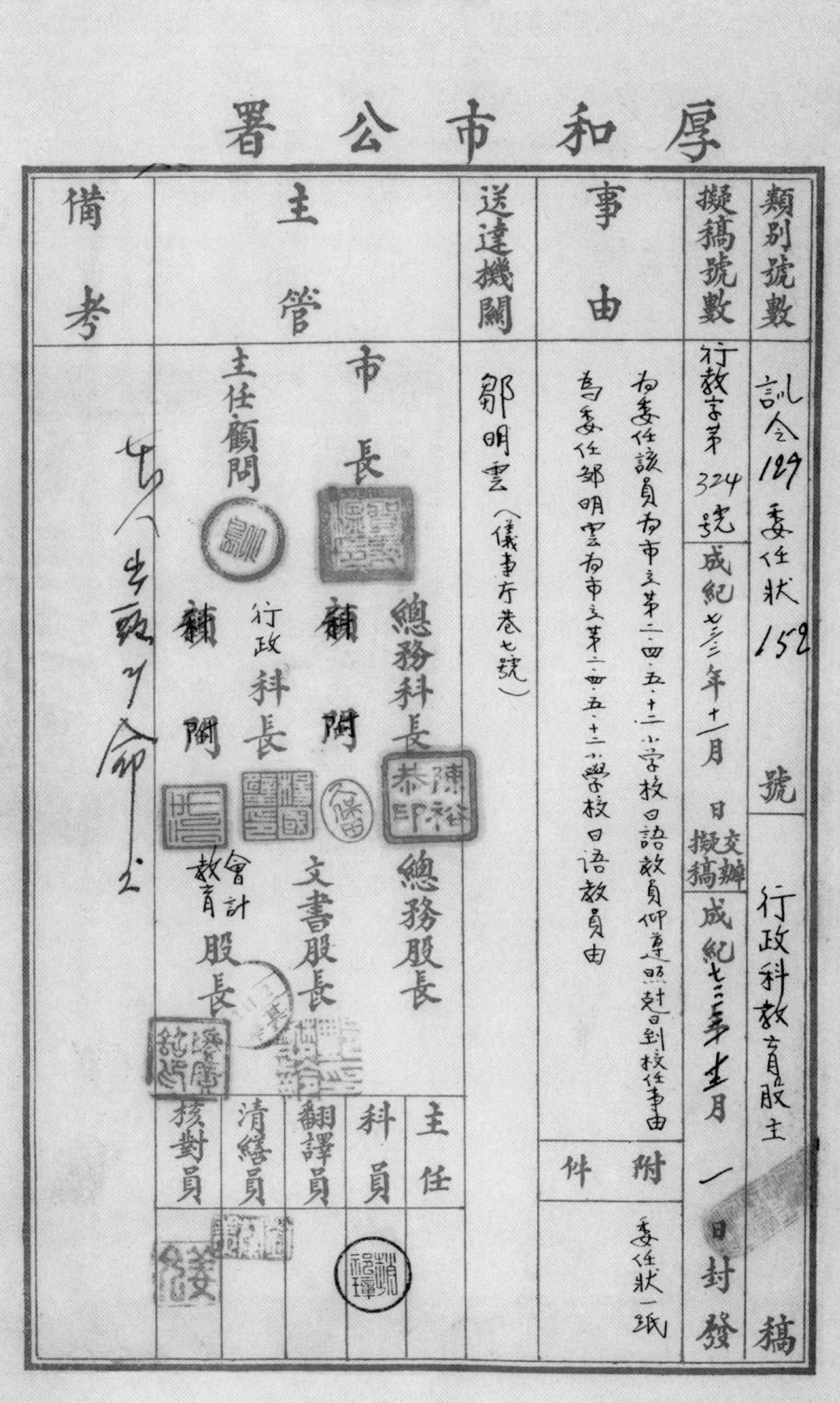

图 2-附录-20 "厚和市公署"委任邹明云为"市立第二、四、五、十二小学"日语教员的训令(附委任状)(1938年12月1日)(一)

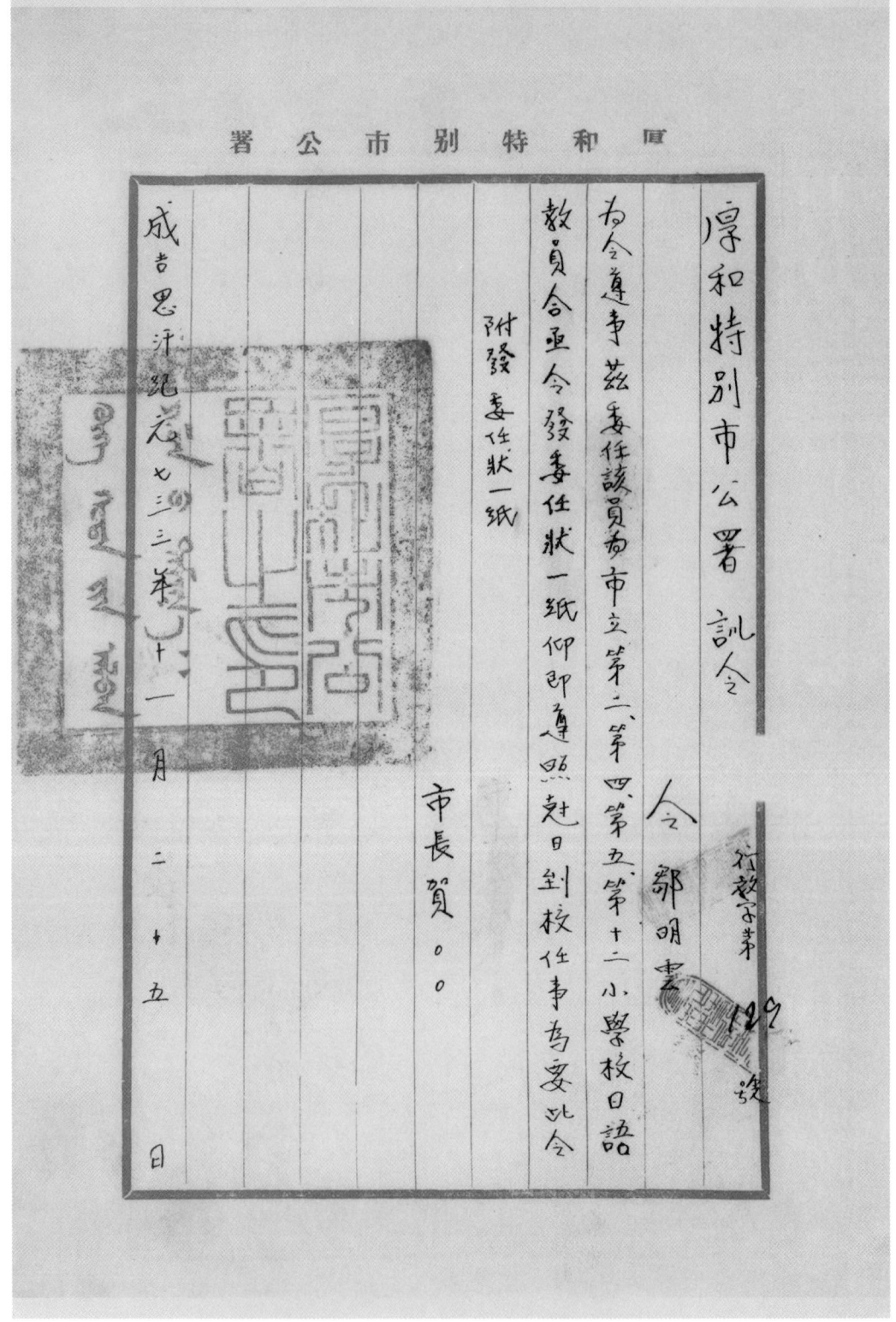

图 2-附录-20 "厚和市公署"委任邹明云为"市立第二、四、五、十二小学"日语教员的训令(附委任状)(1938年12月1日)(二)

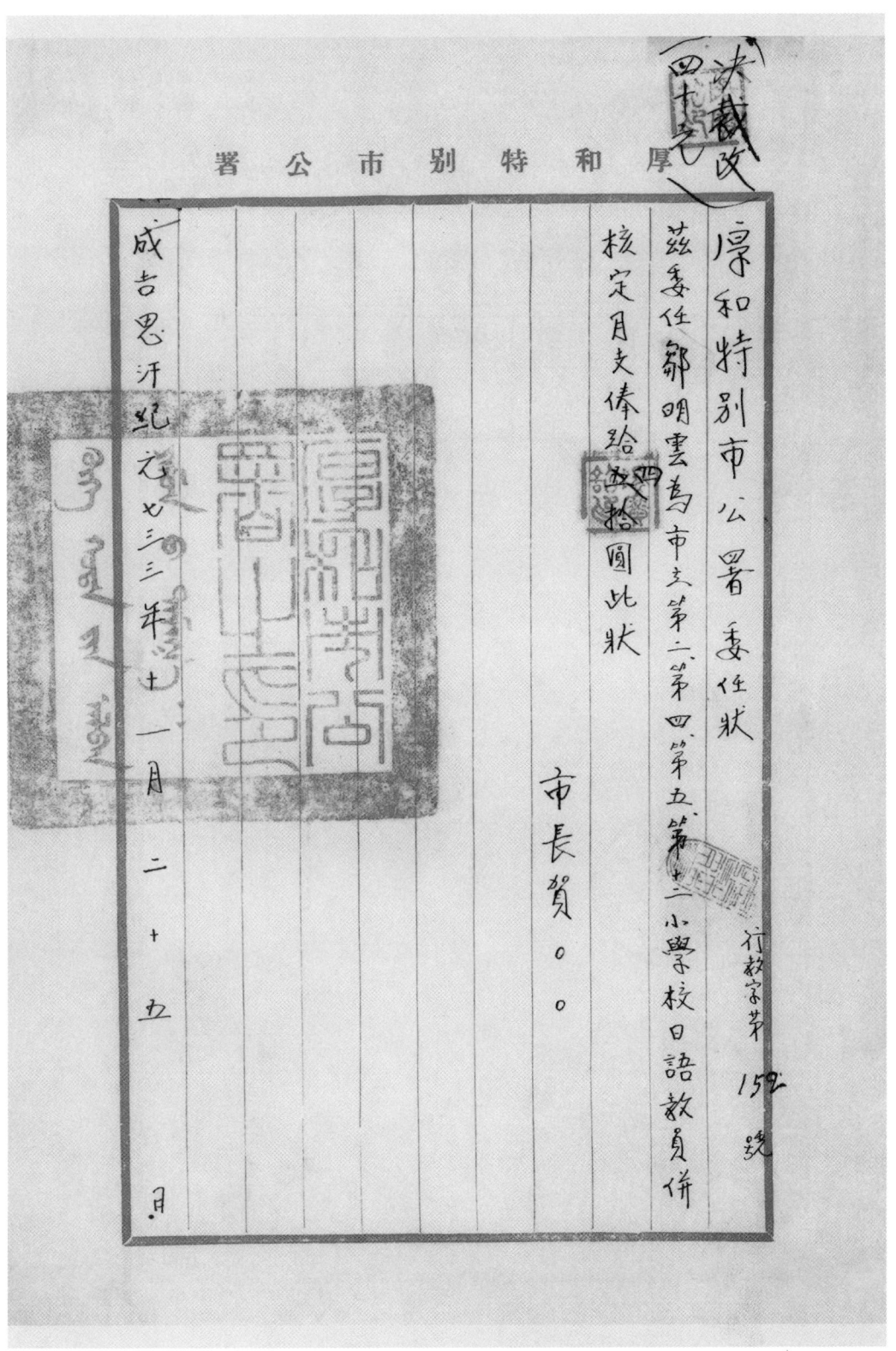

图 2-附录-20 "厚和市公署"委任邹明云为"市立第二、四、五、十二小学"日语教员的训令(附委任状)(1938年12月1日)(三)

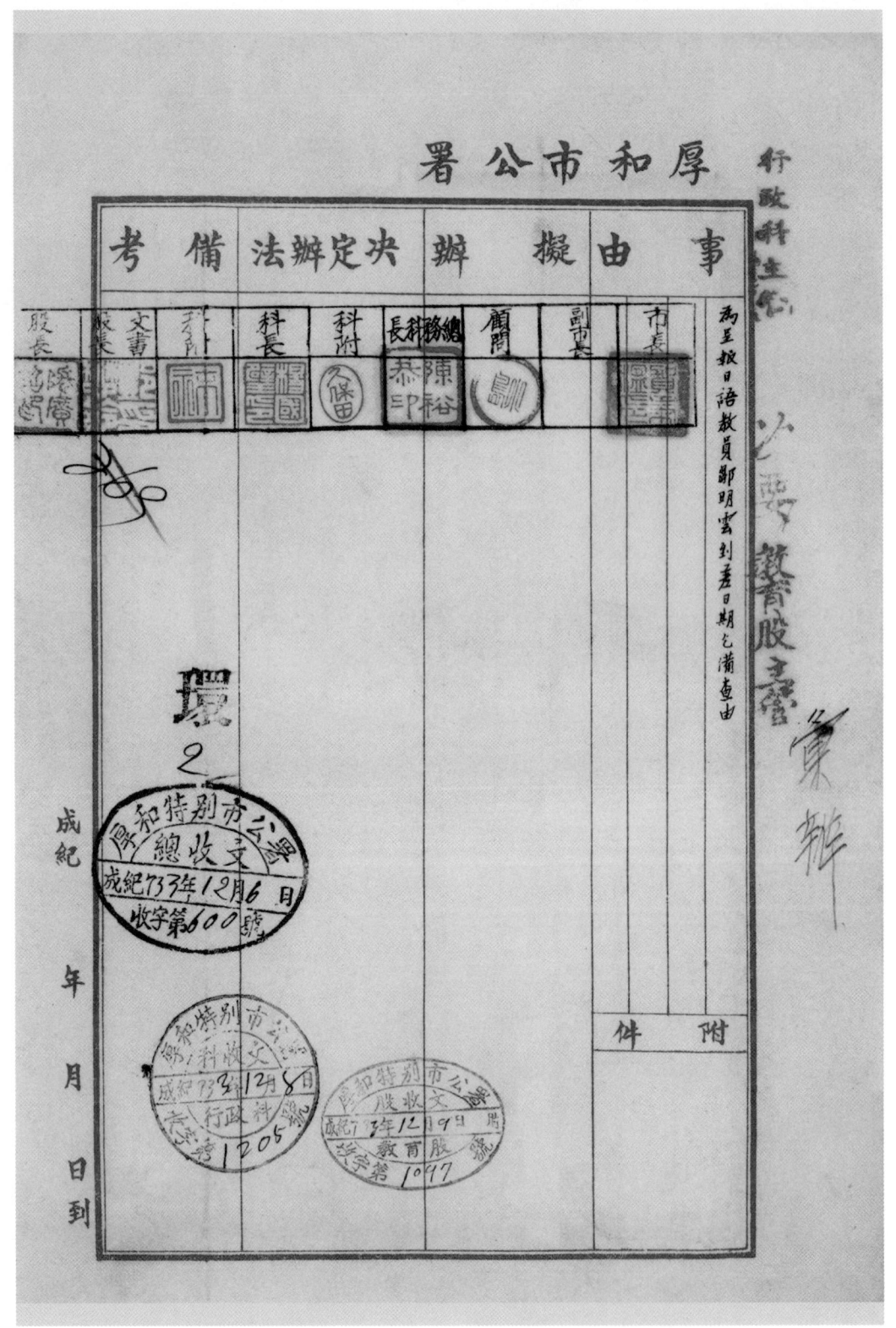

图 2-附录-21 "厚和特别市立第四小学校"为报日语教员邹明云到差日期致"厚和特别市公署"呈(节选)(1938年12月6日)(一)

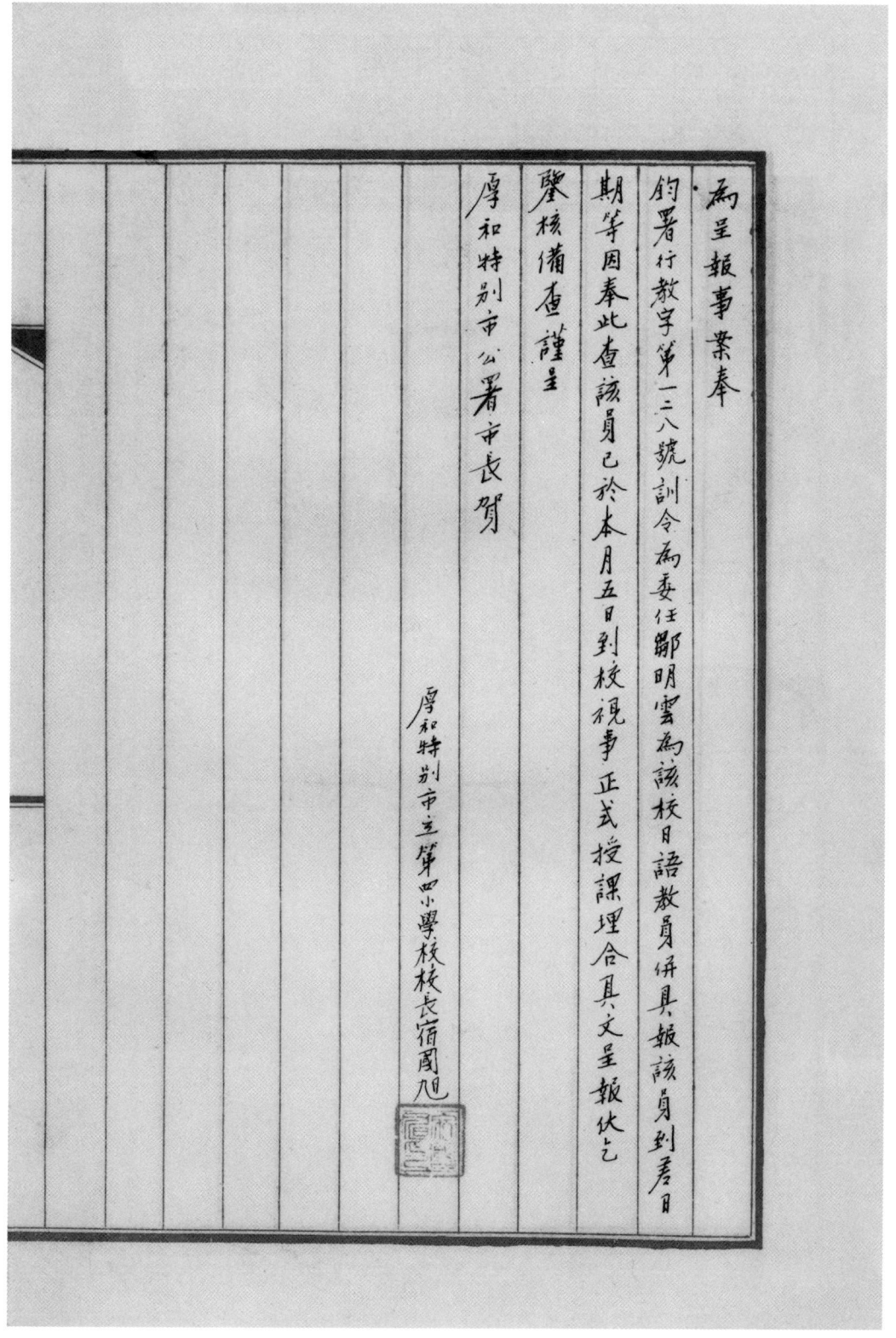

为呈报事窃奉

钧署行教字第一二八号训令为委任邹明云为该校日语教员并具报该员到署日期等因奉此查该员已于本月五日到校视事正式授课理合具文呈报伏乞

鉴核备查谨呈

厚和特别市公署市长贺

厚和特别市立第四小学校校长宿国旭

图 2-附录 -21 "厚和特别市立第四小学校"为报日语教员邹明云到差日期致 "厚和特别市公署" 呈（节选）（1938 年 12 月 6 日）（二）

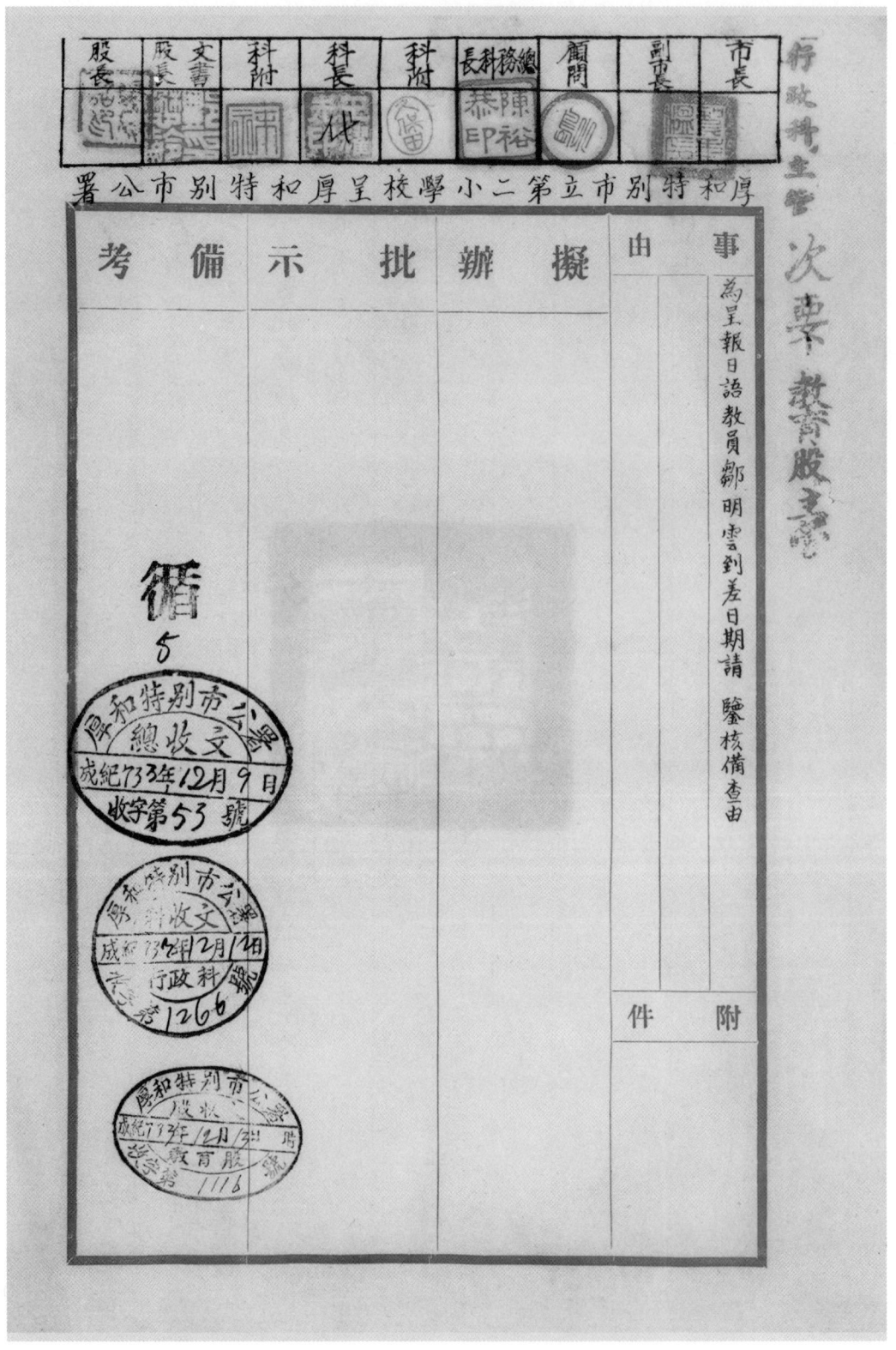

图2-附录-22 "厚和特别市立第二小学校"为报日语教员邹明云到差日期致"厚和特别市公署"呈（1938年12月9日）（一）

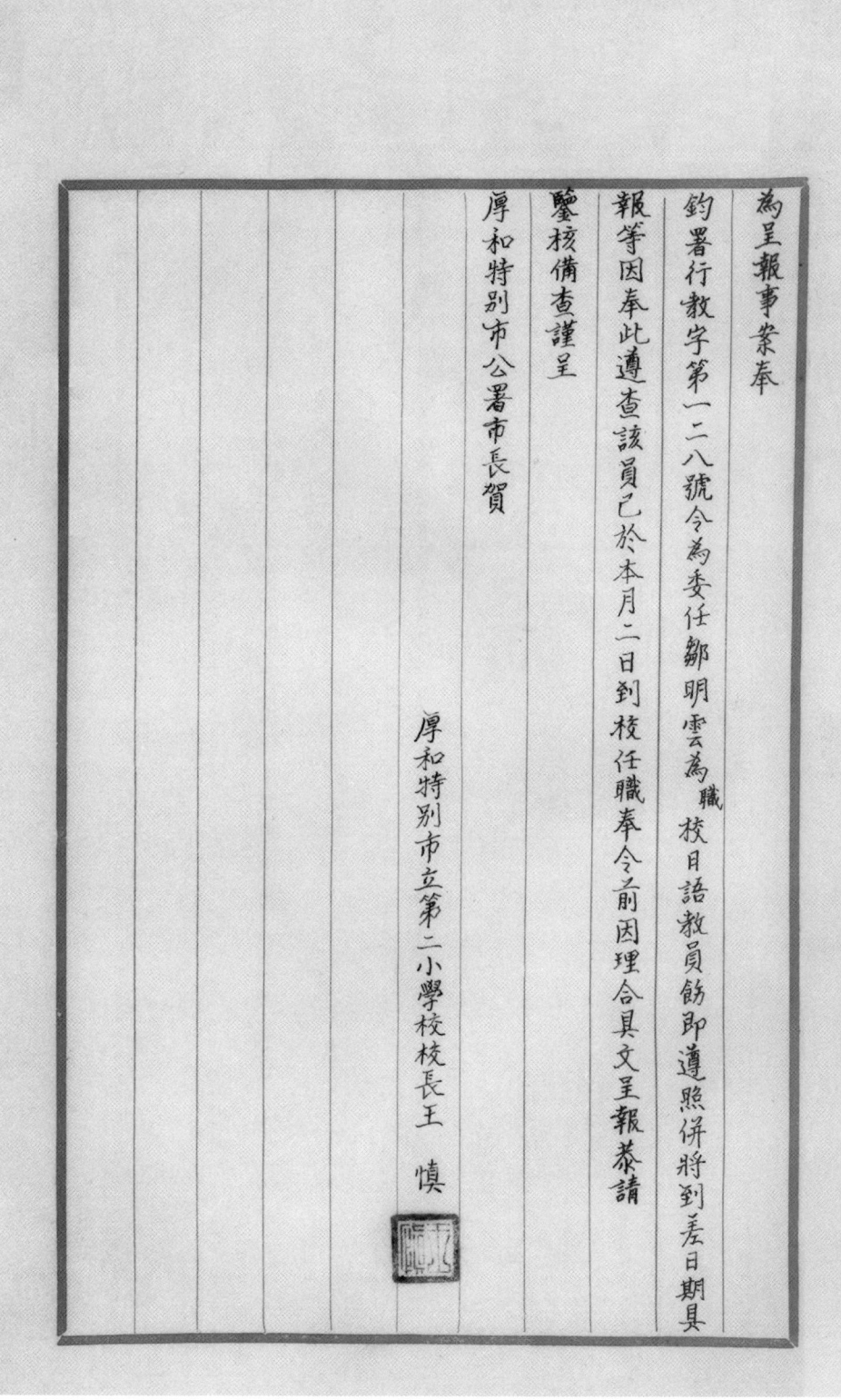

图 2-附录 -22 "厚和特别市立第二小学校"为报日语教员邹明云到差日期致"厚和特别市公署"呈（1938 年 12 月 9 日）（二）

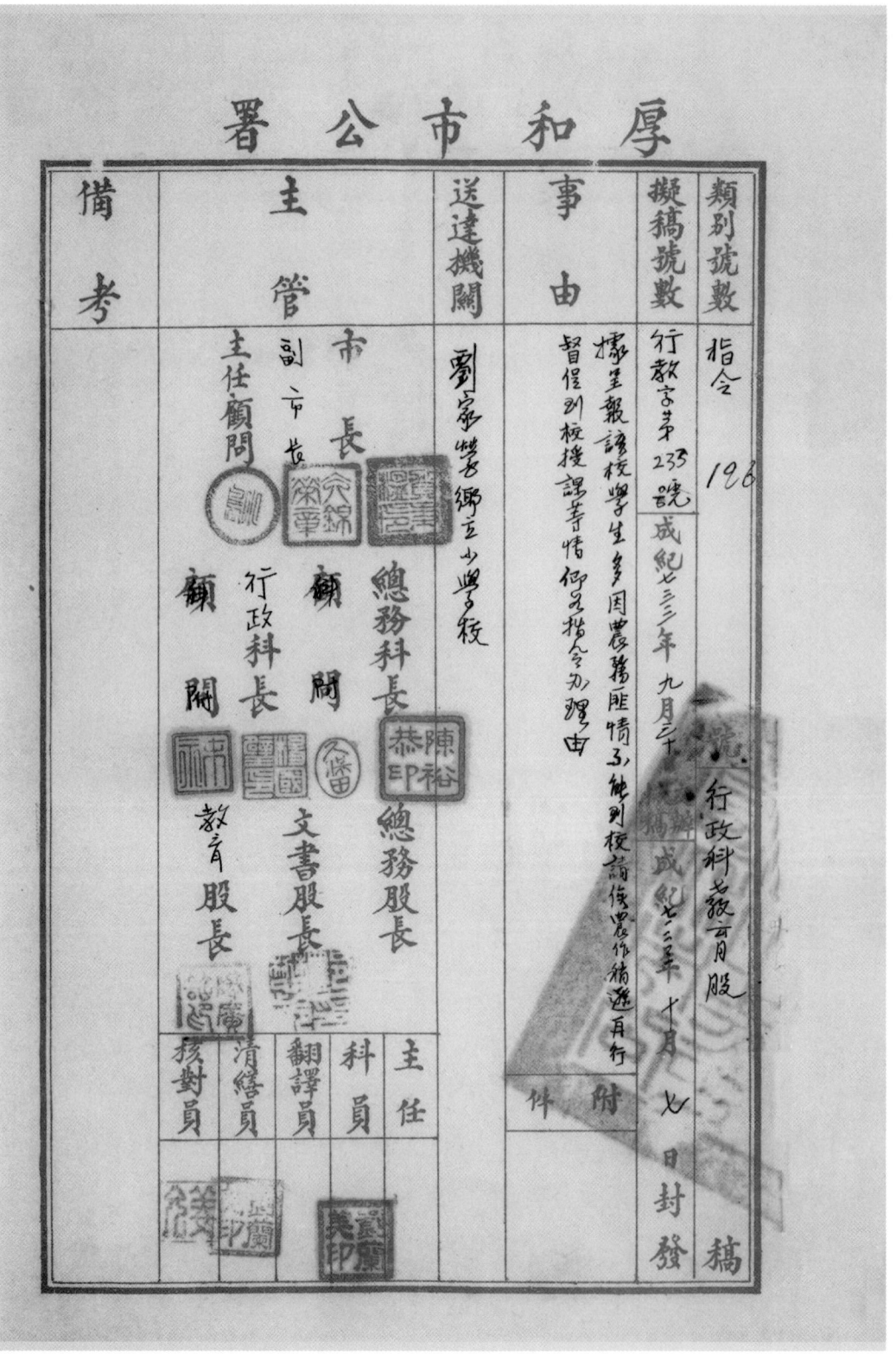

图 2-附录-23 "刘家营乡立小学校"呈报学校近况及"厚和市公署"设法促令学生到校的指令（1938年10月7日）（一）

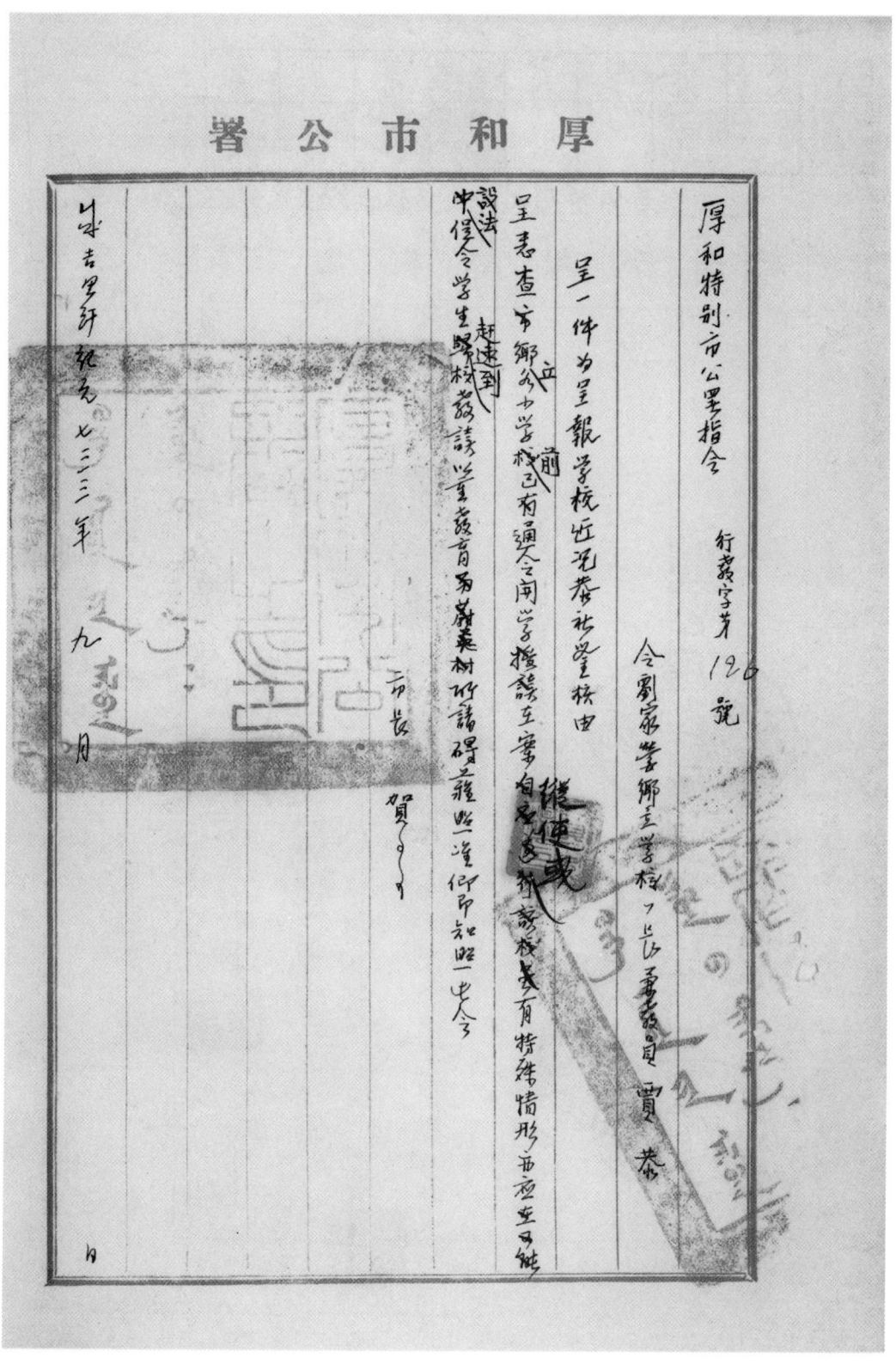

图 2-附录-23 "刘家营乡立小学校"呈报学校近况及"厚和市公署"设法促令学生到校的指令（1938 年 10 月 7 日）（二）

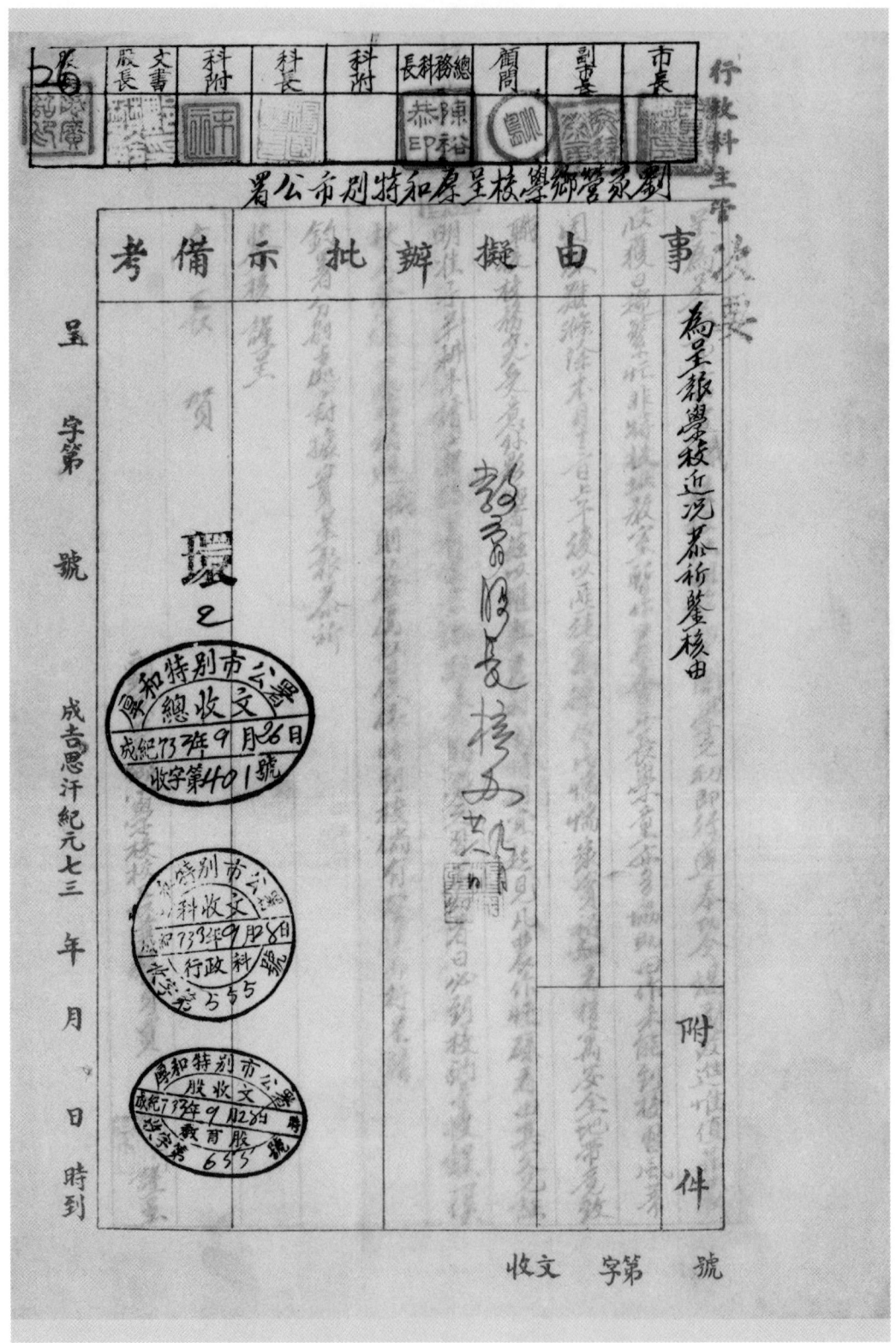

图 2-附录-23 "刘家营乡立小学校"呈报学校近况及"厚和市公署"设法促令学生到校的指令（1938年10月7日）（三）

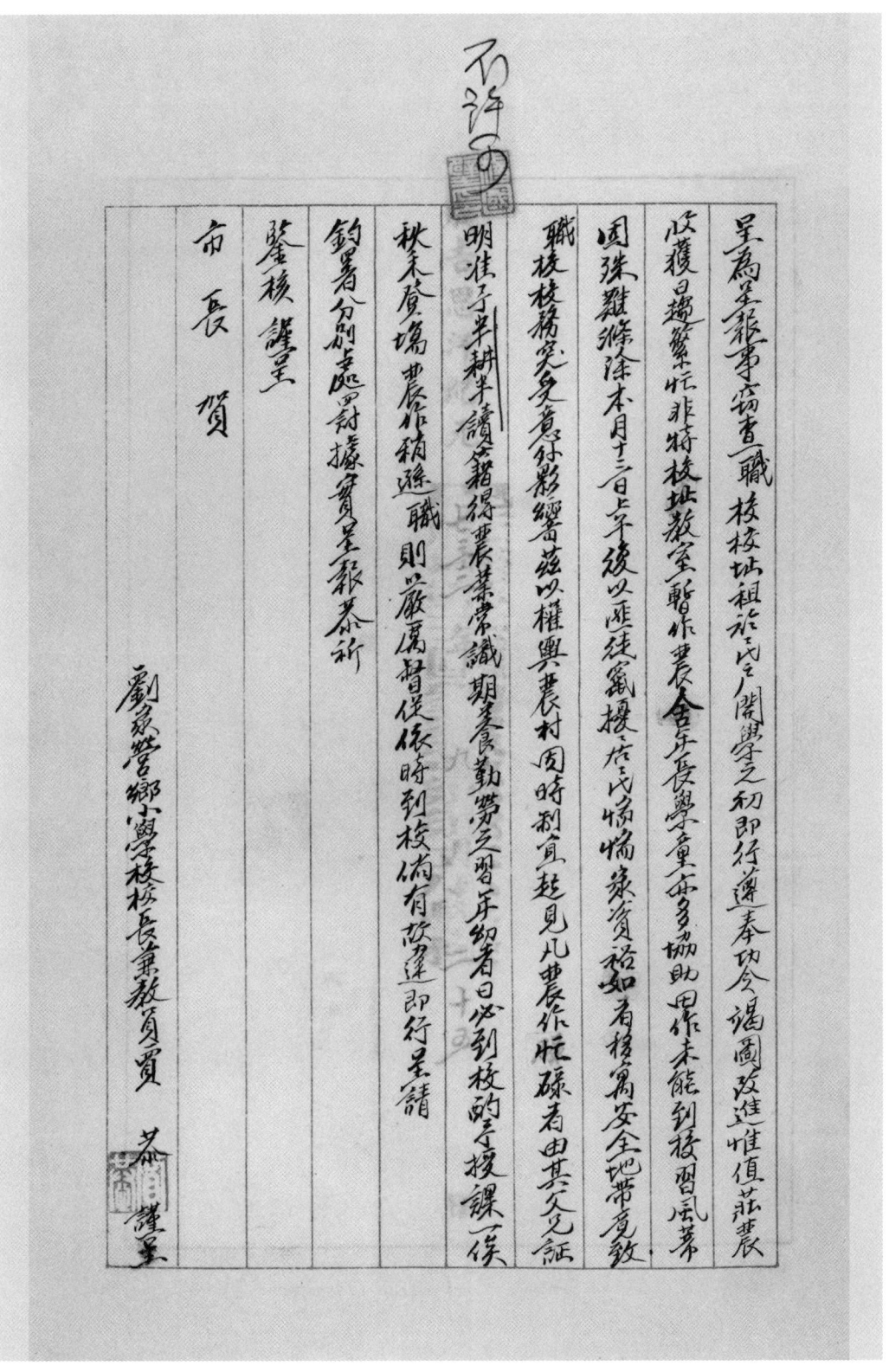

图 2-附录-23 "刘家营乡立小学校"呈报学校近况及"厚和市公署"设法促令学生到校的指令（1938 年 10 月 7 日）（四）

厚和特別市公署

類別號數		號
擬稿號數	文字三號	成紀七三三年六月廿日擬稿
事由	為定於本月二十四日舉行第一屆市立小學聯合運動大會請屆時蒞會指導由	成紀七三三年六月廿日封發
送達機關	各機關	
		發送機關
主管	市長（印）總務科長（印）教育股長（印）文書股長（印） 擬稿員（印）翻譯員（印）繕寫員	
備考		

图 2-附录-24 "厚和特别市公署"关于举行"第一届市立小学联合运动大会"的函（1938年6月21日）（一）

厚和特別市公署

敬启者兹为促进小学体育增加儿童兴趣起见定拟于本月二十四日在本市小教场举行第一届市立小学联合运动大会除签发并另函外相应函请查照惠临是日上午八时莅会指导为荷此致

同本軍司令部、
同本憲兵隊、
同本領事館、
同本居留民會、
同本在鄉軍人會、
同本國防婦人會、
同本兵站支部、

图 2- 附录 -24 "厚和特别市公署"关于举行"第一届市立小学联合运动大会"的函（1938 年 6 月 21 日）（二）

图 2-附录-24 "厚和特别市公署"关于举行"第一届市立小学联合运动大会"的函（1938 年 6 月 21 日）（三）

图 2-附录-24 "厚和特别市公署"关于举行"第一届市立小学联合运动大会"的函（1938年6月21日）（四）

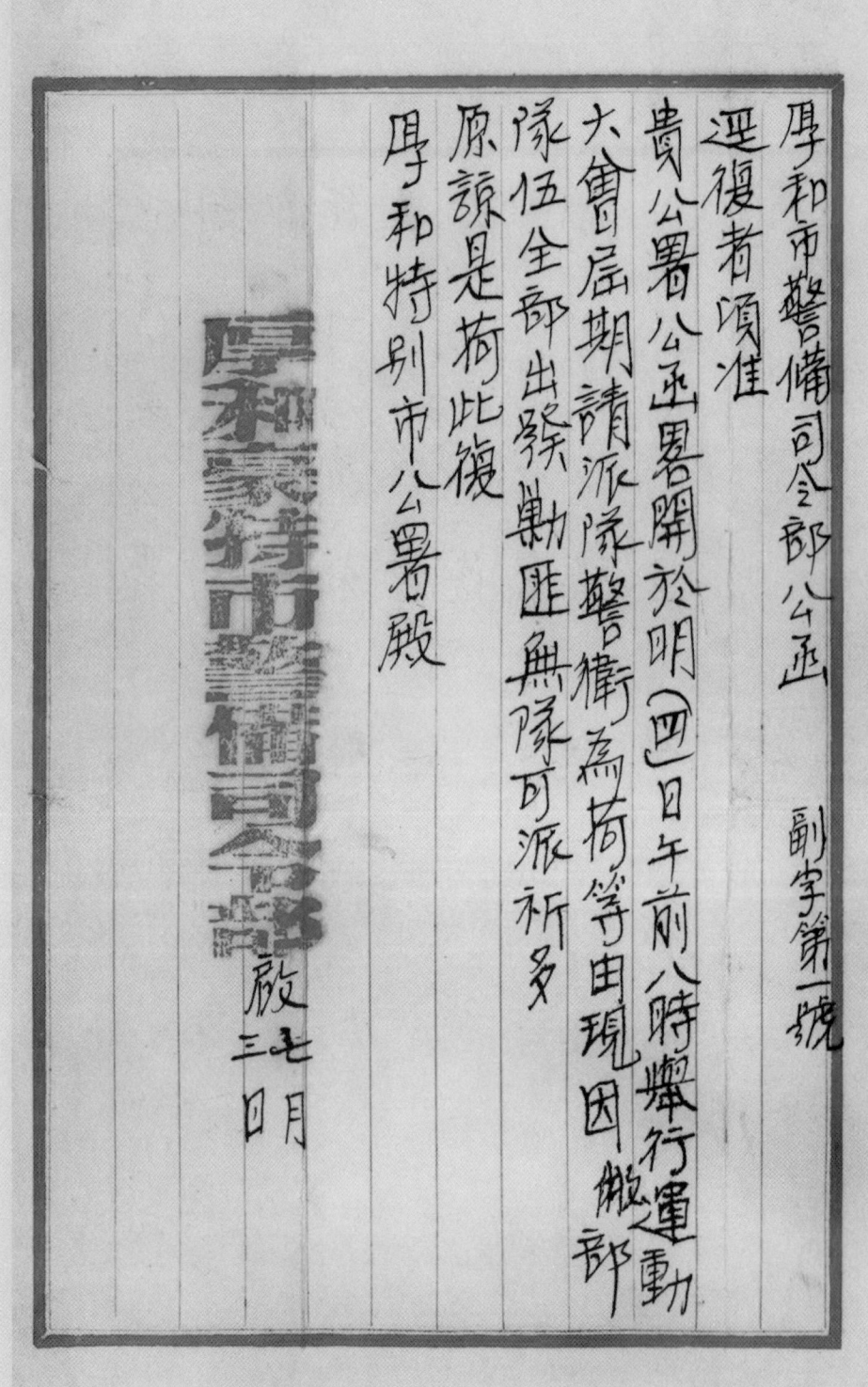

图2-附录-25 "厚和市警备司令部"因"剿匪"无队可派警卫运动大会致"厚和特别市公署"的公函（1938年7月3日）

厚和市第一屆市立小學聯合運動大會宣言

成吉思汗紀元七百三十三年七月四日為我厚和市立各小學學生舉行第一屆聯合運動大會開幕之期爰策

列憲暨來賓襄贊嗣維會情況雍容洵極隆盛

本會同人才力綿薄籌備多有未周然有不能已於言者蓋天地生人其以五官四肢本皆耳目聰明手足怯健然日活動為其資質持以習染成性怠惰勞動而好逸豫喜恬靜而避活潑以致長其固有之稟資是至氣息合令形成廢疾夭民可慨也於是世有哲人鑒夫流水不腐戶樞不蠹物理如此人何不然乃倡為體育之說而體育首盲乎運動又見夫個人運動之收效不宏乃倡為群眾運動此近世聯合運動之所由也誠以聯合運動匯集閉體育抑智育德育之所由閉也昧者不察以為聯合運動集會多人在乎爭勝利得錦標取快於一時爭名於峨項失閉會之本旨矣

與林區克大會創始者屈老方爵之言曰「體育不為勝敗而在參加不為征服而在善鬥」吾我言乎蓋運動取勝固在體力之強健其技術之精巧愚拙試不能不與智力有閉否則祇恃蠻力毫不運用乎智巧其不敗北也幾希此聯合運動之有裨於智育者一也

昔者援獵競射禮讓存焉今之運動何獨不然當青年學子集於廣場之中人人具有龍勝之心理若不有道德維繫其閉則舉動將粗暴言語將衝突是至有不擇手段而欲達其目的者亦在所難免故訓味德育即在此紛爭角技之場使富仁不讓之時而猶能寓禮義於其中此聯合運動之有裨於德育者又一也

慫此二義可知運動會之閉係於教育閉係於人生民非淺鮮

我厚市僻居塞北文化晚開對於運動烹鮮注意諮有新政樹立首以振興教育提倡運動為要務厚民何幸達此聖舉與閉我紫塞黃沙之區成為樂土王道之邦將見莘莘學子於競育央門之餘其德力智力體力同魏巍育山以俱茂而本會同人亦得蒙其誠用期本市教育與斯會之昌盛時亦我厚市之幸福也薄會

諸公大雅尚希儻以嘉撰聞其茅塞本會同人謹率學子敬而聽之幸母吝金玉不勝企盼之至

图 2-附录-26 "厚和市第一届市立小学联合运动大会"宣言（1938年7月4日）

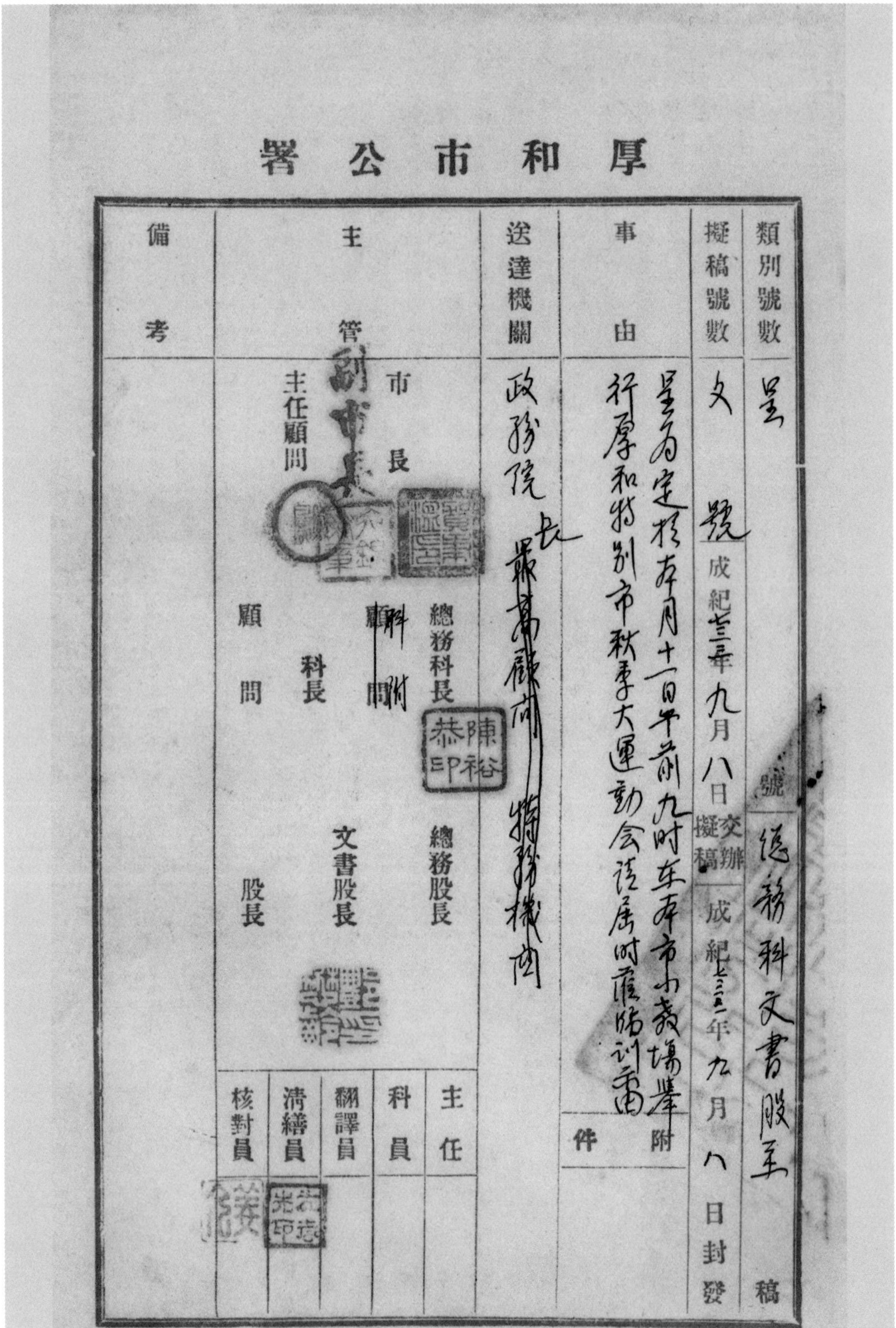

厚和市公署

類別號數：呈

擬稿號數：文　號

成紀七三三年九月八日擬稿

交辦：總務科文書股呈稿

成紀七三三年九月八日封發

事由：呈為定於本月十一日午前九时在本市小教場举行厚和特別市秋季大運動会請屆时蒞臨訓示由

附件

送達機關：政務院長　最高顧問　特務機關

主管：市長　副市長　主任顧問

總務科長　科長　顧問　附

總務股長　文書股長　股長

主任　科員　翻譯員　清繕員　核對員

備考

图 2- 附录 -27　“厚和特别市公署”为举行“厚和特别市秋季大运动会”请届时莅临训示致“蒙古联盟自治政府政务院”呈（1938 年 9 月 8 日）（一）

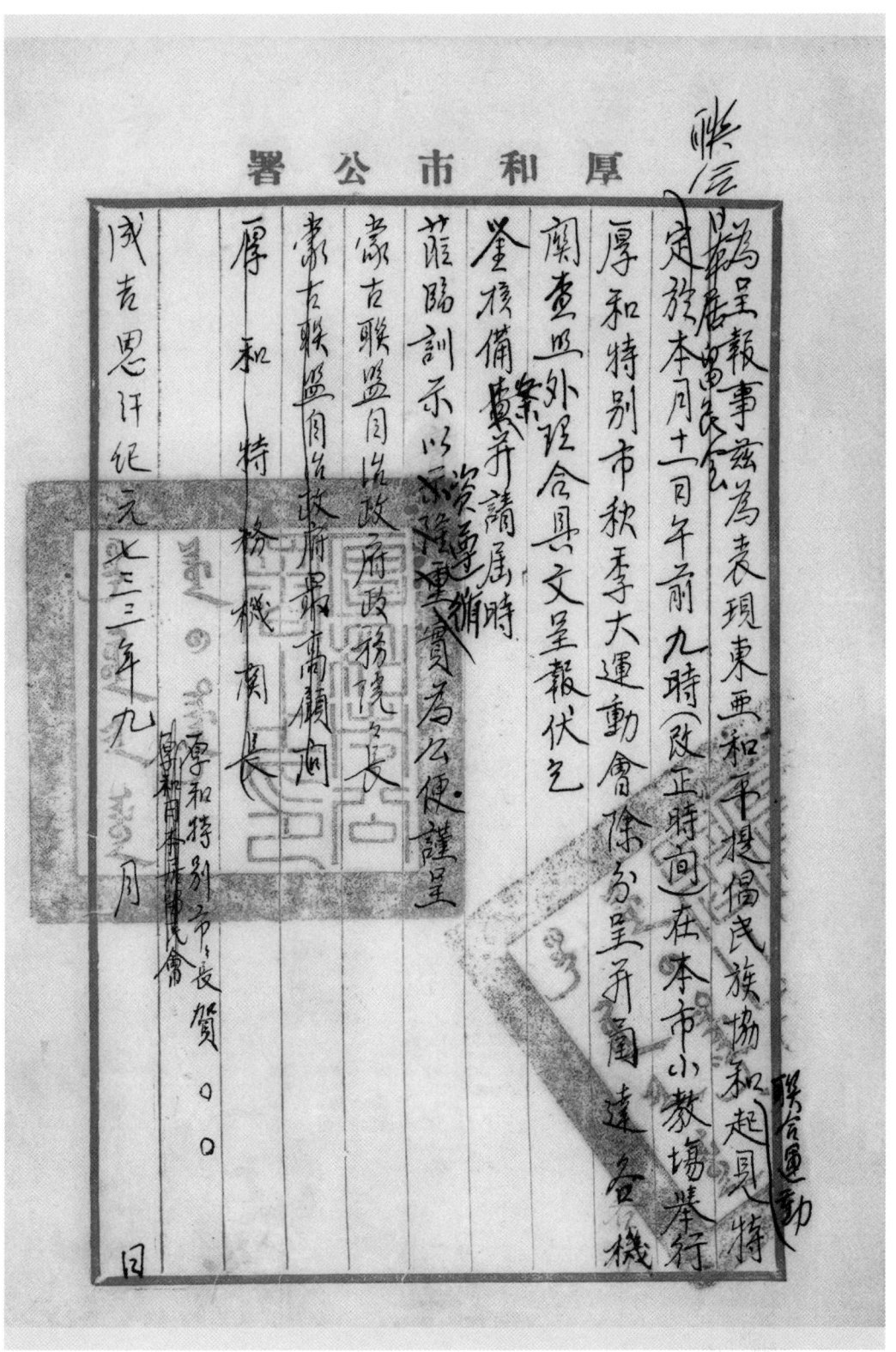

图 2-附录-27 "厚和特别市公署"为举行"厚和特别市秋季大运动会"请届时莅临训示致"蒙古联盟自治政府政务院"呈（1938年9月8日）（二）

厚和市公署

類別號數		
擬稿號數		
事由	厚和特別市秋季大運動會該屆時出席并仰屬參加由	
送達機關	市內各機商團體學校	
主管	市長 副市長 主任顧問 顧問 顧問	總務科長 科長 文書股長 科員 翻譯員 清繕員 核對員
備考		

定於本月十日午前九時至本市小教場舉行附

文號 成紀七三一年九月八日擬稿 成紀 年 月 日封發 交辦 件 號

總務科文書股主稿

圖 2-附錄-28 "厚和特別市公署"關於舉行"厚和特別市秋季大運動會"的函（節選）（1938年9月8日）（一）

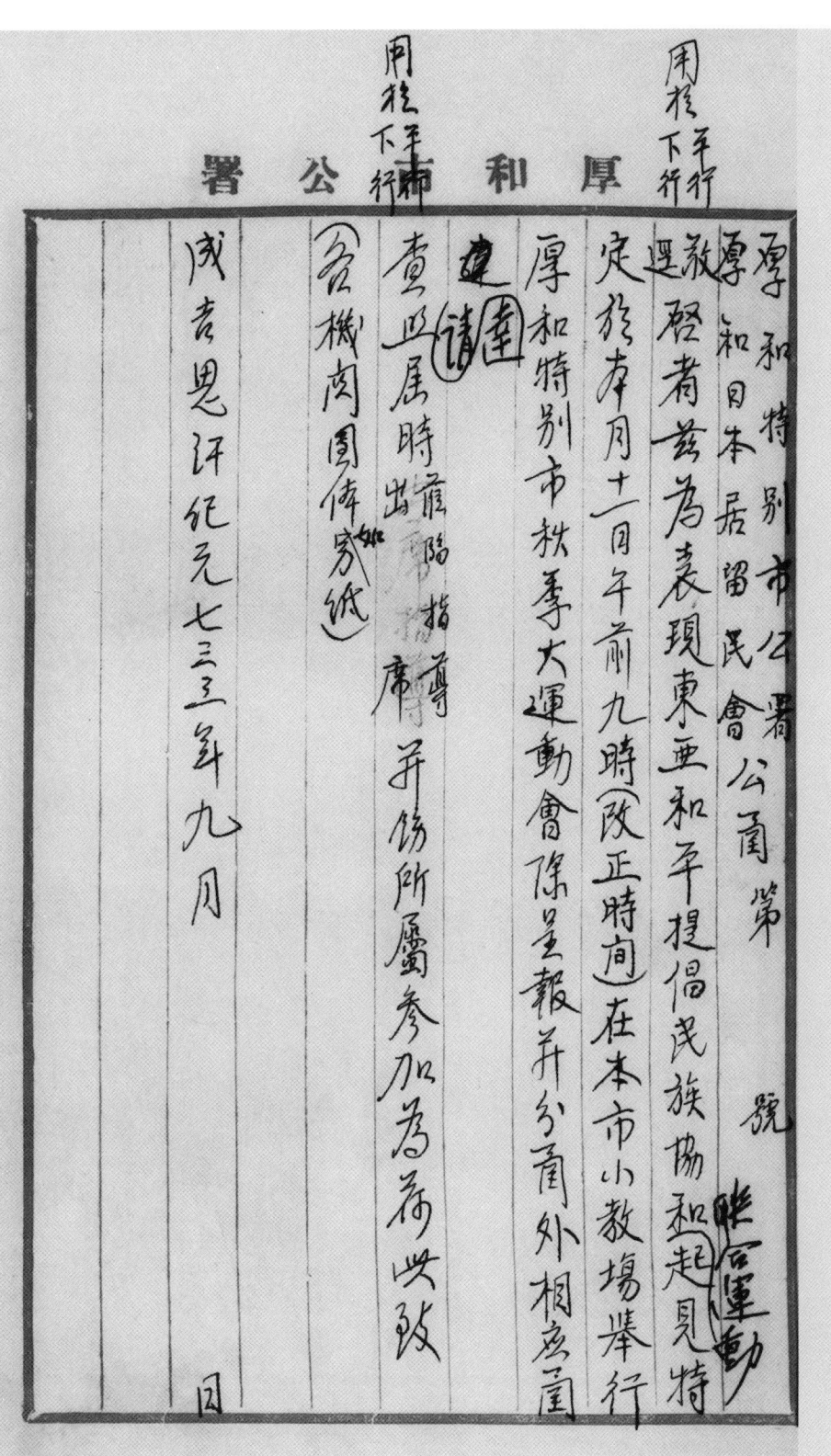

图 2-附录-28 "厚和特别市公署"关于举行"厚和特别市秋季大运动会"的函(节选)(1938年9月8日)(二)

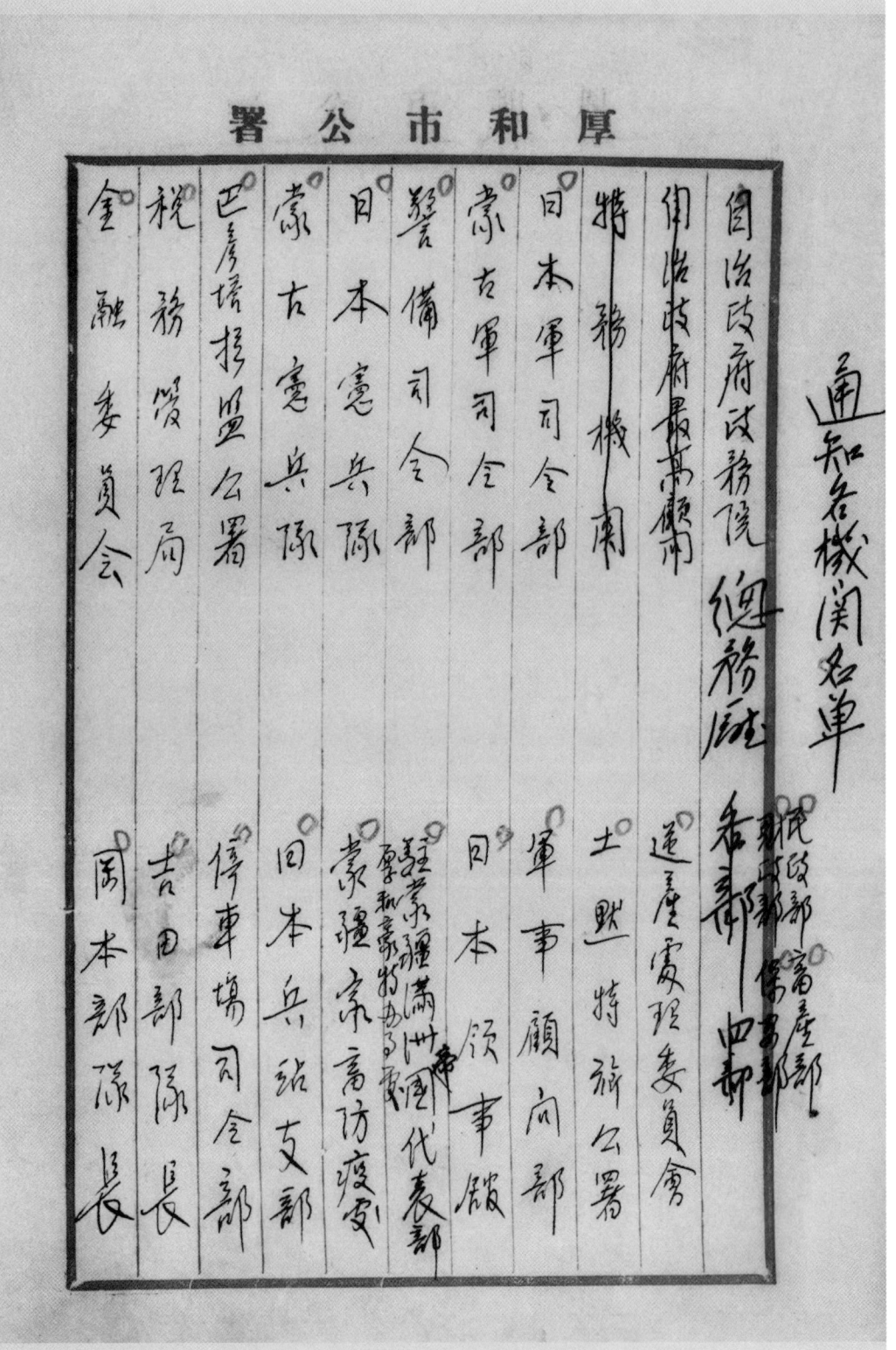

图 2-附录-28 "厚和特别市公署"关于举行"厚和特别市秋季大运动会"的函(节选)(1938年9月8日)(三)

后　记

2019年7月，为更好地开展"国家重点档案保护与开发"项目选题及申报工作，呼和浩特市档案馆成立了由馆党支部书记、馆长朱璧任组长，各科室业务骨干组成的项目申报工作领导小组。承担项目申报工作的同志对馆藏档案进行了细致梳理，并对馆藏档案开发利用情况做了社会调查和成果评估。经过项目申报工作领导小组的多次讨论，最终确定将馆藏数量、质量有保证，并对呼和浩特地区教育史研究具有重要价值的民国时期教育档案汇编作为选题申报项目。2020年3月，项目通过国家档案局评审。7月，按照国家档案局要求调整的专项资金任务预算和相关绩效目标获得批复。11月，完成政府采购工作。随即档案汇编工作进入实施阶段。历时两年，《呼和浩特市档案馆藏民国时期教育档案汇编》（以下简称《汇编》）终于交付刊印。

呼和浩特档案馆所藏民国时期档案内容杂芜，形制各异，有关教育内容的档案庞杂无序，且相互参杂。据此编撰专题文献汇编，有一定的困难。为此，我们与长期从事文献研究和整理工作的曹惠民先生，以及内蒙古师范大学教育科学学院周娟、李栋、成欣欣、阿木古楞等专家，剥茧抽丝，精心筛选，依据档案内容，制定了编纂大纲和分类体系，并对入选资料要件进行了反复查证与审核，进而为《汇编》的专业性、学术性提供了坚实的保障。

书稿经过牛敬忠、于永、全荣三位专家评审，内蒙古自治区档案馆审验。

项目工作组按照各方面意见对书稿进行了精心修改，最终形成定稿。

尤为令人感动的是，在项目实施时间大为缩短的情况下，项目工作组成员以极大的工作热情、忘我的奋斗精神和严谨的治学态度保证了《汇编》的质量。在此，向项目工作组所有成员表示衷心的感谢！

感谢广西师范大学出版社，始终以打造文化精品的标准，为本项目配备了较好的编辑、出版、印刷力量，保障了项目在任务重、要求高、时间紧的情况下得以顺利完成。

感谢内蒙古自治区档案馆的悉心指导、鼎力支持。

对馆内各位同仁的支持和帮助，在此一并致以衷心的感谢！

祈愿《呼和浩特市档案馆藏民国时期教育档案汇编》对地方文化的研究能有所贡献，并希望未来能将更多的成果呈现给大家，开发出更多具有地方特色、影响力强的档案文化产品。

由于经验不足，加之时间仓促，疏漏和错误之处在所难免，恳请专家和读者批评指正。

本书编委会